Horst W. Opaschowski

Deutschland 2020

Horst W. Opaschowski

Deutschland 2020

Wie wir morgen leben –
Prognosen der Wissenschaft

VS Verlag für Sozialwissenschaften
Entstanden mit Beginn des Jahres 2004 aus den beiden Häusern
Leske+Budrich und Westdeutscher Verlag.
Die breite Basis für sozialwissenschaftliches Publizieren

Bibliografische Information Der Deutschen Bibliothek
Die Deutsche Bibliothek verzeichnet diese Publikation in der Deutschen Nationalbibliografie;
detaillierte bibliografische Daten sind im Internet über <http://dnb.ddb.de> abrufbar.

1. Auflage Mai 2004

Alle Rechte vorbehalten
© VS Verlag für Sozialwissenschaften/GWV Fachverlage GmbH, Wiesbaden 2004

Der VS Verlag für Sozialwissenschaften ist ein Unternehmen von Springer Science+Business Media.
www.vs-verlag.de

Das Werk einschließlich aller seiner Teile ist urheberrechtlich geschützt. Jede Verwertung außerhalb der engen Grenzen des Urheberrechtsgesetzes ist ohne Zustimmung des Verlags unzulässig und strafbar. Das gilt insbesondere für Vervielfältigungen, Übersetzungen, Mikroverfilmungen und die Einspeicherung und Verarbeitung in elektronischen Systemen.

Die Wiedergabe von Gebrauchsnamen, Handelsnamen, Warenbezeichnungen usw. in diesem Werk berechtigt auch ohne besondere Kennzeichnung nicht zu der Annahme, dass solche Namen im Sinne der Warenzeichen- und Markenschutz-Gesetzgebung als frei zu betrachten wären und daher von jedermann benutzt werden dürften.

Umschlaggestaltung: KünkelLopka Medienentwicklung, Heidelberg
Satz: Beate Glaubitz, Redaktion und Satz, Leverkusen
Druck und buchbinderische Verarbeitung: MercedesDruck, Berlin
Gedruckt auf säurefreiem und chlorfrei gebleichtem Papier
Printed in Germany

ISBN 3-8100-4168-8

Für Elke,
mit der meine Zukunft begann

„Alles Interesse
– das Spekulative sowohl als das Praktische –
vereinigt sich in folgenden drei Fragen:
1. Was kann ich wissen?
2. Was soll ich tun?
3. Was darf ich hoffen?"

Immanuel Kant (1724-1804), Philosoph

Inhalt

Vorwort 13

I. Zeitenwende. Vom Wohlstand zum Wohlbefinden 17

1. Die Wohlstandswende. Das Schlaraffenland ist abgebrannt 18
2. Politik auf Zuruf? Vertrauenskrise der Bürger und Wähler 23
3. Soziale Absicherung statt Wohlstandssteigerung. Die wichtigste Aufgabe der Zukunft 25
4. Konfliktfelder. Spannungen als sozialer Zündstoff 31
5. Sozialer Kollaps? Zukunftssorge der Bevölkerung 33
6. Organisationsunlust. Staat ohne soziale Kontrolle? 35
7. Wende zum Weniger. Abschied vom Immer-Mehr 39
8. Nebenberufsgesellschaft. Sicherheitsventil und Wachstumsimpuls ... 44
9. Zukunftsperspektiven. Chancen und Probleme 47

    9.1 Die Globalisierung 48 – 9.2 Die Flexibilisierung 48 – 9.3 Die Dienstleistung 49 – 9.4 Die Leistungslust 50 – 9.5 Die Überalterung 51 – 9.6 Die Vereinzelung 53 – 9.7 Die Individualisierung 53 – 9.8 Die Mobilisierung 54 – 9.9 Die Erlebnissteigerung 55 – 9.10 Die Beschleunigung 56

10. Veränderte Lebensqualität. Gesundheit als Zukunftsreligion 56

II. Zwischen Lust und Last. Die Arbeitswelt von morgen 61

1. Die Beschäftigungskrise. Von der Voll- zur Unterbeschäftigung 62
2. „McJobber" und „working poor". Leben mit Anti-Armuts-Programmen 68
3. Abbau der Arbeitslosigkeit. Lösungsansätze aus der Sicht der Bevölkerung 70

    3.1 Maßnahmen des Staates 71 – 3.2 Maßnahmen der Arbeitgeber 77 – 3.3 Maßnahmen der Gewerkschaften 77

4. Von der Zeitkultur zur Geldkultur. Umdenken in der
   Arbeitnehmerschaft 80
5. Geldnot im Ruhestand? Auf der Suche nach Zusatz-Einkommen 82
6. Sozialer Abstieg? Probleme von Teilzeitbeschäftigten 85
7. Telearbeit. Kaum zusätzliche Arbeitsplätze 87
8. 0,5 x 2 x 3. Die Arbeitsformel von morgen 88
9. Neue Welt der Arbeit? Das Gehalt wird zum Schweigegeld 90
   9.1 Mythos Jobnomaden 91 – 9.2 Mythos Zeitpioniere 93 – 9.3 Mythos Flache Hierarchien 95 – 9.4 Mythos Work-Life-Balance 97
10. Mehr Selbstverwirklichung in der Arbeit. Selbstständige bleiben
    weiterhin privilegiert 101
11. Renaissance der Persönlichkeit. Neue Anforderungen in der
    Arbeitswelt 102
12. Arbeiten mit Spaß. Voraussetzung für motivierte Mitarbeiter 105
13. Arbeitsrecht in unsicheren Zeiten. Arbeitnehmer zwischen Hoffen und
    Bangen 107
14. Lieber Lohnkürzung als Kündigung. Was Arbeitnehmer wirklich wollen . 109
15. Flexible Lebensarbeitszeiten. Paradigmenwechsel in der Arbeitswelt 112
16. Feminisierung der Arbeitswelt. Der Rollen-Mix von Berufs- und
    Privatleben 113
17. Vereinbarkeit von Beruf und Familie. Vom Anspruch zur
    Verwirklichung 115
18. Lohnwert. Wohnwert. Freizeitwert. Anreize für die berufliche Mobilität .. 118
19. Symbiose zwischen Sinn und Spaß. Arbeitsformen der Zukunft 121
20. Neue Sehnsüchte prägen neue Märkte. Bedarfs- und Berufsfelder der
    Zukunft 126

III. Zwischen Zeit- und Geldnot. Die Konsumwelt von morgen 131

1. Das Armuts-Wohlstand-Paradox. Leben im Sparzeitalter 132
2. Gespaltene Verbraucherschaft. Zwischen Notwendigkeit und
   Illusionierung des Lebens 136
3. Mehr Lebenslust als Kaufkraft. Von der protestantischen zur
   romantischen Konsumethik 137
4. Die Polarisierung von Versorgungs- und Erlebniskonsum.
   Bedürfniswandel in Zeiten gesättigter Märkte 139
5. Zeitgeschenk für Kunden. Von der Produkt- zur Servicequalität 142
6. Massenhaft genießen? Überfüllung als Normalität 145
7. Jugend im Konsumstress. Erlebnisgeneration lebt über ihre
   Verhältnisse 146
8. „Born to shop?" Jugend in der Wohlstandskrise 148

Inhalt

8.1 „Alles sofort": Instant-Konsum 150 – 8.2 „Immer mehr": Erdnuss-Effekt 150 – 8.3 „Immer hastiger": Hopping-Manie 151 – 8.4 „Immer überdrüssiger": Zapping-Phänomen 151

9. Verlust von Zeitwohlstand. Konsum konsumiert Zeit 152
10. Konsum nach Maß. Konsumethik im 21. Jahrhundert 155

IV. Zappen. Surfen. Telefonieren. Die Medienwelt von morgen 161

1. FernSehGeschichte. Vom Fenster-Gucker zum TV-Zuschauer
2. Mehr passiv als interaktiv. Die zweite TV-Generation 162
3. TV-Profile. Wer? Was? Wie? 164
4. Medienrevolution. Thesen zur Zukunft des Fernsehens. 167
5. Alles erleben – nichts verpassen. Generation @ im 21. Jahrhundert 169
6. Trojanisches Pferd. Medienprognosen und Medienwirklichkeit 171
7. Alles! Medienprofile im Überblick 175

7.1 Die Buchleser 175 – 7.2 Die Zeitungleser 177 – 7.3 Die Radiohörer 177 – 7.4 Die TV-Zuschauer 178 –7.5 Die PC-Nutzer 179 – 7.6 Die Internet-User 180 – 7.7 Die Viewser 184

8. Multimedia. Die Euphorie der Anbieter 185
9. Arbeitsmarkt-Effekte? Erwartungen von Wirtschaft und Politik 186
10. Mythos Informationsgesellschaft. Mehr TV-Konsum als PC-Information 187
11. Mailen. Chatten. Telefonieren. Thesen zur Zukunft der Telekommunikation 190
12. Schöne Neue Medienwelt? Mehr Wunsch als Wirklichkeit 194
13. Compunikation. Mehr mit Medien als mit Menschen kommunizieren 196
14. Generation @. Die Medienrevolution entlässt ihre Kinder 199
15. Erziehung zur Medienkompetenz. Bildungsaufgabe der Zukunft 202
16. Ende der Privatheit? Die unsichere Datensicherheit 205
17. Vertrauenssache. Die Nutzung von Persönlichkeitsprofilen 206
18. „Big Brother is watching you." Leben mit Überwachungskameras 211
19. „Cyberwar." Zukunftsrisiken der Internetpiraterie 213

V. Körperkult und Kurzzeithelden. Die Sportwelt von morgen 219

1. Design yourself. Die Vergötterung des Körpers 220
2. Neue Bewegungskultur. Mehr Spaßsuche als Stressabbau 222
3. Verändertes Sportverständnis. Die Herausforderung der Sportpolitik 225
4. Sportland Deutschland? Traditionsvereine vor der Bewährungsprobe 229
5. Vagabundierende Sporthopper. Abschied von der Vereinsmeierei 233
6. Show, Sponsoren und Spektakel. Zuschauersport als Entertainment 235
7. Sportverein der Zukunft. Vom Idealisten zum Dienstleister 237

8. Wie eine Seifenoper. Sportveranstaltungen als Inszenierung 238
9. Spitzensport. Vom Profisportler zum Popstar 241
10. Die positive Wende im Sport. Zukunftshoffnungen der Bevölkerung 242
11. Leben minus Langeweile. Sport im Zeitalter der Extreme 244
12. Just for fun. Zwischen Angstlust und Glücksgefühl 246
13. Grenzgänger. Leben hart an der Grenze 256
14. Fitness. Wellness. Mindness. Bewegungs- und Wohlfühlkultur 259

VI. Zwischen Boom und Business. Die Kulturwelt von morgen ... 263

1. Kultur im Wandel. Hochkultur verliert ihr Monopol 264
2. E + U = I. Integrationskultur ersetzt den Gegensatz von
   E- und U-Kultur 266
3. Schlangestehen vor Museen? Kulturelle Zukunftspotenziale 267
4. Die Inszenierung der Kultur. Vom Festival zum Festevent 269
5. Kulturtourismus. Eine neue Massenbewegung 270
6. Standortfaktor Kultur. Anreiz für Führungskräfte 273
7. Wachstumsindustrie Kultur. Im Wettbewerb um Sponsoren 274
8. Konsumkultur. Die Grenzen der Kommerzialisierung 276
9. Sinnlich und sozial. Breitenkultur als Anfasskultur 278
10. Erlebniswelt Kultur. Kontrast zum Alltag 279
11. Kultur für alle. Zwischen Boom und Business 281
12. „Zauberflöte". Zwischen Langeweile und Routine 284
13. Genießendes Lernen. Die Kultur der Zukunft 286

VII. Lernen für das Leben. Die Bildungswelt von morgen ... 291

1. Bildung neu denken. Bedeutungszunahme informeller Bildung 292
2. Zukunftsvision Bildungsgesellschaft. Wer nicht weiterlernt, kommt
   auch im Leben nicht weiter 293
3. Perspektivenwechsel. Lebenszeit als Bildungszeit 296
4. Aufsuchen. Abholen. Aktivieren. Zur Didaktik außerschulischen
   Lernens 299
5. Bildungsziel Selbstständigkeit. Auf sich selbst gestellt statt angestellt
   sein 301
6. Lebensunternehmertum. Das Leitbild der Zukunft 303
7. Eigeninitiative. Von der Berufsfindung bis zur Familiengründung 305
8. Vorleben. Wie Eltern am wirksamsten erziehen können 306
9. Leiten oder leiten lassen? Die Bevölkerung bleibt gespalten 309
10. Einüben. Fördern. Praktizieren. Eckwerte einer nachhaltigen Erziehung .. 310
11. Erfahrungslernen. Die neue Schule des Lebens 313
12. Beraten und Erziehen. Die erweiterte Lehrerrolle 317

13.	Lernarbeit als Lebenshilfe. Ein lebensbegleitender Prozess	318
14.	Identitätsfindung. Bildungswissenschaft als Lebenswissenschaft.	320
15.	Learning for Living. Lernen für ein langes Leben	324

VIII. Zwischen Ich und Wir. Die Sozialwelt von morgen 327

1.	Aktiv. Passiv. Ehrenamtlich. Vereinswesen in Deutschland	328
2.	Entwicklungsland in Sachen „Ehrenamt". Deutschland im internationalen Vergleich	330
3.	Unverbindliche Kontakte. Soziale Erosionserscheinungen	332
4.	Zeitnot. Psychosoziale Folgen	334
5.	Geschäfte mit menschlichen Nöten. Kommerzialisierung des Sozialen	336
6.	Gebraucht werden. Jeder Mensch braucht eine Aufgabe	338
7.	Soziales Volontariat. Die Zweitkarriere jenseits des Gelderwerbs	342
8.	Mehr Ehrensache als Ehrenamt. Die Kultur des Helfens	343
9.	Abschied vom Individualismus. Zeitalter des gemeinsamen Lebens	347
10.	Informelles Helfen. Lieber Freiwilligenarbeit als finanzielle Zusatzbelastungen	350
11.	Aktivierende Kommunalpolitik. Entlastung für den Haushalt	352
12.	Freiwilliges Soziales Jahr. Alternative zum Zivildienst	355

IX. Von der Sinnflut zur Sinnsuche. Die Wertewelt von morgen 357

1.	Zwischen zwei Stühlen. Die Folgen des Wertewandels	358
2.	Revolution der Unzufriedenheit. Die Folgen des weltweiten Werteexports	359
3.	Stimmen durch Stimmungen. Medien und Markenkulte	361
4.	Besser als Gott? Abschied von den Ersatzreligionen	363
5.	Wertemix und Bastelexistenzen. Der Supermarkt der Moral	366
6.	Ende der Sinnflut. Suche nach Maßstäben	368
7.	Was uns zusammenhält. Ein Bündnis für soziale Werte	370
8.	Periode der Erneuerung. Prosoziale Werte im Aufwind	372
9.	Renaissance der alten Werte. Pflicht- und Akzeptanzwerte finden größere Resonanz	375
10.	Ehrlichkeit und Selbstständigkeit. Gewünschte Erziehungsziele im 21. Jahrhundert	378
11.	Wertesynthese. Das ausbalancierte Lebenskonzept	380
12.	Glückszwangsangebote. Die Sinnkrise als Religionskrise	383
13.	Zivilcourage. Von der Pflicht, sich öffentlich einzumischen	387
14.	Was uns verbindet. Verständigung über Umgangsregeln	388
15.	Verantwortung. Der soziale Kitt von morgen	391
16.	Tugenden der Verlässlichkeit. Die Rückkehr von Anstand und Benehmen	394

X. Agenda 2020. Visionen brauchen Fahrpläne ... 399

1. Leitvisionen. Zukunftsszenarien für die Welt von morgen ... 400

   1.1 Die illusionäre Erwerbsgesellschaft 400 – 1.2 Die utopische Mußegesellschaft 402 – 1.3 Die visionäre Tätigkeitsgesellschaft 403 – 1.4 Die realistische Leistungsgesellschaft 404

2. Übergangsmärkte. Multiple Beschäftigungen im Zentrum des Lebens ... 405
3. Paradigmenwechsel. Von der Industrie- zur Leistungsgesellschaft ... 407
4. Leistung und Lebensgenuss. Die neue Gleichgewichtsethik ... 409
5. Leistungskultur. Zwischen Sinn und Spaß ... 411
6. Multiaktive Leistungsgesellschaft. Gemeinschaftsarbeit. Lernarbeit. Eigenarbeit. ... 416
7. Leistungsvergleich. Probe auf die Menschlichkeit ... 421
8. Zukunftspotenziale. Hilfsbereitschaft und Gemeinwohlorientierung ... 422
9. Weniger Arbeit – und was dann? Lebenssinn im 21. Jahrhundert ... 424
10. An sich selbst arbeiten – für andere tätig sein. Die Lebensarbeit geht weiter ... 426

XI. Zukunft neu denken! Begründungen und Perspektiven einer Zukunftswissenschaft ... 433

1. Die Geschichte der Zukunft. Wahrheiten von morgen ... 434
2. Vom Geschichtsdenken zum Zukunftsdenken. Perspektivenwechsel ... 437
3. Vom Rückblick zur Prognose. Mehr Psychologie als Ökonomie ... 440
4. Von der Vorausschau zur Vorsorge. Vorausdenkende Verantwortung ... 445
5. Glaubwürdigkeit durch Nachprüfbarkeit. Zukunftswissenschaftliche Begründungen ... 447
6. Expertisen und Visionen. Grenzen der Voraussagbarkeit ... 451
7. Technologiegläubigkeit. Beeinträchtigung der Treffsicherheit ... 459
8. Falsche Propheten. Trendforschung als Trendindustrie ... 463
9. Wild Card-Szenarien. Unwahrscheinliche Zukünfte ... 465
10. Zielkonzepte. Was sollen wir eigentlich wollen? ... 467
11. Zukunftswissenschaft gegen Zukunftsangst. Ein neuer Wissenschaftstypus ... 484
12. Weitsicht als Zukunftspflicht. Die Herausforderung der Politik ... 487

XII. Literaturverzeichnis ... 491

XIII. Sachregister ... 509

XIV. Grafikverzeichnis ... 517

Vorwort

> „Das Wohlstands- und Wohlfahrtsland Deutschland ist gefordert wie nie zuvor: Arbeitslosigkeit und sinkende Realeinkommen, niedrige Geburtenraten und steigende Lebenserwartung stellen den Generationenvertrag infrage. Die Balance von wirtschaftlichen Leistungen und sozialen Wohltaten gerät ins Wanken. Ein Ende der Anspruchsgesellschaft zeichnet sich ab."
>
> *H.W. Opaschowski:* Deutschland 2010 (Hamburg 1997)

Als zu Jahresbeginn 2004 wieder einmal die Spitzen aus Politik und Wirtschaft auf dem Weltwirtschaftsforum in Davos zusammenkamen, wurde eine Art Abgesang auf das „Alte Europa" eingeläutet: Die westlichen Industrieländer hätten in den letzten Jahrzehnten vielen Menschen materiellen Wohlstand gebracht, aber die soziale Gerechtigkeit weitgehend vergessen. Und auch wirtschaftlich gesehen sei die Blütezeit des alten Kontinents vorbei. Gemessen am Bruttosozialprodukt würde Deutschland schon bald von China überholt werden. Und bis 2025 werde auch Indien an Deutschland vorbeiziehen. Deutschland könne sich in Zukunft seines Wohlstands nicht mehr sicher sein.

Wohin driftet die drittgrößte Industrienation der Welt? Hat „Made in Germany" noch eine sichere Zukunft oder verliert der Innovationsstandort Deutschland seine weltweite Bedeutung als Zentrum für Wirtschaft, Wissenschaft und Forschung?

Die demografischen und ökonomischen Rahmenbedingungen in Deutschland ändern sich in den nächsten sechzehn Jahren grundlegend. Im „Deutschland 2020"

- gibt es 2,5 Millionen weniger *Erwerbsfähige* im Alter von 15 bis 64 Jahren als heute;
- geht die Anzahl der *Beitragszahler*, die einen Rentner finanzieren müssen, von derzeit 4,0 auf 2,9 zurück;
- verdoppelt sich die *Rentenbezugsdauer* im Vergleich zu 1960 von zehn auf zwanzig Jahre;
- sinkt das durchschnittliche *Rentenniveau* von derzeit 53 Prozent auf 46 Prozent;

- wächst die Zahl der *Zuwanderer* um über drei Millionen, was einer jährlichen Nettozuwanderung von mindestens 200.000 entspricht;
- nimmt die *Lebenserwartung* der Deutschen jedes Jahr um etwa drei Monate, d.h. bis zum Jahre 2020 um vier Jahre zu;
- verstärkt sich der Trend zur *Alterung der Gesellschaft*, d.h. die Zahl der über 80-Jährigen wächst von derzeit drei auf fünf Millionen im Jahr 2020, von denen die Hälfte pflegebedürftig sein und ein Drittel an Demenz erkranken wird;
- sterben im Jahr 2020 etwa 400.000 Personen mehr als geboren werden (2010: 200.000 – 2030: 500.000), womit der *Schrumpfungsprozess* der deutschen Bevölkerung beginnt, der durch Zuwanderung nicht mehr ausgeglichen werden kann: Von 2020 bis 2040 wird die ansässige deutsche Bevölkerung vier Millionen Menschen verlieren;
- kommt es als Folge der schrumpfenden Bevölkerung ab 2020 zu einer deutlichen *Verlangsamung des Wirtschaftswachstums*. Ökonomisch gesehen wird es den Menschen dann nicht mehr so gut gehen wie heute. Wenn der Lebensstandard stagniert oder sinkt, kann auch das bisherige Wohlstandsniveau nicht gehalten werden.

Die Zukunft in Deutschland hat derzeit drei Namen: *Reform. Innovation. Agenda*. Mit diesen drei Zauberwörtern soll der Aufbruch in das 21. Jahrhundert gelingen. Die Politik will und muss „Zukunft machen", damit nicht die Zuwanderung der „besten Köpfe" durch die Abwanderung der „klügsten Köpfe" ins Ausland (Brain-Drain) zunichte gemacht wird. Um allerdings den Standort Deutschland zukunftsfest zu machen, müssen wir *wissen, was zu tun ist*. Dieser Aufgabe ist die Zukunftswissenschaft verpflichtet: Sie will nicht nur glaubwürdig nachweisen, dass es geht, sondern auch frühzeitig genug aufzeigen, wohin es geht oder gehen soll. Das zukunftswissenschaftliche Credo lautet: Wir müssen wieder mehr nach vorne denken und schauen lernen.

Ein Blick in die Entwicklung der nächsten zehn bis zwanzig Jahre muss weder utopisch noch spekulativ sein. Der *Zeitraum bis 2020* repräsentiert einen *günstigen mittleren Zeithorizont*, reicht also weit genug über die Tagespolitik hinaus, um Strukturveränderungen sichtbar zu machen. Gleichzeitig ist diese Zeitperspektive nah genug, um Chancen und Risiken der gesellschaftlichen Entwicklung abschätzen und zukunftsorientiert handeln zu können. Ein ebenso realistischer wie futuristischer Zeitrahmen.

Vor sechzehn Jahren begab sich der Autor mit der Studie „Wie leben wir nach dem Jahr 2000?" (1988) erstmals auf das Terrain der Zukunftsforschung, prognostizierte seinerzeit den Wandel von der Industrie- zur Dienstleistungsgesellschaft und plädierte für ein neues Wertesystem. Situationsanalysen wurden um Zukunftsperspektiven erweitert. Nicht spekulativ, sondern realistisch. Basierend auf empirischen Erhebungen. Nun wirft er erneut einen Blick in die Zukunft der nächsten sechzehn Jahre.

Der Blick in die Welt von morgen erlaubt das Aufzeigen gesellschaftlicher Entwicklungen, aus denen sich politische Handlungsbedarfe ergeben. Der vorliegende Zukunftsreport will *mehr Wissen über die Zukunft* vermitteln, d.h. Orientierungen geben und konkrete Aussagen darüber machen, wie wir morgen leben werden und wollen. Analysen und Prognosen zeigen die Richtung an, wohin wir uns entwickeln. Dabei geht es um Perspektiven, nicht um Spekulationen.

Wohl steht am Ende die *Vision einer wünschbaren Zukunft*, die Wirklichkeit werden kann, wenn wir bereit sind, die „richtigen" Wege zu gehen. Erinnert werden muss in diesem Zusammenhang an die Tradition eines Niccolo Machiavelli (1469-1517), der mit seiner berühmten Unterscheidung von *fortuna* und *virtu* im 25. Kapitel seines „Il principe" darauf hinwies, dass die eine Hälfte der menschlichen Handlungen durch Zufall gelenkt, die andere aber durch ihren Willen geleitet werde.

Mit der wissenschaftlichen Zukunftsforschung ist die Hoffnung verbunden, die aufgezeigten Perspektiven könnten Politik, Wirtschaft und Gesellschaft zu einer wirklichen Umgestaltung der zukünftigen Welt motivieren. Die Prognosen sollen den Menschen helfen, sich ihre Zukunft selbst zu wählen, also das Wünschenswerte wahrscheinlich und das Unerwünschte weniger wahrscheinlich zu machen.

An präzisen Prognosen mangelt es in diesem Buch nicht – doch es wird nicht nur gerechnet. Der vorliegende Zukunftsreport zeichnet *Bilder vom Leben in der Welt von morgen:* Sie werden anschaulich beschrieben und nachlesbar gestaltet. Und immer in Verbindung mit Problem- und Fragestellungen wie z.B.: Kommt eine technisierte und schnelllebige Welt auf uns zu, in der die Erwerbsarbeit immer knapper und die Lebenszeit immer länger wird? Wie werden die Menschen in ihrem Leben damit fertig?

Leben – das ist doch Erleben, Arbeiten und Ruhen, Konsumieren, Genießen, Engagieren und vieles mehr. Ein immerwährender Balanceakt des Wünschens, Wollens und des Könnens. Mit den Jahren und Jahrzehnten verschieben sich Wünsche und Werte in ihrer Gewichtung und ordnen sich ständig neu. So lassen sich aus dem Heute und Gestern Erkenntnisse für das Morgen gewinnen.

Das Buch liefert *Prognosen der Wissenschaft zur Zukunft unserer Gesellschaft* und gibt Antworten auf die Fragen: Wo stehen wir heute? Was kommt morgen auf uns zu? Problematisches wird thematisiert und Positives angeregt. Ohne ein solches Zukunftsbild können wir weder planen noch uns in der Gegenwart orientieren. Nur durch Voraus- und Nachdenken können wir Handlungsperspektiven für ein lebenswertes Deutschland 2020 gewinnen, damit auch die nachkommenden Generationen eine Zukunft haben.

H.W. Opaschowski

I. Zeitenwende.
Vom Wohlstand zum Wohlbefinden

„Zum ersten Mal ist es lebensnotwendig,
nach dem Preis unbeschränkten
materiellen Wachstums zu fragen.
Die Übergangsphase wird in
jedem Fall schmerzhaft sein."

Club of Rome: „Die Grenzen des Wachstums"
(1972)

Prognosen und Perspektiven auf einen Blick

- Welt vor der Wende:
  Bevölkerung wächst, wandert und altert
- Deutschland vor der Wende:
  Das Schlaraffenland ist abgebrannt
- Wende zum Weniger:
  Abschied vom Immer-Mehr
- Sinkender Lebensstandard:
  Die Deutschen werden ärmer
- Stille Gefahr:
  Wachsende Kluft zwischen Arm und Reich
- Angst vor der Mindestrente:
  Generationenvertrag alter Prägung ist überholt
- Nebenberufsgesellschaft:
  Sicherheitsventil und Wachstumsimpuls
- Gesellschaft des langen Lebens:
  Das Jahrhundert der Senioren
- Zukunftsreligion Gesundheit:
  Die Lebensprioritäten verändern sich
- Politikverdrossenheit:
  Vertrauensverlust auf breiter Ebene

1. Die Wohlstandswende.
Das Schlaraffenland ist abgebrannt

In einem der ältesten Weisheitsbücher der Menschheit, dem chinesischen „I Ging" (Buch der Wandlungen), wird dargestellt, dass alle Entwicklungen in Natur und Gesellschaft zyklisch ablaufen: Altes wird abgeschafft, Neues wird eingeführt. Beides entspricht der Zeit und bringt keinen Schaden. Dennoch: *Die Übergangszeit bzw. Wendezeit wird oft als krisenhaft erlebt.* Es fällt schwer, den beschleunigten sozialen Wandel zu begreifen.

Der Automatismus – mehr Wachstum und mehr Wohlstand – funktioniert plötzlich nicht mehr. Der naive Glaube, alles könne permanent gesteigert und eine Niveauebene höher gefahren werden, ist infragegestellt. In Wirtschaft und Politik setzt sich eher die Erkenntnis durch: Der *Fahrstuhl-Effekt*, wonach wir stetig nach oben fahren in eine Welt, in der es uns immer besser geht, wird vom *Paternoster-Prinzip* abgelöst: Einige fahren nach oben, andere nach unten – und müssen auf halber Strecke oder gar unten aussteigen.

Das Schlaraffenland ist abgebrannt: Noch in George Orwells Zukunftsroman „1984" verkündete das sogenannte *Ministerium für Überfülle* den Menschen „herrliche Neuigkeiten" und ein „neues glückliches Leben." Und das hieß konkret: Mehr Textilien, mehr Häuser, mehr Möbel, mehr Kochtöpfe, mehr Brennstoff, mehr Schiffe, mehr Helikopter ... Das energieintensive Konsumgebaren war kaum noch zu steigern. Von der „Gesellschaft im Überfluss" im Galbraith'schen Sinne (Galbraith: „The Affluent Society", 1958) heißt es mittlerweile Abschied zu nehmen. Und politische Wortspiele bewegen sich zwischen „Grenzen des Wachstums" und „Wachstum der Grenzen". Genügsamkeit und Nachhaltigkeit werden propagiert.

Die Wohlstandswende macht den Menschen zu schaffen: *Lebensstandard erhalten und Lebensqualität sichern.* Das sind die wahren existentiellen Sorgen der Menschen zu Beginn des 21. Jahrhunderts. Die Sicherung des Lebensstandards hat im Jahr 1984 gerade einmal ein Viertel der Bevölkerung als Problem empfunden (24%). Knapp zwanzig Jahre später ist die Sorge fast doppelt so groß geworden (2003: 45%). Wird sich die Sorge im Jahr 2010 auf die Mehrheit der Bevölkerung (Prognose 2010: 55%) und zehn Jahre später fast auf zwei Drittel (Prognose 2020: 60%) zubewegen? Dann wäre das Problem wirklich mehrheitsfähig und die Stimmungen der Menschen würden sich in Stimmen bei politischen Wahlen niederschlagen – wenn sich bis dahin die Wirtschaftsentwicklung in Deutschland nicht grundlegend geändert hat.

Vielleicht wird – realistischerweise – das von Soziologen sogenannte „Stagnation-im-Fortschritt-Modell" Wirklichkeit. Danach werden die Menschen in Zukunft nicht zufriedener oder glücklicher. Fortschritt ist dann eher ein *Null-Summen-Spiel*: Was an scheinbar neuen Bedürfnissen und Befriedigungen auftaucht, wird durch Versagungen an anderer Stelle wieder aufgewogen, so dass die Lebensqualität trotz wechselnder Bedürfnisbefriedigung letztlich stagniert (Hondrich 1979, S. 130f.).

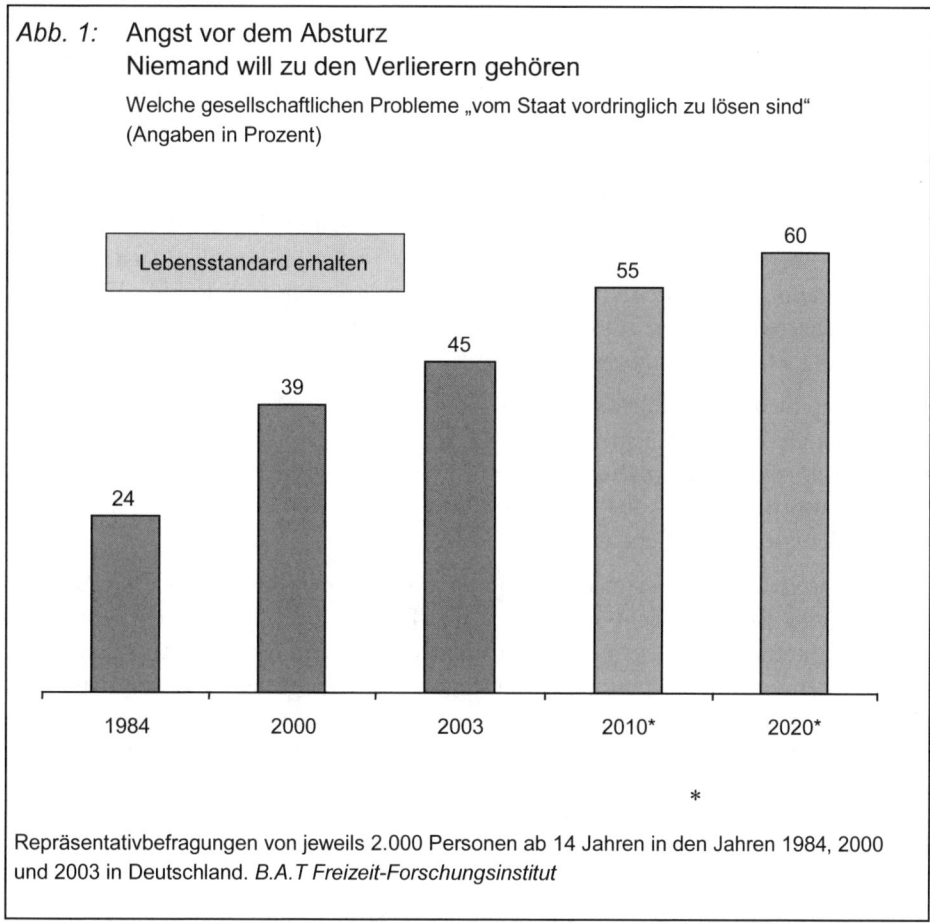

Abb. 1: Angst vor dem Absturz
Niemand will zu den Verlierern gehören
Welche gesellschaftlichen Probleme „vom Staat vordringlich zu lösen sind"
(Angaben in Prozent)

Repräsentativbefragungen von jeweils 2.000 Personen ab 14 Jahren in den Jahren 1984, 2000 und 2003 in Deutschland. *B.A.T Freizeit-Forschungsinstitut*

So wird beispielsweise das Gesundheitsbedürfnis wichtiger, weil die *Leistungsgesellschaft* unsere Gesundheit im beruflichen und privaten Bereich mehr gefährdet. Oder das Sicherheitsbedürfnis wird stärker, weil die *Konsumgesellschaft* Bedrohung durch Kriminalität erzeugt. Auf diese Weise bedeutet Fortschritt letztlich nicht Fortschreiten, sondern Auf-der-Stelle-Treten. Und je schneller wir uns bewegen, umso mehr Rückwärtsschub, also Nachteile, erzeugen wir. Das Streben nach neuen Bedürfnissen und mehr Befriedigung erweist sich als eine Illusion, die uns zuletzt nur erschöpft. Und im gleichen Maße, wie sich vielleicht die Intensität unserer Befriedigungen erhöht, nehmen auch unsere Enttäuschungen zu. Ein Teufelskreis.

Bereits in den achtziger Jahren wies Kurt Sontheimer nach, dass westliche Wohlstandsgesellschaften dazu neigen, „enttäuschungsproduktiv" (Sontheimer 1983, S. 11) zu sein. Sie fühlen sich subjektiv immer schlechter. Das ständige Starren auf die Verbesserung der materiellen Lebensbedingungen lässt immaterielle Aspekte des Lebens aus dem Blick geraten. *Mit der Anspruchsinflation wächst auch das Enttäuschungspotential* – ganz abgesehen von der Frage, was eigentlich nach der Konsumwelle kommt, wenn die Konsumenten keinen Konsumtempel mehr sehen können, weil sie sich an Marmor und Mahagoni, Mickey Mouse und McDonalds leidgesehen oder sattgegessen haben (vgl. Stoffers 1990).

Schon vor über drei Jahrzehnten hat der CLUB OF ROME in seinem Bericht über die Grenzen des Wachstums den westlichen Industrieländern eine ebenso folgenreiche wie krisenhafte Übergangsphase vorausgesagt: Zum ersten Mal sei es lebensnotwendig, nach dem Preis unbeschränkten materiellen Wachstums zu fragen. Die *Übergangsphase* werde *in jedem Fall schmerzhaft* sein. Um den Zustand eines stabilisierten Gleichgewichts nicht zu gefährden, müssten sich Politik, Wirtschaft und Gesellschaft mit den globalen Trends und ihren Wechselwirkungen ernsthaft auseinandersetzen. Gemeint waren

- die beschleunigte Industrialisierung,
- das rapide Bevölkerungswachstum,
- die weltweite Unterernährung,
- die Ausbeutung der Rohstoffreserven und
- die Zerstörung des Lebensraums.

Nur eine weltweite Partnerschaft könnte diese Probleme lösen helfen. Den Autoren des CLUB-OF-ROME-Berichts (Meadows u.a. 1973) schwebte als wünschenswertes Ziel ein dynamischer Gleichgewichtszustand vor. Im 21. Jahrhundert müssen also die Weichen zur Stabilisierung des Gleichgewichts neu gestellt werden, zumal die neuen Informations- und Kommunikationstechnologien den tiefgreifendsten Wandel seit der Industrialisierung vor über hundert Jahren in der Wirtschafts- und Arbeitswelt verursachen.

Nach dem amerikanischen Wirtschaftswissenschaftler Lester C. Thurow leben wir derzeit in einer Periode des Übergangs. Dabei machen wir die aus der Evolutionsbiologie bekannte *Erfahrung eines gestörten Gleichgewichts* durch – vergleichbar der Periode zu Zeiten der Dinosaurier. Über 130 Millionen Jahre lang beherrschten die Dinosaurier das Gesicht der Erde. Jede neue Dinosauriergeneration war noch größer, noch kräftiger und noch dominanter als die vorhergehende. Und in einer Übergangsperiode, „die nicht länger als zehntausend Jahre währte, stirbt auf einmal jeder Dinosaurier aus" (Thurow 1996). Am Ende dieser Entwicklungsphase entsteht dann etwas ganz anderes – das Säugetier: *In der Evolution vollzieht sich ein Quantensprung.*

Im 21. Jahrhundert befinden wir uns – historisch gesehen – erneut in einer Phase des gestörten Gleichgewichts mit Strukturveränderungen globalen Ausmaßes:

- Die erste globale Strukturveränderung ergibt sich durch das *Ende des Kommunismus*. Fast zwei Milliarden Menschen, ein Drittel der Menschheit, schließen sich der westlichen kapitalistischen Welt an.
- Die zweite globale Strukturveränderung betrifft den *Übergang von natürlichen Industrien zu intelligenten Industrien*. Nicht mehr Naturschätze und natürliche Rohstoffe dominieren, sondern künstliche, auf menschlicher Intelligenz basierende Industrien, die keinen festen Standard mehr haben, sondern überall in der Welt angesiedelt sein können.

- Der dritte globale Strukturwandel entsteht durch die *demographische Revolution*: *Die Weltbevölkerung wächst, wandert und altert*. In den ärmsten Ländern der Welt kommt es zu einer Bevölkerungsexplosion und gleichzeitig zu riesigen Migrationen aus armen in reiche Länder wie nie zuvor in der Menschheitsgeschichte. Daran wird sich nichts ändern, so lange der Lebensstandard in kalifornischen Gefängnissen (z.B. im Hinblick auf Wohnraum und Ernährung) höher ist als in mexikanischen Dörfern. Gleichzeitig werden die Älteren in der westlichen Welt dominieren: Es kommt zur Verlagerung der Kaufkraft von den Jungen auf die Alten.
- Der vierte globale Strukturwandel wird durch den *Übergang von Nationalökonomien zur Globalökonomie* ausgelöst und dabei durch neue Kommunikationstechnologien beschleunigt und gefestigt.
- Schließlich kommt es zu einem fünften globalen Strukturwandel: Mit der Globalisierung lösen sich auch dominierende Wirtschaftsmächte auf. Aus festen Regelwerken im Umgang miteinander werden jetzt *frei flottierende Spielregeln ohne Schiedsrichter*, weshalb es ständig zu Konflikten, Auseinandersetzungen oder Handelsstreitigkeiten kommen kann. Aus westlicher Sicht sind z.B. von der in China verwendeten Software „96 Prozent durch Piraterie erworben" (Thurow 1996, S. 169) – und das ohne juristische Folgen.

Die junge Generation wächst derzeit in einer solchen Periode gestörten Gleichgewichts auf, in der alles in Fluss zu sein scheint. Neues und Altes passen kaum mehr zueinander. Das Ungleichgewicht wird geradezu zur Normalität. Es regieren weitgehend Ungewissheit, Unübersichtlichkeit und Unsicherheit. Technologien und Ideologien wandeln und wechseln sich ab. So lange jedenfalls, bis sich die junge Generation als neue Generation von Gründern versteht und bereit und in der Lage ist, trotz der krisenhaften Veränderungen Neues auszuprobieren und Verantwortung zu übernehmen. Mit ihrem Handeln beginnt dann ein *neues Spiel mit neuen Regeln*.

Nach dem Bericht des Entwicklungsprogramms der Vereinten Nationen (UNDP) hat sich die Kluft zwischen den armen und reichen Ländern in den vergangenen drei Jahrzehnten verdoppelt. Das wohlhabendste Fünftel der Erdbevölkerung bezieht heute das 150-fache des Einkommens des ärmsten Fünftels. Die reichen Industriestaaten stellen nur 25 Prozent der Weltbevölkerung, konsumieren aber *60 Prozent aller Nahrungsmittel*. Hier deutet sich eine „stille" Gefahr an, die in den letzten Jahrzehnten nur durch die „laute" Umweltbedrohung verdeckt wurde. Das energie-intensive Konsumgebaren der westlichen Industrieländer stößt an seine sozialen und moralischen Grenzen. Der Erlebniskonsum im Westen und Norden kann doch nur dann moralisch gerechtfertigt bzw. zukunftsfähig sein, wenn wenigstens der Versorgungskonsum im Süden und Osten der Erdkugel auf Dauer sichergestellt ist. Hier sind für die Zukunft massive Hilfeleistungen und Entwicklungsprogramme gefordert, sonst wird die *Kluft zwischen Arm und Reich explosiv*.

Schon die UNO-Konferenz für Umwelt und Entwicklung (1992) in Rio brachte zum Ausdruck, dass die Konsumgewohnheiten der reichen Mittelklasse in einigen entwickelten Ländern (hoher Fleischkonsum, Besitz von Automobilen und ausgedehnter Flugreiseverkehr) auf Dauer nicht mehr tragbar seien. Die berechtigte Kritik richtete sich gegen die *Übernutzung der Welt*. Wenn die westlichen Verschwendungsstrukturen auch in den übrigen Ländern der Welt nachgeahmt würden, wäre die ökologische Stabilität weltweit gefährdet: Armut kann schnell internationale Grenzen überschreiten – in Form von Wanderungen, Umweltzerstörung, Drogen, Kriminalität und politischer Instabilität (vgl. UNDP 1997). Wenn ein knappes Viertel der Weltbevölkerung rund 75 Prozent der Energievorräte beansprucht, dann ist ein nicht mehr verantwortbares Über-Maß an Verschwendung erreicht. Wer den westlichen Konsumwohlstand um jeden Preis steigern will, kann dies nur auf Kosten der Drittweltländer tun. Die Flucht bzw. der *lange Marsch der Dritten in die Erste Welt* wäre damit vorprogrammiert.

Im übrigen haben die sozialen Unruhen in Los Angeles und anderen amerikanischen Städten gezeigt, dass ein kleiner Funke genügt, ein Flächenfeuer zu entfachen. Wenn die sozialen Ungleichheiten zu groß werden, kann es schnell zu einem *Aufstand der Armen, der Benachteiligten und Enttäuschten* kommen. Die Kluft zwischen Armut und Wohlstand muss weltweit abgebaut werden, weil sonst die wohlhabende Mehrheit keine Freude am Erlebniskonsum haben wird. Dies lehrt die Erfahrung von Martin Luther King: „Die Pein der Armen lässt auch die Reichen verarmen; die Verbesserung des Schicksals der Armen bereichert auch die Besitzenden" (THE GUARDIAN).

Internationale Migration, d.h. eine neuartige Bevölkerungsbewegung bzw. „Völkerwanderung" aus weniger entwickelten Ländern in westliche Wohlstandsgesellschaften (USA, Kanada, Australien, west- und südeuropäische Länder) wird in den nächsten Jahren problematische Entwicklungen mit sich bringen: Organisierte Einschleusung von Migranten, Asylmissbrauch und Familiennachzug. Das Forschungsinstitut der Vereinten Nationen für soziale Entwicklung (UNRISD 1995, S. 59) erwartet eine „neue Ära internationaler Migration." Eine Zuwanderungskrise großen Ausmaßes kann die Folge sein (vgl. Müller-Schneider 2000).

Eins ist klar: Weder eine humane Asyl- noch eine wirksame Einwanderungspolitik können die Ursachen beseitigen, die so viele Menschen zum Verlassen weniger wohlhabender Länder bewegen. Dazu gehören das niedrige Wirtschaftswachstum sowie die ungleiche Verteilung des Wohlstands. Das Flüchtlingskommissariat der UN bringt den Lösungsansatz auf den Punkt: Menschen müssen in die Lage versetzt werden, *in ihren Herkunftsländern ein lebenswertes Leben zu führen* und ihre Erwartungen realisieren zu können (UNHCR 1997, S. 226). Das internationale Gefälle sozialer Ungleichheit muss also deutlich verringert werden, andernfalls nimmt der Zuwanderungsdruck auf westliche Gesellschaften weiter zu.

2. Politik auf Zuruf?
Vertrauenskrise der Bürger und Wähler

So viel Reform war nie. Die Vielzahl der Reformvorschläge verwirrt. Was gilt heute noch und was nicht mehr, was ist Zukunftsmusik und was bereits Schnee von gestern? Die Bürger warten gespannt auf eine Reformpolitik aus einem Guss. Stattdessen zeichnet sich eher politisches Agieren und Taktieren „auf Zuruf" ab, wie die sechs führenden Wirtschaftsforschungsinstitute in ihrem Herbstgutachten 2003 anmerkten. Die Reformdiskussion weckt offensichtlich falsche Hoffnungen. Denn ein schlüssiges Konzept mit Verlässlichkeit und Nachhaltigkeitscharakter ist noch nicht in Sicht. Erforderlich wäre dagegen ein *Leitbild für die Gesellschafts- und Wirtschaftspolitik*. Stattdessen herrscht immer noch der Eindruck der Orientierungslosigkeit vor.

Abb. 2: Quo vadis, Deutschland?

1984	1997	2000	2003	2010*
1. Arbeitslosigkeit bekämpfen	1. Arbeitslosigkeit bekämpfen	1. Arbeitslosigkeit bekämpfen	1. Arbeitslosigkeit bekämpfen	1. Renten sichern
2. Frieden sichern	2. Renten sichern	2. Renten sichern	2. Renten sichern	2. Arbeitslosigkeit bekämpfen
3. Umweltverschmutzung bekämpfen	3. Ausbildungsplätze schaffen	3. Kriminalität bekämpfen	3. Ausbildungsplätze schaffen	3. *Gesundheitsvorsorge sichern*
4. Ausbildungsplätze schaffen	4. Kriminalität bekämpfen	4. Ausbildungsplätze schaffen	4. Kriminalität bekämpfen	4. *Terrorismus bekämpfen*
5. Renten sichern	5. Drogenmissbrauch bekämpfen	5. Gewalt verhindern	5. Frieden sichern	5. Kriminalität bekämpfen
6. Kriminalität bekämpfen	6. Umweltverschmutzung bekämpfen	6. Drogenmissbrauch bekämpfen	6. Wirtschaftsstandort Deutschland erhalten	6. Frieden sichern
7. Drogenmissbrauch bekämpfen	7. Frieden sichern	7. Ausländerproblematik lösen	7. Drogenmissbrauch bekämpfen	7. Ausländerproblematik lösen
8. Preisanstieg bekämpfen	8. *Wirtschaftsstandort Deutschland erhalten*	8. Wirtschaftsstandort Deutschland erhalten	8. Gewalt verhindern	8. Gewalt verhindern
9. Tierversuche verbieten	9. *Ausländerproblematik lösen*	9. Preisanstieg bekämpfen	9. Ausländerproblematik lösen	9. *Lebensstandard erhalten*
10. Lebensstandard erhalten	10. *Gewalt verhindern*	10. Umweltverschmutzung bekämpfen	10. Umweltverschmutzung bekämpfen	10. *Armut verhindern*

* Prognose

Es fehlen Antworten auf die Frage: *Quo vadis, Deutschland?* Die ungelösten gesellschaftlichen Probleme kommen ja nicht wie ein Blitz aus heiterem Himmel auf uns zu. Sie künden sich frühzeitig an und eskalieren, wenn sie ungelöst bleiben. Andererseits können sie schnell aus dem Blickfeld der gesellschaftlichen Diskussion geraten, wenn sie an Brisanz und Relevanz verlieren, wie das Beispiel der Umweltproblematik zeigt. Gesellschaft und Politik werden sich in den nächsten Jahren auf *sozio-ökonomische Probleme wie seit über dreißig Jahren nicht mehr* einstellen müssen. Die

Massenarbeitslosigkeit über Jahrzehnte hinweg hat tiefe Spuren hinterlassen und zwingt zu einer *Neudefinition von sozialer Daseinsvorsorge*. Der politische Handlungsbedarf wird sich in Zukunft neben der Sicherung der Renten und der Gesundheitsvorsorge auf die Bekämpfung des Terrorismus und der Kriminalität konzentrieren müssen. Gewalt in jeder Form muss verhindert werden. Hinzu kommen Existenzängste der Bevölkerung, die um ihren Lebensstandard bangt und das Gefühl hat, *sich den heutigen Wohlstand bald nicht mehr leisten zu können*.

Viele Anzeichen deuten auf eine wachsende Unzufriedenheit der Bürger hin. Die Kritik an Staat, Politik und Gesellschaft wächst, die Enttäuschungserfahrungen häufen sich. Von *Politikverdrossenheit* ist zunehmend die Rede, von Zukunftssorgen auch. Was ist davon heute Wirklichkeit? Oder wiederholt sich – historisch gesehen – alles in regelmäßigen Zeitabständen? So ist z.B. 1992 (ein Jahr *nach* dem Golfkrieg) Politikverdrossenheit das „Wort des Jahres 1992" gewesen. Auch nach dem Irakkrieg nahm die Unzufriedenheit der Bevölkerung mit Politik und Politikern wieder zu, weil sie zu wenig ermutigende Antworten auf die sich ausbreitende Verunsicherung erhielt.

In vielen Teilen der Welt ist eine *Krise der Politik* zu beobachten – verbunden mit Bedrohungen wie Aids, Klimawandel und internationalem Terrorismus. Von Seattle über Genua bis hin zu den Fabriken und Feldern großer Teile Asiens, Afrikas und Lateinamerikas verlieren nach Meinung des Entwicklungsprogramms der Vereinten Nationen „die Bürger überall ihr Vertrauen in die Fähigkeit und Bereitschaft ihrer politischen Führer, mit diesen drängenden Herausforderungen fertig zu werden" (UNDP 2002, S. VI). In 140 der beinahe 200 Länder der Welt finden heute Wahlen mit mehreren Parteien statt – mehr als je zuvor. Aber die Begeisterung der Bürger, die nach dem Ende des Kalten Krieges herrschte, ist mittlerweile den nüchternen Realitäten des 21. Jahrhunderts gewichen. Die Millenniums-Umfrage, die 1999 von Gallup International bei mehr als 50.000 Personen weltweit durchgeführt wurde, fragte danach, ob ihr Land vom Willen des Volkes regiert würde. Das desillusionierende Ergebnis: Nur jeder Zehnte in 60 Ländern der Welt ist der Meinung, seine Regierung trage dem Willen des Volkes Rechnung (Gallup 2002).

Zudem erschüttern Wirtschaftsskandale die Börsen. Die Konjunkturkrise der Wirtschaft droht sich zur *Vertrauenskrise der Bürger (und auch der Wähler)* auszuweiten: Wer kann wem noch trauen? Das Vertrauen ist doch der soziale Kitt der Gesellschaft. Wenn das Vertrauen in Wirtschaft, Politik und Institutionen erschüttert ist – was hält die Gesellschaft dann noch zusammen?

Die ökonomischen und sozialen Veränderungen werden subjektiv als durchaus bedrohlich empfunden. Denn:

> Der Lebensstandard der Deutschen wird in den nächsten zehn bis zwanzig Jahren sinken. Die Wohlstandseinbußen werden spürbar und schmerzhaft sein. Materieller Wohlstand und soziale Wohlfahrt gehören wohl zusammen. Wenn der Wohlstand auf breiter Ebene sinkt, ist auch der Wohlfahrtsstaat gefährdet. Die Angst vor einer ungesicherten Zukunft wächst.

Der soziale Ausgleich bleibt weiterhin zur Verhinderung von Konflikten eine vordringliche Aufgabe des Staates. Das muss aber nicht immer nur durch Geldzahlungen erfolgen. Das kann auch durch die *Förderung von Gelegenheitsstrukturen für den sozialen Zusammenhalt* von Menschen und für einen praktikablen Solidarpakt zwischen den Generationen geschehen.

In vielen westlichen Ländern stellt sich derzeit die Lebensqualitätsfrage neu: Eine *Verschiebung vom Nur-Haben-Wollen zum Nicht-Verlieren-Wollen* zeichnet sich ab. Niemand will zu spät kommen und „vom Leben bestraft" werden, also am Ende zu den Verlierern gehören. Der zwischenmenschliche Umgang wird rauer. Tatsächliche und vermeintliche Gegensätze prallen aufeinander: arm/reich, arbeitslos/erwerbstätig, einheimisch/ausländisch, kinderreich/kinderlos, alt/jung u.a. Diese Entwicklung kann nicht konfliktfrei verlaufen. Interessengruppen und Randgruppen, unterschiedliche Lebensstile und Wertorientierungen tragen zur Polarisierung in der Gesellschaft bei. Die Menschen müssen mit solchen Krisen und sozialen Spannungen leben lernen.

Die Kluft zwischen der wirtschaftlichen Entwicklung der Länder und den drängenden sozialen Bedürfnissen der Menschen wird immer größer. Weltweit stockt die Demokratisierungsbewegung, während die Anti-Globalisierungsbewegung immer mehr politisches Gewicht bekommt. Wirtschaftlich, politisch und technologisch gesehen scheint die Welt *noch nie so frei und gleichzeitig noch nie so ungerecht* gewesen zu sein wie heute.

Die Anzahl der Kriege zwischen Staaten ist in den letzten Jahren erheblich zurückgegangen – dafür richten Bürgerkriege mehr Unheil an als je zuvor. Die Anzahl der Flüchtlinge und Binnenvertriebenen stieg seit Anfang der neunziger Jahre um fünfzig Prozent. Und in *Konflikten innerhalb von Staaten* starben etwa 3,6 Millionen Menschen (UNDP 2002, S. 3). Gleichzeitig wuchs in der Bevölkerung die Bereitschaft, *autoritäre oder populistische Tendenzen* zu unterstützen. Wachsende soziale Konflikte bewirken, dass die Bevölkerung das Vertrauen in politische Institutionen zunehmend verliert – und/oder eher autoritären oder populistischen Versprechungen vertraut.

3. Soziale Absicherung statt Wohlstandssteigerung. Die wichtigste Aufgabe der Zukunft

Arbeitslosigkeit (83%). Gesundheitsvorsorge (68%). Kriminalität (59%). Diese Probleme machen den Deutschen am meisten Sorgen beim Gedanken an die Zukunft. Die Wohlstandswende hat die Menschen erreicht. Der Lebensstandard droht unter den EU-Durchschnitt zu sinken. Die Deutschen werden ärmer. Die erreichte Lebensqualität ist infragegestellt. Nicht mehr Ladenschluss, Sonntagsöffnung oder Servicewüste sind die beherrschenden Themen. Im Zentrum der gesellschaftlichen Diskussion steht mehr soziales Wohlbefinden als Wohlstandssteigerung, mehr Rentensicherung als Friedenssicherung, mehr Kriminalitätsbekämpfung als Bekämpfung der Umweltproblematik.

Der Stimmungswandel in der Bevölkerung weist die Politik auf dringende Handlungsbedarfe hin. Die Bekämpfung der Arbeitslosigkeit bleibt für die Bürger nach wie vor die wichtigste politische Aufgabe der Gegenwart. Aber als weitere vordringlich zu lösende Probleme kommen die Sicherung der Gesundheitsvorsorge, die Bekämpfung der Kriminalität wie auch des Terrorismus (58%) hinzu. Deutschland im Jahre 2020: Aus der Sicht der Bevölkerung gleicht das künftige Risikoprofil einem Konfliktfeld mit weitreichenden ökonomischen Folgen und sozialem Zündstoff. Die ungelöste Arbeitslosenproblematik macht vor allem den Familien mit Kindern Angst (89% – übrige 81%). Ostdeutsche befürchten insbesondere die *Ausbreitung von Armut* (52% – Westdeutsche: 42%) sowie die Entstehung einer *Zweiklassengesellschaft* (48% – Westdeutsche: 38%). Die unterschiedlichen Arbeits- und Lebensbedingungen im Osten und im Westen drohen im eigenen Land neue Armuts- und Wohlstandsgrenzen zu schaffen, die ebenso sichtbar wie spürbar werden können.

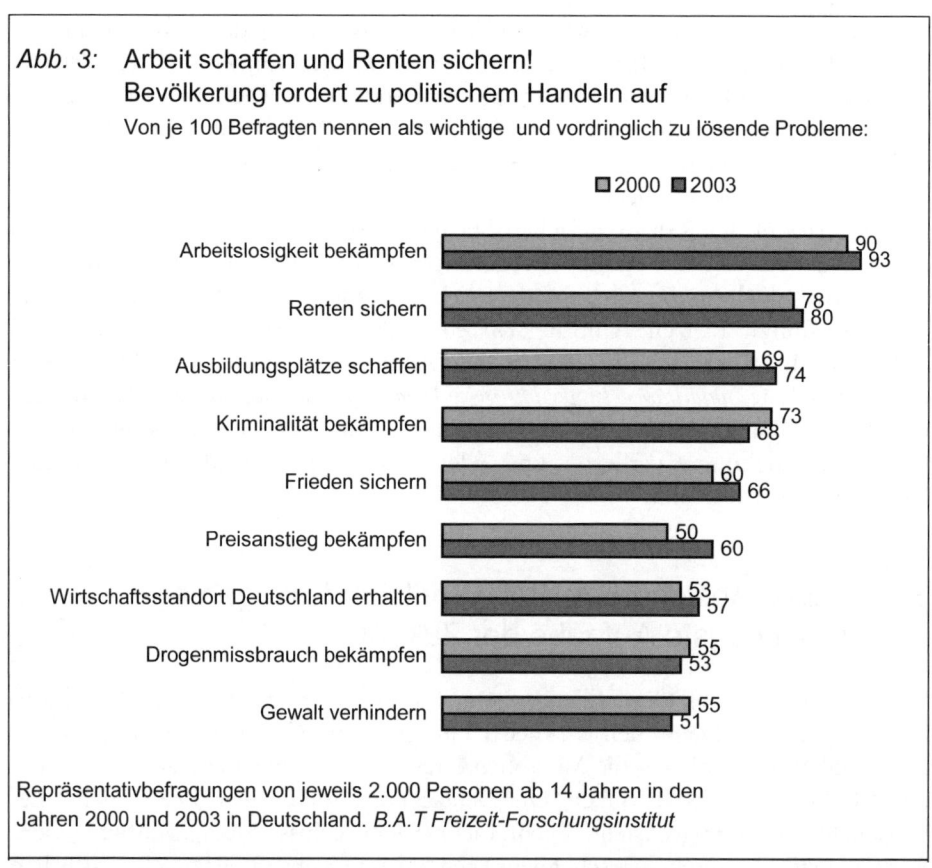

Abb. 3: Arbeit schaffen und Renten sichern!
Bevölkerung fordert zu politischem Handeln auf
Von je 100 Befragten nennen als wichtige und vordringlich zu lösende Probleme:

Repräsentativbefragungen von jeweils 2.000 Personen ab 14 Jahren in den Jahren 2000 und 2003 in Deutschland. *B.A.T Freizeit-Forschungsinstitut*

Das wachsende Wohlstandsgefälle verschärft die sozialen Spannungen zwischen den Bundesbürgern in den neuen und alten Ländern. Die Westdeutschen hingegen bangen, ihren erreichten Wohlstand zu verlieren, der ihnen im Alter vielleicht nur noch eine *Mindestrente* (59% – Ostdeutsche: 50%) beschert. Und auch hinsichtlich der *Pflegeversicherung* befürchten sie in Zukunft deutlich geringere Leistungen (41% – Ostdeutsche: 30%). Weitgehend einig sind sich die Bundesbürger in einem: Es wird ihnen in Zukunft sicher nicht besser gehen als heute. Eher werden sie sich *schlechter fühlen* und den Eindruck haben, dass sie *ärmer werden* und einen Teil ihrer Lebensqualität verlieren. Andere Probleme treten dagegen in den Hintergrund: Umweltbelastung (35%), Bildungskrise (17%) oder Epidemienausbreitung von Aids bis SARS (10%) sind objektiv vorhanden, belasten die Menschen aber subjektiv weniger.

Die ökonomischen und sozialen Veränderungen werden als bedrohlich empfunden, weil der Lebensstandard der Deutschen in den nächsten zehn bis zwanzig Jahren vermutlich noch weiter sinken wird. Wenn der Wohlstand auf breiter Ebene sinkt, ist auch der Wohlfahrtsstaat gefährdet. Die Angst vor einer ungesicherten Zukunft wächst. *„Der Sozialstaat kippt"* meinen 43 Prozent der deutschen Bevölkerung. Und für eine deutliche Mehrheit der Bundesbürger ist inzwischen klar, dass es „in Zukunft viel schwieriger ist, ebenso abgesichert und im Wohlstand zu leben" (56%) wie heute.

Von den Politikern erwartet die Bevölkerung, dass sie das Arbeitslosenproblem vordringlich lösen. Konkret heißt dies: Im Prioritätenkatalog politischer Handlungsbedarfe muss die Arbeitslosenproblematik an aller erster Stelle stehen. Es reicht dann aber nicht aus, an diesem Problem nur zu „arbeiten". Das Problem muss auch „gelöst" werden, damit vor allem die Sockelarbeitslosigkeit nicht weiter zunimmt. Denn mit jeder Rezession kommt es schubartig und fast treppenförmig zu einem Anstieg der Arbeitslosigkeit, der nach dem Konjunkturaufschwung nicht wieder abgebaut wird. Wer die Augen vor dieser Wirklichkeit nicht verschließt, muss erkennen:

> Der Verlust der Vollbeschäftigung ist seit einem Vierteljahrhundert Normalität. Die Zahlen sprechen für sich: Vier Erwerbstätige haben derzeit sechs Nichterwerbstätige zu versorgen. Gesellschaftlich gesehen kann dies auf längere Sicht nur Wohlstands- und Wohlfahrtsverlust zur Folge haben.

Für den Abbau und die Verhinderung von Massenarbeitslosigkeit ist sicher nur ein *Bündel von Maßnahmen* wirksam. Andererseits haben die Amerikaner deutliche Zeichen für die Zukunft gesetzt: Die Beschäftigten müssen immer länger arbeiten. Die wöchentliche Durchschnittsarbeitszeit amerikanischer Fabrikarbeiter liegt bei etwa 43 Stunden. Hinzu kommen noch mindestens fünf Überstunden. Lediglich 14 Urlaubstage pro Jahr stehen den Arbeitern offiziell zu. Doch fast ein Drittel nimmt den Urlaub nicht voll oder gar nicht in Anspruch. Auch in Deutschland *gehört die Phase ständig kürzer werdender Arbeitszeit der Vergangenheit an*. Wenn eine spürbare Senkung der Arbeitslosenzahlen in den nächsten Jahren ernsthaft erreicht werden soll, dann wird es neben neuen Arbeitszeitregelungen (z.B. Teilzeitverträgen, Überstundenabbau) auch veränderte Finanzierungsüberlegungen (z.B. zu Lohnzahlungen, Sozialabgaben, Vermögensbildung, Investitionen) geben müssen, um neue Arbeitsplätze zu schaffen.

Das „Wirtschaftswunder" der fünfziger Jahre – eine Folge von Nachkriegszeit und Wiederaufbauphase – kommt nicht wieder. Das reale Bruttoinlandsprodukt in Deutschland ist seither stetig gesunken. Die Sorge um ein „Nullwachstum" zu Beginn des 21. Jahrhunderts ist nicht von der Hand zu weisen, wenn man das jährliche Wirtschaftswachstum der letzten fünf Jahrzehnte miteinander vergleicht. Was in den 2010er Jahren *wirtschaftlich* auf uns zukommt, ist nicht prognostizierbar.

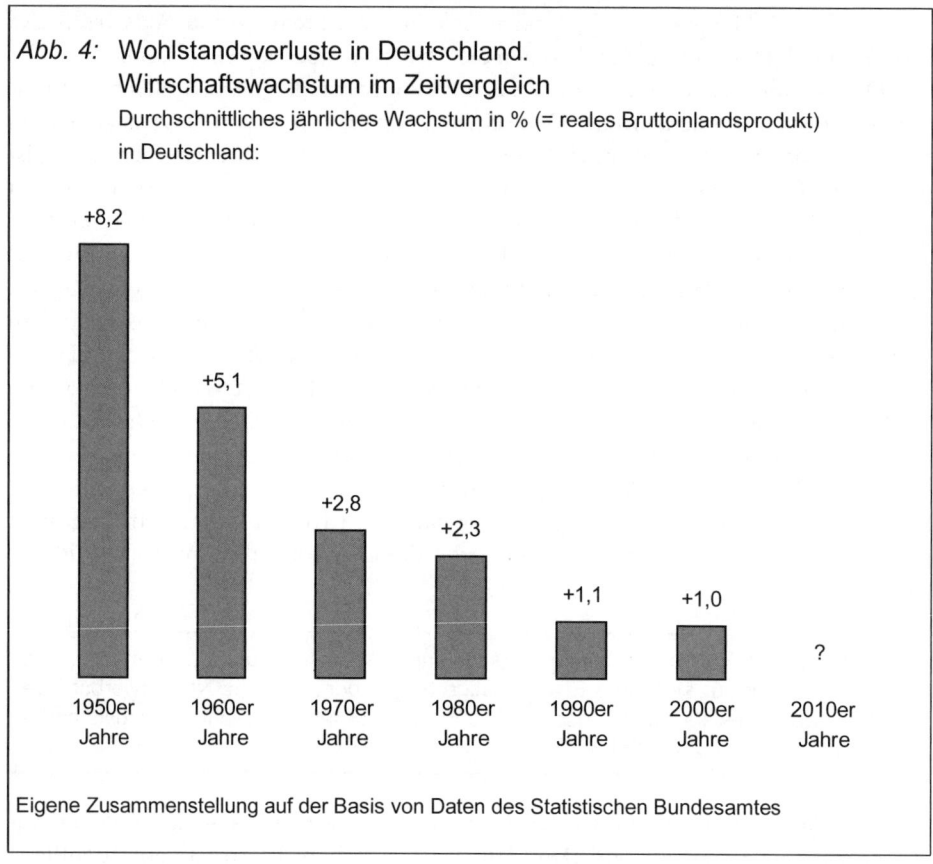

Abb. 4: Wohlstandsverluste in Deutschland. Wirtschaftswachstum im Zeitvergleich
Durchschnittliches jährliches Wachstum in % (= reales Bruttoinlandsprodukt) in Deutschland
Eigene Zusammenstellung auf der Basis von Daten des Statistischen Bundesamtes

Neben den ungelösten ökonomischen Problemen wie Massenarbeitslosigkeit und Unsicherheit der Renten werden den Bundesbürgern soziale Probleme in Zukunft Sorgen bereiten, vor allem die *Bekämpfung der Kriminalität* in Deutschland. Die Kriminalitätsentwicklung in Deutschland macht diese Sorge verständlich. Besonders hoch ist dabei der *Anstieg der Gewaltkriminalität*, insbesondere von Raub und räuberischer Erpressung. Der *Vandalismus* in Schulen, öffentlichen Verkehrsmitteln und Gebäuden nimmt ebenso zu. Vor allem in Großstädten und Ballungszentren steigt die Jugendkriminalität überproportional an.

- Besteht bald die Gefahr, *„Crime Zones"* wie in den USA abstecken zu müssen, wo Kriminelle – weitgehend unbehelligt von der Polizei – sich selbst überlassen bleiben?
- Wächst die Zahl der wohlhabenden Bürger, die sich aus Angst vor Kriminalität, insbesondere Einbruch, Diebstahl und Überfall, hinter Mauern und Wächtern („Privatpolizei"/„Security Service") verschanzen?
- Zieht sich in Zukunft die Zwei-Klassen-Gesellschaft in ihre Festungen zurück?

Das subjektive Empfinden von mangelnder Sicherheit im Land kann ein großes Zukunftsproblem in Deutschland werden. Die Angst vor (latein-)amerikanischen Verhältnissen (USA, Mexiko, Kolumbien u.a.) mit wachsender Kriminalität und boomenden privaten *Wachdiensten*, in denen sich ganze Straßenzüge und Wohnviertel zusammenschließen, ist groß. Werden hochwertige Immobilien in Zukunft nur noch in Verbindung mit *Sicherheitspaketen* zu verkaufen und zu erwerben sein?

Frust und Langeweile gelten derzeit als die Hauptmotive jugendlicher Gewalttäter, denen Elternhaus und Schule immer weniger Orientierungshilfen geben können. Schon in den siebziger Jahren stellte der amerikanische Sozialwissenschaftler Tibor Scitovsky die Vermutung an, dass die „steigende Gewalttätigkeit" auch darauf zurückzuführen sei, dass viele *aus ihrem langweiligen Leben einfach ausbrechen wollten* (Scitovsky 1977, S. 68). Langeweile nach Feierabend, nicht krimineller Geist steckt hinter vielen jugendlichen Straftaten.

Der sich ankündigende Themenwechsel in Deutschland wird folgenreich sein: Ganz obenan steht die *Renten-Frage*. Sie kann – vor dem Hintergrund der demographischen Entwicklung – wahlentscheidend werden. 89 Prozent der 65 plus-Generation sehen eine solche Problemlösung als wichtigste und vordringlichste Aufgabe des Staates an. Dies trifft vor allem für die älteren Frauen zu, die auch in Zukunft die Männer überleben werden, ohne dass ihre soziale Absicherung im Alter zufriedenstellend gelöst wäre. Insofern kann es nicht überraschen, dass Frauen im Alter von über 65 Jahren mittlerweile die Rentensicherung sogar für wichtiger (2003: 91%) halten als die Bekämpfung der Arbeitslosigkeit (88%). Und auch *Kriminalitätsbekämpfung* (71%) stellt für sie ein größeres Zukunftsproblem dar als die Sicherung des Friedens (67%) in der Welt. Hier deuten sich gravierende Handlungsbedarfe für die Politik an.

Mit der Zunahme sozialer Probleme werden zunehmend *ökologische Probleme in den Hintergrund gedrängt*. Die Bekämpfung der Umweltverschmutzung bleibt nach wie vor wichtig, verliert aber an gesellschaftlicher Problemrelevanz. Dafür spricht auch die ständig zunehmende Auto-Mobilität in Deutschland. Der Pkw-Bestand in Deutschland wird sich zwischen 1983 (25 Mio) und 2010 (ca. 50 Mio) verdoppelt haben. Alle Versuche, die Mobilität mit verkehrsrechtlichen Mitteln einzuschränken, werden nicht gelingen, weil sie den *Erlebniswert des Unterwegsseins* außer acht lassen. Während die Mobilität den Menschen geradezu „am Herzen liegt", spricht die staatliche Verkehrspolitik von „unnützem Hin- und Herfahren". Ohne Attraktivitätsverbesserungen (= Erlebniswert-Steigerungen) des Öffentlichen Personennahverkehrs und ohne die Schaffung und den Ausbau eines attraktiven Rad- und Wanderwegenetzes kann es in Zukunft keine wirkliche Alternative zur Auto-Mobilität geben.

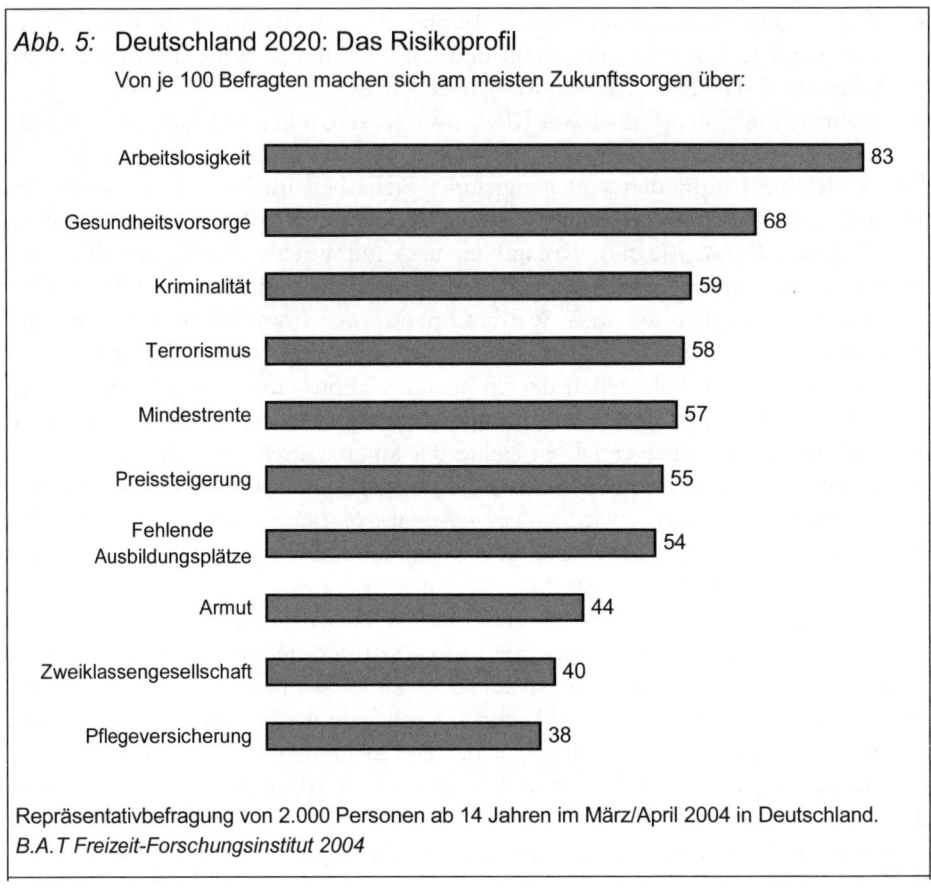

Abb. 5: Deutschland 2020: Das Risikoprofil
Von je 100 Befragten machen sich am meisten Zukunftssorgen über:

- Arbeitslosigkeit: 83
- Gesundheitsvorsorge: 68
- Kriminalität: 59
- Terrorismus: 58
- Mindestrente: 57
- Preissteigerung: 55
- Fehlende Ausbildungsplätze: 54
- Armut: 44
- Zweiklassengesellschaft: 40
- Pflegeversicherung: 38

Repräsentativbefragung von 2.000 Personen ab 14 Jahren im März/April 2004 in Deutschland.
B.A.T Freizeit-Forschungsinstitut 2004

Ökonomische, ökologische und soziale Probleme fordern Politik und Gesellschaft im 21. Jahrhundert heraus. Eine zukunftsorientierte Gesellschaftspolitik muss insbesondere Jugendlichen neben Ausbildungs- und Arbeitsplätzen weitere *sinnvolle Beschäftigungsfelder* (z.B. Umweltschutz, soziales Engagement, sportliche Herausforderungen, Selbsthilfe-Angebote) eröffnen und ihnen vermehrt *Erfahrungsräume für Erfolgserlebnisse* bereitstellen. Nur so kann wirksam verhindert werden, dass sich in einer nachindustriellen Gesellschaft, der die bezahlte Arbeit ausgeht, Leere, Langeweile und Gewalttätigkeiten ausbreiten. In vielen Fällen verbirgt sich hinter jugendlichen Aggressionen nur der Hilferuf an die Erwachsenen, etwas gegen die Sinn- und Erlebnisarmut des Lebens zu tun und ihnen eine bessere Lebensperspektive zu ermöglichen. Perspektivlosigkeit und ein Leben ohne Herausforderung kann der Mensch auf Dauer nicht ertragen. Politik und Gesellschaft müssen also auch jenseits des Erwerbs über neue *Beschäftigungsformen mit Ernst- und Sinncharakter* nachdenken und die einzelnen Bürger mehr fordern, d.h. ihnen wieder mehr Eigenverantwortung zurückgeben und zumuten.

4. Konfliktfelder.
Spannungen als sozialer Zündstoff

Um sich im eigenen Land wohlfühlen zu können, müssen Lebensbedingungen vorhanden sein oder geschaffen werden, die den Bürgern soziales Wohlbefinden genauso ermöglichen wie materiellen Wohlstand. Insbesondere die Kluft zwischen Benachteiligten und Privilegierten, Gewinnern und Verlierern darf nicht zu groß werden, weil sie sonst den sozialen Frieden gefährden. Wer auf der Schattenseite des Lebens jenseits von Geltungskonsum und Statussymbolen leben muss, wird sich auf Dauer nicht mehr mit der George Orwell'schen Vision von „1984" zufrieden geben und den größten Teil seines Lebens mit „kleinlichen Streitigkeiten mit Nachbarn, Kino, Fußball, Bier und vor allem Glücksspielen" ausfüllen wollen. *Soziale Konflikte benötigen keinen Pass*, um (z.B. nationale, legale, moralische) Grenzen zu überschreiten – in Form von Terror, Gewalt, Kriminalität und politischer Instabilität. Ungelöste Konflikte neigen dazu zu eskalieren.

Deutschland kann durchaus zum Konfliktfeld werden, wenn die Spannungen Ost/West, Arm/Reich und Jung/Alt nicht abgebaut werden. Als größten Gefährdungsfaktor für den sozialen Frieden in Deutschland sieht die Bevölkerung den *Konflikt zwischen Ausländern und Einheimischen* an. 37 Prozent der Deutschen erwarten hier für die Zukunft „sehr starke Konflikte". Vor allem Familien mit Jugendlichen äußern hier große Befürchtungen. An ein völlig konfliktfreies Zusammenleben der beiden Gruppen glaubt nur jeder zehnte Deutsche (10%). Alle anderen erwarten, dass sich in dieser Beziehung die Konflikte verschärfen werden.

Als ein weiteres Spannungsfeld wird das *Verhältnis zwischen Christen und Muslimen* gesehen. Knapp ein Drittel der Bevölkerung (30%) geht von künftigen Konflikten aus. Unterschiedliche Kulturen und Religionen stoßen hier aufeinander und drohen Deutschland zum Konfliktfeld zu machen. Konflikte zwischen Christen und Muslimen sowie Ausländern und Einheimischen werden im Kern *Integrationskonflikte* sein. Alles hängt davon ab, ob die richtige Balance zwischen der Achtung vor der zunächst fremden Kultur und dem eigenen Selbstverständnis gefunden wird. Das hat mit unkritischer Anpassung nichts zu tun, geht vielmehr mit einer *Wertschätzung des Fremden* einher.

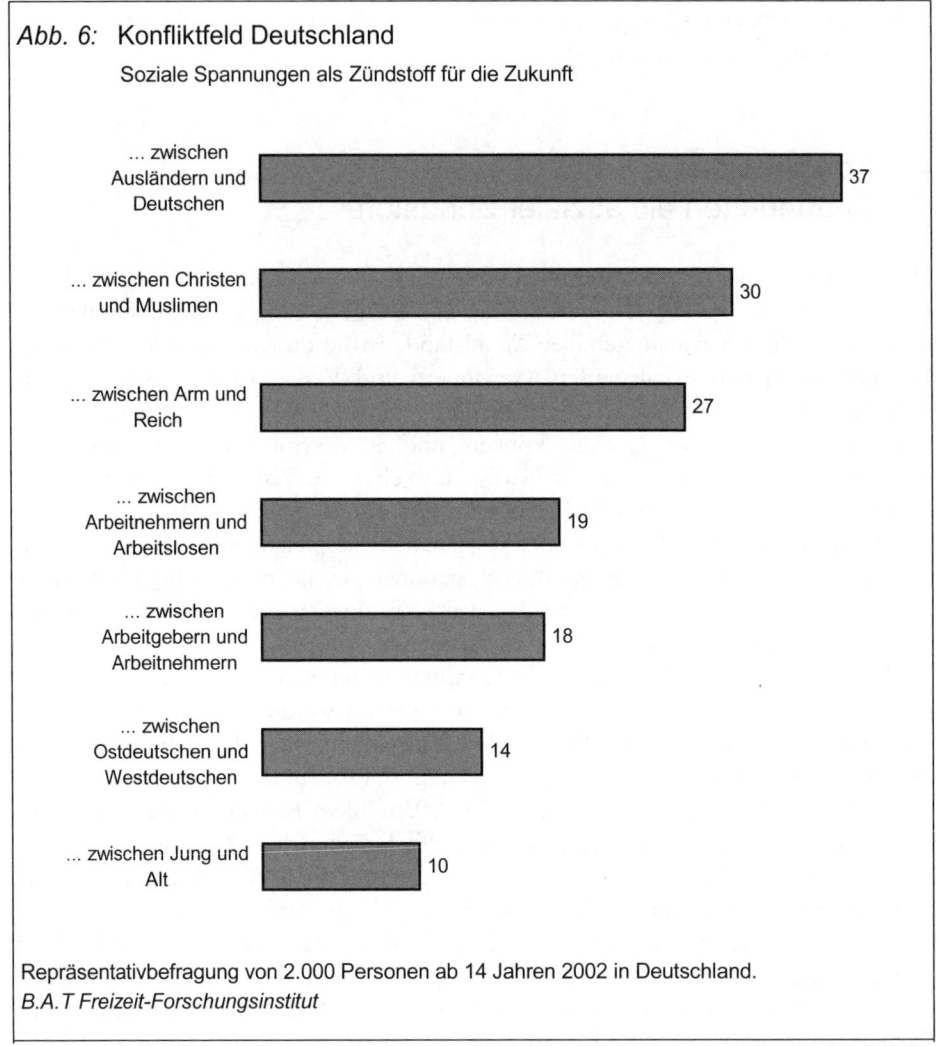

Abb. 6: Konfliktfeld Deutschland
Soziale Spannungen als Zündstoff für die Zukunft

Repräsentativbefragung von 2.000 Personen ab 14 Jahren 2002 in Deutschland.
B.A.T Freizeit-Forschungsinstitut

Gelungene Integration gleicht einer ausbalancierten Identität zwischen Herkunftskultur und Aufnahmekultur. Für das Gelingen dieses Integrationsprozesses sind aber beide verantwortlich – die Ausländer *und* die Einheimischen, setzt also *Integrationswilligkeit* der Zuwanderer genauso voraus wie *Integrationsfähigkeit* der Einheimischen. Beide müssen sich aufeinander zubewegen, was dazu führen kann, dass man dabei auch die eigene Kultur und den eigenen Lebensstil noch einmal kritisch überdenkt. Insbesondere die Städteplanungs- und Wohnungsbaupolitik muss sich mehr als bisher als Integrationspolitik verstehen und konzentrierte Inselbildungen verhindern helfen.

Aber auch die ungleiche Verteilung des Wohlstands sorgt für große Konfliktpotenziale: *Steuerzahler* wenden sich konfliktreich (28%) von *Sozialhilfeempfängern* ab oder grenzen diese aus. Sozialhilfeempfänger sehen sich in Zukunft verstärkt Diskriminierungen und Rechtfertigungszwängen ausgesetzt. Auch Arbeitslose werden sich stärker gegenüber Arbeitnehmern bzw. „Arbeitsbesitzern" erklären müssen. Jeder fünfte Bundesbürger (19%) erwartet hier für die Zukunft spannungsreiche Auseinandersetzungen. Arbeitslose werden sich also *doppelt rechtfertigen* müssen – *im privaten Bereich* gegenüber Familie, Freunden und Nachbarn und *im öffentlichen Bereich* gegenüber Erwerbstätigen, die das Gefühl haben, immer mehr arbeiten und leisten zu müssen.

Bei der Bewertung künftiger Konfliktpotenziale spielt auch der *Generationenkonflikt Jung/Alt* eine Rolle. Dafür sprechen die Antworten auf die Frage: „Aufgrund der Überalterung der Gesellschaft kommt es zunehmend zu Finanzierungsproblemen in der Renten- und Krankenversicherung. Glauben Sie, dass dies zu größeren Konflikten zwischen den Alten und den Jungen in unserer Gesellschaft führen wird, oder glauben Sie dies nicht?" Diese Frage – erstmals im November 2000 bei 1.502 Wahlberechtigten durch das Institut für praxisorientierte Sozialforschung (IPOS) erhoben – ergab auf dem Höhepunkt der öffentlichen Diskussion um Rentensicherung und Rentenreform eine breite Zustimmung (65%) für den Generationenkonflikt.

In der Repräsentativbefragung des B·A·T Freizeit-Forschungsinstituts zur gleichen Frage zwei Jahre später fielen hingegen die Antworten weniger dramatisch aus. Jetzt glauben nur mehr zwei von fünf Bundesbürgern (42%), dass es zu größeren Konflikten zwischen Jung und Alt kommt. *Die Konfliktlage hat sich entspannt.* Andere gesellschaftliche Themen stehen mehr im Brennpunkt des öffentlichen Interesses: Die Angst vor dem sozialen Absturz heute und die Sorge vor dem Verlust des sozialen Zusammenhalts morgen.

5. Sozialer Kollaps?
Zukunftssorge der Bevölkerung

Eine Hauptsorge der Menschen für die Zukunft konzentriert sich auf die Frage: Geht der soziale Kitt verloren? Es ist kein Zufall, dass dabei die Angst vor Kriminalität dominiert, wobei auch die Angst vor Wohlstandsverlust mitschwingt. Die meisten *Probleme* aber werden *im zwischenmenschlichen Umgang* gesehen: Kritisiert werden Aggressivität (1999: 40% – 2002: 47%) und Egoismus (1999: 32% – 2002: 38%), Gleichgültigkeit und Oberflächlichkeit (1999: 27% – 2002: 34%) bis hin zu Herzlosigkeit und sozialer Kälte (1999: 42% – 2002: 52%). Die Folgen können Vereinsamung (1999: 20% – 2002: 27%) und soziale Ausgrenzung (1999: 19% – 2002: 27%) sein. Das gesamte soziale Netz, das die Menschen verbindet und auffängt, ist dadurch in Frage gestellt. Was hält die Menschen dann in Zukunft noch zusammen?

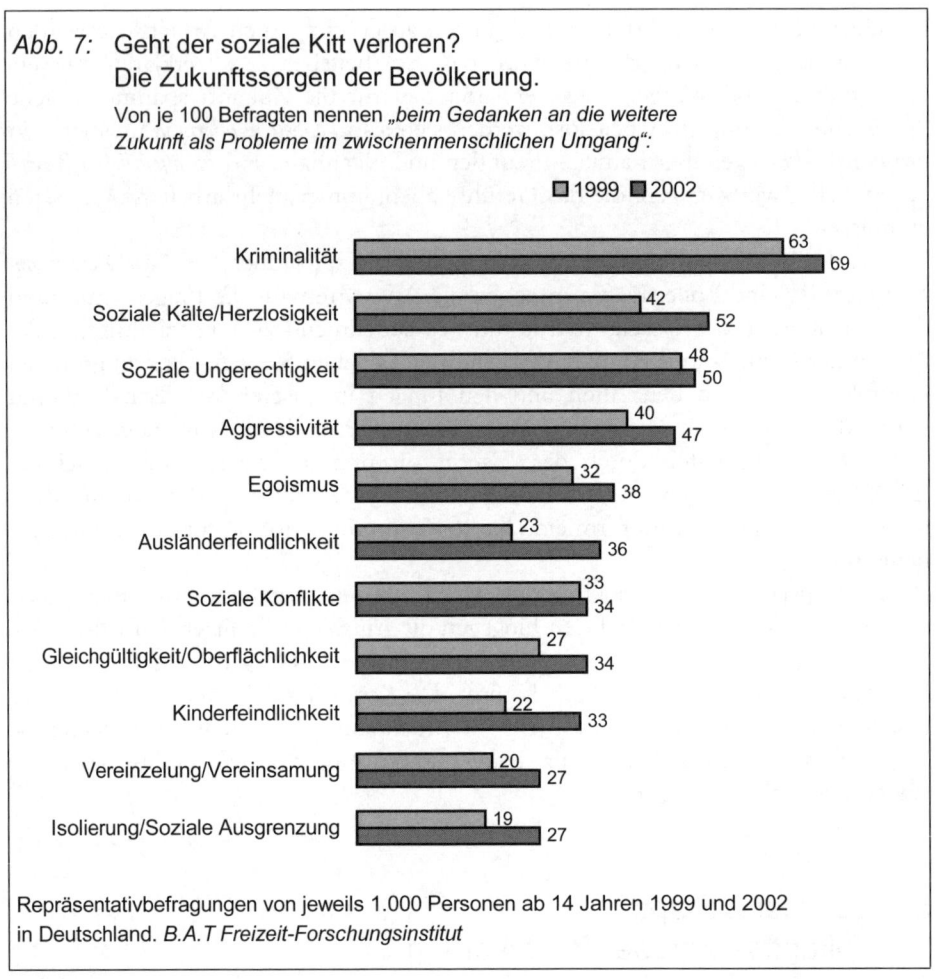

Abb. 7: Geht der soziale Kitt verloren? Die Zukunftssorgen der Bevölkerung.

Die modernen Informationstechnologien spielen dabei eine widersprüchliche Rolle: Einerseits ermöglichen sie den Aufbau gesellschaftlicher Netzwerke über riesige Entfernungen hinweg, andererseits verstärken sie auch privatistische Tendenzen zum *Rückzug aus dem sozialen Leben* (Putnam/Goss 2001, S. 36). Befürchtet werden für die Zukunft u.a. (vgl. Weidenfeld 2001, S. 12):

- die Loslösung des Individuums aus sozialen Milieus,
- die Infragestellung gemeinsamer Wertorientierungen,
- die Gefahr der Entsolidarisierung der Gesellschaft,
- mehr Gewalt,
- instabilere Familienverhältnisse und
- geringere Lebenszufriedenheit.

Droht der soziale Zusammenhalt als zentrale Ressource jeder Gesellschaft verloren zu gehen?

Der Ethnologe und Kulturhistoriker Hans Peter Duerr sagt uns für die Zukunft einen sozialen Kollaps voraus, wenn wir so weiterleben wie bisher. Der flexible Nomade droht zu vereinsamen in einer Gesellschaft der Ichlinge. An die Stelle der Gemeinschaft tritt eher eine Ansammlung einzelner Individuen, deren Kontakte von kurzfristigen Kosten-Nutzen-Rechnungen bestimmt und von der Frage geleitet sind: Was bringt mir das? Damit aber beginnt die Erosion der Gemeinschaft. Im gleichen Maße, wie die Sehnsucht nach Gemeinschaft, nach Geborgenheit und Solidarität wächst, nimmt auch das Unvermögen zu, diese Wünsche zu verwirklichen. Was die Menschen dann noch miteinander verbindet, ist die Unverbindlichkeit. Jede Gesellschaft braucht ein *Mindestmaß an Solidarität und Zusammengehörigkeit:* „Gemeinschaft aber setzt voraus, dass die Menschen miteinander verbunden sind und sich für einander verantwortlich fühlen. Diese Daseinsform verschwindet zunehmend" (Duerr 2000, S. 188). Es läuft in Zukunft bestenfalls alles auf einen Balanceakt hinaus, in dem individuelle und soziale Elemente ihr Gleichgewicht finden.

Andernfalls droht ein *Vertrauensverlust* auf breiter Ebene: Jeder zweite Bundesbürger (51%) ist der Meinung, „dass man den meisten Menschen nicht vertrauen kann" (West: 50% – Ost: 55%). Das soziale Vertrauen, das Menschen zu ihren Mitmenschen empfinden, ist infragegestellt. Lang anhaltende hohe Arbeitslosigkeit, wachsender Zwang zu beruflicher Mobilität und Wohnortwechsel, Trend zur Individualisierung anstelle von Solidarisierung sowie zunehmende Akzeptanzprobleme gegenüber sozialen Normen fördern einen „moralischen Relativismus" (Hall 2001, S. 86), der das Vertrauen in gesellschaftliche Institutionen und andere Menschen spürbar sinken lässt.

> Vertrauensbildung wird zur großen Herausforderung des 21. Jahrhunderts – im zwischenmenschlichen Umgang genauso wie in der internationalen Politik, in den weltweiten Wirtschafts- und Handelsbeziehungen, im Arbeits- und Geschäftsleben (z.B. in der Mitarbeitermotivation und Kundenbindung) und in der ganz privaten Kontaktpflege in Nachbarschaft, Freundeskreis und sozialem Netzwerk.

Das rasche Lebenstempo lässt immer weniger zeitaufwendige Verpflichtungen zu. Nicht, weil die Menschen dies nicht mehr wollen, sondern weil sie glauben, es zeitökonomisch nicht mehr verkraften zu können. Vertrauen wird vielleicht bald nur noch negativ definiert – als Abwesenheit von Misstrauen. Und die positive Variante lautet dann allenfalls: *Selbstvertrauen.*

6. Organisationsunlust.
Staat ohne soziale Kontrolle?

Der Autor hat frühzeitig im Rahmen seiner Forschungen zur Sozialfolgenabschätzung auf grundlegende Veränderungen in der Vereins- und Organisationsbindung aufmerksam gemacht: „Die Organisationsbindungen können in Zukunft keine Lebensgemeinschaften mehr sein. Gefragt sind allenfalls jederzeit kündbare Zeitmitgliedschaften, Engagements auf Zeit oder Abruf. Die Flucht aus den Vereinen droht. Vor allem die Großstädter werden *vereinsmüde"* (Opaschowski 1990, S. 59). Die prognostizierte Flucht aus Vereinen und Organisationen, Gewerkschaften und Parteien ist inzwischen Wirklichkeit geworden. Allein die Zahl der Mitglieder im Deutschen Gewerkschaftsbund (DGB) ist um ein Drittel zurückgegangen. Der DGB denkt mittlerweile ernsthaft über *Schnuppermitgliedschaften* nach, weil immer weniger Beschäftigte bereit sind, sich längerfristig zu organisieren. Noch 1990 gehörten fast zwei Drittel der Bevölkerung (62%) einem Verein oder einer Organisation an. Seither ist der *Mitgliederanteil stetig gesunken* (1993: 58% – 2000: 53% – 2002: 44%). Verliert der Staat seine soziale Kontrolle?

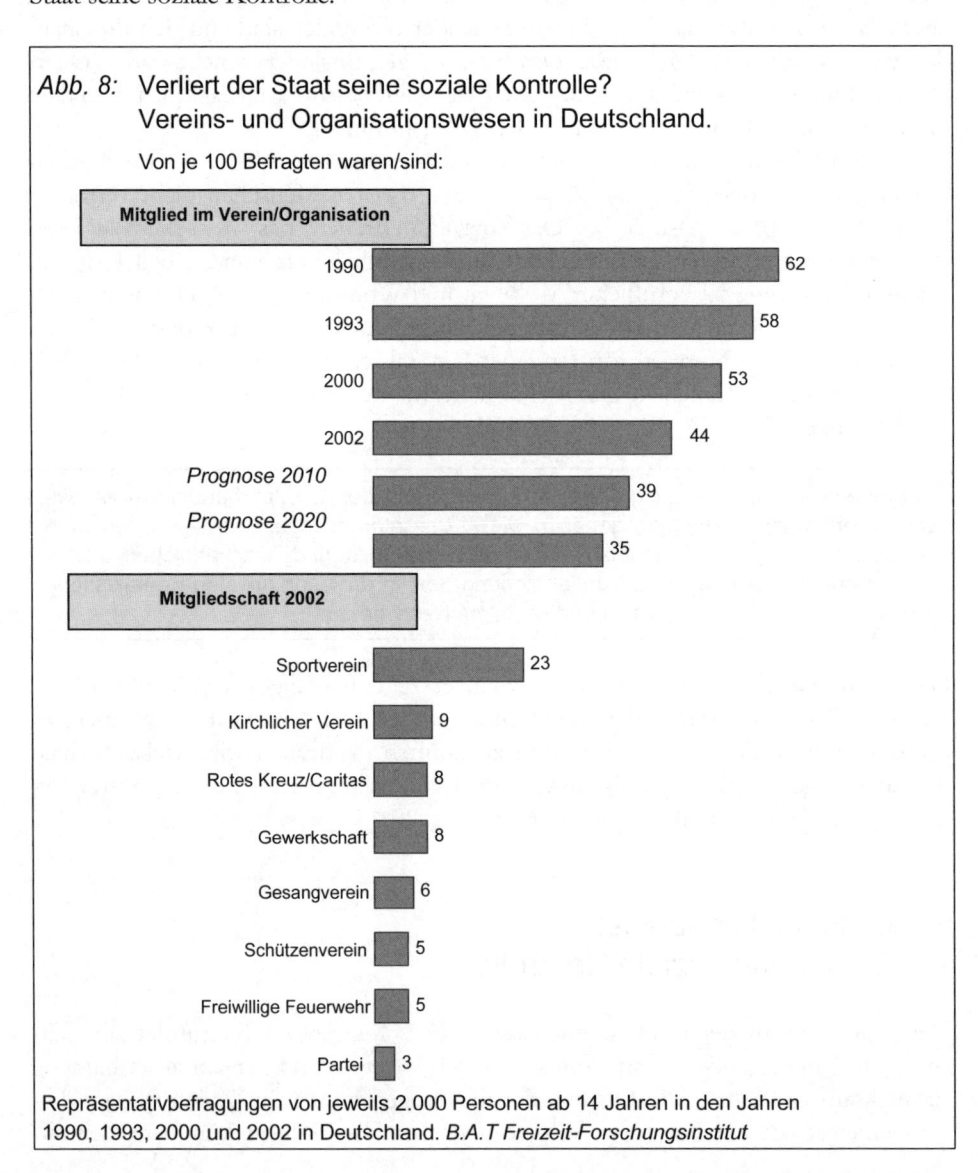

Abb. 8: Verliert der Staat seine soziale Kontrolle?
Vereins- und Organisationswesen in Deutschland.

Von je 100 Befragten waren/sind:

Mitglied im Verein/Organisation

- 1990: 62
- 1993: 58
- 2000: 53
- 2002: 44
- Prognose 2010: 39
- Prognose 2020: 35

Mitgliedschaft 2002

- Sportverein: 23
- Kirchlicher Verein: 9
- Rotes Kreuz/Caritas: 8
- Gewerkschaft: 8
- Gesangverein: 6
- Schützenverein: 5
- Freiwillige Feuerwehr: 5
- Partei: 3

Repräsentativbefragungen von jeweils 2.000 Personen ab 14 Jahren in den Jahren 1990, 1993, 2000 und 2002 in Deutschland. B.A.T Freizeit-Forschungsinstitut

Ein hoher Organisationsgrad sagt viel über die Lebendigkeit eines demokratischen Gemeinwesens aus. Organisationen und Vereine erleichtern die Teilnahme und Teilhabe am gesellschaftlichen und kulturellen Leben und wirken extrem individualistischen Tendenzen wirksam entgegen. Insofern muss der Staat ein elementares Interesse daran haben, dass in solchen „verfassten" Organisationen auf demokratischer Grundlage Einfluss auf das gesellschaftliche Geschehen genommen wird. Fällt diese Art von demokratischer Organisiertheit aber weitgehend weg, verliert auch der Staat wichtige Einfluss- und Kontrollmöglichkeiten. Information, Aufklärung und politische Meinungsbildung werden dann wesentlich zu einer Sache der Medien.

Seit einigen Jahren liegt eine geradezu *bleierne Zukunftsstimmung* über Deutschland: Unternehmen geben auf, Kirchen, Parteien, Gewerkschaften und Vereine verlieren Mitglieder und Familien werden gar nicht erst gegründet oder früh wieder aufgelöst. Soziale Erosionsprozesse auf breiter Ebene. Der Eindruck entsteht: Die Bürger warten auf Anstöße von außen oder oben, die von irgendwoher kommen sollen.

Die Menschen sind von den wirtschaftlichen und sozialen Ergebnissen der Politik enttäuscht. Sie verlieren zunehmend das Vertrauen in die Wirksamkeit der Regierung. Und nur mehr eine Minderheit der Bevölkerung ist der Meinung, die Regierung trage dem Willen des Volkes Rechnung. Die Krise der Politik droht zur Vertrauenskrise der Wähler zu werden:

- *Die Wahlbeteiligung* der Bürger sinkt rapide, d.h. ein fast universaler Rückgang der wichtigsten Möglichkeit politischer Einflussnahme ist feststellbar – trotz eines höheren Bildungsniveaus auf breiter Ebene.
- Das Engagement zur *Mitarbeit in politischen Parteien ist deutlich rückläufig:* Parteienverdrossenheit ist vor allem bei der jüngeren Generation feststellbar. Damit verbunden sind teilweise dramatische Rückgänge bei der Parteimitgliedschaft bzw. die Ausbreitung nur „zahlender" Parteimitglieder.
- Ehemals massengetragene *Wahlen entwickeln sich zu Zuschauerveranstaltungen im Fernsehen.* Die Sprunghaftigkeit bei Wahlentscheidungen ist dadurch auch erklärbar. Manche Bürger begnügen sich mit der Rolle von Zuschauern.

Die Folgen in Deutschland: Wechselwähler, Protestwähler und Wahlverweigerer breiten sich aus. Verliert die Politik ihre Kinder? Oder verlieren die Kinder ihre Lust an der Politik? Sind Jugendliche zunehmend partei- und politikerverdrossen? Oder sind sie nur wahlmüde, weil Politiker austauschbar erscheinen und Parteien immer weniger für eine bestimmte politische Richtung stehen?

Die Frage, warum viele Bürger in Deutschland nicht mehr zur Wahl gehen, beantwortet jeder zweite Jungwähler im Alter von 18 bis 29 Jahren mit dem Hinweis, dass die Nichtwähler „grundsätzlich unzufrieden" mit den Politikern und Parteien sind. Jeder Dritte nennt Desinteresse an der Politik. Und zwei von fünf 18- bis 29-Jährigen glauben, „*durch Wahlversprechen belogen* zu werden" (41%). Nach ihrer Einschätzung ist es fast egal, ob man zur Wahl geht oder nicht, weil die Stimme ohnehin „*keinen Einfluss* hat" (31%). Und ein Drittel der jungen Generation meint zudem, dass

Politiker heute *„keine moralischen Vorbilder mehr"* sind und *„keine Partei den Vorstellungen entspricht"*. Sie haben oder finden keine politische Heimat mehr. So bleiben sie entweder der Wahl fern oder neigen dazu, ‚irgendeine' politische Richtung zu wählen.

Abb. 9: Aktiv. Passiv. Ehrenamtlich.
Unterschiedliche Organisationsgrade

Von je 100 befragten Vereinsmitgliedern sind:

	Passives Mitglied	Aktives Mitglied	Mitglied mit ehrenamtlicher Aufgabe
Gewerkschaft	72	25	6
Rotes Kreuz/Caritas/Innere Mission	72	22	9
Partei	58	36	10
Schützenverein	43	57	12
Freiwillige Feuerwehr	39	53	24
Kirchlicher Verein	29	60	37
Gesangverein	24	71	20
Sportverein	24	73	12

Repräsentativbefragung von 2.000 Personen ab 14 Jahren 2002 in Deutschland.
B.A.T Freizeit-Forschungsinstitut

Authentische Verbindungen von Personen und Programmen sind immer seltener zu finden. Der subjektive Eindruck entsteht: Die Wahl gleicht einem Lotteriespiel, bei dem jeder wahllos sein Wahl-Los zieht. Am Ende ist eigentlich alles egal – *egal, wen man wählt und egal, wer regiert oder nicht regiert*. Es schwindet nicht das Interesse am politischen Geschehen, sondern nur das Interesse an der Politik-„Präsentation", die den Staatsbürger zum TV-Konsumenten degradiert: Die Bühne der Politik ist immer weniger das Parlament und immer mehr die Politikerinszenierung im Fernsehen. So droht Wählerdemokratie zur Zuschauerdemokratie zu werden.

Auch in anderen westlichen Ländern (z.B. USA, Frankreich, Italien, Norwegen) haben die politischen *Parteien heute nur noch halb so viele Mitglieder wie vor zwanzig Jahren* – manchmal sogar noch weniger. Und selbst in Lateinamerika und Osteuropa bringen die Menschen inzwischen dem Fernsehen mehr Vertrauen entgegen als den politischen Parteien, wie der UN-Bericht über die menschliche Entwicklung (UNDP/United Nations Development Programme) nachweist. Immer skeptischer stehen die Bürger der Demokratie-Wirklichkeit gegenüber – ganz im Gegensatz zur euphorischen Zeit unmittelbar nach dem Ende des Kalten Krieges.

Die Folgen bleiben nicht aus: Die Parteien plagen Nachwuchssorgen, politische Karriere ist nicht mehr ‚in' und aktive Mitarbeit auf Dauer nur schwer zu erreichen. Die Politik von oben besitzt bei den Jungen unten immer weniger Anziehungskraft. Die Parteien verlieren ihre Basis. Die meisten Parteimitglieder (58%) zahlen nur noch Beiträge und lassen die ehrenamtliche Arbeit andere machen.

7. Wende zum Weniger. Abschied vom Immer-Mehr

Lebensqualität gehört zu den zentralen Werten einer Gesellschaft. Für die Politik müssen Informationen über Lebensqualität und Lebenszufriedenheit der Bürger von fundamentaler Bedeutung sein. Es kann sicher nicht Aufgabe des Staates sein, jedem Bürger ein sorgenfreies Leben zu garantieren, was gesellschaftlich weder möglich noch wünschenswert wäre. Denn wahrgenommene Defizite stellen eine wichtige *Antriebskraft für sozialen Wandel* dar. Defizite wie auch erreichte Lebensqualität müssen bei der Bevölkerung allerdings auch ‚ankommen' bzw. subjektiv wahrgenommen werden können, damit sich Lebenszufriedenheit oder Bereichszufriedenheit (z.B. in Bezug auf Arbeit, Freizeit, Gesundheit) einstellen kann. Im Idealfall stimmen objektive Bedingungen der Gesellschaft und subjektive Bewertungen der Bürger überein.

Viele Bundesbürger müssen im 21. Jahrhundert Abschied nehmen vom Immer-Mehr: In den letzten zehn Jahren ging der Anteil der (West-) Deutschen, die glaubten, es ginge ihnen „besser als früher" von 42 (1992) auf 33 Prozent (2002) deutlich zurück. Immer weniger können in gewohntem Wohlstand zwischen Ausgehen, Shopping und Urlaubsreise so weiterleben wie bisher. Der Wohlstandsgraben zwischen West und Ost ist geblieben, allerdings gehen die *Wohlstandseinbußen* – so die Einschätzung der Bevölkerung – tendenziell mehr zu Lasten der Westdeutschen. Viele Bundesbürger müssen sich mit stagnierenden oder gar sinkenden Einkommen abfinden. Anspruchsmentalität können sich immer weniger leisten.

Abb. 10: Lebensqualität in Deutschland. Abschied vom Immer-Mehr

Von je 100 Befragten *können persönlich am ehesten zustimmen:*

■ 1992   ■ 2002

Westdeutsche / Ostdeutsche

Geringere Lebensqualität
„Die Lebensqualität ist eher geringer geworden"
West: 30 / 32 — Ost: 34 / 35

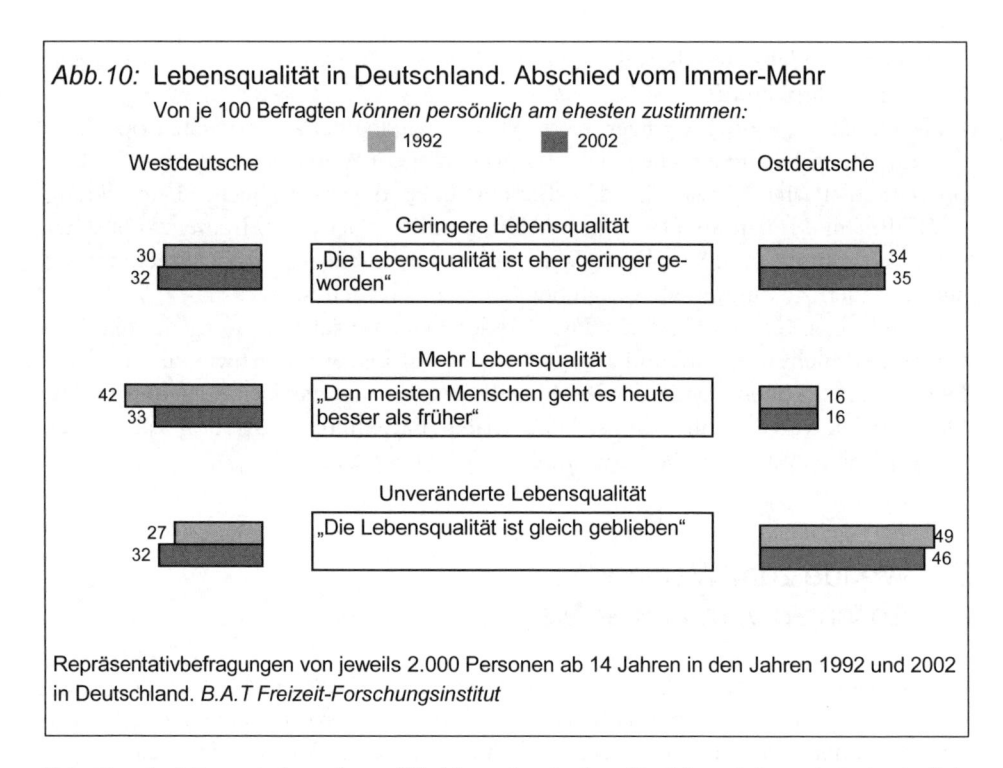

Mehr Lebensqualität
„Den meisten Menschen geht es heute besser als früher"
West: 42 / 33 — Ost: 16 / 16

Unveränderte Lebensqualität
„Die Lebensqualität ist gleich geblieben"
West: 27 / 32 — Ost: 49 / 46

Repräsentativbefragungen von jeweils 2.000 Personen ab 14 Jahren in den Jahren 1992 und 2002 in Deutschland. B.A.T Freizeit-Forschungsinstitut

Die Bundesbürger haben ihren Wohlstand seit den fünfziger Jahren kontinuierlich steigern können. Auch die reale Kaufkraft des verfügbaren Einkommens privater Haushalte liegt heute um ein Vielfaches höher. Andererseits ist erkennbar: Die Wohlstandssteigerung hat ihren Zenit überschritten. Die Steigerungskurve flacht sich ab. Die gegenwärtige Wohlstandswende deutet auf eine doppelte Krise hin: Auf die *Krise der Arbeitsgesellschaft*, der die Arbeit ausgeht und deren Opfer Millionen Arbeitslose und ihre Familien sind. Genauso problematisch aber ist die *Krise der Wohlstandsgesellschaft*, die teilweise über ihre Verhältnisse gelebt hat.

Um nicht auf den Geltungskonsum verzichten und auf der Skala des Sozialprestiges absteigen zu müssen, gehen immer mehr Arbeitnehmer aus der sozialen Mittelschicht nach Feierabend einem Nebenjob nach. Auslöser hierfür ist weniger die Angst vor materieller Not, als vielmehr die *Angst vor dem sozialen Absturz*, vor dem Gesichtsverlust gegenüber Nachbarn, Freunden und Kollegen. In gleichem Maße, wie in den letzten Jahren das Berufsethos im Leben vieler Menschen an Prägekraft verloren hat, ist die *Abhängigkeit vom Geltungskonsum* größer geworden. Manche hatten den Konsum von Statussymbolen fast zur wichtigsten Beschäftigung gemacht. Je nach Konsumgut wechselten sie ihre Identität wie ihre Kleidung: Mal Autofahrer, mal Clubmitglied und mal Urlaubsreisender.

Es bewahrheitet sich derzeit eher eine Prognose zu Anfang der neunziger Jahre, die seinerzeit provozierte und zornig machte: Armut breite sich in Zukunft aus, so die Voraussage, und werde zugleich unsichtbar. Ein Widerspruch?

> **Armut im 21. Jahrhundert. Eine Prognose aus dem Jahre 1992**
>
> „Armut nach dem Jahr 2000 sieht ganz anders aus als heute: Arbeits- und Wohnungslosigkeit gleiten ins Unsichtbare und werden den sozialen Diensten überlassen. Wird in Zukunft gezahlt und vergessen? Die Hilflosen werden verdrängt von den Kinderlosen, die sich den Wohlstand in der Stadt leisten können, während gleichzeitig die Armen in die Anonymität der Stadt fliehen."

H.W. Opaschowski: Freizeit 2001 (B·A·T Projektstudie zur Freizeitforschung), Hamburg 1992, S. 48f.

Die frühe Zukunftsprognose wird inzwischen von der Sozialforschung als Wirklichkeit beschrieben. Eine neuartige Armut breite sich auf *leisen* Sohlen aus, *verberge sich* hinter den eigenen vier Wänden und bleibe in ihrer *Stummheit* für die Öffentlichkeit fast *verborgen*. Wobei zu fragen wäre, was eigentlich schlimmer sei – als arm entdeckt oder nicht entdeckt zu werden (Beck 1997, S. 192ff.). Die Armut wird öffentlich einfach wegindividualisiert, was auch erklärt, dass sie bisher politisch weitgehend folgenlos geblieben ist.

Als Zukunftsperspektive zeichnet sich für viele Menschen ein *Leben zwischen temporärem Wohlstand und dynamischer Armut* ab. Armut bedeutet dabei weniger materielle Not als vielmehr *soziale Isolierung*. Wenn z.B. ein Kind bei einer Klassenreise zu Hause bleiben muss, weil die Eltern das zusätzliche Geld nicht aufbringen können, dann bedeutet dies „Ausgrenzung" (Exklusion). Nicht die existentielle Sorge um das Überleben oder um lebensnotwendige Grundlagen von Menschen in der Dritten Welt ist der Maßstab für Armut bei uns, sondern die *soziale Ausgrenzung*. Für die Zukunft zeichnet sich ab: *Armut ohne Elend breitet sich aus.* Wer heute in Armut lebt, muss weder hungern noch frieren und bekommt auch ein Dach über den Kopf. Dafür sorgt das soziale Netz des Staates.

Andererseits: Etwa jedes fünfzehnte Kind wächst derzeit unter Armutsbedingungen auf. Wird bald jedes zehnte Kind – wie dies der Deutsche Paritätische Wohlfahrtsverband vermutet (vgl. Schneider 2003, S. 4) – unterhalb der Armutsgrenze leben? Das wären etwa 1,5 Millionen Kinder, die Gefahr laufen, zur nächsten Generation von Sozialhilfeempfängern zu werden.

Immer mehr Menschen geraten in die *Armuts-Wohlstand-Schere*: Sie leben in der Spannung zwischen sicherem Wohlstandsgefühl und unsicherer Armutsangst. Sie können sich nicht mehr richtig wohlhabend fühlen, sind aber auch noch nicht richtig arm. Die Grenzen zwischen Noch-Wohlstand und Schon-Armut werden immer fließender. So gibt es *„Augenblicks-Armut"* oder *„Schon-wieder-Armut"* oder *„Immer-noch-Armut"*. Die eindeutigen Kriterien für Armut verschwimmen. Wer arm ist, kann nach außen (z.B. durch Auto, Videorecorder, Stereoanlage oder Urlaubsreise) als relativ wohlhabend erscheinen. Und erst beim zweiten Blick entdeckt man „das Prekäre, das Uneindeutige" (Beck 1997, S. 195), die *Armut auf Zeit oder Widerruf.*

Armut und Wohlstand – das muss kein Widerspruch sein; ganz im Gegenteil. *Wohlstand produziert auch Armut:*

- Nur 6 Prozent der DDR-Bürger vertraten im April 1990 die Auffassung: „Ich will und muss sparen. Mein Haushaltsbudget reicht gerade zur täglichen Versorgung."
- 1991, ein Jahr nach der deutschen Vereinigung, wurde vielen Bürgern in den neuen Bundesländern bewusst, wie groß der Abstand zum Lebensstandard der Westdeutschen war. Plötzlich verdreifachte sich nach der subjektiven Einschätzung der Ostdeutschen der Armutsanteil. 20 Prozent der ostdeutschen Bevölkerung waren jetzt der Meinung, dass sie rechnen mussten, weil ihr knappes Budget gerade zur täglichen Versorgung reichte.
- Im Laufe der neunziger Jahre ging die subjektive Armut spürbar auf 15 Prozent zurück.
- Zur Jahrtausendwende kehrte sich das Verhältnis wieder um: Ein wachsender Teil der ostdeutschen Bevölkerung „fühlte" sich so arm wie nie zuvor (21%).
- 2003 lag dieser Anteil immer noch bei 19 Prozent.

Das subjektive Armutsempfinden der Ostdeutschen ist im Vergleich zu den Westdeutschen annähernd gleich geblieben.

Andererseits: Armut ist kein lebenslanges Schicksal mehr. Denn: „Wer arm ist, muss auch arm bleiben" gilt weitgehend nicht mehr. Diese Sichtweise über Armut ist in den neunziger Jahren durch Langzeitstudien und Lebenslaufforschung als überholt nachgewiesen worden (vgl. Leibfried/Leisering u.a. 1995; Buhr 1995; Ludwig 1996; Leisering 1997; Beck 1997a). Im Laufe eines Lebens kann Armut (aber auch Wohlstand) mittlerweile viele Menschen begleiten bzw. lebensphasenspezifisch betreffen.

- *„Durchgängig arm"* sind heute nachweislich nicht einmal ein Prozent der Bevölkerung,
- *„längerfristig arm"* (also etwa mehr als dreimal im Leben) etwa zehn Prozent und
- *„kurzfristig arm"* (ein- bis zweimal im Leben) etwa 15 Prozent (vgl. Habich u.a. 1991).

Wir haben es also mit einem dynamischen Armutsbegriff zu tun, der einen wachsenden Teil der Bevölkerung in einzelnen Lebensabschnitten (z.B. bei zeitweiliger Arbeitslosigkeit *oder* in Lebensphasen nach einer Scheidung oder als Pflegefall im hohen Alter) betrifft. Armut breitet sich aus – aber meist nur vorübergehend. Armut, das weist auch das Statistische Bundesamt nach, kann überwunden werden. Es haben beispielsweise im Jahr 2002 42 Prozent der Haushalte den Weg aus der Sozialhilfe geschafft.

So gleicht das Leben im 21. Jahrhundert einem Balanceakt auf einem Drahtseil: Mit ein wenig Glück und geradezu artistischem Geschick müssen wir unser Leben meistern, um nicht abzustürzen. Die „Drahtseil-Biographie" (Beck 1997) sorgt für Dynamik und ständige Bewegung, lässt uns aber auch nicht zur Ruhe kommen: Ein *Leben zwischen relativer Armut und prekärem Wohlstand.*

> Im Laufe eines Lebens werden sich in Zukunft immer mehr Menschen mit Phasen des Erwerbs und des Nicht-Erwerbs, des zeitweiligen Wohlstands und der potentiellen Armut arrangieren, also temporäre Armut befürchten müssen bzw. auch temporären Wohlstand erhoffen dürfen.

Im 21. Jahrhundert muss *soziale Gerechtigkeit* in doppelter Weise definiert werden: Die Jüngeren denken mehr an die *Bekämpfung der Arbeitslosigkeit*, die Älteren mehr an die *Sicherung der Renten*. Beide wollen ihren Lebensstandard sichern und von der Perspektive eines besseren Lebens nicht ausgeschlossen werden. Das Ausgeschlossensein wird subjektiv als Armut empfunden. Arm ist man ja nicht mehr, weil man unterhalb des Existenzminimums lebt. Ganz im Gegenteil: Den Armen geht es in Deutschland materiell nicht wesentlich schlechter, lediglich der relative Abstand zum wohlhabenden Teil der Bevölkerung bleibt erhalten.

Nach dem EU-Verständnis gilt man als arm, wenn man 50 Prozent (oder weniger) des durchschnittlichen Haushaltseinkommens verdient. Der Armutsstandard bemisst sich also an einem *Mindestmaß an Konsum- und Kulturgütern*, weshalb auch von „neuer" Armut gesprochen wird (vgl. Hartmann 1985, Dangschat 1990). Infolgedessen geht die Altersarmut tendenziell zurück, während immer mehr junge Leute unter die Armutsschwelle geraten. In Zukunft kann es also zu einem wachsenden *Wohlstandsgefälle mit sozialem Zündstoff* kommen.

> Unter die Armutsgrenze geraten zunehmend mehr junge Menschen und Alleinerziehende sowie Singles ohne familiäre Einbeziehung. Ursachen für die wachsende Verarmung sind nicht nur Arbeitslosigkeit, Trennung oder Scheidung, sondern auch die private Verschuldung für Konsumzwecke. Die private Verschuldung nimmt zu.

Die Jahre nach der Jahrtausendwende werden in die Geschichte der Nachkriegszeit eingehen. Denn: *Erstmals seit der Währungsreform 1949 sind die Deutschen wieder ärmer geworden.* Das Geldvermögen aller deutschen Haushalte zusammen ist nach Angaben der Bundesbank um 15 Mrd Euro geschrumpft, was insbesondere mit der Aktienmarktentwicklung und der damit einhergehenden Kapitalvernichtung zu tun hat. Viele Bundesbürger haben ihre Aktien zu niedrigen Kursen verkauft. Allein zwischen 1999 und 2002 sank der Aktienanteil aller deutschen Haushalte von 13,3 auf 4,5 Prozent. Jetzt muss wieder auf breiter Ebene gespart werden.

Die *wachsende Armut* kann auch in Deutschland *zum Politikum werden* – wie heute schon in den USA. In New York wird der wachsende Anteil Mitteloser als eine der größten sozialpolitischen Herausforderungen angesehen. Der Anstieg der Armutsgrenze z.B. im Jahre 2003 um 12 Prozent gegenüber dem Vorjahr (vgl. Oldag 2003, S. 8), bewirkt: Immer mehr Familien können ihre Miete nicht mehr bezahlen und müssen in öffentlichen Notunterkünften untergebracht werden. Die Obdachlosenzahl wächst dramatisch.

> Mit dem leichten Wohlstandsleben ist es vorbei: In den USA ist der Lebensstandard seit 1980 ständig gefallen. Und auch die Deutschen müssen sich zunehmend mit stag-

> nierenden oder sinkenden Realeinkommen abfinden. Anspruchsmentalität können sich nicht mehr alle leisten. Mit Wohlstandsverlusten ist zu rechnen. Selbst bei den Besserverdienenden wächst die Angst vor dem Absturz ins Mittelmaß.

Die politische Diskussion muss sich mit den sozialen Folgen einer Entwicklung auseinander setzen, die sie selbst in Gang gesetzt hat: Leben Menschen längere Zeit im Wohlstand, steigen ihre Ansprüche auf Lebensqualität. Für die Politik müssen daher *Informationen über das subjektive Wohlbefinden* der Menschen von fundamentaler Bedeutung sein. Die Antworten auf die Fragen, wie zufrieden die Bürger mit ihrem Einkommen, ihrer Wohnung oder ihren persönlichen Entfaltungsmöglichkeiten sind und welche beruflichen Sorgen oder privaten Probleme sie haben, ergeben erst ein umfassendes Bild der Lebensqualität einer Gesellschaft.

Erschwerend kommt eine neue Problematik hinzu, die in der Sozialforschung *„Prekärer Wohlstand"* (Hübinger 1996) genannt wird: Ein wachsender Anteil der Bevölkerung ist im unteren Wohlstandsspektrum angesiedelt – im Nahbereich der Armut(sgrenze). Die Angst vor dem Abstieg in die Armut ist groß. Die Erweiterung des politischen Blickfeldes auf die unteren Wohlstandslagen wird immer dringender.

Aufgabe der Politik ist es, solche Lebensbedingungen zu schaffen, unter denen die Bürger über genügend Ressourcen und Kompetenzen verfügen, sich um ihr subjektives Wohlbefinden selber zu kümmern. Ein *Gleichgewichtszustand zwischen Ansprüchen und Möglichkeiten* ist anzustreben. Jedenfalls birgt eine zu große Kluft ein erhebliches Konfliktpotential in sich.

8. Nebenberufsgesellschaft. Sicherheitsventil und Wachstumsimpuls

Durch Nebenjobs als Putzfrauen, Babysitter, Gärtner oder Pflegehilfen sollen dem deutschen Fiskus jährlich 35 Millionen Euro entgehen. An der Steuer vorbei – „cash" auf die Hand. Bundesweit arbeiten etwa zwei bis drei Millionen Menschen stundenweise in privaten Haushalten. Was juristisch eine Ordnungswidrigkeit ist, gilt weithin als Kavaliersdelikt. Die Haushaltshilfen können problemlos nach dem neuen Minijob-Gesetz als Minijobber angemeldet und in die Legalität zurückgeführt werden.

Andererseits: Die *Nebenjobber, die nebenbei ihren Lohn ein wenig aufbessern,* bewegen sich zwar am Rande der Legalität – handeln aber nicht unbedingt gegen das Gesetz, d.h. ihre nebenberufliche Beschäftigung ohne Rechnung, Steuern und Abgaben bewegt sich im Graubereich („Grauarbeit") und kann nach dem geltenden Recht nicht als Schwarzarbeit bestraft werden. Grauarbeit hilft, *die steigenden Lebenshaltungskosten in erträglichen Grenzen zu halten.* Schwarzarbeit ist doch erst dann gegeben, wenn nach dem Gesetz zur Bekämpfung der illegalen Beschäftigung „wirtschaftliche Vorteile in erheblichem Umfange" (§ 1) erzielt werden.

In Mittel- und Osteuropa macht die Schattenwirtschaft *etwa zwanzig Prozent der offiziellen Wirtschaft* aus – allerdings mit großen Unterschieden zwischen einzelnen Ländern. Der Anteil liegt nach Angaben des Kölner Instituts der deutschen Wirtschaft (2004)

- in Österreich bei 12 Prozent,
- in Frankreich bei 15 Prozent,
- in Schweden bei 19 Prozent,
- in Italien bei 27 Prozent,
- in Rumänien bei 33 Prozent und
- in Lettland bei 40 Prozent.

In Deutschland macht die Schattenwirtschaft etwa 16 Prozent des Bruttoinlandsprodukts aus. In der internationalen Fachdiskussion ist unbestritten, dass es eine Verbindung zwischen der Steuer- und Abgabenlast und dem Aufkommen und Umfang der Schwarzarbeit gibt: In Deutschland hat sich die Abgabenbelastung in den letzten vierzig Jahren mehr als verdoppelt. Fast alle staatlichen Sanktionsmaßnahmen zur Verhinderung der Schwarzarbeit blieben bisher weitgehend wirkungslos, weil sie den motivationalen Kern nicht treffen:

> Wer viel leistet – muss auch viel Steuern zahlen. Auf diesen einfachen Nenner lässt sich das Sozial- und Abgabensystem bringen. Viele fühlen sich dadurch in ihrer Leistungsbereitschaft beeinträchtigt – auch und gerade in einer Zeit, in der Löhne und Einkommen stagnieren. Plausibler wäre ein anderer Grundsatz: Wer sich viel leistet – soll auch viel Steuern zahlen.

Das würde bedeuten: Die Verbrauchs- und Umsatzsteuern für Waren und Dienstleistungen müssten deutlich erhöht, die Lohn- und Einkommenssteuern für Beschäftigungen und Arbeitsleistungen dagegen rapide gesenkt werden. Schwarzarbeit würde ihren Makel und Grauarbeit ihren Verdacht der Illegalität verlieren.

Es ist bezeichnend, dass der Gesichtspunkt der Illegalität der Schwarzarbeit in anderen Ländern eine untergeordnete Rolle spielt. Es besteht vielmehr die Tendenz, den privaten *Nebenerwerb in die gesamtstaatliche Leistungsbilanz einzubeziehen.* Ein zusätzlicher struktureller Aspekt kommt noch hinzu: Es entwickeln sich immer mehr Heimarbeiter zu Kleinunternehmern bzw. werden zur Ich-AG.

Für die weite Verbreitung von Grau- und Schwarzarbeiten gibt es keine monokausale Erklärung. Die Ursachen sind vielfältig und in ihrer Wirkung entsprechend kumulativ: Strukturelle und konjunkturelle, ökonomische und soziale, psychologische und motivationale Einflussfaktoren wirken im Zusammenhang und verstärken sich gegenseitig.

In Zukunft können sich neue Wirtschafts- und Arbeitsformen – neben und außerhalb etablierter Volkswirtschaft und tradierter Berufsarbeit – entwickeln:

- *Die Selbstversorgungswirtschaft*
Handwerkliche und soziale Beschäftigung für den Eigenbedarf („Eigenarbeit") bzw. aus Gefälligkeit oder auf Gegenseitigkeit.

- *Die Schattenwirtschaft*
  Grauarbeit als nebenberufliche Beschäftigung von geringem Umfang (z.B. Babysitten, Nachhilfe) sowie Gefälligkeits- und Verwandtschaftshilfen.
- *Die Untergrundwirtschaft*
  Schwarzarbeit als illegale Beschäftigung von erheblichem Umfang.

Alle Wirtschaftsformen sorgen für ein *erweitertes Bruttosozialprodukt*, auch wenn es im Lichte offizieller Statistik nicht erscheint. Das rasche Anwachsen dieser Subökonomien ist auch ein Beweis dafür, dass das herkömmliche Wirtschafts- und Versorgungssystem den veränderten Bedürfnissen und Lebensgewohnheiten der Bürger hinterherhinkt. Es ist dies kein Anzeichen von Leistungsverweigerung, sondern ganz im Gegenteil eine *Quelle neuer volkswirtschaftlicher Produktivität*, die den Staat mehr von Leistungspflichten entlastet als dass sie ihn durch Einnahmeverluste schädigt.

Die Subökonomien sorgen eher für *zusätzliche Wachstumsimpulse*. Materialien und Werkzeuge, die regulär eingekauft werden, steigern die Kaufkraft. Vielleicht werden die Subökonomien in Zukunft noch die einzigen großen Wachstumsträger der Wirtschaft sein, wenn es nicht gelingt, die Identifikation mit der Berufsarbeit zu steigern, die erreichte Einkommenshöhe zu halten und die Steuer- und Abgabenlast spürbar zu senken. Je mehr das offizielle (also amtlich erfasste) Wirtschaftsschiff in die Flaute gerät, um so größer ist der Aufwind für die Subökonomien.

> Die Leistungsgesellschaft leistet sich in Zukunft eine Nebenberufsgesellschaft, eine Nebenwirtschaft bzw. „l'économie parallèle".

Aus arbeitspsychologischer Sicht sind die eigentlichen Motivatoren für Arbeitsleistungen und Arbeitszufriedenheit immer mehr immaterieller Art und immer weniger durch Einkommenshöhe, Status oder Aufstiegsmöglichkeiten bestimmt. Ganz im Gegenteil bieten Gehalt und Statusfragen eher Anlass zur Unzufriedenheit. Eine Gehaltserhöhung kann vorhandene Unzufriedenheit reduzieren oder beseitigen helfen, motiviert aber nicht notwendig zu besonderer Leistung. Steigender Lohn oder rasche Karriere reichen in Zukunft als Leistungsanreiz nicht mehr aus. Immaterielle Motive haben einen größeren Aufforderungscharakter. Aufstieg, Gehalt und Status sind notwendig und unverzichtbar, werden subjektiv aber nur selten mit Situationen in Beziehung gesetzt, die zu besonderer Zufriedenheit Anlass geben. Die persönliche Einstellung zu ihnen ist mehr pragmatischer Art, eine besondere Emotionalisierung und Identifizierung findet nicht statt.

Einen sehr viel größeren Motivations- und Aufforderungscharakter haben

- die Interessantheit einer sinnvollen Tätigkeit,
- das unmittelbare Leistungs- und Erfolgserleben des eigenen Tuns,
- die soziale Anerkennung der persönlichen Leistung durch andere.

Auf dem Wege in eine Gesellschaft, in der Selbstständigkeit und Eigenverantwortung mehr gefordert sind, gewinnt die motivationale Erlebnisqualität jeder Art von Beschäftigung an wachsender Bedeutung.

> Manche Grau- und Schwarzarbeiten, Zweit- und Nebenjobs gewähren das, was vielen beruflichen Tätigkeiten verlorengegangen ist: Sinnbezug, Eigenaktivität, Selbstdarstellung, Leistungsfreude, Erfolgserleben und soziale Anerkennung. Solche Beschäftigungen ermöglichen immer beides: Selbstbetätigung, die Spaß macht, und Selbstbestätigung, die leistungsmotivierend wirkt.

In vielen Fällen stellt der finanzielle Gewinn gar nicht mehr die vorrangige Überlegung dar. Für Menschen, die zeitlebens gezwungen sind, eine zwar ganztägige, aber langweilige oder frustrierende Beschäftigung auszuüben, bieten die neuen Beschäftigungsformen *kompensatorische Betätigungsfelder*, in denen sie persönliche Begabungen besser entfalten können.

Raffaele de Grazia wies schon vor über zwanzig Jahren in seiner Ländervergleichsstudie über die Schwarzarbeit in den Industrieländern darauf hin, dass viele eine Zweitarbeit annehmen, weil sie nicht wissen, was sie mit dem Mehr an arbeitsfreier Zeit anfangen sollen. Es gelingt ihnen nicht, in den vorhandenen Freizeitbeschäftigungen eine persönliche Befriedigung („satisfaction") zu finden. *Die Flucht in Nebenarbeiten* resultiert auch aus einem Mangel an sinnvollen Betätigungsfeldern jenseits des Erwerbs (vgl. de Grazia 1983). Dies gilt vor allem für die Gruppe der vorzeitig in den Ruhestand versetzten Menschen, die sich an ein aktives Arbeitsleben gewöhnt haben und durch Minijobs das Gefühl der Nützlichkeit und die Möglichkeit sozialer Kontakte aufrechterhalten wollen.

> Für Minijobber gibt es gute sozialpsychologische Argumente: In Zeiten wirtschaftlicher Krisen wirken sie als Sicherheitsventil, das soziale Spannungen abbauen hilft. Wer dieses Sicherheitsventil verschließt oder zerstört, riskiert, dass psychischer Druck und soziale Spannungen außer Kontrolle geraten.

9. Zukunftsperspektiven. Chancen und Probleme

Jede Krise birgt den Keim für einen neuen Anfang. Doch es ändert sich nur etwas, wenn wir uns auch selber ändern und die Zukunft ernsthaft gestalten wollen. Die weitere gesellschaftliche Entwicklung hängt wesentlich davon ab, ob wir gewillt sind, aus dem Wissen von heute einen *Handlungsbedarf für morgen* zu erkennen. Es reicht wohl nicht aus, wenn wir der jungen Generation in zwanzig Jahren verkünden: Das haben wir alles schon gewusst! – aber keine Antwort auf die Frage geben können: Warum habt ihr denn nichts dafür oder dagegen getan? Der Generation von morgen müssen wir heute Zukunftsperspektiven eröffnen. Einige Zukunftstrends zeichnen sich bereits heute ab und werden unser Leben von morgen bestimmen:

9.1 Die Globalisierung

Vor über einhundert Jahren kam es in den nordöstlichen Bundesstaaten Brasiliens unter Führung des Wanderpredigers Ibiapina zu einem *Bauernaufstand gegen das Dezimalsystem*. Die Bauern überfielen Geschäfte und Lagerräume und zerschlugen die neuen Kilogewichte und Metermaße, welche die Monarchie eingeführt hatte, um das brasilianische System an die übrige Welt anzuschließen und den weltweiten Handel zu erleichtern. Der Aufstand der sogenannten *Kilobrecher* gegen diese Globalisierung scheiterte kläglich. Das Rad der Zeit war einfach nicht mehr aufzuhalten.

Die heutigen Kilobrecher heißen Globalisierungskritiker oder -gegner. Ihnen geht es allerdings weniger um den Widerstand gegen gesellschaftliche Neuerungen, als viel mehr um die *Frage nach der sozialen Gerechtigkeit* und um die Utopie einer gerechten und solidarischen Gesellschaft. Die Angst wächst, dass sich durch die Globalisierung die Schere zwischen Arm und Reich in der Welt weiter öffnet. Die Alternative für viele Länder lautete bisher nur: *Anpassung an die westliche Welt oder Ausgrenzung*. Anpassung aber konnte Selbstverleugnung mit erniedrigenden Nebenwirkungen bedeuten. So sprießen beispielsweise zur Zeit die Call-Center in Indien wie Pilze aus dem Boden. Da sitzen dann indische Frauen, „denen ein amerikanischer Akzent antrainiert wird. Am Telefon müssen sie sich Susi und Jenny nennen und so tun, als säßen sie irgendwo in Amerika" (Roy 2001, S. 32).

In der Realität der Marktforschung von heute zeigen sich schon erste Grenzen der Globalisierung, weil z.B. die globale Methode, das gleiche Produkt überall in der Welt auf die gleiche Weise zu vermarkten, nicht immer funktioniert. Von einigen wenigen Produkten wie z.B. Coca-Cola oder Harley Davidson einmal abgesehen hat die globale Vermarktung zu teilweise spektakulären Fehlschlägen geführt: Die Chinesen lachen sich derzeit über die missverständliche Übersetzung des Limonadennamens 7Up (‚Tod durch Trinken') kaputt (vgl. Fischermann 2000, S. 26). *Glaubwürdigkeit* lässt sich nur durch nationale und lokale Bezüge herstellen.

Der MTV-Sender beruft sich in diesem Zusammenhang auf einen ganz bewusst neuen Begriff: *Glokalisierung* – eine Mischung aus Globalisierung und Lokalisierung. Gegen die McDonaldisierung der Welt setzt MTV erfolgreich die weltweite Glokalisierung und strahlt von Brasilien bis China rund dreißig regionale Programme aus, die sich an lokalen Besonderheiten orientieren. Glokalisierung schließt auf diese Weise Weltläufigkeit genauso ein wie Regionales, also Heimat und Nestwärme.

9.2 Die Flexibilisierung

Im postindustriellen Zeitalter findet eine neue Form des Wirtschaftens immer mehr Resonanz: Es ist die *auf Kurzfristigkeit und Elastizität ausgerichtete Ökonomie*, eine Art „flexibler Kapitalismus", wie der amerikanische Soziologe Richard Sennett dieses Phänomen nennt. Arbeitnehmer müssen sich permanent flexibel verhalten, offen für kurzfristige Veränderungen sein und ständig Risiken eingehen. Diese Flexibilität bringt eine alte Wortbedeutung wieder zu neuen Ehren. Denn „Job" hatte im Englischen des 14. Jahrhunderts die Bedeutung eines Klumpens oder einer Ladung, die man herumschieben konnte. Ähnlich verhalten sich die Jobholder von morgen: Sie müssen Arbeiten verrichten – mal hier, mal da und werden immer öfter hin- und hergeschoben.

Eine sich global ausbreitende Flexibilität kann *Fähigkeitsverlust* zur Folge haben: Ein europäischer Ingenieur, der z.B. seine Stelle an einen Berufskollegen in Indien verliert, der für weniger Geld arbeitet, wird um die Ausübung seiner Fähigkeiten gebracht. Und die Zeit arbeitet auch noch gegen ihn. Ehe er sich versieht, ist seine technische Kompetenz „von gestern" und gehört er zum „alten Eisen". Das Lebensalter wird geradezu zum Berufskiller. In der Werbebranche ist man ja bereits heute „über dreißig tot". *Jugend ist gleich Flexibilität*.

Die sozialen Folgen können nicht ausbleiben. Wenn Flexibilität geradezu als „die" Tugend der Wandlungsfähigkeit gefeiert wird, dann müssen Orientierungslosigkeit und Bindungslosigkeit zu neuen gesellschaftlichen Werten werden.

> Eine flexible Gesellschaft fordert: Bleib in Bewegung, geh keine Bindungen und Verpflichtungen ein und bring vor allem keine Opfer. Zeig dein „Chamäleonsgesicht" – heute so, morgen so. Fang immer wieder von vorne an. Das Ziel ist weniger wichtig. Ständiger Aufbruch am Nullpunkt – das ist Risikobereitschaft und totale Flexibilität.

Nur: Wenn es keine langfristigen Bindungen und Verbindungen mehr gibt, dann ist doch das ziellose Dahintreiben geradezu vorprogrammiert. „*Drift*" nennt die moderne Soziologie (Sennett 1998) dieses Verhalten. Hat die Flexibilität als oberstes Wirtschaftsprinzip eine *Gesellschaft von Driftern* zur Folge, in der Treue, Verpflichtung und Verbindlichkeit ihren sozialen und moralischen Wert verlieren?

9.3 Die Dienstleistung

In Deutschland gehört die Zukunft mehr der Dienstleistung als der industriellen Produktion. *Vom Industriezeitalter heißt es Abschied nehmen*. Immer mehr Industriekonzerne wandeln sich zu Dienstleistungsunternehmen. Natürlich löst sich die Industriegesellschaft nicht als Ganzes auf, weil es industrielle Güterproduktion auch in Zukunft geben muss und keine Volkswirtschaft darauf verzichten kann. Mit dem sich abzeichnenden Strukturwandel ergeben sich jedoch Zukunftschancen für eine neue Dienstleistungsgesellschaft in dreifachem Sinne:

1. Die künftige Dienstleistungsgesellschaft erschließt *neue Märkte und Arbeitsfelder*. Neben dem notwendigen Ausbau von Sicherheits-, Vorsorge- und Gesundheitsdiensten entwickelt sich eine expansive Erlebnisindustrie als Anbieter von Tourismus-, Medien-, Kultur-, Sport- und Unterhaltungsdienstleistungen.
2. In der künftigen Dienstleistungsgesellschaft findet eine Verlagerung *vom Warenexport zum Wissensexport* statt. Dabei wird beispielsweise das Know-How über neue Recycling-Verfahren oder neue Verkehrssysteme als produktionsbeglei-

tende Dienstleistung verkauft. Dies erklärt auch, warum ein Industrie-Konzern wie z.B. Siemens derzeit schon über 50 Prozent seines Umsatzes mit Dienstleistungen macht.
3. Das Kapital, auf das sich die künftige Dienstleistungsgesellschaft stützt, besteht hauptsächlich aus *F- und E-Kompetenzen*, also Forschung und Entwicklung, Planung und Konzeption, Marketing und Vertrieb. Die hochqualifizierte Dienstleistung bleibt im eigenen Lande, während die industrielle Produktion in andere Länder (insbesondere die Dritte Welt) verlagert wird. Das Unternehmen Adidas produziert beispielsweise keinen einzigen Sportschuh in Deutschland mehr.

Trend zur Dienstleistung
Prognose und Wirklichkeit im Vergleich

Prognose 1983

„Der unaufhaltsame Trend weg von den Produktionsbetrieben und hin zu den Dienstleistungen bewirkt einen tiefgreifenden Strukturwandel in der Arbeitswelt und in einzelnen Wirtschaftsbereichen. Die Wirtschaftsbereiche mit der größten Abnahme der Beschäftigten sind Landwirtschaft, Bau und Industrie."
H.W. OPASCHOWSKI: Arbeit. Freizeit. Lebenssinn, Opladen 1983, S. 38

Wirklichkeit 20 Jahre später

„2003 waren mehr als zwei Drittel aller Beschäftigten (70,4 Prozent) in den Dienstleistungsbereichen tätig. 1991 waren es erst 59,2 Prozent. Im Gegenzug schrumpfte die Erwerbstätigkeit in der Industrie, am Bau und in der Landwirtschaft."
Statistisches Bundesamt Berlin/Wiesbaden 2004

Die neue Dienstleistungsgesellschaft stellt vielfältige Anforderungen an die Beschäftigten. Daher heißt es Abschied nehmen von der Legendenbildung, hier gebe es nur Jobs für ungelernte Hilfsarbeiter mit Billiglöhnen. Wie im Produktionsbereich stellt natürlich auch der Dienstleistungssektor ein Betätigungsfeld für Geringqualifizierte dar, aber genauso für Beschäftigte mit hohem Qualifikationsniveau. Die Verunglimpfung der Dienstleistungsgesellschaft als „Blaupausengesellschaft" mit Homeservice, bei dem wir uns gegenseitig kostenlos die Haare schneiden, hat schließlich Tradition: Denn über hundert Jahre Industriegesellschaft haben einfach ihre Spuren hinterlassen und ganze Generationen geprägt.

9.4 Die Leistungslust

Für die überwiegende Mehrheit der Bevölkerung in Deutschland gibt es derzeit nur noch einen treffenden Begriff zur Beschreibung der gesellschaftlichen Wirklichkeit: *Leistungsgesellschaft* (1996: 60% – 2000: 63%*)*. Mit dem Begriff Leistungsgesellschaft kann – sehr viel umfassender als bei der Arbeitsgesellschaft (1996: 24% – 2000: 27%) oder Industriegesellschaft (1996: 34% – 2000: 30%) – jede Form von gesellschaftlicher Leistung zum Ausdruck gebracht werden. Die Bevölkerung hat offensichtlich ein Gespür dafür, was im Berufsleben genauso zählt wie im privaten Bereich: Soziale Anerkennung verdient, wer im Leben etwas leistet. Politik und Wirtschaft sollten sich rechtzeitig auf den sich ankündigenden *Wertewandel* einstellen und mehr fließende Übergänge zwischen Berufs- und Privatleben schaffen.

Der Mensch kann auf Dauer nicht untätig in seinen eigenen vier Wänden verweilen. Er braucht eine Aufgabe. Die Passivität und Untätigkeit des Menschen ist offensichtlich nicht im Plan der Schöpfung vorgesehen. Der Mensch ist eher als gefährdetes Wesen geschaffen, das um sein Überleben kämpfen muss wie andere Lebewesen auch. Aus der Sicht der Evolutionsbiologie ist der Mensch geradezu *auf Anstrengung programmiert* (Cube 2000), auf den ganzen Einsatz seiner Kräfte. Hingegen führt Lust ohne Anstrengung zu Langeweile oder gar Selbstzerstörung. Daraus folgt: Arbeit ohne Lust und Freizeit ohne Leistung kann der Mensch auf Dauer nicht ertragen.

9.5 Die Überalterung

Die Bevölkerung in Deutschland altert dramatisch. Die Lebenserwartung steigt weiter an. Bis zum Jahre 2040 wird sich der *Anteil der über 60-jährigen Bevölkerung in Deutschland verdoppeln*. Diese demographische Revolution bleibt nicht allein auf Deutschland beschränkt. Nach Berechnungen des UN-Bevölkerungsfonds (UNFPA) wird die allgemeine Lebenserwartung in den westlichen Industrieländern bis Ende dieses Jahrhunderts auf 87,5 Jahre (bei Männern) und 92,5 (bei Frauen) steigen. Selbst ein Leben über 100 könnte mit Hilfe der Genforschung Wirklichkeit werden.

Der Mechanismus des Umlageverfahrens – von der Beitragszahlung der Jüngeren bis zur Rentenzahlung an die Älteren – ist erschüttert, seitdem die Bevölkerungspyramide in Deutschland auf dem Kopf steht: Immer weniger Jüngeren stehen immer mehr Ältere gegenüber: *Mit unserem bisherigen Verständnis von Sozialstaat kommen wir nicht weiter.*

Abb. 11: Deutschland-Tableau. Fakten und Prognosen

	2000	2010	2020	2030
Lebenserwartung	73,0 (m)–79,5 (w)	75,9 (m)–82,3 (w)	78,7 (m)-85,0 (w)	81,4 (m)-87,6 (w)
Bevölkerungs-entwicklung	82,0 Mio	81,5 Mio (79,5 Mio)*	80,3 Mio (76,3 Mio)*	78,0 Mio (72,0 Mio)*
Erwerbspersonen	43,2 Mio	42,3 Mio	41,2 Mio	40,1 Mio
Erwerbstätige	38,7 Mio	39,3 Mio	39,2 Mio	37,8 Mio
Altenquotient (65 / 25-64)	30,0 %	36,1 %	39,1 %	50,7 %
Brutto-rentenniveau	48,0 %	45,0 %	43,8 %	41,9 %

* ohne Zuwanderungsüberschuss von jährlich 200.000
Quelle: Eigene Zusammenstellung nach Angaben des Statistischen Bundesamtes (www.statistik.bund.de)

Die Rentner des Jahres 2020 sind heute alle schon geboren. Wie nie zuvor in der menschlichen Geschichte kommt es zu einer beispiellosen Zunahme der Langlebigkeit. Eine Schlüsselfrage an die Zukunft bewegt die Menschen derzeit in ihrer persönlichen Lebensplanung und Altersvorsorge: Reicht die Rente wirklich aus, um im Alter Not und Armut zu vermeiden? Vieles deutet darauf hin, dass die Rente allenfalls eine Basissicherung im Sinne von Existenzsicherung (Opaschowski 2004, S. 166) sein wird. Die *Angst vor der Mindestrente* breitet sich aus, weil die gesetzliche Rente bis 2020 drastisch sinken wird. Ein Durchschnittsverdiener, der seit seinem zwanzigsten Lebensjahr 45 Jahre lang gearbeitet hat, kommt dann etwa auf 44 Prozent des Bruttolohns. Das reicht gerade einmal zur Basisversorgung knapp über dem Existenzminimum bzw. über dem Sozialhilfeniveau aus. Weil die Deutschen immer älter und die Beitragszahler (= Kinder) immer geringer werden, steht das verdiente Ruhegeld nur noch auf dem Papier. Der Weg zur Mindestrente ist vorgezeichnet. Der erworbene *Lebensstandard kann damit nicht mehr gehalten werden.*

Vor einem Vierteljahrhundert kündigte der amerikanische Sozialforscher Ronald Inglehart in den westlichen Industriegesellschaften eine Revolution auf leisen Sohlen an („The Silent Revolution"): Einen Wertewandel von den materiellen Zielen zu den nichtmateriellen Bedürfnissen. Insbesondere jüngere Menschen im Alter bis zu 39 Jahren würden weniger zu materialistischen Wertvorstellungen neigen. Die „Postmaterialisten" von damals sind inzwischen in die Jahre gekommen und heute über 50 Jahre alt. Sie verfügen über ein relativ hohes Bildungs- und Einkommensniveau. Ein schönes Leben, innere Ausgeglichenheit, Sicherheit und soziale Bedürfnisse stehen für sie im Mittelpunkt.

Insofern kann es nicht überraschen, dass diese Generation derzeit in Parteien, Gewerkschaften, Kirchen und Vereinen den Ton angibt und mehr ehrenamtliches Engagement beweist als die jüngere Generation. Die Werbewirtschaft muss also umdenken: Lebensqualität – vom Kulturangebot über den Wellness-Urlaub bis hin zum sozialen Ehrenamt – war für die jungen Werbeteams bisher ein weitgehend ‚Blinder Fleck'. Zu vorschnell und zu vordergründig hatten sie Lebensqualität mit Lebensstandard verwechselt und Lebenslust einfach mit Kauflust gleichgesetzt.

Wer in Zukunft an dem prognostizierten Milliarden-Markt der Neuen Senioren partizipieren will, muss sich ihren Bedürfnissen anpassen und eine doppelte Dienstleistung erbringen: Den erworbenen Lebensstandard (z.B. durch Spareinlagen, Versicherungen, Aktien oder Immobilien) sichern und zugleich die ganz persönliche Lebensqualität in den eigenen vier Wänden (z.B. durch Renovierung oder Modernisierung) oder im Wohnumfeld (z.B. durch Kulturangebote und Gesundheitsdienste) verbessern helfen.

Vor über hundert Jahren wurde das „Jahrhundert des Kindes" (Ellen Key 1902) ausgerufen – kommt nun das *Jahrhundert der Senioren*? Über die Jugend von heute wissen wir fast alles, über die Neuen Senioren von morgen fast nichts. Sinkende Geburtenquoten und steigende Lebenserwartung zwingen jedoch zum Umdenken. Wir müssen Abschied nehmen vom Zeitalter der Jugendkultur und uns mehr öffnen für die Welt der Neuen Senioren, die Autokäufer und Theaterbesucher, Buchleser und Golfer, Kur- und Kurzurlauber, Kirch- und Kneipengänger zugleich sind.

Wie wird die *Szene- und Erlebniswelt* der Neuen Senioren von morgen aussehen? Werden die Kultmarken der Jugend überleben? Oder wird es schon bald heißen: Nivea statt Nike, Audi statt Adidas? Und werden Nestlé, Miele und Mercedes grüßen lassen, während Swatch, Levies und MTV ihren Marken-Mythos verlieren, weil sie zu spät erkennen, dass wieder *mehr Lebensart als Lifestyle* gefragt ist?

9.6 Die Vereinzelung

Immer mehr Menschen leben und wohnen allein. Die Zahl der Single-Haushalte wächst in einem nie gekannten Ausmaße. Seit 1900 hat sich der Anteil der Einpersonenhaushalte verfünffacht. Als Hauptursachen für den Anstieg Alleinlebender (vor allem bei den unter Dreißigjährigen) gelten u.a.:

- Soziale Aufwertung des Alleinlebens
- Aufschub der Familiengründung
- Veränderungen in der Paarbildung
- Gestiegene Mobilitätsanforderungen
- Verlängerte Ausbildungszeiten.

Für die Zukunft ist mit einer weiteren Zunahme dieser Lebensform zu rechnen ist.

Singles genießen einen besonders hohen Aufmerksamkeitswert in der Öffentlichkeit. Sie sind die *Hätschelkinder der Konsumgesellschaft*, weil sie den Konsum anheizen (vgl. Pilgrim 1991): Ein Paar braucht alles nur einmal, zwei räumlich getrennte Singles aber brauchen zwei Wohnungen, zwei Fernsehgeräte, zwei Videos, zwei Stereoanlagen und zwei Telefonanschlüsse ... Wie keine andere Bevölkerungsgruppe befinden sich die Singles heute auf dem Konsumtrip. Mit dem Trend zur Vereinzelung wird in Zukunft in unserer Gesellschaft viel mehr Solidarität als heute gebraucht. Gefragt ist dann eine „solidarische Gesellschaft" (Hradil 1995), die verlässlich auf Hilfsbereitschaft und soziale Netzwerke bauen kann.

9.7 Die Individualisierung

Das Lern- und Leistungsziel der Zukunft heißt Lebensunternehmertum: Der Arbeitnehmer als Leitfigur des Industriezeitalters wird zunehmend abgelöst von einer Persönlichkeit, die gegenüber dem eigenen gesamten Leben eine unternehmerische Grundhaltung entwickelt – im Erwerbsbereich genauso wie bei Nichterwerbstätigkeiten. Prononciert: *Jeder sein eigener Unternehmer!* Dies kann je nach Lebenssituation bedeuten, dass z.B. einmal dem Partner, den Kindern oder einem sozialen Engagement das Hauptgewicht gewidmet wird, „während zu einem anderen Zeitpunkt die gesamte Energie in den beruflichen Erfolg einfließt" (Lutz 1995, S. 133).

In die Zukunft projiziert ergibt sich das Bild einer neuen Arbeitspersönlichkeit, die vom Wertewandel der letzten Jahrzehnte gezeichnet ist. *Selbstständigkeit* heißt dann die wichtigste Arbeitstugend der Zukunft. Der unselbstständig Beschäftigte kann nicht mehr Leitbild sein. Der „Neue Selbständige" ist gefragt, bei dem Persönlichkeitsentwicklung genauso wichtig wie berufliche Fortbildung ist.

Ich bin ich? Jedem das Seine? Jeder sein eigener Unternehmer? Die Individualisierung hat natürlich auch ihre sozialen Schattenseiten. Im internationalen bzw. europäischen Vergleich ist feststellbar, dass das freiwillige und unbezahlte Engagement in Deutschland unterentwickelt ist. Die Figur des freiwilligen Mitarbeiters als selbstloser, barmherziger Samariter hat in Deutschland weitgehend ausgedient bzw. kaum eine Überzeugungskraft mehr (Reihs 1996, S. 240).

Für die Zukunft zeichnet sich ein *neuer Typus von Solidarität* ab, der von Pflichtgefühl und Helferpathos herzlich wenig wissen will. Aus der Not oder Notlage heraus geboren schließen sich Individuen zu einem sozialen Netzwerk zusammen – auf Abruf und jederzeit kündbar, wenn die Geschäftsgrundlage (= Notlage) entfällt. Das Netzwerk wird zum Beistandspakt auf Zeit. Vielleicht entwickelt sich Solidarität wieder zu dem, was sie ursprünglich in der europäischen Arbeiterbewegung des 19. Jahrhunderts einmal war: Zu einer *Erfahrung des Aufeinander-Angewiesenseins*, bei der sich Eigen- und Gemeinnutz miteinander verbinden und weniger eine Frage von Pflicht und Moral, Fürsorge und Nächstenliebe sind (vgl. BUND 1996, S. 278).

9.8 Die Mobilisierung

Die Menschen waren mobil, noch ehe sie sesshaft wurden. Die Geschichte der Menschheit ist eine Geschichte der Mobilität, des Ortswechsels und der großen Wanderungen. Mobilität gilt als menschliches Urbedürfnis. *„Travel"* und *„Travail"*, Reisen und Arbeiten, haben die gleiche Wortwurzel und deuten auf das gleiche Phänomen hin: Der Mensch kann auf Dauer nicht untätig in seinen eigenen vier Wänden verweilen. Mobilität ist ein Grundbedürfnis des Menschen, sich fortzubewegen.

- Mobilität hält den Menschen räumlich, geistig und sozial in Bewegung.
- Mobilität erweist sich als Antriebskraft für individuelle Er„fahr"ung und als Motor für gesellschaftlichen „Fort-Schritt".

Alle Anzeichen sprechen dafür, dass die mobile Lust am Autofahren in den nächsten Jahren weiter zunimmt. Weder der Drang ins Grüne oder Freie noch der Wunsch nach Orts- oder Tapetenwechsel motiviert die Menschen am meisten zu massenhafter Mobilität. Was nach Meinung der Bevölkerung dieses Mobilitätsbedürfnis am ehesten erklärt, ist die *„Angst, etwas zu verpassen"*. Viele haben die Befürchtung, geradezu am Leben vorbeizuleben, wenn sie sich nicht regelmäßig in Bewegung setzen. Motorisierte Mobilität entwickelt sich nicht selten zum körperlichen Bewegungsersatz.

Die künftige Generation wird also auch eine mobile Generation sein, die ‚nur ja nichts verpassen' will. Das *Nomadisieren* „Heute hier – und morgen fort") gehört dann immer dazu. Dies bestätigt geradezu Analysen des Amerikaners Vance Packard aus den siebziger Jahren, der seinerzeit der Frage nachging, warum die Menschen immer rastloser werden – im Grunde genommen nicht auf irgendein Ziel hin, sondern immer von etwas weg. Packard nannte dieses Phänomen das „Kalifornien-Syndrom" (Packard 1973). Das *Kalifornien-Syndrom* basiert auf den beiden Säulen Geld und Zeit: Aus jedem Tag und jeder Stunde muss soviel wie möglich herausgeholt werden. Man lebt und konsumiert im Hier und Jetzt: „Lebe dein Leben, genieße es – so lange du kannst. Hauptsache, die Langeweile ist ganz weit weg".

9.9 Die Erlebnissteigerung

Mit dieser Massenbewegung rückt in eine Gesellschaft, die immer schon rastlos war, zusätzlich das Element der Erlebnisorientierung in den Vordergrund. Die Philosophie des Erlebniskonsumenten lautet: „Ich *will*. Ich will es *haben*. Ich habe es mir *verdient.*" Die entscheidende Motivation ist nicht der Bedarf, sondern der Wunsch nach Erleben- und Sich-verwöhnen-Wollen. Dieser Wunsch hat etwas „aggressiv Forderndes (Popcorn 1992, S. 50) – so wie man sein Recht einklagt. Die neue Erlebnisgeneration ist durch ein ausgeprägtes Anspruchsdenken charakterisiert. Kann sie sich das eigentlich leisten?

Die Antwort: *„Sparzeitalter" und „Erlebniszeitalter" sind keine Gegensätze mehr.* Je mehr die einen sparen, desto mehr leisten sich die anderen. Im Konsumbereich entsteht geradezu eine *neue Zwei-Klassen-Gesellschaft* von Sparkonsumenten und Erlebniskonsumenten, in der sich Familien und Ruheständler auf der einen, junge Erwachsene, Singles und kinderlose Paare auf der anderen Seite gegenüberstehen. Die Polarisierung im Konsumverhalten der Bundesbürger nimmt eher zu. Der Anteil der Sparkonsumenten, deren Budget „gerade zur täglichen Versorgung reicht", wächst, der Anteil der Erlebniskonsumenten, die sich weiterhin „ein schönes Leben leisten können", aber bleibt stabil. So ist auch zu erklären, dass die Bundesliga boomt, die Kinos einen neuen Ansturm erleben und der Event-Tourismus vom Nürburgring über die Love-Parade bis zum Madonna-Konzert keine Grenzen kennt. Jeder vierte Single kauft sich mitunter Konsumartikel für Hobby und Sport und muss dann feststellen, dass er „kaum Zeit hat, davon Gebrauch zu machen."

Mit dem Trend zur Single-Gesellschaft sterben offensichtlich die Märkte für Erlebniskonsumenten nicht aus. Auch wenn sich die meisten Bundesbürger im privaten Verbrauch einschränken müssen, bleiben noch genügend erlebnishungrige Konsumenten übrig, von denen die Anbieter gut und manchmal sogar sehr gut leben können. Hier kündigt sich eine Entwicklung an, die in der Touristikbranche schon seit Jahren Wirklichkeit ist: Wer viel verdient und viel verreist, wird künftig noch mehr Geld für den Urlaub ausgeben. Wer aber knapp bei Kasse ist und nur selten verreisen kann, wird in Zukunft noch öfter zu Hause bleiben. Westliche Konsumgesellschaften müssen zunehmend mit dem *Armuts-Wohlstand-Paradox* leben: Im gleichen Maße, wie sich Armut und Arbeitslosigkeit ausbreiten, entstehen neue Konsumwelten und expandieren die Erlebnisindustrien.

9.10 Die Beschleunigung

Die derzeitige Angebotsflut im Konsum-, Medien- und Unterhaltungsbereich hat sicher viele Beschäftigungen attraktiver gemacht, den Konsumenten zugleich aber Stress und Hektik beschert: Die Frage „Was zuerst?" oder „Wie viel wovon?" beantwortet der gestresste Konsument in seiner Zeitnot mit Zeitmanagement: In genauso viel Zeit werden immer mehr Aktivitäten „hineingepackt" und untergebracht, schnell ausgeübt und vor allem zeitgleich erledigt. Die neue Erlebnisgeneration agiert nicht alternativ – z.B. PC-Nutzung *statt* Bücherlesen oder Video *statt* Radio. Für sie heißt es eher: Video + Radio + Computer + Buch + Free TV + Pay TV + Teleshopping + Einkaufsbummel + Wochenendfahrt ... *Sie will alles und von allem noch viel mehr.*

Wie viel Beschleunigung kann der Mensch in Zukunft eigentlich noch ertragen? „Im internationalen Wettbewerb verändert sich das Warenangebot so schnell, dass selbst Dreißigjährigen die Konsumwelt von wenige Jahren jüngeren Teenagern fremd ist" (Martin/Schumann 1996, S. 250f.). So droht beinahe eine Orwell-Vision Wirklichkeit zu werden: „Wir beschließen, uns rascher zu verbrauchen. Wir steigern das Lebenstempo, bis die Menschen mit dreißig senil sind ..." (Orwell 1949, S. 271).

Die psychosozialen Folgen bleiben nicht aus. Wegen der Fülle und Vielfalt der Angebote können viele Eindrücke und Informationen nur noch konfettiartig nebeneinander aufgenommen werden: *Kennzeichen einer Konfetti-Generation.* Die Impressionen bleiben bruchstückhaft und oberflächlich. Der hastige Konsument kommt nicht zur Ruhe. Der Wunsch kommt auf: „Am besten mehrere Leben leben" (Popcorn 1992) – der vermessene Traum eines hybriden Menschen. Der Eindruck entsteht: Der moderne Mensch will einen 48-Stunden-Tag haben, abends schon die Zeitung von morgen lesen, möglichst jeden Tag jemand anders sein oder spielen und am liebsten *in einer Endlos-Serie leben.* Und immer getrieben von der Angst, vielleicht im Leben etwas zu verpassen ...

10. Veränderte Lebensqualität. Gesundheit als Zukunftsreligion

Das Wort „Lebensqualität" geht in seiner Bedeutung auf den britischen Ökonomen A.C. Pigou zurück, der 1920 in seiner Abhandlung über die Wohlfahrtsökonomie („Economics of Welfare") erstmals den Begriff „quality of life" verwendete (Pigou 1920, S. 14). Weite Verbreitung erlangte der Begriff in seiner Bedeutung durch den amerikanischen Nationalökonomenf.K. Galbraith, der vor über dreißig Jahren in seinem Buch „Die industrielle Gesellschaft" kritisierte, dass die qualitativen, also lebenswerten Aspekte des Lebens im Wettlauf um die Produktivitätssteigerung verloren zu gehen drohten. Die Unwirtlichkeit der Industriegesellschaften und Industriestädte seien die unausweichliche Folge. Bildhaft formulierte Galbraith die Konsequenzen: Der letzte Wohlstandsbürger, im Verkehrsstau an Abgasdämpfen erstickend, werde vom vorletzten Bürger noch die frohe Nachricht erhalten, dass das Bruttosozialprodukt wieder um fünf Prozent gestiegen sei ... (Galbraith 1964).

Veränderte Lebensqualität

Von Galbraith gelangte der Begriff zum Systemanalytiker Jay W. Forrester, der als erster wissenschaftliche, d.h. quantifizierbare Indikatoren der Lebensqualität bestimmte und dabei herausfand, dass die *„quality of life" im globalen Maßstab seit etwa 1910 ständig sinke* (Forrester 1969). Dennis und Donella Meadows, die Verfasser des berühmten Berichts an den Club of Rome „Die Grenzen des Wachstums" (Meadows 1973), widmeten ihre Studie ausdrücklich Jay W. Forrester, der durch die Entwicklung seiner Methode „System Dynamics" erst die wissenschaftlichen Grundlagen für Systemanalysen und Computersimulationen geschaffen hatte.

Lebensqualität zählt zu den höchsten Werten einer modernen Gesellschaft. Doch anders als in früheren Jahrzehnten, in denen es in erster Linie um die Schaffung materieller Werte und die Erhöhung von Güterproduktionen ging, steht heute die Suche nach neuen Lebensqualitäten im Mittelpunkt: Neue Bedürfnisse und neue Werthaltungen, neue Ansprüche und neue Dienstleistungen mehr individuelles Wohlbefinden und höhere Lebenszufriedenheit.

In der gesellschaftspolitischen Diskussion hat es vielfältige Versuche zur Bestimmung und Bewertung der Lebensqualität gegeben: „Schlüsselbegriff", „Projektionsbegriff", „Konkrete Utopie". Der häufige, fast inflationäre Gebrauch des Wortes vor allem in den siebziger Jahren darf nicht darüber hinwegtäuschen, dass damit fundamentale Wohlfahrtsfragen westlicher Gesellschaften berührt wurden, die bis heute noch weitgehend unbeantwortet geblieben sind – auch unabhängig von den zahlreichen Bemühungen in den vergangenen dreißig Jahren, den Begriff „Lebensqualität" ideologisch und politisch zu besetzen. Trotz unterschiedlicher gesellschaftspolitischer Zielvorstellungen beinhaltete der Begriff – im Unterschied etwa zum materiellen „Lebensstandard" – immer auch die weniger leicht messbaren menschlichen Grundbedürfnisse und subjektiven Einschätzungen der eigenen Lebenssituation (z.B. individuelle Lebenszufriedenheit).

Anfang der 70er Jahre entwickelte die skandinavische Wohlfahrtsforschung (vgl. Allardt 1975) eine Systematik, auf die später auch die OECD bei der Bestimmung der Sozialindikatoren einer Gesellschaft („Social Indicators") zurückgriff.

Bestimmung der Lebensqualität

	Wohlfahrt (*„Welfare"*)	**Wohlbefinden** (*„Wellbeing"*)
Lebensstandard (*„Level of Living"*)	z.B. Ausbildung Einkommen Wohnung	z.B. keine Benachteiligung keine Diskriminierung keine Gegnerschaft
Lebensqualität (*„Quality of Life"*)	z.B. Gesundheit Partnerschaft Familie	z.B. Zufriedenheit Geborgenheit Glück

Die Lebensqualität der Deutschen gleicht derzeit dem *Bild einer Glückspyramide*, deren stabiles Fundament einmal die ganz persönliche Gesundheit (95%) sowie die Partnerschaft (87%) und Familie/Kinder (86%) sind und die nach oben zur Spitze hin (Kultur/Bildung: 53% und Religion: 31%) immer bedeutungsloser wird. Im Mittelbereich angesiedelt sind Natur (76%), Arbeit/Beruf (74%) und Freizeit (70%). *Die Gesundheit stellt den wichtigsten Wert im Leben* dar. In dieser Einschätzung sind sich alle einig – quer durch die Berufs-, Sozial- und Altersgruppen.

Im 21. Jahrhundert dominieren zwei Lebenskonzepte:

- *Erstens das gesundheitsorientierte Lebenskonzept*, in dem Gesundheit als das wichtigste Lebensgut angesehen wird. Gesundheitserhaltung und -förderung stellen junge Erwachsene (82%), Singles (92%), kinderlose Paare (95%), Jungsenioren im Alter von 50 bis 64 Jahren (97%) sowie Ruheständler (97%) in das Zentrum ihres Lebens.
- *Zweitens das sozialorientierte Lebenskonzept*, in dem Partnerschaft, Familie und Kinder den zentralen Identifikationsbereich darstellen (so z.B. bei den Familien mit Kindern und Jugendlichen) oder in dem Freundschaften (wie z.B. bei Jugendlichen) den Ton im Leben angeben.

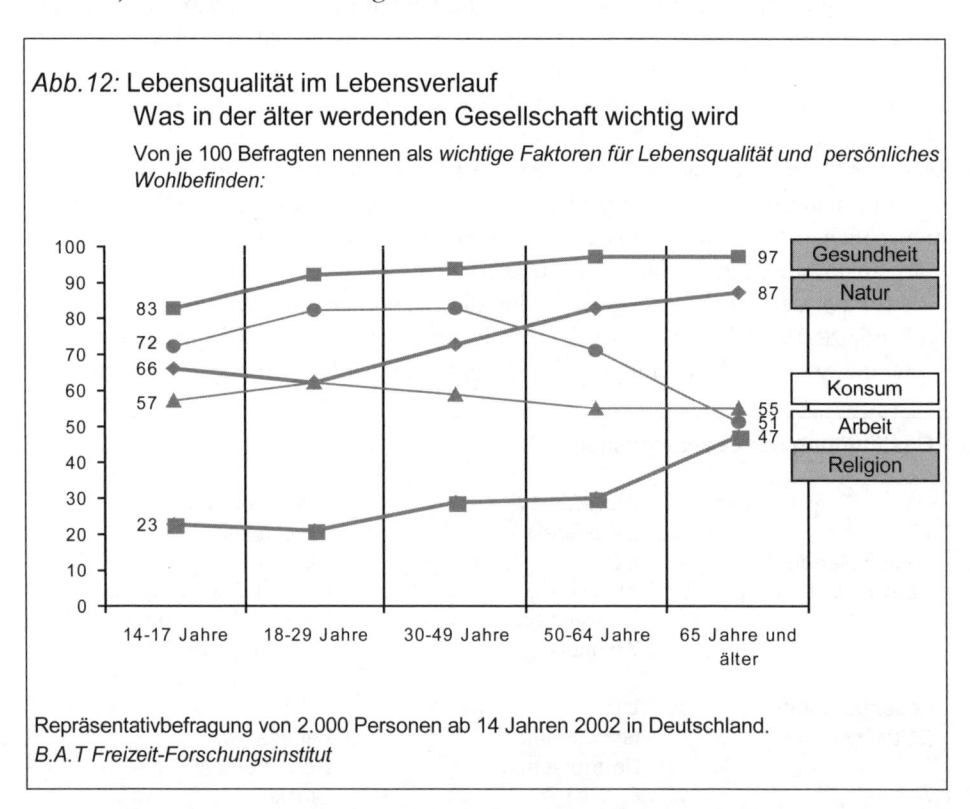

Abb.12: Lebensqualität im Lebensverlauf
Was in der älter werdenden Gesellschaft wichtig wird

Von je 100 Befragten nennen als *wichtige Faktoren für Lebensqualität und persönliches Wohlbefinden:*

Repräsentativbefragung von 2.000 Personen ab 14 Jahren 2002 in Deutschland.
B.A.T Freizeit-Forschungsinstitut

In diesen Lebensprioritäten spiegeln sich veränderte Erlebnis- und Erfahrungsweisen der letzten Jahre und Jahrzehnte wider. Auffallend ist: Es gibt keine ausschließlich arbeitsorientierten Lebenskonzepte mehr. Arbeit gehört zum Leben, aber steht nicht mehr im Zentrum des Lebens. In einer älter werdenden, ja langlebigen Gesellschaft verlagert sich die Sinnorientierung des Lebens mehr auf die eigene Befindlichkeit (= Gesundheit) oder auf das soziale Wohlbefinden (=Partner/Familie/Freunde). Die *Gesundheit bekommt Religionscharakter* – ganz im Sinne eines Kirchenworts des Berliner Kardinals Joachim Meisner: „Das Gesundheitswesen nimmt die *Form einer Kirche* an" (Meisner 1999, S. 6). Postmaterialistische Lebensorientierungen zwischen Ich-Kult und Wir-Gefühl rücken in den Mittelpunkt: Das Ich bleibt zur Bestätigung auf das soziale Umfeld angewiesen. Im Unterschied zum reinen Individualismus wird in den neuen Gesundheits- und Sozialorientierungen des Lebens die Abhängigkeit von anderen eher größer.

Die demographische Entwicklung wird in den nächsten Jahrzehnten zu einer Veränderung der Lebensprioritäten führen. Die Interessen richten sich dann auf das ganze Leben: Die Aufspaltung in die Teilbereiche „Arbeit" und „Freizeit" wird weitgehend entbehrlich. Dieser Wandel geht mit einem *Bedeutungszuwachs von Gesundheit, Natur und Religion* einher. Diese drei Bereiche erweisen sich als konstante Lebensqualitäten bis ins hohe Alter.

> Bisher versprach die Politik allen Bürgern ein Leben im Wohlstand. In Zukunft muss sich die Politik auf ein Leben in sozialer Sicherheit konzentrieren, weil sonst der soziale Zusammenhalt im Gemeinwesen nicht gewährleistet ist. Die Kommunalpolitik ist hier in besonderer Weise gefordert: Der Gesellschaft geht die Arbeit aus, den Gemeinden das Geld.

Dem Leben in Städten und Gemeinden wird zunehmend das ökonomische Fundament und der finanzielle Spielraum entzogen, indem Schwimmbäder und Kindertagesstätten schließen, Theater und Bibliotheken zur Disposition stehen und für Kinderspielplätze und soziale Brennpunkte immer weniger Geld zur Verfügung steht. Wenn es weniger Steuereinnahmen gibt, können Städte, Gemeinden und Kreise auch weniger für Investitionen und Sanierungen ausgeben. *Die urbane Lebensqualität ist infragegestellt.* Erhaltung und Verbesserung der Infrastruktur von Freizeit, Kultur und Erlebniskonsum entscheiden darüber, ob das urbane Umfeld zum *Erlebnisraum* oder zum *Konfliktraum* wird.

Viele Zukunftsfragen warten auf Antwort: Gehen im Wohlstandsland die Lichter aus? Werden die Straßenlaternen aus Kostengründen vorzeitig ausgeschaltet? Müssen Stadtbäder trockengelegt und Kindertagesstätten privatisiert werden? Öffnen die Museen nur noch am Wochenende? Was passiert, wenn nichts passiert? Ein Kollaps der öffentlichen Investitionen in den Städten droht. Die notwendige Sanierung von Kindergärten, Schulen und Infrastruktur bleibt immer öfter aus. Die Städte verarmen. Der Deutsche Städtetag muss resignierend feststellen, dass die öffentlichen *Investitionsleistungen* für Schwimmbäder, Stadtteilbüchereien, Jugendeinrichtungen und freie Initiativen von 1992 bis 2002 *um ein Drittel zurückgegangen* sind (von 33 auf 22 Milliarden €).

Man kann nur hoffen, dass in Zukunft in den Tagesnachrichten nicht nur über steigende Aktienkurse, mehr Vandalismus und höhere Arbeitslosigkeit, sondern auch über steigende Kinderzahlen, mehr Beschäftigung und höhere Lebenszufriedenheit berichtet wird. Nicht vor Suppenküchen und Obdachlosenheimen, sondern vor Spielstätten und Ganztagsschulen, Kultur- und Bildungseinrichtungen sollten die Menschen nach getaner Arbeit wieder unbeschwert Schlange stehen können.

II. Zwischen Lust und Last. Die Arbeitswelt von morgen

> „Der Teleschirm schlug vierzehn. Winstons Arbeitswoche hatte sechzig Stunden, Julias sogar noch mehr."
>
> *George Orwell*: „1984" (London 1949)

Prognosen und Perspektiven auf einen Blick

- 0,5 x 2 x 3:
  Die Arbeitsformel von morgen

- Teufelskreis:
  Hohe Arbeitslosigkeit und niedriges Wachstum

- Von der Vollbeschäftigung zur Unterbeschäftigung:
  Der Berufswechsel wird zur Regel

- „working poor":
  Von Arbeits-Beschäftigungs-Maßnahmen zu Anti-Armuts-Programmen

- Offensive Arbeitsmarktpolitik:
  Betriebe nach Deutschland holen

- Länger arbeiten – mehr verdienen:
  Umdenken in der Arbeitnehmerschaft

- Renaissance der Persönlichkeit:
  Das erweiterte Anforderungsprofil

- Wahlarbeitszeiten:
  Flexible Arbeitszeitstandards setzen sich durch

- work-life-balance:
  Feminisierung der Arbeitswelt

- Mehr Inspiratoren als Macher:
  Berufsfelder der Zukunft

1. Die Beschäftigungskrise.
Von der Voll- zur Unterbeschäftigung

Im Jahre 1999 entwickelte der Autor ein Szenario – als Warnung an die Zukunft. Das Szenario ging von der pessimistischen Prognose aus, dass schon bald die Arbeitslosenzahl in Deutschland einen neuen Nachkriegsrekord erzielt und spätestens im Jahr 2005 die Fünf-Millionen-Marke erreicht sein wird. Damit für diesen angenommenen Fall die soziale Wohlfahrt und der soziale Frieden nicht infragegestellt werden, entwickelte der Autor unter dem Namen Konsensgespräche „Arbeit 21" ein Szenario als mögliche Problemlösung.

Konsensgespräche Arbeit 21. Ein Szenario aus dem Jahre 1999

Unter starkem öffentlichem Druck der Medien schließen sich die politisch Verantwortlichen in Deutschland unter dem Namen „Konsensgespräche Arbeit 21" zu einer Notgemeinschaft zusammen. Ende März 2001 ziehen sie sich wie bei der Papstwahl in die Potsdamer Konklave „Schloss Cäcilienhof" – abgeschirmt von der Außenwelt und den Medien – zurück und beschließen nach drei Tagen und 17 Stunden das *Potsdamer Einkommens-Moratorium*, das einen radikalen Abbau der Massenarbeitslosigkeit in einem *2-Stufen-Plan* vorsieht. Die Arbeitslosenzahl soll 2003 eine Drei vor dem Komma und im Jahr 2005 eine Zwei vor dem Komma haben.

Arbeitgeber und Gewerkschaften teilen sich die Kosten für den Abbau der Massenarbeitslosigkeit. Die Arbeitgeber geben ihren Tabu-Katalog auf und die Gewerkschaften verabschieden sich vom Starren auf Lohnprozente. Sie nehmen sich stärker in die sozialpolitische Pflicht, sorgen sich auch um die soziale Lage der Nichtbeschäftigten und agieren in der *Doppelrolle des Tarif- und Sozialpartners*.

Und der sozialverpflichtete Staat setzt Prinzipien der sozialen Gerechtigkeit konsequent um und freundet sich mit *Kombilöhnen* an, indem er neu geschaffene Billigjobs staatlich subventioniert und damit Arbeit statt Arbeitslosigkeit finanziert. Außerdem fördert er vorrangig *Existenzgründungen*.

Und so sehen die Ergebnisse der „Konsensgespräche Arbeit 21" im einzelnen aus:

- Die Arbeitgeber erklären sich bereit, mindestens fünfzig Prozent der *Überstunden abzubauen* und durch Neueinstellungen zu ersetzen sowie gleichzeitig *Lebens-Arbeitszeitkonten* einschließlich attraktiver Altersteilzeit-Regelungen einzuführen. In einem neuen Beschäftigungspakt Jung/Alt können sich ältere Arbeitnehmer über 60 Jahre Zug um Zug von der Arbeit wegschleichen und das Feld den Jüngeren überlassen. Allein durch das *Modell des flexiblen Ruhestands* stehen fast eine Million Arbeitsplätze für jüngere Beschäftigte zur Disposition. Ältere Arbeitnehmer, die freiwillig weniger arbeiten oder früher aufhören, bekommen einen Teil des Lohnausfalls durch eine *Branchenfonds- bzw. Tariffonds-Kasse* ersetzt. Mit dem Ende der Erwerbsarbeit ist für die ältere Generation die Lebensarbeit nicht zu Ende. Viele soziale Aufgaben – von der Nachbarschaftshilfe bis hin zu Ehrenämtern – kommen auf die Nachberufler zu.
- Die Gewerkschaften stimmen erstmals einem begrenzten Eingriff in die Tarifpolitik zu. Ein *zeitlich befristetes Einkommens-Moratorium* sieht für die nächsten drei Jahre bei den Lohn- und Gehaltserhöhungen lediglich einen Inflationsausgleich vor. Ansonsten bleibt die Tarifautonomie unangetastet. Um den Beschäftigten eine Arbeitsplatzgarantie zu geben, stimmen die Gewerkschaften auch der Aufteilung von

> Vollzeitarbeitsplätzen in Teilzeitarbeitsplätze mit Lohnverzicht zu, soweit dies in einzelnen Branchen und Betrieben möglich ist. Weniger arbeiten und weniger verdienen wird *als Notmaßnahme akzeptiert*, um eine Halbierung der Arbeitslosenzahl auf Dauer zu erreichen. Zudem fließt der Produktivitätszuwachs nicht voll in Dividenden und Lohntüten, sondern wird auch zur Finanzierung der entstehenden Mehrkosten für die Teilzeitarbeit verwendet.

H.W. Opaschowski: Leben ist die Lust zu schaffen. In: *H. Hesse/B. Rebe* (Hrsg.): Vision und Verantwortung, Hildesheim-Zürich-New York 1999, S. 539f.

Diese Konsensgespräche haben natürlich nie stattgefunden, weil die *magische Fünf-Millionen-Grenze* bisher nicht erreicht und offensichtlich auch der gesellschaftliche wie ganz persönliche Leidensdruck noch nicht hoch genug ist.

Karl Marx hat sich geirrt: Berufsarbeit ist nur mehr das halbe Leben. Marx hingegen hatte vorausgesagt, dass die durchschnittliche Lebensdauer mit weiterer Industrialisierung zurückgehen und somit der Anteil der Berufsarbeit an der gesamten Lebenszeit zunehmen werde. Ganz anders ist es gekommen: Die Lebenserwartung hat sich in den letzten 125 Jahren von 37 auf über 78 Jahre mehr als verdoppelt. Und die hauptberufliche Lebensphase macht nicht wie 1871 etwa zwei Drittel, sondern nur mehr knapp die Hälfte des Lebens aus. Im Jahr 2010 werden die meisten Bundesbürger bei einer Lebenserwartung von rund 80 Jahren im Durchschnitt *keine vierzig Jahre im Erwerbsleben* verbringen.

Arbeit
Begriff. Herkunft. Bedeutung

germanisch:	*arba* (= Knecht)
	arbejioiz (= Mühsal)
gotisch:	*arbaiphs* (= Bedrängnis, Not)
griechisch:	*ponos* (= Mühe, Last)
vulgär-lateinisch:	*tripalare* (= quälen, pfählen)
lateinisch:	*arvum/arva* (= gepflügter Acker)
tschechisch:	*rob* (= Sklave)
russisch:	*rabota* (= Sklave)

Und auch die Lebensarbeitszeit verändert sich. Sie wird mit immer mehr Wochenendarbeiten, Jahresarbeitszeitmodellen und Wahlarbeitszeiten gefüllt. Zugleich werden neue Beschäftigungsformen und gebrochene Erwerbsbiographien – als Problem und Chance – das System der Vollzeitarbeit verändern. Die Normalarbeitszeit stirbt:

- Mehr als zwei von fünf Beschäftigten leisten regelmäßig oder gelegentlich *Schicht-, Nacht- und Wochenendarbeit.*
- Jedes dritte Arbeitsverhältnis in Deutschland dauert *kein ganzes Jahr* und garantiert kein kontinuierliches Einkommen mehr.
- Jeder fünfte Erwerbstätige übt eine *Teilzeitarbeit* aus. Rund neunzig Prozent der Teilzeit-Beschäftigten sind Frauen.

- Millionen von Arbeitnehmern in Deutschland müssen sich mit einem *geringfügigen Beschäftigungsverhältnis* zufrieden geben.

Auf den ersten Blick hat die *Reform der Minijobs* seit dem Jahr 2003 mehr als eine Million *neuer* Jobs mit einer Bezahlung bis zu 400 Euro gebracht, so dass es alles in allem derzeit rund 7 Millionen Billigstellen gibt. Unter den geringfügig Beschäftigten sind die Frauen mit zwei Dritteln vertreten. Und trotzdem hat der Billigjob-Boom keine Auswirkungen auf die amtliche Arbeitslosenstatistik, weil die geringfügige Beschäftigung typischerweise nur als *Zusatzverdienst* angesehen wird, der vor allem von Schülern, Studenten und Hausfrauen wahrgenommen wird. Und Arbeitslose, die nur einen Minijob haben, werden in der Regel auch offiziell weiterhin als Arbeitslose registriert.

Aus wirtschaftspolitischer Sicht müssten solche *Anreize zum Zusatzverdienst* für Arbeitslose und Sozialhilfeempfänger noch stärker gefördert werden, um die Schwellenangst beim Eintritt in den Arbeitsmarkt spürbar zu senken und damit auch den Verbleib der Menschen in der staatlichen Fürsorge zu verringern.

> Als Tendenz zeichnet sich ab: Immer mehr Arbeitnehmer werden zu Beschäftigten auf Zeit, die kaum mehr Wir-Gefühle entwickeln und längerfristig auch die Arbeitsmoral der Kernbelegschaften beeinträchtigen.

Hier für die Zukunft Vorkehrungen zu treffen, kann die effektivste Beschäftigungspolitik sein. Die Bundesagentur für Arbeit schätzt, dass schon heute über acht Millionen Bundesbürger *unterbeschäftigt* sind. Dazu zählen neben den Arbeitslosen vor allem die Teilnehmer an Umschulungs- und Fortbildungsmaßnahmen, an staatlichen Maßnahmen für Arbeitsbeschaffung (ABM) sowie die sogenannte *Stille Reserve* – Personen also, die sich vorübergehend vom Arbeitsmarkt zurückziehen, aber nicht als erwerbslos gemeldet sind.

Laut einer OECD-Analyse unter 21 Industriestaaten hat Deutschland in den letzten Jahren *so wenig Arbeitsplätze geschaffen wie kein anderes Land*. Konkret: So wurden z.B. zwischen 1996 und 2001 in Deutschland gerade einmal 0,7 Prozent neue Jobs geschaffen – nicht einmal halb so viel wie im übrigen Europa und nur ein Bruchteil der Steigerungsrate in den USA (vgl. Commerzbank Mai 2001). Noch immer sind Millionen Menschen ohne Arbeit. Da *neue Jobs* nach einem Erfahrungswert *erst bei einem Wachstum von mehr als zwei Prozent* entstehen, kann vorerst mit einer spürbaren Senkung der Arbeitslosenzahl nicht gerechnet werden. Ein Teufelskreis: Über vier Millionen *Arbeitslose* gelten als *Deutschlands Wachstumsbremse Nummer eins*. Gleichzeitig kann die Arbeitslosigkeit nicht vermindert werden, weil es zu wenig Wachstum gibt. Hohe Arbeitslosigkeit und niedriges Wachstum sind schicksalhaft miteinander verbunden.

Nach Angaben des Statistischen Bundesamts erleben wir zur Zeit den größten Job-Abbau seit zehn Jahren. Allein 2003 sind so viele Arbeitsplätze verlorengegangen wie seit zehn Jahren nicht mehr. In den Jahren 2002 und 2003 sind mehr als 630.000 Jobs in Deutschland verschwunden. Auch 2004/2005 ist mit einem weiteren Rückgang der Erwerbstätigenzahl zu rechnen. Eine grundlegende Trendwende am Arbeitsmarkt ist so schnell nicht in Sicht.

Wie nie zuvor in den letzten hundert Jahren wird die Bevölkerung zu Beginn des 21. Jahrhundert mit einer Reihe struktureller Veränderungen konfrontiert, die sich pointiert in zehn Thesen zusammenfassen lassen:

1. *Das Industriezeitalter ist tot.*

   In den letzten zehn Jahren sind in der Industrie rund drei Millionen Arbeitsplätze verschwunden, während der Personalbestand im Dienstleistungsbereich um etwa 1,5 Millionen zugenommen hat. Die Industrie trägt nur mehr ein Drittel zur gesamten Wertschöpfung bei. Und auch nur mehr ein Drittel der Bevölkerung glaubt, dass wir heute noch in einer Industriegesellschaft leben.

2. *Produktion und Dienstleistung wachsen immer mehr zusammen.*

   Die Zukunft gehört eher einer Dienstleistungsgesellschaft auf (informations-) technologischer Basis. Aus Industriekonzernen werden Dienstleistungsunternehmen, die mehr Dienstleistungen als Waren anbieten.

3. *Das Leitbild der Vollbeschäftigung ist überholt.*

   In Zukunft wird es Vollbeschäftigung im traditionellen Verständnis der sechziger und siebziger Jahre nicht wieder geben und auch bezahlte „Arbeit für alle" kann nicht garantiert werden. Insbesondere die modernen Informationstechnologien sorgen dafür, dass in vielen Branchen immer weniger Beschäftigte gebraucht werden. Wenigen Vollzeiterwerbstätigen steht ein großes Heer von Gelegenheitsarbeitern und Aushilfsjobbern, Teilzeitbeschäftigten und Arbeitnehmern auf Abruf gegenüber.

4. *Der Berufswechsel wird zur Regel.*

   Arbeitnehmer in Deutschland müssen in Zukunft zu Lasten des Familienlebens permanente Flexibilität und berufliche Mobilität (z.B. von Ost- nach Süddeutschland) beweisen. Immer mehr Jobs werden zeitlich befristet und berufliche Laufbahnen von der Ausbildung bis zum Ruhestand für künftige Generationen kaum mehr möglich sein. Neue Beschäftigungsformen (Job-, Berufswechsel, Nebenjobs) machen den „Beruf für's Leben" zur Ausnahme und den Zweitjob neben dem Teilzeitarbeitsplatz fast zur Regel („Job neben dem Job"). Viele Arbeit-Nehmer werden wider Willen zu Job-Nomaden.

5. *Das Normalarbeitsverhältnis stirbt.*

   Jedes dritte Arbeitsverhältnis in Deutschland dauert kein ganzes Jahr. Fast vier Millionen Beschäftigte haben lediglich eine befristete Anstellung, also auch kein kontinuierliches Einkommen mehr.

6. *Die Rund-um-die-Uhr-Beschäftigung wird zur neuen Norm.*

   Wir müssen Abschied nehmen von der Normalarbeitszeit. In der Rund-um-die-Uhr-Gesellschaft der Zukunft geraten die Zeitblöcke von Arbeit und Freizeit durcheinander. Die berufliche Arbeit am Wochenende wird sich für immer mehr Beschäftigte zur neuen Norm entwickeln.

7. *Der Ausverkauf der Arbeitslust beginnt.*

   Nur zwei von fünf Beschäftigten (2003: 39%) können sich noch in der Arbeit selbst verwirklichen. Für die übrigen (61%) setzt die Selbstverwirklichung notgedrungen erst nach Feierabend ein.

8. *Die Loyalität der Mitarbeiter geht verloren.*
Weil die Unternehmen keine Arbeitsplatzgarantie mehr gewähren können, gibt es auch kaum noch Mitarbeiter, die der Firma zeitlebens die Treue („Betriebstreue") halten oder Loyalität versprechen. Der Kommunikations- und Führungsstil in den Betrieben, das „Betriebsklima" und die „Firmenkultur" werden sich grundlegend verändern, da ein Wir-Gefühl weder vorausgesetzt noch erwartet werden kann.
9. *Wertvolle Sozialzeit geht verloren.*
Etwa jedes achte Paar in Deutschland lebt in einer Fernbeziehung – doppelt so viele wie noch Mitte der achtziger Jahre. Ursache für die Distanz-Partnerschaft bzw. räumliche Trennung ist der Beruf. Unter der zunehmenden Doppelerwerbstätigkeit in Verbindung mit dem Zwang zur beruflichen Mobilität werden die Familie und die Kinder am meisten zu leiden haben. Auch die zunehmende Arbeitszeitflexibilisierung führt nicht zwangsläufig zu mehr Zeitsouveränität des Arbeitnehmers. Es wird immer schwieriger, beständige soziale Kontakte und familiäres Zusammensein zeitlich zu koordinieren. Während die betriebliche Bilanz auf Zeit- und Produktivitätsgewinne verweisen kann, geht die individuelle Bilanz mit einem Verlust an wertvoller Sozial- und Familienzeit einher.
10. *Die Beschäftigungskrise weitet sich zur Bildungskrise aus.*
Die Schule qualifiziert bisher in erster Linie zur Studier- und Berufsfähigkeit bzw. zum Beruf für's Leben und negiert dabei die Tatsache, dass die meisten Menschen in Zukunft den größten Teil ihres Lebens als Nichterwerbstätige oder Beschäftigungslose verbringen müssen. Auf ein selbstständiges und verantwortungsbewusstes Leben jenseits der Erwerbsarbeit wird die junge Generation bisher kaum vorbereitet. Die sozialen Folgen und ökonomischen Folgekosten dieser Bildungskrise sind kaum abschätzbar.

In den achtziger Jahren waren rund 80 Prozent der Erwerbstätigen vollbeschäftigt, Ende der neunziger Jahre nur mehr knapp 55 Prozent. Im Jahr *2010 wird lediglich jeder zweite Erwerbstätige voll erwerbstätig und sozial abgesichert sein,* also in einem Normalarbeitsverhältnis stehen.

> So wie es heute schon dynamische Armut und dynamischen Wohlstand gibt, in denen sich im Laufe eines Lebens Armuts- und Wohlstandsphasen abwechseln, so werden in Zukunft viele Menschen auch mit dynamischen Beschäftigungs- und Arbeitslosigkeitsphasen leben. Fast alle Erwerbspersonen „müssen" dann im Laufe ihres Berufslebens beschäftigungsintensive und beschäftigungslose Phasen „durchleben" und die zeitweiligen Unterbrechungen und Brüche ihrer Erwerbsbiographie als Normalität hinnehmen.

Aus lebenslang Beschäftigten werden *prekär Beschäftigte,* „die manchmal arbeiten und manchmal nicht, die zwischen mehreren Berufen wechseln, von denen keiner ein anerkannter und noch weniger eine Berufung ist, deren Beruf es eigentlich ist, keinen zu haben" (Gorz 2000, S. 77).

Bereits in den zurückliegenden neunziger Jahren hat die überwiegende Mehrheit der Erwerbspersonen solche Arbeitslosigkeitsphasen erfahren. Dabei handelte es sich bei (vgl. Mutz 1997, S. 23ff.)

- 21 Prozent um *einmalige* Arbeitslosigkeit, bei
- 39 Prozent um *häufige* kurze Arbeitslosigkeit, bei
- 25 Prozent um *häufige kurze und lange* Arbeitslosigkeit und bei
- 12 Prozent um *lang andauernde* Arbeitslosigkeit oder gar um das Ausscheiden aus dem Erwerbsleben.

Diese Unterbrechungen des Erwerbslebens werden erfahrungsgemäß mit unterschiedlichen Aktivitäten ausgefüllt, in denen, wie André Gorz optimistischerweise vermutet, auch eine *neue Alltagskultur* schlummert, selbst wenn sich Politik, Wirtschaft und Gesellschaft dagegen widersetzen und sie möglichst negieren wollen, weil sie unter dem strukturellen Mangel an Erwerbsarbeit fast wie Amputierte „unter Phantomschmerzen" leiden. Ihr *Phantom ist die Vollbeschäftigung*, an der Politiker unter allen Umständen festhalten wollen, ohne sie jedoch garantieren zu können. Immer wieder erwecken sie bei der Bevölkerung Erwartungen, „die sich als unerfüllbar erweisen" (Gorz 2000, S. 82f.).

Gelegentliche Entspannungen auf dem Arbeitsmarkt täuschen über strukturelle Probleme hinweg. Demographische Entwicklung und kurzfristige Exporterfolge können nur vorübergehend zu einem geringen Abbau der Arbeitslosigkeit beitragen, aber die Zahl der Arbeitslosen nicht rasch sinken lassen. Vorschnelle Vorhersagen über eine Rückkehr zur Vollbeschäftigung bleiben eine „*Fata Morgana*" (DIW-Präsident Klaus Zimmermann im April 2000).

Zugleich vollzieht sich ein folgenschwerer Wandel in der Gesellschaft: Das Primat der Politik wird erschüttert. Und auch Kirchen, Künstler, Kulturschaffende, Gewerkschaften, Erziehungs- und Bildungswesen bestimmen nicht mehr zentral die Anforderungen an das Leben und die Gesellschaft. Es sind eher die Wirtschaftskonzerne, die global fusionieren und das Tempo und die Richtung der gesellschaftlichen Veränderung vorgeben: *Wirtschaft vor Politik*. Das bleibt nicht ohne soziale Folgen: Politik, am Gemeinwohl orientiert und als Daseinsvorsorge für alle Bürger definiert, wird abgelöst von Unternehmensstrategien, die in erster Linie die wirtschaftliche Entwicklung im Blick haben, insbesondere Produktivität und Qualifizierung, auch wenn es dabei zu *sozialer Ausgrenzung („exclusion")* kommt.

In Zeiten der Globalisierung verschwinden nationale Konzerne zunehmend von der Bildfläche oder gehen traditionsreiche Namen in der weltweiten Fusionswelle unter: So wurde z.B. aus den Schweizer Chemieriesen Ciba und Sandoz über Nacht „Novartis" und aus 135 Jahren Hoechst plötzlich „Aventis". Daimler-Benz konnte gerade noch – wenigstens teilweise – seinen ruhmreichen Namen retten, um „Daimler Chrysler" zu schaffen. Der Abschied von traditionsreichen Namen ist auch ein *Abschied von alten Wirtschaftswerten* (wie z.B. „Made in Germany"). Für Sentimentalitäten ist da kein Platz mehr. Für Mitarbeiter ist in erster Linie Flexibilität gefordert; die Suche nach Identität wird fast zur Privatsache.

2. „McJobber" und „working poor".
Leben mit Anti-Armuts-Programmen

Während seiner USA-Reise im Frühjahr 1999 stellte der chinesische Premierminister Zhu Rongji fest: Für die Produktion eines Paars Turnschuhe erhält ein chinesischer Arbeiter 2 Dollar: Sie sichern ihm einen Arbeitsplatz und eine Zukunft. Die Turnschuhe werden für 20 Dollar in die USA exportiert und dort über den Groß- und Einzelhandel an den Endverbraucher für 100 Dollar weiterverkauft. Handel und Dienstleistung verdienen etwa 80 Prozent an dem Produkt. In diesem Fall gilt: Die Globalisierung raubt nicht, sondern schafft ganz im Gegenteil neue Dienstleistungs-Arbeitsplätze im eigenen Land. Der chinesische Premierminister brachte es auf den Punkt: „Fakt ist doch, dass wir in China gar keinem US-Amerikaner den Arbeitsplatz streitig machen können, weil wir sogenannte *Low-Level-Jobs* ausüben, die keine US-Firma mehr anbietet."

In diesem globalen Zusammenhang muss auch der *Trend zur Teilzeitarbeit* gesehen werden. Seit Anfang der neunziger Jahre sind in Deutschland rund eine Million Teilzeitjobs hinzugekommen, aber gleichzeitig etwa drei Millionen Vollzeitjobs verlorengegangen. Die Niederlande und Großbritannien gelten als „die" Trendsetter der Teilzeitarbeit. In den Niederlanden arbeitet fast ein Drittel der Beschäftigten weniger als 30 Stunden die Woche – und hat auch *weniger Einkommen* zur Verfügung. Im englischen Wales zahlen Sicherheitsfirmen mittlerweile keine vier Euro die Stunde – dafür liegt die Arbeitslosenquote unter sechs Prozent.

Geringe Arbeitslosigkeit bedeutet also nicht zwangsläufig mehr Wohlstand. In keinem anderen westlichen Industriestaat klafft beispielsweise die Schere zwischen dem armen und dem reichen Bevölkerungsanteil weiter auseinander als in England: Fast jeder fünfte Brite (das sind 12 Millionen von insgesamt 58 Millionen) muss mit weniger als der Hälfte des Durchschnittseinkommens leben – fast dreimal so viele wie in den siebziger Jahren.

> Nicht Arbeits-Beschaffungs-Maßnahmen, sondern Anti-Armuts-Programme werden in Zukunft dringender denn je. Andernfalls breitet sich eine poor working class aus, die kaum noch in der Lage ist, ihre eigene Familie zu ernähren.

So ist die Frage durchaus berechtigt: Wenn es gelingt, die Massenarbeitslosigkeit drastisch zu reduzieren – brechen dann nicht *neue soziale Probleme* auf? Wird nicht einfach das Problem Arbeitslosigkeit wie z.B. in Großbritannien oder den USA gegen andere Probleme eingetauscht, also z.B. „niedrige Löhne, niedrige Produktivität, niedrige soziale Absicherung, steigende Einkommensungleichheit usw.?" (Hondrich 1998, S. 499). Die Armutsquote in Deutschland liegt bei etwa zehn Prozent – deutlich geringer als etwa in den USA (15%) oder in England (20%).

Nach der EU-Definition beginnt Armut dort, wo Menschen mit weniger als 60 Prozent des Durchschnittseinkommens im jeweiligen Land auskommen müssen. Danach wäre fast jede(r) fünfte Europäer(in) in der Europäischen Union (17%) arm

– allerdings mit deutlichen Unterschieden (z.B. Dänemark: 8% – Portugal: 23%). 60 Millionen Europäer sind also von der Armut betroffen (vgl. Becher/Wilhelmstätter 2003, S. 28). Armut bedeutet immer auch *soziale Ausgrenzung* und nicht nur materielle Unterversorgung.

> Deutschland weist nach Dänemark die zweitniedrigste Armutsquote in der EU auf, zählt also zu den Ländern mit der geringsten Einkommensungleichheit. Dies ist eine Erklärung dafür, warum der soziale Frieden im Land trotz Massenarbeitslosigkeit bisher gewahrt blieb.

In Zukunft wird in Betrieben Teamfähigkeit immer mehr gefordert – aus gutem Grund: Teamgeist muss ‚beschworen' und ‚gepredigt' werden, weil es dann *mehr Einzelkämpfer als Teamspieler* gibt. Dem *Hire-and-fire-Prinzip* auf der Unternehmensseite entspricht das *Job-Hopping* der Mitarbeiter, die nach höherer Bezahlung und besseren Karrierechancen schielen und auch das Internet als ständige Kontaktbörse zu anderen Unternehmen zu nutzen wissen. Wenn die Personalentwicklung nicht stimmt, kann manches Unternehmen zum Wanderzirkus werden, weil die Mitarbeiterfluktuation so hoch ist.

Ein Ende der klassischen Arbeitsbiographie zeichnet sich ab, weil keine lebenslange Anstellung mehr möglich ist. Den Mitarbeitern wird deutlich gesagt, dass ein Job nicht mehr ein Arbeitsleben lang garantiert sein kann. Unternehmen bieten „ein ganzes Mosaik von Möglichkeiten, um den Wechsel erträglich zu machen" (Deutsche Bank). Für die verbleibenden Vollzeitbeschäftigten werden gleichzeitig sogenannte Sekundärtugenden wie Pünktlichkeit, Ordnung, Disziplin, Zuverlässigkeit oder Sauberkeit gefordert – ob am Computer, im Cockpit, im Genlabor oder in der Schaltzentrale. Zugleich werden immer mehr Fähigkeiten verlangt, die ständig neu kombiniert und gesteigert werden müssen.

Diese *Steigerungsspirale* in der modernen Arbeitswelt bleibt nicht ohne Folgen. Weil Arbeit immer wertvoller wird, werden auch die Leistungsmaßstäbe am Arbeitsplatz immer höher. Die Leistungssteigerung der einen bedeutet fast zwangsläufig das Leistungsversagen der anderen, was der Soziologe K.O. Hondrich das „*Leistungssteigerungs-Leistungsversagungs-Gesetz*" nennt. So leistungsfähig und leistungswillig die einzelnen auch sein mögen: Es genügt schon, dass sie etwas „weniger einfühlsam, weniger pfiffig, weniger schnell, weniger mobil, weniger motiviert, weniger glücklich agieren als diejenigen, die die Maßstäbe setzen; schon gleiten sie bei schlechter Konjunkturlage und gesteigertem Wettbewerb in die Arbeitslosigkeit ab" (Hondrich 1998, S. 495) oder landen im *Heer der McJobber*.

> Für die Zukunft gilt: Je höher die zeitliche Flexibilität im beruflichen Leben, desto geringer die Planbarkeit des privaten Lebens. Die Zeiten von Eltern, Kindern und Freunden sind dann kaum noch deckungsgleich. Sogenannte Pinbrett-Familien breiten sich aus, die zunehmend über schriftliche Mitteilungen Kontakt miteinander halten. Gemeinsamkeiten und familiäre Unternehmungen sind immer weniger planbar.

Wie viel Arbeit braucht der Mensch? fragte schon Anfang der achtziger Jahre die österreichische Sozialforscherin Marie Jahoda die gesamte westliche Welt. Diese Frage ist heute offener denn je. Die westlichen Industriegesellschaften stehen vor ihrer größten Herausforderung seit hundert Jahren: Ihr Arbeitsmodell der Zukunft soll der *Formel 20 zu 80* (Hans-Peter Martin/Harald Schumann) gleichen, wonach nur mehr zwanzig Prozent der Bevölkerung eine bezahlte Arbeit bekommen. Es wird der „Übergang zur Freizeitgesellschaft" (BUND) heraufbeschworen, der den übrigen achtzig Prozent „Tittytainment" (Zbigniew Brzezinski), „McDonaldisierung" (George Ritzer) oder „Disney-Kolonialisierung" (Benjamin R. Barber) beschert. Erinnerungen an George Orwells Zukunftsroman „1984" werden wach, wonach die überwiegende Mehrheit der Bevölkerung ihr Leben nur noch mit der Sorge um Heim und Kinder, kleinlichen Streitigkeiten mit Nachbarn, Kino, Fußball, Bier und vor allem Glücksspielen ausfüllen werde...

Werden Arbeitnehmer zu McJobbern? Vor ihnen liegt dann ein langer Arbeitstag – z.B. zwei Arbeitsstellen mit einmal acht und einmal zwei Stunden, dazwischen vier Busfahrten mit Umsteigen, anschließend Einkaufen und Kochen für die Kinder. Und das Ganze immer in Eile – nur um als „working poor" nicht im Einkommen unter das Sozialhilfeniveau zu geraten. Lieber während einer Busfahrt fast im Stehen einschlafen als beim Sozialamt betteln müssen ...

Wird und darf die Zukunft so enden? Arbeit hat doch eine Zukunft, weil es weiterhin sinnvolle Aufgaben für alle gibt. Die Erwerbsarbeit kann im 21. Jahrhundert nicht mehr die alleinige Garantie für Wohlstand und Lebensqualität sein. Mut zur sozialen Phantasie ist daher gefordert. Wege aus der arbeitslosen Gesellschaft müssen gefunden werden. Die Suche nach neuen Arbeitswelten muss zum Credo für das 21. Jahrhundert werden. Im gleichen Maße, wie die bezahlte Arbeit zur Mangelware wird, muss ernsthaft Ausschau nach neuen Beschäftigungsformen gehalten werden, die *Existenzsicherung und Lebenserfüllung* gleichermaßen gewähren.

3. Abbau der Arbeitslosigkeit. Lösungsansätze aus der Sicht der Bevölkerung

Während Politik und Wirtschaft noch öffentlich darüber diskutieren, welche globalen, strukturellen oder konjunkturellen Ursachen die Arbeitslosigkeit hat, ist die Bevölkerung schon einen Schritt weiter. Bei der Repräsentativumfrage über mögliche Maßnahmen zum Abbau der Arbeitslosigkeit konnten sich die Befragten zwischen verschiedenen Lösungsansätzen, die in der Öffentlichkeit kontrovers diskutiert werden, entscheiden. Die Antworten der Bevölkerung konzentrieren sich auf drei Adressaten – auf den Staat, die Arbeitgeber und die Gewerkschaften.

3.1 Maßnahmen des Staates

Beim wirksamen Abbau der Arbeitslosigkeit in Deutschland ist in erster Linie der Staat gefordert, der für beschäftigungsfreundliche Rahmenbedingungen Sorge tragen muss. Konkret heißt dies:

- *Schneller und unbürokratischer Arbeit vermitteln (2003: 63%)*

Im europäischen Ausland genauso wie in den USA trägt die Überregulierung auf dem deutschen Arbeitsmarkt mitunter schon mehr zur Belustigung als zur Verwunderung bei: „Ladenschlusszeiten", „Sonntagsbackverbot" und „Rabattgesetz" wirken vielfach ebenso anachronistisch wie einengend. Amerikaner können bis heute nicht verstehen, warum z.B. Shopping Center am Sonntag geschlossen sind. Mittlerweile bilden sich in Deutschland erste Initiativen gegen Bürokratismus (www.blackbean.de) und selbst Bundestagsabgeordnete rufen laut zum Abroden des deutschen Vorschriften-Dschungels auf. Denn: Mindestens die Hälfte der 85.000 Gesetze und Vorschriften in Deutschland soll eigentlich überflüssig sein.

Die deutsche Krise am Arbeitsmarkt ist auch eine Krise der Bürokratie. Allein zwischen 1999 und 2002 hat sich der Umfang des Bundesgesetzblattes von 2.096 Seiten auf 4.744 Seiten mehr als verdoppelt. Weltweit sollen schätzungsweise etwa 70 Prozent aller juristischen Schriften in deutscher Sprache verfasst sein. Allein auf Bundesebene gibt es derzeit über 2.000 Gesetze mit rund 50.000 Einzelvorschriften (HA 2003, S. 2). Die Bürokratisierung trägt wesentlich dazu bei, dass die Arbeitslosigkeit tendenziell eher steigt als sinkt.

Das deutsche Dilemma auf dem Arbeitsmarkt heißt: Überregulierung. Beide – Unternehmer wie Arbeitnehmer – brauchen mehr Bewegungsfreiheit und weniger Reglementierung. Die *Effizienz der Vermittlung* ist notwendiger denn je. Die Regulierungsdichte muss aufgeweicht werden. Die Umbenennung der Bundesanstalt für Arbeit (BA) in „Bundesagentur für Arbeit" soll das Bürokratieimage abschütteln helfen. Die neue Dienstleistungsagentur will nicht mehr länger mit Einrichtungen wie Justizvollzugs"anstalt" oder Bade"anstalt" gleichgesetzt werden. Hier ist nur zu hoffen, dass der Kostenaufwand für die Neubezeichnung (ca. 7,5 Mio Euro) über Briefbögen, Schilder und Werbeschriften hinaus auch strukturell nachhaltige Folgen hat. Erste politische Weichenstellungen sind im Zuge der Hartz-Reformen erkennbar: Die Ausweitung der Minijobs, die Lockerung des Kündigungsschutzes sowie die Liberalisierung des Ladenschlusses. Hinzu kommen Personalserviceagenturen und Ich-AGs.

Abb. 13: Abbau der Arbeitslosigkeit
Lösungsansätze aus der Sicht der Bevölkerung

Von je 100 Befragten schlagen als besonders *wirksame Maßnahmen* vor:

Maßnahmen des Staates

- Schneller und unbürokratischer Arbeit vermitteln: 63
- Neue Betriebe nach Deutschland holen: 60
- Lohnnebenkosten senken: 59
- Neue Existenzgründungen fördern: 41
- Arbeit statt Arbeitslosigkeit finanzieren (Lohnsubventionen): 38
- Sozialhilfe nur mit Nachweis gemeinnütziger Tätigkeit: 36

Maßnahmen der Arbeitgeber

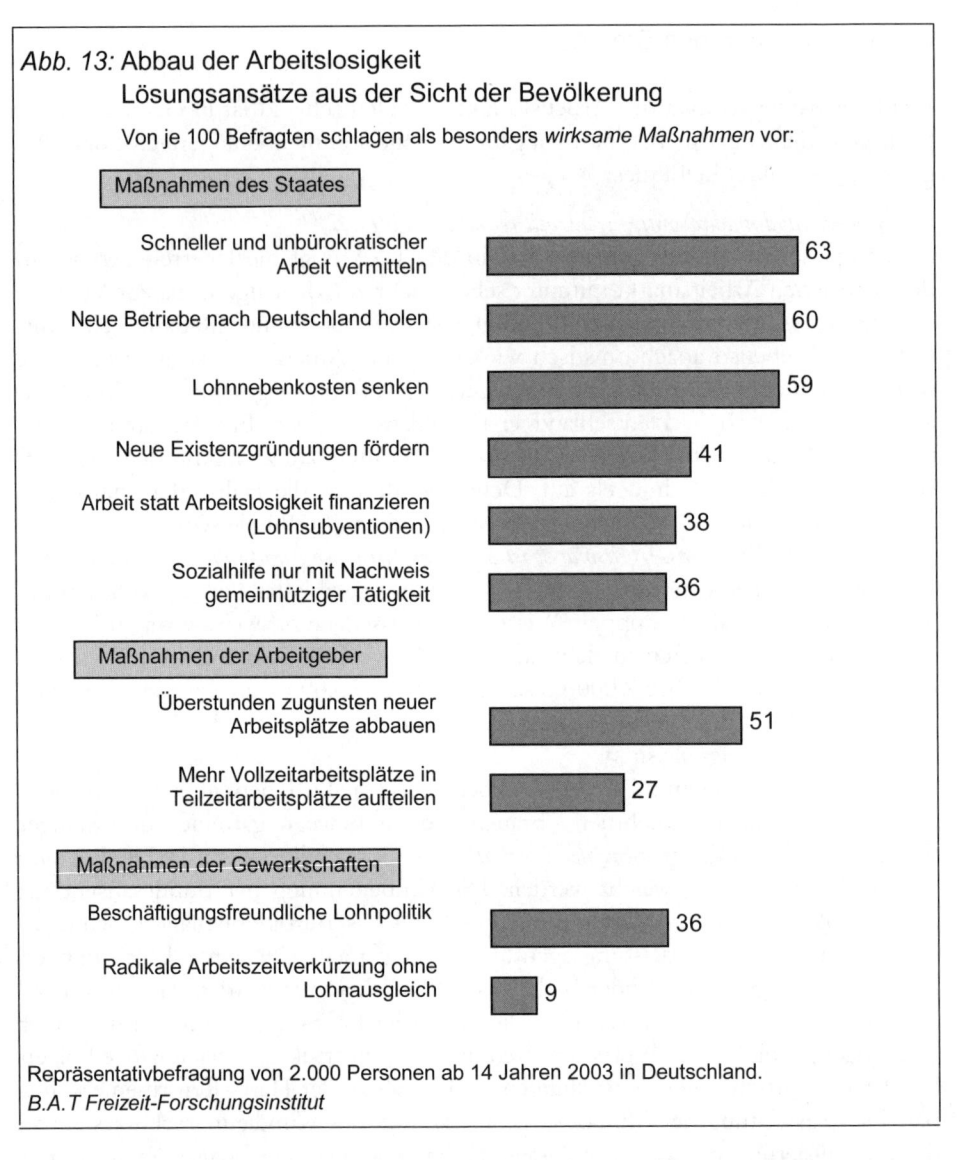

- Überstunden zugunsten neuer Arbeitsplätze abbauen: 51
- Mehr Vollzeitarbeitsplätze in Teilzeitarbeitsplätze aufteilen: 27

Maßnahmen der Gewerkschaften

- Beschäftigungsfreundliche Lohnpolitik: 36
- Radikale Arbeitszeitverkürzung ohne Lohnausgleich: 9

Repräsentativbefragung von 2.000 Personen ab 14 Jahren 2003 in Deutschland.
B.A.T Freizeit-Forschungsinstitut

Ein *Ende der durchregulierten Arbeitsgesellschaft* zeichnet sich ab – von der Delegation und Kooperation in den 60er und 70er Jahren über die Partizipation und das Mitunternehmertum in den 80er und 90er Jahren bis zur Ich-AG und dem Lebensunternehmertum im 21. Jahrhundert. Der Arbeitnehmer der Zukunft wird ein „Unternehmer am Arbeitsplatz" (Opaschowski 2002, S. 41) sein, der sich nicht in jedem Fall selbstständig machen muss, um selbstständig zu sein. Für die nahe Zukunft stellt sich durchaus die Frage, ob nicht der Arbeitnehmer-Begriff im deutschen Arbeitsrecht neu definiert werden muss. Ein Arbeitnehmer gilt ja noch immer als Erwerbstätiger, der „gegenüber einem Arbeitgeber zu *fremdbestimmter* Arbeitsleistung gegen Entgelt *verpflichtet* ist." Dieses vorindustrielle Verständnis lässt im 21. Jahrhundert Aspekte wie Autonomie, Verantwortung und unternehmerische Funktion weitgehend außer Acht.

- *Neue Betriebe nach Deutschland holen (2000: 55% – 2003: 60%)*

Eine Umfrage des Deutschen Industrie- und Handelskammertags (DIHK) bei knapp 10.000 Betrieben in Deutschland erbrachte den Nachweis: Jedes vierte deutsche Industrieunternehmen erwägt, in den kommenden drei Jahren seine Produktion oder Teile davon ins Ausland zu verlagern. Die hohen Arbeitskosten (45%) sowie die starke Steuer- und Abgabenlast (38%) werden als Hauptursachen angeführt (DIHK 2003). *Der Standort Deutschland wird zu teuer.* Den durchschnittlich 60.000 Euro p.a. Lohnkosten in Deutschland stehen bei vergleichbarer Leistung z.B. nur etwa 15.000 Euro p.a. in Ungarn gegenüber. Die neuen Industriestandorte werden deshalb zunehmend nach Mittel- und Osteuropa sowie Asien verlagert. So kehrte beispielsweise die Offenbacher Lederfirma Goldpfeil nach 146 Jahren Deutschland den Rücken und lässt künftig in Tschechien und China nähen.

Andererseits gibt es auch gegenläufige Tendenzen: Um einen Verkauf des Nivea-Herstellers Beiersdorf AG an den US-Konzern Procter & Gamble zu verhindern, hat der Hamburger Senat im Oktober 2003 Beiersdorf-Aktien im Wert von 1,1 Milliarden Euro treuhänderisch erworben bzw. über Kredite finanziert, um die Zukunft des hochprofitablen Unternehmens in Deutschland zu sichern. Die Standortsicherung rechnet sich, denn bei einer Übernahme durch einen ausländischen Wettbewerber wären Arbeitsplätze, Fabriken und Steuereinnahmen gefährdet gewesen.

> Die Verlagerung von Arbeitsplätzen ins Ausland (ca. 2,6 Millionen seit Mitte der 90er Jahre) bereitet der Bevölkerung derzeit größte Sorgen. Die Bürger erwarten von der Politik, dass sie in die Offensive geht und neue Betriebe nach Deutschland holt bzw. günstige Rahmenbedingungen für ausländische Investoren schafft.

Zu den Hauptbefürwortern einer solchen *Offensiven Arbeitsmarktpolitik* zählt vor allem die Landbevölkerung (69%). Die Diskussion um den Standort Deutschland hat offensichtlich die Landbevölkerung weitgehend aus dem Blick verloren, die nun beinahe ohnmächtig dem flächendeckenden Abbau von Arbeitsplätzen zusehen muss (wie z.B. in Mecklenburg-Vorpommern).

Wo sind die Politiker, die nicht nur gebetsmühlenartig appellieren „wir müssen etwas gegen die Arbeitslosigkeit tun", sondern durch Taten glänzen und verkünden können: „Wir haben schon wieder einen Betrieb nach Deutschland geholt" oder zumindest: „Wir haben schon wieder den Ausverkauf eines deutschen Unternehmens erfolgreich verhindert." Offensive Arbeitsmarktpolitik muss mehr agieren als reagieren, also attraktive Rahmenbedingungen als Anreiz für die Ansiedlung neuer Betriebe schaffen.

- *Lohnnebenkosten senken (2000: 51% – 2003: 59%)*

Das waren noch Zeiten, als die Sozialversicherungsbeiträge (= Beitragssätze zur Sozialversicherung in Prozent zum Bruttoarbeitsentgelt) noch bei 20 Prozent (1950), 24,4

Prozent (1960) oder 26,5 Prozent (1970) lagen. Zwischen 1950 (20%) und 2003 (42%) haben sich diese Beiträge mehr als verdoppelt. Der Vorwurf wird laut: Die Lohnnebenkosten zur Finanzierung der Arbeitslosen-, Kranken-, Renten- und Pflegeversicherung sind „zum *Jobkiller* mutiert" (IWD 2003, S. 2).

Die hohen Lohnnebenkosten werden von den meisten Unternehmen als größtes Hindernis zur Schaffung neuer Arbeitsplätze gesehen. Nach Angaben des Steuerzahlerbundes musste 2003 jeder Bürger etwa 54,2 Prozent für Steuern und Sozialabgaben bezahlen, wovon die Hälfte der Arbeitgeber zu tragen hatte. Die Lücke zwischen Brutto- und Nettogehalt wird eher größer.

Der Faktor Arbeit ist zu teuer geworden – eine Erfahrung, die mittlerweile Unternehmer- und Arbeitnehmerschaft gleichermaßen machen. Fast zwei Drittel der berufstätigen Bevölkerung (63%) fordern eine spürbare *Senkung der Lohnnebenkosten*, damit Arbeitsplätze noch bezahlbar bleiben. Vor allem Selbstständige und Freie Berufe (70%) sowie Leitende Angestellte (68%) sprechen sich für eine Kostenentlastung des Faktors Arbeit aus, weshalb Teile der sozialen Sicherung mehr durch Verbrauchssteuern als durch Lohnnebenkosten finanziert werden müssten. Unternehmer- und Arbeitnehmertätigkeiten sind steuerlich zu entlasten, damit sich Leistung wieder lohnt bzw. bezahlbar bleibt und inländische Unternehmen im Wettbewerb mit der ausländischen Konkurrenz nicht benachteiligt werden.

- *Neue Existenzgründungen fördern (2000: 36% – 2003: 41%)*

Das Programm „Kapital für Arbeit", das 50.000 Arbeitslosen mit einem KfW-Kredit zu einem neuen Arbeitsplatz verhelfen sollte, soll sich als „Flop" erwiesen haben, weil keine 10.000 Arbeitslose tatsächlich einen Job fanden. Anders sieht es mit der Entwicklung von sogenannten Ich-AGs aus. Die Existenzgründungsprogramme aus dem Hartz-Konzept werden überraschend gut angenommen. So hat es bereits im September 2003 über 60.000 staatlich geförderte Ich-AGs gegeben und die Zahl der Selbstständigen hat sich spürbar erhöht. Andererseits kann der Eindruck täuschen: Viele *Mini-Jobs sind Neben-Jobs*, die das Haupteinkommen erweitern und „working poor" verhindern sollen.

41 Prozent der Bevölkerung (Berufstätige: 46%) sprechen sich dafür aus, die Arbeitslosigkeit durch die *vorrangige Förderung von Selbstständigkeit und neuen Existenzgründungen* zu bekämpfen. Dies setzt auf seiten der Politik die steuerliche Begünstigung von Existenzgründungen, insbesondere von Risiko- und Haftungskapital voraus. Andererseits kann für die Zukunft auch befürchtet werden, dass sich im existentiellen Kampf um Arbeit und gesichertes Einkommen aus dem abhängig Beschäftigten nicht der neue Selbstständige entwickelt, sondern eher der „selbstständige Einzelkämpfer" (Peter Gross) im Rahmen der Ich-AG. Individualistisch und erfolgsorientiert: Von der Ellbogenmentalität bis zur Rücksichtslosigkeit. Ohne Arbeitsplatzsicherheit und ohne feste Anstellung im Rücken kann auf dem Arbeitsmarkt ein Kampf aller gegen alle entbrennen.

Wer in Deutschland ernsthaft Existenzgründungen und berufliche Selbstständigkeit (z.Zt. ca. 4,2 Mio) fördern will, sollte sich vorrangig auf zwei Maßnahmen konzentrieren: Startkapital günstig anbieten und günstige Steuerregelungen für Existenzgründer vorsehen. Hier sind Staat und Politik gefordert, sonst droht die Forderung nach einer neuen Wagniskultur im Wirtschaftsleben zur bloßen Leerformel zu werden.

- *Arbeit statt Arbeitslosigkeit finanzieren (2000: 39% – 2003: 38%)*

Darüber hinaus kommt auch eine ebenso innovative wie unkonventionelle Problemlösung in Frage: *Neue Jobs für Arbeitslose durch staatliche Zuschüsse finanzieren (z.B. durch Lohnsubventionen bei Niedriglöhnen).* Vielen Bürgern ist mittlerweile klar: Wenn nichts passiert, zeichnen sich eher englische Verhältnisse für die Zukunft ab: Eine Arbeitslosenquote von vielleicht weit unter zehn Prozent – dafür aber ein Drittel kurzfristig Beschäftigte, ein Drittel Teilzeitbeschäftigte und nur mehr ein Drittel Vollzeitbeschäftigte. Insbesondere die kurzfristig Beschäftigten drohen dann zu einer *neuen Klasse der arbeitenden Armen* („working poor class") zu werden, die ebenso unterbeschäftigt wie unterbezahlt sind. Für sie gibt es keinen Mindestlohn, keinen Kündigungsschutz und keine geregelte Arbeitszeit mehr.

Damit sich – im Vergleich zu Sozialhilfeempfängern – Arbeitsleistungen in Jobs mit Niedriglöhnen überhaupt noch lohnen, müssten sie staatlich subventioniert werden. Staatlich subventionierte Niedriglöhne sind immer noch sinnvoller als staatliche Sozialhilfen. Die Chance für neue Arbeitsplätze ist in jedem Fall größer, wenn Arbeit statt Arbeitslosigkeit finanziert wird. Ein Arbeitsloser kostet die öffentlichen Haushalte über 20.000 Euro im Jahr. Dafür könnte man mehrere Beschäftigte mit Niedriglohn bezahlen bzw. bezuschussen. Also:

> Lieber drei schlechtbezahlte Jobs mit Lohnkostenzuschuss als ein Beschäftigungsloser auf Lebenszeit. Wie sinnvoll ist es, (Arbeitslosen-) Geld an Anspruchsberechtigte zu zahlen – unter der Bedingung, dass sie nicht arbeiten? Lohnzuschüsse hingegen fordern geradezu zum Arbeiten heraus.

Schließlich weist die Arbeitslosenstatistik nach, dass die meisten Arbeitslosen ein Jahr und länger arbeitslos sind. Wer nicht sofort wieder den Sprung in den Arbeitsmarkt schafft, bleibt erfahrungsgemäß zwei Jahre ohne Anstellung. Jeder dritte Arbeitslose ist schon heute ein Langzeitarbeitsloser mit immer geringeren Beschäftigungschancen.

- *Sozialhilfe nur mit Nachweis gemeinnütziger Tätigkeit (2000: 35% – 2003: 36%)*

Viele ältere Menschen haben ein Anrecht auf Sozialhilfe und beantragen dennoch keine – aus Scham und Angst vor Gesichtsverlust. Manche leben lieber unterhalb der Armutsgrenze als dem Gefühl ausgesetzt zu sein, Sozialhilfe nicht wirklich „verdient" zu haben. Wer einen Anspruch auf Sozialhilfe oder ein Sozialeinkommen anmeldet, soll – so lautete eine Forderung aus den neunziger Jahren – „eine gemeinnützige Tätigkeit von der Kindererziehung bis zur Altenbetreuung" (Opaschowski 1998, S. 30) nachweisen. Eine solche radikale Sozialreform ist umstritten, weil die Frage, ob jemand zu gemeinnütziger Arbeit „verpflichtet werden" kann, nach wie vor offen ist. Andererseits spricht viel für das Prinzip:

> Keine Leistung ohne Gegenleistung (= Übernahme einer sozial nützlichen Tätigkeit durch alle arbeitsfähigen Sozialhilfeempfänger). Leistung muss sich lohnen.

Diese Vorstellungen decken sich auch mit den Vorschlägen einer gemeinsam von der Bertelsmann Stiftung, der Ludwig-Erhard-Stiftung und der Heinz Nixdorf Stiftung eingesetzten Expertengruppe, die im November 2003 als „Gemeinschaftsinitiative Soziale Marktwirtschaft" die Feststellung traf: Die Soziallast kann halbiert werden, wenn jedem *arbeitsfähigen Sozialhilfeempfänger* ein Job angeboten wird. Das kann auch im gemeinnützigen Bereich sein. Wer diese Beschäftigung ablehnt, erhält nur noch fünfzig Prozent der Sozialhilfe. Das dabei erzielte Einkommen sollte bis zu 300 Euro gar nicht und bis zu 600 Euro nur zur Hälfte auf die Sozialleistung angerechnet werden. Damit kann der *finanzielle Anreiz zur Arbeitsaufnahme* erhöht werden. Hinter allem steht das Anliegen, dem Prinzip *Geld gegen Leistung* zum Durchbruch zu verhelfen.

Die Frage, wie bei anhaltend hoher Arbeitslosigkeit Existenzsicherung und Altersvorsorge dauerhaft gewährleistet werden können, wird in Politik und Gesellschaft kontrovers diskutiert, ohne dass sich bisher ein mehrheitsfähiger Konsens abzeichnet. Nur gut ein Drittel der Bevölkerung (36%) plädiert für diese Problemlösung mit geradezu sozialrevolutionärem Charakter. Die Begründung liegt auf der Hand: Massenhafte Beschäftigungslosigkeit wird auf Dauer staatliche Sozialprogramme unbezahlbar machen. Deshalb müssen sie Zug um Zug durch freiwillige soziale Arbeiten ersetzt werden. Insofern stellen die einzig sinnvolle und auch gesellschaftlich anerkannte Alternative zur Erwerbsarbeit *Freiwilligenarbeit, gemeinnützige Tätigkeit und soziales Engagement* dar.

Seit über dreißig Jahren wird in aller Welt die Idee eines sogenannten „Sozialeinkommens" diskutiert. Gemeint ist ein Grundgehalt bzw. *garantiertes Mindesteinkommen für alle*. Die Meinungen sind geteilt. Zu groß ist in Politik und Wirtschaft noch die Angst, dass sich mit der Verwirklichung eines garantierten Mindesteinkommens vor allem bei der jüngeren Generation ein „Arbeitswille" erst gar nicht mehr entwickeln könne. Dieses Problem ist jedoch lösbar, wenn von vornherein das Sozialeinkommen *an eine gemeinnützige Tätigkeit gekoppelt* ist. Das Sozialeinkommen, das den Menschen die Existenzängste nimmt und vom Stigma der Arbeitslosigkeit befreit, wird also nur gewährt, wenn eine *Gegenleistung (= Leistung auf Gegenseitigkeit)* erbracht und eine sozial nützliche Tätigkeit nachgewiesen wird.

Eine etwas andere Variante stellt der *Kombi-Lohn* dar, der sich aus Sozialhilfe und Arbeitsentgelt zusammensetzt. Für Sozialhilfeempfänger sollen neue Arbeitsanreize geschaffen werden, indem ihnen nicht mehr wie bisher ab einer Entgelthöhe der gesamte Hinzuverdienst von der Sozialhilfe abgezogen wird. *Lieber Lohnzuschuss als Sozialhilfe*. Insbesondere bei Langzeitarbeitslosen sollte künftig für die Dauer eines Jahres mindestens die Hälfte ihrer Nebenverdienste anrechnungsfrei bleiben, damit die Arbeitsanreize verbessert werden und die Leistungspotentiale nicht brachliegen. Das wäre eine echte Übergangshilfe zur Selbsthilfe.

3.2 Maßnahmen der Arbeitgeber

Die Verantwortung für den Abbau der Arbeitslosigkeit kann nicht einfach wie ein Wanderpokal weitergereicht und dem Staat allein überantwortet werden. Auch die Unternehmen müssen im Zuge ihrer Sozialpflicht initiativ werden. Als Lösungsansätze aus unternehmerischer Verantwortung bieten sich an:

- *Überstunden zugunsten neuer Arbeitsplätze abbauen (2000: 51% – 2003: 51%)*
Jeder zweite Bürger hält den Abbau von Überstunden zugunsten neuer Arbeitsplätze für eine „besonders wirksame Maßnahme" im Kampf gegen die Arbeitslosigkeit. Vor allem die von Arbeitslosigkeit am meisten bedrohten Arbeiter fordern einen radikalen Überstundenabbau (55%), damit sie weiterhin eine berufliche Zukunft haben.
Mehr arbeiten muss nicht weniger Arbeitslosigkeit bedeuten. Ganz im Gegenteil: Geht man von den tatsächlich geleisteten (und nicht nur von den tarifvertraglichen) Wochenarbeitsstunden aus, so arbeiten die Deutschen mit 36,1 Stunden mehr als der EU-Durchschnitt (35,5). Die Hauptursache: *Die Deutschen leisten die meisten bezahlten Überstunden.* Im Unterschied dazu weisen Dänemark und die Niederlande ein höheres Wirtschaftswachstum und eine geringere Arbeitslosigkeit auf, obwohl (oder weil) sie weniger arbeiten (Dänemark: 33,7 Std. – Niederlande: 29,5 Std.). Im internationalen Vergleich sind die Länder mit den kürzesten tatsächlichen Arbeitszeiten auch beschäftigungspolitisch am erfolgreichsten.

- *Mehr Vollzeitarbeitsplätze in Teilzeitarbeitsplätze aufteilen (2000: 28% – 2003: 27%)*
Etwa jeder vierte Bundesbürger lässt erste Anzeichen einer praktischen Solidarität erkennen: Mehr Vollzeitarbeitsplätze sollen in Teilzeitarbeitsplätze aufgeteilt werden (Frauen: 28% – Männer: 25%). Gefordert wird eine gleichmäßigere und gerechtere Verteilung des knappen Gutes Arbeit. Gemeint ist nicht eine flächendeckende Arbeitszeitverkürzung nach dem Gießkannenprinzip, sondern mehr Mut zu individuellen Problemlösungen nach den jeweiligen Möglichkeiten der einzelnen Branchen und Betriebe. Die Beschäftigten hätten dann eine Arbeitsplatzgarantie.
Aus Arbeitnehmersicht hält sich in ökonomischen Krisenzeiten verständlicherweise der Ruf nach mehr Teilzeitarbeit in engen Grenzen. Denn „weniger arbeiten" bedeutet auch „weniger verdienen". Das können sich derzeit nur wenige leisten. Deshalb wird auch die Umwandlung von Vollzeit- in Teilzeitarbeitsplätze nur als vorübergehende Maßnahme vorgeschlagen.

3.3 Maßnahmen der Gewerkschaften

Wenn „Bündnis für Arbeit" Ernst gemeint ist, dann müssen auch die Gewerkschaften zukunftsorientiert und kompromissbereit agieren. Das heißt konkret:

- *Beschäftigungsfreundliche Lohnpolitik (2003: 36%)*
Das Nachbarland Niederlande hat im Oktober 2003 ein erfolgreiches Beispiel realisiert: Gewerkschaften, Arbeitgeber und Regierung verabredeten einen Lohnstopp

für zwei Jahre, was insbesondere der Bekämpfung der Jugendarbeitslosigkeit zugute kommen soll. Lohnerhöhungen werden 2004 einfach ausgesetzt und 2005 sollen sie sich „der Nulllinie" annähern." Dieses beispiellose Bündnis für Arbeit macht Ernst mit dem Prinzip *„Arbeit vor Lohn"*. Auch in Deutschland setzt sich die Erkenntnis durch, dass Maßhalten in der Lohnpolitik einen Problemlösungsansatz darstellt. Dies sieht die Gruppe der Selbstständigen genauso (39%) wie die Arbeiterschaft (39%). Am wenigsten sind die Beamten (28%) von Einkommenszurückhaltungen begeistert.

Eine „beschäftigungsfreundliche" Lohnpolitik kann allerdings keine Dauermaßnahme, sondern nur eine Übergangslösung sein. Sonst würde das Maßhalten in der Lohn- und Gehaltsentwicklung nur dazu führen, z.B. alte Maschinen immer länger laufen zu lassen (weil sie ja durch den Lohnverzicht der Arbeitnehmerschaft so schön rentabel sind). Niedrige Betriebskosten wären auf Dauer ebenso innovations- wie wachstumshemmend. Wachstum durch Transpiration (statt durch Innovation) ist nur bedingt zukunftsfähig.

- *Radikale Arbeitszeitverkürzung ohne vollen Lohnausgleich (2000: 11% – 2003: 9%)*

Ein solches Vorgehen wird verständlicherweise nur als Notmaßnahme in Notzeiten akzeptiert, wenn also der „Leidensdruck" groß genug ist. Deshalb hält sich die Begeisterung der Arbeitnehmerschaft für solche Notlösungen in engsten Grenzen. Radikale Arbeitszeitverkürzungen werden nicht mehr wie in Hochkonjunkturzeiten der siebziger und achtziger Jahre als Frei-Zeit-Gewinn, sondern ganz realistisch als Einkommens-Verlust angesehen.

VW und Lufthansa haben es erfolgreich vorgemacht – EnBW, Opel und Telekom machen es nach, z.B. zehn Prozent weniger arbeiten und in gleichem Maße auf Gehalt verzichten. Die Konzerne kürzen zunehmend Arbeitszeit und Gehälter. Was aus gewerkschaftlicher Sicht auf den ersten Blick wie ein „Gipfel der Zumutung" (Ver.di) erscheinen mag, erweist sich in Wirklichkeit als ein *notwendiger Beschäftigungspakt* zwischen Arbeitgebern und Arbeitnehmern, um betriebsbedingte Kündigungen bzw. Massenentlassungen zu verhindern. Dieses Solidaropfer schafft in Krisenzeiten keine neuen Arbeitsplätze, sichert aber die vorhandenen. So ist von *Vier-Tage-Woche* ohne Lohnausgleich die Rede. Opel muss im Stammwerk Rüsselsheim vorübergehend gar die *30-Stunden-Woche* einführen. Strukturprobleme werden dadurch nicht dauerhaft gelöst, dafür aber die Personalkosten – zumindest zeitweise – spürbar gesenkt. Vielleicht heißt die Problemlösung für die Zukunft nicht „kürzer arbeiten" oder „länger arbeiten", sondern: *Wir müssen alle flexibler arbeiten –* je nach Auftragslage und Konjunkturstimmung. Gegen die Flexibilität ist solange nichts einzuwenden, wie sie *sozial gerecht gestaltet* wird. Damit also die Arbeitslosigkeit nicht noch weiter steigt, ist Lohnkürzung immer noch besser als Kündigung. Unter dem Motto „Hauptsache Arbeit" kann es in Zukunft schon bald heißen: Zehn Menschen auf acht Stellen.

Je nach Nachfrage und Qualifikation der Beschäftigten können Arbeitszeitverkürzungen *und* (nicht oder) Arbeitszeitverlängerungen gleichzeitig sinnvoll sein. Ein Ingenieur in der Planungsabteilung muss dann vielleicht länger, ein Industriearbei-

Abbau der Arbeitslosigkeit

ter am Fließband kürzer arbeiten. Die Betriebe werden ihre Arbeitszeiten selbst regeln wollen. Mit einer „flexiblen Arbeitszeitordnung" (Opaschowski 1974, S. 31) und nicht mit starren Arbeitszeitregelungen kann es gelingen, Deutschland aus der Krise zur führen.

Es gibt sicher nicht „den" Königsweg zur Lösung der Arbeitslosenproblematik. Realistischer ist es vielmehr, sich über *Kombinations-Lösungsansätze* ernsthafter Gedanken zu machen.

> Wenn die von der Bevölkerung favorisierten Lösungsansätze nicht isoliert, sondern im Zusammenhang verwirklicht würden – also z.B. Abbau der Überstunden *und* Senkung der Lohnnebenkosten *und* Lohnstopp *und* Lohnsubventionen für Niedriglöhne, dann wäre auch die Halbierung der Arbeitslosenzahl in Zukunft keine Illusion oder Utopie mehr.

Wieso müssen in Deutschland über vier Millionen Menschen zwangsweise zu Hause bleiben, während andere gleichzeitig ein bis zwei Milliarden Überstunden leisten? Wenn nur 40 Prozent dieser Überstunden in Arbeitsplätze umgewandelt würden, brächte das – rein rechnerisch – fast 400.000 zusätzliche Beschäftigte.

Die erstarrte Zeitordnung, nach der alle zur gleichen Zeit dasselbe tun sollen, ist überholt. In Zukunft gilt, was vor dreißig Jahren noch eine utopische Forderung war: „*Verpflichtende Zeitpläne müssen durch dynamische Zeitpläne ersetzt werden*" (Opaschowski 1974, S. 31), bei denen nur einige wenige Stunden festgelegt, die übrigen aber variabel und frei einteilbar sind. Zeitsouveränität statt Zeitdisziplin, Flexibilisierung statt Normierung heißt die Forderung. Protestantisch-preußische Zeitpläne und ideologische Diskussionen gehören der Vergangenheit an.

> Der zeitsouveräne Arbeitnehmer von morgen will frei und selbstständig über Zeit-Eigentum verfügen. Seine Schlüsselfragen bei Einstellungsgesprächen lauten:
> - Welche persönlichen Entfaltungsmöglichkeiten habe ich?
> - Welche Spielräume zum Gestalten und Handeln bietet mir der Job?
> - Und wie groß sind meine Freiräume – von der selbstständigen und eigenverantwortlichen Tätigkeit bis hin zur freien und flexiblen Regelung der Arbeits-, Frei- und Urlaubszeiten?

In Zukunft wird mehr nach Arbeitsinhalten, Verantwortung und Kompetenz gefragt – eine große Herausforderung für die Unternehmen. Denn für viele Arbeitstätigkeiten wird es strukturelle Grenzen der Gestaltbarkeit geben, auch ökonomische Grenzen – wenn z.B. eine Arbeitsplatzqualität so erhöht wird, dass sie für ein Unternehmen kaum mehr bezahlbar bzw. zu teuer wird.

4. Von der Zeitkultur zur Geldkultur. Umdenken in der Arbeitnehmerschaft

Wie würden sich die Arbeitnehmer entscheiden, wenn sie über *längere oder kürzere Arbeitszeiten* selber bestimmen könnten? Zunächst einmal wollen zwei von fünf Berufstätigen (42%) möglichst „alles beim Alten" lassen, sind also mit den bisherigen Regelungen durchaus zufrieden. Sie wollen allerdings ihre Arbeitszeit „flexibler und individueller" einteilen. Und je jünger die Arbeitnehmer sind, desto stärker sind ihre Individualisierungswünsche ausgeprägt.

> Vor dem aktuellen Hintergrund von Konjunkturkrise und steigenden Sozialabgaben findet derzeit ein radikales Umdenken in der Arbeitnehmerschaft statt: Mehr arbeiten und mehr verdienen – das ist die zeitgemäße Antwort der Arbeitnehmer aus Angst vor Wohlstandsverlusten.

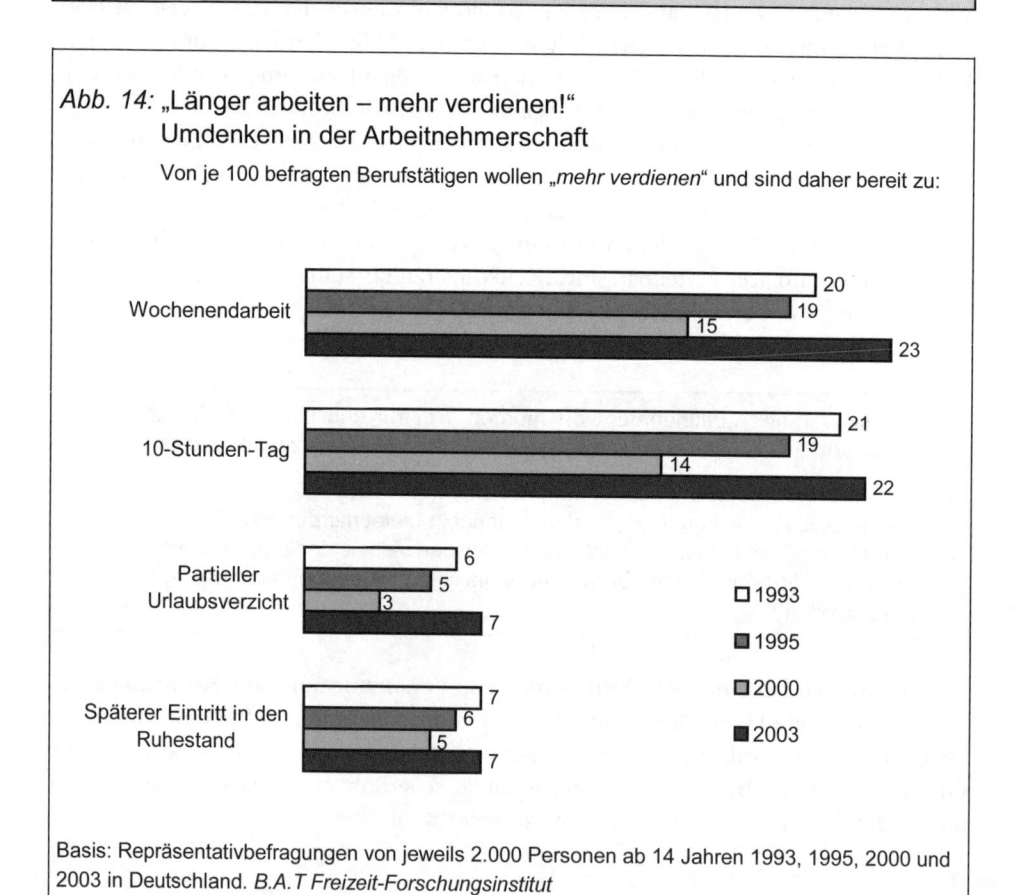

Abb. 14: „Länger arbeiten – mehr verdienen!"
Umdenken in der Arbeitnehmerschaft

Von je 100 befragten Berufstätigen wollen *„mehr verdienen"* und sind daher bereit zu:

	1993	1995	2000	2003
Wochenendarbeit	20	19	15	23
10-Stunden-Tag	21	19	14	22
Partieller Urlaubsverzicht	6	5	3	7
Späterer Eintritt in den Ruhestand	7	6	5	7

Basis: Repräsentativbefragungen von jeweils 2.000 Personen ab 14 Jahren 1993, 1995, 2000 und 2003 in Deutschland. *B.A.T Freizeit-Forschungsinstitut*

Die aktuelle Arbeitszeit-Debatte deutet jedoch in eine andere Richtung: Länger arbeiten ja – aber für den gleichen Lohn. Die Rückkehr zur 40-, 42- oder 48-Stunden-Woche soll die Produktivität erhöhen und die Wettbewerbsfähigkeit der Unternehmen steigern helfen. So die offizielle Version. In Wirklichkeit werden Stellen eingespart bzw. keine neuen Arbeitsstellen geschaffen. *Die Finanzpolitik siegt über die Beschäftigungspolitik.*

Noch in den neunziger Jahren dominierte die Zeitkultur vor der Geldkultur. Kontinuierlich stieg der Anteil der Arbeitnehmer, die sich für Arbeitszeitverkürzungen und Lohnverzicht aussprachen. Für Wochenendarbeiten konnten sich immer weniger begeistern (1993: 20% – 1995: 19% – 2000: 15%). Und auch ein Zehn-Stunden-Tag mit entsprechendem Mehrverdienst fand immer weniger Anhänger (1993: 21% – 1995: 19% – 2000: 14%).

Jetzt ist plötzlich ein gravierender Stimmungsumschwung in der Arbeitnehmerschaft feststellbar:

- „Um mehr zu verdienen" ist mittlerweile fast jeder vierte Beschäftigte (22% – Arbeiter: 24%) bereit, „die tägliche Arbeitszeit gelegentlich auf *bis zu zehn Stunden* zu verlängern" (Frauen: 20% – Männer: 24%).
- Die Bereitschaft zur *Wochenendarbeit* (Samstags- oder Sonn- und Feiertagsarbeit) hat sprunghaft von 15 Prozent (2000) auf 23 Prozent (2003) zugenommen (Frauen: 18% – Männer: 27%). Spürbare Zurückhaltung ist lediglich bei der Berufsgruppe der Beamten (10%) feststellbar, während die Arbeiterschaft einen fast dreimal so hohen Interessentenanteil aufweist (27%).
- Auch eine Verlängerung der Lebensarbeitszeit ist für einige Beschäftigte kein Tabu mehr. *Über das 65. Lebensjahr hinaus arbeiten* und später in den Ruhestand eintreten, können sich einige Beschäftigte (2000: 5% – 2003: 7%) durchaus vorstellen, wenn sie dadurch ihren Lebensstandard verbessern oder die Rente erhöhen können.
- Und selbst die populärste Form von Glück, der Urlaub, steht für einige Arbeitnehmer zur Disposition. Einige würden auch *auf einen Teil des Urlaubs verzichten* (2000: 3% – 2003: 7%), wenn dadurch die Haushaltskasse spürbar aufgebessert werden könnte.

Bei anhaltender Konjunkturschwäche kann sich die Einstellung „Mehr leisten, um sich mehr leisten zu können" in der Arbeitnehmerschaft noch verstärken. *Die Geldkultur wird wieder wichtiger als die Zeitkultur.* Schließlich will niemand zu den Wohlstandsverlierern gehören.

In dieser Frage stoßen zwei verschiedene Lebenskonzepte aufeinander: Die

- *Anhänger einer Zeitkultur*, die das Zeitdenken favorisieren und mehr vom Leben haben wollen, und die
- *Befürworter einer Geldkultur*, die ihren Lebensstandard erhalten oder verbessern wollen. Unter ihnen sind die Selbstständigen und Freiberufler (11%) sowie die Beamten (9%) überrepräsentiert, die *gerne (=freiwillig)* über das 65. Lebensjahr hinaus arbeiten würden. Bei den Angestellten sind es neun Prozent und in der

Arbeiterschaft sieben Prozent, die nach Erreichen der offiziellen Altersgrenze noch weiter tätig sein würden, wenn sie nur dürften.

Konkret: Sieben Prozent aller Erwerbstätigen sprechen sich für eine Verlängerung der Lebensarbeitszeit aus. Das wären hochgerechnet weit über zwei Millionen Beschäftigte in Deutschland, die derzeit dem *Fallbeil-Charakter des erzwungenen Ruhestands* zum Opfer fallen und unfreiwillig auf das „Altenteil" geschickt werden. Dem Prinzip der Generationengerechtigkeit würde es eher entsprechen, wenn mehr ältere (und nicht nur mehr jüngere) Arbeitnehmer die Renten für immer mehr Ruheständler erwirtschaften. Ein höheres Rentenalter – auf freiwilliger Basis – könnte so die Finanznöte der Rentenkasse deutlich mildern helfen.

5. Geldnot im Ruhestand?
Auf der Suche nach Zusatz-Einkommen

Die Rente, das letzte soziale Netz vor der Sozialhilfe, sorgt für ein Dach über dem Kopf und lässt auch niemanden hungern und frieren. Die Rente, eine Art Grundsicherung, verhinderte bisher Verarmung in Deutschland. Nach Angaben des Statistischen Bundesamtes soll es Altersarmut derzeit kaum mehr geben. Nur 1,3 Prozent der Älteren leben von der Sozialhilfe. Die Sozialhilfequote bei den Kindern ist fast dreißigmal so hoch (2003: 37%). Ältere drohen also nicht unter das Existenzminimum zu rutschen, sondern eher ihren gewohnten Lebensstandard zu verlieren. Die Angst vor Wohlstandsverlusten lässt – subjektiv gesehen – Geldnotprobleme aufkommen.

Zeichnen sich amerikanische Verhältnisse für die Zukunft ab? Statt massenhaft als „volunteers" freiwillig und ehrenamtlich nach dem Eintritt in den Ruhestand tätig zu werden, setzt eher ein zweites Arbeitsleben ein – *unfreiwillig und gegen Bezahlung*. Die Rentner bleiben auf *Zusatz-Einkommen* angewiesen. Motive wie z.B. weiterhin aktiv, produktiv und gesellschaftlich nützlich bleiben zu wollen, werden verdrängt von der Notwendigkeit, zusätzlich Geld verdienen zu müssen, um die unzureichenden Renten und steigenden Gesundheitskosten bezahlen zu können. Der Traum vom „verdienten" Lebensabend ist für etwa fünf Millionen Amerikaner im Alter von über 65 Jahren ausgeträumt. *Geldnot im Ruhestand* – das ist für sie die bittere Wahrheit nach einem langen Arbeitsleben.

Der Ruhestand ist eine *Erfindung der Neuzeit*. Früher arbeiteten die meisten Menschen ganz selbstverständlich bis ans Ende ihres Lebens. Lebenszeit und Arbeitszeit gehörten unmittelbar zusammen. Die sogenannte Altersgrenze war eine *Alters-Versicherungs-Grenze*. Sie lag 1889 bei 70 Jahren und wurde 1916 auf das 65. Lebensjahr herabgesetzt. Die Grenze zum Alter bedeutete dabei in der Regel *Invalidität und/oder Berufsunfähigkeit*. Wer heute – freiwillig oder zwangsweise – aus dem Berufsleben ausscheidet, muss weder ‚invalid' noch ‚berufsunfähig' oder ‚alt' sein. Selbst aus der Sicht der Altersforschung gilt die *„heutige Pensionierungsgrenze als willkürlich festgesetzt*. Ihre allgemeine Gültigkeit wurde nie nachgewiesen" (Schmitz-Scherzer 1983, S. 567).

> Nicht eine vom Arbeit- oder Gesetzgeber verordnete Zwangspensionierung wäre das Gebot der Stunde, sondern eine verstärkte Individualisierung der Arbeitszeit in den letzten zehn Jahren des Berufslebens, wozu eine Flexibilisierung der Altersgrenze nach unten und nach oben gehört.

Die Eingewöhnungs- und Anpassungsprobleme sind nachweislich umso geringer, je freiwilliger der Wechsel vom Erwerbsleben in den Ruhestand erfolgt (vgl. Friedmann/Weimer 1982, S. 396). Den Arbeitnehmern muss das allmähliche Ausscheiden aus dem Berufsleben erleichtert werden. Realisierungsansätze gab es schon Anfang der achtziger Jahre (z.B. im Unternehmen Ferdinand Pieroth): 60-Jährige konnten wöchentlich fünf Stunden weniger arbeiten und 65-Jährige konnten auf Wunsch einen Arbeitsvertrag unterzeichnen, der die *Weiterarbeit bis zum 67. Lebensjahr* und in ‚Ausnahmefällen' darüber hinaus ermöglichte.

In Zukunft sollte das *Modell des flexiblen Ruhestandes* zum Zuge kommen, das schon vor dreißig Jahren als Lösungsansatz vorgeschlagen wurde: Gemeint ist eine „abgestufte Pensionierungszeit mit eigenverantwortlichen Wahlmöglichkeiten und flexibler Altersgrenze" (Opaschowski 1974, S. 32). Wer also über das 65. Lebensjahr hinaus arbeitet, wird vom Gesetzgeber *mit einem Zuschlag belohnt*. Mit jedem Monat, den man über die offizielle Altersgrenze hinaus arbeitet, wird die monatliche Rente lebenslang um 0,5 Prozent erhöht. Zu Ende gedacht bedeutet dies:

- Wer freiwillig früher in den Ruhestand geht, gibt sich mit *Abschlägen* bei der Rente zufrieden (z.Zt. *minus 3,6 Prozent* weniger Rente für jedes Jahr).
- Folgerichtig gibt es bei längerer Lebensarbeitszeit auch *Zuschläge* bei der Rentenzahlung (z.Zt. *plus 6 Prozent* mehr Rente für jedes Jahr Mehrarbeit).

Statt in der gesellschaftspolitischen Diskussion – immer nur negativ – höhere Abschläge zu fordern, sollten auch einmal positiv heute schon mögliche Zuschläge mehr publik gemacht werden. Wer also bis zum 67. Lebensjahr arbeitet – so der Verband Deutscher Rentenversicherungsträger – bekommt *zeitlebens zwölf Prozent mehr Rente*. Das ist bereits heute Realität und doch kaum bekannt. Eine flexible Öffnung der Altersgrenze nach beiden Seiten – nach unten mit Rentenkürzungen und nach oben mit Rentenerhöhungen – muss zum Lebensarbeitszeitmodell des 21. Jahrhunderts werden. Die Lebenserwartung der Deutschen nimmt jedes Jahr um zwei bis drei Monate zu. Wer länger lebt und länger arbeitet, lebt deshalb nicht am Leben vorbei.

Fast zwei Drittel aller Unternehmen in Deutschland beschäftigen nur Junge, d.h. in etwa 60 Prozent aller Betriebe arbeiten keine Mitarbeiter, die älter als 50 Jahre sind. Die Deutsche Bank beispielsweise hat weltweit Zehntausende von Beschäftigten, von denen keine 200 über 60 Jahre alt sind. Nicht nur Großunternehmen, auch Klein- und Mittelbetriebe beschäftigen lieber Jüngere, wie das Institut für Arbeitsmarkt- und Berufsforschung 2002 nach einer Befragung von 16.000 Firmen ermittelte.

> Fördert die Personalpolitik in den Unternehmen die demographische Spaltung der Gesellschaft? Die Bevölkerung in Deutschland wird immer älter, die Belegschaft in den

> Betrieben immer jünger. Die Jüngeren werden hofiert, die Älteren diskriminiert. Die Kampagne „50 plus" der Bundesagentur für Arbeit wartet weiter auf ihre Realisierung.

Aus verschiedenen Gründen muss in Zukunft mit einer *Verlängerung der Lebensarbeitszeit* gerechnet werden. So sieht das Hartz-Konzept auch ausdrücklich die bevorzugte Einstellung älterer Arbeitsloser ab 55 Jahren vor. Und die EU will die Vorruhestandsregelungen ganz abschaffen und wieder mehr auf das „aktive Altern" im Erwerbsleben setzen. Dies entspricht auch den Vorstellungen des Sachverständigenrates, der die bloße Erhöhung der Rentenbeiträge auf 19,5 Prozent und die starke Anhebung der Beitragsbemessungsgrenze als *„konzeptionslose Notoperationen"* bezeichnete. Denn durch höhere Zahlungen entstehen wieder höhere Rentenansprüche: Damit werden die demographischen Probleme nur verschärft.

> Die Lebenserwartung der Deutschen nimmt jedes Jahr um zwei bis drei Monate zu. Wäre es dann nicht fair und sozial gerecht, einen Teil der gewonnenen Lebenszeit wieder in die Gesellschaft und das Sozialsystem zu re-investieren? Konkret: Wer länger lebt, kann auch länger arbeiten.

In den meisten Mitgliedsstaaten der EU ist das Alter von 65 Jahren das offizielle Alter für den Eintritt in den Ruhestand. Um dem *Risiko der Verarmung* zu entgehen, ist der Anteil der über 65-Jährigen, die noch länger arbeiten, nicht unerheblich. Nach der Arbeitskräfteerhebung der EU (Winqvist 2002, S. 3) gehen drei Prozent der Frauen und sieben Prozent der Männer im Alter von 65 bis 74 Jahren noch einer beruflichen Tätigkeit nach – allerdings mit großen Unterschieden zwischen einzelnen Ländern:

- Einen relativ hohen Anteil berufstätiger Frauen und Männer weisen England (11%), Griechenland (12%), Schweden (15%) und Irland (19%) auf.
- In Portugal sind sogar mehr als 30 Prozent der Männer dieser Altersgruppe noch berufstätig (Frauen: 18%).
- Deutschland, Belgien, Frankreich, Luxemburg und Spanien gehören zu den Ländern, in denen weniger als vier Prozent der über 65-jährigen Männer noch berufstätig sind.

40 Prozent der berufstätigen Männer und 60 Prozent der berufstätigen Frauen im Alter von über 65 Jahren in der EU gehen einer *Teilzeitbeschäftigung* nach und arbeiten *weniger als 30 Wochenstunden*.

> Konsequenterweise muss als Forderung für die Zukunft gelten: Schafft den Ruhestand ab! Mit anderen Worten: Lasst Euch nicht einfach stilllegen (wie einen ausgedienten Hochofen). Das Ausscheiden aus dem Erwerbsleben darf keine Vertreibung aus der Leistungsgesellschaft sein, der die soziale Ver-Nichtung auf dem Fuße folgt.

6. Sozialer Abstieg?
   Probleme von Teilzeitbeschäftigten

Über vier Millionen Arbeitslose suchen in Deutschland einen Job – und etwa genauso viele Vollzeitbeschäftigte wollen *lieber weniger arbeiten*. Wenn das vorhandene Potential besser genutzt und das Angebot an Teilzeitarbeitsplätzen erweitert werden würde, könnte dann nicht auf Subventionen, Geldprämien und materielle Anreize zur Schaffung von Teilzeitarbeitsplätzen verzichtet werden? Und wenn es gelänge, das Arbeitsplatzangebot mehr auf die individuellen Arbeitnehmerwünsche auszurichten, würden dann nicht weniger Vollzeitarbeitsplätze mehr Teilzeitarbeitsplätze schaffen und Massenarbeitslosigkeit abbauen helfen? Eine Problemlösung nur auf den ersten Blick.

> Arbeitsplätze sind nicht einfach teilbar und austauschbar. Von dem Angebot zur Reduzierung der Arbeitszeit – vom kürzeren Arbeitstag bis zur Vier-Tage-Woche – wollen vor allem drei Bevölkerungsgruppen Gebrauch machen: Die Großstädter, die Höhergebildeten und die Besserverdienenden. Dies deutet auf eine fast unlösbare Aufgabe hin, die einer Quadratur des Kreises gleicht. Viele Höherqualifizierte wollen weniger arbeiten, aber Geringerqualifizierte können ihre Arbeiten nicht ohne weiteres übernehmen.

Eine solche Übernahme wäre an eine unabdingbare Voraussetzung gebunden, wie sie der französische Soziologe André Gorz schon Anfang der achtziger Jahre als Vision auf dem „Wege ins Paradies" gezeichnet hatte. Eine gerechtere Verteilung und Umverteilung der Arbeit würde eine *Banalisierung der Berufe* (Gorz 1983, S. 76) voraussetzen. Hochqualifizierte Arbeiten und Berufe müssten dann so banalisiert, also vereinfacht werden, dass sie jederzeit austauschbar bzw. rasch erlernbar wären. Eine soziale Utopie. Dagegen spricht auch, dass ein Umsteigen von Vollbeschäftigung auf Teilzeit mit Einkommens- und Prestigeverlusten verbunden ist. Dazu sind die meisten Arbeitnehmer nicht bereit. Der Einstieg in die Vier-Tage-Woche wird von ihnen *eher als sozialer Abstieg empfunden*, jedenfalls nicht als Startschuss in eine neue Epoche des Arbeitslebens gefeiert.

Groß ist die Bereitschaft der Berufstätigen für neue Arbeitszeitmodelle, die den Unternehmern mehr Flexibilisierung und den Beschäftigten mehr Individualisierung ermöglichen. Hingegen werden Arbeitszeitverkürzungen mit entsprechenden Lohnkürzungen lediglich als *Notmaßnahme* akzeptiert, um weitere Massenentlassungen zu verhindern. Die Vier-Tage-Woche taugt nur als Modell auf Zeit. Andererseits ist absehbar: Arbeitszeitverkürzungen werden sich in den nächsten Jahren fast nur noch über den Weg „*Mehr Zeit, weniger Geld*" realisieren und finanzieren lassen.

> Damit sich der Niedriglohn nicht in gravierende Einbußen an Lebensqualität verwandelt, halten viele Arbeitnehmer Ausschau nach neuen Einnahmequellen und Erwerbsmöglichkeiten: Vom Zweitberuf und Teilzeitjob über Nebentätigkeiten bis hin zur Schwarzarbeit.

Der amerikanische Soziologe David Riesman wusste schon in den sechziger Jahren zu berichten, dass bei plötzlicher Arbeitszeitverkürzung selbst Gewerkschaftsfunktionäre einen *zweiten Beruf* als Taxifahrer, Barkeeper oder Grundstücksmakler in den USA ausübten. Sie taten dies nicht etwa aus Geldnot oder Geldgier heraus. Vielmehr hatten sie das Gefühl, sie wären auf einmal „von voller Arbeitszeit auf Kurzarbeit gesetzt" (Riesman 1964/1973). Die Arbeitszeitverkürzung hatte für viele *ein Vakuum geschaffen*, das durch zusätzliche Arbeiten wieder ausgeglichen werden sollte.

Das plötzliche Mehr an freier Zeit konfrontiert die Arbeitnehmer mit neuen Problemen: Denn bisher waren sie es ja gewohnt, bei mehr Zeit auch mehr Geld zur Verfügung zu haben. Deswegen stellt sich bei vielen *ein fast innerer Zwang zum Jobben und Geldverdienen* ein, um den gewohnten Lebensstil beibehalten zu können. Damit können sie auch psychischen Problemen aus dem Wege gehen. Insbesondere die Alleinstehenden sind bei Teilzeit- und Kurzarbeit vor allem an Wochenenden von Depressionen bedroht. Das Fernsehen muss dann eine „Ausfüll-Funktion" übernehmen.

Etwa jeder siebte Arbeiter ist nicht abgeneigt, bei weiterer Arbeitszeitverkürzung „im Freundes- und Bekanntenkreis handwerklich tätig zu werden", was nur eine andere Umschreibung für *Schwarzarbeit* ist. Jeder neunte Beamte und Angestellte will gerne einer beruflichen Nebentätigkeit nachgehen. Und 3 Prozent der Bevölkerung wären sogar bereit, noch einmal neu anzufangen und einen praktischen Zweitberuf (z.B. Tischler) zu erlernen. Damit könnte sich eine Zukunftsprognose aus den siebziger Jahren bewahrheiten, wonach die *Freizeit zunehmend den Charakter einer Zweitberufszeit* bekommt und sich die „Grenzen zwischen Heim- und Handwerker" verwischen (Opaschowski 1972). Dies kann auch als Zukunftschance begriffen werden. Denn in solchen Tätigkeiten suchen und finden die Menschen das, was vielen hauptberuflichen Tätigkeiten bereits verloren gegangen ist: Sinnbezug, Selbstdarstellung und Erfolgserleben.

Noch aber haben Teilzeitbeschäftigte unter der gesellschaftlichen Norm und dem öffentlichen Leitbild der Vollbeschäftigung zu leiden. Wer heute „nur" *teilzeitbeschäftigt* ist, muss mit der Einschätzung leben, *minderbezahlt, minderqualifiziert oder gar minderwertig* zu sein. Solange nicht das Leitbild der Vollbeschäftigung von Wirtschaft, Politik und Gesellschaft neu definiert wird, sehen sich Teilzeitbeschäftigte Verdächtigungen von mangelnder Arbeitsmotivation über Arbeitsunlust bis zu Faulheit ausgesetzt.

> Wir brauchen neue Leitbilder einer sich wandelnden Arbeitsgesellschaft, damit sich nicht Teilzeitbeschäftigte der Inquisition von Kollegen, Freunden und Nachbarn unterziehen, zur eigenen Glaubwürdigkeit permanent „Leistungsnachweise" erbringen oder symbolisch nach Feierabend „Dauerstress" dokumentieren müssen.

Hauptgewinner sind in jedem Fall die Betriebe. Mehr Teilzeitarbeit führt zu einem Anstieg der Produktivität, lastet Maschinen und Anlagen besser aus, ermöglicht flexibleres Reagieren auf saisonale Marktschwankungen, verringert die Ausfälle durch Krankheiten, Betriebsunfälle und Fehlzeiten für Besorgungen und verbessert das Arbeitsklima und die Arbeitsmoral.

7. Telearbeit.
Kaum zusätzliche Arbeitsplätze

Man stelle sich einmal vor: Die Arbeitswoche beginnt – und kaum einer verlässt das Haus, weil die Arbeit zum Arbeitnehmer kommt. Per Telekommunikation ‚pendeln' Mitarbeiter zwischen Homeoffice und virtuellen Unternehmen – so könnte die Telearbeit der Zukunft aussehen. Sie würde Kosten sparen, Fehlzeiten reduzieren und die Produktivität erhöhen helfen. Die Hoffnung ist derzeit groß, dass die Telearbeit im 21. Jahrhundert für Texter und Kontakter, Buchhalter und Sekretäre neue Arbeitsmöglichkeiten in virtuellen Unternehmen schafft. Telearbeiten umfassen alle bildschirmorientierten Arbeiten, die unabhängig vom Sitz des Arbeitgebers geleistet werden können. Dazu zählen

- Tätigkeiten von einem *Heimarbeitsplatz* aus,
- *mobile Telearbeiten* an wechselnden Orten mit Laptop und Handy sowie
- Beschäftigungen in dezentralen *Nachbarschafts- oder Satellitenbüros,* die vom Sitz des Unternehmens örtlich unabhängig, aber elektronisch mit ihm vernetzt ausgeübt werden.

Bei allen drei Arbeitsformen sind die Telearbeiter mit PC, Telefon, Modem, ISDN-Anschluss und Drucker ausgestattet. Die Telearbeit spart Fahrzeiten zum Arbeitsplatz ein und erleichtert die Vereinbarkeit von Familie und Beruf, fördert aber auch die Isolation. Und neue Arbeitsplätze schafft sie auch nicht: Telearbeit wird viele Arbeitsplätze in Büros und Banken ersetzen, aber *kaum zusätzliche Arbeitsplätze* schaffen.

Von gewerkschaftlicher Seite nimmt die Besorgnis zu, dass die künftigen Telearbeiter mit ihrer Devise „Nie mehr ins Büro" (aber auch „Nie mehr Feierabend") vor sich selbst geschützt werden müssten. Die Gefahr besteht, dass Telearbeit zur (Schein-)Selbstständigkeit wird, die sich zwischen Abhängigkeit und Selbstständigkeit bewegt. Wo fängt das Zuhause an und wo hört das Büro auf? *Die Grenzen zwischen Work-Station und Home-Center verwischen* sich. Die Arbeitseinstellung wird sicher flexibler und individueller, aber auch kontaktärmer und einsamer sein. Mehr Produktivität, dafür weniger Kommunikation?

Aus der Sicht der Bevölkerung halten sich die künftigen Chancen und Risiken der Telearbeit die Waage. Einerseits wird auf die Möglichkeit hingewiesen, beim Teleworking *die Arbeitszeit individueller einteilen* zu können (23%). Andererseits wird auch ein Problem darin gesehen, dass die Telearbeiter *die sozialen Kontakte am Arbeitsplatz vermissen* (22%). Berufstätige Frauen betonen eher die Risiken, berufstätige Männer mehr die Chancen von Telearbeit. Offensichtlich liegen noch zu wenig Eigenerfahrungen in Deutschland vor. Können multimediale Kontakte zwischenmenschliche Beziehungen überhaupt ersetzen? „Teleworking" kann, wenn es sich auf breiter Ebene durchsetzen würde, zu einer großen sozialen Herausforderung des 21. Jahrhunderts werden.

Es ist bezeichnend, dass in der öffentlichen Diskussion die Verbreitung der Telekommunikation auch als ein Beitrag zur Verkehrsentlastung angesehen wird. In Wirklichkeit gleicht das Ganze wohl eher einem *Null-Summen-Spiel*. Was z.B. Teleworker an Berufswegen einsparen, gleichen sie durch gesteigerte Freizeitmobilität wieder aus. PC-Nutzer haben nachweislich und verständlicherweise *ein größeres Mobilitätsbedürfnis als die übrige Bevölkerung*. Sie sind mehr als andere Bundesbürger mit dem Auto unterwegs. Ihr Auto-Mobilitätsverhalten ist deutlich höher (32%) als bei der übrigen Bevölkerung (22%).

> Nach Feierabend schalten Telearbeiter den Computer aus und die Zündung im Auto ein. Der erwartete Substitutionseffekt, also die Verkehrsentlastung durch mehr Heimarbeit wird vermutlich „gleich Null" sein. Lediglich die berufsbedingte „rush hour" könnte sich zeitlich verlagern – mit der Konsequenz, dass der Verkehr dann rund um die Uhr stattfindet und die Grenzen zwischen Berufsverkehr und Freizeitverkehr immer fließender werden. Mehr illusionär als realistisch muss also die Vorstellung erscheinen, Teleworker würden in Zukunft mehr auf den Datenautobahnen als auf richtigen Straßen hin- und herpendeln.

So bleibt allenfalls die Hoffnung, dass im Zeitalter der Telekommunikation *neue Verkehrsleitsysteme* („Telematik") eine Verkehrsreduktion durch effizientere Gestaltung des vorhandenen Verkehrsaufkommens bewirken „könnten". Dagegen spricht aber die Erfahrung, dass eine effizientere Verkehrsgestaltung die Verkehrsteilnehmer eher dazu animiert, *mehr und längere Autofahrten zu unternehmen*. Telematik auf den Straßen zieht eher neuen Verkehr an. Techniker, Planer und Politiker sollten sich daher in Zukunft nicht nur mit technologischen Neuerungen, sondern auch mit der Psychologie der Menschen beschäftigen. Fehleinschätzungen und Fehlprognosen sind vorprogrammiert, wenn in den Zukunftsplanungen die erlebnispsychologischen Bedürfnisse der Menschen nicht stärker berücksichtigt werden.

8. 0,5 x 2 x 3.
Die Arbeitsformel von morgen

Wagen wir einen kleinen Zeitsprung: Hamburg, 14. November 2010, 14.00 Uhr: Der Manager Alexander Urban unterbricht seine Arbeit am Laptop und geht zum Videokonferenz-Studio. Teilnehmer der Konferenz sind Kollegen aus Berlin, Mailand, London, Hongkong und New York. Danach begibt sich Urban in die Recreation Lounge des Bürogebäudes zum Fitnesstraining. Anschließend duscht er und trinkt einen Espresso im Casino usw. So abwechslungs- und erlebnisreich stellen sich Technologen (wie z.B. das Fraunhofer Institut für Arbeitswirtschaft und Organisation/IAO in Stuttgart) einen typischen Büroalltag im Jahre 2010 vor: Abschied von starren Arbeitszeiten, flexible Teams, flache Hierarchien und Work-Life-Balance, in der Arbeit und Freizeit zusammenwachsen. Und viele Bürogebäude sollen dann eine eigene Piazza haben mit Kiosk, Blumenladen, Friseur und Reiseberatung. *Wohlbefinden rundum* (vgl. Hense-Ferch 2002). Ist das die Arbeitsrealität von morgen?

Der amerikanische Kultschriftsteller Douglas Coupland geht mit dieser Form der Zukunftseuphorie hart ins Gericht. Er meint: Die moderne Arbeitswelt steckt in einer Krise, aber „die damit einhergehende *zynische Unternehmenskultur* ist voll intakt: junge, naive Mitarbeiter an Schreibtische zu ketten und mit Süßigkeiten, Tischtennis und ‚Spaß' ruhig zu stellen" (Coupland 2002). Das wird nicht die Welt der jungen Karrieristen von morgen sein. Auch in Zukunft wollen junge Aufsteiger Wurzeln schlagen, ihr Job-Hopping-Dasein aufgeben und den Arbeitsplatz wie ein Stück „zweites Zuhause" erleben. Die Rolle des Global Players und Jobnomaden eignet sich für sie nicht als Dauerzustand.

Vielleicht lässt wieder einmal George Orwell grüßen. In seinem 1948 verfassten Zukunftsroman „1984" beschreibt er eine Arbeitswelt, die dem Silicon Valley heute gleicht: „Winstons *Arbeitswoche hatte sechzig Stunden*, Julias sogar noch mehr. Und ihre freien Tage hingen vom jeweiligen Arbeitsdruck ab und deckten sich selten ... Der Teleschirm schlug vierzehn. In zehn Minuten musste er aufbrechen. Um vierzehn Uhr dreißig hatte er wieder an der Arbeit zu sein." Und genauso beschreibt Bill Joy, der Mitbegründer von Sun Microsystems, den Arbeitsalltag im Silicon Valley: „Im Valley ist kein normales Leben möglich, die Leute sind besessen. Sie verbringen den ganzen Tag im Internet, sie reden übers Internet, sie träumen vom Internet und vergessen, dass es noch eine riesige Welt da draußen gibt ... *Es gibt nur noch einen Maßstab für Erfolg: Geld*" (Bill Joy/DER SPIEGEL Nr. 18 vom 1. März 2000, S. 102). Kommt dies der Arbeitswelt des 21. Jahrhunderts schon näher?

Um 66 n.Chr. gab der römische Politiker Gaius Petronius zu verstehen: Er habe im Leben gelernt, dass wir oft versuchen, neuen Verhältnissen durch Umorganisieren zu begegnen. Das sei eine fantastische Methode, denn sie erzeuge die *Illusion des Fortschritts*. Der „Wind of Change" bzw. Wandlungswahn hat mittlerweile in der gesamten Arbeitswelt Einzug gehalten. „Arbeitswelt im Wandel" und „Change Management" gehören heute zu den beliebtesten Vortragsthemen und Buchtiteln. Die Unternehmerin Judith Mair spricht in diesem Zusammenhang zu Recht von *Fetisch des Wandels*: Unternehmen tun so, als würden sie sich immer wieder neu erfinden. Sie machen den Übergang zum Dauerzustand: „Wir tun was!" Um auf der Höhe des Fortschritts zu sein, wandelt sich manches Unternehmen permanent und passt sich in seinem Erscheinungsbild und seiner Haltung dem Zeitgeist und der Umwelt an: *Das Unternehmen wird zum Chamäleon*, um bloß nicht als Verlierer dazustehen (Mair 2002, S. 32).

Für die Zukunft ist absehbar: Für die privilegierten *Vollzeitbeschäftigten* wird die Arbeit immer intensiver und konzentrierter, zeitlich länger und psychisch belastender, dafür aber auch – aus der Sicht der Unternehmen – immer produktiver und effektiver.

> Die neue Arbeitsformel für die Zukunft lautet: 0,5 x 2 x 3, d.h. die Hälfte der Mitarbeiter verdient doppelt so viel und muss dafür dreimal so viel leisten wie früher. Die ständige Produktivitätssteigerung bewirkt, dass immer weniger Mitarbeiter immer mehr leisten müssen.

Mit der Verwirklichung der Arbeitsformel 0,5 x 2 x 3 wurde in Deutschland längst begonnen. Die Deutsche Bahn hatte beispielsweise 1994 über 500.000 Mitarbeiter –

zehn Jahre später nur mehr knapp die Hälfte (2004: 240.000) und das bei gleicher Leistung bzw. erhöhter Produktivität. In das Jahr 2020 projiziert bedeutet dies: Immer weniger Mitarbeiter müssen immer mehr leisten. In ein Bild der Automobilindustrie gebracht: Jeder Arbeiter muss dann pro Jahr 28 Autos (und nicht mehr wie bisher 14) bauen. Die Produktivität nimmt in 16 Jahren um 100 Prozent zu, obwohl im gleichen Zeitraum höchstens 50 Prozent mehr Autos benötigt werden. Daraus folgt: Die Produktivität steigt in Zukunft schneller als der Absatz und die Nachfrage. Ein Teufelskreis.

Höhere Produktivität erweist sich dabei kaum als Mittel zur Verhinderung von Arbeitslosigkeit. Ganz im Gegenteil gilt: *Produktivere Jobs = weniger Jobs* (vgl. Handy 1998). In die Zukunft projiziert bedeutet dies: Die Mitarbeiter von morgen werden etwa zwanzig bis dreißig Jahre lang *Höchstleistungen in der Erwerbswelt* erbringen und danach nicht mehr gebraucht, verbraucht oder nur schwer vermittelbar sein, obwohl noch etwa dreißig Lebensjahre auf sie warten.

Die von Soziologen und Trendforschern propagierte „Schöne neue Arbeitswelt" (vgl. Beck 1999) bzw. „New Work" (Horx 1998, S. 166ff.) findet vorerst nicht statt. Sie erweist sich als ein Mythos wie die Verheißungen der „New Economy" oder der „Spaßgesellschaft" auch. Wohl haben sich in den letzten Jahrzehnten einige Branchen der Arbeitswelt fast revolutionär gewandelt (z.B. aus „PREUSSAG" wurde „WORLD OF TUI"), fast unverändert geblieben aber sind die Organisations- und Motivationsstrukturen in den Betrieben. Unternehmen stellen zugleich – teilweise bis zur Überforderung – immer *höhere Anforderungen an die Mitarbeiter*. Dabei sollte der Wandel in der Arbeitswelt eigentlich umgekehrt verlaufen: Die Mitarbeiter stellen immer höhere Anforderungen an die Unternehmen bzw. die Qualität der Arbeit.

Letzteres hat sich als ein zutiefst *antiökonomischer Traum* erwiesen. Und Unternehmenskulturen haben teilweise zynische Formen angenommen. „Atmende" Unternehmen kommen im Gewand der Menschlichkeit daher, versprechen Zugehörigkeit, Zusammenhalt, Loyalität, Treue, Familie und Heimat, fordern aber zugleich mehr Durchsetzungsvermögen als Rücksichtnahme, mehr Heimatlosigkeit als Immobilität und mehr Flexibilität als Betriebstreue. Da ist von „Humankapital", „Faktor Mensch" und „Ressource Mitarbeiter" die Rede, so als ginge es um Rohstoff und Ware.

9. Neue Welt der Arbeit?
Das Gehalt wird zum Schweigegeld

Die Realität der Arbeitswelt von heute und morgen gleicht eher einer *Viel-Gesichter-Gesellschaft*: mal Ellenbogen- und mal Verantwortungsgesellschaft, mal Wegwerf- und mal Leistungsgesellschaft. Mitunter hat man gar den Eindruck, dass im Berufsleben Teamgeist gepredigt, aber Durchsetzungsvermögen erwartet, Kollegialität gewünscht, aber Rücksichtslosigkeit geduldet wird. Da werden flache Hierarchien propagiert und Work-Life-Balance-Konzepte beschworen, die sich im realen Business-Alltag als Mythen und Legenden erweisen:

9.1 Mythos Jobnomaden

Ein Phantom geht um in der Arbeitswelt – der Jobnomade, ein neuer Arbeitnehmertyp, der weder Gewerkschafts- noch Rentenbeiträge zahlt, aber auch über keinen hinreichenden Schutz gegen Lebensrisiken wie Krankheit, Berufsunfähigkeit und Alter verfügt. Der Jobnomade denkt an seine soziale Absicherung zuletzt. Er soll ein hochmotivierter Experte mit hochflexiblem Arbeitseinsatz und einem hohen Maß an Selbstbestimmung sein. Auf der Jagd nach Erfolg weist seine Berufsbiographie unzählige Brüche auf: Gestern Versicherungskaufmann, heute Anlageberater, morgen Börsenmakler. Der Jobnomade hat kein dauerhaftes Zuhause mehr. Er muss ständig *umdenken und umziehen.* Von Hamburg nach Dresden, von Dresden nach München und von München nach Berlin. Immer den Jobs hinterher. Zum Lebensabschnittspartner gesellt sich der Lebensabschnittsjob. So könnte es sein, wenn der Jobnomade kein Mythos, sondern Wirklichkeit wäre.

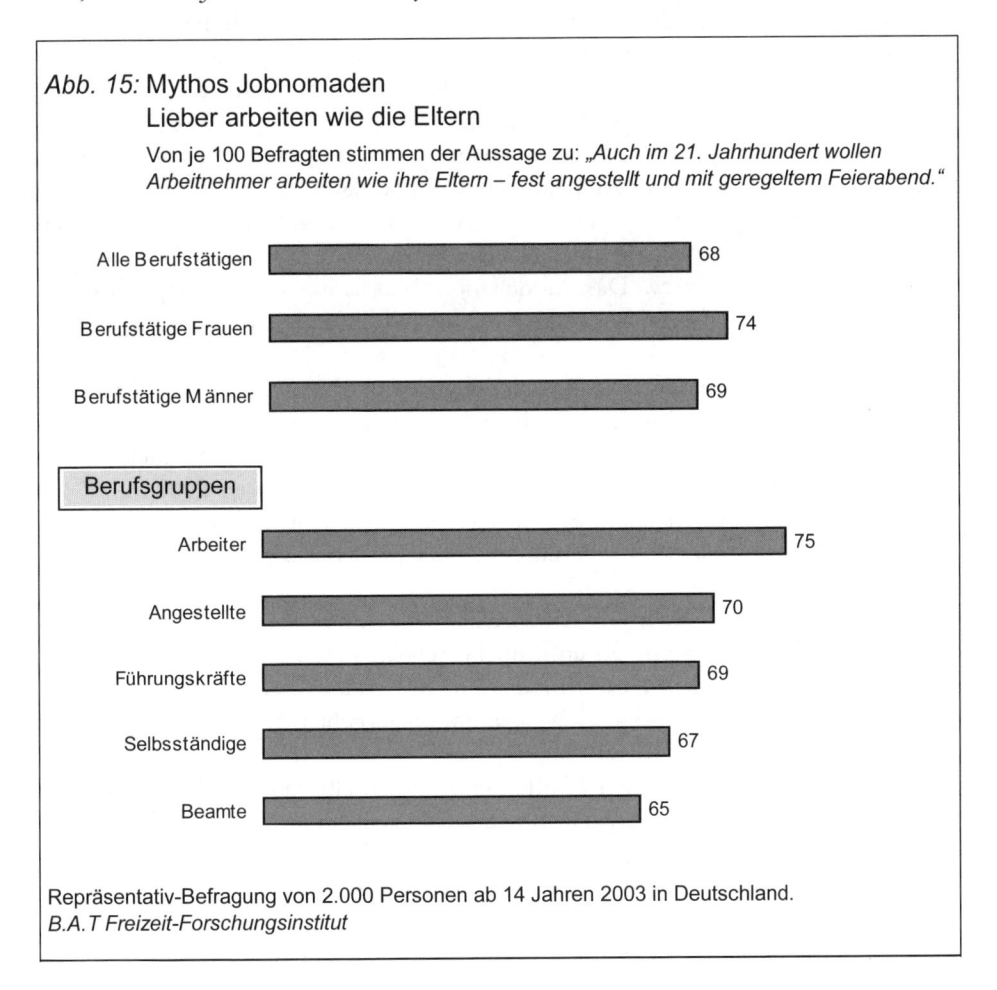

Abb. 15: **Mythos Jobnomaden**
Lieber arbeiten wie die Eltern

Von je 100 Befragten stimmen der Aussage zu: *„Auch im 21. Jahrhundert wollen Arbeitnehmer arbeiten wie ihre Eltern – fest angestellt und mit geregeltem Feierabend."*

Alle Berufstätigen	68
Berufstätige Frauen	74
Berufstätige Männer	69

Berufsgruppen

Arbeiter	75
Angestellte	70
Führungskräfte	69
Selbstständige	67
Beamte	65

Repräsentativ-Befragung von 2.000 Personen ab 14 Jahren 2003 in Deutschland.
B.A.T Freizeit-Forschungsinstitut

Die Wirklichkeit der modernen Arbeitswelt vermittelt ein ganz anderes Bild. Flexibilität rund um die Uhr – heute hier und morgen da – gehört nicht gerade zur Arbeits- und Lebensplanung von Arbeitnehmern. Jobnomaden zwischen Festanstellung, Arbeitslosigkeit und Scheinselbstständigkeit, die zu jeder Zeit und von jedem Ort aus ein „mobiles Office" mit Handy, Laptop und geteiltem Schreibtisch („Shared Desk") selbst bestimmen können, wann, wo und wie sie arbeiten – diese Jobnomaden gehören weitgehend in das Reich moderner Mythen – wie das „papierlose Büro" auch. Zu groß ist der Wunsch der Arbeitnehmer nach Sicherheit und Beständigkeit ausgeprägt.

Was Arbeitnehmer wirklich wollen, sind *geregelte Verhältnisse*, also Festanstellungen und keine Zeit- oder freien Mitarbeiterverträge. Fast drei Viertel (71%) aller Berufstätigen geben unumwunden zu: Auch im 21. Jahrhundert wollen sie *„arbeiten wie ihre Eltern – fest angestellt und mit geregeltem Feierabend."* Natürlich ist dies auch eine Generationenfrage. Mit zunehmendem Alter lässt die Lust an ungeregelten Arbeitszeiten und -verträgen verständlicherweise nach. Nach geregeltem Feierabend rufen am lautesten die 40- bis 49-Jährigen (75%). Aber auch die jungen Leute im Alter von 18 bis 34 Jahren wollen lieber konventionell wie die Eltern arbeiten (63%) und können sich im 21. Jahrhundert für Flexibilität und Mobilität im Berufsleben (33%) deutlich weniger begeistern.

Es ist erkennbar: Jobnomaden, die flexibel, mobil und immer auf der Wanderschaft von einem Arbeitgeber zum anderen sind und den klassischen Arbeitnehmer ablösen sollen, stoßen offensichtlich in der Arbeitsrealität auf ihre psychologischen Grenzen. Die meisten Arbeitnehmer wollen *konventionell und traditionell mit festen Regeln und Zeitvorgaben arbeiten*. Das Modell des Wanderarbeiters an superflexiblen Rollcontainern findet kaum Anhänger, weil auch Jobnomaden am Ende sesshaft werden wollen.

Immer mehr Beschäftigte werden in Zukunft zu Arbeits- und Berufswechslern – gezwungenermaßen und nicht gewollt. Aus der Sicht des Bundesinstituts für Berufsbildung heißt dies knapp und unabänderlich: „Die Arbeitsplätze ändern sich – und die Beschäftigten haben sich damit auch zu ändern" (Jansen 2002, S. 12) – vom Betriebs- und Arbeitsplatzwechsel über den Arbeitsplatzverlust bis hin zum Berufswechsel. Wer mit der Dynamik der Arbeitswelt mithalten will, „muss" sich anpassen und mobil sein.

Und so sieht dann auch der Arbeitsalltag aus: Ältere werden nicht mehr gebraucht, weil sie zu teuer und zu unflexibel erscheinen. Selbst Stellenausschreibungen für „Senior"-Personalleiter mit fundiertem Wissen und viel Erfahrung erweisen sich in der Praxis als verdeckter Jugendwahn: „Senior heißt bei uns maximal 35" (vgl. SPIEGEL Nr. 13/2003, S. 86).

Das hat zur Folge: Fast jeder Fünfte nimmt innerhalb von zwei Jahren eine andere Arbeit auf, weitere 12 Prozent müssen nach spätestens vier Jahren wechseln. Und jeder dritte Beschäftigte (32%) muss in seinem Berufsleben die Erfahrung der Arbeitslosigkeit machen (Jansen 2002, S. 13). Ursprünglich erworbene Berufskenntnisse und -fertigkeiten können nur noch teilweise oder gar nicht mehr verwertet werden. Mit anderen Worten: Für jeden dritten Beschäftigten rechnen sich auch die Investitionen in die Berufsausbildung nicht mehr, weil er nachweislich *von* den *Ausbildungskenntnissen "nichts mehr verwenden kann"* (Hecker 2002, S. 60). Von diesem *Qualifikationsverlust* sind die über 40-Jährigen in besonderer Weise betroffen.

So nehmen die *Dequalifizierungsprozesse in den Betrieben* weiter zu. Und die Eigeninitiative als Hauptmotor beruflicher Mobilität bleibt immer mehr auf der Strecke. Damit ändert sich auch die Interessenstruktur grundlegend, denn die Jobnomaden wider Willen müssen oft einen Beruf *"2. oder 3. Wahl"* ausüben. Die veränderten fachlichen Anforderungen führen zur Überforderung und gehen mit Leistungsdruck und Stresszunahme einher. Eine Entsolidarisierung unter den Beschäftigten kann die Folge sein, ein Auseinanderdriften von Berufs- und Familienleben auch.

9.2 Mythos Zeitpioniere

Zeitpioniere gelten als Leitbild einer neuen Leistungsgesellschaft, weil für sie *"Zeitwohlstand"* (Opaschowski 1983) genauso wichtig wie materieller Wohlstand ist. Ganz bewusst arbeiten sie weniger, um mehr Zeit für sich und die Familie zu haben. Ihre Arbeit verrichten sie motiviert und leistungsbereit wie Vollzeitbeschäftigte auch. Und indem sie sich für Teilzeitarbeit entscheiden, befreien sie sich zugleich vom „Geld-Zeit-Diktat" und der „Herrschaft der Stoppuhr" (Hörning u.a. 1990, S. 33). So weit die Idealvorstellung. In Wirklichkeit haben Teilzeitjobber unter der gesellschaftlichen Norm und dem öffentlichen Leitbild der Vollbeschäftigung zu leiden: Wer weniger arbeitet, kann auch weniger Karriere machen und steht mehr unter dem *sozialen Druck eines permanenten Leistungsnachweises*. Solange es keinen Vorstand mit Teilzeit gibt, wird sich daran wenig ändern.

Die Arbeitsrealität spiegelt dies auch wider. In Deutschland arbeiten 6,8 Millionen Menschen (21%) in Teilzeitjobs: 87 Prozent aller Teilzeitbeschäftigten sind Frauen (Statistisches Bundesamt 2002). Die Umwandlung eines Full-time-Jobs in Teilzeitarbeit führt erfahrungsgemäß nur dazu, dass die verbleibenden Aufgaben des früheren Vollzeitbeschäftigten auf andere Beschäftigte verteilt werden oder die zweite halbe Stelle einfach wegfällt bzw. wegrationalisiert wird. Nach Erfahrungswerten des Nürnberger Instituts für Arbeitsmarkt- und Berufsforschung (IAB) führt nur etwa jede siebte Umwandlung von Vollzeit in Teilzeit dazu, dass zusätzliche Mitarbeiter eingestellt werden. Bevor *eine* neue Stelle geschaffen wird, müssen erst einmal *sechs* Kollegen Mehrarbeit leisten.

Fast zwei Drittel der Berufstätigen (60%) müssen im Arbeitsalltag die Erfahrung machen: „Durch Teilzeitarbeit und Teilzeitjobs in Betrieben werden kaum neue Stellen geschaffen, weil die *Mehrarbeit auf die übrigen Kollegen verteilt* werden" (berufstätige Frauen: 60% – berufstätige Männer: 62%). An den Mythos „Mehr und neue Stellen" durch Teilzeitarbeit glaubt eigentlich nur noch eine knappe Mehrheit der jungen Generation im Alter bis zu 24 Jahren (51%), die noch wenig Berufserfahrung hat. Alle anderen betrachten Teilzeitjobs nüchtern als eine weitere Variante von Rationalisierung und Produktivitätssteigerung: Mehr Teilzeitarbeit lastet Menschen und Maschinen besser aus, ermöglicht flexibleres Reagieren auf saisonale Marktschwankungen, verringert die Ausfälle durch Krankheiten, Betriebsunfälle und Fehlzeiten für Besorgungen. Hauptgewinner sind in jedem Fall die Betriebe. Die Beschäftigten hingegen haben eine doppelte Last zu tragen: Vollzeitbeschäftigte müssen *noch mehr leisten* und Teilzeitbeschäftigte müssen mit der Einschätzung leben, minderbeschäftigt oder gar minderwertig zu sein, weil sie *weniger leisten*.

Die Teilzeitarbeit wandelt sich nicht selten zum Zeitkorsett und lässt nur scheinbar die Stechuhr vergessen. Die flexible Arbeitszeit wird als „Vertrauensarbeitszeit" deklariert, bei der das Vertrauen die Kontrolle ersetzen soll. Nur: Der subtile Zeitdruck ist viel gravierender. „Wir haben keinen Stundenplan, wir haben Deadlines" – ist das Fortschritt oder Rückschritt? Eigentlich geht es nur um die vereinbarte Leistung zum vereinbarten „Termin" (Mair 2002, S. 24). Der Abschied von verbindlichen Arbeitszeiten wird durch eine Rund-um-die-Uhr-Arbeit ersetzt. Das klingt weniger nach Zwang und mehr nach „Vorgaben", die dennoch ergebnisorientierte Leistungen geradezu diktieren. Mit anderen Worten: Sie müssen in weniger Zeit mehr leisten.

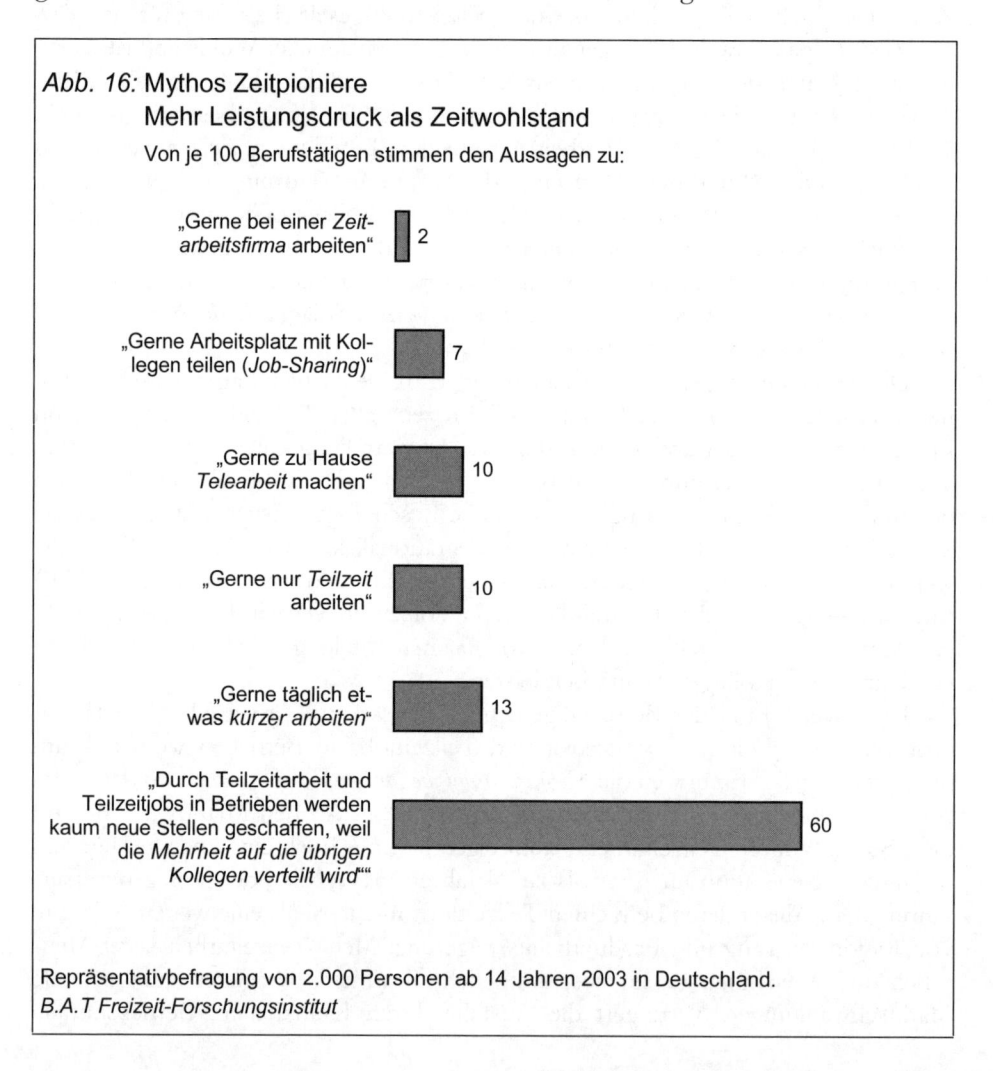

Abb. 16: **Mythos Zeitpioniere**
Mehr Leistungsdruck als Zeitwohlstand

Von je 100 Berufstätigen stimmen den Aussagen zu:

Aussage	%
„Gerne bei einer *Zeitarbeitsfirma* arbeiten"	2
„Gerne Arbeitsplatz mit Kollegen teilen (*Job-Sharing*)"	7
„Gerne zu Hause *Telearbeit* machen"	10
„Gerne nur *Teilzeit* arbeiten"	10
„Gerne täglich etwas *kürzer arbeiten*"	13
„Durch Teilzeitarbeit und Teilzeitjobs in Betrieben werden kaum neue Stellen geschaffen, weil die *Mehrheit auf die übrigen Kollegen verteilt wird*""	60

Repräsentativbefragung von 2.000 Personen ab 14 Jahren 2003 in Deutschland.
B.A.T Freizeit-Forschungsinstitut

Auch in Zeiten von Ich-AG und Patchwork-Biografien sind Unternehmen mit überwiegend fest angestellten Mitarbeitern noch immer die Regel (und nicht die Ausnahme). Zum „Tageslohn im Datennetz" und in den verschiedensten Ecken der Welt projektbezogen und befristet zusammenarbeiten, entspricht nicht den Erwartungen der Beschäftigten im 21. Jahrhundert. Ihre *auf Stabilität angelegte Arbeits- und Lebensplanung* hat mit Vollkasko- oder Beamten-Mentalität (vgl. Sommermeyer 2000, S. 19) nichts zu tun.

Entsprechend kritisch stehen die Berufstätigen von heute neuen Arbeitszeitmodellen gegenüber:

- An *Job-Sharing*, der Teilung des Arbeitsplatzes mit einem Kollegen, sind lediglich sieben Prozent der Berufstätigen interessiert.
- Und von *Zeitarbeit* bzw. Beschäftigung in einer Zeitarbeitsfirma wollen die Berufstätigen fast gar nichts wissen. Zeitarbeit ist gerade einmal für zwei Prozent der Beschäftigten vorstellbar. Selbst bei Arbeitslosen würden sich nur fünf Prozent der Befragten für eine Zeitarbeit entscheiden. Die Hoffnungen der Politik, durch Personal-Service-Agenturen (PSA) Zeitarbeitsstellen als Beschäftigungsreserven geradezu „flächendeckend" zu erschließen, werden sich so schnell nicht erfüllen.

9.3 Mythos Flache Hierarchien

Die unternehmerische Botschaft in vielen Büros und Betrieben lautet heute: „Wir sind alle gleich wichtig" und: „Jeder macht alles." Damit verbunden ist die radikale Forderung: Hierarchien gehören „abgerissen, auseinander gebaut und zerstückelt" (Peters 1993). Flache Hierarchien seien doch jetzt gefragt, Konflikte würden konsensuell gelöst und die kreative Auseinandersetzung fände nur noch im Kollektiv statt.

Die Realität der Arbeitswelt sieht ganz anders aus. Unternehmen und Mitarbeiter machen die Erfahrung: Teamarbeit wird oft beschworen, aber nur selten gelebt. Meist spielt dieser Begriff im Arbeitsalltag nur eine *taktische Rolle*: Er suggeriert Modernität und überdeckt Interessengegensätze zwischen Mitarbeitern (vgl. Reppesgaard 2003). Teams erzeugen mitunter einen größeren Druck auf den Einzelnen als eine starre Hierarchie. So kann das Team schnell zu einem *Instrument der sozialen Kontrolle* umfunktioniert werden.

Die Erfahrung zeigt: Für das Betriebsklima erweisen sich flache Hierarchien oft als nachteilig. Sie sind der ideale Nährboden für Mobbing. Nur unter Gleichen und ohne Häupter zu arbeiten („lauter Häuptlinge, keine Indianer"), verführt zu Grabenkämpfen – wie insbesondere in der Medien- und Werbebranche sowie im Bildungs-, Sozial- und Gesundheitswesen. Unter Gleichen nach oben zu kommen, ist in der Regel nur möglich, wenn man durch zielstrebige Einzelleistung auffällt. Hinzu kommt: Solange Führungskräfte die persönlichen Sorgen und Probleme ihrer Mitarbeiter kaum oder gar nicht kennen, ja ihnen am liebsten aus dem Wege gehen und zu wenig Zeit für Zwischenmenschliches investieren (vgl. Geisler 2002), fehlt auch die Basis für positiv gelebte Hierarchien.

Aus der Sicht der Arbeitnehmer hat sich fast nichts verändert: „Im Berufsleben heute gibt es wie früher auch *Hierarchien von ‚Vorgesetzten' und ‚Untergebenen'*" sagen 80 Prozent der befragten Berufstätigen (Frauen: 82% – Männer: 78%). Lediglich die Berufsgruppe der Selbstständigen, die für sich selbst verantwortlich ist, hat eine etwas positivere Meinung (75%). Ansonsten hält die überwiegende Mehrheit der Beschäftigten sogenannte „flache Hierarchien" für eine Legende bzw. für ein inflationär gebrauchtes Modewort. Wie vor fünfzig oder hundert Jahren auch dominiert in den Betrieben die Hierarchie von Vorgesetzten und Untergegebenen, die nicht nur eindeutig festlegt, wer wem unterstellt ist, sondern auch klare Anweisungen gibt, was wie zu tun ist. Offensichtlich dominieren auch im 21. Jahrhundert klare Aufgabenverteilungen und verbindliche Anforderungsprofile: *Aufgaben durch Vorgaben.*

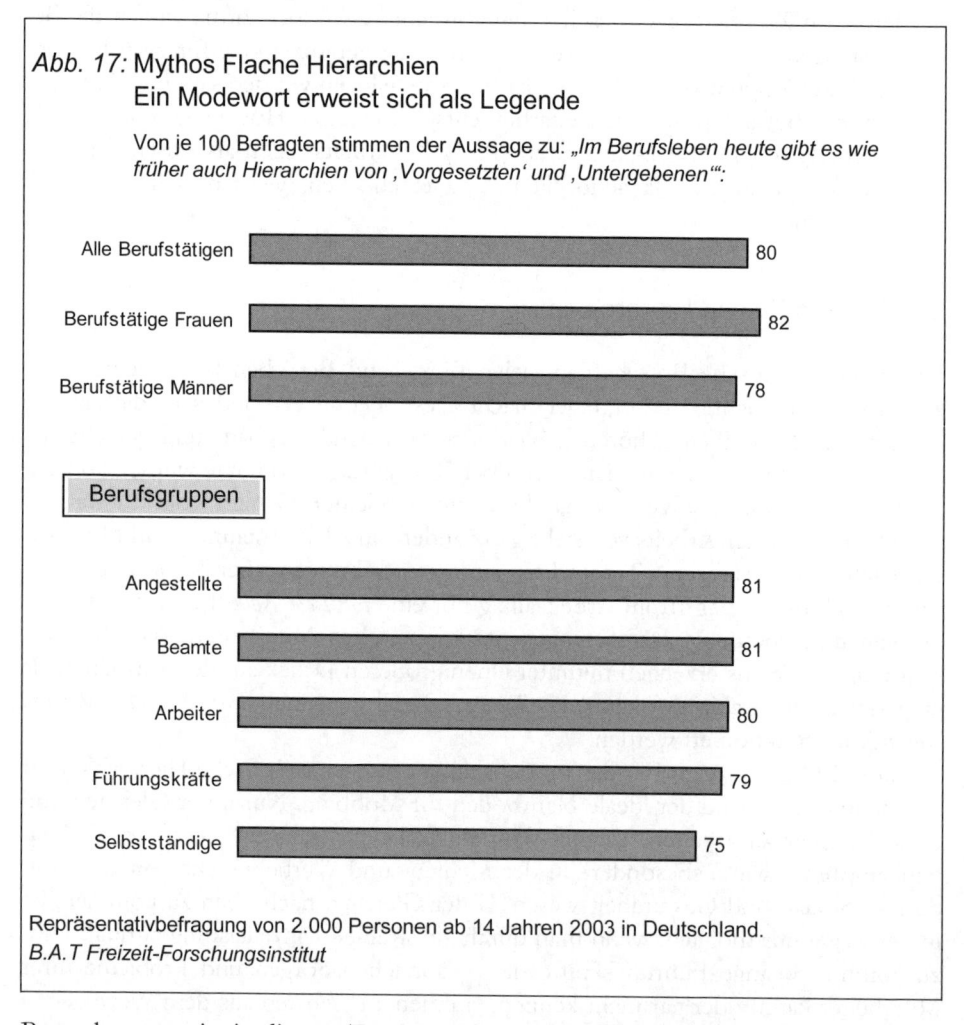

Abb. 17: Mythos Flache Hierarchien
Ein Modewort erweist sich als Legende

Von je 100 Befragten stimmen der Aussage zu: *„Im Berufsleben heute gibt es wie früher auch Hierarchien von ‚Vorgesetzten' und ‚Untergebenen'":*

Alle Berufstätigen	80
Berufstätige Frauen	82
Berufstätige Männer	78

Berufsgruppen

Angestellte	81
Beamte	81
Arbeiter	80
Führungskräfte	79
Selbstständige	75

Repräsentativbefragung von 2.000 Personen ab 14 Jahren 2003 in Deutschland.
B.A.T Freizeit-Forschungsinstitut

Bemerkenswert ist in diesem Zusammenhang, dass *Hierarchie und Teamarbeit* für die Arbeitnehmerschaft *keine Gegensätze* sind. Arbeitnehmer wollen einen klar ‚von oben' definierten Handlungsrahmen, der ihnen aber genügend Spielraum und Entscheidungsfreiheit zu Einzel- und/oder für Teamleistungen lässt. Nur so ist es erklärbar, dass Arbeitnehmer den Gruppenerfolg immer noch höher einschätzen als die Einzelleistung. Danach befragt, welche der folgenden Beschreibungen „am ehesten" für die gegenwärtige Situation im Berufsleben zutreffen, fallen die Antworten relativ moderat und ausgewogen aus:

- „Im Berufsleben heute kommt es vor allem auf Gruppenarbeit und Teamgeist an" (52%).
- „Im Berufsleben heute zählt nach wie vor die Einzelleistung mehr als der Gruppenerfolg" (44%).

Im Berufsleben ist offensichtlich beides gefordert: Selbstständigkeit *und* Teamfähigkeit. Je nach Arbeitsauftrag ist mal mehr die eine und mal mehr die andere Fähigkeit gefordert – und im Idealfall beides gleichzeitig.

Der moderne Mitarbeiter ist ein vielseitiger Unternehmer am Arbeitsplatz, der allein und/oder kooperativ mit anderen klar definierte Aufgaben erledigt oder delegiert. Effektivität und Produktivität ergeben sich aus den Schnittstellen beider Kompetenzbereiche. Teamarbeit ist notwendig, aber kein Allheilmittel. Am Ende zählt die *Einzelleistung im Team* : Dies ist eine *neue Doppelkompetenz*, die Einzelkämpfertum genauso verhindert wie bloßes Untertauchen im Team. Die Zeiten, in denen der Teamgedanke kolportiert wurde („Team ist die Abkürzung für: Toll, ein anderer macht's") sind endgültig vorbei. Die Hierarchie ist kein Auslaufmodell mehr und der Teamgedanke lebt trotzdem weiter.

Teamarbeit bleibt auch in Zukunft Ausdruck einer funktionierenden Unternehmenskultur, weil sie Kooperation, Koordination und klare Spielregeln symbolisiert. Lediglich *von der Idealisierung des Teamgedankens gilt es Abschied zu nehmen*, weil damit nicht selten Schwächen oder gar Versagen im Betrieb kaschiert werden: „Mäßige Ergebnisse, endlose Konferenzen, ungerechte Arbeitsteilung" (Löwer 2002). Außerdem wird der viel beschworene Teamgeist oft als Beschwichtigungsformel für fehlende Aufstiegsmöglichkeiten benutzt.

9.4 Mythos Work-Life-Balance

Der rapide Anstieg von Stressbelastung und psychosomatischen Beschwerden hat in den letzten Jahren die amerikanische *Work-Life-Balance-Bewegung* nach Deutschland schwappen lassen. Mit der Vereinbarkeit von Beruf und Familie soll endlich Ernst gemacht und die Grenzen zwischen Arbeit und Freizeit sollen fließender werden. Im Mittelpunkt soll wieder der „ganze Mensch" stehen und nicht mehr die Arbeit ohne Anfang und Ende. Da werden maßgeschneiderte Seminare angeboten („Leben macht die Arbeit süß: Wie Sie Ihr persönliches Work-Life-Konzept entwickeln"/Asgodom 2002, S. 18) und All-Inclusive-Erwartungen geweckt, die weit von der Wirklichkeit entfernt sind.

Seit den neunziger Jahren breitet sich vom amerikanischen Silicon Valley her ein neuer Begriff in der Arbeitswelt aus: *Zero Drag* = „*Null Reibung.*" Was ursprünglich auf die reibungsfreie Bewegung von Rollschuhen oder Fahrrädern bezogen war, wird nun auf den Menschen übertragen. Der ideale Zero-Drag-Beschäftigte soll *jung, ledig, männlich und kinderlos* sein (Hochschild 2002, S. XXVII). Die moderne Arbeitswelt stellt am liebsten Beschäftigte ohne Reibungsverluste ein. Dafür ist sie auch bereit, diesen Idealbeschäftigten mehr zu bieten – von Kaffee und Cola über Atmosphäre und Bequemlichkeit bis zu Anerkennung und hohem Einkommen. Der Arbeitsplatz soll als *Ersatz-Zuhause* empfunden werden.

Die amerikanische Soziologin Arlie Russell Hochschild weist überzeugend nach, dass manche Unternehmen ein höchst erfinderisches kulturelles System entwickelt haben, um die Beschäftigten an die Arbeit zu binden: Sie erfinden die *Work-Life-Balance als eine besondere Zero-Drag-Variante*, bei der z.B. die Kinder der Beschäftigten in der betrieblichen Kindertagesstätte betreut werden und die Beschäftigten auf diese Weise ihre Zeitnöte oder gar Zeitfallen gar nicht spüren.

Die so genannte *Vereinbarkeit von Beruf und Familie* erweist sich jedoch nicht selten *als Selbsttäuschung*. Die Beschäftigten werden so umgepolt, dass der Arbeitsplatz fast attraktiver als das Zuhause ist. Typische Freizeitelemente wie z.B. Essen, Fitness oder Duschen werden in das Arbeitsleben integriert, was die familiäre Situation zu Hause eher verschärft als entspannt. Und das alles geschieht weitgehend mit dem Einverständnis der Beschäftigten, die die Atmosphäre und Annehmlichkeiten zu schätzen wissen. Auf diese Weise kommt es zu einer *schleichenden Trendwende in Richtung längerer Arbeitszeit*, bei der nicht eigentlich Work-Life-Balance erreicht, sondern nur die Grenzen zwischen Berufsleben (Fitness am Arbeitsplatz) und Privatleben (Laptop zu Hause) verwischt werden. Entgrenzung bedeutet dann: Freizeitelemente dringen in die Arbeitswelt und die Freizeit wird verbetrieblicht.

So wird eine Prognose aus den achtziger Jahren Wirklichkeit:

Betrieb wie ein zweites Zuhause? Prognose aus den achtziger Jahren

„Die Arbeit nähert sich der Freizeit. Das Erlebnisprofil der Arbeit gleicht sich zunehmend dem Erlebnisprofil der Freizeit an. Das Arbeitsklima wird in Zukunft viel mit Atmosphäre und Ambiente zu tun haben. Und manche Arbeitnehmer werden den Betrieb wie ein zweites Zuhause empfinden, sich wohlfühlen und Lust am Arbeiten haben. Der Trend zur Freizeitähnlichkeit der Arbeitswelt macht die Arbeitnehmer motivierter und setzt neue Leistungsreserven frei."

H.W. *Opaschowski*: Wie arbeiten wir nach Jahr 2000? (B·A·T Projektstudie zur Freizeitforschung), Hamburg 1989, S. 17ff.

Insbesondere in Bereichen der *New Economy* ging die Rechnung der Unternehmen zunächst voll auf. Die Versprechungen – mehr sorgenfreie Zeit bei der Arbeit und mehr konfliktfreie Zeit zu Hause – verfehlten ihre Wirkung nicht. Doch nach dem Niedergang der New Economy sehen die Beschäftigten der Old Economy mittlerweile sehr viel nüchterner und realistischer in die Zukunft. Sie müssen feststellen: Die Arbeitswelt kann (oder will) den Anspruch einer Balance von Arbeit und Leben nicht einlösen. Der Gegensatz von Berufs- und Privatleben bzw. die weitgehende Unvereinbarkeit von Beruf und Familie bleibt weitgehend erhalten.

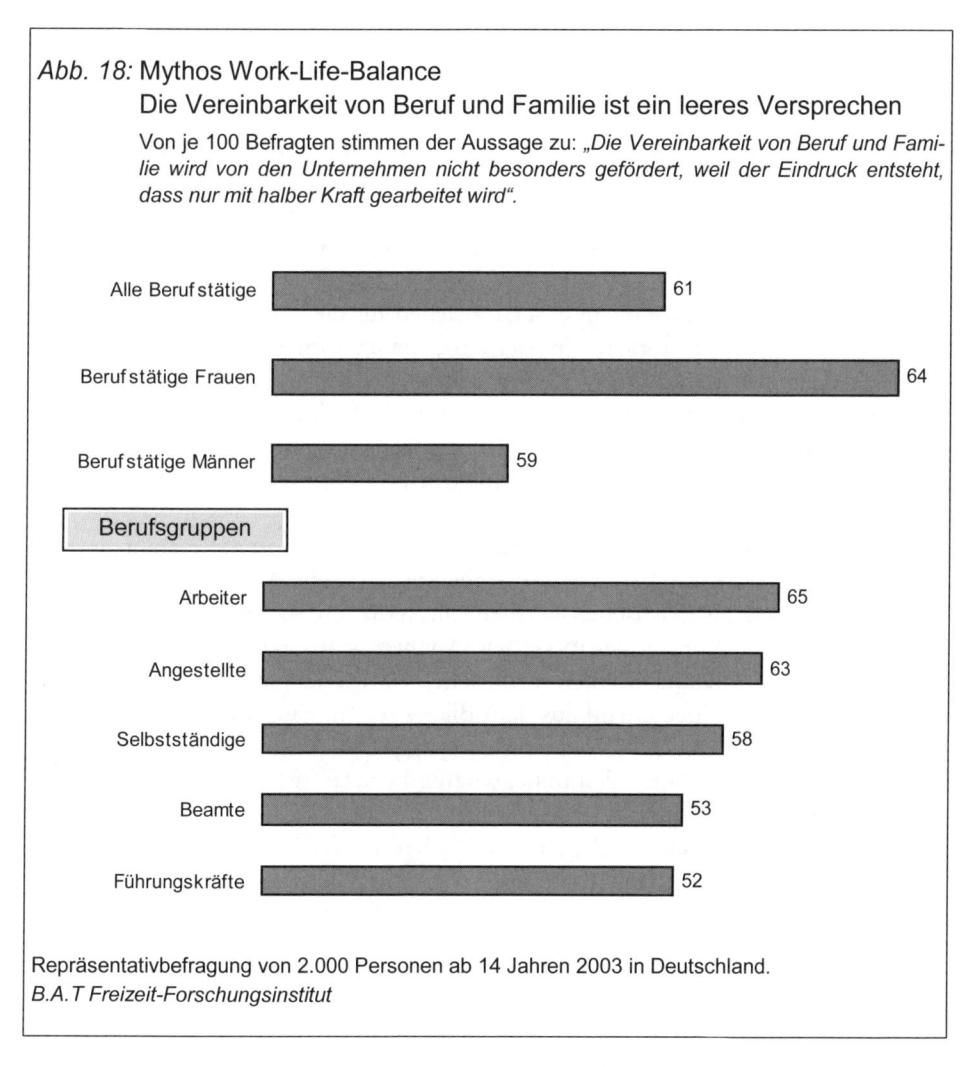

Abb. 18: **Mythos Work-Life-Balance**
Die Vereinbarkeit von Beruf und Familie ist ein leeres Versprechen

Von je 100 Befragten stimmen der Aussage zu: *„Die Vereinbarkeit von Beruf und Familie wird von den Unternehmen nicht besonders gefördert, weil der Eindruck entsteht, dass nur mit halber Kraft gearbeitet wird".*

- Alle Berufstätige: 61
- Berufstätige Frauen: 64
- Berufstätige Männer: 59

Berufsgruppen
- Arbeiter: 65
- Angestellte: 63
- Selbstständige: 58
- Beamte: 53
- Führungskräfte: 52

Repräsentativbefragung von 2.000 Personen ab 14 Jahren 2003 in Deutschland.
B.A.T Freizeit-Forschungsinstitut

Die Work-Life-Balance ist doch erst dann verwirklicht, wenn Stellungsuchende nicht nur ihre Gehaltsansprüche anmelden, sondern gleichzeitig die Forderung erheben können: „Und im übrigen lege ich Wert auf die Vereinbarkeit von Beruf und Familie ..." Werden Unternehmen eine solche Forderung überhaupt einlösen wollen? Die Arbeitnehmerschaft findet hierfür eine realistische Erklärung: „Die Vereinbarkeit von Beruf und Familie wird von den Unternehmen nicht besonders gefördert, weil der Eindruck entsteht, dass *nur mit halber Kraft gearbeitet* wird" sagen fast zwei Drittel (62%) der Berufstätigen. Der Eindruck entsteht: Die Idealvorstellung aus unternehmerischer Sicht sieht eigentlich so aus: Halber Lohn + halbe Arbeitszeit = volle Leistung. Individuelle „Arbeit-à-la-carte" hat noch immer unter dem öffentlichen Leitbild der Vollbeschäftigung zu leiden: Wer das Familienleben so wichtig wie das Berufsleben nimmt, sieht sich *Verdächtigungen von mangelnder Arbeitsmotivation* über Arbeitsunlust bis zu Faulheit ausgesetzt.

Die Kehrseite eines harmonischen Ausgleichs zwischen Job und Privatleben bedeutet nicht selten, die berufliche Karriere aufs Spiel zu setzen. Denn wer in konjunkturell schwierigen Zeiten familiäre Auszeiten nimmt, erweckt den Eindruck, nicht – wie erwartet – mit vollem Einsatz zu arbeiten. Sabbaticals und Auszeiten, Teilzeitarbeiten oder Halbtagsbeschäftigungen, die mit der Forderung „Vereinbarkeit von Familie und Beruf" Ernst machen, werden schlechter bezahlt, weniger gefördert und bei Beförderungen schnell vergessen, während Full-Time-Jobber problemlos vorbeiziehen.

Die nüchterne Situationsanalyse setzt Zeichen für die Zukunft: In der Schönen Neuen Arbeitswelt von morgen wird der Arbeitnehmer im Vergleich zu heute vielleicht allenfalls „ein wenig flexibler, ein wenig unternehmerischer, ein wenig wechselwilliger" sein (Gillies 2001). Das bedeutet: Viele Visionen der Arbeitswelt von morgen wurden bisher *zu radikal und zu kurzfristig gedacht und geplant*. Der Wandel findet statt, aber nur langsam und ist weniger eine Frage von Jahren als von Jahrzehnten.

Halten wir noch einmal fest: Es gibt nicht nur Fabeln und Erzählungen von Geschehnissen und Gestalten aus vorgeschichtlicher Zeit. Auch die moderne Arbeitswelt lebt von unrealistischen Mythen, die Situationen, Ereignisse oder Ideen regelrecht *verklären*. Von diesen modernen Mythen geht eine große *Suggestionskraft und Faszination* aus. Damit können Wahrheiten und Realitäten wie z.B. ungelöste soziale Konflikte vorübergehend aus dem Blick geraten. Eine Entmythologisierung kommt hingegen einer Entillusionisierung bzw. großen Ernüchterung gleich. Wird doch dadurch der Glaube an den unbegrenzten Fortschritt in Wirtschafts- und Arbeitswelt nachhaltig erschüttert.

Andererseits: Die neuen Arbeitsmythen geben *Rückhalt bei der Suche nach Sinn* in einer von ökonomischen und technologischen Zwängen beherrschten Welt. Auf die Krise der Arbeit antworten sie mit der Faszination neuer Arbeitsqualitäten wie z.B. New Work, New Economy, Neue Selbstständigkeit, Neues Unternehmertum, Neue Dienstleistungsmentalität, Neue Arbeitsplätze usw. Auch in anderen Bereichen des Lebens entwickeln sich solche Mythen (z.B. New Age, Neue Religionen). Offensichtlich gibt es ein urmenschliches Bedürfnis nach solchen Mythen, die allerdings auch für ökonomische oder politische Zwecke gebraucht, verbraucht oder missbraucht werden können. Der Eindruck entsteht: *Das Gehalt wird nicht selten zum Schweigegeld. Die Arbeitnehmer haben den Durchblick – aber behalten ihn für sich.*

Weil Wissenschaft Wissen schafft und aufklärend wirkt, entlarvt sie den mythischen Charakter und macht ihn öffentlich. Die Alternative kann jedoch nicht der Verzicht auf wissenschaftliche Forschung sein. Denn „das einzige Mittel, den Irrtum zu vermeiden", ist nach J.-J. Rousseau „die Unwissenheit." Unwissenheit aber macht blind, während mit dem Wissen eher der Zweifel wächst. Doch ist es besser, sich mit Zweifeln beunruhigen zu lassen und aktiv und gemeinsam nach Problemlösungen zu suchen, als bis dahin massenhaft in Unwissenheit zu verweilen.

10. Mehr Selbstverwirklichung in der Arbeit. Selbstständige bleiben weiterhin privilegiert

Auch im 21. Jahrhundert dient die Berufsarbeit dem Lebensunterhalt, bringt Abwechslung in das Leben, eröffnet neue Kontaktchancen und macht auch Spaß. Aber Erwerbsarbeit als Lebenssinn und zentraler Identifikationsbereich, „wofür es sich zu leben lohnt", ist für die meisten Berufstätigen fast unerreichbar geworden. *Arbeit* gehört für sie zum Leben, aber *steht nicht mehr im Zentrum ihres Lebens.*

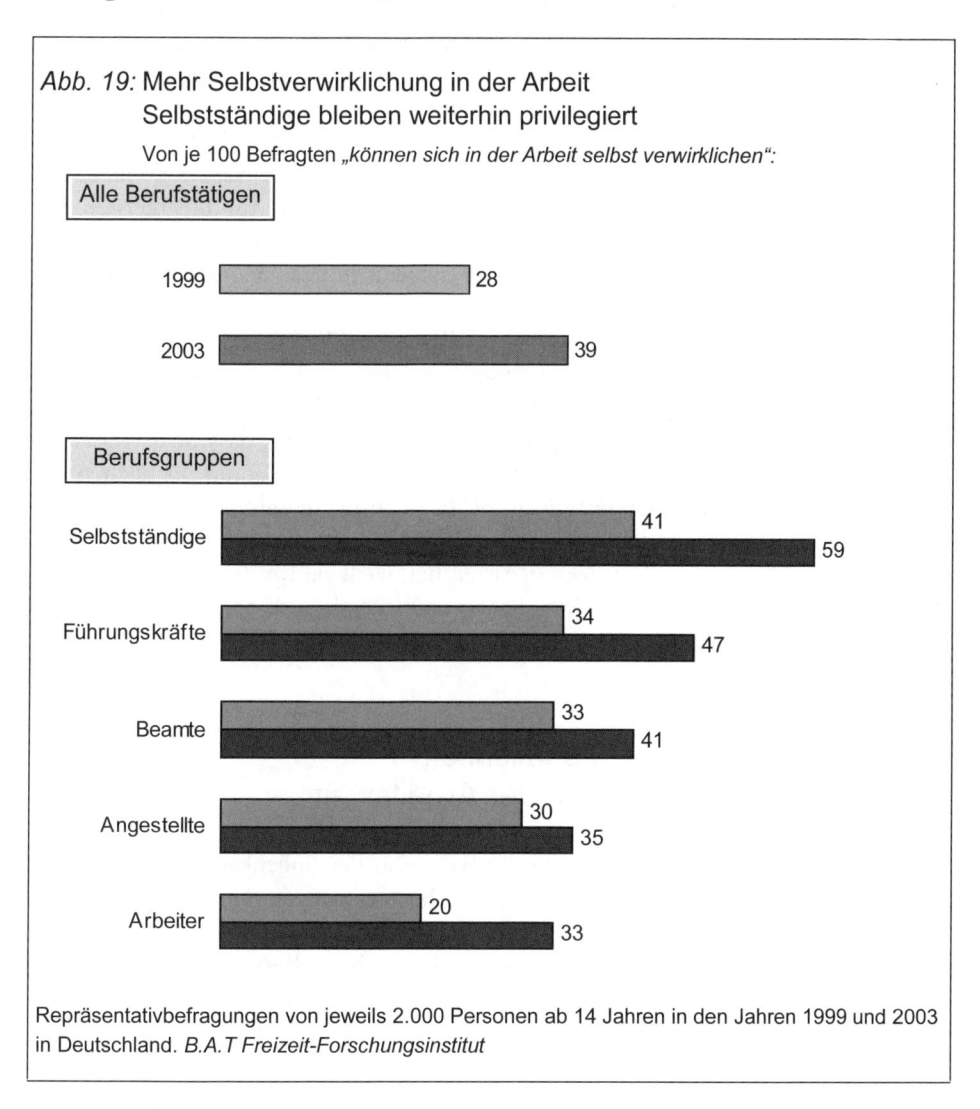

Abb. 19: Mehr Selbstverwirklichung in der Arbeit
Selbstständige bleiben weiterhin privilegiert

Von je 100 Befragten *„können sich in der Arbeit selbst verwirklichen":*

Alle Berufstätigen
- 1999: 28
- 2003: 39

Berufsgruppen
- Selbstständige: 41 / 59
- Führungskräfte: 34 / 47
- Beamte: 33 / 41
- Angestellte: 30 / 35
- Arbeiter: 20 / 33

Repräsentativbefragungen von jeweils 2.000 Personen ab 14 Jahren in den Jahren 1999 und 2003 in Deutschland. *B.A.T Freizeit-Forschungsinstitut*

Der Struktur- und Wertewandel in der Arbeitswelt hat die Suche nach Identität und Sinnorientierung des Lebens grundlegend verändert, zumal der Jobwechsel und nicht mehr der ‚Beruf für's Leben' zur Normalität wird. Arbeiten gegen Geld als ganz persönliche Herausforderung zwischen Glücksempfinden und Lebenserfüllung ist eher ein Privileg, das nur mehr wenigen vorbehalten bleibt – am ehesten noch den Selbstständigen und Freiberuflern (59%), am wenigsten den Arbeitern (33%). Wie soll sich der Typus des *Neuen Selbstständigen* entwickeln können, wenn die Beschäftigten über zu wenig unternehmerischen Freiraum am Arbeitsplatz klagen?

Alle reden davon, viele träumen davon, aber nur wenige können sie in ihrer Arbeit erreichen – die *Selbstverwirklichung*. Gesucht werden ganz persönliche Betätigungs- und Bestätigungsmöglichkeiten im Beruf, insbesondere Gelegenheiten, eigene Ideen und Zielvorstellungen zu verwirklichen und natürlich Erfolgserlebnisse zu haben, bei denen man sich selbst entfalten und persönlich weiterentwickeln kann. Doch Wunsch und Wirklichkeit klaffen erheblich auseinander. *Fast zwei Drittel* aller Beschäftigten (berufstätige Frauen: 63% – berufstätige Männer: 60%) müssen enttäuscht eingestehen, dass sie sich in ihrer Arbeit *nicht selbst verwirklichen* können. Die Selbstverwirklichung am Arbeitsplatz ist eine Legende und für die meisten Beschäftigten nur ein Wunschtraum. Viele verlagern deshalb ‚heimlich' ihre Selbstverwirklichungsidee in außerberufliche Lebensbereiche wie Familie und soziales Engagement, Hobby und Sport.

Selbstverwirklichung in der Arbeit ist ein *Privileg für Minderheiten* geblieben. Selbstständige und Freiberufler genießen in dieser Hinsicht die meisten Privilegien (59%). Ihr Selbstverwirklichungsgrad ist deutlich höher als bei Beamten (41%), Angestellten (35%) oder gar Arbeitern (33%). Ganz abgesehen davon, dass Selbstverwirklichung ein weitgehend subjektiver Begriff ist, also individuell unterschiedlichen Befindlichkeiten und Maßstäben unterliegt, bleibt doch positiv als Tendenz festzuhalten: Die heutige Berufsarbeit bietet wieder mehr Chancen zur Selbstverwirklichung (1999: 28% – 2003: 39%). Wer derzeit Arbeit hat, weiß sie für die eigene Lebenserfüllung immer mehr zu schätzen. Was knapp ist, ist auch kostbar. *Selbstverwirklichung kehrt in die Arbeitswelt zurück.*

11. Renaissance der Persönlichkeit.
Neue Anforderungen in der Arbeitswelt

Anfang der achtziger Jahre wurden auf der Basis von Persönlichkeitsmerkmalen erstmals die Anforderungen untersucht, die die Arbeitswelt an die Menschen stellt. Auf diese Weise ergab sich das *Bild einer Arbeitspersönlichkeit* aus der jeweiligen Optik der Befragten. Dabei war es legitim anzunehmen, dass sich die Befragten in ihrem Urteil über die Arbeitspersönlichkeit von ihren eigenen Erfahrungen innerhalb der Berufswelt haben leiten lassen. Diese Befragung wurde in den Jahren 1996 und 2003 wiederholt. Welche Veränderungen sind feststellbar?

Um es deutlich zu sagen: *Alte Arbeitstugenden* wie Fleiß und Pflichterfüllung sterben im Arbeitsleben nicht aus. Um den Anforderungen der Arbeitswelt gewachsen zu sein, können Arbeitnehmer auch heute auf traditionelle Wertmuster im Arbeitsleben nicht verzichten. Diese Erfahrung macht auch und gerade die jüngere Generation. Es wächst eine Arbeitnehmer-Generation heran, die genauso pflichterfüllt und leistungsbereit ist.

Abb. 20: „Arbeitstugenden im Wandel"
Rangfolge der zehn wichtigsten Anforderungen im Arbeitsleben

1981	1999	2003
1. Fleiß	1. Fleiß	1. Fleiß
2. Pflichterfüllung	2. Selbstvertrauen	2. Selbstvertrauen
3. Selbstvertrauen	3. Selbstständigkeit	3. Kontaktfähigkeit
4. Leistungsstreben	4. Pflichterfüllung	4. Pflichterfüllung
5. Selbstständigkeit	5. Ehrgeiz	5. Selbstständigkeit
6. Selbstbeherrschung	6. Kontaktfähigkeit	6. Ehrlichkeit/Offenheit
7. Kontaktfähigkeit	7. Leistungsstreben	7. Höflichkeit
8. Aufgeschlossenheit	8. Höflichkeit	8. Leistungsstreben
9. Ehrgeiz	9. Selbstbeherrschung	9. Ehrgeiz
10. Höflichkeit	10. Aufgeschlossenheit	10. Aufgeschlossenheit

Im Zeitvergleich der letzten zwei Jahrzehnte ergibt sich das *Anforderungsprofil einer Arbeitspersönlichkeit*, die vom Wertewandel der letzten Jahre beeinflusst, aber nicht grundlegend verändert ist:

- Die wichtigste Arbeitstugend in den Jahren 1981, 1996 und 2003 lautet: *Fleiß, Fleiß und noch mal Fleiß.* In der Rangfolge der zehn wichtigsten Anforderungen im Arbeitsleben rangiert die Eigenschaft „Fleiß" permanent und unverändert an erster Stelle.
- Trotz des unverkennbaren Struktur- und Wertewandels in der Arbeitswelt hat auch die *Pflichterfüllung* ihre Spitzenposition bewahren können, wenn auch kontinuierlich an Bedeutung eingebüßt (vom zweiten über den dritten auf den vierten Platz). Daraus folgt: Pflichterfüllung bleibt wichtig, wird aber in der Wertehierarchie zunehmend verdrängt.
- Im Zeitvergleich fällt auf, dass zwei Kompetenzbereiche zu den eindeutigen Gewinnern des Wertewandels zählen: die *Eigenkompetenz (=Selbstvertrauen)* und die *Sozialkompetenz (=Kontaktfähigkeit)*. Die persönlichkeitsbezogenen Anforderungen sind höher geworden. Der Aufstieg der Kontaktfähigkeit von der siebten über die sechste zur mittlerweile dritten Position lässt darauf schließen, dass dieser Prozess noch nicht abgeschlossen ist.

Der empirisch nachweisbare Wandel der Arbeitstugenden seit den achtziger Jahren zeigt durchaus auch Unterschiede und Besonderheiten bei einzelnen Bevölkerungsgruppen:

- *Frauen* legen im Berufsleben mehr Wert auf Höflichkeit (58% – Männer: 49%) sowie auf Nachsicht und Rücksicht (w: 33% – m: 29%).
- *Männer* betonen eher das Leistungsstreben (m: 52% – w: 46%) und die Kritikfähigkeit (m: 47% – w: 42%).

- *Berufsanfänger* im Alter von 18 bis 29 Jahren heben besonders die Kontaktfähigkeit (73% – übrige Berufstätige: 68%) hervor.
- Auf den Fleiß-Charakter der Arbeit weisen vor allem die *Arbeiter* hin (76% – zum Vergleich: Angestellte: 71% – Beamte: 65%).
- Und *Führungskräfte/Leitende Angestellte* nennen als wichtigste Anforderung im Berufsleben: Selbstvertrauen (82% – übrige Berufstätige: 72%).

Die Arbeitspersönlichkeit der Zukunft, die erfolgreich sein will, muss fleißig, selbstbewusst und kontaktfähig sein – also eine starke Persönlichkeit haben und ausstrahlen, sozusagen die Selbstständigkeit in Person sein. Der „Abhängig Beschäftigte" kann jedenfalls nicht mehr Leitbild sein, weil der persönliche und unternehmerische Freiraum am Arbeitsplatz und im Leben immer größer wird. Damit ist auch *Lebensunternehmertum* gemeint: Jeder sein eigener Unternehmer, bei dem sich Persönlichkeitsmerkmale wie *Ich-Stärke und Sozialkompetenz* miteinander verbinden und nicht gegenseitig ausschließen.

Steht eine *Renaissance der Persönlichkeit* bevor? Weil Produkte immer austauschbarer werden, Persönlichkeiten aber nicht einfach zu ersetzen sind, kommt es immer mehr auf die Entwicklung individueller Eigenschaften, also auf den Menschen an. Das persönliche Profil macht die Persönlichkeit und damit auch den Unterschied aus. Mit dem Persönlichkeitswert der Mitarbeiter lässt sich auch der Unternehmenswert steigern. Was der Amerikaner Arie de Geus „The Living Company" (Geus 1997/98) nennt, spiegelt dies wider: Das Unternehmen als ein organisches Ganzes mit eigener Persönlichkeit, das sich – wie die Mitarbeiter auch – permanent weiterentwickelt. Die Persönlichkeitsbildung der Mitarbeiter lässt in Zukunft Rückschlüsse auf die *Lebenserwartung eines Unternehmens* zu. Persönlichkeiten mit Charakter (und nicht nur mit Fachwissen) halten das Unternehmen in Bewegung. Das Unternehmen lebt durch seine Persönlichkeiten. Und jede Persönlichkeit zeichnet sich durch die Doppelkompetenz von gesundem Selbstvertrauen und sozialem Verantwortungsgefühl aus.

Wenn Persönlichkeitsmerkmale im Berufsleben des 21. Jahrhunderts eine immer größere Rolle spielen, dann wird das folgenreich für die Balance von Arbeit und Leben sein (vgl. Ernst 2000, S. 88):

- Die Entwicklung einer *ganzheitlich „abgerundeten" Persönlichkeit* für viele Lebenszusammenhänge wird wichtiger.
- Das *Selbstwertgefühl* definiert sich nicht länger nur über spezielle Berufsausbildungen oder die berufliche Position.
- Ein Umdenken *von der Berufskarriere zum Lebenserfolg* zeichnet sich ab. Jeder ist für seine persönlichen Erfolgserlebnisse im Leben selbst verantwortlich.

12. Arbeiten mit Spaß.
Voraussetzung für motivierte Mitarbeiter

Die italienischen Psychologen Fausto Massimini und Antonella delle Fave (Massimini u.a. 1991) interviewten italienische Bauern in den hochgelegenen Bergtälern der Alpen, die von der industriellen Revolution weitgehend verschont geblieben sind. In ihren Interviews kam zum Ausdruck, dass die Bauern ihre Arbeit nicht von ihrer Freizeit unterscheiden konnten. Bei den Interviewern entstand ein doppelter Eindruck: Die Bauern arbeiteten sechzehn Stunden am Tag oder sie arbeiteten überhaupt nicht. Sie melkten Kühe, mähten Wiesen, erzählten ihren Enkeln Geschichten, spielten Akkordeon für Freunde. Und auf die Frage, was sie denn gern tun würden, wenn sie genügend Zeit und Geld hätten, kam die Antwort: Kühe melken, Wiesen mähen, Geschichten erzählen, Akkordeon spielen ... Für ihr ganzes Leben galt und gilt eigentlich nur ein Grundsatz: „Ich tue, was ich will". Das ganze Leben bot und bietet ständig und gleichermaßen Herausforderungen dafür.

Der Gesellschaft geht die Arbeit aus, den Beschäftigten aber nicht die Lust am Arbeiten. Repräsentativ wurden Berufstätige in Deutschland danach befragt, was sie im Rahmen ihrer Arbeit „*tatsächlich verwirklichen können.*" Das Ergebnis überrascht. Aus der Sicht der Beschäftigten ist die Arbeitswirklichkeit heute besser als ihr Ruf:

- Zwei Drittel der Beschäftigten geben an, eine Arbeit zu haben, die „Spaß macht" (67%).
- Fast jeder zweite Berufstätige hat berufliche „Erfolgserlebnisse" und wird für seine Leistungen auch „anerkannt" (49%).
- Mehr als zwei von fünf befragten Berufstätigen können in der Arbeit ihre „eigenen beruflichen Vorstellungen und Ziele verwirklichen" (43%).

Große Unterschiede sind allerdings zwischen weiblichen und männlichen Sicht- und Erlebnisweisen feststellbar. Berufstätige Frauen geben sich hochmotiviert und bekunden eine überaus große Arbeitszufriedenheit. Fast drei Viertel der berufstätigen Frauen (72% – Männer: 62%) haben Spaß an ihrer Arbeit, auch wenn die objektiven Arbeitsbedingungen eine ganz andere Sprache sprechen:

- Nur gut ein Drittel der berufstätigen Frauen (36% – Männer 48%) kann im Beruf eigene berufliche Vorstellungen und Ziele verwirklichen.
- Lediglich jede fünfte Frau (20% – Männer 30%) bestätigt, berufliche Aufstiegschancen zu haben.
- Jede zehnte Frau (10%%) gibt an, „in Führungspositionen tätig" zu sein – der Anteil der männlichen Kollegen ist doppelt so hoch (21%).

Die Arbeitswirklichkeit im 21. Jahrhundert vermittelt ein *widersprüchliches Bild:* Berufstätige Frauen können ihre Erfolge deutlich weniger an Aufstiegs„stufen" und Führungs„positionen" messen – und dennoch geben sie sich subjektiv zufriedener als ihre männlichen Kollegen. Frauen im Beruf „machen" offensichtlich nicht nur ihre Arbeit, sondern „erleben" sie auch ganz persönlich. Berufstätige Frauen sind überaus leistungsmotiviert, ohne dabei von harten Prinzipien wie Macht und Aufstiegsstreben beherrscht zu werden. Spaß an der Arbeit hat bei ihnen mehr mit „flow-Erleben" zu tun.

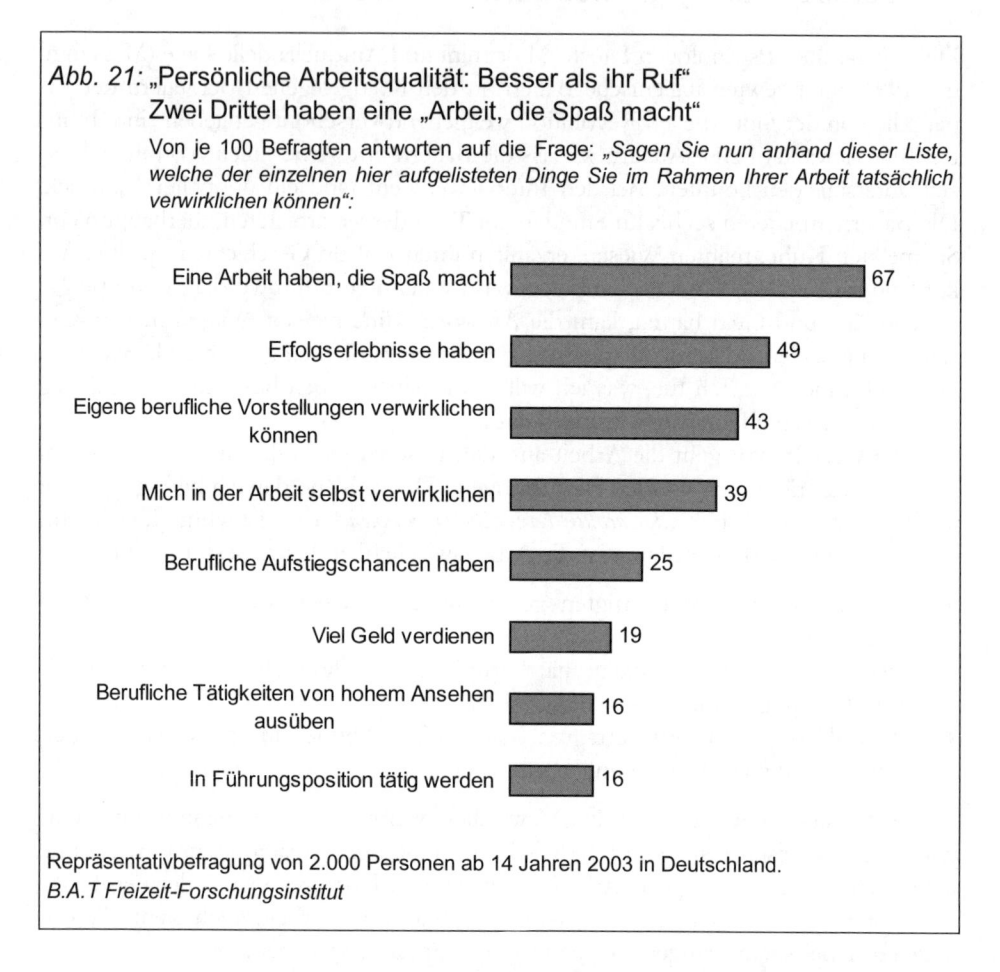

Abb. 21: „Persönliche Arbeitsqualität: Besser als ihr Ruf"
Zwei Drittel haben eine „Arbeit, die Spaß macht"

Von je 100 Befragten antworten auf die Frage: *„Sagen Sie nun anhand dieser Liste, welche der einzelnen hier aufgelisteten Dinge Sie im Rahmen Ihrer Arbeit tatsächlich verwirklichen können":*

Eine Arbeit haben, die Spaß macht	67
Erfolgserlebnisse haben	49
Eigene berufliche Vorstellungen verwirklichen können	43
Mich in der Arbeit selbst verwirklichen	39
Berufliche Aufstiegschancen haben	25
Viel Geld verdienen	19
Berufliche Tätigkeiten von hohem Ansehen ausüben	16
In Führungsposition tätig werden	16

Repräsentativbefragung von 2.000 Personen ab 14 Jahren 2003 in Deutschland.
B.A.T Freizeit-Forschungsinstitut

Der ungarisch-amerikanische Psychologe Mihalyi Csikszentmihalyi entwickelte eine Theorie des Flow-Erlebens. In einen „flow"-Zustand kann man nach Csikszentmihalyi nur geraten, wenn man etwas *freiwillig und mit Freude* tut, also ganz bewusst und hochmotiviert in freudige Erlebnisse regelrecht ‚eintaucht'. In einer solchen Situation verliert man schnell den Sinn für die Zeit und für sich selbst, fühlt sich kompetent und beherrscht die Situation souverän (Csikszentmihalyi 1991, S. 206). So gesehen kann die psychologische Theorie des flow-Erlebens auch für Wirtschaft und Arbeitswelt bedeutungsvoll sein. Die individuellen Anforderungen an flow-Erlebnisse im Leben allgemein und speziell am Arbeitsplatz werden immer höher. Die junge Generation erwartet auch in der Arbeitswelt Freude an der eigenen Aktivität und am eigenen Können. Andernfalls verlagert sie ihre Energien in andere Erlebniswelten.

Wie fühlen sich eigentlich Menschen, wenn sie Glück und Freude empfinden? Das als flow bezeichnete Glücksempfinden bezieht sich dabei fast immer auf *Situationen mit Herausforderungscharakter*, in denen Aktivitäten gefordert werden, für die man besondere Geschicklichkeit braucht – beispielsweise,

- wenn sich ein Segler auf dem richtigen Kurs fühlt, der Wind durch das Haar streift und das Boot durch die Wellen schnellt oder
- was ein Maler fühlt, wenn die Farben vor seinem Auge Gestalt annehmen.

Dieses Glücksempfinden umschreibt ein freudiges Gefühl in einer Mischung aus Aktivität und Kreativität. Genau dieser *Herausforderungscharakter charakterisiert die moderne Arbeit im 21. Jahrhundert.* Arbeit ist mehr als „Broterwerb" und „Leistung gegen Lohn".

Bemerkenswert ist auch dies: Je knapper die bezahlte Arbeit wird, desto wertvoller und motivierender wird sie für die Arbeitnehmer. Das Selbstverständnis der Gesellschaft als Arbeitsgesellschaft nimmt eher zu als ab – verbunden mit einer Neudefinition der Arbeit als einer erfüllenden Tätigkeit, die wieder Spaß macht und Sinn hat. Dabei hat Spaß mehr mit „flow" als mit „fun" zu tun. Spaß ist ein anderes Wort für Freude, Motivation und Sinnhaftigkeit. Wer keinen Spaß an der Arbeit hat, wird auf Dauer auch nicht leistungsfähig sein. Und ohne den Spaßfaktor wird man auch keine beruflichen Erfolge erreichen und erleben können.

13. Arbeitsrecht in unsicheren Zeiten. Arbeitnehmer zwischen Hoffen und Bangen

In jüngster Zeit gab es heftige Debatten über eine mögliche Flexibilisierung des Kündigungsschutzes. Für die einen ist der Kündigungsschutz geradezu „heilig und unantastbar", für die anderen eher eine Barriere zur Schaffung neuer Jobs. Der geltende Kündigungsschutz in Kleinbetrieben von sechs Beschäftigten an führt erfahrungsgemäß dazu, nur fünf Leute einzustellen. Im Streit um Kündigungsschutz und neue Lösungen spielen Fragen von Rechtssicherheit und Arbeitnehmerinteressen eine zentrale Rolle.

Die Meinung der Arbeitnehmerschaft ist eindeutig: An einer Lockerung des geltenden Kündigungsschutzes besteht kein Interesse. Über drei Viertel der Berufstätigen (78%) lehnen einen Kündigungsschutz, den es „nur in Betrieben mit mehr als zwanzig Beschäftigten gibt", kategorisch ab (die Arbeiterschaft gar zu 85 Prozent). Dennoch ist die Arbeitnehmerschaft aufgeschlossen und offen für arbeitsrechtliche Innovationen. So spricht sich eine deutliche Mehrheit der Beschäftigten (59%) dafür aus: *„Die Befristung von Arbeitsverhältnissen auf fünf Jahre sollte zukünftig möglich sein."* Ein Lösungsansatz, der verständlicherweise bei den älteren Arbeitnehmern über 50 Jahren mehr Anklang findet (64%) als etwa bei den 18- bis 34-Jährigen (57%). Für ältere Arbeitnehmer würden sich dadurch neue Beschäftigungschancen ergeben.

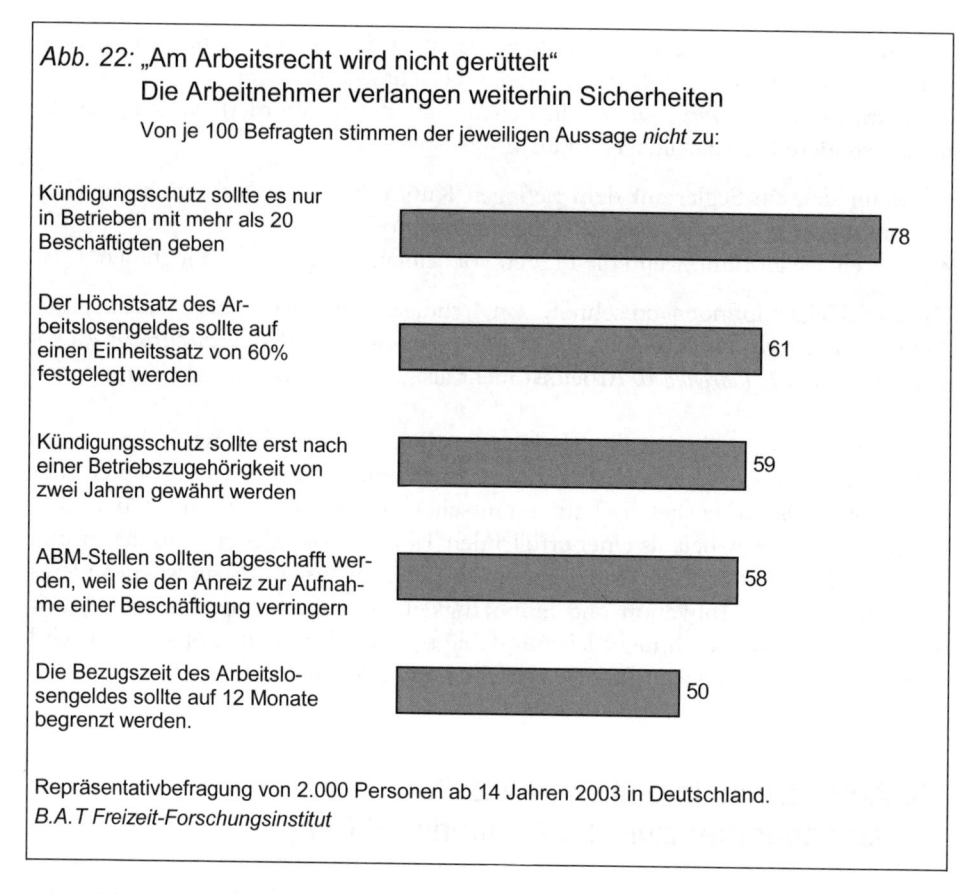

Abb. 22: „Am Arbeitsrecht wird nicht gerüttelt"
Die Arbeitnehmer verlangen weiterhin Sicherheiten

Von je 100 Befragten stimmen der jeweiligen Aussage *nicht* zu:

Aussage	%
Kündigungsschutz sollte es nur in Betrieben mit mehr als 20 Beschäftigten geben	78
Der Höchstsatz des Arbeitslosengeldes sollte auf einen Einheitssatz von 60% festgelegt werden	61
Kündigungsschutz sollte erst nach einer Betriebszugehörigkeit von zwei Jahren gewährt werden	59
ABM-Stellen sollten abgeschafft werden, weil sie den Anreiz zur Aufnahme einer Beschäftigung verringern	58
Die Bezugszeit des Arbeitslosengeldes sollte auf 12 Monate begrenzt werden.	50

Repräsentativbefragung von 2.000 Personen ab 14 Jahren 2003 in Deutschland.
B.A.T Freizeit-Forschungsinstitut

Die aktuellen Kontroversen um Kündigungsschutz und arbeitsrechtliche Änderungsvorschläge haben einen realen Hintergrund als gesamtgesellschaftliche Aufgabe: Den wirksamen Abbau der seit Jahren angestiegenen Arbeitslosigkeit. Infolgedessen sind auch die Meinungen über das Reformprogramm der Bundesregierung je nach politischem Lager geteilt: Die Bezüge der Arbeitslosen sollen gekürzt und das Arbeitslosengeld auf zwölf Monate begrenzt werden.

Im Rahmen einer Repräsentativumfrage von 2.000 Personen im Januar 2003 sollten Berufstätige zu folgender Aussage Position beziehen: „Die *Bezugszeit des Arbeitslosengeldes* sollte *auf 12 Monate begrenzt* werden, um einen Anreiz zur Aufnahme einer Beschäftigung zu schaffen." Das Votum der Beschäftigten fiel gespalten aus: Die eine Hälfte (49%) stimmte zu, die andere Hälfte (51%) nicht. Allerdings gab es innerhalb der einzelnen Berufsgruppen erhebliche Meinungsunterschiede:

- Am vehementesten gegen eine Begrenzung des Arbeitslosengeldes auf 12 Monate sprachen sich die Hauptbetroffenen, also die Arbeiter (58%), aus.
- Genau umgekehrt votierten die Selbstständigen und Beamten. Die überwiegende Mehrheit von ihnen (Selbstständige: 67% – Beamte: 62%) machte sich für die Realisierung dieses arbeitsrechtlichen Änderungsvorschlags besonders stark.

Bei einer solchen uneinheitlichen Einschätzung kann es nicht weiter überraschen, dass vor allem Gewerkschaften und Sozialverbände Protest anmelden und die zeitliche Beschneidung der Arbeitslosenhilfe als einen erheblichen Eingriff in die Eigentumsrechte von Arbeitnehmern sehen. Die Begründung: Die Beschäftigten haben über Jahrzehnte Beiträge in die Arbeitslosenversicherung gezahlt, um die bisherige Absicherung zu erhalten. Nun sollen plötzlich ihre *eigentumsähnlichen Anwartschaften* auf einen Schlag gekürzt oder abgeschafft werden. Das Arbeitslosengeld wird aus gewerkschaftlicher Sicht wie eine Versicherungsleistung bewertet, die nicht einseitig gekürzt werden darf. Bei so viel Gegenwind in den einzelnen politischen Lagern ist es nur verständlich, dass auch die breite Zustimmung der Bevölkerungsmehrheit für diesen Änderungsvorschlag ausbleibt.

14. Lieber Lohnkürzung als Kündigung. Was Arbeitnehmer wirklich wollen

Mit dem Anstieg der Arbeitslosigkeit in Deutschland wächst auch die Angst der Arbeitnehmer, ihren Job zu verlieren. Die aktuelle Diskussion in Wirtschaft und Politik um mehr Rechtssicherheit im Arbeitsrecht, bei der es um die Frage geht, wer wann und wie viel Abfindung bei Kündigungen erhält, beantworten die Beschäftigten auf ihre eigene Weise. Fast drei Viertel der Berufstätigen (71%) vertreten die Auffassung: „Wenn es einem Betrieb schlechter geht, sollte eine Senkung des Arbeitslohns möglich sein, *bevor* eine Kündigung ausgesprochen wird." Insbesondere Führungskräfte und Leitende Angestellte (77%) votieren für eine solche Problemlösung. Auch und gerade die jungen Berufstätigen im Alter von 18 bis 24 Jahren (77%) nehmen lieber eine Einkommenskürzung in Kauf, als gleich zu Beginn ihres Berufslebens den ersten Job zu verlieren. Dieses Votum gilt natürlich nur für den Fall notwendiger *betriebsbedingter Kündigungen* und nicht etwa für verhaltens- und personenbedingte Kündigungen (z.B. bei längerer Krankheit).

Im Rahmen der Repräsentativumfrage bei 2.000 Personen ab 14 Jahren wurden 911 Berufstätige nach ihren arbeitsrechtlichen Wünschen befragt. Das Ergebnis ist eindeutig: Wenn die Arbeitnehmer die Wahl zwischen Lohnsenkung und Jobverlust haben, entscheiden sie sich für das geringere Einkommen. Die Einstellung der Arbeitnehmer ist durchaus pragmatisch: Dadurch werden zwar keine neuen Arbeitsplätze geschaffen, aber der Joberhalt ist garantiert. Und die Substanz des Kündigungsrechts wird nicht beeinträchtigt.

Arbeitnehmer wollen den Kündigungsschutz *individuell flexibel und sozial gerecht* gestaltet wissen. Sie wollen die Wahl haben und selbst entscheiden dürfen, ob sie mit weniger Geld ihren Job behalten oder gegebenenfalls mit einer Abfindung ihren Job verlieren. In beiden Fällen handelt es sich um für den Arbeitgeber *kalkulierbare Kosten*. Die Rechtssicherheit der Arbeitgeber wird dadurch garantiert, ohne dabei Arbeitnehmerrechte zu opfern. So können beide – Arbeitgeber wie Arbeitnehmer – abschätzen, was ein Lohnverzicht oder ein Jobverlust kostet. Klagen auf dem Gerichtswege wären weitgehend entbehrlich.

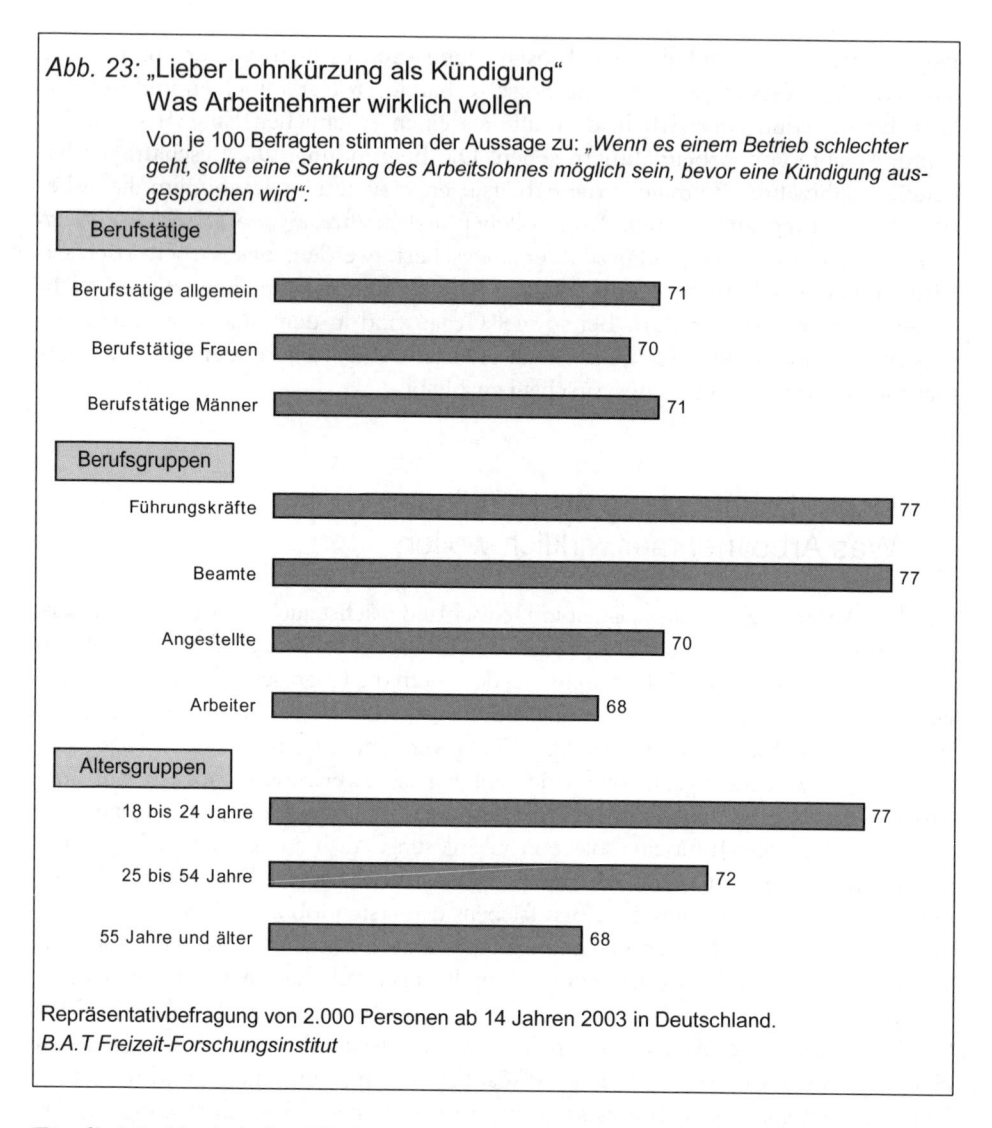

Abb. 23: „Lieber Lohnkürzung als Kündigung"
Was Arbeitnehmer wirklich wollen

Von je 100 Befragten stimmen der Aussage zu: *„Wenn es einem Betrieb schlechter geht, sollte eine Senkung des Arbeitslohnes möglich sein, bevor eine Kündigung ausgesprochen wird":*

Berufstätige
- Berufstätige allgemein: 71
- Berufstätige Frauen: 70
- Berufstätige Männer: 71

Berufsgruppen
- Führungskräfte: 77
- Beamte: 77
- Angestellte: 70
- Arbeiter: 68

Altersgruppen
- 18 bis 24 Jahre: 77
- 25 bis 54 Jahre: 72
- 55 Jahre und älter: 68

Repräsentativbefragung von 2.000 Personen ab 14 Jahren 2003 in Deutschland.
B.A.T Freizeit-Forschungsinstitut

Für die Machbarkeit des *Work-Sharing-Modells* „Lohnkürzung statt Kündigung" sprechen die positiven Erfahrungen, die die amerikanische Computerfirma ESI in Portland (Oregon) in den neunziger Jahren gemacht hat: „Wenn die Nachfrage nach einem Produkt zurück geht, wirft das Unternehmen normalerweise ein paar Leute raus und lässt die übrigen doppelt so hart arbeiten. Also ließen wir alle im Werk abstimmen. Wir fragten sie, was sie lieber wollten: *Kündigungen für einige Beschäftigte oder die 32-Stundenwoche für alle.* Sie dachten darüber nach und beschlossen, dass es ihnen lieber wäre, wenn ihre Arbeitsgruppen zusammenblieben. Also gingen wir während einer Zeit mit schlechter Auftragslage zur 32-Stundenwoche für alle über. *Wir kürzten allen die Arbeitszeiten und die Gehälter – auch den Managern.*"

Das Unternehmen erlebte dabei zwei Überraschungen, wie der Vizepräsident von ESI, Doug Strain, berichtete: „Erstens, die Produktivität ging nicht zurück – ich schwöre, wir haben mit 32 Stunden genauso viel aus ihnen herausgeholt wie mit 40 Stunden. Also ist das keine schlechte Entscheidung für ein Unternehmen. Aber, zweitens, als sich die wirtschaftlichen Verhältnisse wieder gebessert hatten, boten wir ihnen wieder *100 Prozent Arbeitszeit* an: *Und niemand wollte es!*" (Hochschild 2002, S. 278).

Noch heute besteht die Kernbelegschaft dieses Unternehmens aus Beschäftigten mit einer Arbeitswoche von *vier Achtstundentagen*. Auf die Situation in Deutschland übertragen würde dies bedeuten: Erhalt von Arbeitsplätzen, weniger konjunkturell bedingte Arbeitslosigkeit und mehr Lohn- und Einkommenssteuer für den Staat. Und schließlich auch mehr Arbeits- und Lebenszufriedenheit bei den Beschäftigten. Über das „Normal"-Arbeitsverhältnis und die „Normal"-Arbeitszeit müsste allerdings neu nachgedacht werden.

Dafür gibt es ein gelungenes arbeitszeitpolitisches Modell, das seit zehn Jahren mit der Einführung der 28,8 Stunden-Woche bei VW als *„tarifpolitischer Paukenschlag"* (Seifert/Trinczek 2000, S. 99) in der Geschichte der Arbeitszeitverkürzungen gilt. Der aktuelle Hintergrund: Mit dem Ende des deutschen Einigungsboom knickte auch die Autokonjunktur in Deutschland ein und es kam 1993 zu einem Absatzeinbruch von rund zwanzig Prozent. Für Ende 1995 drohte ein dramatischer Personalüberhang von rund 30.000 Beschäftigten. Die Beschäftigungskrise wurde mit Zustimmung des Betriebsrats durch die *Einführung einer beschäftigungssichernden Arbeitszeitverkürzung* gelöst. Konkret: Die wöchentliche Arbeitszeit wurde um zwanzig Prozent auf 28,8 Stunden für alle Beschäftigten mit Lohnkürzung statt Kündigung gesenkt.

Dieser Grundsatz „Lieber Lohnkürzung als Kündigung" hat sich in der Praxis bewährt. Als Gegenleistung zu Arbeitszeitverkürzung und Einkommenseinbußen verpflichtete sich seinerzeit das Unternehmen VW, während der zweijährigen Laufzeit des Tarifvertrags *keine betriebsbedingten Kündigungen* auszusprechen. Die sozial gerechte Lösung ging mit einer hohen individuellen Flexibilisierung einher: Die Arbeitnehmer konnten zwischen rund 140 unterschiedlichen Arbeitszeitmodellen wählen. Jeder Beschäftigte verfügte über ein *individuelles Arbeitszeitkonto,* das die Einhaltung der 28,8-Stunden-Woche gewährleistete. Die „flexible Volkswagenwoche" verabschiedete sich vom traditionellen Arbeitszeitregime und ermöglichte individuelle Gleitzeitregelungen. In den Folgejahren wurde die *Beschäftigungsgarantie* beibehalten. Die positive Einschätzung der Arbeitnehmerschaft war hoch, weshalb es sich auch die Gewerkschaften als freiwillige Mitgliederverbände „aus eigenem Interesse nicht leisten konnten, die Interessen der Beschäftigten in einem derart zentralen Handlungsfeld zu ignorieren" (Seifert/Trinczek 2000, S. 110).

> Kollektive Arbeitszeitverkürzungen können nur als Übergangslösungen in konjunkturell kritischen Zeiten angesehen werden, weil sie schließlich immer mit Einkommensminderungen einhergehen, was für Beschäftigte mit Kindern im Haushalt nur schwer zu verkraften ist.

15. Flexible Lebensarbeitszeiten. Paradigmenwechsel in der Arbeitswelt

Es zeichnet sich ein geradezu *revolutionärer Paradigmenwechsel* in der Arbeitswelt ab: Gemeint ist der Wandel von kollektiven Zeitrhythmen zum individuellen Zeitmanagement: Anwesenheitskontrollen entfallen und werden durch eigenverantwortliche Arbeitszeitgestaltungen ersetzt – mit der Folge: „Mehr Zeit für die Kinder, mehr Zeit für gemeinsames Einkaufen, mehr Zeit für Ausruhen" (Hielscher/Hildebrandt 2000, S. 144).

> Die gewonnene Eigenzeit wird zu einem neuen Wohlstandselement. Das bewusste Zeithandeln ist allerdings keine selbstverständliche Fähigkeit. Sie muss mitunter von zeitlebens „abhängig Beschäftigten" erst erlernt und eingeübt werden. Denn persönliche Zeitsouveränität war bis dahin mehr ein persönlicher Luxus.

Im Einzelfall kann diese neue Lebenskunst auch „*zeitliche Flickschusterei*" oder „*temporale Bastelei*" (Jurzyk/Voß 2000, S. 197) bedeuten. Die erhoffte Zeitsouveränität wird dann eher zur Zeitfalle.

Sogenannte „Vertrauensarbeitszeiten", die den Beschäftigten Arbeitszeitfreiheiten jenseits des Diktats von Stempeluhr, Kernzeit und Präsenzpflicht versprechen, können aus gewerkschaftlicher Sicht auch gegenteilige Effekte haben: Unter der Hand werden die versprochenen Flexibilitätsspielräume schnell zu einem „Arbeiten ohne Ende" (Pickshaus 2000) bzw. zum Verzicht auf Pausen: „Bei Anruf Arbeit" (Rinderspacher 2001). Statt Zeitorientierung heißt es dann Aufgaben- bzw. Ergebnisorientierung mit d*er Folge höheren Leistungsdrucks*. Mitunter müssen manche Arbeiten – für das Unternehmen unsichtbar – zu Hause erledigt werden, wenn das Kind schläft. Nur wenn der Umgang mit dem neuen „Zeitwohlstand" (Opaschowski 1983) gelingt, dann deutet sich ein Ende der Entfremdung des Menschen in seiner Arbeit an. Und das Leitbild vom „guten oder besseren Leben" muss keine Utopie mehr bleiben.

Über die spezifisch deutsche Arbeitssituation hinaus bestätigt die 1998 in 16 europäischen Ländern durchgeführte Repräsentativbefragung von rund 12.000 Erwerbstätigen über ihre Erwerbs- und Arbeitswünsche in der Zukunft („Employment Options of the Future"): *Wir brauchen neue flexible Arbeitszeitstandards*, die nicht nur „eine" feste Stundengröße (z.B. 40-Stunden-Woche) als Standard bzw. „Normal"-Arbeitszeit festschreiben (vgl. Bielinski u.a. 2002, S. 162f.). Dies bedeutet für die Zukunft:

1. Die Beschäftigten verlangen immer mehr nach *Wahlarbeitszeiten*. Sie wollen ihre Arbeitszeiten individuell und flexibel bestimmen und frei wählen können. Gewünscht werden eher *flexible Lebensarbeitszeiten*, die – je nach Lebensphase – als temporäre Arrangements von Zeit zu Zeit neu ausgehandelt werden können (z.B. in der Familiengründungsphase, in der nachelterlichen Phase, in der Vorruhestandsphase).

2. Die Festschreibung einer festen Wochenarbeitszeit, d.h. die *starre Festlegung in Vollzeit- und Teilzeitarbeit, ist überholt*: Wo fangen die Regelarbeitszeiten für Vollzeitbeschäftigte an – bei der 40-, der 35- oder gar der 20-Stunden-Woche bzw. wo hören sie auf? Im gleichen Maße, wie die Grenzen zwischen Vollzeit und Teilzeit fließender werden, müssen die *Wahlmöglichkeiten zwischen Vollzeit und Teilzeit mit Rückkehrrechten* zunehmen.
3. *Zeitweilige Unterbrechungen der Erwerbstätigkeit (Sabbaticals)* sowie Wechsel zwischen Vollzeit- und Teilzeitarbeit müssen möglich sein, ohne deshalb als weniger motiviert zu gelten oder mindere Karrierechancen zu haben.
4. *Normalarbeitszeit und Vollzeitstandard müssen künftig breiter definiert werden* und einen Arbeitszeitkorridor zwischen 20 und 40 Wochenarbeitsstunden umfassen. Sie müssen als gleichberechtigte Größen anerkannt werden, um Barrieren für den Wechsel der Arbeitszeiten zu beseitigen. Wie heute schon in den Niederlanden, Dänemark, Schweden und Norwegen müssen die *selbstgewählten Arbeitszeiten zur gesellschaftlichen Norm und Normalität werden*, ohne arbeits- und sozialrechtlich schlechter gestellt zu sein.

16. Feminisierung der Arbeitswelt. Der Rollen-Mix von Berufs- und Privatleben

Weltweit machen sich Politiker und Wirtschaftsexperten Gedanken, wie die Konjunktur belebt und Wirtschaftswachstum auch in naher Zukunft erhalten werden kann. Aber: *Wo bleibt in diesem Kalkül der Mensch?* Der Soziologe Ulrich Beck verheißt uns für die Zukunft eine „Schöne neue Arbeitswelt": Den evolutionären Sprung in eine Wissens- und Informationsgesellschaft, die einerseits eine tendenzielle „Feminisierung der Arbeitswelt" (Beck 1999, S. 70) zur Folge hat und andererseits die Männer zu bedauernswerten Geschöpfen machen soll. Wie weit hält dieses Bild der gesellschaftlichen Wirklichkeit stand?

In der Arbeitswelt sind Frauen heute in zunehmendem Maße präsent – als Ärztin oder Heilpraktikerin, Firmengründerin oder Kommunikationstrainerin, Journalistin oder Publizistin, in Technik-, IT- und Beratungsberufen als Selbstständige und Freiberuflerin. Während z.B. Männer mehr aus *materiellen Gründen* zur Selbstständigkeit motiviert werden („reich werden": +3 Prozentpunkte, „in die eigene Tasche wirtschaften": +2 oder „Marktlücke entdecken": +2), betonen Frauen eher die Chancen, Ideen „von Anfang bis Ende *selbst verwirklichen* zu können" (+3 Prozentpunkte) oder „*selbst schöpferisch* und unternehmerisch tätig zu sein" (+1). Dies geht aus der Repräsentativbefragung von 2.615 Frauen und 2.385 Männern hervor (Opaschowski 2002).

In der Auffassung darüber, welche Eigenschaften eine selbstständige Persönlichkeit im Berufsleben heute in sich vereinen muss, liegen geradezu *Welten zwischen Frauen und Männern*:

- Frauen legen deutlich mehr Wert auf Ehrlichkeit (53% – m: 46%), Höflichkeit (49% – m: 42%) und richtiges Benehmen (43% – m: 39%) und erwarten auch mehr Toleranz (44% – m: 38%) und Gerechtigkeitsgefühl (41% – m: 35%), Respekt (36% – m: 32%) und Selbstbeherrschung (49% – m: 46%).
- Männer hingegen fordern mehr Erfolgs- und Siegeswillen (53%- w: 50%) und betonen auch etwas mehr das Durchsetzungsvermögen (65% – w: 63%).

Sanfte und harte Berufsvorstellungen stoßen hier – auf den ersten Blick fast unversöhnlich – aufeinander. Auf den zweiten Blick ist aber erkennbar, dass Frauen genauso viel Wert auf Selbstvertrauen und Charakterstärke wie Männer legen (je 78% bzw. je 51%), aber *zusätzlich* Konvention, Anstand und soziale Fähigkeiten einfordern. Es bestätigt sich das Ergebnis einer Repräsentativbefragung aus den achtziger Jahren, in der es hieß: 1. Frauen sind sozial engagierter und 2. Frauen sind rücksichtsvoller (B·A·T Institut 1989, S. 39) – nicht nur im Privat-, sondern auch im Berufsleben. Sie stellen höhere Anforderungen an sich selbst und andere und erwarten von einer selbstständigen Persönlichkeit und Führungskraft eine *Doppelkompetenz – fachlich und sozial.*

Im ökonomisch geprägten Zeitalter von shareholder value und Quartalsberichten wurde ein so hohes Persönlichkeitsideal bisher nicht immer angemessen gewürdigt und honoriert. Wenn Frauen beispielsweise im Berufsleben ausgleichender agierten, sich weniger aggressiv gaben, weniger Biss zeigten oder sich weniger demonstrativ als Gewinnertyp präsentierten wie z.B. „*gegen* den Strom schwimmen" (w: 28% – m: 30%), „*mein* Ding machen" (w: 54% – m: 57%) und „*selbst* bestimmen, wie man arbeitet" (w: 65% – m: 69%), dann konnte dieser kleine Unterschied schon große Folgen haben – zumindest im Angestelltenstatus.

Noch leben wir in einer *gespaltenen Arbeitswelt*: Die berufstätigen Männer schätzen nach wie vor ihre Aufstiegschancen (23%) deutlich höher ein als berufstätige Frauen (8%). Gleiches gilt für die überdurchschnittlich guten Verdienstmöglichkeiten (17% – Frauen: 10%) sowie für die Chance, in Führungspositionen (15% – Frauen: 8%) zu arbeiten. Die objektive Benachteiligung können viele Frauen subjektiv nur durch höhere Motivation wieder ausgleichen: Die Arbeit macht ihnen mehr Spaß als den Männern (61% – Männer: 57%).

Die Umfragedaten bestätigen Erfahrungswerte aus der Praxis: *Mit jeder Hierarchiestufe und Einkommenshöhe im Arbeitsleben wird der Frauenanteil geringer.* Dennoch resignieren sie nicht. Trotz faktischer Ungleichheiten und zeitlicher Mehrbelastungen zeigen sie sich motivierter. Dies mag auch erklären, warum Frauen mehr dazu neigen, Berufe zu wählen, die ihnen Spaß machen, während Männer vorrangig Macht, Einfluss, Karriere und hohes Einkommen im Blick haben. Frauen setzen mehr auf das Gleichgewicht von Berufs- und Privatleben: *Balancing* heißt ihr Lebenskonzept.

> Frauen gelingt der Rollen-Mix von Berufs- und Privatleben besser. Männer sind schnell bereit, um des beruflichen Erfolges willen die Verantwortung für Familie und Kinder – fast wie den Mantel an der Garderobe – zu Hause einfach abzugeben. Frauen hingegen wollen auch bei Erwerbstätigkeit im Gleichgewicht leben und favorisieren

> ein zwischen Berufs- und Privatleben ausbalanciertes Lebenskonzept, in dem kein Lebensbereich dem anderen einfach geopfert wird.

Frauen gehen auch bewusst mehr auf Distanz zu ausschließlich berufsorientierten Lebenskonzepten: Familie und Freunde halten sie für genauso wichtig wie Arbeiten im Beruf. Sie setzen Zeichen für eine neue Lebensqualität: Arbeitsfreude ist wichtig, aber Lebensfreude auch. Erst Job, dann Geld – und dann erst Leben? Das gilt für viele Frauen nicht. Das „ganze" Leben muss Freude machen.

Frauen können z.B. bei Arbeitslosigkeit mit der Abkoppelung der Erwerbsarbeit von der Identität ihres Lebens besser umgehen. Sie schaffen sich einfach neue Rollen und Identitäten, während Männer eher dazu neigen, bei Arbeitsplatzverlust am Sinn ihres Lebens zu zweifeln. Für Frauen gilt: Mit dem Ende der Erwerbsarbeit ist die Lebensarbeit nicht zu Ende. *Männer hingegen verlieren mit der Arbeit ihren Identitätsanker*; sie haben deutlich mehr als Frauen an der Sinnfrage zu „arbeiten". Enttäuschungen oder Versagungen in dem einen Lebensbereich können sie kaum durch persönliche Erfolgserlebnisse in einem anderen Bereich wieder ausgleichen oder mildern.

17. Vereinbarkeit von Beruf und Familie. Vom Anspruch zur Verwirklichung

Unternehmen beweisen oft wenig Gespür für die Zwänge, die sich aus der zeitlichen Umorganisation der Kinderbetreuung ergeben, wenn z.B. eine ganztägige und/oder ganzjährige Betreuung nicht sichergestellt werden kann. Aus der Sicht der Betroffenen ergibt sich dann ein ganzer „*Rattenschwanz*" spontaner „*Zwischenlösungen*", indem Großeltern, befreundete Eltern, Nachbarn oder Verwandte angerufen und um Unterstützung gebeten werden müssen. Und ist beispielsweise in den Sommerferien keine Ganztagsbetreuung gewährleistet, dann kann das im Einzelfall bedeuten: Zwei Wochen Betreuung durch die Großeltern, eine Woche Kinderfreizeit mit Übernachtung, eine Woche Hort und zwei Wochen gemeinsamer Urlaub (vgl. Pfahl/Reuyß 2002, S. 462). So können Ferienzeiten eher zu „Engpasszeiten" werden.

Die überwiegende Mehrheit der Bevölkerung hat ganz klare Vorstellungen, wie die politische Forderung „Vereinbarkeit von Familie und Beruf" verwirklicht werden kann:

- 83 Prozent der Bundesbürger gehen zunächst einmal davon aus, dass das Prinzip der Vereinbarkeit *für Frauen und Männer gleichermaßen gelten muss*, d.h. Kinderbetreuung zu Hause ist Frauen- *und* Männersache zugleich. Wenn die Vereinbarkeitsforderung wirklich ernst gemeint ist, dann muss sie *Gegenstand von Arbeitsverträgen* werden – wie Vereinbarungen über Einkommenshöhen und Urlaubsregelungen auch.
- In den Fällen, in denen Unternehmen keine zeitlichen Spielräume für Kinderbetreuung garantieren können, müssen sie sich regelrecht ‚freikaufen': Gut zwei

Drittel der Bevölkerung erwarten dann, dass die Unternehmen *Firmenkindergärten* einrichten oder *finanzielle Firmenzuschüsse für die Kinderbetreuung* leisten. Eine ökonomische und soziale Herausforderung für die Personalpolitik im 21. Jahrhundert. Die Stadt Hamburg setzt hierfür erste Zukunftszeichen: Mit Einführung eines Gutschein-Systems können Firmen für ihre Mitarbeiter *Belegungsrechte* in Kindertagesstätten erwerben. Weil wechselnde Arbeitszeiten – gerade *bei Teilzeitbeschäftigten* – längst nicht mehr die Ausnahme, sondern eher die Regel sind, können Unternehmen sogenannte „flexible Stunden" für eine zusätzliche kurzfristige Betreuung (zwischen 6 und 11 Euro die Stunde) kaufen. So lassen sich für Arbeitnehmer Kind und Karriere besser unter einen Hut bringen. Und Unternehmen werden bei vorübergehenden zeitlichen Sonderbelastungen im Beruf mehr ihrer Sozialpflichtigkeit gerecht.

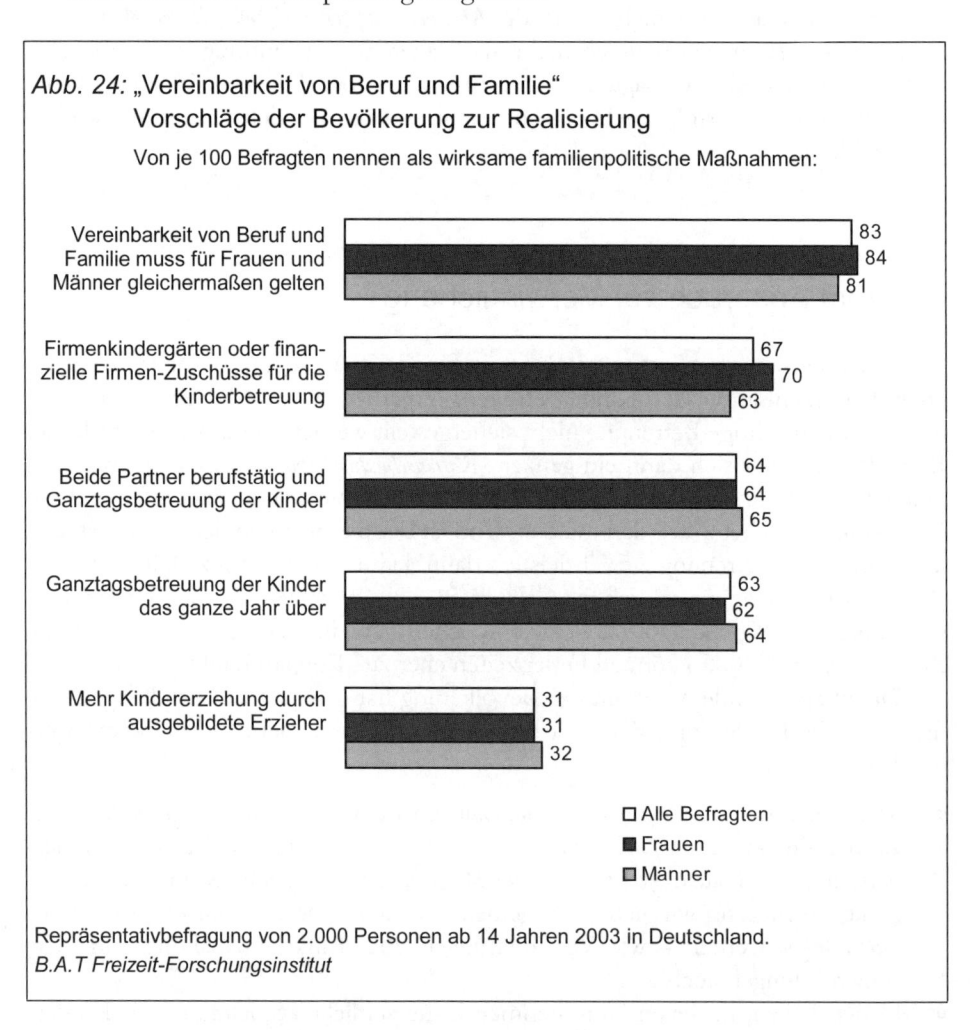

Abb. 24: „Vereinbarkeit von Beruf und Familie"
Vorschläge der Bevölkerung zur Realisierung

Von je 100 Befragten nennen als wirksame familienpolitische Maßnahmen:

Maßnahme	Alle Befragten	Frauen	Männer
Vereinbarkeit von Beruf und Familie muss für Frauen und Männer gleichermaßen gelten	83	84	81
Firmenkindergärten oder finanzielle Firmen-Zuschüsse für die Kinderbetreuung	67	70	63
Beide Partner berufstätig und Ganztagsbetreuung der Kinder	64	64	65
Ganztagsbetreuung der Kinder das ganze Jahr über	63	62	64
Mehr Kindererziehung durch ausgebildete Erzieher	31	31	32

Repräsentativbefragung von 2.000 Personen ab 14 Jahren 2003 in Deutschland.
B.A.T Freizeit-Forschungsinstitut

- Politik und Wirtschaft sind in zunehmendem Maße daran interessiert, mehr Frauen für den Erwerbsprozess zu gewinnen. Dies entspricht auch den Wünschen der Mehrheit der Bevölkerung (64%). Sie findet es geradezu „ideal", wenn „durch die Ganztagsbetreuung der Kinder *beide Partner berufstätig* sein könnten." Die Bürger machen also die Berufstätigkeit beider Partner davon abhängig, dass eine *Ganztagsbetreuung der Kinder gewährleistet* ist. Hier sind Politik und Wirtschaft gleichermaßen gefordert, zumal berufstätige Eltern Ganztagsbetreuung wörtlich nehmen: Sie erwarten eine Betreuung *„das ganze Jahre über"* (63%), was konsequenterweise nur heißen kann: auch in den Schulferien, deren zeitliche Dauer über das hinausgeht, was Arbeitnehmern an Urlaubsanspruch zusteht. Die schulische Ganztagsbetreuung reicht dazu allein nicht aus.
- Und so ist es nur noch ein Schritt zu der Forderung: „Die Betreuung und Erziehung von Kindern sollte verstärkt in die Hände von ausgebildeten Erziehern *abgegeben* werden." Hier allerdings ist für die meisten Beschäftigten die Grenze von persönlicher Bequemlichkeit und pädagogischer Verantwortung erreicht oder gar überschritten: Nur mehr knapp ein Drittel der Bevölkerung kann einer solchen Forderung noch zustimmen (31%). Alle übrigen meinen, dass die Erziehung der Kinder im Verantwortungs- und Aufgabenbereich der Eltern bleiben soll.

Die Unternehmen müssen sich ernsthafter als bisher den *Anforderungen einer familienbewussten Personalpolitik* stellen, wenn sie ihre besten Fach- und Führungskräfte behalten wollen. Hier bieten mittlerweile eigene Work-Life-Agenturen (z.B. „Work & Life" in Köln oder „Familienservice" in München) ihre spezifischen Dienste an. Insbesondere größere Unternehmen leisten sich Work-Life-Koordinatoren als *persönliche Dienstleister*, die Besorgungen, Behördengänge und Betreuungsdienste übernehmen, damit die Beschäftigten ohne schlechtes Gewissen ihrer geregelten Arbeit nachgehen können. Arbeitszufriedenheit und Leistungsmotivation bleiben so erhalten und die Fluktuationsrate sinkt (Löwer 2003).

Die Begründung liegt auf der Hand: Viele Kündigungen von jungen und hoch qualifizierten Mitarbeitern werden vorgenommen, weil das Familienleben massiv unter dem Job leidet. Und immer mehr Frauen kehren nach dem Mutterschaftsurlaub nicht mehr an ihren Arbeitsplatz zurück, weil die Kinderbetreuung nicht sichergestellt ist. Vom Babysitter über die Tagesmutter für Kleinkinder bis zur Pflege älterer Familienmitglieder reichen daher die von Unternehmen organisierten und mitfinanzierten Familiendienste. Im 21. Jahrhundert kann eine betrieblich garantierte Work-Life-Balance zum wichtigsten *Arbeitsplatzfaktor und Anreiz für berufliche Mobilität* werden.

Für die Zukunft gilt: Die Realisierung der Vereinbarkeit von Beruf und Familie gleicht einer schwierigen Gratwanderung:

- Dominieren die Familieninteressen, gibt es weniger Berufstätige.
- Dominieren die Berufsinteressen, gibt es weniger Kinder.

Alles hängt also von einem gelungenen *Interessen-Ausgleich* ab, der für Familie und Beruf gleichermaßen gewinnbringend ist. Frauen sollten sich in Zukunft nicht nur für die Familie entscheiden müssen. Aber berufstätige Eltern sollten auch nicht ernsthaft davon träumen, sie könnten vielleicht eines Tages auch noch die Erziehung ihrer Kinder „komplett outsourcen." Andererseits ist noch viel Aufklärungsarbeit zu leisten. Während die Ganztagsbetreuung in Frankreich ebenso problem- wie konfliktlos auf breite Akzeptanz stößt, müssen insbesondere berufstätige Mütter in Deutschland mit Schuldgefühl und schlechtem Gewissen leben. Wenn Vereinbarkeit von Beruf und Familie wirklich ernst gemeint ist, dann muss es auch Möglichkeiten geben, beruflich erfolgreich *und* zugleich pädagogisch verantwortlich zu sein.

18. Lohnwert. Wohnwert. Freizeitwert. Anreize für die berufliche Mobilität

Neue Arbeitsformen vom Teamwork im Betrieb bis zur Telearbeit zu Hause werden das Anspruchsniveau verändern. Arbeitnehmer stellen dann höhere Ansprüche an die Qualität und Kreativität der Arbeit. Diese veränderten Lebensziele müssen in die Unternehmenspolitik integriert werden, denn ohne Motivation und das Engagement der Mitarbeiter sind Effizienzsteigerungen nicht erreichbar. Andernfalls machen sich *Überdrusssymptome und Verweigerungshaltungen* breit – auch und gerade bei den Leistungsorientierten, die ihre Ideen in außerberufliche Lebensbereiche verlagern. Nur mehr jeder dritte Arbeitnehmer in Deutschland kann im Beruf noch Ideen durchsetzen. Die meisten Berufstätigen realisieren mittlerweile ihre Ideen erst nach getaner Arbeit.

Das psychologische Klima in den Betrieben kann sich grundlegend verändern: Je mehr über Teamgeist gesprochen wird, desto mehr Einzelkämpfertum wird es in Wirklichkeit geben. Was früher ein Ausdruck für Arbeitszufriedenheit war (z.B. „ich empfinde meine Arbeit als angenehm"), wird immer seltener, genauso wie betriebliche Stimmungsfaktoren (z.B. Wärme, Harmonie, Vertrauen, Achtung, Hilfe) auszusterben drohen. Realistischerweise wird „Betriebsklima" in „Organisationsklima" (vgl. Gebert 1992) umdefiniert. Immer weniger Mitarbeiter werden noch stolz auf „ihre" Firma sein können. Bei wachsenden Akzeptanzwiderständen wird an die notwendige Homogenität appelliert. Harmonie wird bescheiden auf Konfliktfreiheit reduziert.

Droht die Unternehmenskultur zur „Friedhofskultur" (Bleicher 1992, S. 2246) zu werden? Gerät der *soziale Konsens* in den Betrieben zwischen Unternehmensführung und Betriebsrat ins Wanken? Die Gefahr ist groß, dass sich ein *Schein-Wir-Gefühl* ausbreitet, das in eigenen Seminaren systematisch trainiert und geschult werden „muss". Wer auffälliges Wir-Gefühl demonstriert, beweist nichts anderes als seminargerechtes Verhalten. Wird dann das Wir-Gefühl – wie heute schon teilweise in der Werbe- und Medienbranche – mehr gespielt als gelebt? Über die Sozial- und auch Gemeinwohlorientierung der Unternehmen muss ernsthaft nachgedacht werden. Menschliche Arbeitskraft kann doch nicht nur eine Ware bzw. ein Marktfaktor sein.

Die traditionelle Leistungs-Lohn-Beziehung (= Arbeitsleistung gegen Vergütung) wird in Zukunft nicht mehr allein das Arbeitsverhältnis bestimmen. Hinzu kommen zunehmend soziale und kulturelle, also immaterielle Vertragsinhalte. Viele Anreize werden dann *Bleibeanreize* (Schanz 1991, S. 9) sein – als wirksame Maßnahme *gegen wachsende Fluktuationsprobleme*. Positiv formuliert: Attraktive Anreizsysteme helfen auch, potentielle Stellenwechsler anzuwerben bzw. anzuziehen.

Um nicht missverstanden zu werden: Geld und Karriere, höheres Einkommen (79%) und berufliche Aufstiegschancen (64%) bleiben nach wie vor die Hauptmotivatoren, um z.B. Arbeitnehmer zum beruflichen Ortswechsel zu bewegen. Daneben aber entwickelt sich eine Vielfalt von Anreizfaktoren, die über die persönliche Lebensqualität entscheiden. Dabei setzen einzelne Berufsgruppen ganz unterschiedliche Akzente:

- *Leitende Angestellte* wollen in ihrer knapp bemessenen Zeit auf ein vielseitiges Kulturangebot nicht verzichten und auch alle Bildungseinrichtungen am Ort haben.
- *Beamte* legen besonderen Wert auf bequem erreichbare Ausflugs- und Naherholungsgebiete.
- Für *Angestellte* sind Einkaufszentren und -passagen besonders attraktiv.
- Und für *Arbeiter* zählt zunächst einmal nur das Geld. Alles andere ist nachgeordnet.

In einem sind sich fast alle Berufsgruppen einig: Wenn die *Lebensqualität vor Ort* nicht stimmt, ist auch die Neigung gering, aus beruflichen Gründen einen Wohnortwechsel vorzunehmen. Nachwuchskräfte beißen nicht mehr bei jedem Karriere-Angebot an, wenn das Arbeitsumfeld nicht attraktiv genug ist. Eine Stadt oder Region, die heute noch die Verbesserung der Lebensqualität als nebensächlich ansieht, investiert mit Sicherheit an der Zukunft vorbei. *Lohnwert, Wohnwert und Freizeitwert* steigern die Zukunftschancen von Unternehmen, fördern das Standortimage und stützen die Fremdenverkehrswirtschaft. Die lokale Lebensqualität als Wachstumsfaktor für die Wirtschaft, Standortfaktor für die Unternehmen und Motivationsfaktor für die Arbeitnehmer bekommt wachsende Bedeutung.

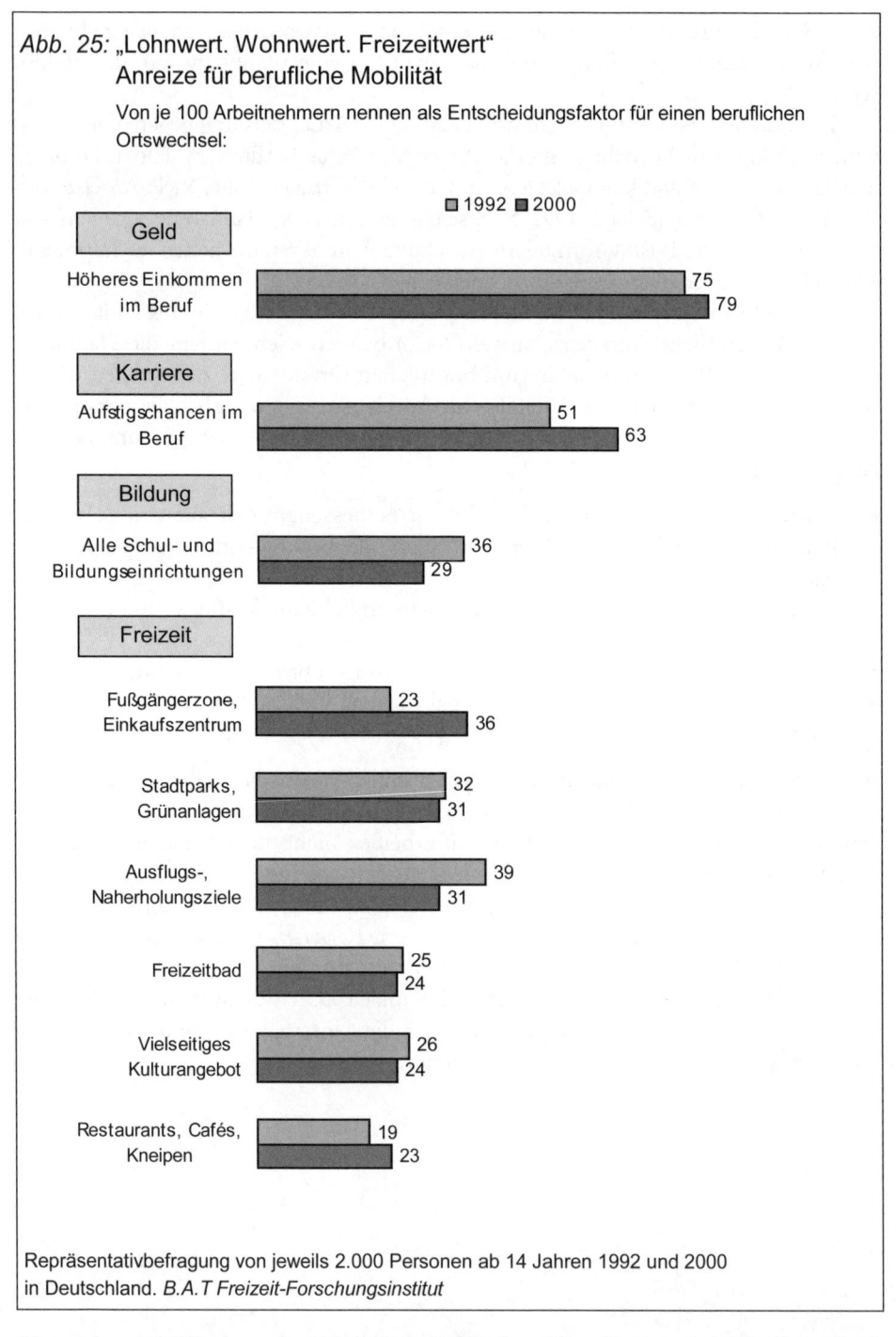

Abb. 25: „Lohnwert. Wohnwert. Freizeitwert"
Anreize für berufliche Mobilität

Von je 100 Arbeitnehmern nennen als Entscheidungsfaktor für einen beruflichen Ortswechsel:

☐ 1992 ■ 2000

Geld
Höheres Einkommen im Beruf: 75 / 79

Karriere
Aufstiegschancen im Beruf: 51 / 63

Bildung
Alle Schul- und Bildungseinrichtungen: 36 / 29

Freizeit
Fußgängerzone, Einkaufszentrum: 23 / 36
Stadtparks, Grünanlagen: 32 / 31
Ausflugs-, Naherholungsziele: 39 / 31
Freizeitbad: 25 / 24
Vielseitiges Kulturangebot: 26 / 24
Restaurants, Cafés, Kneipen: 19 / 23

Repräsentativbefragung von jeweils 2.000 Personen ab 14 Jahren 1992 und 2000 in Deutschland. B.A.T Freizeit-Forschungsinstitut

Unternehmer und Kommunalpolitiker müssen umdenken: Wer die Attraktivität einer Stadt oder Region im Bereich von Freizeit, Kultur und Bildung, also der sogenannten

„weichen Standortfaktoren" steigert, betreibt erfolgreiche Neuansiedlungspolitik und hilft, neue Betriebe zu gewinnen und neue Beschäftigte anzuziehen. Bei der Entscheidung, aus beruflichen Gründen den Wohnort zu wechseln, hat der Freizeitwert einer Stadt oder Region ein großes Gewicht. Neben dem Lohn- und Wohnwert eines Standortes entwickelt sich der Freizeitwert zum größten Anreiz für die berufliche Mobilität der hochqualifizierten und vielbeschäftigten Fulltime-Jobber. Zum Freizeitwert einer Stadt oder Region gehören Ausflugs- und Naherholungsgebiete, Stadtparks und Grünanlagen, Fußgängerzonen, Einkaufszentren und Ladenpassagen, Restaurants, Cafés und Kneipen.

> Eine Region muss also viele Attraktivitäten bieten, um Vollzeitbeschäftigte halten oder junge Führungskräfte gewinnen zu können. Wo man gern leben will, will man auch gern arbeiten.

Die hohe Attraktivität bestimmter Regionen wird den Wunsch von Nachwuchskräften nach beruflicher Mobilität verstärken.

19. Symbiose zwischen Sinn und Spaß. Arbeitsformen der Zukunft

Die Arbeitszeitdauer steht nicht mehr im Brennpunkt des Lebensinteresses. Konkret: Der Ruf nach kürzerer Arbeitszeit ist immer weniger laut vernehmbar. Die *Arbeitsfreude* hat sich mittlerweile zum wichtigsten Motivationsfaktor entwickelt, d.h. die Arbeit „muss" Abwechslung, Herausforderung und Erfolgserlebnisse bieten. Dafür spricht auch, dass sich fast jeder zweite Arbeitnehmer nur mehr durch sinnvolle Arbeitsinhalte zu mehr Leistung motivieren lässt. Die Menschen wünschen sich immer das, was sie noch nicht haben bzw. subjektiv als Defizit empfinden. Wenn die Arbeitnehmer derzeit so laut nach einer Arbeit rufen, die Spaß macht und Sinn hat, weist dies auf ein neues *qualitativ verändertes Anspruchsniveau der Arbeitnehmerschaft* hin.

Hinzu kommt: Auch für Fulltime-Jobber und künftige Karrieristen ist die Erwerbsarbeit nicht mehr der Dreh- und Angelpunkt des Lebens. Die Erwerbsarbeit muss sich vielmehr mit den übrigen Interessen und Aktivitäten jenseits des Erwerbs in Familie und Freundeskreis vereinbaren lassen. Ist dies nicht gewährleistet, „sinken Arbeitsmotivation und mit ihr die Wettbewerbsfähigkeit des Unternehmens (Miegel 1997, S. 15). Wenn die subjektiven Erwartungen vom realen Arbeitsangebot enttäuscht werden, kann auch eine gute Bezahlung keinen Ausgleich liefern.

Die Leistungsmotivation von Vollzeiterwerbstätigen wird man künftig nicht einfach verlangen, voraussetzen oder „abrufen" können. Ganz im Gegenteil: Die vielbeschäftigten Arbeitnehmer werden die eigene Leistung zu reduzieren wissen, wenn ihnen nicht *neben* materiellen Vergütungen *zusätzliche* immaterielle Anreize geboten werden. Leistungsmotivation und Arbeitszufriedenheit hochqualifizierter Arbeitskräfte werden durch fünf Hauptmerkmale bestimmt:

- Faktor Spaß
- Faktor Sinn
- Faktor Geld
- Faktor Status
- Faktor Zeit.

Alle fünf Faktoren sind auf ein Ziel gerichtet: *Mehr vom (Arbeits-)Leben haben.*

- Wer *Arbeiter* zu besonderen Leistungen anspornen will, muss ihnen nach wie vor mehr Lohn zahlen, aber auch für kürzere Arbeitszeiten sorgen.
- Wer die Leistungsbereitschaft von *Angestellten und Beamten* herausfordern will, muss ihnen Arbeitstätigkeiten übertragen, die mehr Spaß machen.
- *Leitende Angestellte und höhere Beamte* sind an zwei Leistungsanreizen gleichermaßen interessiert: Sie erwarten für sich eine selbstständige, verantwortliche Tätigkeit und ausreichende Aufstiegs- und Karrierechancen.

Das Bedürfnis, in der Arbeit etwas zu leisten, ist größer denn je. Wer also die Motivation von Mitarbeitern erhöhen will, muss dafür sorgen, dass sie schon während der Arbeit (und nicht erst danach) Freude am Leben haben.

Das veränderte Anspruchsniveau der hochqualifizierten Wissensarbeiter von morgen wird auch zur Ausprägung neuer Arbeitsformen führen:

- Spaß-Arbeit
- Sinn-Arbeit
- Geld-Arbeit
- Status-Arbeit
- Zeit-Arbeit.

Variante I: Die Spaß-Arbeit
Spaß löst immer mehr den Wert Pflicht ab. Bert Brechts Aussage in den „Flüchtlingsgesprächen" („Arbeit ist alles, was keinen Spaß macht") gilt in Zukunft nicht mehr. Im Zuge des Anspruchswandels darf, ja muss Arbeit wieder Spaß machen. Stärker als Geld wirken persönliche Herausforderungen zur Eigenaktivität, die das Selbstwertgefühl stärken. Das Wohlfühlen der Mitarbeiter (Wohlfühlklima am Arbeitsplatz) und das Wohlergehen des Unternehmens hängen unmittelbar zusammen. Gerade weil die Arbeit immer höhere Anforderungen an die Mitarbeiter stellt, wollen sie ihre Freude an der Arbeit nicht verlieren, *Arbeit nicht nur als Fron, sondern auch als ‚Fun' erleben.*

Variante II: Die Sinn-Arbeit
„Mehr Gewinn durch mehr Sinn" – dies kann auch für die Unternehmensphilosophie der Zukunft gültig sein. Gegen Leistungsverweigerung und innere Kündigung werden mentales Persönlichkeitstraining und innere Befriedigung im Team gesetzt. Mitarbeiter wollen stolz auf sich und ihre Arbeit sein, sich nicht nur für die *Produkt-Qualität,* sondern auch für die *Ethik-Qualität* des Produzenten verantwortlich fühlen. Die künftige Leistungsmotivation der Mitarbeiter resultiert wesentlich aus dem Faktor Sinn. Die Honorierung mit mehr Sinn kann genauso wichtig werden wie die

Honorierung mit mehr Geld. Die künftige Arbeitnehmer-Generation erwartet Sinn in der Arbeit und nicht nur bloße Beschäftigung. Sinn sagt etwas darüber aus, warum man etwas macht.

Variante III: Die Geld-Arbeit
Lohn und Einkommen sind nach wie vor eine wichtige Voraussetzung für Arbeitszufriedenheit. Materielle Vergütungen bleiben zur Sicherung des Lebensunterhalts unverzichtbar. Zudem sind sie auch ein Ausdruck der sozialen Eingliederung in den Betrieb: Je höher die Position – desto höher die Bezahlung. Die Einkommenshöhe ist immer auch ein Spiegelbild des eigenen Stellenwerts innerhalb der Betriebshierarchie. Und sie sorgt für den Lebensunterhalt und die Sicherung des Lebensstandards. Dies erklärt auch, warum Arbeiter weiterhin so großen Wert auf ein höheres Einkommen legen.

Im Hinblick auf die wachsende Arbeitsplatzunsicherheit und die offenen Fragen der sozialen Sicherung (z.B. Erhaltung des Lebensstandards, Altersvorsorge) muss in Zukunft über neue Geld-Anreize nachgedacht werden, z.B. durch Mitarbeiterbeteiligung am Vermögen des Unternehmens („Belegschaftsaktien"). Der *Arbeit-Nehmer als Teil-Haber*, der am Firmenkapital beteiligt ist und darüber mitbestimmen kann, könnte ein neues Leitbild für die Zukunft werden.

Variante IV: Die Zeit-Arbeit
Die zurückliegenden Jahrzehnte sind wesentlich eine *Phase der Geldkultur* (Thorstein Veblen) gewesen, die vom Geldverdienen und Geldausgeben bestimmt war. Nach dieser Epoche der bezahlten Arbeit und Geldentlöhnung zeichnet sich eine *Phase der Zeitkultur* ab, in der die Menschen nicht mehr nur wissen wollen, „wovon" sie leben, sondern auch Antworten darauf haben wollen, „wofür" sie leben. Gerade für Führungskräfte gilt: mehr Geld allein erscheint wertlos, wenn nicht gleichzeitig auch mehr Zeit „ausgezahlt" wird. Der Mitarbeiter von morgen will *mit Zeitoptionen leben* – mit der Flexibilisierung der Arbeitszeiten ebenso wie mit der Flexibilisierung der Öffnungszeiten von Läden, Behörden und Praxen, von Freizeit-, Kultur- und Bildungseinrichtungen.

Variante V: Die Status-Arbeit
Aus der Arbeitspsychologie ist bekannt, dass die eigentlichen Motivatoren für Arbeitsleistungen und Arbeitszufriedenheit immer weniger durch Status oder Aufstiegsmöglichkeiten bestimmt werden. Nicht einmal mehr ein Drittel der Arbeitnehmer sieht in Aufstiegs- und Karrierechancen einen Anreiz zu mehr Leistung. Lediglich bei Leitenden Angestellten und höheren Beamten hat „Karriere" noch einen besonderen Stellenwert, weil Karriere und Führungsposition beinahe deckungsgleich sind.

Die sich abzeichnenden neuen Anforderungen an die Arbeitswelt von morgen werden Mitarbeitern und Unternehmen gleichermaßen zu gute kommen:

- Spaß-Arbeit fördert die Motivation.
- Geld-Arbeit fördert den Fleiß.
- Sinn-Arbeit fördert die Identifikation.

- Zeit-Arbeit fördert die Zufriedenheit.
- Status-Arbeit fördert das Erfolgserleben.

Belohnung definiert sich in Zukunft nicht mehr nur über den Faktor Geld. Infolgedessen wird eine *qualifizierte Tarifpolitik* eine immer größere Bedeutung bekommen, bei der es – neben Geld – auch um immaterielle Motivationsfaktoren wie Spaß, Sinn, Zeit und Status geht. Nach neuen Zielen und anderen Prioritäten muss dann Ausschau gehalten werden.

> Wer die ständig zunehmende Leistungsdichte am Arbeitsplatz registriert, weiß sehr wohl, dass sie nur über eine neue Leistungslust erreichbar ist – über neue Gratifikationen, mehr Frei- und Spielräume, mehr Wahlmöglichkeiten und mehr Freude an der Arbeit. Das aber ist weitgehend tarifpolitisches Neuland für die Zukunft.

Und die Führungskraft der Zukunft wird sich *vom Vorgesetzten zum Coach,* vom Moderator zum Motivator, vom Kontrolleur zum Animateur wandeln müssen, der die Mitarbeiter durch seine eigene Person motivieren kann und für Betriebsklima und Stimmungslage im Unternehmen verantwortlich ist. Eine seiner wesentlichen Aufgaben wird es sein, die Arbeitsfreude der Mitarbeiter zu fördern oder zumindest ihnen den Spaß an der Arbeit nicht zu verderben. *Die Führungskraft von morgen muss der hochmotivierteste Mitarbeiter sein,* der sich und andere inspirieren kann. Die Motivations- und Begeisterungsfähigkeit wird zu einer sozialen Führungskompetenz von höchster Priorität.

In der nachindustriellen Gesellschaft bekommen Arbeit und Freizeit ein anderes Gesicht. Beide Lebensbereiche müssen ihren Anspruch auf „sinnvolle Beschäftigung" einlösen. Dabei geht es um die Frage, welchen Beitrag jeweils die Arbeitswelt und der Freizeitsektor zur Sinnerfüllung des Lebens leisten können. So schmerzlich die Erkenntnis auch ist: Mit dem Ende der Vollbeschäftigung verliert die Arbeit ihre dominante Prägekraft für das Leben. Ihre sinnstiftende Funktion bleibt zwar erhalten; daneben aber nimmt die Prägung des Menschen durch die Freizeit deutlich zu.

Die Freizeit wird mittlerweile von den Berufstätigen als genauso sinnvoll angesehen (51%) wie die Arbeit (52%). Teilweise übertrifft sie schon die Arbeit an Lebensbedeutung. So empfindet beispielsweise jeder zweite Berufstätige im Alter von 16 bis 59 Jahren seine Freizeit als erfüllt (51%), während die Arbeit nur von 36 Prozent so erlebt wird.

> Bisher wurde vielfach das Sinnvakuum in der Freizeit beklagt und kritisiert. Jetzt löst auch die Freizeit ihren Anspruch auf Sinnerfüllung des Lebens ein.

Politik und Wirtschaft sollten sich rechtzeitig auf diesen Wertewandel in Richtung auf eine neue Gleichgewichtsethik (vgl. Strümpel 1988) einstellen und mehr fließende Übergänge zwischen Arbeit und Freizeit schaffen.

Die subjektive Bedeutung der Arbeit als Lebensunterhalt *und* Lebensqualität bleibt auch in Zukunft erhalten, ja die Sehnsucht nach Sinnerfüllung im Arbeitsleben wird eher größer (1981: 36% – 1996: 52%). Mit der Knappheit der Arbeit nimmt auch ihr Lebenswert zu. 28 Prozent fühlen sich am Arbeitsplatz richtig glücklich. Allerdings macht ein Vergleich der beiden Erlebnispsychogramme von Arbeit und Freizeit deutlich: *Das Glückserleben in der Freizeit ist fast doppelt so hoch (54%) wie in der Arbeit (28%)*, wenn auch die Kluft zwischen der Erlebniswelt Arbeit und der Erlebniswelt Freizeit tendenziell geringer wird.

Daraus folgt: Die Sinnwelt Arbeit und die Sinnwelt Freizeit ergänzen sich in Zukunft wie Familie und Freundeskreis auch. Vor dem Hintergrund einer wachsenden Zahl von Arbeitslosen, geringfügig Beschäftigten und Frührentnern kann die bezahlte Arbeit nicht mehr länger als allein sinnerfüllend angepriesen werden. Gearbeitet wird schließlich nicht nur gegen Geld. In der Freizeit werden viele unbezahlte Arbeiten erbracht: Hausarbeiten und Do-it-yourself, Kinderbetreuung und Altenpflege sowie ehrenamtliche Tätigkeiten und freiwillige Arbeiten in sozialen Organisationen und Vereinen. Unternehmen und Unternehmer müssen auf diese *außerberufliche Sinn-Konkurrenz* entsprechend reagieren, also die Arbeit in Zukunft so gestalten, dass sie möglichst nahe an der Freizeit liegt. Andernfalls droht eine Leistungsverlagerung vom Berufs- in das Privatleben, bei dem der Zweitjob den Sonntagsausflug verdrängt oder Schwitzen nur noch in der Freizeit stattfindet.

> Die Zukunft gehört einer Gesellschaft der freien Wahl, in der die Menschen mit der Option leben, im Laufe ihres Lebens mehrfach zu wechseln – wenn sie dies wollen: Von der Erwerbsarbeit über die zeitweilige Kindererziehung als Hauptberuf oder Teilzeitjob bis zur Work-Life-Balance, in der Beruf und Familie miteinander vereinbar sind.

In dieser zukünftigen Gesellschaft der freien Wahl „purzeln" die Zeitblöcke von Arbeit und Freizeit „durcheinander" (Gross 1994, S. 80). Und mit der *zunehmenden Doppelerwerbstätigkeit* von Mann und Frau steigt auch die Wahrscheinlichkeit, dass bei einem berufstätigen Paar zumindest einer der Partner am Wochenende tätig ist, auf „fast 90 Prozent" (vgl. Vaskovics/Gross 1994, S. 10). Da sich bisher die familiären Aktivitäten auf das Wochenende konzentrierten und der Sonntag als gemeinsamer Ausflugs- und Besuchstag galt, kommt es bei zunehmender Wochenendarbeit zwangsläufig zu Einschränkungen in den familiären und sozialen Kontakten.

Unter der wachsenden *Desynchronisation der Zeit* werden die Familie und die Kinder am meisten zu leiden haben. Das kann die Politik nicht gleichgültig lassen: Eine neue Zeitpolitik ist geradezu gefordert. Diese *neue Zeitpolitik* muss für eine Synchronisierung der Lebensbereiche Sorge tragen. In Zukunft wird ein immer größerer Teil der Berufstätigen nicht mehr in der Normalarbeitszeit arbeiten, auf die doch bisher die meisten Freizeit-, Kultur- und Bildungsangebote zugeschnitten sind. Konkret: Kindergärten und Kindertagesstätten müssen in Zukunft schon um 6.00 Uhr geöffnet sein, eine Theatervorstellung auch vormittags oder nachmittags beginnen und eine Jugendfreizeitstätte nach 22.00 Uhr noch zugänglich sein.

Was schon vor dreißig Jahren von der Forschung gefordert wurde, nämlich für eine „synchrone Neuordnung von Raum und Zeit" Sorge zu tragen und sich über die „Neuordnung der Arbeitszeit und die alternative Verteilung der Freien Zeit"

Gedanken zu machen (Opaschowski 1974, S. 32), hat bis heute nichts an Aktualität und Relevanz verloren. Die Probleme der *Zeitsynchronisation* (z.B. Öffnungszeiten) und *Raumsynchronisation* (z.B. Infrastruktur-, Verkehrsplanung) werden sich verschärfen.

Daraus ergeben sich neue Fragestellungen für Wirtschaft und Politik:

- Wie verändern sich aufgrund anderer individueller Arbeitszeitgestaltung die Karrierevorstellungen der Berufsgeneration von morgen?
- Welche Folgen haben die neuen Arbeitszeitmodelle für den Kommunikations- und Führungsstil in den Betrieben?
- Müssen Arbeitnehmer in Zukunft mehr nach Leistung und Erfolg und weniger nach Anwesenheit und Arbeitszeit bezahlt werden?
- Wie wirken sich häufigere Job- und Berufswechsel sowie Teilzeitbeschäftigungen bzw. mehrere Teilzeitarbeitsverhältnisse (neben- oder nacheinander) auf gesellschaftliche und politische Leitbilder wie z.B. „Beruf fürs Leben", „Berufsausbildung und Weiterbildung" und „Vollbeschäftigung" aus?
- Gerät nicht auch das gesamte gesellschaftliche Zeitgefüge im Dienstleistungsbereich (z.B. Öffnungszeiten von Läden, Behörden, Praxen und sozialen Einrichtungen) ins Wanken?

Zudem zeichnet sich ein *Paradigmenwechsel* ab. Muss nicht der Begriff Erwerbstätigkeit um den Aspekt Nichterwerbstätigkeit erweitert und die Arbeitsgesellschaft sehr viel umfassender als *Tätigkeitsgesellschaft* verstanden werden? Gesellschaftliches Leitbild wäre dann nicht mehr primär der Erwerbstätige, sondern der *tätige Mensch*. Dann würden aus spezialisierten Arbeitnehmervertretungen *Interessenanwälte für Lebensqualität* werden, damit der Struktur- und Wertewandel nicht verschlafen wird. An die Stelle der traditionellen Solidarität, dem Markenzeichen der Arbeiterklasse, tritt dann ein *neues Credo: Lernen. Leisten. Leben.* Parteien und Gewerkschaften werden umdenken und sich im 21. Jahrhundert neu positionieren müssen, wenn sie ein zukunftsfähiges Profil gewinnen wollen. Es genügt nicht mehr, allzu defensiv einen Perspektivenwechsel bloß zur Kenntnis zu nehmen. Gewerkschaften und Parteien müssen sich vielmehr offensiv auch solchen Lebenskonzepten stellen, in denen es um mehr als nur um Gelderwerb geht.

20. Neue Sehnsüchte prägen neue Märkte. Bedarfs- und Berufsfelder der Zukunft

Aurelio Peccei (1908-1984), der Gründer des Club of Rome, prognostizierte auf der internationalen Konferenz des Club of Rome in Tokio: „Die Helden der Zukunft werden voraussichtlich *nicht mehr die Macher* sein, die ihre ganze Energie auf die Schaffung von materiellem Wohlstand konzentrieren – Unternehmer und Arbeiter –, sondern *eher die Inspiratoren*, die sich um Mittel und Wege bemühen, wie sie ihren Mitmenschen dazu verhelfen können, ihre körperlichen, intellektuellen und geistigen Fähigkeiten zu entwickeln, ohne von Arbeit abhängig zu sein" (Club of Rome 1983, S. 13f.).

Diese Aussagen sind in doppelter Hinsicht folgenschwer.

- Erstens: Die Struktur der Arbeitswelt verändert sich grundlegend. Aus Produzenten werden Dienstleister.
- Zweitens: Die Berufe selbst bekommen eine andere Qualität. Aus aktiven Machern werden kreative Inspiratoren.

Eine neue Qualität beruflichen Tätigseins zeichnet sich ab. *Aus Bedarfsfeldern entwickeln sich Berufsfelder*, die sich in den Dienst der Persönlichkeitsentwicklung und der Verbesserung der Lebensqualität stellen. So kann aus einer Lebenseinstellung ein Lebenserwerb werden.

Es kristallisieren sich neue Lebensziele heraus, die zu Bedarfsfeldern der Zukunft und damit potentiellen Wachstumsfeldern werden. Diese Lebensziele heißen: Gesünder leben – Geselliger leben – Genussorientierter leben – Aktiver leben – Bewusster leben (vgl. Opaschowski 1988, S. 28f.). Diese veränderten Lebensziel-Akzente und Prioritäten sorgen für neue Bedarfs- und Berufsfelder.

> *Gesünder* leben heißt:
> Mehr auf Gesundheit, Wohlbefinden und Wellness achten und sich um natürliche Lebensweise und intakte Umwelt bemühen.

Bedarfs- und Berufsfelder der Zukunft:

- *Körperkultur*
  (Gesundheitsvorsorge, Körper-, Schönheitspflege, Bio-Kosmetik, Schlankheitskuren, Fitnesscenter, Gymnastik, Sport u.a.)
- *Badekultur*
  (Badelandschaften, Saunen, Whirl-Pools, Dampfbäder, Wellness u.a.)
- *Ökologiekultur*
  (Naturprodukte, natürlicher Obst- und Gemüseanbau, Naturküche, alternative Energien, umweltfreundliche Produkte u.a.).

> *Geselliger* leben heißt:
> Mehr Kontakte und Geselligkeit pflegen, öfter ausgehen und gemeinsam etwas unternehmen.

Bedarfs- und Berufsfelder der Zukunft:

- *Clubkultur*
  (Sport-Clubs, Hobby-Clubs, Single-Treffs, Freundes-, Nachbarschaftscliquen, Kommunikationszentren und Generationenhäuser mit Clubatmosphäre u.a.)
- *Spielkultur*
  (Spielplätze, -häuser, -räume, High-Tech-Spielzentren (Laser/virtual reality), Spielräume, -plätze, Spielzeug, -geräte, Gesellschaftsspiele, Glücksspiele u.a.)

- *Kneipenkultur*
  (Erlebnis-Kneipen, Bistros, Themen-Restaurants, Dinner-Discos, Musik-Cafés, Event-Parties u.a.).

> *Genussorientierter* leben heißt:
> Mehr Zeit zum Leben haben und das Leben ohne Schuldgefühl und schlechtes Gewissen genießen.

Bedarfs- und Berufsfelder der Zukunft:

- *Mußekultur*
  (Zeit für Musik, Lesen, Sprachen, Malen, Meditation, Esoterik, Entspannung, Yoga, autogenes Training u.a.)
- *Wochenendkultur*
  (Party-Service, Home-Service, Camping-/Wohnwagen-/Caravan-Kultur, Tages-, Wochenendausflüge, Kurzreisen u.a.)
- *Zerstreuungskultur*
  (Event-Veranstaltungen, Pop-Konzerte, Stadt-, Volksfeste, Freizeit-, Themen- und Erlebnisparks, Shopping-Center, Multi-Entertainment-Center u.a.).

> *Aktiver* leben heißt:
> Selbst aktiv werden, eigenen Hobbies nachgehen und persönliche Interessen weiterentwickeln.

Bedarfs- und Berufsfelder der Zukunft:

- *Do-it-yourself-Kultur*
  (Heimwerken, Reparatur-, Renovierungsarbeiten, Gartenarbeiten u.a.)
- *Hobbykultur* (Handarbeiten, Hobby-Kochen, Hobby-Läden, Sammel-, Tauschtätigkeiten u.a.)
- *Bewegungskultur*
  (Joggen, Spazierengehen, Wandern, Bergsteigen, Radfahren, Extrem-, Risikosportarten, Autofahren, Mobilität/Reisen u.a.)

> *Bewusster* leben heißt:
> Verantwortungsbewusster leben, für Sicherheit sorgen und sich zeitweilig sozial engagieren.

Bedarfs- und Berufsfelder der Zukunft:

- *Sicherheitskultur*
  (Sparen, Lebensversicherung, Altersvorsorge, stabile Geld- und Wertanlagen, Gesundheitsdienste, -beratung, -urlaub u.a.)
- *Verbraucherkultur*
  (Preisbewusstsein, Verbraucherberatung, Verbraucheraufklärung, Verbraucherbewusstsein, Konsumkritik u.a.)

- *Beteiligungskultur*
  (Mitarbeit in Eltern-, Mieter-, Bürgerinitiativen, Selbsthilfegruppen, Natur- und Umweltschutz, soziale Engagements auf Zeit u.a.).

Wer in Zukunft an diesen Möglichkeiten und Gelegenheiten teilhaben will, wird in der Regel erst einmal selbst etwas leisten müssen, ehe er sich die Dienstleistungen anderer leisten kann. Neue Lebensziele gewinnen an individueller und ökonomischer Bedeutung. Denn: neue Sehnsüchte prägen neue Werte – und neue Märkte in Familie und Nachbarschaft, Gemeinwesen und sozialen Organisationen. Der *Wandel von der Wohlstands- zur Wohlfühlgesellschaft* wird folgenreich sein. Die Menschen investieren wieder mehr in ihre sozialen Beziehungen. Auch und gerade im 21. Jahrhundert gilt: Der Mensch lebt nicht vom Brot allein.

III. Zwischen Zeit- und Geldnot. Die Konsumwelt von morgen

„Alles ist jetzt ultra:
Reichtum und Schnelligkeit
ist das, was die Welt bewundert
und wonach jeder strebt."

J.W. von Goethe (1749-1832): Brief an K.F. Zelter (1823)

Prognosen und Perspektiven auf einen Blick

- Armuts-Wohlstand-Paradox:
  Sparen und Verschwenden

- Verbraucher-Revolution:
  Gleichwertigkeit von Notwendigkeit und Genuss

- Zeitalter der Sparmaßnahmen:
  Versorgungskonsumenten bleiben dominant

- Marktsättigung:
  Erlebniskonsum wächst langsamer

- Mal Luxus – mal Askese:
  „Luxese" als Lebenskunst

- Dienen kommt vor Verdienen:
  Von der Produkt- zur Servicequalität

- Konsum konsumiert Zeit:
  Sehnsucht nach Zeitwohlstand

- Zeitkrieg („time wars"):
  Kampf um die Zeit der Verbraucher

- Mehr Eigeninitiative als Konsumhaltung:
  Die Zukunftsperspektive

- Wertebotschaften statt Werbebotschaften:
  Eine neue Sinnorientierung

1. Das Armuts-Wohlstand-Paradox. Leben im Sparzeitalter

Seit der Jahrtausendwende zeichnet sich eine deutliche *Trendwende im Konsumverhalten* ab. Ein Zeitalter der Sparmaßnahmen hat begonnen – im privaten genauso wie im öffentlichen Bereich. Die Sehnsucht nach einem schöneren Leben bleibt erhalten, ihre Verwirklichung muss man sich auf Dauer aber auch leisten können.

Die Politik ging bisher viel zu vorschnell von dem mikroökonomischen Gesetz aus: Bei steigendem Einkommen wächst die Nachfrage (vgl. Varian 1995). Deshalb wurde bei der Steuerreform auch ein entsprechender Nachfrageschub für den Konsum erwartet. Allzu vereinfachend unterstellte man eine Gesetzmäßigkeit des Verhaltens, wonach eine Steuersenkung automatisch eine gesteigerte Konsumfreudigkeit zur Folge hat. In Wirklichkeit gab es 2003 frühzeitige Warnsignale, die in eine ganz andere Richtung deuteten:

- Eine EMNID-Umfrage wies nach, dass die meisten Bürger (55%) das zusätzliche Geld *sparen* wollten, die Jüngeren unter 30 sogar mehr (71%) als die Älteren (53%).
- Das ZDF-Barometer machte darauf aufmerksam, dass sich drei Viertel der Befragten (75%) persönlich *keinen Nutzen* von der Steuerreform versprachen und sich nur knapp jeder Fünfte (19%) spürbare Entlastungen erhoffte.
- Schließlich ließ die POLIS-Umfrage erkennen, dass lediglich zwei Prozent der Bundesbürger vorhatten, gleich nach der Steuerreform mehr Geld für den Konsum auszugeben. Allenfalls zehn Prozent wären nach einer gewissen Zeit bereit, bei einer *spürbaren Entlastung* mehr zu konsumieren.

Forschungen der Wirtschaftspsychologie (Witte/Scheffer 2003) setzen genau bei dieser Problematik ein. Nicht jede beliebige Steuerentlastung führt gleich zu einer Verhaltensänderung im Konsumbereich. Vielmehr muss erst ein gewisser *Schwellenwert* erreicht werden, damit Verbraucher das Gefühl haben, sich auch *wirklich mehr leisten zu können*. Dieser Schwellenwert liegt bei etwa zehn Prozent Entlastung. Erst dann verbessert sich das allgemeine Konsumklima und werden zugleich persönliche Konsumanreize geweckt. Aber selbst das braucht Zeit. Verbraucher können ihr Verhalten nicht schlagartig ändern. Und je länger die Verbraucher mit Verunsicherungen durch Politik und Wirtschaft leben müssen, desto länger üben sie auch Konsumverzicht und erhöhen stattdessen die Sparquote.

Die Steuerreform konnte aus wirtschaftspsychologischer Sicht (Witte/Scheffer) 2003, S. 8ff.) keine großen Effekte erzielen, weil sie zwar die Steuerzahlungen um 5 bis 32 Prozent senken half, das frei verfügbare Haushaltsnettoeinkommen aber maximal um zwei bis drei Prozent erhöhte. Der große Konsumschub blieb aus – und dies aus drei Gründen:

Erstens: Die *Euro-Umstellung*, die bei den meisten Bürgern nicht freiwillig erfolgte, wirkt nach, d.h. viele Verbraucher rechnen noch in DM um, wenn sie beurteilen wollen, ob etwas teuer ist oder nicht.

Das Armuts-Wohlstand-Paradox 133

Zweitens: Zur Euro-Verunsicherung kommen *ungelöste wirtschaftliche Probleme* hinzu. Die Zunahme der Arbeitslosigkeit bzw. die Angst um den Verlust des Arbeitsplatzes führt zwangsläufig zum „Angstsparen" und damit zu einer Erhöhung des Sparquote. Man glaubt einfach nicht, sich großzügiges Konsumverhalten leisten zu können.

Drittens: Der Zeitgeist verkündet „Sparsamkeit", „Schnäppchenjagd" und „Geiz" als neue Tugenden. Da ist es nicht gesellschaftsfähig, Ausgabenbereitschaft zu demonstrieren, wenn andere *sparen oder Konsumverzicht* leisten müssen.

> Erst wenn sich die gesamtwirtschaftliche Lage nachhaltig entspannt und grundlegende Strukturreformen auf dem Arbeitsmarkt erkennbar werden, breitet sich ein positives Konsumklima aus und fangen die Verbraucher an, mit Freude zu konsumieren, weil auch die anderen ohne schlechtes Gewissen Geld ausgeben.

Bis dahin können Steuerreformen weder einen größeren Beschäftigungseffekt erzielen noch dem Konsum einen nachhaltigen Pusch geben. Bei einer Staatsverschuldung von 1,3 Billionen Euro bzw. 17.000 Euro pro Einwohner ist wohl vorerst nichts anderes zu erwarten.

Abb. 26: „Die ‚Teuro'-Wirklichkeit"
Preisentwicklung in den Restaurants

Von je 100 Befragten haben bei ihrem letzten Restaurantbesuch *für Essen und Trinken pro Person bezahlt:*

	1995	2003	
Bis 10 Euro *	27	15	−12
10 bis unter 15 Euro	35	32	−3
15 bis unter 20 Euro	16	24	+8
20 bis unter 25 Euro	7	12	+5
25 bis unter 40 Euro	3	4	+1
über 40 Euro	2	1	−1

übrige Befragte (fehlende Werte bei 100%): „weiß ich nicht mehr"
* bis 1995 Angaben in DM (z.B. „bis 20 DM" statt „bis 10 Euro")
Repräsentativbefragungen von jeweils 2.000 Personen ab 14 Jahren 1995 und 2003 in Deutschland. *B.A.T Freizeit-Forschungsinstitut*

Im übrigen hat die Entwicklung der letzten Jahre gezeigt: D*ie Euro-Wirklichkeit ist vielfach die „Teuro"-Wirklichkeit geworden*. Noch vor der Währungsumstellung gaben fast zwei Drittel der Restaurantbesucher (62%) höchstens 15 Euro bzw. 30 DM für Essen und Trinken pro Person aus. Im Jahr 2003 ist nicht einmal mehr die Hälfte der Restaurantbesucher (47%) mit diesem Geld ausgekommen. Deutlich zugenommen haben jetzt die Restaurantkosten im höheren Preissegment zwischen 15 bis 20 Euro pro Person (+8 Prozentpunkte) sowie zwischen 20 und 25 Euro (+5). Was bisher lediglich subjektiv als Teuerungsrate wahrgenommen wurde, stimmt nun auch objektiv mit den tatsächlich entstandenen Restaurantkosten überein. Das „Highlight" der Woche oder des Monats können sich immer weniger leisten. Denn der Ereignis- und Genusscharakter des Essengehens kostet mehr Geld. Nicht nur die Konsumenten, auch die Restaurants bekommen das kostspieliger gewordene Freizeitvergnügen zu spüren.

Andererseits ist auch ein gegenläufiger Trend feststellbar: *Je mehr die einen sparen, desto mehr leisten sich die anderen*. Repräsentativbefragungen des B·A·T Freizeit-Forschungsinstituts weisen nach, dass im Konsumbereich eine *Zwei-Klassen-Gesellschaft* entsteht, in der sich Familien und Ruheständler auf der einen, junge Erwachsene, Singles und kinderlose Paare auf der anderen Seite gegenüberstehen. Sekt und Selters, Kaviar und Knäckebrot stehen sich gegenüber. Die *Polarisierung im Konsumverhalten* der Bürger nimmt eher zu. Der Anteil der Sparkonsumenten, deren Budget „gerade zur täglichen Versorgung reicht", bleibt stabil (1991: 12% – 2000: 15% – 2003: 15%) – der Anteil der Erlebniskonsumenten, die sich weiterhin „ein schönes Leben leisten können" (1991: 22% – 2000: 24% – 2003: 21%), aber annähernd auch. Die Mitte bricht weg: Einige bewegen sich nach oben, viele fallen nach unten.

Nur so ist auch zu erklären, dass die Champions League boomt, die Kinos einen neuen Ansturm erleben und der Event-Tourismus vom Hockenheimring über die Love-Parade bis zum Rolling-Stones-Konzert keine Grenzen kennt. Jeder vierte Single im Alter von 25 bis 49 Jahren kauft sich mitunter Konsumartikel für Hobby und Sport und muss dann zu Hause feststellen, dass er kaum Zeit hat, davon Gebrauch zu machen. Jeder fünfte 18- bis 24-Jährige konsumiert weiterhin nach dem Grundsatz „Ich muss immer mehr haben." Und jedes achte kinderlose Paar gibt sogar offen zu, „manchmal wie im Rausch zu kaufen." Junge, kinderlose Konsumpioniere sorgen dafür, dass auch in konjunkturell schwierigen Zeiten der Erlebniskonsum weiter floriert. Drohende Langeweile wird mitunter mit viel Geld bekämpft.

Mit dem *Trend zur Single-Gesellschaft* sterben offensichtlich die Märkte für Erlebniskonsumenten nicht aus. Auch wenn sich die meisten Bürger im privaten Verbrauch einschränken müssen, bleiben noch genügend erlebnishungrige Konsumenten übrig, von denen die Anbieter gut und manchmal sogar sehr gut leben können. Hier kündigt sich eine Entwicklung an, die in der Touristikbranche schon seit Jahren Wirklichkeit ist: Wer viel verdient und viel verreist, wird künftig noch mehr Geld für den Urlaub ausgeben. Wer aber knapp bei Kasse ist und nur selten verreisen kann, wird in Zukunft noch öfter zu Hause bleiben.

> Westliche Konsumgesellschaften müssen zunehmend mit dem Armuts-Wohlstand-Paradox leben: Im gleichen Maße, wie sich Armut und Arbeitslosigkeit ausbreiten, entstehen neue Konsumwelten und expandieren die Erlebnisindustrien: „panem et circenses" leben auch in Zukunft weiter.

Vor allem die junge Generation geht in Zukunft mit Schulden ganz anders um als ihre Vorfahren. Dies bedeutet: Das Kreditkarten-Zücken, das amerikanische, australische und englische Verbraucher heute schon so perfekt beherrschen, kann in Zukunft sichtbarer Ausdruck einer neuen Form der Konsumabhängigkeit werden: *„Kreditsucht"*, über die Verhältnisse leben und sich verschulden. In Australien schon lange als *„credit junkies"* bekannt, wird die Kauflust dieser Verbrauchergruppe meist größer als ihre Kaufkraft sein. Auch in wirtschaftlich schwierigen Zeiten gibt es Klagen über *zu hohe Geldausgaben* beim Erlebniskonsum – vor allem bei der Generation der 14- bis 29-Jährigen (1995: 50% – 2000: 62% – 2003: 62%). Viele leben über ihre Verhältnisse („Stil ist, nicht viel Geld zu haben, aber es auszugeben"). Sie stürzen sich in den Kaufrausch, spielen die Rolle von Spendaholikern, indem sie sich etwas Gutes gönnen oder leisten – und schrecken auch vor Schulden und Krediten nicht zurück.

> Die Verbraucher haben immer weniger Geld zur freien Verfügung. Überall muss gespart werden. Und doch: Was die Bürger in den alltäglichen Dingen des Lebens einsparen, geben sie im Bereich des Erlebniskonsums wieder aus. Die sich ausbreitende Erlebniskultur profitiert von diesem Wandel. Der vermeintliche Widerspruch löst sich in einer neuen Lebenskunst der Deutschen auf: „Luxese" – mal Luxus und mal Askese, ein Spagat zwischen Sparen und Verschwenden. Insofern sind auch Sparzeitalter und Erlebniszeitalter keine Gegensätze mehr.

Von dem Wandel der Konsumprioritäten sind vor allem der Textil- und Einzelhandel betroffen. Finanzielle Einschränkungen fallen hier – subjektiv gesehen – immer leichter. Bei stagnierenden Realeinkommen wird in Zukunft allerdings auch der *Verdrängungswettbewerb innerhalb des Erlebniskonsums* härter. Erlebniskonsum wird zunehmend als Lebensqualität empfunden. Die entscheidende Motivation ist nicht mehr der materielle Bedarf, sondern der erlebnispsychologische Wunsch nach Sich-verwöhnen-Wollen. In den Konsumentscheidungen liegen zwischen Frauen und Männern allerdings Welten: Für Frauen haben Geldausgaben für Kleidung eine große Bedeutung (44% – Männer: 36%), während Männer mehr Geld für „ihr" Auto zurücklegen wollen (47% – Frauen: 29%).

Für die Zukunft ist absehbar: Der „Und-und-und"-Verbraucher der 80er- und 90er-Jahre (TV+Videorecorder+Zweitwagen+Urlaubsreise) entwickelt sich immer mehr zum *„Hier-mehr-, dort-weniger"-Verbraucher*. Zum Beispiel am Wochenende beim Erlebniskonsum nicht auf das Geld achten, dafür zu Hause während der Woche bescheidener leben. Der Verbraucher von heute gleicht einer gespaltenen Persönlichkeit, die das Einsparen ebenso beherrscht wie das Verschwenden. Die neue Lebenskunst der Luxese ist allerdings nicht umsonst zu haben: Sie bedeutet *Verzicht* *auf Mittelmaß.* Sich Qualität und Luxus leisten zu können, aber dafür auch in anderen Bereichen Billigwaren und Opferkäufe in Kauf nehmen zu müssen. „Billig" und „teuer" sind für den Verbraucher von morgen keine Gegensätze mehr.

2. Gespaltene Verbraucherschaft. Zwischen Notwendigkeit und Illusionierung des Lebens

Viele Märkte erreichen ihre Sättigungsphase: Die Produkte sind ausgereift und die Produktanbieter unterscheiden sich kaum noch untereinander. Die Werbung greift zur „Imageprofilierung" (vgl. Weinberg 1992, S. 5) zunehmend auf Erlebnisstrategien zurück, um die Einkaufslust der Konsumenten zusätzlich anzuregen. Denn subjektiv werden *Versorgungseinkäufe* als Pflichtbereich der Lebensführung empfunden. Da müssen *Erlebniseinkäufe* schon eine besondere Lebensqualität wenigstens versprechen, wenn nicht garantieren.

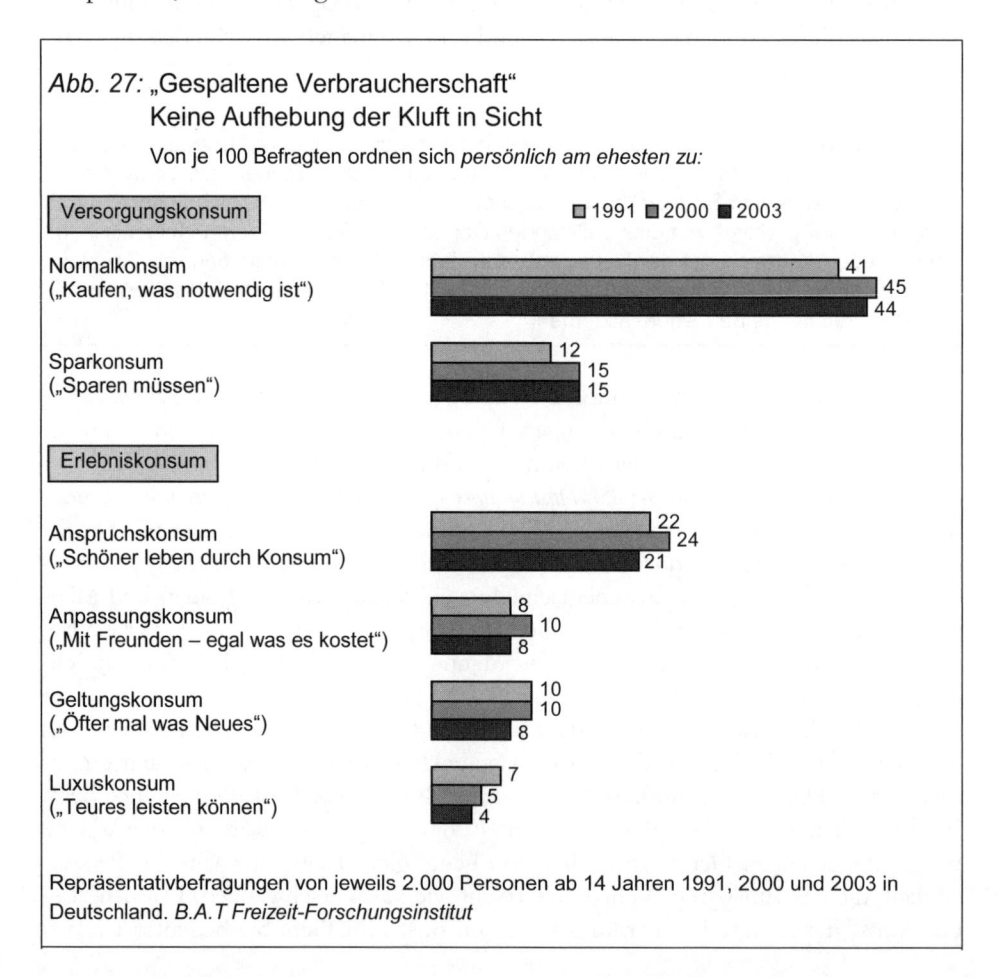

Abb. 27: „Gespaltene Verbraucherschaft"
Keine Aufhebung der Kluft in Sicht

Von je 100 Befragten ordnen sich *persönlich am ehesten zu:*

☐ 1991 ☐ 2000 ■ 2003

Versorgungskonsum

Normalkonsum
(„Kaufen, was notwendig ist") — 41 / 45 / 44

Sparkonsum
(„Sparen müssen") — 12 / 15 / 15

Erlebniskonsum

Anspruchskonsum
(„Schöner leben durch Konsum") — 22 / 24 / 21

Anpassungskonsum
(„Mit Freunden – egal was es kostet") — 8 / 10 / 8

Geltungskonsum
(„Öfter mal was Neues") — 10 / 10 / 8

Luxuskonsum
(„Teures leisten können") — 7 / 5 / 4

Repräsentativbefragungen von jeweils 2.000 Personen ab 14 Jahren 1991, 2000 und 2003 in Deutschland. *B.A.T Freizeit-Forschungsinstitut*

Subjektiv gesehen kennt Erlebniskonsum keine Rezession. Auch in wirtschaftlich schwierigen Zeiten will die Erlebnisgeneration auf ein schönes Leben nicht verzichten:

- Gut ein Fünftel der Bevölkerung leistet sich nach wie vor Dinge, die das *Leben schöner machen* (1991: 22% – 2003: 21%).
- Der Spaß-Faktor spielt beim Konsumieren weiterhin eine Rolle. Acht von hundert Konsumenten leben problemlos nach der Devise: Ich will Spaß – „*egal, was es kostet!*" (1991: 8% – 2003: 8%).
- Und sich *öfter mal was Neues leisten* bleibt als Wunsch auch in wirtschaftlich schwierigen Zeiten bestehen (1991: 10% – 2003: 8%).

Offensichtlich leben viele Konsumenten auch in Zeiten hoher Arbeitslosigkeit so weiter wie bisher.

Die Verbraucher werden als Sparer und Verschwender zu gespaltenen Persönlichkeiten. So kommt es zur Polarisierung im Kaufverhalten: Es boomen Marken aus den unteren Preissegmenten sowie Spitzenprodukte. Auf der Strecke bleiben langfristig Produkte der mittleren Preisklasse. In Neapel soll es Fußball-Fans geben, die lieber eine kleinere Wohnung nehmen, um für das Ersparte ins Fußballstadion rennen zu können.

Die zunehmende Spaltung der modernen Verbraucherseele

- in die Motivationsgruppe des Versorgungskonsums, die möglichst *schnell, problemlos und auf dem kürzesten Wege* das zum Leben Notwendige besorgen will („Dann haben wir es hinter uns!") und
- in die Motivationsgruppe des Erlebniskonsums, die möglichst *lange, genussvoll und unbeschwert* bei den angenehmen Seiten des Konsums verweilen will („Viel Zeit für das Wesentliche haben")

kann die Anbieter fast zur Verzweiflung bringen. Denn mitunter sind es die gleichen Kunden oder Gäste, die mal hetzend oder schlendernd vorbeirauschen oder - flanieren. Der Umgang mit den unberechenbaren Konsumenten wird nicht konfliktfrei verlaufen. Denn unter Zeitnot leiden sie letztlich alle: Die Versorgungskonsumenten „wollen" keine Zeit verlieren und die Erlebniskonsumenten „müssen" Zeit gewinnen und genießen.

3. Mehr Lebenslust als Kaufkraft. Von der protestantischen zur romantischen Konsumethik

Es gab einmal vor über dreitausend Jahren ein kleinasiatisches Reich namens „Lydien". Und dieses Land wurde damals von einer großen Hungersnot heimgesucht. Eine Zeitlang ertrug das Volk die Härten, ohne zu klagen. Als sich aber keine Besserung der Lage abzeichnete, dachten die Lydier in ihrer Not über einen Aus-Weg nach. Sie entwickelten – würden wir heute sagen – einen geradezu *mentalen Plan*: Er bestand darin, wie Herodot im 1. Buch/Kapitel 94 seiner „Persischen Kriege" berichtete, „sich jeweils einen Tag so vollständig Spielen zu widmen, dass dabei kein Hunger aufkommen konnte, um dann am anderen Tage jeweils zu essen und sich der Spiele zu enthalten. Auf diese Weise verbrachten sie achtzehn Jahre." Und in dieser Zeit erfanden sie den Würfel, den Ball und viele Spiele, die wir heute kennen.

Der Bericht Herodots mag historisch wahr oder erfunden sein, er weist auf ein interessantes Phänomen hin: Menschen können so sehr im Spiel aufgehen, dass sie darüber ihren Hunger oder andere Probleme vergessen. Von spielerischen Tätigkeiten kann eine solche Macht und Faszination ausgehen, dass selbst menschliche Grundbedürfnisse in den Hintergrund gedrängt werden. Andererseits wissen wir heute, dass spielerische Tätigkeiten als unproduktiv gelten und keine Gesellschaft lange überleben könnte, wenn ihre Mitglieder sich nur den „Spielen" und nicht auch dem „Brot" widmen würden (vgl. Csikszentmihalyi 1991, S. 11).

Der Wohlstand der letzten Jahrzehnte hat das Anspruchsniveau der Menschen verändert. Mit materiellen Gütern weitgehend versorgt, stellt sich für künftige Generationen die Frage nach neuen Lebenszielen: Erst kam die Konsumwelle und dann das Haus. Und bald fragen sie sich: *Was kann ich sonst noch mit mir machen?"* Dies ist die entscheidende Frage: Was kann eigentlich jemand machen, der schon fast alles hat?

> Es wächst das Bedürfnis der Konsumenten nach emotionaler Anregung, d.h. konkret nach emotionalen Konsumerlebnissen: Einkaufszentren werden zu Erlebnisinseln und Wohlstandsgüter zu Vehikeln des Erlebniskonsums.

Der *Verbraucher von morgen* stellt zugleich die protestantisch-puritanische Konsummoral auf den Kopf: Die „Verzicht-kommt-vor-Genuss"-Moral entwickelt er zur „Erst-Genuss-dann-Verzicht"-Einstellung. Aus dem End-Verbraucher wird ein „Vorab-Forderer" (G. Gerken). Schecks und Kreditkarten machen es möglich: *Genieße das Leben jetzt – zahle später*. Eine Mischung aus Gefühl und Genuss, Lebenslust und Lebensstil lässt die Menschen zeitweilig in einem Schloss romantischer Träume schwelgen – wohlwissend, dass jedes Schwelgen auch wieder in einem Darben endet. Aber man hat dann wenigstens etwas erlebt und gelebt: „Ich habe dann nicht das Gefühl, dass das Geld futsch ist. Ich bin vielmehr froh, dass ich das erleben durfte" oder frei nach dem Wort von Oscar Wilde: „Ich brauche nur Luxus, auf das Notwendige kann ich verzichten."

Der Engländer John Campbell sieht die psychologischen Wurzeln dieser neuen Konsumethik in der Zeit der Romantik. In der Romantik begann der Genuss (Campbell 1987).

> Der Verbraucher von morgen wird in seinem Verhalten zunehmend durch eine romantische Konsumethik geprägt, in der der Genuss eine tragende Säule ist. Insofern zeichnet sich für die Zukunft eine Verbraucher-Revolution ab, in der neben Nützlichkeit und Notwendigkeit auch Vergnügen und Genuss einen eigenen, gleichwertigen Stellenwert bekommen.

Dies erklärt beispielsweise, warum dann mindestens genauso viel Autos zum eigenen Vergnügen und nicht nur aus Notwendigkeit gekauft werden. Die protestantische und die romantische Konsumethik gehen eine Vernunftehe ein. Und der Verbraucher von morgen lebt in der Spannung zwischen Lebensnotwendigkeit und Illusionierung des Lebens. Diese Spannung zwischen zwei kulturellen Traditionen gleicht einem Tanz auf dem heißen Vulkan. Im täglichen Leben muss jeder Verbraucher seine ganz persönliche Abstimmung treffen.

> Der Verbraucher von morgen wohnt und lebt in zwei Gebäuden: Im eisernen Käfig („iron cage") der wirtschaftlichen Notwendigkeit und im luxuriösen Schloss romantischer Träume und Genüsse.

Die Rückkehr zum *romantischen Konsum* spiegelt sich auch in der Studie der israelischen Soziologin Eva Illouz wider. Sie spricht von „Consuming the Romantic Utopia", vom Wunsch und der Sehnsucht nach romantischem Erleben, auch wenn es mitunter nur eine romantische Utopie bleibt. Der romantische Konsum ist eine Antwort auf die nicht eingelösten Träume von Globalisierung und New Economy über die Postmoderne bis zur Spaß- und Ironiekultur der vergangenen neunziger Jahre (Illouz 2004). In der romantischen Sichtweise soll Konsumkultur wieder Sinnkultur sein und Beziehungen und Beständigkeit zum Ziel haben.

4. Die Polarisierung von Versorgungs- und Erlebniskonsum. Bedürfniswandel in Zeiten gesättigter Märkte

Das Verbraucherverhalten hat sich in den letzten fünfzig Jahren grundlegend gewandelt. Zur Deckung des alltäglichen Grundbedarfs (z.B. für Lebensmittel) benötigt der Konsument heute weniger Zeit und weniger Geld. Zudem wird die Marktsättigung zur großen Herausforderung für das Marketing. Für Wirtschaft und Handel wird das *Wissen um die Konsumprioritäten* zu einer Frage von Wachstum, Leben oder Überleben. Für welche Produkte und Dienstleistungen will der Konsument in Zukunft bevorzugt sein frei verfügbares Einkommen ausgeben – für Verbrauchsgüter des gehobenen Bedarfs (z.B. Bücher), für Gebrauchsgüter (z.B. Autos) oder für Dienstleistungen (z.B. Restaurants, Reisen)?

Die Polarisierung von Versorgungs- und Erlebniskonsum kündigt sich schon lange an (vgl. Szallies 1990, S. 44ff.):

- Ende der *40er Jahre* hatten die Konsumenten nur eines im Sinn: Essen und Kleidung. Dafür gaben sie rund drei Viertel ihres Einkommens aus.
- In den *50er Jahren* begannen die Konsumenten nach einer Phase der materiellen Entbehrungen ihre Grundbedürfnisse zu befriedigen. Die sogenannte „Fresswelle" setzte ein.
- Die *60er Jahre* erlebten eine erste Konsumwelle – vom Staubsauger über den Kühlschrank bis zum Fernseher und Auto.

- In den *70er Jahren* entwickelte sich eine neue Nachfrageautomatik: Wachsende Bevölkerung + wachsende Kaufkraft + wachsende Freizeit. Eine gewaltige Freizeitindustrie entstand.
- In den *80er Jahren* rückte der Wertewandel, genährt vom Zeitgeist des sogenannten Postmaterialismus, in den Mittelpunkt der Konsumszene. „No-name"-Produkte kamen auf den Markt.
- In *den 90er Jahren* wurden die Konsumgewohnheiten vom Schlagwort „Lifestyle" beherrscht und die private Nachfrage von neuen Trendgruppen bestimmt: Junge Doppelverdiener, berufstätige Frauen mit qualifizierter Ausbildung, vermögende Etablierte im Alter zwischen 40 bis 60 Jahren ohne Kinder bzw. ohne Kinder im Haushalt sowie Senioren mit überdurchschnittlichem Einkommen gaben den Ton an.
- Im *ersten Jahrzehnt* des 21. Jahrhunderts zeichnet sich eine weitere Änderung in der Bedürfnis- und Kaufstruktur der Konsumenten ab: Die Polarisierung von Versorgungskonsum und Erlebniskonsum verschärft sich. Die Verbraucher suchen nach einer Balance, bei der kein Bereich einem anderen geopfert werden muss. Konsumentscheidungen fallen immer schwerer. Die Erlebnisqualität bleibt ein wichtiges Kaufkriterium – wenn man sie sich leisten kann.

Für die Zukunft gilt ein neues ökonomisches Gesetz: *Der Erlebniskonsum wächst schneller als der Versorgungskonsum* – allerdings nicht von heute auf morgen. Denn: Vor dem aktuellen Hintergrund der Arbeitsmarkt- und Einkommensentwicklung werden auch in den nächsten Jahren zwei Erlebniskonsumenten immer noch drei Versorgungskonsumenten gegenüberstehen. Zum traditionellen Lager der Versorgungskonsumenten gehören der „Normalkonsument" und der „Sparkonsument:"

- Der *Normalkonsument* (= 44% der Bevölkerung) als sogenannter „Otto Normalverbraucher" lebt weiter – trotz oder gerade wegen der Vielfalt anderer Lebensstile. Als graue, fast unscheinbare Erscheinung steht er allerdings nicht im Blickfeld des öffentlichen Interesses, wird eher an den Rand gedrängt, obwohl nach wie vor mindestens zwei von fünf Bundesbürgern Normalverbraucher sind. Der Normalkonsument kauft nur das, „was notwendig ist." Ihm genügt eine Sorte Bier oder Cola und nicht 17 verschiedene Geschmacks-Linien, Kalorien-Konzepte und Verpackungs-Systeme. Von Kaufrausch keine Spur, von Konsumaskese aber auch nicht.
- Zum Normalkonsumenten gesellt sich der *Sparkonsument* (15%). Er hält das Geld zusammen, weil er „sparen will und muss". Der alltägliche Konsum spielt sich ab zwischen Haushalt und Hausarbeit, Geldmangel und Geldnot, Konsumeinschränkung und Konsumverzicht. Zum Typus des Sparkonsumenten gehören mehrheitlich Haushalte mit niedrigem Einkommen. Zunächst einmal muss die Familie versorgt werden. Für den Sparkonsumenten gilt: „Mein Haushaltsbudget reicht gerade zur täglichen Versorgung." Für besondere Ausgaben bleibt ihm kein Geld.

Der Versorgungskonsum erschöpft sich wesentlich im Kauf von Waren und materiellen Gütern. Der Erlebniskonsum aber verspricht Erlebnisse und Erfahrungen, die nachhaltig wirken. Letztere will man weniger besitzen als vielmehr *genießen*. Versorgungskonsum kann die Menschen zufriedener mache, Erlebniskonsum aber macht sie *glücklicher*.

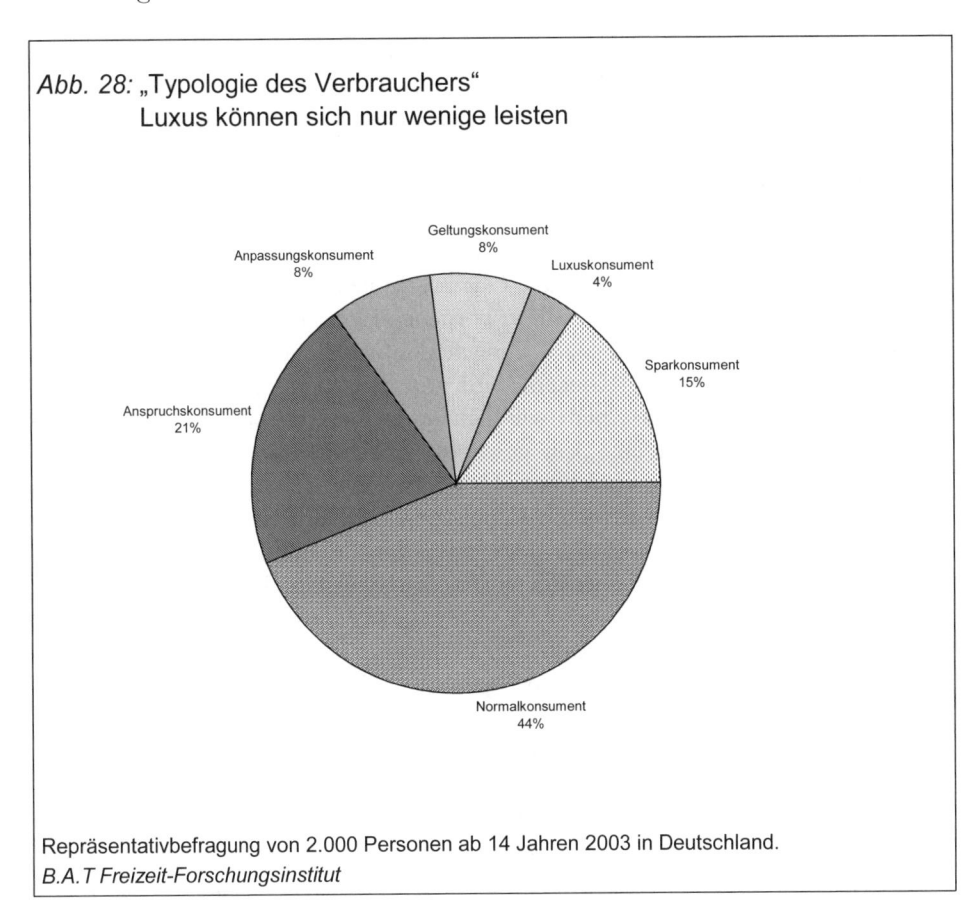

Abb. 28: „Typologie des Verbrauchers"
Luxus können sich nur wenige leisten

- Geltungskonsument 8%
- Anpassungskonsument 8%
- Luxuskonsument 4%
- Anspruchskonsument 21%
- Sparkonsument 15%
- Normalkonsument 44%

Repräsentativbefragung von 2.000 Personen ab 14 Jahren 2003 in Deutschland.
B.A.T Freizeit-Forschungsinstitut

Anlass zu größeren Hoffnungen für die Zukunft gibt allenfalls die Tatsache, dass sich parallel hierzu im Bereich des Erlebniskonsums vielfältige, z.T. exotische Konsumstile und Konsumtypen herausbilden. Hierzu zählen der Anspruchskonsument, der Anpassungskonsument, der Geltungskonsument und der Luxuskonsument:

- Für den *Anspruchskonsumenten* (= 21% der Gesamtbevölkerung) ist das Konsumieren ein Hilfsmittel auf dem Wege zu einem schöneren Leben – mit mehr individueller Lebensart und ganz persönlichem Lebensstil. Der Anspruchskonsument geht seinen „vielseitigen Interessen" nach und leistet sich dabei in erster Linie Dinge, die für ihn persönlich wichtig sind und sein „Leben schöner machen." Als eine Art Lebenskünstler sucht und findet er sein Lebensglück nicht nur in der Arbeit, sondern hat das Bestreben, mehr aus seinem Leben zu machen und eigenen Interessen nachzugehen. Der Anspruchskonsument begreift den Erlebniskonsum als Möglichkeit, das nachholen zu können, was er bisher versäumt hat: Mehr Zeit und mehr Freude am Leben.

- Der *Anpassungskonsument* (8%) steht unter dem Zwang oder Drang, sich anzupassen. Er will „viel mit Freunden zusammen sein und Spaß haben." Er will sich nicht ausschließen, hat Angst vor dem Out-Sein. Er will und muss immer dazugehören. Er lebt im Hier und Jetzt – „egal, was es kostet." Und er ist zugleich fasziniert vom Konsum. Geldausgeben ist ihm manchmal wichtiger als Geldverdienen. Er hat mitunter mehr Wünsche als Geld. Er lebt in einer Konsumwelt zwischen Freund und Fête. Und er lebt – wenn es sein muss – auch mal über seine Verhältnisse. Er neigt zu Spontankäufen, kauft „irgendwelche Sachen", auch unnötige Sachen, aber das merkt er (wenn überhaupt) erst hinterher. Dann ärgert er sich und „die Glücksgefühle sind im Eimer."
- Der *Geltungskonsument* (8%) will die erworbenen Konsumgüter wie die Mode zur Schau tragen. Materiell und sozial weitgehend unabhängig gehören für ihn Geld und Geltung zusammen. Konsum wird von ihm mehr nach außen demonstriert. Der Geltungskonsument will sich durch demonstrativen Konsum von anderen bestätigen lassen: „Ein gewisses Erfolgserlebnis muss dabei sein." Groß ist seine Lust am Einkaufen. Er kauft sich „öfter mal was Neues." Es stört ihn nicht, wenn er manchmal über seine Verhältnisse lebt: „Was ich hier zuviel ausgebe, spare ich im täglichen Leben wieder ein." Er will und muss immer etwas Außergewöhnliches erleben, wovon der „familiäre Typ" einfach nur träumen kann.
- Der *Luxuskonsument* – dazu zählt jeder zwanzigste Bürger (4%) – verbindet anspruchsvollen Konsum mit ausgeprägtem Qualitätsbewusstsein und intensivem Lebensgenuss. Bei überdurchschnittlichem Einkommen und höherer Bildung leistet er sich „höherwertige und teure Konsumgüter." Aufgrund verantwortlicher beruflicher Tätigkeiten hat er das Gefühl, sich den Erlebniskonsum „schließlich verdient zu haben:" Die teure Reise, die Ausgaben für sportliche Betätigungen bei Tennis, Segeln oder Golf, die Vernissage oder den Besuch eines Musikfestivals, die Städtereise oder den Zweit- und Dritturlaub. Konsum ist für ihn immer auch mit Qualität und Luxus verbunden. In seiner knapp bemessenen freien Zeit will er etwas vom Leben haben, ja das Leben intensiv genießen – durch demonstrative Muße.

5. Zeitgeschenk für Kunden. Von der Produkt- zur Servicequalität

Deutschland probt seit Jahren den langsamen Ausstieg aus der Industriegesellschaft: Der Kosten- und Preisdruck verstärkt sich, die internationale Konkurrenz wird größer, die Rationalisierung nimmt weiter zu und große Teile der Produktion werden in das preiswertere Ausland ausgelagert. Immer weniger Menschen in der Produktion müssen die übrige Mehrheit versorgen. Daraus folgt: Mit dem Ausstieg aus der Industriegesellschaft muss der Einstieg in neue Tätigkeitsfelder der Dienstleistungsgesellschaft verbunden sein, sonst verspielt Deutschland seine Zukunft als Wohlstandsland. Doch sind wir auf diesen Wandel *("Dienen kommt vor verdienen")* zur Dienstleistungsgesellschaft überhaupt vorbereitet?

Der Deutsche Industrie- und Handelstag (DIHT) kritisiert: *Zu viele Jugendliche lernen in der Industrie, zu wenige bei Dienstleistern.* Die Berufsausbildung ist traditionell eine Industriedomäne. Infolgedessen werden Jugendliche hier weit über Bedarf ausgebildet. Umso größer ist der Qualifizierungsbedarf im Dienstleistungsbereich: Für Autoverkäufer, Seniorenbetreuer, Gesundheitsberater, Mitarbeiter in Ferienanlagen sowie im Messe- und Ausstellungswesen gibt es bisher keine geregelte Ausbildung. Die Folge: Viele Produktionsberufe dilettieren wie Amateure im Dienstleistungsbereich, weil es ihnen an Professionalität mangelt.

Weil sich die Produktqualität vielfach nicht weiter steigern lässt, *wird Service zum wichtigsten Wettbewerbsfaktor.* Der Kunde soll wieder König werden und aufmerksame Bedienung „das" Qualitätsmerkmal sein. Doch von diesem hohen Qualitätsanspruch sind viele Dienstleister noch weit entfernt. Wie aus B·A·T Umfragen im Jahr 2000 hervorgeht, ist Servicequalität in Deutschland noch immer mehr Mythos als Wirklichkeit. Die überwiegende Mehrheit spürt von Gast- oder Kundenorientierung herzlich wenig:

- Gerade 41 Prozent der Bundesbürger können sich bei ihrem letzten Behördenbesuch in der Stadtverwaltung an ein *freundliches Personal* erinnern.
- Nicht einmal jeder zweite Bundesbürger (46%) fühlt sich von seiner Bank oder Sparkasse *fachkundig beraten.*
- Und nur ein Drittel der Kunden (35%) hat bei seinem letzten Kaufhaus-Besuch eine *aufmerksame Bedienung* vorgefunden.

Vorliegende Erfahrungswerte aus der Praxis weisen nach: Von 100 unzufriedenen Kunden wandern nur 14 wegen schlechter Produktqualität ab – aber über zwei Drittel, wenn sie von den Mitarbeitern schlecht beraten oder unfreundlich bedient wurden. Und nur 4 von 100 Unzufriedenen beschweren sich, 11 aber erzählen ihre Negativerfahrungen anderen weiter (Roland Berger – Mövenpick/Bern 1995).

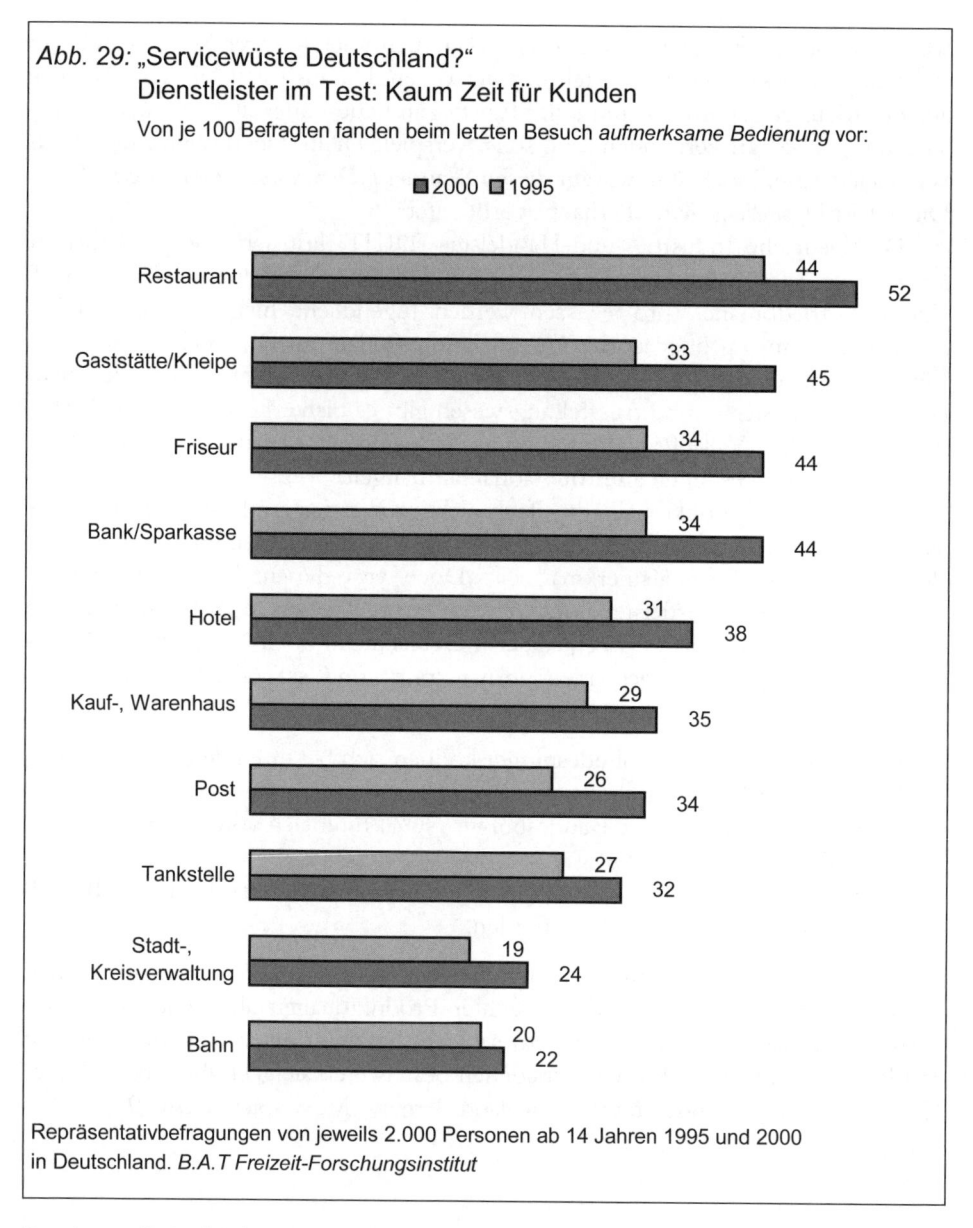

Abb. 29: „Servicewüste Deutschland?"
Dienstleister im Test: Kaum Zeit für Kunden

Von je 100 Befragten fanden beim letzten Besuch *aufmerksame Bedienung* vor:

■ 2000   ■ 1995

Dienstleister	2000	1995
Restaurant	44	52
Gaststätte/Kneipe	33	45
Friseur	34	44
Bank/Sparkasse	34	44
Hotel	31	38
Kauf-, Warenhaus	29	35
Post	26	34
Tankstelle	27	32
Stadt-, Kreisverwaltung	19	24
Bahn	20	22

Repräsentativbefragungen von jeweils 2.000 Personen ab 14 Jahren 1995 und 2000 in Deutschland. *B.A.T Freizeit-Forschungsinstitut*

Servicequalität gleicht im Idealfall einem Zeitgeschenk: Das Personal schenkt den Kunden Zeit, hat Zeit für sie, ja widmet ihnen für Augenblicke die ganze Aufmerksamkeit. Und die Kunden genießen diese schönen Momente – das Eingehen auf individuelle Wünsche. Sie haben das Gefühl, die Mitarbeiter sind so aufmerksam – nicht, weil sie es sein „müssen", sondern weil sie es gern und freiwillig tun.

Die Wirklichkeit sieht ein wenig anders aus: Viele Kunden sind in Deutschland schon froh, wenn sie nach Büroschluss im Kaufhaus überhaupt noch bedient werden oder nach dem Kino- oder Theaterbesuch im Restaurant noch essen dürfen.

Im internationalen Dienstleistungsvergleich mit den südlichen Urlaubsländern, insbesondere den USA und Asien kann Deutschland kaum bestehen: Die Industriegesellschaft in Deutschland ist noch lange keine Dienstleistungsgesellschaft. Die Wiederentdeckung der „Dienst"-Leistung, die mehr sein will als bloßer Verkauf, steht noch aus.

Die überwiegende Mehrheit der Bevölkerung hat nicht den Eindruck, dass sie bei ihren Einkäufen aufmerksam bedient wird. In der Gastronomie ist noch die größte Zufriedenheitsquote bei den Gästen feststellbar: 52 Prozent fühlen sich im Restaurant aufmerksam bedient, im Hotel sind es nur noch 38 Prozent. Und das Schlusslicht bilden Post (34%), Tankstelle (32%), Bahn (22%) und Stadtverwaltung (12%). Im Zeitvergleich ist allerdings feststellbar, dass seit 1995 in allen Dienstleistungsbereichen eine deutliche *Zunahme der Servicebereitschaft* zu beobachten ist. Nur die Stadt- und Kreisverwaltungen haben offensichtlich den Wandel zur Dienstleistungsgesellschaft noch nicht registriert. Behördenbesucher klagen sogar über nachlassende Dienstleistungsmentalität (1995: 19% – 2000: 12%).

6. Massenhaft genießen? Überfüllung als Normalität

Ein Blick in die Zukunft macht deutlich: Hauptgewinner werden Erlebnisorte sein: Einkaufszentren und Einkaufspassagen, Restaurants und Cafés, Kinos und Kneipen sein. Die Kultureinrichtungen werden expandieren. Und Volksfeste in jeder Form – vom Straßenfest bis zum Großstadtereignis – werden gefragt sein. Die City lebt und lockt die Besucher in Ladenpassagen, Kinos und Restaurants. Nach Feierabend fangen die Menschen massenhaft zu genießen an.

Es bewahrheitet sich eine Entwicklung, die der spanische Philosoph José Ortega y Gasset schon vor über siebzig Jahren in seinem Essay „Der Aufstand der Massen" vorausgesagt hat: Das öffentliche Leben Europas werde durch die Tatsache der *Menschenansammlungen* entscheidend geprägt und ein historisch neues Phänomen der Überfüllung heraufbeschwören: „Die Städte sind überfüllt mit Menschen, die Hotels mit Gästen, die Züge mit Reisenden, die Cafés mit Besuchern; es gibt zu viele Passanten auf der Straße... Was früher kein *Problem war,* ist jetzt unausgesetzt: *einen Platz zu finden*" (Ortega y Gasset 1930/1984, S. 7). In Zukunft brauchen wir ein neues „Management von Mobilität und Menge" (Romeiß-Stracke 1991), damit wir das große Gedränge bewältigen können. Der Verbraucher von morgen wird sich mit neuen Situationsbeschreibungen arrangieren müssen: Überfüllung oder Warten auf Bewegung in der Schlange.

Früher gab es die „Menge" eigentlich nur im Rahmen sozialer Bewegungen; heute und in Zukunft wird die „Masse" zum sichtbaren Ausdruck expansiver Erlebnisorientierungen. Sie rückt in den Vordergrund: Vor über zweihundert Jahren hat die Volksmenge *für die Freiheit* die Bastille gestürmt; in Zukunft „besetzt" die Masse *für die Freizeit* die Lokale, Theater und Vergnügungen, die früher nur wenigen zustanden.

> Der Stil der Massen triumphiert. In Zukunft ist größeres Warte-Stehvermögen gefordert. Die Wissenschaft wird sich demnächst nicht nur mit dem Phänomen Stress, sondern auch mit der Psychologie des Wartens beschäftigen müssen.

Andererseits wächst eine neue Generation heran, die sich ganz selbstverständlich mit der Massenmobilität arrangiert. Für sie gehört der Wochenend- und Urlaubsstau ganz einfach zum motorisierten Freizeiterleben dazu. Die (un-)heimliche „Lust am Stau" ist keine Legende mehr – es gibt sie wirklich: Jeder fünfte Bundesbürger (1992: 19% – 1995: 20%) sieht dem Verkehrsstau bei Wochenend- und Urlaubsfahrten ebenso gelassen wie genussvoll entgegen: *„Ein bisschen Chaos darf ruhig sein"* sagen über zwölf Millionen Bundesbürger. Anders als im Berufsverkehr spielt der Zeitdruck im Freizeitverkehr eine geringere, der Erlebniswert eine größere Rolle. Freizeitmobilität ist immer auch Erlebnismobilität (vgl. Opaschowski 1999, S. 54).

7. Jugend im Konsumstress.
Erlebnisgeneration lebt über ihre Verhältnisse

Das puritanische Berufsethos, der Hauptträger der Arbeitsmotivation von einst, gilt nicht länger mehr als Eintrittskarte zum Paradies. Aufgewachsen in Wohlstandszeiten wollen viele junge Menschen in der westlichen Welt *das Paradies bereits auf Erden erleben*. Mit der Entdeckung eines genussfreudigen Lebensstils entsteht auch eine „neue Genussmoralität" (Wiswede 1990): Konsum muss Spaß machen und beim Konsumieren darf einem nichts entgehen. Erlebniskonsum ist mehr Erregung als Sättigung, mehr Haben als Sein. Das Wie ist mitunter wichtiger als das Was: Eine Art *narzisstisches Konsumerleben*. Zum motivationalen Gehalt des Erlebniskonsums gehören Schlüsselbegriffe wie Lust und Freude, eine Atmosphäre zum Träumen und Genießen und beinahe ein Gefühl wie im Urlaub.

Jugendliche definieren sich nach wie vor mehrheitlich über den Erlebniskonsum. Doch der hohe Stellenwert kostspieliger Beschäftigungen hat seinen Preis: Viele können sich den Konsumzwängen kaum mehr entziehen. Eine deutliche Mehrheit der 14- bis 29jährigen hat das Gefühl, dass sie *„zu viel Geld ausgibt"* (1995: 50% – 2000: 62% – 2003: 62%). Gleichzeitig klagen junge Leute darüber, dass sie mehr *„von Angeboten, die Geld kosten, abhängig"* sind, als ihnen lieb ist (1995: 49% – 2000: 55% -2003: 58%). Die Abhängigkeit vom Konsum ist groß.

Abb. 30: „Jugend im Konsumstress"
Erlebnisgeneration lebt über ihre Verhältnisse

Von je 100 befragten Jugendlichen im Alter von 14 bis 29 Jahren stimmen zu:

„Es ist wichtig zu wissen, was in ist"
1995: 62, 1997: 62, 2000: 70, 2003: 75, 2010*: 80
In und im Trend

„In der Freizeit zu viel Geld ausgeben"
1995: 50, 1997: 56, 2000: 62, 2003: 62, 2010*: 65
Zu hohe Geldausgaben

„Von Angeboten, die Geld kosten, abhängig sein"
1995: 49, 1997: 51, 2000: 55, 2003: 58, 2010*: 62
Konsumabhängig

* Prognosen

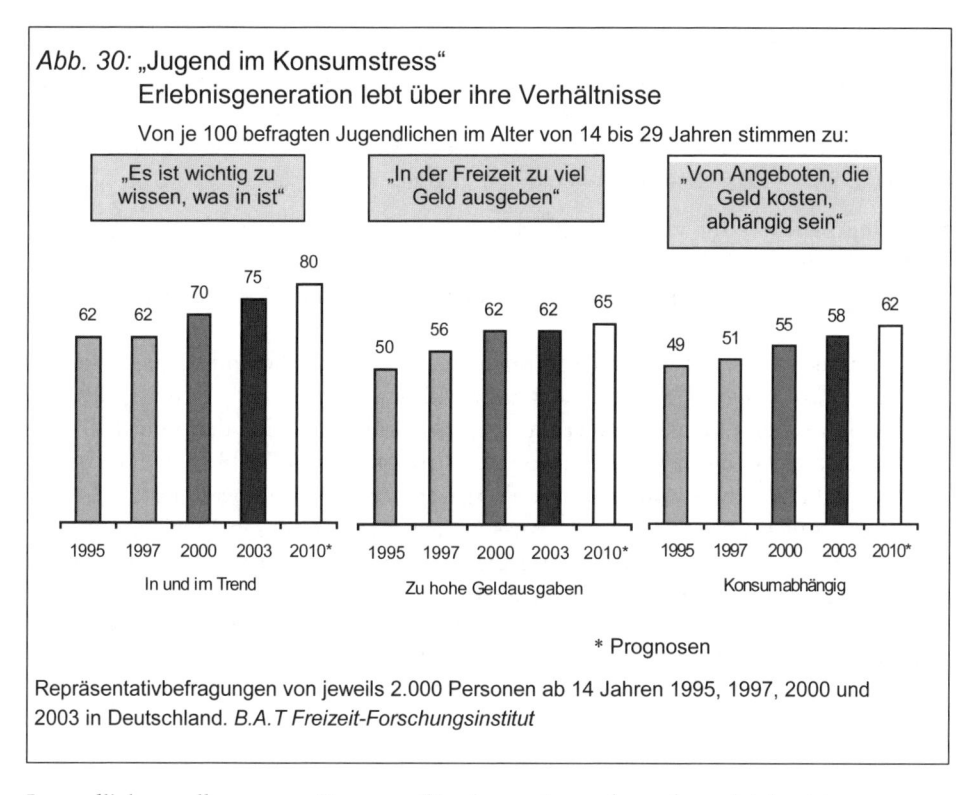

Repräsentativbefragungen von jeweils 2.000 Personen ab 14 Jahren 1995, 1997, 2000 und 2003 in Deutschland. B.A.T Freizeit-Forschungsinstitut

Jugendliche wollen gerne Konsum-Pioniere sein, stehen aber gleichzeitig am unteren Ende der Einkommensskala. Sie wünschen sich mitunter Steigbügel aus Gold, haben aber kaum Geld in der Tasche. Vom Geldausgeben zum Verausgaben ist dann nur noch ein Schritt. Und ganz im Gegensatz zur Kriegs- und Nachkriegsgeneration, die mit materieller Not zu leben gelernt hat, ist die junge Generation in den letzten zwei bis drei Jahrzehnten weitgehend im Wohlstand aufgewachsen. Auch in wirtschaftlich schwierigen Zeiten versucht sie daher, wie bisher ihren Konsumfreuden nachzugehen, auch auf die Gefahr hin, dabei über ihre Verhältnisse zu leben.

„In", „neu" und „modisch": Mit dieser Formel lassen sich nach wie vor die Konsumwünsche einer überwiegenden Mehrheit der jungen Generation umschreiben, die sich als Erlebnisgeneration versteht. Trotz sinkender Realeinkommen gilt für sie:

- „In" und im Trend sein ist ein jugendliches Grundbedürfnis – frei nach einem Wort von Tony Blair: „To be ‚in' or not to be ‚in' – that is the question". Diese Jugendlichen leben im Hier und Jetzt – wollen, ja müssen dazugehören. Fast stehen sie unter dem Zwang oder Drang, sich ständig an das In-Sein anzupassen. Sie haben geradezu Angst vor dem Out-Sein. „Es ist mir wichtig zu wissen, was ,in' ist" sagt ein wachsender Anteil der jungen Leute (1995: 62% – 2000: 70% – 2003: 75%).
- Und der Anteil der jungen Leute, die besonderen „Wert auf modische Freizeitkleidung" legen, bleibt stabil(1995: 63% – 2000: 68% – 2003: 68%). „Out-fit" und

„Klamotten" sind und bleiben „das" Statussymbol für sie. Eher schränken sie sich bei Gütern des täglichen Bedarfs (z.B. Lebensmittel, Wohnungseinrichtung) ein, als dass sie auf ihr modisches Äußeres verzichten.
- Alles, was *neu auf dem Markt* ist, hat seinen Reiz (1995: 48% – 2000: 51% – 2003: 58%). Das Neueste ist gerade gut genug.

Shopping bedeutet für viele Jugendliche zweierlei: *Lebenslust und Langeweileverhinderung*. Einkaufszentren und Passagen sind nicht nur Walhallas des Erlebniskonsums für sie, sondern auch Fluchtburgen, um der Langeweile und Vereinsamung zu entfliehen.

Mehr als andere Bevölkerungsgruppen stehen Jugendliche und junge Leute unter einem fast *sozialen Druck des Konsumieren-Müssens*. Der soziale Druck geht vornehmlich von der Clique aus: Wer dazugehören will, muss sich den Gleichaltrigen anpassen. Junge Leute wollen sich von der Erwachsenenwelt abheben und bedienen sich dabei der Konsumgüter, die die Erwachsenen für sie bereitgestellt haben. Der vermeintlich unkonventionelle Ausstieg aus der Erwachsenenwelt droht eher zum angepassten Einstieg in die Konsumgesellschaft zu werden. Durch entsprechenden Erlebniskonsum lässt sich schließlich Gruppenzugehörigkeit signalisieren und mitunter auch Individualität ausdrücken. Für viele Jugendliche ist es offensichtlich schwierig, sich aus dem Kreislauf des Konsums zu befreien, weil ein Ausstieg schnell als Außenseitertum gebrandmarkt wird.

8. „Born to shop"?
Jugend in der Wohlstandskrise

Die folgenden szenariohaft anmutenden Ausführungen ‚spielen' einmal konsequent die Folgen ständiger Konsumsteigerung für die Zukunft durch, die sich durchaus zu einer *Krise der Konsumgesellschaft* ausweiten können. Das Szenario hat dabei die Spitze eines Eisbergs im Blick – den Lebensstil einer großen Zahl jugendlicher Konsumpioniere in Großstädten und Ballungszentren, die Gefahr laufen, die Freiheit des Konsumierens gegen den Zwang zum Konsumieren einzutauschen.

Das Szenario ist eine mögliche Antwort auf die Frage „Was passiert, wenn nichts passiert?" Insofern gleicht es auf den ersten Blick einer *inszenierten Überzeichnung*, die so oder ähnlich gar nicht Wirklichkeit werden muss oder wird – wirklich? Sind viele Jugendliche nicht schon auf dem besten Wege dahin? Ist nur das wahr, was wir heute schon wahrnehmen oder nicht auch das, was wir nicht wahrhaben wollen? Und die beschriebene Wohlstandsfalle: Ist sie realistisch oder utopisch, problematisch oder pathologisch?

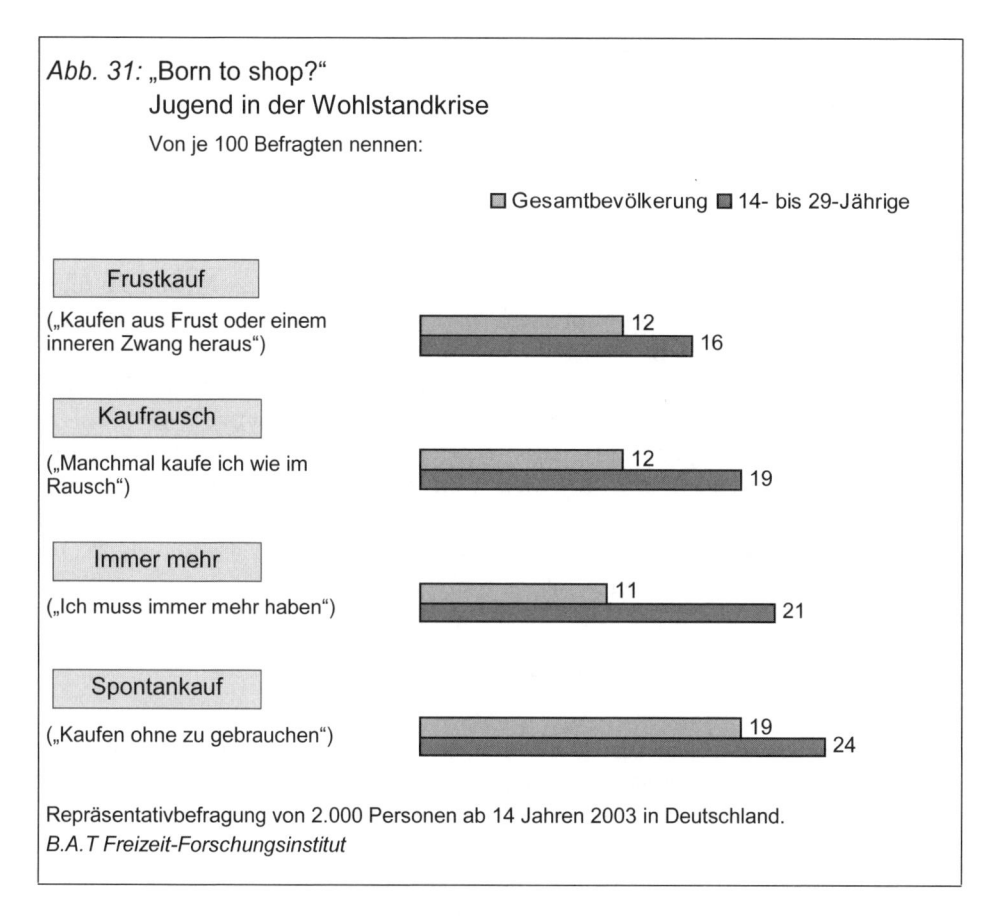

Abb. 31: „Born to shop?"
Jugend in der Wohlstandkrise

Von je 100 Befragten nennen:

☐ Gesamtbevölkerung ■ 14- bis 29-Jährige

Frustkauf
(„Kaufen aus Frust oder einem inneren Zwang heraus"): 12 / 16

Kaufrausch
(„Manchmal kaufe ich wie im Rausch"): 12 / 19

Immer mehr
(„Ich muss immer mehr haben"): 11 / 21

Spontankauf
(„Kaufen ohne zu gebrauchen"): 19 / 24

Repräsentativbefragung von 2.000 Personen ab 14 Jahren 2003 in Deutschland.
B.A.T Freizeit-Forschungsinstitut

Die dargestellte Erlebnisinflation in vier Eskalationsstufen vom Instant-Konsum bis zum Drop-out stellt keinen phantastischen, eher einen praktischen Beitrag zum Nachdenken über jugendliche Lebensziele dar. Man kann aus dem Szenario lernen. Dabei gilt: Solange wir soziale Phantasie und Eigeninitiative besitzen, müssen wir uns solchen Orakel-Szenarien nicht schicksalhaft unterwerfen. Andererseits erinnert das Szenario an psychische und soziale Prozesse, die wir aus eigener Erfahrung kennen – z.B. aus dem Verhalten als TV-Konsument: Vom Springen durch die einzelnen Kanäle („Hopping") bis zum Abschießen eines unliebsamen Programms („Zapping"). Diese Reaktionsweisen können zeitlich nacheinander, aber auch nebeneinander erfolgen. Nach der ersten Stufe muss sich nicht automatisch die zweite anschließen. Es gibt nicht „den" Weg wie beim Zug der Lemminge. Das Szenario hält den betroffenen Jugendlichen eher einen Spiegel vor. Was machen sie eigentlich? Wie werden sie damit fertig? Und was kommt danach?

8.1 „Alles sofort": Instant-Konsum

Manche Jugendliche leben wie in einer „Verpass-Kultur": Sie neigen zu sofortiger Bedürfnisbefriedigung. Ihre Ungeduld wächst. Sie kennen keinen längeren Schwebezustand zwischen Wunsch und Erfüllung mehr. „Genieße das Leben – jetzt!" Die Faszination des Augenblicks bewirkt, dass die Impuls- und Schnellkäufe zunehmen.

Diese Form des Instant-Konsums mit seiner Geniesse-jetzt-Mentalität führt langfristig zur Entwertung von Vorfreude und Lebenserfahrung, weil ja „alles sofort" konsumiert und erlebt werden soll. Ein Instant-Gefühl wie Instant-Kaffee: Schnell löslich und nicht von langer Wirkungsdauer. So sind Unzufriedenheit und Enttäuschung geradezu vorprogrammiert. Man kann das vermeintliche Glück nicht festhalten und in Ruhe genießen – aus Angst, vielleicht gleichzeitig etwas anderes zu verpassen. Fast jeder fünfte Jugendliche im Alter von 14 bis 29 Jahren (19%) gibt selbstkritisch zu: „Manchmal kaufe ich einfach aus *Frust* oder einem *inneren Zwang* heraus irgend etwas – unabhängig davon, ob ich es wirklich brauche." Das erinnert mehr an Konsum-Neurose als an Kauf-Lust.

8.2 „Immer mehr": Erdnuss-Effekt

Vom übersteigerten Konsumdenken zur Anspruchsinflation ist manchmal nur ein Schritt. Aus einem Konsumenten wird schnell ein Konsumist, wenn die Kauflust größer als die Kaufkraft ist. Und die Lebenseinstellung „Je mehr – desto besser" fördert geradezu den Konsum von Überflüssigem. Hauptsache mehr – mehr TV, mehr Kino, mehr Kneipe, mehr Kleidung und mehr Reisen. Ein Erdnuss-Effekt entsteht: Man „muss" einfach weiter konsumieren – bis zur Übersättigung? Konsumiert wird nach dem Erdnuss-Prinzip: „Manchmal bin ich beim Einkaufen kaum zu bremsen. *Ich muss immer mehr haben*" (14- bis 29-Jährige: 21%).

Zeitnot („Der Tag hat nur 24 Stunden ...") und persönliche Schwierigkeiten bei der Verkraftung des Immer-Mehr können sich einstellen. Symptomatisch hierfür sind die Schuldgefühle danach – vor allem dann, wenn sie mit Verschuldung und Über-die-Verhältnisse-Leben einhergehen. Diese Konsumphilosophie des Immer-Mehr ist übrigens kein neues Zeitphänomen des 21. Jahrhunderts. Sie kündigte sich schon frühzeitig in den USA an und lässt sich so umschreiben: „Wir werden noch *weiter* reisen. Und viel *öfter*. Wir wollen auch *mehr* Tennis spielen. Und am Wochenende *häufiger* Ski fahren oder campen. Und unsere allmonatliche Wein- und Käse-Party können wir jetzt jede Woche feiern. Wir wissen eben, was wir vom Leben wollen ... Wir können nicht nur *mehr* reinstecken, sondern auch *mehr* herausholen" (Anzeige in der New York Times vom 24. September 1976). Solche Erlebniskonsumenten wollen immer intensiver leben und genießen.

"Born to shop"? 151

8.3 „Immer hastiger": Hopping-Manie

Der erlebnishungrige Konsumist („Ich bin ein Consumer") kommt eigentlich immer zu spät. Seine Jagd nach Glück beschert ihm ein Leben mit Tempo und mit Spaß. Immer auf der Suche nach schnellen Sensationen (Walter Benjamin: „Gift der Sensation") kann er nie lange bei einer Sache verweilen. Er lebt nach der Devise: „Mehr tun in gleicher Zeit". Nirgends mehr gibt es einen Ruhepunkt. Die Sucht nach Spaß gewährt dem unter Zeitnot leidenden Konsumisten nur flüchtigen Genuss: TV-Hopping, Kino-Hopping, Party-Hopping, Island-Hopping ... und dann ganz schnell wieder weiter. Am Ende hoppt der Konsumist nicht nur durch Konsumlandschaften, sondern durch das ganze Leben: Heute hier, morgen dort und dann schon wieder fort.

Der Konsumist lebt und arbeitet fast nur noch für den Konsum. Die verdiente Zeit zerrinnt zwischen den Fingern. Statt im Überfluss der Zeit zu baden, setzt er sich dem rastlosen Konsumdruck aus. Mögliche erfüllte Zeit verwandelt sich in „verdünnte Zeit" (Max Frisch „Homo Faber"). Und die vermeintliche Frei-Zeit erweist sich dabei als semantische Falle, die lediglich Wahlfreiheit gewährt und Hast und Hektik eskalieren lässt. So wird die Zeitfreiheit zur Zeitfalle.

Wegen der Fülle und Vielfalt der Angebote können viele Angebote nur noch konfettiartig nebeneinander aufgenommen werden: Kennzeichen einer *Konfetti-Generation*. Vieles bleibt bruchstückhaft und oberflächlich. Mit der Gewöhnung an das Trommelfeuer ständig neuer Reize bekommt selbst das Außergewöhnliche den Charakter des Vorübergehenden – auf dem Weg zum nächsten Ereignis. Sobald etwas uninteressant zu werden droht, springen Konsumisten einfach weiter. So muss die „Hopping-Manie" unweigerlich in Überreizung enden. Die hastigen Konsumisten kommen nicht zur Ruhe. Innere Unruhe weitet sich zum Dauerstress aus. Der Wunsch kommt auf: „Am besten mehrere Leben leben" (Popcorn 1992) – der vermessene Traum hybrider Menschen.

8.4 „Immer überdrüssiger": Zapping-Phänomen

Mit der Überfülle wächst das Orientierungsdefizit. Der ständig geforderte Konsumist fühlt sich überfordert und wird orientierungslos. Er verliert das Maß und den Maßstab für die Auswahl. Mit den Fragen „Was?", „Wie viel?" und „Wozu?" bleibt er bei seiner Erlebnisjagd weitgehend allein. Am Ende wird ihm selbst die Konsumfreiheit zu viel. Er versteht sich und die Welt nicht mehr und kann bald keinen Konsumtempel mehr sehen. „Eigentlich habe ich mir fast alles schon geleistet. *Das Konsumieren und Geldausgeben macht bald keinen Spaß mehr.*" Jeder elfte Jugendliche (9%) hat diese Stufe der Erlebnisinflation schon erreicht.

Sattheit und Unlust breiten sich aus. Denn: Überfluss bringt Überdruss. Das Überangebot macht verdrossen: Konsumverdrossen. Konsumartikel werden zu Wegwerfartikeln. Und den eigenen Überkonsum bewältigt man durch Abknallen bzw. Abschießen („Zapping") von Langweiligem. Nur so glaubt man, der Konsum-

Verweigerung („Null Bock auf nichts") entgehen zu können. Der Konsumismus tritt in seine *inhumane Phase*: Alles wird wie eine Ware aufgerechnet und dem harten Kosten-Nutzen-Denken geopfert.

Die dargestellte Erlebnisinflation in vier Stufen gleicht mehr einem Simulationsmodell als der Wirklichkeit. Andererseits sind in der heutigen gesellschaftlichen Entwicklung durchaus *Anzeichen von Wohlstandsverwahrlosung* erkennbar: Wohlstandsverwahrlosung bei Kindern und Jugendlichen entsteht durch Vernachlässigung der Kinderbetreuung, Abschieben vor den Fernseher oder auf die Straße sowie Trennung und Scheidung der Eltern. Die betroffenen Kinder bekommen zwar materiell viel – doch zu wenig kontinuierliche Zuwendung, Liebe, Aufmerksamkeit und Fürsorge. So bleibt familiär vernachlässigten Jugendlichen nur die Vereinzelung oder der Anschluss an Cliquen, Gruppen und Gangs. Hier finden sie „ihre" Anerkennung und soziale Verankerung.

Die Erziehungsarbeit in der Schule kann die fehlende Familienerziehung bisher kaum ersetzen, weil viele Lehrer mehr „Fächer" als „Schüler" unterrichten und sich durch das aggressive Schülerverhalten selber überfordert fühlen. Was früher eine singuläre Erscheinung war, kann in Zukunft Normalität werden: Verbale Gewalt sowie aggressive Umgangsformen. Vielleicht ist in Zukunft aber auch die Angst vor dem Absturz so groß, dass sich die davon betroffenen Jugendlichen „besinnen", also nach einem Sinn Ausschau hält, der über Haben und Besitz hinausreicht: *Lebenssinn statt Lifestyle*.

9. Verlust von Zeitwohlstand. Konsum konsumiert Zeit

Die Menschen bekommen in Zukunft ein anderes Verhältnis zur Zeit. *Das Zeitbudget wird genauso kostbar wie das Geldbudget*. Zeit ist Leben und nicht mehr nur Geld. Doch: Auch Konsum konsumiert Zeit. Wer in Zukunft höhere Konsumansprüche stellt, leidet schnell unter dem Gefühl von Zeitknappheit. Was haben Erlebniskonsumenten schon von einem Einkaufsbummel, wenn sie ihn nicht in Ruhe genießen können? Im gleichen Maße, wie die Produktivität der Arbeitszeit steigt, versuchen sie auch die Konsumzeit zu steigern und immer mehr in gleicher Zeit zu erleben. Konsumwünsche werden miteinander kombiniert – der Einkaufsbummel mit dem Treffen von Freunden, das Essengehen mit dem Knüpfen geschäftlicher Verbindungen oder die Urlaubsreise mit dem Erlernen neuer Sportarten. *Auf diese Weise nimmt die Konsum-Produktivität zu, aber die freie Verfügbarkeit von Zeit ab*.

Alles muss schneller gehen: Das Essen, das Fernsehen, das Bücherlesen. *Bigger – Better – Faster – More* – eine multioptionale Konsumgesellschaft verspricht grenzenlose Steigerungen. Wer früher ins Bett geht, kann nicht einschlafen – vor lauter Angst, etwas zu verpassen (vgl. Gross 1994, S. 62). Immer mehr läuft rund um die Uhr, das Radio, das Fernsehen ... Eine solche Konsumkultur, die nur auf Steigerung, Vermehrung und Intensivierung setzt, gleicht einer *„Mobilmachungskultur"*

(Peter Sloterdijk), die nicht unendlich steigerbar ist und Grenzen hat – psychische Grenzen (Ermüdung), materielle Grenzen (Müll) und ökologische Grenzen (Klima- und Wassernotstände).

Mehr tun in gleicher Zeit: Mit dieser Formel lässt sich ein Wandel in den letzten Jahren beschreiben, der allen Aktivitäten den Stempel der Hektik aufdrückt. Immer mehr Beschäftigungen werden im fast-food-Stil bzw. zeitgleich erledigt. Die Schnelllebigkeit nimmt überall zu. Für zeitaufwendige Beschäftigungen bleibt immer weniger Zeit (oder richtiger: nehmen wir uns weniger Zeit). Ob Beschäftigung allein, mit dem Partner oder mit den Kindern – *alles, was über zwei Stunden dauert, stagniert oder geht zurück* (vgl. B.A.T Institut 1989). Wir sind offensichtlich für viele Tätigkeiten aufgeschlossen – solange sie nicht über zwei Stunden dauern. Das bekommt auch der Partner zu spüren: Die gemütlichen 3-Stunden-Abende zu Hause mit dem Partner werden seltener. Wir leben im 2-Stunden-Takt. Spätestens alle zwei Stunden wollen wir etwas Neues erleben. Ohne uns lange niederzulassen, springen wir von einem Ereignis zum anderen.

> Sieht so unsere Zukunft aus? Am Donnerstagabend Kneipen- oder Kinohopping, am Freitagnachmittag Frustrationseinkäufe – DVDs, CDs und Bücher und dann keine Zeit mehr, sie zu sehen, zu hören und zu lesen. Am Wochenende zwei Einladungen und Besuche und im nächsten Urlaub weit reisen, oft wechseln und nur kurz bleiben?

Die Verbraucher müssen sich ihren Erlebniskonsum auf Kosten von Muße regelrecht ‚erkaufen': Viele können es sich zeitlich nicht mehr leisten, ihr Leben in Ruhe zu genießen. Denn: *Konsumwohlstand und Zeitwohlstand zugleich sind nicht zu haben:*

- Wer viel konsumiert, leidet schnell unter Zeitnot.
- Wer viel Zeit hat, hat meist auch wenig Geld.

Die ostdeutsche Bevölkerung konnte sich z.B. 1991 – kurz nach der deutschen Vereinigung – noch den Zeitluxus noch erlauben, öfter Briefe zu schreiben, sich mit der Familie zu beschäftigen und gemeinsam über wichtige Dinge zu reden. Die westdeutsche Bevölkerung hingegen erledigte vieles über Telefon, ging öfters ins Restaurant, ins Kino oder in die Kneipe und trieb viel Sport. Manche Konsumangebote mussten Westdeutsche fast im Laufschritt wahrnehmen, weil ihnen die Zeit beim Konsumieren davonlief ...

2003, ein gutes Jahrzehnt später, sieht das Ergebnis ganz anders aus: Mit der Sogkraft des Konsumangebots ist *die ostdeutsche Beschaulichkeit verloren gegangen*. Immer weniger Ostdeutsche nehmen sich jetzt – anders als 1991 – nicht mehr die Zeit, sich mit der Familie zu beschäftigen. Stattdessen haben die Ostdeutschen die Möglichkeiten des Erlebniskonsums entdeckt – vom Kinobesuch bis zum Opern-, Konzert- und Theaterbesuch, vom hastigen Telefonieren bis zum Zeitaufwand für die eigenen Hobbys. *Der westliche Konsumstil setzt sich auf breiter Ebene durch*, d.h. die Bürger in den neuen Bundesländern verlieren weitgehend ihr Eigenprofil, ihren Zeitwohlstand.

> Als Perspektive zeichnet sich für die Zukunft ab: Die chronische Zeitnot der Konsumenten kann zu einem grundlegenden Wettbewerbswandel führen: Zeitkriege („time wars"), in denen auch um die Zeit (und nicht nur um das Geld) der Verbraucher gekämpft wird, werden Wirtschaft und Handel im 21. Jahrhundert prägen.

Der amerikanische Wirtschaftswissenschaftler John Kenneth Galbraith hat in den fünfziger Jahren die „Gesellschaft im Überfluss" wie folgt beschrieben: „Die Familie, die mit ihrem violett-kirschrot abgesetzten Wagen mit Klimaanlage, Automatikgetriebe und Bremskraftverstärker einen Ausflug unternimmt, fährt auf schlecht asphaltierten Straßen durch Städte, die durch Abfälle (...) verunziert sind. Die Ausflügler durchqueren eine Landschaft, die vor lauter Werbeschildern kaum noch zu sehen ist (...) Zum Picknick mit vakuumverpackten Lebensmitteln aus der tragbaren Kühlbox setzen sie sich an einen verdreckten Fluss, und die Nacht verbringen sie in einem Park, der eine Gefährdung für die öffentliche Gesundheit und Moral darstellt. Bevor sie auf ihrer Luftmatratze in einem Nylonzelt mit dem Gestank faulender Abfälle in der Nase einschlummern, wird ihnen vielleicht noch undeutlich die absurde Ungereimtheit ihrer Segnungen bewusst" (Galbraith 1959).

Löst die Konsumgesellschaft ihre Versprechungen und Verheißungen nicht ein? Bleiben Produzenten- und Konsumentenethik auf der Strecke? Oder gilt, was der ehemalige Premierminister Harold Macmillan als Losung ausgab: „Wenn die Leute Moral wollen, so sollen sie sich an ihre Erzbischöfe halten?" Die Frage nach dem *Bedarf an ethischen Konzepten* (Hansen 1992, S. 168) für Marketing und Konsum bleibt weiter offen. In Zukunft steht neben der Umwelt- auch die *Sozialverantwortlichkeit der Konsumgesellschaft* auf dem Spiel. Gemeint ist die Verantwortung gegenüber der Natur und die Achtung vor der Menschenwürde. Die Konsumgesellschaft kommt auch in Zukunft ohne eine ethische Komponente nicht aus.

Erlebnismarketing und Konsumethik brauchen sich deshalb nicht gegenseitig auszuschließen. Ganz im Gegenteil: Erlebnismarketing ist in besonderer Weise geeignet, die aus der Erlebnisarmut des modernen Arbeitslebens resultierenden Defizite im arbeitsfreien Teil des Lebens auszugleichen, also wirkliche Lebensbedürfnisse anzusprechen und nicht bloß Lifestylegeschichten zu erfinden. Von dem Schweizer Christian P. Casparis stammt die Kritik, der Erlebnismarkt blühe „auf dem Mist des menschlichen Selbstbetrugs" (Casparis 1990, S. 62).

> In keinem anderen Lebensbereich kommen Anbieter und Branchen mit der Verwechslung von Wunsch und Wirklichkeit so ‚ungeschoren' davon wie beim Erlebniskonsum. Die Konsumenten wollen den Traum, d.h. der Traum soll Wirklichkeit werden, aber dennoch ein Traum bleiben – ein Paradoxon.

Das öffnet der Konsumbranche Tür und Tor für illusionäre Glücksversprechungen, die nicht immer eingehalten, zum Teil auch gar nicht eingelöst werden können. Die Erlebnisindustrie verkauft mitunter auch Illusionen, weil die Konsumenten den schönen Schein des Lebens auch wollen. Die Gratwanderung zwischen Illusionierung (als Wunsch) und Illusion (als Wirklichkeit) ist schmal.

9. Konsum nach Maß.
Konsumethik im 21. Jahrhundert

Der amerikanische Literatur-Nobelpreisträger Saul Bellow sagt uns für die Zukunft ein Martyrium unseres modernen Bewusstseins voraus. Wir erleben eine *neue Form des Leidens*, das wir gar nicht mehr als Leiden erkennen, weil es in der Gestalt von Vergnügungen auftritt. In endloser Serie konsumieren wir Dinge, die uns ständig neue Höhepunkte liefern: „Alles steht bereit für ein Leben in Bequemlichkeit, mit Tempo und mit Spaß. Und dann gibt es etwas in uns allen, das sagt: Und was jetzt? Und was dann?" (Bellow 1989).

Da sitzt man also im Kino, auf der Party oder Ferieninsel und fragt sich erneut: Was nun? *Nirgends mehr gibt es einen Ruhepunkt*, der mit Sinn und Selbstbesinnung verbunden ist. Doch wenn wir ehrlich sind, dann werden wir doch erdrückt von all den schönen Dingen und wunderbaren Dienstleistungen. In gewisser Weise sind wir ihnen dienstbar und nicht sie uns. Werden wir eines Tages noch die Kontrolle über uns verlieren, weil wir uns in der Gewalt einer riesenhaften Erlebnisindustrie befinden, die sofortige Glückserfüllung verspricht, aber permanenten Konsum meint?

Schon 1915 äußerte der Amerikaner Van Wyck Brooks in seinem Buch „America's Coming-Of-Age" (Amerikas Mündigwerden) die Befürchtung, der Puritanismus könne in Zukunft zu „einem vertrockneten alten Yankee" verkommen (Brooks 1915/1958). Und sechs Jahrzehnte später kam Daniel Bell in seiner Diagnose über die Zukunft der westlichen Welt zu dem Ergebnis, die protestantische Ethik wandle sich zum *psychedelischen Basar*. Das Herzstück der protestantischen Ethik – Arbeit, Sparsamkeit und Genügsamkeit – ginge verloren. Die neuen Wegweiser würden Film, Fernsehen und Werbung sein und eine Art *Pop-Hedonismus* verbreiten, bei der es nicht mehr um die Frage geht, wie man arbeiten und etwas leisten, sondern wie man Geld ausgeben und Spaß daran haben kann. *Vorankommen* heißt dann nicht mehr Aufstieg auf der beruflichen Stufenleiter, sondern *Übernahme eines bestimmten Lebensstils* (z.B. durch Mitgliedschaft in einem Club, durch exklusive Hobbies oder teure Reisen), eines Lebensstils also, der einen als Mitglied einer Statusgruppe und Konsumgesellschaft ausweist (Bell 1979).

Schon spricht man in der Philosophie (vgl. Krämer 1988) von der Notwendigkeit einer Individualethik, die Individualisten und Hedonisten, Lebenskünstler und Luxusexistenzen zukünftig freisprechen oder zumindest rehabilitieren soll. Einer solchen Individualethik fehlt das soziale Korrektiv. Erich Fromm hat einmal gesagt: *„Das Wohl des Menschen ist das einzige Kriterium für ethische Werte"* (Fromm 1978, S. 26). Das heißt: Der Mensch ist zwar das Maß aller Dinge. Gemeint ist aber doch wohl auch der sozialfähige Mitmensch und nicht nur der genussfähige Egoist. Wir brauchen beides: Sozialorientierung *und* Genussorientierung. Das Nachdenken über die Ethik unseres Tuns dürfen wir nicht aufgeben, sonst geben wir uns selbst und unsere Zukunft auf. Es geht also nicht um Askese und Konsumverzicht, sondern eher um ein bewussteres Konsumerleben statt einer bloßen Konsumorientierung des Lebens.

> Was wir in den letzten Jahrzehnten an Zeitverkürzung in der Produktion gewonnen haben, können wir wieder an Zeitverlängerung in der Konsumtion verlieren – die Fortsetzung der Arbeit mit anderen Mitteln, die den Kampf um Arbeitszeitverkürzung zur Farce macht.

Noch nie zuvor waren die Menschen einem solchen Angebotsstress ausgesetzt wie heute. Ständig müssen wir uns entscheiden, ob wir etwas machen oder haben, selektiv nutzen oder ganz darauf verzichten wollen:

- Was ist eigentlich für mich wichtig und was nicht?
- Woher nehme ich den Mut, auch nein zu sagen?
- Und wie schaffe ich es, mich zu bescheiden, auch auf die Gefahr hin, etwas zu verpassen?

Früher galt der Grundsatz *„Eine Sache zu einer Zeit"*. Daraus ist heute die Gewohnheit *„Mehr tun in gleicher Zeit"* geworden.

Wir umgeben uns mit einem dichten Dschungel von Konsumgütern – von Zweitauto und Drittfernseher, DVD und Sportgeräten und vergessen dabei oft, dass es Zeit erfordert, davon Gebrauch zu machen. Wir entwickeln uns zu ruhelosen Konsumenten, die für sich selbst, zur Entspannung, zur Selbstbesinnung oder auch zum nachdenklichen Lesen kaum noch Zeit finden. Nur noch neidisch können wir auf frühere Kulturen zurückblicken, die im Zeitwohlstand lebten und sich eine *„mañana"-Mentalität* leisten konnten: Morgen ist auch noch ein Tag. Wir aber haben heute ständig das Gefühl, morgen könnte es bereits zu spät sein: Konsumiere im Augenblick und genieße das Leben jetzt. Wir nutzen die Zeit mehr, als dass wir sie wirklich verbringen. Das Gefühl für den Wert der Zeit nimmt zu. Mehr Geld allein erscheint wertlos, wenn nicht gleichzeitig auch mehr Zeit „ausgezahlt" wird. Das bekommen viele Manager und Politiker heute schon zu spüren. Zeit ist für sie zum knappsten und wertvollsten Gut geworden.

> Gehen wir einer Zukunft entgegen, in der mehr Konsumgüter vorhanden sind als Zeit zum Genießen des Konsums? Das Überangebot macht die Freiheit der Wahl zur Qual der Wahl. Wenn wir beispielsweise heute schon täglich zwischen Dutzenden von TV-Programmen, Hunderten von Zeitschriften und Zeitungen an den Kiosken und Tausenden von Konsumartikeln in den Supermärkten wählen „müssen", dann kosten diese gigantischen Wahlmöglichkeiten ganz einfach Zeit und Nerven – und nicht nur Geld.

Der technologische Fortschritt hat dafür gesorgt, Zeit zu sparen. Das Kunststück ist ihm aber nicht gelungen, Zeit gut einzuteilen und zu nutzen. Das müssen wir schon selber tun. Hier zeigen sich die individuellen Grenzen der Konsumzeit: Was nutzt einem Tennisspieler jedes Jahr ein neuer Schläger, wenn er keine Zeit zum Spielen hat? Wir haben Mühsal und Hunger überwunden – aber große Mühe mit dem eigenen *Zeithunger*. Der Verbraucher von morgen mag manchen Wohlstandszeiten entgegensehen, er wird dennoch ruhelos bleiben und unter Zeitdruck leben. Der künftige Konsument gleicht einem perpetuum mobile: Ökonomisch schwingt er sich in Spiralen nach oben, psychologisch gesehen aber dreht er sich auf der Stelle. Ein alter Menschheitstraum bleibt – wenn wir uns nicht ändern – auch in Zukunft unerfüllt: Mehr Zeit zum Leben.

> Konsumverzicht ist sicher keine realistische Zukunftsalternative. Aber es lohnt sich darüber nachzudenken, ob mancher materielle Luxus wirklich ein persönlicher Lebensgewinn ist. Wenn der Konsument alles bedenkenlos haben „will" und „muss", verkleinert er letztlich seine individuellen Freiheitsspielräume. Denn: Mehr konsumieren heißt auch mehr arbeiten, mehr verdienen – und weniger Zeit für sich.

Das Hauptrisiko des künftigen Konsumverhaltens ist schnell gefunden: *Sinnentleerung*. Die Vorstellungen über einen „Konsum nach Maß" setzen genau hier an. Konkret: Nicht mehr konsumieren um des Konsums willen. Konsumieren sollte mehr mit subjektiv wichtigen Inhalten gefüllt werden, die das Leben bereichern und „einen persönlich weiterbringen". Im einzelnen bedeutet dies zum Beispiel:

- *Maßvoll konsumieren*
  Qualität vor Quantität setzen.
- *Bewusst konsumieren*
  Ein eigenes Ziel vor Augen haben.
- *Kritisch konsumieren*
  Genügend Spielraum für eigene Ideen behalten.
- *Genussvoll konsumieren*
  Sich Zeit und Muße zum Genießen nehmen – auch ohne schlechtes Gewissen.

Konsum nach Maß bedeutet weder Askese noch Verzicht. Warum soll es in Zukunft nicht möglich sein, *mehr Dinge zu leihen als zu kaufen*: Surfbretter, Ski- und Taucherausrüstungen muss man nicht immer selbst besitzen. Nicht alles, was uns bisher lieb und teuer war, muss käuflich erworben werden. Ansätze einer neuen Ethik deuten sich an, die auf dem Prinzip der Pflichten gegenüber sich selbst beruht. In Zukunft kommt es darauf an, alles zu fördern, was dem Leben dient, und sich dem entgegenzustellen, was dem Leben schadet.

> Fast sechzig Prozent der Wirtschaftsleistung entfallen auf den privaten Konsum. Der Konsument ist zur Schlüsselfigur der Wirtschaftsentwicklung geworden. Und deshalb ist Wirtschaft mindestens zur Hälfte – Psychologie. Wenn die Stimmung bei den Konsumenten nicht „stimmt", dann kann auch die Wirtschaft keine Hoffnung schöpfen.

Andererseits können sich langfristige Konsumprognosen nicht von solchen augenblicklichen Stimmungen leiten lassen, wohl aber von der Psychologie des Menschen, die wie die Natur eine Konstante und daher auch prognostizierbar ist. Die Konsumwelt von morgen wird mehr von solchen verlässlichen Konstanten geprägt sein und weniger von kurzlebigen Stimmungswechseln, die wie die gefühlten Temperaturen auf dem Thermometer im günstigsten Fall eine subjektive Momentaufnahme darstellen, aber keine nachhaltige Richtung für die Zukunft vorgeben. In

Zukunft kann die *Sehnsucht nach einem bescheidenen Leben* genauso erstrebenswert sein wie der Wunsch nach einem bequemeren, schöneren Leben. Beides ist möglich, wenn die Konsumwelt jeweils die Sinnperspektive nicht aus den Augen verliert.

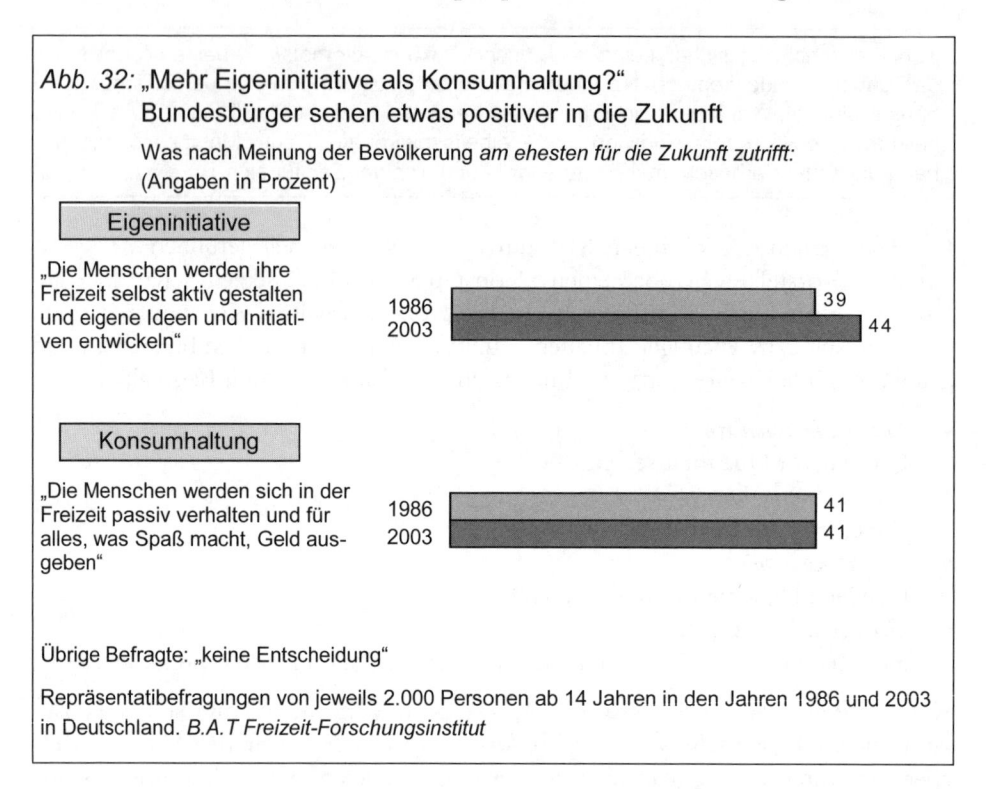

Abb. 32: „Mehr Eigeninitiative als Konsumhaltung?"
Bundesbürger sehen etwas positiver in die Zukunft

Was nach Meinung der Bevölkerung *am ehesten für die Zukunft zutrifft:*
(Angaben in Prozent)

Eigeninitiative

„Die Menschen werden ihre Freizeit selbst aktiv gestalten und eigene Ideen und Initiativen entwickeln"

Jahr	%
1986	39
2003	44

Konsumhaltung

„Die Menschen werden sich in der Freizeit passiv verhalten und für alles, was Spaß macht, Geld ausgeben"

Jahr	%
1986	41
2003	41

Übrige Befragte: „keine Entscheidung"

Repräsentatibefragungen von jeweils 2.000 Personen ab 14 Jahren in den Jahren 1986 und 2003 in Deutschland. *B.A.T Freizeit-Forschungsinstitut*

Erste Anzeichen sprechen für diesen Wandel. Die Bundesbürger sehen in ihrer Rolle als Konsumenten wieder etwas positiver in die Zukunft. Die Befürchtungen aus den achtziger Jahren, dass der Konsum Stresscharakter bekommt und ein Opfer des Immer-Mehr wird, erfüllen sich offensichtlich nicht. *Mehr Eigeninitiative als Konsumhaltung* – das wird die Leitlinie des Lebens werden. Die Hoffnung wächst (1986: 39% – 2003: 44%), dass die Menschen künftig ihr Leben wieder mehr selbst aktiv gestalten und eigene Ideen und Initiativen entwickeln. Die vorschnelle Gleichsetzung von „Konsum" mit „Passivität" muss so nicht Wirklichkeit werden. Auch in Zukunft wird vieles, was zum Genießen einlädt und Spaß macht, Geld kosten. Daneben aber gewinnen Eigeninitiative, Selbermachen und Selbst-aktiv-Sein wieder an Bedeutung.

Konsum hört auf, nur Ersatz für ein gutes Lebensgefühl zu sein. In Zeiten knappen Geldes müssen und wollen die Menschen gezielter aus dem Konsumangebot auswählen und sich beim Geldausgeben bewusster und sparsamer verhalten, wobei „Schnäppchenjagd" auch zum Hobby werden kann, wenn der Zeitgeist („Geiz ist geil") die Not zur Tugend erklärt. Wertvoll kann in Zukunft das werden, was man nicht teuer erkaufen muss.

Die in den achtziger und neunziger Jahren euphorisch propagierten Individualismus-, Hedonismus- und Erlebnisorientierungen werden den Verbraucher im 21. Jahrhundert nur mehr bedingt charakterisieren können. Die Zeit „nach dem 11. September", die andauernden Konjunkturprobleme sowie die finanziellen Auswirkungen der Sozialreformen lassen den hybriden Verbraucher plötzlich in einem anderen Licht erscheinen. Infolgedessen sind erhebliche Zweifel anzumelden bei Prognosen von Konsumforschern (vgl. Barz/Kampik/Singer/Teuber 2003), die noch von der Dominanz der Genussmoral („fun morality") des Konsumenten im ausgehenden 20. Jahrhundert ausgehen wie z.B. „Im Vordergrund stehen stärker Ego-Interessen" oder „Man möchte das Leben auskosten" (Barz u.a. 2003, S. 252f.).

Im 21. Jahrhundert dominiert die Luxese-Haltung im Konsumieren zwischen Luxus und Askese. Und immer selektiv und kalkuliert. Merkmale hierfür sind:

- Sinkendes Anspruchsdenken
- Wachsende Konsumzurückhaltung
- Demonstrative Bescheidenheit
- Große Preissensibilität
- Vorsorgesparen – für sich, die Kinder und die Enkel.

Der ehemals satte *Erlebniskonsument muss abspecken*, wird ein wenig schlanker und hofft auf bessere Zeiten.

Auch die junge Generation erwartet von den öffentlichen und kommerziellen Konsumangeboten nicht mehr bloß Ablenkung und Zerstreuung, Unterhaltung und Zeitvertreib, sondern auch Sinn- und Lebenserfüllung:

- Jeder dritte Jugendliche möchte in seinem Leben gerne etwas tun und erleben, „was *Sinn* hat".
- Und 41 Prozent der jungen Leute verbinden mit dem Erlebniskonsum auch die Hoffnung, dass er „persönlich bereichert und *erfüllt*".

Die Konsumgesellschaft muss in Zukunft diesen *Anspruch auf Lebensqualität* einlösen, wenn sie eine Zukunft haben will. Sie muss Antworten auf die Fragen geben:

- Tragen Konsumangebote wirklich zu unserem persönlichen Wohlbefinden bei oder lassen sie uns aus dem inneren Gleichgewicht geraten?
- Lassen sich Konsumangebote mit unseren persönlichen Bedürfnissen und Interessen verbinden oder verhindern sie gar eine persönliche Weiterentwicklung?
- Fördern Konsumangebote das Zusammensein in Partnerschaft, Familie und Freundeskreis oder wirken sie eher gemeinschaftsschwächend?
- Ermöglichen Konsumangebote unbeschwerten Naturgenuss in intakter Umwelt oder verursachen sie eher irreparable Schäden?

Die Zukunft wird zunehmend der Sinnorientierung gehören – zugespitzt in der Formel: *Von der Flucht in die Sinne zur Suche nach dem Sinn*: Diese Bewegung wird aber nur bedingt kommerzialisierbar sein. Die Sinnorientierung wird zur wichtigsten Ressource der Zukunft und zu einer großen Herausforderung der Wirtschaft werden. Denn mit jedem neuen Konsumangebot muss zugleich die Sinnfrage „Wofür das alles?" beantwortet werden.

> Zukunftsmärkte werden immer auch Sinnmärkte sein – bezogen auf Gesundheit und Natur, Kultur, Bildung und Religion. Letztlich geht es um Lebensqualität. Wertebotschaften statt Werbebotschaften heißt dann die Forderung der Verbraucher, die sich auch als eine Generation von Sinnsuchern versteht. Von Konsumverzicht will sie wenig wissen, dafür umso mehr von der Werthaltigkeit des Konsums.

Die Konsumenten als Sinn- und Wertsucher werden sich vehement gegen die *Instantphilosophie* („Just do it") mancher Marketingstrategen zu wehren und sich als Konsumkritiker mit den Globalisierungskritikern zu verbünden wissen. Sie alle haben ein gemeinsames Thema – vom Kampf gegen die Kinderarbeit in der Produktion bis zum Protest der Textilarbeiterinnen in Bangladesch gegen die Ausbeutung. Ihre entscheidende Waffe ist nicht der Boykott, sondern das Internet. Sie können so rund um die Welt durch Websites operieren und eine *internationale Basisbewegung* mobilisieren – ganz im Sinne der schärfsten Globalisierungsgegnerin Naomi Klein aus Kanada, die es für möglich hält (Klein 2002, S. 460), dass sich in Zukunft zu den kritischen Konsumenten auch die kritischen Aktionäre gesellen und Gewerkschafter bei McDonald's aktiv werden.

IV. Zappen. Surfen. Telefonieren. Die Medienwelt von Morgen

„Die meisten TV-Zuschauer werden in Zukunft auch TV-Hopper und TV-Zapper sein, die aus Langeweile von einem Kanal zum anderen springen und unliebsame Sendungen per Knopfdruck abschießen"

Horst W. Opaschowski: Medientage München 1991

Prognosen und Perspektiven auf einen Blick

- Goethe lebt:
  Aber Vielleser sterben aus

- Expansion der Web-Kultur:
  Aber Radio und Zeitung leben weiter

- TV-Sendungen werden kürzer:
  Sonst sieht keiner mehr zu

- Pay-TV:
  Bezahl-Fernsehen ist kaum bezahlbar

- Medienflut:
  Zwischen Konsumhaltung und Verweigerung

- Internet:
  Mehr Nischen- als Massenmedium

- Wissensmonopol:
  Digitale Spaltung als Bildungsproblem

- Compunikation:
  Mehr E-Communication als E-Commerce

- Bürger unter Generalverdacht:
  Überwachungskameras auf Schritt und Tritt

- Elektronisches Pearl Harbour:
  Cyberterrorismus und Internetpiraterie

1. FernSehGeschichte.
Vom Fenster-Gucker zum TV-Zuschauer

Das Fernsehen hat die Einstellungen, die Lebensgewohnheiten und den Alltag der Menschen verändert. Dabei hatte alles so langsam und so beschaulich begonnen. Als es noch kein Fernsehen gab, dominierten die Fenster-Gucker. Keine tausend Bundesbürger besaßen 1953 ein Fernsehgerät. *„Aus dem Fenster schauen"* zählte zu den beliebtesten Freizeitbeschäftigungen. Die Einführung des Fernsehens muss aus heutiger Sicht als das wichtigste Kultur- und Medienereignis der letzten fünfzig Jahre gewertet werden. Für die erste Fernsehgeneration in den fünfziger bis siebziger Jahren hatte der Fernsehkonsum geradezu freizeitfüllende Funktion. Berechnungen der Medienforschung ergaben, dass der durchschnittliche Fernsehzuschauer 3.000 Stunden im Jahre schlief, 2.000 Stunden arbeitete und 1.000 Stunden vor dem Fernsehgerät zubrachte.

Schon „Vier Wochen ohne Fernsehen", das bekannte Fernseh-Entzugsexperiment in den siebziger Jahren, hatte fatale Folgen für das Zusammenleben: Fernsehlose Zeit stellte sich nicht als die erhoffte Chance für die Familie dar. Ganz im Gegenteil: Die Betroffenen wurden von Langeweile überwältigt, von Stille beunruhigt und hatten mehr Zeit zum Streiten. Die außergewöhnliche Sog- und Anziehungskraft des Fernsehens wurde bestätigt. *Der fehlende Fernsehapparat hinterließ ein Vakuum.* Die Gewöhnung an den passiven TV-Konsum drohte die Lebenskunst des Mit-sich-selber-Beschäftigens verkümmern zu lassen.

Das neue Fernsehzeitalter brachte keinen neuen Menschen hervor, eher einen abhängigen Konsumenten. Das Medium Fernsehen erwies sich fast als Droge im Wohnzimmer. Ein TV-Entzug für vier Wochen hinterließ psychische Leere. Das Ende der vierwöchigen Tele-Abstinenz endete in dem Satz: „Jetzt haben unsere Abende wieder einen Sinn." Die Entziehungskur war gescheitert (Bauer u.a. 1976).

Fernsehen hat sich in den vergangenen Jahrzehnten zum *Leit- und Leidmedium des Freizeitverhaltens* entwickelt. Freizeitleben und Fernsehkonsum bildeten eine Erlebniseinheit. Fernsehen bestimmte den Zeitablauf von Feierabend und Wochenende, ja, die erste Fernsehgeneration hatte „eine Art Beamtenverhältnis" (U. Potofski) zum Fernsehen. Die ARD-Tagesschau war z.B. eine Institution, das ZDF-Sportstudio auch. Gewechselt wurde zwischen den Programmen nur wenig.

Mit Blick auf die Versorgung der Bevölkerung mit elektronischen Medien sprach die Medienforschung bereits Anfang der neunziger Jahre von einer „Vollversorgung" in einer medialen „Überflussgesellschaft" (Kiefer 1992, S. 21). Die Mehrfachausstattung vieler Haushalte mit Hörfunk- und Fernsehgeräten war kaum mehr zu steigern. Entsprechend hoch war der Zeitaufwand für die Mediennutzung. Die Mediennutzungszeit verdoppelte sich. Die Medienkonsumenten gerieten immer mehr in Zeitnot. Die *Zeitverdichtung durch Paralleltätigkeiten* insbesondere während des Fernsehens sorgte für permanenten Zeitdruck. Medienkonsum wurde zu einem Balanceakt zwischen Zeitgewinn und Zeitverlust (vgl. Neverla 1991).

Die *Trendwende im Fernsehkonsum* ließ nicht lange auf sich warten. „Nur fernsehen" galt vielen Menschen plötzlich als vergeudete Zeit, wozu insbesondere die zunehmende Konkurrenz anderer Konsumangebote (vor allem in der Konsumszene wie z.B. Shopping, Kino und Essengehen) beitrug. Die TV-Zuschauer kamen in die Wechsel-Jahre: Sie wechselten immer häufiger zwischen den Sendern und probten den sanften Fernsehboykott. Wenn in Deutschlands guten Stuben der Fernseher lief, schauten immer weniger hin.

2. Mehr passiv als interaktiv. Die zweite TV-Generation

Die zweite TV-Generation in den neunziger Jahren sollte eigentlich eine neue Medien-Generation sein, die das TV-Gerät mit dem PC kombiniert, ein fast grenzenloses Bildschirm-Angebot ‚abruft', ‚mischt' und als ‚eigenes' Programm auf den Bildschirm zaubert. Mittels Fernbedienung und Steuerknüppel sollten die Zuschauer plötzlich mit ihrem Bildschirm aktiv kommunizieren, statt sich wie bisher passiv berieseln zu lassen. Und so lauteten die kategorischen Imperative:

- Der Konsument als Kameramann.
- Jeder sein eigener Regisseur.
- Intelligentes Fernsehen für intelligente Zuschauer.

> **Passives Publikum. Frühe Prognose aus dem Jahr 1983**
>
> „Programmdirektor Publikum: Die Entdeckung des Fernsehens als Medium zur Aktivierung der Zuschauer steht noch aus. Die Zuschauer müssen ernst genommen werden, indem sie Einfluss auf die Gestaltung der Sendungen bekommen. Sie sind bei ihrer Konsumhaltung abzuholen und aus ihrer passiven Rolle herauszuholen. Dies ist ein längerfristiger Lernprozess, der 30jährige Fernsehgeschichte und damit Gewöhnung an passiv-konsumtive Zuschauerhaltungen nicht vergessen machen kann."

H.W. Opaschowski: Arbeit. Freizeit. Lebenssinn? Orientierungen für eine Zukunft, die längst begonnen hat, Opladen 1983, S. 154

Interaktives Fernsehen („Interactive Television") war angesagt. Doch Interaktivität, die neue mediale Herausforderung, wurde eher zum medialen Stress. Vom Boom zum Bumerang war es nur ein Schritt. Eine TV-Generation, die vier Jahrzehnte lang pausenlos passiv war, konnte *nicht plötzlich grenzenlos interaktiv* sein. Der angepasste Fernsehkonsument schlug zurück – er wollte weiter berieselt werden. An den bequemen Lehnstuhl-Bildschirm-Spaß gewöhnt, wollten die meisten Zuschauer auch in Zukunft das Fernsehen in erster Linie als Mittel zur Ablenkung, Entspannung und Unterhaltung nutzen, ohne dass Informationsinteressen (um auf dem Laufenden zu bleiben) und Kommunikationsbedürfnisse (um nicht allein zu sein und Kontakt nach ‚draußen' zu behalten) zu kurz kamen.

Statt passiv und ungeplant „sollte", so die Hoffnung der Medienbranche, aktiv und gezielt konsumiert werden. Doch das war für die meisten Zuschauer ebenso ungewohnt wie unbequem. Lieber zahlten sie weiter ihre Fernsehgebühren, wollten sich aber nach Feierabend weder anstrengen noch überfordern lassen. Die Aufforderung zu grenzenloser Interaktivität empfanden sie eher als pausenlosen Stress.

Dafür sprach beispielsweise auch der Fehlschlag eines TV-Experiments aus dem Jahre 1991. ARD und ZDF boten damals zeitgleich den Doppelkrimi „*Mörderische Entscheidung*" an, bei dem die Zuschauer zwischen beiden Sendern hin- und herspringen und sich ihren Krimi selbst nach eigenen Vorstellungen konstruieren sollten. Der SPIEGEL jubelte den TV-Machern zu: Sie hätten den „alten Traum von der Emanzipation des Publikums" verwirklicht und dem Fernsehen „einen kreativen Schub verpasst" (Spiegel 50/1991, S. 264). In Wirklichkeit ging der Schub als ‚Schuss nach hinten' los: Das angeblich innovativste TV-Experiment seit der Erfindung der Fernbedienung erwies sich eher als *Umschalt-Flop*.

Zwar wurden Neugier, Sensationslust und Effekthascherei befriedigt, aber die Identifikation des Zuschauers mit den handelnden Personen blieb auf der Strecke. Die meisten Zuschauer hatten den Faden verloren und schwankten zwischen Wirrwarr, Ärger, Frust und zerhackten Dialogen. So schürte der Film lediglich die *Angst, auf dem anderen Kanal etwas zu verpassen* – was nur eine andere Umschreibung für das Phänomen Stress war. Der mündige TV-Benutzer wurde gerade nicht herausgefordert. Vielleicht war es eher eine „Mörderische Entscheidung" für die TV-Anstalten selbst. Das Experiment hat Hopping, Switching und Zapping, das Um- und Ausschalten des TV-Programms, geradezu gesellschaftsfähig gemacht und die Aufforderung zum Agieren hat bei den Zuschauern mehr Unlust als Lust ausgelöst. So war interaktives Fernsehen zunächst nur bei der jungen Generation willkommen.

3. TV-Profile.
Wer? Was? Wie?

Das Massenmedium TV hält seit den achtziger und neunziger Jahren ein breites Angebot für alle bereit. Und so entwickeln sich ganz spezifische Medienprofile. Beim TV-Konsum favorisieren die Frauen im Vergleich zu den Männern mehr TV-Serien (+9 Prozentpunkte), mehr Gameshows (+2) und mehr Talkshows (+2). Männer hingegen sind mehr an Sportsendungen (+11) und aktuellen Reportagen (+3) interessiert. Bemerkenswerte Unterschiede sind zwischen den Generationen feststellbar:

- Die junge Generation im Alter von 14 bis 29 Jahren bevorzugt vor allem Spielfilme und TV-Serien, Sportsendungen und Gameshows.
- Das größte TV-Interesse an Werbesendungen zeigen die 30- bis 49-Jährigen.
- Im Alter ab 50 Jahren verändert sich das Medienprofil deutlich. Das regelmäßige Anschauen von TV-Nachrichten gehört fast zum Pflichtprogramm (80%). Keine andere Altersgruppe ist so an aktuellen Informationen interessiert wie sie, wozu auch Politische Magazine gehören. Nur so ist es erklärbar, dass die täglichen Talkshows, deren aktuelle Themen und Informationen sozusagen

"aus dem Leben gegriffen" sind, bei der 50-plus-Generation mehr Resonanz findet (11%) als bei den unter Dreißigjährigen (7%). In beiden Fällen ist die Talkshow-Zuschauergruppe mehr weiblich als männlich.

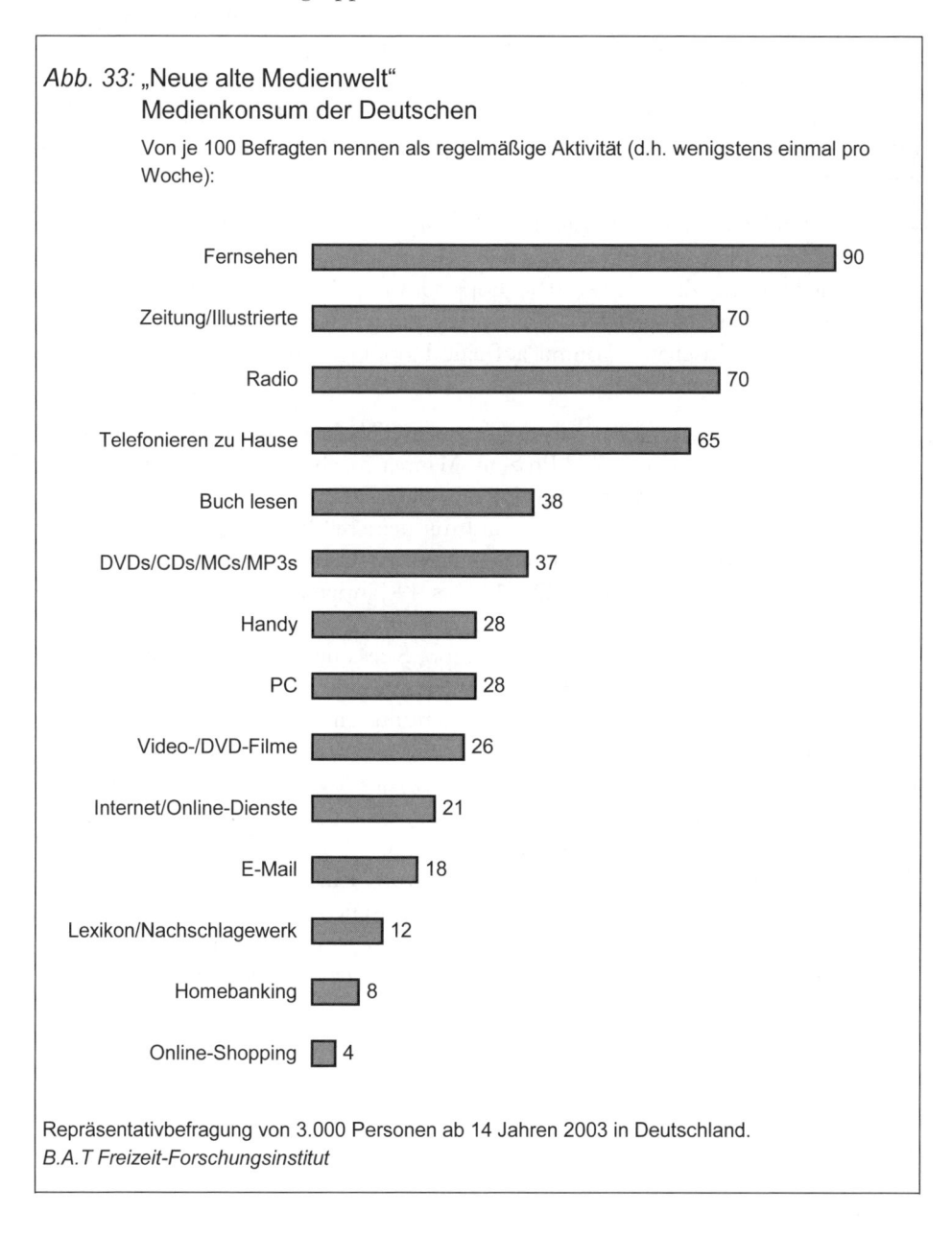

Abb. 33: „Neue alte Medienwelt"
Medienkonsum der Deutschen

Von je 100 Befragten nennen als regelmäßige Aktivität (d.h. wenigstens einmal pro Woche):

Aktivität	%
Fernsehen	90
Zeitung/Illustrierte	70
Radio	70
Telefonieren zu Hause	65
Buch lesen	38
DVDs/CDs/MCs/MP3s	37
Handy	28
PC	28
Video-/DVD-Filme	26
Internet/Online-Dienste	21
E-Mail	18
Lexikon/Nachschlagewerk	12
Homebanking	8
Online-Shopping	4

Repräsentativbefragung von 3.000 Personen ab 14 Jahren 2003 in Deutschland.
B.A.T Freizeit-Forschungsinstitut

Die *Umschaltgewohnheit „Zapping"* wird zur größten Herausforderung für TV-Sender. Der moderne Erlebniskonsument kann nicht mehr lange bei einer Sache verweilen.

Dies wirkt sich auch auf den Fernsehkonsum aus. Wenn eine Sendung langweilig oder anstrengend wird, springt der Konsument einfach weiter – von einem Kanal zum anderen. „Hopping" nennen das die Amerikaner. Als z.B. die USA die Rechte für die ZDF-Sendung „Wetten, dass ..." aufgekauft hatten, war die Sendung in den USA plötzlich erfrischende 30 Minuten kurz. Die Begründung dafür lautete: „Sonst sieht bei uns keiner mehr zu."

Symbol für die Hopping-Manie des TV-Konsumenten ist die Fernbedienung geworden. Mit ihrer Hilfe kann sich der Konsument jederzeit zwischen den einzelnen Programmen hin- und herbewegen:

- Über drei Viertel aller TV-Zuschauer (77%) machen regelmäßig während eines Fernsehabends von der Fernbedienung Gebrauch.
- Fast jeder dritte Zuschauer (30%) ‚hoppt' im Durchschnitt mindestens fünfmal am Abend zwischen den TV-Programmen hin und her.
- Jeder zehnte Zuschauer kommt auf eine Hopping-Frequenz von neunmal pro Abend oder sogar noch häufiger.

Tendenz weiter steigend: 1994 gab es unter den TV-Zuschauern 63 Prozent Hopper, fünf Jahre später waren es 77 Prozent. Männer machen von der Fernbedienung deutlich mehr Gebrauch als Frauen. Die absoluten *Hopping-Freaks* sind die 14- bis 17-jährigen Jugendlichen. 90 Prozent sind mit „einem" TV-Programm am Abend nicht zufrieden; sie „müssen" einfach hin- und herschalten. Dies gilt auch für die Hauptzielgruppe des Fernsehens: Die 14- bis 49-Jährigen sind unter den Zappern deutlich mehr vertreten (82%) als die 50-plus-Generation (70%). Mit der Beschleunigung des Lebens, der Zunahme von Tempo, Stress und Hektik werden auch die Zapping-Gewohnheiten der Medienkonsumenten weiter zunehmen.

Der Medienkonsum der Zukunft wird nicht nur eine Zeitfrage, sondern vor allem auch eine *Geldfrage* sein. Zur Jahrtausendwende sollte es eigentlich nach den Prognosen der Medienbranche eine Zweiteilung des TV-Marktes in Einschaltfernsehen (Free-TV) und Bestellfernsehen (Pay-TV) geben. Die TV-Wirklichkeit ist allerdings auf den ersten Blick noch relativ ernüchternd. Die überwiegende Mehrheit der Bevölkerung macht weiterhin regelmäßig vom Einschaltfernsehen Gebrauch, dagegen nur zwei bis drei Prozent vom Bestellfernsehen. In dieser Mediengewohnheit unterscheiden sich die einzelnen Bevölkerungsgruppen kaum voneinander. Tendenziell nimmt lediglich das Interesse am Fernsehen mit steigendem Bildungsgrad ab. Das war schon immer so.

Bei einem Blick in die Zukunft zeichnet sich allerdings ein bemerkenswertes *Zukunftspotential Pay-TV* ab. Die Interessenten für das Bestellfernsehen lassen sich als eher

- jung,
- gebildet und
- PC-kompetent

beschreiben. Bevölkerungsgruppen mit diesen Merkmalen zeigen das größte Interesse an Bezahl-Fernsehen/Pay-TV „gegen Extragebühren." Vor allem die 14- bis

29-Jährigen signalisieren, dass sie sich hiervon in Zukunft eine neue Medienfreiheit versprechen. Jeder dritte Jugendliche wartet gespannt auf das Massenmedium Pay-TV, sofern es bezahlbar bleibt.

Die finanziellen Barrieren sollten nicht unterschätzt werden. Ein eher wachsender Anteil der Bevölkerung (1997: 37% – 1999: 41%) vertritt die Auffassung: „Die Nutzung neuer Fernsehkanäle und -programme gegen zusätzliche Bezahlung (*Pay-TV*) werden sich viele Menschen finanziell nicht leisten können." Finanzierungsprobleme befürchten vor allem Rentner. Das Bezahl-Fernsehen muss man auch bezahlen können. Und die Frage bleibt weiterhin offen, ob sich die Bevölkerung in den nächsten Jahren das neue Medienangebot auf breiter Ebene überhaupt leisten kann.

> Vor dem Hintergrund wachsender finanzieller Belastungen im privaten Bereich sprechen gravierende ökonomische Gründe gegen die massenhafte Ausbreitung von Pay-TV. Neben einer Grundinvestition fallen je nach Nutzungsintensität monatliche Extragebühren an. Diese Kosten werden viele Haushalte nicht tragen können – und vielleicht auch nicht wollen.

Denn in den Konsumprioritäten rangieren Shopping, Kino, Essengehen sowie Auto und Urlaubsreise deutlich vor dem TV-Konsum. Das Angebot außer Haus und der gesellige Erlebniskonsum rund um die Uhr mit anderen können in Zukunft eher noch attraktiver werden.

4. Medienrevolution.
Thesen zur Zukunft des Fernsehens

Die Zukunft des Fernsehens lässt sich thesenhaft in zehn Punkten zusammenfassen:

1. *Die Treue zu TV-Sendern („ZDF", „ARD" u.a.) und TV-Sendungen („Tagesschau", „Sportschau", „ran" u.a.) lässt nach.* Sender und Programme werden austauschbarer. Der Medienkonsument geht vom eigenen Interesse und begrenzten Zeitbudget aus und will Antworten auf die Fragen „Wo?", „Was?" und „Wie?"
2. *Die meisten TV-Zuschauer sind TV-Hopper und TV-Zapper* zugleich, die von einem Kanal zum anderen springen und langweilige Sendungen per Knopfdruck einfach „abschießen". Wenn heute TV-Produzenten (wie z.B. Wolfgang Rademann) vier Filme gleichzeitig drehen, werden morgen TV-Konsumenten vier Filme gleichzeitig sehen.
3. *TV-Sendungen werden immer kürzer* – als Reaktion auf die gewandelten Freizeitgewohnheiten der Zuschauer: „Mehr erleben in gleicher Zeit." Insbesondere Vorabend-Programme können zum Fast-Food-TV im Halbstunden-Rhythmus werden. Für langatmige und nachdenkliche Sendungen bleibt kaum Spielraum.
4. *Die inflationäre Verbreitung von Unterhaltungssendungen macht das Fernsehen auch zum Wegwerf-TV*: „Heute gedreht, morgen gesendet und übermorgen vergessen."

Eine Art *Fahrstuhl-Effekt* stellt sich ein: Fast alles wird eine oder zwei Niveau-Ebenen tiefer gefahren. „Wir verfilmen heute den Schrott, der vor fünf Jahren im Papierkorb gelandet wäre" (W. Rademann). Die Fülle der Film- und Programmproduktionen zwingt zur Niveauverflachung (H. Thoma: „Im Seichten kann man nicht untergehen"). Die Verpackung soll verschleiern, wie dünn die Inhalte sind. Die Optik wird wichtiger als der Inhalt. Informationen ohne Unterhaltungswert sind kaum mehr vermittelbar.

Mit der Einführung des Privatfernsehens im George-Orwell-Jahr 1984 hielt die Einschaltquote Einzug in die Fernsehwelt. Der Quotendruck sorgt seither dafür, dass auch bei den Öffentlich-Rechtlichen Fernsehanstalten die Unterhaltung über die Information siegt. Nach Angaben der Arbeitsgemeinschaft der Landesmedienanstalten machen mittlerweile Unterhaltungsangebote bei ARD und ZDF etwa achtzig Prozent der Sendezeit aus. Bei den Privaten liegt der U-Anteil des Programms bei über neunzig Prozent. Die Folge: *Gute Quoten werden in Zukunft wichtiger als gute Inhalte sein*, so wie heute schon Werbe-Kunden wichtiger als TV-Zuschauer sind. Zu guter Letzt zählt immer nur die Quote.

5. *TV pur ist passé.* „Nur fernsehen" geht deutlich zurück, während gleichzeitig immer mehr Nebenbei-Beschäftigungen hinzukommen. So nehmen nicht nur die Umschalt-, sondern auch die inneren Abschaltquoten auf breiter Ebene zu. Die TV-Konsumenten wollen weiterhin passiv unterhalten und berieselt werden, während sie ihren Gedanken oder anderen Beschäftigungen nachgehen.

6. *In den nächsten Jahren können die elektronischen Medien zum bloßen Vehikel für die werbetreibende Wirtschaft werden.* Auf den werbefinanzierten TV-Film folgt das werbefinanzierte Telefon-Gespräch und die werbefinanzierte E-Mail. Die Werbewirtschaft agiert als Finanzierungshelfer insbesondere für die jüngere Generation, die bei den Ausgaben für alltägliche Information (I), Unterhaltung (U) und Kommunikation (K) zunehmend über ihre Verhältnisse lebt.

7. *Die vierte Medienrevolution lässt noch auf sich warten:* Die erste gehörte dem Fernsehen, die zweite der Fernbedienung, die dritte dem Internet. Die vierte Medienrevolution soll das TV-PC-Handy-Set sein (UMTS). Der Computer soll dann TV-fähig und das Handy Internet-fähig werden. Alles wandelt sich zum Multimedium für TV-Programme, Computerspiele, Internet-Surfen, Foto-CDs und Bildtelefon. Die mediale High-Tech-Phase mündet in die High-End-Phase, in der Informations-, Unterhaltungs- und Kommunikationstechnologien (I-U-K) zusammenwachsen – so zumindest die Wunschvorstellung der Medienbranche.

8. Das *Zeitalter der totalen Vernetzung* (Bill Gates: „Connectivity") kann den Privatnutzern eine neue Einfachheit bescheren: klick „action" – klick „fun" – klick „crime" – klick „sex" – klick „news" – klick „games", – klick ... Die komplizierte PC-Technik der achtziger und neunziger Jahre gehört bald der Vergangenheit an. Mit der Möglichkeit zur totalen Vernetzung ist allerdings auch der Schutz der Privatsphäre nicht mehr gewährleistet. Das Ende der Privatheit droht.

9. *Es wächst eine Mediengeneration heran zwischen Konsum- und Verweigerungshaltung* heran. Während die Masse der Consumer aus Zeitnot kaum eine Aktivität zu Ende

führen bzw. eine Sendung zu Ende sehen kann, verhält sich die kleine Gruppe der Verweigerer fast wie eine postmediale Generation: Raus aus dem medialen Zeitkorsett und weg von sinnentleerten TV-Ritualen, Ausstieg aus Cliquenzwängen, Gruppennormen und oberflächlichen Beziehungen. Statt Beliebigkeit und Unverbindlichkeit wird von ihnen mehr Konstanz im Leben gesucht. Dies kann sich nur eine Info- und Bildungselite leisten – die Masse bleibt weitgehend im Käfig der Konsumkultur: Nie ganz dabei – aber immer auf dem Sprung zum nächsten medialen Ereignis.
10. *Die vorausgesagte Wissensgesellschaft muss auf den Sankt-Nimmerleinstag verschoben werden.* Die Zukunft gehört eher einer Infotainmentgesellschaft, die für die Verarbeitung von Information und Erfahrung kaum noch Zeit hat. Die Unterhaltungskultur lässt der Wissenskultur wenig Spielraum. So kann es bald heißen: Anlesen, wegstellen und vergessen! In Zukunft wird schneller gelesen als heute. Die Fähigkeit sinkt, längere Texte zu lesen. Der oberflächliche Lesekonsum nimmt zu. Lesen stirbt nicht aus. Aber Anlesen wird wichtiger als Durchlesen, weil die Leser gleichzeitig auch Vielmediennutzer sind.

5. Alles erleben – nichts verpassen. Generation @ im 21. Jahrhundert

Die junge Generation hat sich inzwischen zu einer Medien-Generation entwickelt, die *alles sehen, hören und erleben* und vor allem im Leben nichts verpassen will. Die jungen Leute im Alter von 14 bis 29 Jahren nehmen sich fast genauso viel Zeit für Fernsehen (89%) wie die übrige Bevölkerung auch (90%). Zusätzlich und oft zeitgleich nutzen sie andere Medien: Sie sehen fast doppelt so viele *Videofilme* (51% – Gesamtbevölkerung: 26%) und nehmen sich auch mehr Zeit für das Hören von *CD's* (76% – Gesamtbevölkerung: 37%). Selbst für das Bücherlesen haben sie genauso viel Zeit (2003: jeweils 38%).

Zugleich stellen sie die Diskussion um einen möglichen Verfall der Lesekultur in einem anderen Lichte dar: Bestimmte Bücher werden von der jungen Generation nicht mehr nur gelesen, sondern auch „benutzt": Etwa jeder siebte Jugendliche (2003: 14%) greift regelmäßig während der Woche zum *Lexikon* oder *Nachschlagewerk*. Die öffentliche Kritik darüber, dass die meisten Jugendlichen heute kein ‚gutes Buch' mehr lesen, hat eher die schöngeistige Literatur im Blick. Das Informationszeitalter fordert seinen Tribut. Die Einstellung zum Medium Buch wird pragmatischer und lässt unterschiedliche Nutzungsmöglichkeiten zu: Ein Buch muss nicht mehr nur gelesen, es darf ruhig auch benutzt, gebraucht und konsumiert werden. Die wachsende Bedeutung der Lexika, Nachschlagewerke, Sachbücher, Ratgeber- und Hobbyliteratur stellt die Leseforschung vor neue Aufgaben. Fast doppelt so viele Jugendliche wie die übrige Bevölkerung beschäftigen sich zudem mit dem *Computer* (52% – Gesamtbevölkerung: 28%) und jeder Vierte findet an *Videospielen* Gefallen (23% – Gesamtbevölkerung: 7%).

Abb. 34: „Alles erleben – nichts verpassen"
Generation @ im 21. Jahrhundert

Von je 100 Befragten nennen als *regelmäßig Aktivität* (= mindestens einmal in der Woche):

☐ Gesamtbevölkerung ■ 14- bis 29-Jährige

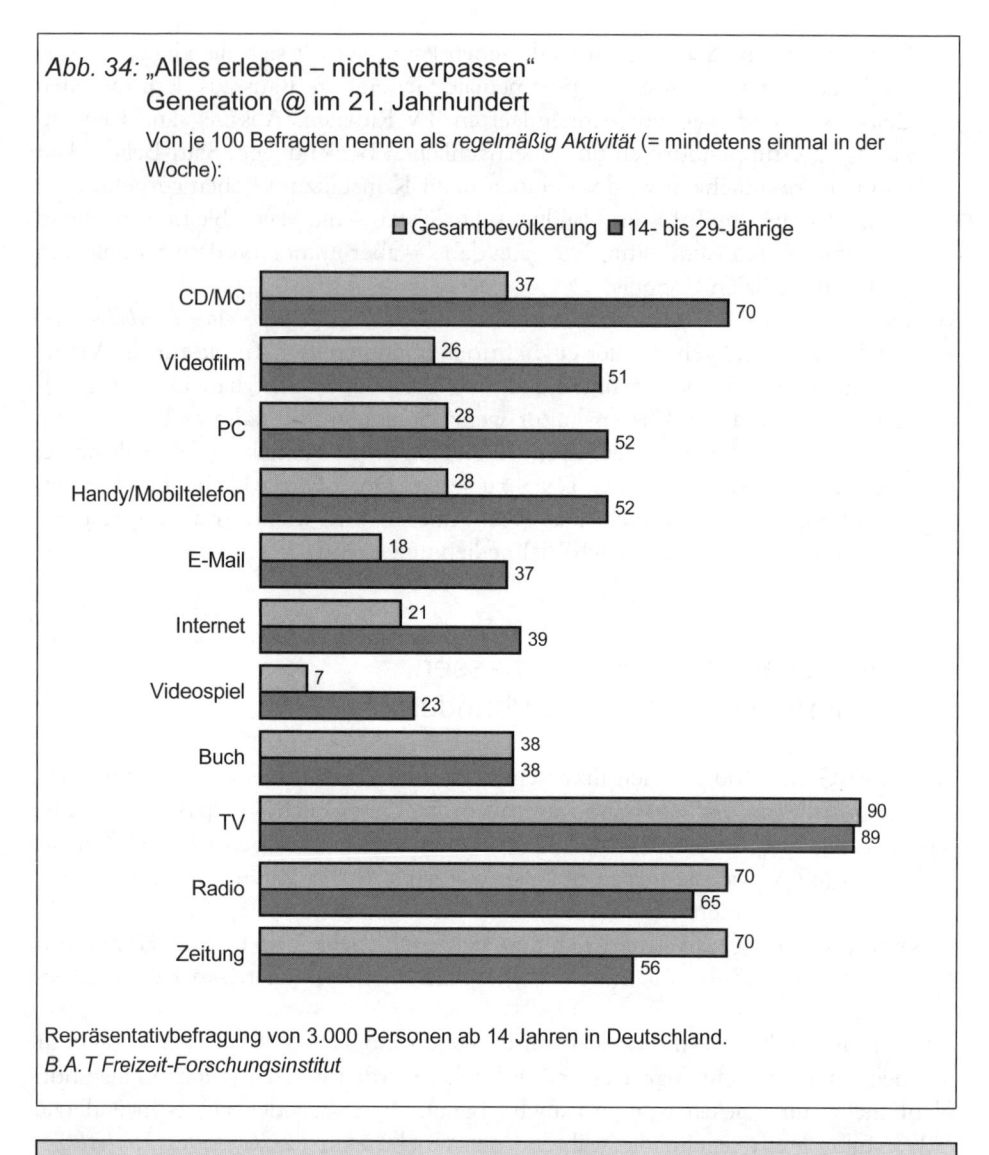

Aktivität	Gesamtbevölkerung	14- bis 29-Jährige
CD/MC	37	70
Videofilm	26	51
PC	28	52
Handy/Mobiltelefon	28	52
E-Mail	18	37
Internet	21	39
Videospiel	7	23
Buch	38	38
TV	90	89
Radio	70	65
Zeitung	70	56

Repräsentativbefragung von 3.000 Personen ab 14 Jahren in Deutschland.
B.A.T Freizeit-Forschungsinstitut

Die Entwicklung neuer Technologien und die Verbreitung der elektronischen Medien haben viele Freizeitbeschäftigungen attraktiver gemacht, den Konsumenten zugleich aber Stress und Hektik beschert: Die Frage „Was zuerst?" oder „Wie viel wovon?" beantwortet der gestresste Konsument in seiner Zeitnot mit Zeitmanagement: In genau soviel Zeit werden immer mehr Aktivitäten hineingepackt und untergebracht, schnell ausgeübt oder zeitgleich erledigt. Mehr, schneller, weniger intensiv: Die Schnelllebigkeit hat Oberflächlichkeit zur Folge.

Der Medienkonsum ist davon am meisten betroffen. Und die Medien sind Opfer und Motor zugleich. Sie leiden einerseits unter den Hopping-Gewohnheiten der unsteten Konsumenten und treiben sie andererseits zum Fast-food-Konsum an. Ein Teufelskreis.

Am Horizont des Medienhimmels zeichnet sich für die Zukunft ein Hoffnungsschimmer ab: *Die Menschen verlernen das Lesen nicht*. Offensichtlich üben neue elektronische Medien nur im Jugendalter eine besonders große Faszination aus. So lässt sich beispielsweise nachweisen: Mit zunehmendem Lebensalter wächst das Interesse am Lesen von Zeitungen und Zeitschriften und verliert das Musikhören durch CD und MC an Attraktivität. Bereits im Alter von 20 bis 39 Jahren ändern sich die Mediengewohnheiten: 64 Prozent von ihnen favorisieren das Zeitunglesen als Freizeitbeschäftigung und nur mehr 54 Prozent das Musikhören. Der „In"- und Neuheitseffekt von Elektronik und Technologie zieht Jüngere in ihren Bann – ist aber nicht von langer Dauer. „*Heute CD – morgen Zeitung und Zeitschrift*" oder: Heute Faszination der Moderne – morgen Besinnung auf das Beständige. Ganz natürliche Entwicklungsphasen im Laufe eines Lebens. Mit der Lebensphase ändert sich die Rolle des Medienkonsums im Alltagsleben der Bevölkerung. Der Fernsehkonsum stellt dabei das einzig stabile Element dar, das in der Jugend genauso wichtig ist wie bei der übrigen Bevölkerung.

6. Trojanisches Pferd. Medienprognosen und Medienwirklichkeit

Es gab einmal einen Bauern, dessen Pferd davonlief. Dabei handelte es sich um eine herrliche preisgekrönte Stute. Sofort kamen die Nachbarn, um dem Bauern ihr Mitleid über den herben Verlust auszusprechen. „Du bist sicher sehr traurig" sagten sie. Doch der Bauer antwortete nur: „*Vielleicht*". Eine Woche später kam die Stute zurück und brachte fünf wilde Pferde mit. Wieder kamen die Nachbarn – dieses Mal zur Gratulation. „Du bist jetzt sicher sehr glücklich", sagten sie. Und wieder antwortete der Bauer nur: „*Vielleicht*". Am nächsten Tag versuchte der Sohn des Bauern, auf einem der Wildpferde zu reiten. Er wurde abgeworfen und brach sich ein Bein. „So ein Pech", sagten die Nachbarn. „*Vielleicht*" antwortete der Bauer. Drei Tage später kamen Offiziere ins Dorf, um Soldaten zu rekrutieren. Sie nahmen alle jungen Männer mit – nur den Sohn des Bauern nicht, weil er für den Kriegsdienst untauglich war ...

Wer sich mit der Zukunft der Medien beschäftigt, kann aus dieser Geschichte lernen, dass es nicht nur „eine" Sichtweise und nicht nur „eine" Zukunft gibt. Denn nicht alles, was möglich ist, ist auch realistisch. Und nicht alles, was machbar ist, ist auch wünschbar. Bei der Antwort auf die Frage nach der multimedialen Zukunft fühlt man sich zwangsläufig an die chinesische „Vielleicht"-Legende erinnert. Nichts anderes meint der Amerikaner Nicholas Negroponte, einer der profiliertesten Vordenker der vielbeschworenen Informationsgesellschaft. Seine Gedanken über die Zukunft der Kommunikation enden in seinem Buch „Total digital" mit den Worten: „Diese Träume werden sich *vielleicht erfüllen, vielleicht aber auch nicht*" (Negroponte 1995, S. 280).

Gleicht die Zukunft, die uns die Medienbranche beschert, eher einem *Trojanischen Pferd*, bei dem wir nicht wissen, ob es mehr Chancen oder mehr Risiken für die

Zukunft enthält? Sind wir vor dem Hintergrund einer sich fast inflationär entwickelnden Medienflut als Konsumenten hin- und hergerissen bei der Wahl, immer und überall oder niemals und nirgendwo dabei zu sein? Brauchen wir in Zukunft vielleicht unser ganz *persönliches Zap-Gerät*, eine Art *elektronische Suchmaschine*, die uns davor bewahrt, bei der Programmsuche Zeit zu verlieren oder gar zu verschwenden? Sozusagen einen persönlichen Assistenten, der uns die zeitraubende „Medien-Arbeit" abnimmt? Vielleicht einen neuartigen Videorecorder, der einem beispielsweise, wenn man nach Hause kommt, sagt: „Während Sie unterwegs waren, habe ich fünfzig Fernsehstunden durchgeschaut und davon sechs Programmsegmente für Sie aufgenommen, die zusammen eine Länge von zwanzig Minuten ergeben." Dies wäre in der Tat eine zeitökonomische Leistung. Noch ist es nicht so weit.

Eignet sich die Entwicklung der Informations- und Kommunikationstechnologien überhaupt für präzise Prognosen? Hat sie nicht ihr eigenes Tempo? *Web-Zeiten sind wie Hunde-Jahre*: Ein Jahr im Netz entspricht sieben Jahren in der Wirklichkeit. Die Kommunikationsrevolution braucht sicher keine hundert Jahre mehr, um die Welt und unser Leben zu verändern. Aber mit dem Zeitraum von ein bis zwei Generationen müssen wir schon rechnen. Technologisch könnte sicher alles viel schneller gehen, aber psychologisch braucht alles seine Zeit. Das künftige Informationszeitalter wird vor allem eine *Frage der Zeit* und erst in zweiter Linie eine Frage der Technik oder eine Frage des Marktes sein.

Die Medienrevolution stößt an ihre Grenzen. Immer mehr TV-Programme, Videofilme und Computerspiele sowie eine wachsende Vielfalt von Möglichkeiten zu Online-Shopping und Telekommunikation machen auf die Konsumenten den Eindruck der Lawinenhaftigkeit: „*Man fühlt sich förmlich überrollt*" sagen zwei von fünf Bundesbürgern (42%). Viele Bürger haben Schwierigkeiten, sich noch im Dschungel der Medienvielfalt zurechtzufinden.

Als Bill Gates und der damalige Bertelsmann-Chef Middelhoff im Jahr 2000 bei der TV-Sendung Sabine Christiansen zusammenkamen, waren Bill Gates' erste Worte: „*Wichtig ist, den Verbraucher im Auge zu behalten.*" Und Middelhoff eröffnete sein Statement mit den Worten: „Die Wirtschaft muss sehen, *was der Konsument will.*" Genau das ist die Fragestellung des Autors in der Medienforschung seit zwanzig Jahren: Was will der Rezipient von heute – und von morgen?

Das Dilemma um die Mediengruppe Kirch war doch ein überzeugender Beleg dafür, dass sich die Medienbranche bisher vielfach mit interessengeleiteten Medienanalysen zufrieden gab und von Medienprognosen auf wissenschaftlicher Basis wenig wissen wollte. Im Frühjahr 1997, als der Neue Markt gerade in Deutschland geboren wurde, ermittelte der Autor im Rahmen der B·A·T Freizeit-Forschung auf repräsentativer Basis, dass fast zwei von fünf Bundesbürgern (37%) *Pay-TV kategorisch ablehnten* mit der Begründung: „Die Nutzung neuer Fernsehkanäle und -programme gegen zusätzliche Bezahlung (,Pay-TV') werden sich viele Menschen finanziell nicht leisten können." Und wie sich herausstellte, wurden in den Folgejahren diese Akzeptanzprobleme gegenüber Pay-TV nicht geringer (1998: 41% – 1999: 42%).

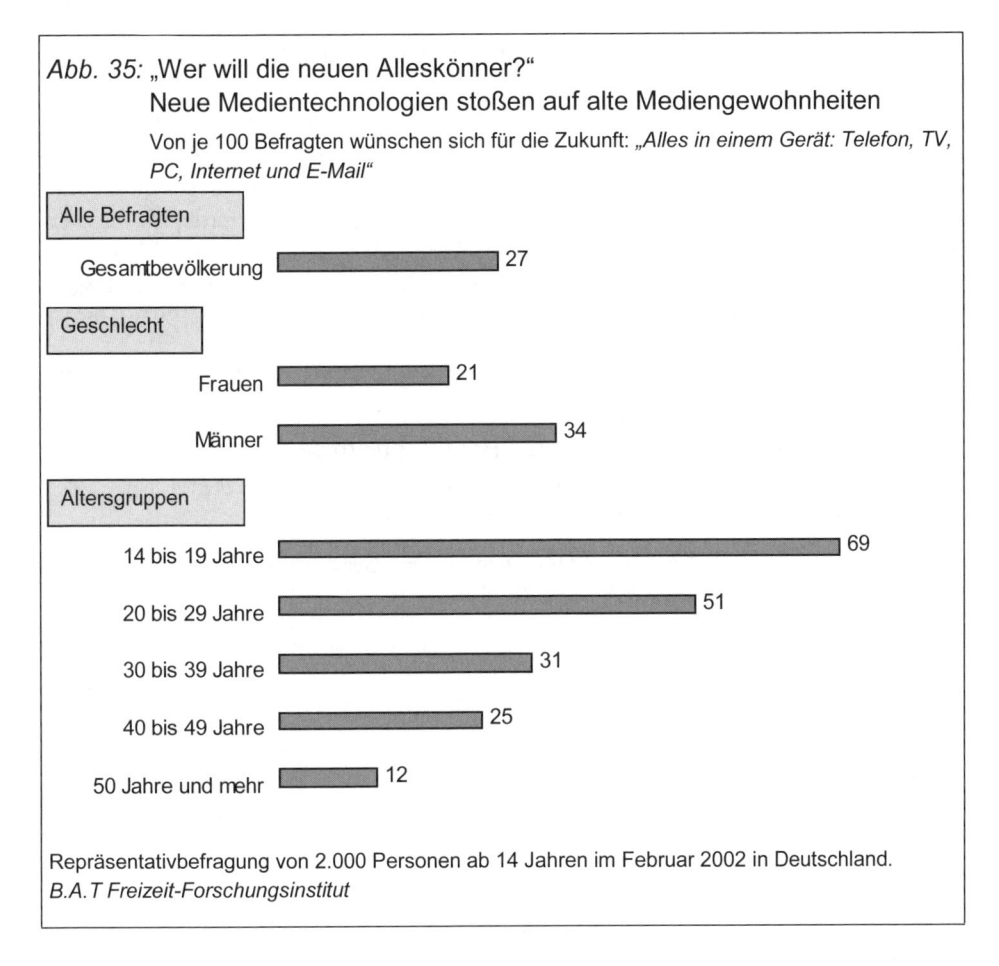

Abb. 35: „Wer will die neuen Alleskönner?"
Neue Medientechnologien stoßen auf alte Mediengewohnheiten

Von je 100 Befragten wünschen sich für die Zukunft: *„Alles in einem Gerät: Telefon, TV, PC, Internet und E-Mail"*

Alle Befragten
- Gesamtbevölkerung: 27

Geschlecht
- Frauen: 21
- Männer: 34

Altersgruppen
- 14 bis 19 Jahre: 69
- 20 bis 29 Jahre: 51
- 30 bis 39 Jahre: 31
- 40 bis 49 Jahre: 25
- 50 Jahre und mehr: 12

Repräsentativbefragung von 2.000 Personen ab 14 Jahren im Februar 2002 in Deutschland.
B.A.T Freizeit-Forschungsinstitut

Dabei stellten die Pay-TV-Gegner nur die eine Hälfte der großen Gruppe desinteressierter Verbraucher dar. Insgesamt 82 Prozent der deutschen Bevölkerung gaben zu verstehen, dass sie grundsätzlich kein Interesse an der Pay-TV-Nutzung hätten. Entsprechend kritisch wurde die weitere Entwicklung prognostiziert: *„Gravierende ökonomische Gründe* sprechen gegen die massenhafte Ausbreitung von Pay-TV" (Opaschowski 1999, S. 63). Genauso ernüchternd fallen die Ergebnisse heute aus: Fast alle Bundesbürger machen regelmäßig von Free-TV bzw. Einschaltfernsehen Gebrauch, dagegen nur etwa zwei bis drei Prozent von Pay-TV bzw. Bezahlfernsehen.

Das Ausblenden und Negieren dieser Forschungsergebnisse hat entsprechende Fehleinschätzungen und Planungsfehler zur Folge gehabt. Erst um 2002 wurden kritische Stimmen laut, die plötzlich forderten: „Zunächst einmal muss schonungslos analysiert werden, ob Deutschland überhaupt ein Markt für das sogenannte Pay-TV, also Abo-Fernsehen, ist. Es war geradezu hirnrissig", so vermerkte z.B. der Münchener WirtschaftsKurier (März 2002, S. 1) „eine Zielprojektion von vier Millionen Abonnenten der Plan-GV für ‚Premiere World' zu Grunde zu legen." Solche finanziellen Desaster-Meldungen kamen fünf Jahre zu spät.

Ein weiteres Beispiel für realitätsferne Euphorien der Branche und entsprechende Eitelkeiten der Politik war die *Fehleinschätzung der New Economy*. Bereits 1995 hatte der Autor in einer Dokumentation des Bundeswirtschaftsministeriums über die künftige Informationsgesellschaft davor gewarnt, dass der *„Cyber-Cash zum Cyber-Crash"* werden könne, weil die Verbraucher erhebliche Akzeptanzprobleme hätten. Wenn sich die Medienbranche nicht ernsthaft vergewissern werde, ob die Verbraucher das eigentlich alles haben wollen, dann könnten *„Schock- (und Flop-)Wirkungen"* nicht ausbleiben" und eine Spaltung der Mediengesellschaft in Computer-Freaks und Computer-Analphabeten sei unvermeidbar (Opaschowski 1995, S. 46f.).

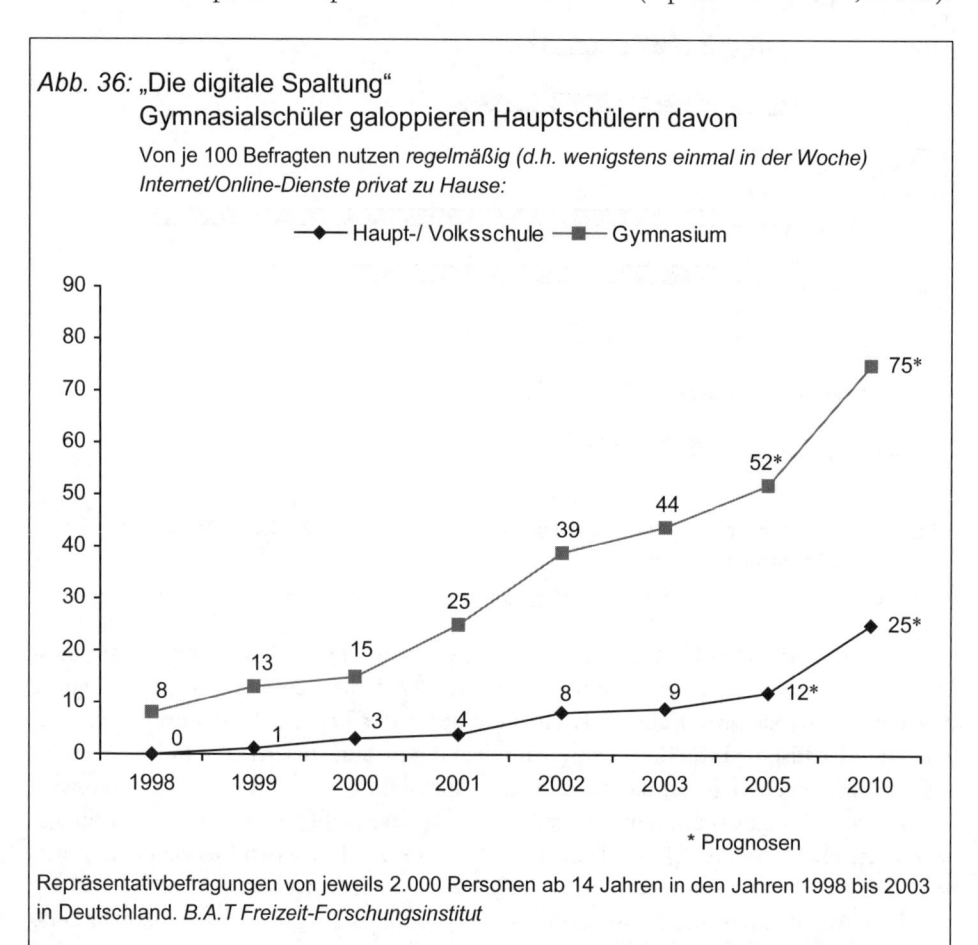

Abb. 36: „Die digitale Spaltung"
Gymnasialschüler galoppieren Hauptschülern davon

Von je 100 Befragten nutzen *regelmäßig (d.h. wenigstens einmal in der Woche) Internet/Online-Dienste privat zu Hause:*

—♦— Haupt-/ Volksschule —■— Gymnasium

Jahr	Haupt-/ Volksschule	Gymnasium
1998	0	8
1999	1	13
2000	3	15
2001	4	25
2002	8	39
2003	9	44
2005	12*	52*
2010	25*	75*

* Prognosen

Repräsentativbefragungen von jeweils 2.000 Personen ab 14 Jahren in den Jahren 1998 bis 2003 in Deutschland. B.A.T Freizeit-Forschungsinstitut

Diese Prognose ist inzwischen Wirklichkeit und die *digitale Spaltung* zum Politikum geworden. Der Neue Markt erlebte inzwischen den größten Kurseinbruch aller Zeiten. Spott, Häme und blinde Wut breiteten sich aus: „Die gefeierten Vorstände von gestern sind heute die Watschenmänner der Nation" (Iken 2002). Die Branche hat ihr wichtigstes Kapital, nämlich ihren guten Ruf, verspielt. Falsch ist dagegen die Diagnose, die jetzt entschuldigend feststellt: „Als der Neue Markt am 10. März 1997 startete, ahnte niemand, wie er sich entwickeln würde" (Spiegel 10/2002, S. 88). Zur gleichen Zeit aber erschien die Studie „Die multimediale *Zukunft. Analysen und Prognosen.*" Das Hauptergebnis lautete: „Internet: Viel Wind und wenig Surfer – die meisten Konsumenten verweigern sich. Die Macher haben die Rechnung ohne die Mitmacher gemacht" (B ·A ·T Presse-Information vom 29. April 1997).

Und als der Autor zur Jahrtausendwende anlässlich des vom Bundesministerium für Wirtschaft und Technologie veranstalteten Fachkongresses „Telekommunikation 2010" den Machern „schon bald Insolvenzen oder Entlassungen" ankündigte und prognostizierte, „im Post-PC-Zeitalter werden Gesundheit und Lebensqualität die Megamärkte der Zukunft sein", da beschwichtigte die Moderatorin Donata Riedel das verunsicherte Plenum mit den Worten: „Gehen Sie, liebe Gäste, aber bitte jetzt nicht nach Hause und tauschen ihre Telekommunikationsaktien in solche der Pharmabranche und Gentechnik" (BMWI 2000, S. 81ff.). Das alles war und ist Geschichte und beweist doch nur eins: *Zukunft ist Herkunft.* Und Zukunft beginnt immer jetzt. Den Machern kann man nur zurufen: Machen Sie nicht wieder die gleichen Fehler und missverstehen Sie die Frage „Was *will* der Rezipient?" im eigenen Interesse als „Was *soll* der Rezipient?" Wie also sehen die Medienkonsumenten wirklich aus?

7. Alles!
Medienprofile im Überblick

7.1 Die Buchleser

Immer mehr Bücher werden in Deutschland gekauft, immer weniger gelesen. Die täglichen *Vielleser sterben aus* (1992: 16% – 2000: 6%), wie die Repräsentativuntersuchungen (Stiftung Lesen 2001) belegen. Gleichzeitig wächst der Anteil der Nichtleser (1992: 20% – 2000: 28%). Und auch die Qualität des Lesens verändert sich grundlegend:

- Das *Fast-food-Lesen*, also das überfliegende Lesen breitet sich aus. Man überfliegt die Seiten und liest nur das Interessanteste (1992: 14% – 2000: 19%).
- Das *Parallel-Lesen* hat sich in den letzten Jahren fast verdoppelt. Immer öfter wird in mehreren Büchern gleichzeitig und parallel gelesen (1992: 10% – 2000: 19%).
- Das *Häppchen-Lesen* nimmt weiter zu. Bücher werden in kleinen Portionen über längere Zeit gelesen (1992: 29% – 2000: 35%).
- Das *Pausen-Lesen* hat sich mehr als verdoppelt, d.h. ohne Lesepausen eine Buchlektüre vorzunehmen fällt den Menschen immer schwerer (1992: 18% – 2000: 47%).

Selbstkritisch gesteht mittlerweile jeder dritte Bundesbürger ein: „Wenn ich ehrlich bin – meine Lesequalität hat sich in letzter Zeit verändert: Aus Zeitgründen lese ich weniger, schneller und oberflächlicher." Es wächst eine *junge Zapper-Generation* heran, die die Lesequalität und damit auch die Buchproduktion langfristig und nachhaltig verändern wird. Fast zwei Drittel der Jugendlichen (63%) bekennen sich zum Fast-Food-Lesekonsum (B ·A ·T Medienanalyse 2002).

> In einer sich ausbreitenden Zapping-Kultur geht der lange Atem für Langatmiges und Zeitaufwendiges langsam verloren: Man liest immer schneller. Zugleich sinken Bereitschaft und Fähigkeit, längere Texte zu lesen. Für die Zukunft gilt: Die Kulturtechnik Lesen wird nicht aussterben, aber Anlesen wird wichtiger als Durchlesen.

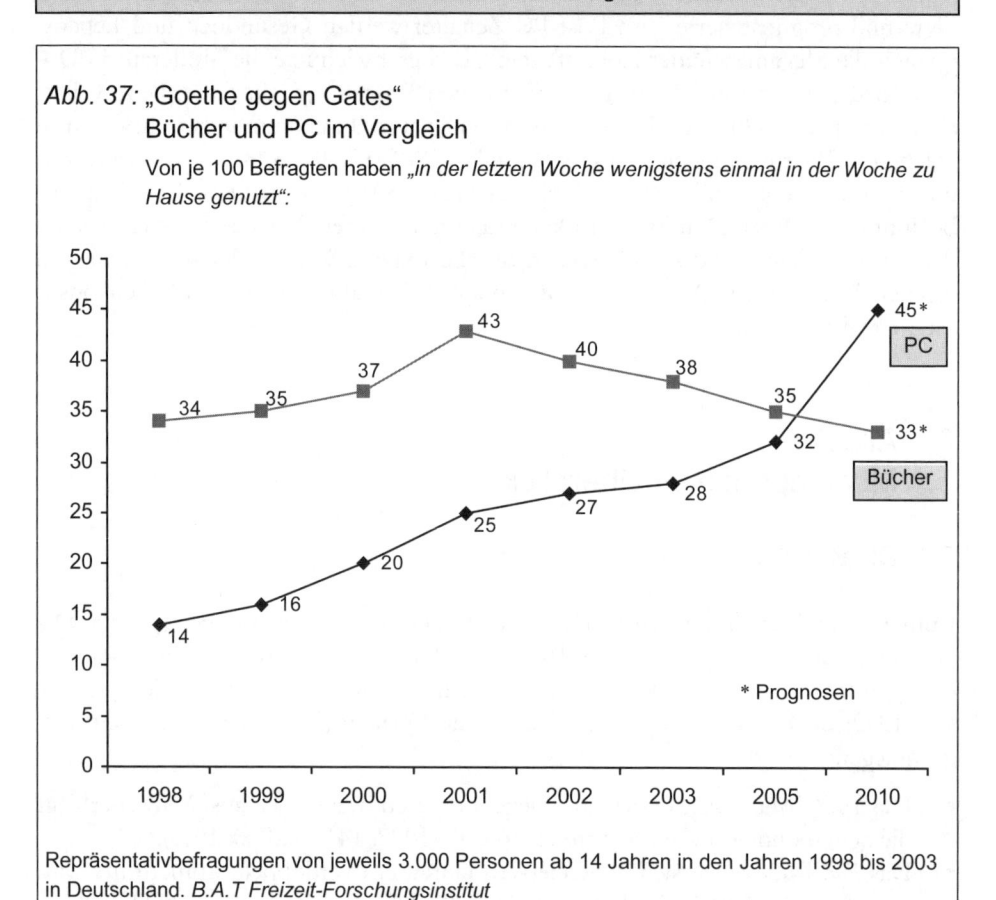

Abb. 37: „Goethe gegen Gates"
Bücher und PC im Vergleich

Von je 100 Befragten haben *„in der letzten Woche wenigstens einmal in der Woche zu Hause genutzt":*

PC: 34 (1998), 35 (1999), 37 (2000), 43 (2001), 40 (2002), 38 (2003), 35 (2005), 45* (2010)

Bücher: 14 (1998), 16 (1999), 20 (2000), 25 (2001), 27 (2002), 28 (2003), 32 (2005), 33* (2010)

* Prognosen

Repräsentativbefragungen von jeweils 3.000 Personen ab 14 Jahren in den Jahren 1998 bis 2003 in Deutschland. B.A.T Freizeit-Forschungsinstitut

Das *selektive Lesen* wird zur Gewohnheit: Man überfliegt Texte, lässt auch mal Textpassagen aus und ist geübt im parallelen Lesen mehrerer Bücher, Zeitungen und Zeitschriften (Boesken 2001, S. 144). Die Lesesozialisation wird sich also in Zukunft verändern. Viele Kinder können schon heute nur noch *kurze Geschichten* erzählen, in denen sich ein *Highlight* an das andere reiht – genauso wie im Fernsehen bei Werbespots oder Musikkanälen (Rabenschlag/Heger 1994).

7.2 Die Zeitungleser

Bis in die siebziger Jahre hinein wurde das Zeitunglesen als häufigste Freizeitbeschäftigung der Bevölkerung genannt und erst mit der Verbreitung der Privatsender seit 1984 durch das Fernsehen vom Spitzenplatz verdrängt. Die Attraktivität des Printmediums Zeitung hat darunter nicht gelitten – ganz im Gegenteil: Das Zeitung- und Zeitschriftenlesen wird nach wie vor *regelmäßig genutzt* (70%). Geblieben ist allerdings das Generationengefälle. 14- bis 24-jährige Jugendliche greifen deutlich weniger zu einer Zeitung (51%) als z.B. die 25- bis 49-Jährigen (67%) oder gar die 50- bis 64-Jährigen (77%). Vor dem Hintergrund steigender Lebenserwartung hat das Medium Zeitung eine sichere Zukunft vor sich, weil mit jedem Lebensjahr das Interesse am Zeitunglesen zunimmt.

Über drei Viertel der Bevölkerung (2002: 79%) sehen derzeit der Alternative *Print- oder elektronische Medien* relativ gelassen entgegen und sind sich sicher: „Trotz elektronischer Medienflut werde ich in Zukunft genauso viele Bücher, Zeitungen und Zeitschriften lesen wie bisher." Davon sind vor allem die Frauen (83%) überzeugt. Im übrigen ist und bleibt die Zeitung ein unverzichtbares *Glaubwürdigkeits-Medium*: Nur sieben Prozent der Bundesbürger bescheinigen dem Privatfernsehen eine besonders hohe Glaubwürdigkeit, 31 Prozent dem Öffentlich-Rechtlichen Fernsehen und 41 Prozent der Tageszeitung (BDZ 2000, S. 401). Insofern kann es nicht überraschen, dass bei den Tageszeitungen trotz spürbarer Konzentrations- und Verdrängungsprozesse die Auflagen in den vergangenen Jahrzehnten sogar noch gestiegen sind (1975: 18,9 Mio – 2000: 23,9 Mio.).

7.3 Die Radiohörer

Das Radio ist „das" Begleitmedium des Lebens geworden, weil es über unterschiedliche Bevölkerungsgruppen hinweg *zu jeder Zeit und an jedem Ort genutzt* werden kann – von Frauen genauso wie von Männern, von den Jüngeren ebenso wie von den Älteren. In den letzten Jahren hat sich hinsichtlich der Attraktivität dieses Mediums nichts verändert (1993: 70% – 2003: 70%). Mehr als zwei Drittel der Bundesbürger zählen das Radiohören zu ihren regelmäßigen Aktivitäten in einer Mischung aus Gewohnheit und alltäglichem Ritual. Daran wird sich auch in Zukunft wenig ändern.

Anlässlich der Münchener Medientage gab der Autor im Herbst 1991 die seinerzeit von Experten etwas ungläubig aufgenommene Prognose ab: Der Hörfunk brauche die Konkurrenz des Fernsehens nicht zu fürchten. In Zukunft werde eher mit einer Expansion des Radios zu rechnen sein, weil es ein *mobiles Medium* sei, das überall und jederzeit gehört werden könne: „Der Freizeitmensch der Zukunft wird medial vor allem über das Radio erreichbar und ansprechbar sein" (Opaschowski 1991/1992, S. 290). Die Prognose ist inzwischen Wirklichkeit geworden. Radiohören als regelmäßige Alltagsbeschäftigung der Bürger verliert seine Bedeutung nicht und bleibt ein expansives Zukunfts-Medium ebenso wie ein unverzichtbares Werbemarkt-Potenzial.

7.4 Die TV-Zuschauer

Wenn in Deutschlands guten Stuben der Fernseher läuft, schauen immer weniger hin. Immer mehr wenden sich vom Fernsehen ab und anderen Dingen zu: Es wird gelesen und gegessen, gebügelt und gebastelt, man unterhält sich, telefoniert mit Freunden oder spielt mit Kindern oder Katzen. Während das TV-Programm läuft, gehen die Familienmitglieder ihren Beschäftigungen nach – so als ob es das Fernsehen gar nicht gebe.

Fernsehen entwickelt sich immer mehr – wie schon früher das Radio – zum *Nebenbei- und Hintergrundmedium*, das für Unterhaltung, Zerstreuung und gute Stimmung sorgt. Mehr als jeder zweite Bundesbürger (53%) gibt mittlerweile offen zu: „Fernsehen ist für mich *zum Unterhaltungs-TV* geworden: Während des Fernsehens lese, esse oder telefoniere ich." TV-Zuschauer können so jederzeit in Quiz, Sport und Seifenoper ein- und wieder aussteigen, ohne das Gefühl zu haben, den ‚roten Faden' zu verlieren. Das hat zwangsläufig Auswirkungen auf die Programmqualität.

Immer mehr Zuschauer steigen zugleich auf flachere Programme um. Hat das Qualitätsfernsehen noch eine Zukunft? Oder kann es nur noch als *Ereignis-Medium* überleben? Verkommt selbst der politische Journalismus zum *medialen Politainment*, in dem Kriege und Katastrophen genauso wie Sensationen und Skandale als Einmaligkeit mit Unterhaltungswert verkauft werden? Wird die Berichterstattung über die Wirklichkeit zunehmend ein Opfer *medienwirksamer Gesetze*, die da lauten:

- Das *Schlechte* ist medienwirksamer als das Gute – nach der bewährten Erfolgsformel „The bad news are the better news."
- Das *Unterhaltsame* ist medienwirksamer als das Informative – mit den Worten von Helmut Schmidt: „Für den Zuschauer zählt mehr, ob der Schlips zum Hemd passt als das, was ein Politiker zur Zukunft Europas zu sagen weiß."
- Das *Oberflächliche* ist medienwirksamer als das Tiefgründige – ganz im Sinne von Helmut Thoma: „Im Seichten kann man nicht untergehen."
- Das *Gewalttätige* ist medienwirksamer als das Gewaltlose – frei nach Larry King in der CNN-Talkshow am 22. Juni 2000 anlässlich der Hinrichtung von Gary Graham in Texas: „Die Exekution noch in dieser Sendung – bleiben Sie dran."

Und so selektiv sieht dann auch die abgebildete Wirklichkeit aus.

> Für die Öffentlichkeit und insbesondere für Kinder und Jugendliche entsteht das Bild einer Extremgesellschaft, obwohl doch das wirkliche Leben „zwischen" den Extremen stattfindet.

Dazu zwei Beispiele:

Beispiel I: Mehr als zwei Drittel der Fußball-Berichterstattungen drehen sich heute um Abstiegsfragen. Aktuelle Sportberichte werden als Thriller inszeniert und gleichen immer öfter Krisendiskussionen, Katastrophenszenarien und Entlassungsgerüchten.

Beispiel II: In der Öffentlichkeit entsteht der Eindruck: Nachrichtenredaktionen haben ein primär ökonomisiertes bzw. konsumorientiertes Menschenbild vor Augen, bei dem der Mensch erst dann eine Meldung wert ist, wenn er zum Börsianer wird. Oder mit den Worten von Maria Jepsen, der Bischöfin der Nordelbischen Kirche: „Es gibt wahrscheinlich genau so viele Vegetarier wie Aktieninhaber in Deutschland. Aber keiner käme auf die Idee, für sie Ernährungsnachrichten zu bringen."

Insofern darf sich niemand wundern, dass mittlerweile eine deutliche Mehrheit der Bevölkerung (56%) das Gefühl hat, dass „Werbung, Medien und Computerkultur zunehmend *unser Leben inszenieren und unseren Lebensstil prägen*". Wie prägend mag erst der Einfluss bei Kindern und Jugendlichen sein, die die Aufforderung „Bleiben Sie dran – abschalten können Sie woanders" ernstnehmen?

Der sich abzeichnende Qualitätsverlust kann nicht nur den Medien, sondern muss auch der Kultur- und Bildungspolitik angelastet werden. Fünf Prozent der Deutschen sind praktisch Analphabeten, weitere 14 Prozent so genannte Semi-Analphabeten, die nur mit größter Mühe einen einfachen Brief schreiben können und in der *untersten Stufe der Lesefähigkeit* stehen geblieben sind (Bundesverband Alphabetisierung). Infolgedessen können auch die Ergebnisse der PISA-Studie keine Überraschung sein.

> Wer die Medienkompetenz auf breiter Ebene erhöhen will, darf nicht einfach PC und Laptop zum neuen Bildungsideal erklären, sondern muss die Lese- und Schreibfähigkeit auf breiter Ebene erhöhen, die Auswahl- und Urteilsfähigkeit sowie das kritische und selbstständige Denken in der Schule systematisch fördern.

Achtzig Prozent aller Informationen im Internet sind heute in englischer Sprache verfasst. Insofern müsste man allen Dritten Fernsehprogrammen zur Auflage machen, regelmäßig *englischsprachige Spielfilme* zu senden – nicht synchronisiert, sondern mit deutschen Untertiteln versehen, um ähnliche Sprachkompetenzen wie die Bürger in den Benelux-Staaten zu erwerben. Und alle Grund- und Hauptschüler sollten regelmäßig an *Lese- und Schreibwettbewerben* teilnehmen.

7.5 Die PC-Nutzer

Die PC-Welt von heute ist nach wie vor – *eher jung, männlich und gebildet*:

- Mehr als jeder zweite Bürger im Alter von 14 bis 24 Jahren (55%) macht regelmäßig zu Hause vom PC Gebrauch. Bei den 25- bis 49-Jährigen ist es nur mehr ein gutes Drittel (37%), bei den über 50-Jährigen gar nur mehr jeder Achte (12%).
- Der Anteil der männlichen PC-Nutzer ist deutlich höher (36%) als bei den Frauen (21%). Die Frauen holen langsam auf (z.B. im Jahre 1999: 10% – Männer: 23%), aber die Kluft bleibt bestehen.
- Die PC-Nutzung ist vor allem eine Frage der Bildung: Zwischen Hauptschulabsolventen (14%) und Gymnasialabsolventen (53%) liegen geradezu Welten. Die Abstände zwischen beiden Nutzergruppen werden größer und nicht etwa kleiner. Die Info-Elite galoppiert den anderen davon.

Weit verbreitet in Öffentlichkeit und Medien ist das Bild des Computerfreaks, der blass, einsam und kontaktscheu in seiner elektronischen Höhle weilt: Geradezu „autistisch sitzt der jugendliche Computerfreak allein in seinem Zimmer und starrt ohne Unterbrechung auf den Bildschirm. Per Modem klinkt er sich ein in die elektronischen Welten aus Bildern, Texten und Programmen der globalen Netze. Hin und wieder plaudert er mit Gleichgesinnten in den USA oder Singapur, ‚chatten' nennt die Szene diesen elektronischen Kaffeeklatsch. Die Netz-Surfer sind losgelöst von der Welt ..." (Spiegel Nr. 33 vom 14. August 1995). Dieses Klischee stimmt nicht mit der Wirklichkeit überein. Computerfreaks sind nicht losgelöst, sondern stehen mit beiden Beinen auf der Erde: Im Vergleich zur übrigen Bevölkerung treiben sie mehr als doppelt so viel Sport, sind mehr als alle anderen mit dem Auto oder dem Fahrrad unterwegs und gehen besonders gerne ins Kino.

PC-Nutzer sind jung und dynamisch, sportlich aktiv und viel unterwegs. Sie leben zwischen den beiden Spannungspolen Konzentration und Bewegung. Sie machen von der Medienvielfalt intensiven Gebrauch. Im Vergleich zur übrigen Bevölkerung sind sie geradezu CD-Fans, sehen sich gerne Videofilme an oder entspannen sich bei Videospielen. Computerfreaks sind eigentlich immer in Aktion und Bewegung. Eher besteht bei ihnen die *Gefahr, dass sie nicht zur Ruhe kommen*. Sie sind hin- und hergerissen, weil sie so viele Interessen haben. Der Computer lässt sie nicht in Ruhe. Er fordert ihre ganze Konzentration und Aufmerksamkeit. Und zur psychischen Entspannung und zum körperlichen Ausgleich nutzen sie jede freie Minute. Sie sind auf der Suche nach einem ausbalancierten Lebenskonzept.

7.6 Die Internet-User

Die lange erwartete Internet-Revolution hat bei den privaten Verbrauchern noch nicht stattgefunden:

- Ende der neunziger Jahre prognostizierte die *Medienbranche* (Bertelsmann/Middelhoff 1999): „Internet wird in wenigen Jahren ein Massenmedium wie Fernsehen sein."
- Zur gleichen Zeit prognostizierte die *Zukunftsforschung* (Opaschowski 1999): „Die Verbreitung des Internets benötigt einen Zeitraum von ein bis zwei Generationen."

Gegen das *Massenmedium* Fernsehen (2003: 90%) ist das Internet für die privaten Verbraucher ein *Nischenmedium* geblieben (2003: 21%).

> Etwa drei Viertel der Verbraucher machen zu Hause von Internet und Online-Diensten keinen Gebrauch. Die elektronischen Datennetze liegen nach Meinung der Branche ‚voll im Trend', die meisten Deutschen liegen lieber auf der faulen Haut. Alles braucht seine Zeit – auch die sogenannte Internetrevolution.

Andererseits kann man durchaus auch von einer exponentiellen Entwicklung sprechen: Die *Zahl der privaten Internet-Surfer* hat sich in den letzten Jahren vervielfacht.

Alles! 181

Den größten Zulauf haben nach wie vor die Jugendlichen. Netz-Muffel bleiben hingegen die Ruheständler (1996: 1% – 2003: 3%). Sie ruhen sich lieber bequem vor dem Fernseher aus (1996: 95% – 2003: 95%).

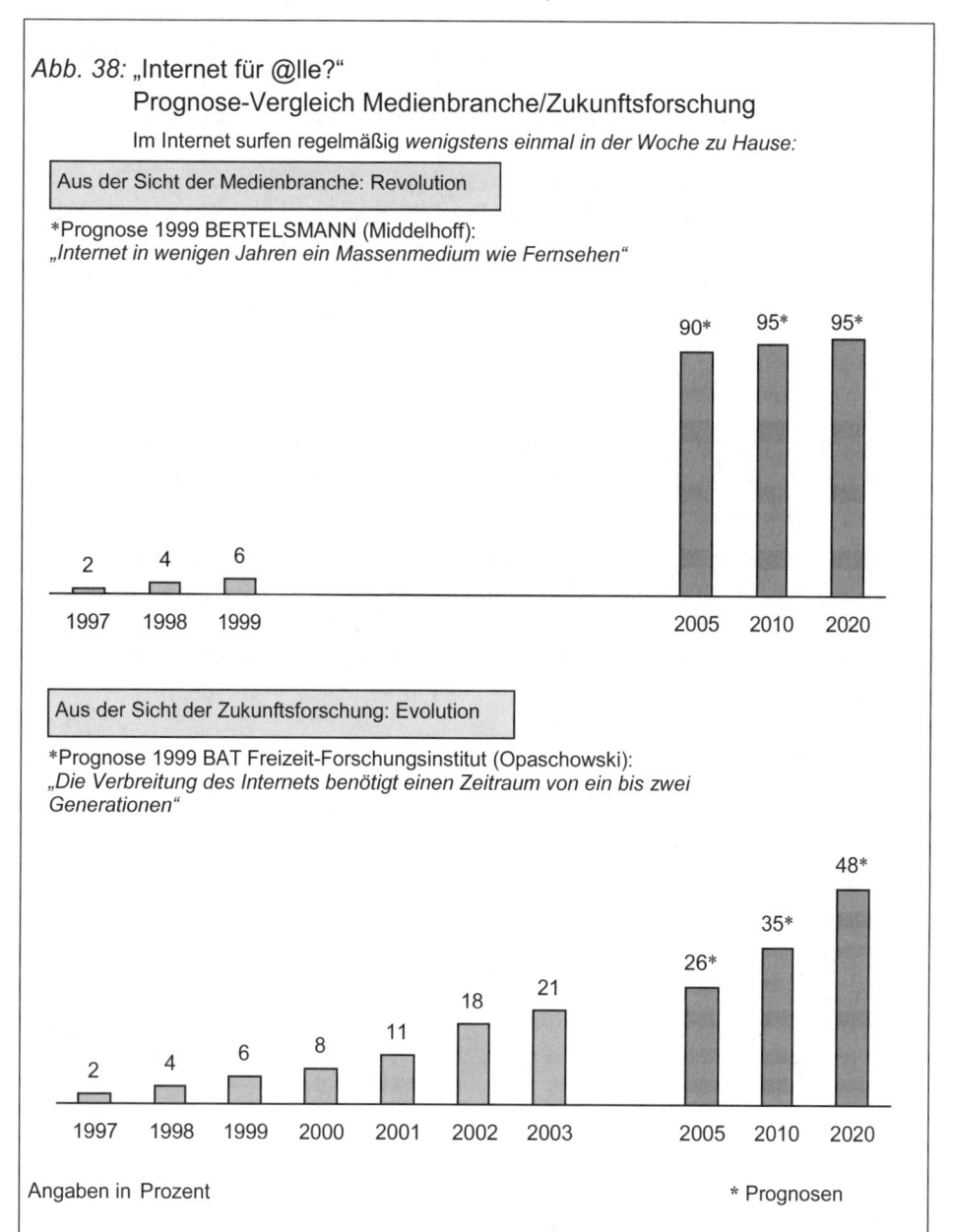

Abb. 38: „Internet für @lle?"
Prognose-Vergleich Medienbranche/Zukunftsforschung

Im Internet surfen regelmäßig *wenigstens einmal in der Woche zu Hause:*

Aus der Sicht der Medienbranche: Revolution

*Prognose 1999 BERTELSMANN (Middelhoff):
„Internet in wenigen Jahren ein Massenmedium wie Fernsehen"

Jahr	1997	1998	1999	2005	2010	2020
%	2	4	6	90*	95*	95*

Aus der Sicht der Zukunftsforschung: Evolution

*Prognose 1999 BAT Freizeit-Forschungsinstitut (Opaschowski):
„Die Verbreitung des Internets benötigt einen Zeitraum von ein bis zwei Generationen"

Jahr	1997	1998	1999	2000	2001	2002	2003	2005	2010	2020
%	2	4	6	8	11	18	21	26*	35*	48*

Angaben in Prozent   * Prognosen

1996 bis 2003: Repräsentativbefragungen von jeweils 2.000 Personen ab 14 Jahren in den Jahren 1996 bis 2003 in Deutschland. *B.A.T Freizeit-Forschungsinstitut*

Für die Zukunft zeichnet sich ab: Manche Menschen in den Entwicklungsländern werden schneller Online-Dienste in Anspruch nehmen als die Bevölkerung in Deutschland, „weil die meisten Länder der sogenannten Dritten Welt keine Geschichte mit sich herumtragen und deren Bevölkerung meistens auch jünger ist" (so die Prognose von Nicholas Negroponte in Buchreport am 23. Mai 1996, S. 10). *Abendländische Kultur* und Geschichte sowie eine immer älter werdende Gesellschaft können zur größten *Innovationsbremse* für die Zukunft der Informationsgesellschaft in Deutschland werden.

Selbst Bill Gates meldet mittlerweile erhebliche Zweifel an. In einem Interview gab er selbstkritisch zu, dass technischer Fortschritt allein nicht mehr ausreicht. Die Menschen müssen sich ändern – sonst ändert sich auch nichts auf dem Weg in die Informationsgesellschaft. Die *Menschen* aber – so muss er eingestehen – *„ändern nur langsam ihre Gewohnheiten"*, ja oftmals ändern sich Verhaltensweisen *„erst mit einer neuen Generation"* (Interview vom 18. Mai 1997 in Welt am Sonntag, S. 64). Es dauert in der Regel ein bis zwei Generationen, bis sich die Menschen wirklich an Neues gewöhnen.

Langsam setzt auch in der Medienbranche eine *neue Nachdenklichkeit* ein. Der Abschied vom *Mythos der New Economy* ist allerdings ebenso schmerzhaft wie folgenreich:

- Nach Erhebungen des VDE/Verband Elektrotechnik wird in Deutschland mehr über Informations- und Kommunikationsgesellschaft geredet, als dass sie verwirklicht wird. Jeder dritte Bundesbürger kann mit Begriffen wie Computershopping, Homebanking oder Teleworking überhaupt nichts anfangen. Der Anteil der *„Unwissenden"* bzw. der sogenannten *„Computer-Muffel"* hat seit 1998 sogar zugenommen.
- Der Bundesverband Informationswirtschaft, Telekommunikation und Neue Medien muss eingestehen, dass die neuen Schlüsseltechnologien auf *Akzeptanzprobleme* stoßen und nicht breit im Bewusstsein der Bevölkerung verankert sind.
- Und die von der Bundesregierung in Zusammenarbeit mit der Wirtschaft gemeinsam entwickelte „Initiative D 21" bestätigt die B·A·T Prognosen: „Deutschland droht die *digitale Spaltung* der Gesellschaft".

Nur die Info-Elite schafft sich ein neues *Wissensmonopol* – wie früher die Priester im alten Babylon oder die Mönche im Mittelalter durch ihre Bibliotheken in den Klöstern. Die alte Ständegesellschaft lebt in der neuen Zwei-Klassen-Gesellschaft des Informationszeitalters wieder auf. *Vorauswissen ist das Kapital*, das neue Ungleichheiten schafft.

Dies trifft genauso gut auch für die USA zu. Zur Jahrtausendwende konnte in einer Repräsentativbefragung von jeweils 3.000 Personen in beiden Ländern nachgewiesen werden: *Drei Viertel der amerikanischen Bevölkerung machen im Alltag von Internet und Online-Diensten keinen Gebrauch.* Sie halten lieber an ihren alten TV-Gewohnheiten fest. Die sogenannte Internet-Revolution ist auch beim amerikanischen Verbraucher noch nicht angekommen. Die amerikanische Wirtschaft setzt auf E-Commerce, der amerikanische Verbraucher auf TV-Konsum. Branchen-Insidern ist schon lange bekannt: „Das Ausmaß der Internet- und PC-Nutzung wird oft übertrieben, wogegen der Fernsehkonsum sehr oft verheimlicht wird" (Stipp 2000, S. 228).

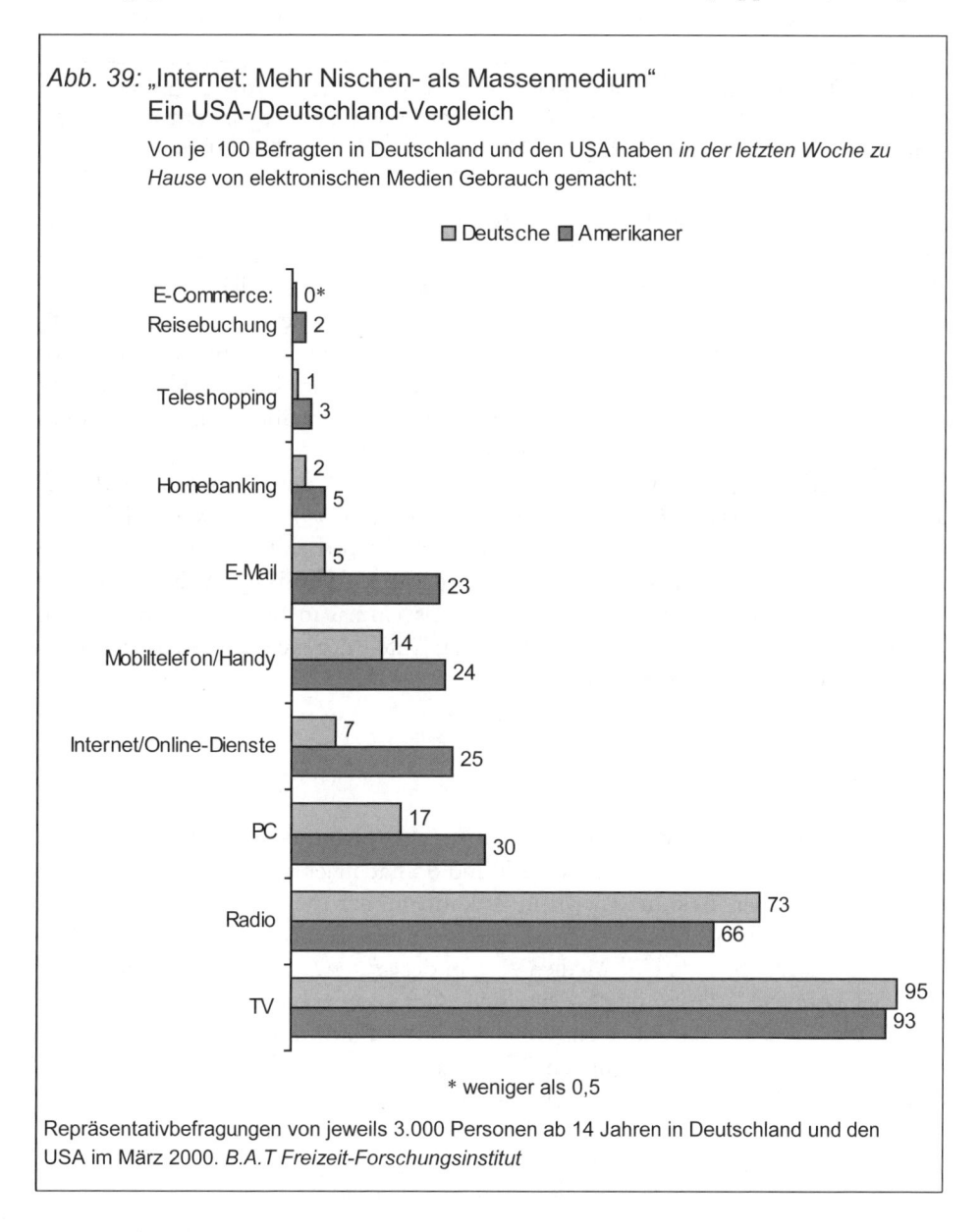

Abb. 39: „Internet: Mehr Nischen- als Massenmedium"
Ein USA-/Deutschland-Vergleich

Von je 100 Befragten in Deutschland und den USA haben *in der letzten Woche zu Hause* von elektronischen Medien Gebrauch gemacht:

☐ Deutsche ■ Amerikaner

Medium	Deutsche	Amerikaner
E-Commerce: Reisebuchung	0*	2
Teleshopping	1	3
Homebanking	2	5
E-Mail	5	23
Mobiltelefon/Handy	14	24
Internet/Online-Dienste	7	25
PC	17	30
Radio	73	66
TV	95	93

* weniger als 0,5

Repräsentativbefragungen von jeweils 3.000 Personen ab 14 Jahren in Deutschland und den USA im März 2000. *B.A.T Freizeit-Forschungsinstitut*

In Deutschland und den USA wird über *E-Commerce* viel geredet und spekuliert. Doch die Wirklichkeit gibt keinen Anlass zu Euphorie. Beide Länder befinden sich immer noch auf der Kriechspur. In beiden Ländern machen die privaten Verbraucher von Homebanking und Onlineshopping keinen nennenswerten Gebrauch. Die Zahlen in Deutschland sind nach wie vor ernüchternd: Homebanking (2003: 8%) und Onlineshopping (2003: 4%). Immer mehr Unternehmen gehen weltweit online, aber die privaten Verbraucher halten weitgehend an ihren alten Mediengewohnheiten fest.

> Die digitale Spaltung ist vor allem ein Bildungsproblem und weniger eine Frage des Netzanschlusses oder der technischen Fertigkeiten. Mit dem Internet-Zugang lassen sich Bildungsmängel, also Defizite in Schule und Ausbildung nicht ausgleichen.

Obwohl mittlerweile alle „Schulen ans Netz" angeschlossen sein sollen, bleibt die digitale Spaltung weitgehend erhalten, so lange nicht gleichzeitig die Allgemeinbildung in Deutschland – von den elementaren Kulturtechniken bis zu Englischkenntnissen – verbessert wird. Der Umgang mit den neuen Informationstechnologien setzt mehr Bildung, mehr Wissen und mehr Sprachkenntnisse als je zuvor voraus. Ohne eine solche breite Bildungsoffensive von der Grundschule an besteht eher die Gefahr, dass sich zu den Schreib- und Leseanalphabeten noch ein großes *Heer funktionaler Computeranalphabeten* gesellt.

Die Werbekampagne der deutschen Bundesregierung unter dem Slogan *„Drei K sind out. www ist in. Kinder, Küche, Kirche sind für Frauen nicht mehr das Ein und Alles ..."* – diese Werbekampagne geht noch an der Wirklichkeit vorbei. Die Frauenpower von heute findet heute in der Kirche genauso statt wie im WorldWideWeb. 21 Prozent der Frauen in Deutschland machen wenigstens einmal in der Woche privat von Online-Diensten im Internet Gebrauch – der Anteil der weiblichen Kirchenbesucher ist nicht wesentlich geringer (19%).

7.7 Die Viewser

Handy in der Hosentasche, Laptop im Koffer, Armbanduhr mit SMS-Alarm und Internetzugang am Handgelenk. Doppelt und dreifach elektronisch „gesichert" und jederzeit erreichbar: Bekommen wir in Zukunft immer mehr Ähnlichkeit mit dem „Terminator"? Die Schöne Neue Medienwelt des mobilen Internet soll unmittelbar bevorstehen: Der Start in eine Medien-Ära, in der *alles mit allem vernetzt* ist und Handys alles können: „Alleskönner" – eine neue Gerätegeneration wartet nun auf eine *neue Nutzergeneration*. Alles in einem Gerät? TV, PC und Internet, dazu noch E-Mail und Handy? Zwei Drittel der jungen Generation (64%) im Alter von 14 bis 24 Jahren sind von dieser technologischen Innovation begeistert, doch fast drei Viertel der Bevölkerung sagen dazu: „Nein, danke!" mit der Begründung „Für mich bleibt auch in Zukunft alles beim Alten" (B·A·T Umfrage 2002).

Im Zentrum des Interesses stehen die neuen Alleskönner nur bei der Jugend. Schon ab dreißig Jahren sinkt das Interesse rapide. Die Generationen über dreißig haben bereits ausgeprägte bzw. „eingespielte" Mediengewohnheiten zwischen Zeitung, Buch, Hörfunk und Fernsehen. Von mobilen internetfähigen Vielzweck-Unterhaltungsmedien wollen sie nur wenig wissen. Die künftige UMTS-Generation – eine Universal-Mobile-Telecommunications-Generation – wird eine Minderheit bleiben.

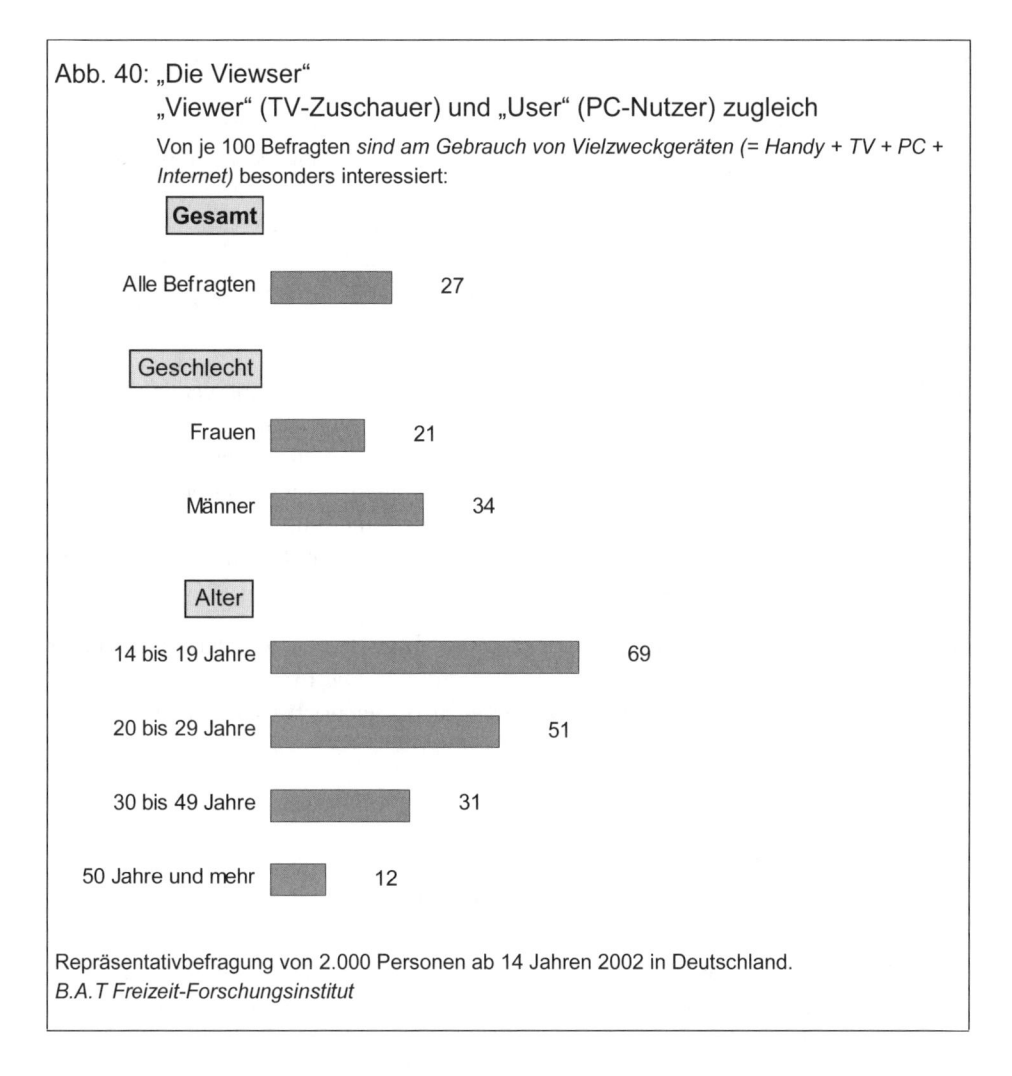

Abb. 40: „Die Viewser"
„Viewer" (TV-Zuschauer) und „User" (PC-Nutzer) zugleich

Von je 100 Befragten *sind am Gebrauch von Vielzweckgeräten (= Handy + TV + PC + Internet)* besonders interessiert:

Gesamt

- Alle Befragten: 27

Geschlecht

- Frauen: 21
- Männer: 34

Alter

- 14 bis 19 Jahre: 69
- 20 bis 29 Jahre: 51
- 30 bis 49 Jahre: 31
- 50 Jahre und mehr: 12

Repräsentativbefragung von 2.000 Personen ab 14 Jahren 2002 in Deutschland.
B.A.T Freizeit-Forschungsinstitut

8. Multimedia.
Die Euphorie der Anbieter

Die Telekommunikation kommt – aber die Bundesbürger betreten nur zögernd die neue Medienwelt. Digital, multimedial, interaktiv – das gesamte Leben in Arbeit und Freizeit, Familie und Freundeskreis soll davon betroffen sein. Doch die meisten Konsumenten schwanken noch zwischen stiller Revolution und sanfter Verweigerung. Andererseits: Die Branche bleibt benebelt. Goldgräberstimmung breitet sich aus. Wenn es nach dem Willen der Medienmacher geht, dann müsste uns eigentlich schwindlig werden, sobald wir über das Informationszeitalter nachdenken. Viele Zukunftseuphorien erweisen sich als Luftblasen:

- So sollte es nach den Vorstellungen der UFA Film- und Fernseh GmbH schon längst „mehr als 1000 TV-Kanäle in Europa" geben, so dass wir uns zu „mit Computer, Telefon und Fernsehschirm komplett vernetzten Haushalten" (*UFA/ Bernd Schiphorst*) entwickeln. Das klingt nach Science Fiction, war aber ernst gemeint.
- Nach Hubert Burda sollte es ebenfalls im Jahr 2000 das TV, wie wir es heute kennen, nicht mehr geben. Pay-per-view, interaktive Spiele und Computershows sollten dann die Programmstrukturen der TV-Sender abgelöst haben. Die Urgewalt der digitalen Revolution sollte unsere Zivilisation verändern, in der wir leben (*Burda GmbH*).
- Der Springer-Verlag verhieß den Zuschauern für die Jahrtausendwende gar „eine vollkommen neue Freiheit", so dass die Zuschauer bei Spielfilmen zwischen verschiedenen Happy-Ends wählen können (*Springer Verlag AG/Manfred Niewiarra*).
- Und nach den Prognosen der Kirch-Gruppe sollten wir jetzt schon eine Rund-um-die-Uhr-Gesellschaft sein und vom Wohnzimmer aus alles buchen und bestellen. Dazu bedürfte es lediglich einer „leicht erschwinglichen interaktiven Infrastruktur" (*Kirch/Gottfried Zmeck*).

Was in den Phantasien von Imaginateuren und Ingenieuren möglich erschien, ist nicht in den Köpfen der Konsumenten angekommen. Die Frage – *Wie wirklichkeitsnah sind die Medienmärkte von morgen wirklich?* – ist bisher noch weitgehend unbeantwortet geblieben.

9. Arbeitsmarkt-Effekte?
Erwartungen von Wirtschaft und Politik

Die Arbeitslosenquote ist nach wie vor hoch. Alle Hoffnungen richteten sich daher in den letzten Jahren auf die neuen Informations- und Kommunikationstechnologien, die ihrem Ruf als *Zukunftsbranche* gerecht werden sollten. Doch die vorgelegten Prognosen und Expertisen gingen weit auseinander:

- Das Bundesministerium für Forschung und Technologie rechnete nach einer vom Institut Arthur D. Little vorgelegten Untersuchung mit *210.000* neuen Arbeitsplätzen bis zum Jahr 2010. Die sogenannten TIME-Technologien (TIME: Telekommunikation – Informationstechnologie – Medien – Elektronik) sollten diese neuen Arbeitsplätze schaffen.
- Das Bundeswirtschaftsministerium hingegen kündigte aufgrund einer EU-Schätzung *1,5 Millionen* zusätzliche Stellen für die nächsten 15 Jahre an.
- Geradezu euphorisch erwartete der Zentralverband der Elektrotechnik- und Elektronikindustrie schon bis zum Jahr 2000 *drei Millionen* Telearbeitsplätze sowie zusätzlich 800.000 Heimbüros in Deutschland.
- Und das Kölner Institut der deutschen Wirtschaft (IW) prognostizierte für die Zukunft durch den Ausbau der Datenautobahn gar *5 Millionen* neue Arbeitsplätze.

Wäre nicht eine mehr realistische Betrachtungsweise angebracht? Kann es nicht sein, dass der Bereich „Multimedia" vorhandene Arbeitsplätze lediglich sichern, nicht aber zusätzliche schaffen hilft? In gleichem Maße, wie die TIME-Technologien zur Rationalisierung und damit zum Beschäftigungs-*Rückgang* bei Branchen wie Banken, Versicherungen, Touristik, Verkehr, Verwaltung und Industrie beitragen, sorgen sie auch für *neue Arbeitsplätze* in Anwenderbranchen. Das käme aber einem „*Null-Summen-Spiel*" gleich. Gewinn und Verlust hielten sich die Waage. Die Wettbewerbsfähigkeit der deutschen Wirtschaft bliebe erhalten. Aber – nüchtern betrachtet – wären die Arbeitsmarkt-Effekte der Multimedia-Branche gleich Null. Dann träfe das ein, was branchenintern hinter vorgehaltener Hand ohnehin schon geäußert wird: Insider reden vom größten nicht existierenden Arbeitsmarkt ...

Es ist unbestritten: Deutschland hinkt zwar der multimedialen Entwicklung in den USA hinterher, gilt aber hinsichtlich seiner technologischen Infrastruktur und Kompetenz als führend in Europa. Dies ist aber noch keine Garantie für eine goldene Zukunft. In Deutschland gibt es etwa 1.000 Unternehmen im Multimediabereich mit einer durchschnittlichen Betriebsgröße von acht bis zehn Mitarbeitern.

Die Zeit ist reif für eine Enteuphorisierung des vorausgesagten Computerzeitalters: *Computer sind Helfer – mehr nicht.* Sie helfen, unser Leben angenehmer, leichter und bequemer zu gestalten. Aber sie sind nicht das Leben selbst. Multimedia schaffen zusätzliche Gestaltungsmöglichkeiten (z.B. Telearbeit, Telelearning, Telebanking, Teleshopping), aber sie sind *kein Ersatz für Lebenslust oder Erlebnishunger.*

- Je mehr sich die neuen Technologien ausbreiten, desto größer wird unser Bedürfnis sein, mit allen Sinnen zu leben, und unser Wunsch nach Kommunikation und Sehen- und Gesehen-Werden wird immer stärker.
- Und je mehr TV-Programme und multimediale Angebote es gibt, desto größer wird die Attraktivität der außerhäuslichen Konsumszene vom Shoppingcenter über Kneipe und Kino bis zum Open-Air-Festival sein.
- Und die neuen elektronischen Medien wie beispielsweise Internet mit vielfältigen Informationsmöglichkeiten können die persönliche Beratung und Bedienung, das Kundengespräch und die Dienstleistung nicht ersetzen.

10. Mythos Informationsgesellschaft. Mehr TV-Konsum als PC-Information

Der Begriff „Informationsgesellschaft" wurde von der Politik als innovativer Leitbegriff einfach adoptiert wie z.B. in der EU: „Die heute gängige Bezeichnung ‚Informationsgesellschaft' wurde 1994 von der ‚Bangemann-Gruppe' eingeführt" (Bangemann 1997, S. 1) – aber nicht definiert. Infolgedessen lebt der Begriff von weitgehend politischer Beliebigkeit. Schon 1996 konstatierte die Enquête-Kommission des Deutschen Bundestages: „Vor etwa 30 Jahren überschritten wir die Schwelle ins Computerzeitalter ... 30 Jahre später leben wir mitten in der Informationsgesellschaft" (Enquête-Kommission 1996). Die Informationsgesellschaft wird als wünschenswertes Faktum dargestellt: „Die Rhetorik von der Informationsgesellschaft suggeriert Modernität" (Kleinsteuber 1999, S. 24) und das heißt: Fortschritt. Innovation. Zukunft. Die inflationäre Verwendung dieses inhaltsleeren Leitbegriffs der Politik lässt befürchten, dass er schon bald verbraucht ist.

> Eines kann mit Sicherheit vorausgesagt werden: Die Technologien ändern sich schneller als die Gewohnheiten der Konsumenten. Die Masse der Konsumenten fährt nach wie vor ‚voll auf das TV-Programm ab'. Der Zukunftszug fährt mehr in Richtung TV-Konsum und weniger in Richtung PC-Kommunikation ab.

Denn das wirkliche Leben findet für die meisten Menschen noch immer außerhalb der eigenen vier Wände statt – an der Theke, in Kino, Disco oder Fußballstadion. Und entgegen der Zukunftshoffnung der Medienbranche – „Nichts bleibt so, wie es war" – vertrauen die Konsumenten mehr auf ihren alten Medienkonsum zwischen Gewohnheit, Bequemlichkeit und gelegentlicher Interaktivität: Nach Feierabend TV-Entspannung und CD-Genuss, am Wochenende Panorama-Leinwand und Dolby-Sound im Kino und im Urlaub Open-Air- und Laser-Show. Ansonsten überlassen sie den Einstieg in das neue Medienzeitalter gern der Wirtschafts- und Arbeitswelt, die durch internationale Datenautobahnen die ganze Welt vernetzen, durch Videokonferenzen manche Reisen entbehrlich und die Grenzen zwischen Büro und Heim durch Telecomputing etwas fließender machen will.

> Online-Shopping wird auch in hundert Jahren keine echte Konkurrenz zum Erlebnis-Shopping in Malls, Passagen und Einkaufszentren sein können, allenfalls für zeitaufwändige Versorgungskäufe oder eilige Bestellungen und Buchungen gelegentlich nützlich sein. Selbst Reisebuchungen per PC werden sich in engen Grenzen halten.

Denn noch immer werden über neunzig Prozent aller Reisen im Reisebüro gebucht, weil *mehr das persönliche Gespräch gesucht* wird. Auch in Zukunft wird die Touristikbranche ihre Reisen in erster Linie über Kataloge und persönliche Gespräche verkaufen – trotz oder gerade wegen der rasanten Entwicklung im Multimedia-Bereich (TUI: „Wir verkaufen schließlich Gefühle"). Deshalb sind auch alle Bemühungen des Versandhandels, das Konsumentenverhalten zu ändern, bisher gescheitert. Die Informationstechnologie hat offensichtlich die Rechnung ohne die Erlebnispsychologie gemacht.

Das Dilemma: Die digitale Revolution findet in Deutschland bisher mehr auf der Unternehmens- als auf der Verbraucherseite statt. Da werden eigene Internet-Abteilungen etabliert, E-Shops eingerichtet sowie Logistik und Controlling mit Web-Aktivitäten verschmolzen. Doch die Fragen *Wo bleiben die Konsumenten? Was machen sie? Was wollen sie eigentlich? Wer will überhaupt das vernetzte Heim?* blieben bisher weitgehend unbeantwortet.

Davon unberührt werden sicher der *Buch- und Versandhandel* vom Electronic Commerce profitieren – genauso wie Telefon und Telefax in den letzten Jahren neue Einkaufsmöglichkeiten (z.B. über Call-Center) erschlossen haben. Doch die

Hoffnungen des Versandhandels, Online-Shopping könne eine bequeme, sympathische Alternative zum „zeitraubenden Einkaufsbummel in zunehmend autofeindlichen Innenstädten" (Otto 1995, S. 36) sein, werden sich so schnell nicht erfüllen.

> Wer will schon ein Leben lang vom eigenen Sofa aus allein durch imaginäre Einkaufsgalerien wandeln, während Massen von Menschen mit Freunden und Familie in wirklichen Shoppingcentern etwas – und vor allem auch sich selbst und andere – erleben können? Zeitersparnis und Bequemlichkeit können Lebenslust und Geselligkeit nie ersetzen. Online-Shopping wird also auch in Zukunft keine ernsthafte Konkurrenz zum traditionellen Einkaufsbummel sein. Elektronische Bestell- und Einkaufsdienste ergänzen, aber ersetzen nicht das Flanieren der Erlebniskonsumenten in den Shopping-Centern. Die Menschen wollen weiterhin mit allen Sinnen konsumieren.

Die Postkarten-Ära geht allerdings zu Ende. Immer weniger Briefe werden noch mit der Hand geschrieben. *E-Mails*, elektronische Briefe, revolutionieren – wie Telefon und Fax auch – den Kommunikationsstil im Alltag. Die Allgegenwart dieses Mediums eröffnet ein neues Kommunikationszeitalter: *Jeder kann mit jedem an jedem Ort und zu jeder Zeit kommunizieren.* Sechs Prozent der Bevölkerung erhalten und verschicken bereits regelmäßig E-Mails. Vor allem die jungen Leute können sich für das elektronische Briefeschreiben begeistern. Die elektronische Post wird zur *Kommunikationsbörse*. Sie ersetzt das traditionelle Briefeschreiben und ermöglicht das Kennenlernen von Gleichgesinnten. Wunsch und Wirklichkeit klaffen allerdings noch weit auseinander. Nur zehn Prozent der 14- bis 29-Jährigen erhalten öfter elektronische Post, 51 Prozent aber warten sehnsüchtig darauf. Ein Mega-Markt kündigt sich hier für die Zukunft an. Auf einen jugendlichen E-Mail-Nutzer kommen fünf Interessenten.

> Das Wandeln in Mailboxen entwickelt sich zum Jugend-Kult mit außergewöhnlichen Wachstumsraten. E-Mail ist ein Medium, das Individualisierung ermöglicht, aber auch Anonymität nicht ausschließt. Hier können Jugendliche neue Beziehungsnetze aufbauen, ohne sich dauerhaft binden zu müssen.

Per Mausklick am PC können sie die Schwächen des Kontaktpartners in gewünschter Distanz halten. So lassen sich freundschaftliche Netze knüpfen, die frei von lästigen Verpflichtungen sind, aber ‚fast' den Halt einer Familie geben. E-Mail-Kontakte gleichen mehr einer temporären Allianz, die Bindungen auf Dauer ersetzt.

Der PC wird zum virtuellen Kontakthof, in dem auch Schüchterne ohne Blickkontakt miteinander plaudern bzw. chatten können, ohne ihr Gesicht zu verlieren. Unter den regelmäßigen Nutzern von elektronischen Briefen sind die männlichen Kontaktpartner bisher deutlich überrepräsentiert: Auf eine Mailerin kommen zwei männliche Mailer. Mit dem Besitz nimmt in der Regel auch die Nutzungsintensität zu. Bis zur Akzeptanz des PC als Massenmedium – wie Handy und TV auch – ist noch ein weiter Weg, damit es in Zukunft nicht mehr nur heißt: „e-m@il für Dich", sondern auch „e-m@il für mich."

11. Mailen. Chatten. Telefonieren.
Thesen zur Zukunft der Telekommunikation

1. *Das Internet schafft Aufbruchstimmung.* Die Wirtschaft wandert ins Netz und investiert Milliarden in die Internet-Ökonomie. „Mitsurfen oder hinterher schippern" heißt die Devise. PC und Internet sind zum Antriebsmotor für die gesamte Wirtschaft geworden.
2. *Der zeitweilige Mangel an hochqualifizierten Computer-Fachleuten ist beabsichtigt und trägt zur Verjüngung und Spezialisierung in der IT-Branche bei.* Gesucht werden Fachkräfte, die jung und mobil, berufserfahren und hochspezialisiert, aber in Deutschland kaum mehr zu finden sind. Je nach Konjunktur werden nach dem amerikanischen „Hire-and-Fire"-Prinzip erfahrene Ingenieure und Spitzenkräfte (wie z.B. 1995 in Deutschland) massenhaft entlassen und – fünf Jahre später – als junge Computer-Gastarbeiter per „Greencard" händeringend gesucht, um sie nach ein paar Jahren wieder zu entlassen. So bot z.B. die IBM Deutschland Informationssysteme GmbH eine Woche vor Eröffnung der CeBit 2000 ihren 15.000 Mitarbeitern an, mit 55 Jahren in die Altersteilzeit zu wechseln. Eine Woche später stimmte dann die gesamte Computerbranche in den Klagegesang über den Mangel an Fachkräften ein.
3. *B2B: Business to business – die Unternehmen gehen weltweit online.* Was der Marktplatz früherer Zeiten war, wird der elektronische Handel morgen sein. Unternehmen wickeln weltweit Einkauf und Vertrieb ab, produzieren schneller und billiger. Die Wirtschaftsleistung wächst, der Kunde profitiert davon. Die Einführung des mechanischen Webstuhls und die Erfindung der Dampfmaschine leiteten die industrielle Revolution ein. Das Internet sorgt jetzt für die elektronische Revolution in der Arbeitswelt.
4. *B2C: Business to consumer – Einkaufen per Internet bleibt ein nettes kleines Zusatzgeschäft.* Von Bücherkauf, Reisebuchung und Homebanking einmal abgesehen, werden auch im Jahr 2020 über 90 Prozent des privaten Verbrauchs nicht über Online-Geschäfte getätigt. Selbst unter der optimistischen Annahme, dass sich der E-Commerce-Umsatz der privaten Verbraucher jährlich verdoppelt, werden die Online-Geschäfte im Jahre 2020 höchstens zehn Prozent des Einzelhandelsumsatzes ausmachen (2000: 0,7% – 2002: 2,8% – 2004: ca. 3,5%).
5. *Die Generation @ hat bald mehr Kontakt mit Medien als mit Menschen.* Der Umgang mit Gleichaltrigen („peer group") bekommt Konkurrenz vom Umgang mit Handy, eMail und privater Homepage. Kommunizieren und Telefonieren zu jeder Zeit an jedem Ort. Mit der Flüchtigkeit der Beziehungen wächst die Bedeutung der Erreichbarkeit.
6. *E-Communication („Compunikation") bekommt eine größere Bedeutung als E-Commerce.* Der Computer ist für die privaten Verbraucher in erster Linie ein Kommunikations- und Unterhaltungsmedium und nur gelegentlich eine Informations- oder Einkaufsbörse. Die meisten Konsumenten nutzen ihren PC lediglich als Schreibmaschine für das Text- und Briefeschreiben (einschließlich E-Mail) oder vergnügen sich bei Spielprogrammen.

Abb. 41: „Mehr Kontakt- als Einkaufsbörse"
Nutzung der neuen Medien

Von je 100 Befragten nennen als *regelmäßige Aktivität* (d.h. wenigstens einmal in der Woche):

☐ 2000 ☐ 2001 ■ 2002 ■ 2003

Kontaktbörse („E-Commerce")

Telefonieren mit Handy: 14 / 25 / 29 / 28

Internet/Online-Dienste: 7 / 11 / 13 / 18

E-Mail: 5 / 11 / 13 / 18

Einkaufsbörse („E-Commerce")

Homebanking: 2 / 5 / 5 / 8

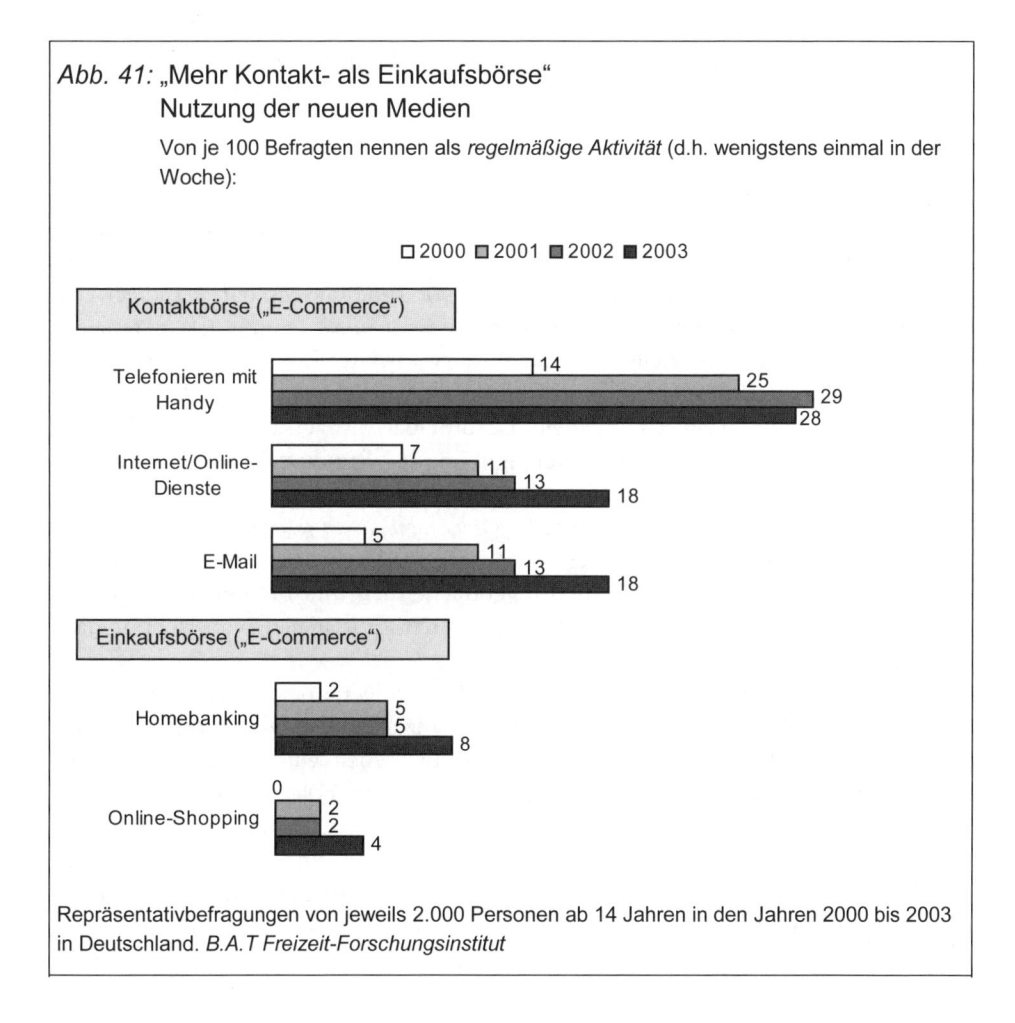

Online-Shopping: 0 / 2 / 2 / 4

Repräsentativbefragungen von jeweils 2.000 Personen ab 14 Jahren in den Jahren 2000 bis 2003 in Deutschland. B.A.T Freizeit-Forschungsinstitut

7. *Mailen, Chatten, Surfen – der Spaß an der Telekommunikation wird zum digitalen Volkssport der jungen Generation.* Die permanente Erreichbarkeit in Verbindung mit der Gewissheit, keine Mitteilung oder „Botschaft" zu verpassen, übt auf die junge Generation einen besonderen Reiz aus. Das Leben mit dem großen ‚E' sorgt für Tempo, Spaß und Mobilität. Dies entspricht ganz dem jugendlichen Lebensgefühl. „E-Mail ist wie eine Autobahn – wenn sie erst mal da ist, kommt der Verkehr ganz von selbst" (Coupland 1996, S. 35).
8. *Die Generation @ steht ständig unter Strom.* Inmitten von TV, PC, E-Mail und Internet surft sie in 90 Sekunden um die Welt, telefoniert in allen Lebenslagen, zappt wie im Fernsehen durch das Leben und geht den Mitmenschen nicht selten auf die Nerven. Das Netz ist für die Generation @ wie ein zusätzlicher Medienkanal. Zu den TV-Ereignissen gesellen sich die Web-Ereignisse. Die Medienkonsumenten von morgen wollen Zuschauer, Zuhörer und Leser bleiben, aber zugleich auch Surfer, Mailer und Chatter sein.

9. *Die Schöne Neue Medienwelt macht das Leben schneller und bequemer.* Das Leben der Generation @ gleicht vernetzten Nomaden, die überall ihre Zelte aufschlagen können. Rast- und ruhelos – und zugleich auf der Suche nach Sinn, Halt und sozialer Geborgenheit.
10. *Die Telekommunikation zwischen TV, PC und Handy entwickelt sich zur Geldschluck-Maschine.* Jugendliche werden bald mehr Geld für Handy und E-Mails als für Kino und Kneipe ausgeben.
11. *Der Info-Stress macht der Generation @ zu schaffen.* Eine Gesellschaft ständiger Optionen in einer 24-Stunden-Ökonomie wartet auf uns – „zumindest potenziell" (Goebel 2000, S. 22). Vielleicht besteht der wahre Reichtum des Lebens in Zukunft mehr im *Zeitwohlstand* – im freiwilligen Verzicht aus die „5 U" der New Economy: Unterwegs/Unabhängig/Unmittelbar/Universal/Umfassend. Zeitwohlstand beginnt mit der Befreiung von der Rundum-Erreichbarkeit. Die Auszeit wird dann zur Befreiungszeit.
12. *Das Mobiltelefon wird zur Grundausstattung jedes Jugendlichen gehören und Telefonieren ein neues Grundbedürfnis sein*: eine der wichtigsten und zeitaufwendigsten Alltagsbeschäftigungen. In Zukunft werden Jugendliche mehr mit Freunden telefonieren als sich mit Freunden treffen. Das Handy wird zur neuen Nabelschnur nach draußen.
13. *Das UMTS-Handy wird zum Handicap.* Als Allroundgerät gefeiert stößt es bald an seine technischen, psychologischen und finanziellen Grenzen. Vom Neuheits- und Neugiereffekt für Jugendliche einmal abgesehen wird die Innovation der Technik keine Revolution der Lebensgewohnheiten zur Folge haben.
14. *Das surfende Klassenzimmer ist eine Illusion.* Auf einen Computer kommen 14 Schüler (Stand 2004). Wer hält das System von Hard- und Software in Betrieb? Wer wartet es regelmäßig? Dem Computerstudio wird es wie dem Sprachlabor ergehen – für Schüler eine willkommene Abwechslung vom Unterrichtsalltag, die Ausnahme von der Regel. Lehrer werden dadurch nicht entbehrlich. Auch im nächsten Jahrzehnt wird der typische Schulalltag von Frontalunterricht und Klassenarbeiten geprägt sein.
15. *Dem Rausch folgt bald der Kater: Das „Online-Jahrhundert" wird bald zu Ende sein.* Die Internet-Euphorie gerät in das Dilemma von Zeit und Geld, von Rechtsproblemen und Sicherheitsbedenken. Die Haushaltselektronik stößt an ihre finanziellen Grenzen, die Infoflut wird zum Zeitkiller. Der User wird zum Loser zwischen Geldnot und Zeitverlusten, Viren- und Hackerschäden. Die Frage „Wie sicher ist das Netz?" ist offener denn je. Viele Internetfirmen und Börsenneulinge werden nicht überleben.
16. *Im Internet-Markt gibt es mehr „Looker" als „Booker", mehr Gucker als Bucher.* Dies gilt selbst für den attraktiven Reisemarkt im Internet: Der Umsatzanteil bei den deutschen Reisekonzernen liegt gerade einmal bei knapp zwei Prozent. Bis die 5-Prozent-Marke bei den privaten Verbrauchern erreicht ist, vergehen noch viele Jahre. Und auch in Zukunft wird Urlaub per Mausklick kein Massengeschäft sein. Denn Urlauber wollen weiterhin Gefühle und nicht Waren kaufen. Gefühls- und erlebnismäßig hat das Netz der Netze wenig zu bieten.

17. *Der Börsen-Boom kann zum Börsen-Bumerang werden.* Wenn sich die Internethoffnungen nur zwischen Euphorie und Hysterie bewegen, dann können aus traumhaften Gewinnen schnell schmerzhafte Verluste werden. Der private Verbraucher ist keine Melkkuh, die von heute auf morgen ihre Konsumgewohnheiten ändert. Wer im E-Commerce auf schnelle Geschäfte mit dem Konsumenten hofft, hat schon verloren.
18. *Die Informationsgesellschaft ist eine Vision* (wie die Wissensgesellschaft, die Bildungsgesellschaft und die Bürgergesellschaft auch). Die meisten Bürger glauben nicht daran, dass wir in einer Informationsgesellschaft leben oder leben wollen. Auch im Jahre 2010 wird Deutschland wie bisher mehr eine Konsumgesellschaft als eine Informationsgesellschaft sein und werden die meisten Bürger lieber konsumieren als sich informieren. Das Internet wird das private Leben nicht revolutionieren, sondern nur ein wenig optimieren helfen.
19. *Die Zukunft gehört weiterhin dem Erlebniszeitalter, in dem es mehr E(rlebnis)-Konsumenten als E(lectronic)-Consumer gibt.* E-Commerce ist nur ein ergänzendes Vehikel auf dem Wege zu einem schöneren Leben zwischen Spaß, Bequemlichkeit und Unterhaltung.
20. *Im Post-PC-Zeitalter werden Gesundheit und Lebensqualität die Megamärkte der Zukunft sein.* In der immer älter werdenden Gesellschaft boomen dann Bio- und Gentechnologien, Pharmaforschung und Forschungsindustrien gegen Krebs, Alzheimer und Demenz sowie gesundheitsnahe Branchen, die Care und Wellness, Vitalität und Revitalisierung anbieten. In der künftigen Gesellschaft der Singles und Senioren werden auch Geschäfte mit den wirklichen Nöten der Menschen gemacht. Denn die Sorge der Menschen konzentriert sich dann auf die Erhaltung einer vierfachen Lebensqualität: körperlich und sozial, materiell und mental.

Dieser realistischen Bilanz stehen die Zukunftsprognosen der Medienbranche gegenüber, die sich zwischen Höhenflug und Goldrausch bewegen, kabellos und grenzenlos, bahnbrechend, auf jeden Fall euphorisch. Ihre Wachstumsprognosen begnügen sich nicht mit ein paar Prozentpunkten. Zweistellige Zuwachsraten sind nach wie vor angesagt – und alle paar Jahr eine Verdoppelung. Für die Medienbranche sind in der Internet-Ökonomie fast alle Gesetze der Schwerkraft außer Kraft gesetzt.

Dabei hält sich die Verbreitung der regelmäßigen privaten PC-Nutzung (also wenigstens einmal in der Woche) immer noch in bescheidenen Grenzen (2003: 28%). Das ist keine Medienrevolution. *Ohne den privaten Verbraucher wird es keinen E-Commerce-Boom geben.* Die Medienbranche will Motor, Macher und Mitgestalter der Medienrevolution sein und setzt sich nicht selten über die abgesicherten Daten der Medienforschung hinweg. Die Folgen können schon bald Insolvenzen oder Entlassungen sein.

12. Schöne Neue Medienwelt. Mehr Wunsch als Wirklichkeit

Die moderne Mediengeschichte ist schon immer einer Geschichte der Kulturschocks gewesen (vgl. Faulstich 1997). Befürchtet wurde beispielsweise,

- dass das Telefon zum Verfall der Briefkultur führe,
- die Schallplatte dem guten Theater schade,
- der Kinofilm die Jugend kriminalisiere oder
- das Fernsehen zur Droge im Wohnzimmer werde.

Dahinter stand immer die Angst, Vertrautes bzw. den Boden unter den Füßen zu verlieren. Der Psychologe Heiko Ernst spricht in diesem Zusammenhang von *Multiphrenie* und meint damit die ständige Angst, „etwas zu verpassen und zu versäumen, von seinen Möglichkeiten nicht den rechten Gebrauch gemacht zu haben. Selbst wenn ein Wunsch befriedigt wird – es bleiben noch so viele andere" (Ernst 1991, S. 25). Der innere Zwang, überall dabei sein, aber sich nirgends binden zu müssen, kann am Ende orientierungslos machen.

Wir brauchen in Zukunft ein *Informationsmanagement*, das uns hilft, die wesentlichen Informationen aus dem maßlosen Überangebot herauszufiltern, damit wir nicht in der Flut der Daten untergehen. Dabei können wir uns technologischer Hilfen wie z.B. Suchmaschinen bedienen. Das Informationsmanagement müssen wir aber schon selber leisten wie z.B.

- wissen, wo und wie Wissen zu haben ist,
- Mut zur Auswahl haben und
- Prioritäten setzen können, also Hierarchien der Wichtigkeit bilden.

Notwendig wird eine neue „Lebenskunst im Cyberspace" (Schmid 2000, S. 7ff.), die für eine *Vereinfachung der Vielfalt* sorgt. Dies kann im Extremfall Verweigerung bedeuten, aber auch Gelassenheit statt bloßer Unterwerfung und insbesondere: *Begrenzung statt Entgrenzung*. Dazu bedarf es einer eigenen Informationskompetenz, die erst entwickelt, ja erarbeitet werden muss. Wer diese Kompetenz nicht erwirbt und besitzt, läuft Gefahr, von der Technologie und den Technologen beherrscht zu werden.

Vor über dreißig Jahren hat der kanadische Medienforscher Marshall McLuhan die Formel von der Welt als globalem Dorf geprägt: In der von McLuhan beschriebenen „neuen Welt des globalen Dorfes" würden die Menschen plötzlich zu *nomadischen Informationssammlern* – so nomadisch und so informiert wie noch nie. Mit der Globalisierung lösten sich zunehmend alte Gegensätze von Raum und Zeit auf. Im elektronischen Zeitalter müssten die Menschen neu leben lernen, weil sich die Maßstäbe und das Tempo des Lebens grundlegend veränderten (McLuhan 1964/1995). Inzwischen ist es soweit. Computer und Medien, Telekommunikation und Unterhaltungselektronik wachsen immer mehr zusammen.

Kinder und Jugendliche wachsen in einem Zeitalter der Telekommunikation auf, das *Züge einer neuen Netzkultur* trägt: Zwischen elektronischen Spielen und elektronischen Briefkästen, virtuellen Welten und virtuellen Gemeinschaften, Datenautobahnen und Computernetzwerken bewegen sie sich und werden selbst wieder zu Nomaden. Sie können sich von einem Punkt der Erde aus zu einem anderen bewegen – und gleichzeitig sesshaft sein und zu Hause bleiben. Fast jeder fünfte Bundesbürger (1999: 18% – 2001: 19%) ist davon überzeugt, *dass das elektronische Surfen um die Welt am Ende heimatlos macht*: „Internet-Surfer werden wie elektronische Nomaden überall in der Welt, aber nirgendwo zu Hause sein". Verliert diese Generation @ den festen Boden unter den Füßen? Oder sehnt sie sich schon bald nach Halt: „Gib mir Wurzeln, denn ich habe keine"? Praktiziert sie ein *neues Nomadentum*? Früher gingen die Nomaden – je nach Jahreszeit und Niederschlag – auf Nahrungssuche. Die neuen Nomaden hingegen dringen in einen Raum des Wissens und der Fähigkeiten ein – in den lebendigen Raum einer „Menschheit, die sich soeben neu erfindet und sich ihre Welt erschafft" wie der französische Medienforscher Pierre Levy prognostiziert (Lévy 1997, S. 13).

Und die Verantwortlichen in Politik, Wirtschaft und Gesellschaft leben die Flexibilität auch noch täglich vor: „Ich will nicht sagen, dass wir Manager *Vagabunden* sind, *die überall ihr Zelt aufschlagen können*. Aber wir sind so flexibel, haben auch ein entsprechendes Einkommen, dass wir von einem Tag auf den anderen umziehen können" (Wiedeking 1999, S. 90).

> Alles vagabundiert – die Menschen, die Wirtschaft, die Unternehmen und das Geld. Kommen amerikanische Verhältnisse auf uns zu? Die Verweildauer an einem Wohnort liegt in den USA nur mehr bei fünf Jahren. Der amerikanische Traum, zu gehen, wann und wohin man will, kann zum Alptraum werden: Der Verlust an Ortssinn droht, ein Verlust an Wurzeln, die den Menschen helfen, sich selbst zu definieren. Moderne Nomaden verkünden gerne: „Wir blühen, wo wir gepflanzt sind". Nur: Kann man überhaupt noch wachsen, wenn man ständig umgepflanzt wird?

Das Leitbild des High-Tech-Zeitalters ist der flexible Mensch, ein beschleunigter elektronischer Nomade, der – getrieben von der Angst, etwas zu verpassen – immer auf der Suche nach Halt, Sinn und Orientierung ist. Diesem nicht zur Ruhe kommenden Nomaden kann die „verinnerlichte Moral abhanden kommen" (Gronemeyer 1996, S. 16). Die Moralproduktion übernehmen dann der Markt und die Medien, während der Nomade durch die bereitgestellten Informations- und Unterhaltungswelten zappt. Auch die Erziehung geht zunehmend in die Regie von Markt und Medien über. In TV, PC und Internet eingebaute Software-Geräte übernehmen die Aufgabe, Sex und Crime herauszufiltern: Sorgen in Zukunft „Cybersitter" und „Net Nanny" rührend für das Wohl unserer Kinder?

Der High-Tech-Typ des 21. Jahrhunderts hält sich für unbegrenzt beschleunigungsfähig: Orte und Optionen lassen sich ebenso schnell auswechseln wie Partner und Freunde. Diese flexible Generation erhebt Flexibilität zum höchsten Lebensprinzip und macht sie zum Gradmesser für Fitness, Gesundheit und Erfolg im Berufs- und Privatleben. Flexibilität gilt geradezu als neue Tugend der Wandlungsfähigkeit. In den USA gibt es Flexibilitätspraktika, in denen Mitarbeiter in der Wildnis zelten oder Bungeesprünge absolvieren lernen (Martin 1994) – eine Art Therapie gegen das „übersättigte Selbst" (Gergen 1996). Die Generation @ setzt dagegen *das flexible Selbst*, das nach Belieben zwischen verschiedenen Lebenswelten hin- und herpendeln kann.

Fast jeder zweite Bundesbürger (1999: 42% – 2001: 47%) beantwortet die Frage so: „Die Menschen driften und *zappen in Zukunft durch ihr Leben* wie heute schon durch die Fernsehkanäle". Eine Art innere Fernbedienung zappt Langweiler und lästige Gesprächspartner weg wie langatmige Dokumentationen oder nervige Werbesendungen im Fernsehen. Hat die Flexibilität als oberstes Prinzip eine Gesellschaft von Driftern zur Folge, in der Loyalität, Treue, Verpflichtung und Verbindlichkeit ihren sozialen und moralischen Wert verlieren?

13. Compunikation.
Mehr mit Medien als mit Menschen kommunizieren

Seit der Verbreitung der elektronischen Medien verlieren nachweislich die direkten persönlichen Gespräche zwischen Ehepartnern beträchtlich an Intensität: Kaum war das erste Fernsehgerät in der Wohnung aufgestellt, sprachen die Ehepaare weniger miteinander. Die elektronische Kommunikation drohte die Kommunikation in der Partnerschaft zu verdrängen. Das Allensbacher Institut spitzte die Auswirkungen des Fernsehens auf die Frage zu: *Ist der Gesprächsfaden gerissen?* (Allensbach 2000/Nr. 9, S. 1). Was war passiert?

In den fünfziger Jahren konnten noch 42 Prozent der Frauen davon berichten, dass ihr Mann fast alles mit ihnen bespricht, was er während der Arbeit erlebt. Ende der siebziger Jahre, nachdem das Fernsehen als Massenmedium Alltag geworden war, sagten das lediglich 31 Prozent der Frauen. Und im Jahre 2000 waren es nur noch 16 Prozent. Auch aus der Sicht der Männer wird der *Verlust der Gesprächsintensität* bestätigt. 1953 haben noch 39 Prozent der Männer „alles" mit ihrer Frau besprochen, im Jahr 2000 nur noch 18 Prozent. Und gerade einmal 9 Prozent der Frauen haben heute den Eindruck, dass ihr Mann sich wirklich für das interessiert, was sie tagsüber tun oder erlebt haben. In den fünfziger Jahren war das Interesse mehr als dreimal so hoch (30%).

Verändern die elektronischen Medien unsere Kommunikationskultur? Das Kunstwort „Compunikation" meint *Netzkommunikation* und bedeutet mehr als bloße Information. Wer im PC und Internet ‚compuniziert' ist interaktiv (und nicht nur reaktiv), gestaltet selbst (und lässt sich nicht nur konsumtiv berieseln). *Compunikatoren* sind *Zuschauer* und *Nutzer* zugleich. Wenn eines Tages TV und PC zusammenwachsen, die TV-Zuschauer und PC-Nutzer vom Wohnzimmer genauso wie vom Arbeitszimmer aus kommunizieren und agieren, dann können die neuen Compunikatoren auch *Viewser* (Koziol 2000, S. 13), also *Viewer* und *User* zugleich sein.

> **Compunikation. Prognose aus dem Jahre 1980**
>
> „Kommunikation aus der Steckdose – Compunikation: Der heimische Sessel im abgedunkelten Wohnzimmer, die Isolierzelle nach draußen mit intensiver Telekommunikation in den eigenen vier Wänden – allein oder mit dem Partner – machen das Gespräch mit dem Nachbarn entbehrlich, die Runde in der Kneipe nicht sonderlich begehrlich, das Leben auf Straßen und Plätzen vergessen. Dafür bietet die Compunikation (über Computer und Mikroprozessoren, Video und Kabelfernsehen gesteuerte Kommunikation) die Chance des Überalldabeiseins, gewährt computerisierte Erlebnisse und (steck)dosierte Erfahrungen aus zweiter Hand ... Traum oder Alptraum-Wirklichkeit? Wie wird sich die künftige Telekommunikation auswirken? Droht sie zum Ersatz für die unmittelbare persönliche Kommunikation zu werden?"

Lehrveranstaltungsankündigung (Opaschowski) an der Universität Hamburg im Wintersemester 1980/81, Hamburg: Oktober 1980

Wird das Internet zu einem Kommunikationsmedium, das die Menschen in aller Welt näher bringt? Nach Aussagen des amerikanischen Computer-Wissenschaftlers Joseph Weizenbaum (MIT) werden lediglich Daten herumgeschickt, ohne dass sich die Menschen persönlich kennen lernen. So können Schulkinder in Deutschland zwar ihre Daten mit amerikanischen Schülern austauschen. Die Schüler sitzen dann „hinter dem Computer, statt draußen mit ihren Nachbarkindern zu spielen" (Weizenbaum 1996). Und was im Internet an sogenannten Botschaften hin- und hergeschickt wird, hat *manchmal mehr mit Sprachgeröll als mit Verständigung zu tun*. Da wird Bedeutungsloses ausgetauscht und die Texte sind eher trivial.

> **„Love it or leave it!" Kommunikation im Zeitalter des Internet**
>
> „Ich nehme an, dass bereits einige Briefe von empörten Userinnen, E-Mailerinnen, Hackerinnen und sonstigen ‚Netz-Junkies' bei Ihnen angelangt sind. Nun, Zeiten ändern sich. Schulkinder begeben sich nicht mehr allzu oft in ozonbelastete, verschmutzte Wald- und Wiesenlandschaften, um dort Ball zu spielen. Der Computer interessiert sie mehr. Er ist Spiel, Spaß und Kommunikationsmittel in einem. Und er schreit Sie nie an.
>
> Wir leben in einer schnellen Zeit. Und wir leben in einem neuen Zeitalter. Das müssen Sie sich endlich vor Augen führen. Die Online-Sprache verkümmert nicht. Es bildet sich nur eine vollkommen neue eigenständige, eigendynamische Art der Kommunikation. Ganz selbstverständlich, dass man im Internet zu Kürzeln greift. Es ist eine Art Kommunikation, die auch die Herren Sprachwissenschaftler endlich akzeptieren müssen. Um mit Jazzsängerin Nina Simone zu sprechen: ‚Love it or leave it!'"

Schreiben einer Internet-Userin an den Autor (1998)

Auch sprachwissenschaftliche Untersuchungen in Deutschland (vgl. Lenk 1995) weisen nach, dass das *Chatten im Internet nicht zufällig an Quasseln und Quatschen erinnert*. Die Kommunikation ist hölzern und spartanisch, umgangssprachlich und jargonhaft, Rechtschreibung und Zeichensetzung werden vernachlässigt, Fehler nicht korrigiert und Grußformeln entfallen teilweise ganz.

Compunikation als *computervermittelte Kommunikation* kann als künstliche Kommunikation kritisiert werden, in der künstliche Identitäten bzw. „Chiffreexistenzen" miteinander in Beziehung treten (vgl. Krämer 1997). Dem steht andererseits die Auffassung gegenüber, dass auch unter den Bedingungen computervermittelter Interaktion personalisierte Kommunikation stattfinde. Diese Kommunikationsform benötige im Unterschied zur face-to-face-Kommunikation zwar mehr Zeit, um persönliche Bezüge aufzubauen, dafür werde sie aber teilweise *intensiver erlebt*. Auch über Chats, E-Mails oder Newsgroups können Freundschaften oder Partnerschaftsbeziehungen entwickelt werden (vgl. Walther 1996). Dies trifft insbesondere für *Chattertreffen* zu, bei denen sich die Chat-Kommunikation in eine face-to-face-Kommunikation verwandelt.

> Die kulturpessimistisch begründete Zerfallsthese, wonach mit Einführung der neuen Informationstechnologien andere Kommunikationsformen zerfallen, muss mit Skepsis aufgenommen werden. Denn die Kommunikation „zerfällt" hier nicht, sondern findet lediglich „zusätzlich" über ein anderes Medium statt. Die Kommunikation wird eher ausgeweitet als eingeschränkt.

Insbesondere Lehrer erhoffen sich bei den Jugendlichen eine *neue Lust am Schreiben*, die durch die Möglichkeiten des weltweiten E-Mail-Austausches ausgelöst würde, von dem dann auch der Deutsch- und Fremdsprachenunterricht profitieren könnte.

Compunikation, die vernetzte Kommunikation von Mobiltelefon und Telefax, E-Mail und Internet, macht die Menschen überall erreichbar. Kommunizieren wird immer leichter, aber *Verstehen und Verstanden-Werden eher schwerer*. Nächtelang mit Menschen chatten, die man nicht kennt? Das kann nur ein vorläufiger Ersatz für die persönliche Kommunikation sein. Kommt es immer mehr zu einer *Entpersonifizierung der Kommunikation*? Fremde Welten und Menschen rücken mit Hilfe der modernen Kommunikationstechnologien ganz nah, während gleichzeitig Freunde und Nachbarn aus den Augen verloren werden?

Kinder und Jugendliche gewöhnen sich schnell an die *virtuelle Kommunikation*. Sie greifen zum Handy, um sich mit Nachbarskindern zu verabreden (vgl. Petzold 2000, S. 18). Das Kinderzimmer wird zur Telefonzelle. Hinzu kommen Kommunikationsmöglichkeiten in Chat-Rooms oder Internet-Cafés. Das wirkliche Leben („Real Life") stirbt deshalb nicht, muss sich aber immer mehr gegen die *Konkurrenz des virtuellen Lebens* behaupten. Insbesondere für Kinder und Jugendliche gilt: Sie bewegen sich in der Welt der virtuellen Kommunikation freier und problemloser als Erwachsene, weil sie ganz selbstverständlich mit dem Cyberspace, in dem wirkliche und künstliche Räume verschmelzen, aufwachsen.

Und wie ist die Interaktion mit dem Computer z.B. bei Videospielen zu bewerten? Jedes zweite Kind, das selbst einen PC besitzt, spielt – allein. Die Informationen und Anregungen dafür kommen von Freunden oder Schulkameraden. Die Familie spielt dabei eine untergeordnete Rolle. Der PC wird gerne als *Pausenfüller und Langeweilevertreiber* genutzt (wie das Fernsehen auch). Klagen über mögliche Spiel- oder Internetsucht greifen zu kurz. Nicht das Medium macht süchtig, sondern Persönlichkeitsstruktur und Sozialisationsumfeld entscheiden über mehr abhängige oder eher selbstständige Mediengewohnheiten. Dies darf allerdings kein Freibrief für den maßlosen Medienkonsum von Kindern sein. Interessengeleitete Empfehlungen von Medienpädagogen im Sinne von „Neue Medien = Neue Chancen", die selbst vor PC-Empfehlungen im Babyalter nicht Halt machen, sind abzulehnen: „Wenn aber ein zweijähriges Kind Interesse am Computer zeigt, sollte man das ruhig fördern" (Stefan Aufenanger. In: Geo Wissen Nr. 21/2001, S. 39).

Verantwortbarer sind dagegen Alternativ-Positionen wie z.B. „Gebt den Kindern erst einmal das, was in der Welt selten geworden ist: Wichtige und wunderbare Primärerfahrungen" (Hentig 2001, S. 45), um *darauf aufbauend* ebenso kritisch wie klug mit Computer und Handy umgehen zu können. Kinder sollten also nicht gleich ‚Hals über Kopf' den neuen Technologien ausgeliefert sein. Stattdessen sollten sie vorher *Erfahrungen mit Alternativen* machen.

Wie die Enquête-Kommission des Deutschen Bundestages nachweist, geben 56 Prozent der jugendlichen Internet-Surfer an, Online-Dienste zu nutzen, um *„mit anderen in Kontakt kommen"* zu können – allerdings immer unter dem Vorbehalt jederzeitiger Kündbarkeit. Die Netzkommunikation ist zunächst auf Vorläufigkeit angelegt. Nicht dauerhafte Beheimatung ist angesagt. Das Sozialverhalten im Netz steht unter dem Vorzeichen des *Temporären und Flüchtigen*. Wie wirkt sich dies auf die übrigen sozialen Beziehungen aus, auf Bindungen und Verbindungen, auf Hilfsbereitschaft und Solidarität? Zugespitzt in der Frage: „Wie viel Verlässlichkeit muss ich einbringen und darf ich erwarten, um nicht den zwischenmenschlichen Super-GAU zu erleben?" (Koziol 2000, S. 15).

So sind in Zukunft mehr flexible Sozialgebilde zu erwarten, Netzwerke mit schwachen Bindungen, Kommunikationsgemeinschaften auf Zeit. Deswegen muss nicht gleich die traditionelle Familie durch die *Geräte-Familie* enteignet werden, weil die Kinder angeblich in den Bann einer *Geräte-Sozialisation* geraten (Eisenberg 2000).

14. Generation @.
Die Medienrevolution entlässt ihre Kinder

Das neue Kommunikationszeitalter verändert viel. In Zukunft könnte es passieren, dass wir ebensoviel oder gar *mehr mit Medien und Maschinen „sprechen müssen"* als mit Menschen. Kommunikationspartner können zunehmend unbelebte Objekte sein:

- Sprechen wir dann mit dem Toaster, dem Türknauf oder dem Laternenpfahl wie heute auf einem Anrufbeantworter?
- Wird die Stimme zum Kommunikationskanal, der den Maschinen die eigenen Wünsche mitteilt?
- Wird es bald digitale Butler, Nachbarn, Freunde oder Ärzte geben?
- Werden wir uns dann einbilden, mit Menschen geredet zu haben, obwohl es vielleicht nur eine E-Mail war?

Für den Computerwissenschaftler Negroponte ist bereits klar: Das kommende Digitalzeitalter kann „weder ignoriert noch gestoppt werden" (Negroponte 1995, S. 277) – es bricht *wie eine Naturgewalt* auf uns herein. Jede Generation soll ein wenig digitaler werden als die Generation davor – und Negroponte ist glücklich darüber.

Geradezu zornig reagiert hingegen der amerikanische Medienkritiker Neil Postman auf diese *visionäre Jubelhaltung* und die optimistischen Prognosen, die sich an keiner Stelle mit den psychischen und sozialen Folgen auseinandersetzen:

- Was ist eigentlich das Problem, für das diese Technologie die Lösung sein soll?
- Wird hier nicht eine Illusion des Bedeutenden geschaffen?
- Und wenn die Antwort „Geschwindigkeit" heißt, stellt sich die Frage „Zeit sparen – wofür?"

Die Schlüsselfrage muss doch eher lauten: *Verbessert die Technik auch das Leben?* Selbst bei einer positiven Antwort bleibt eine weitere Frage offen: Welche neuen Probleme könnten daraus entstehen, dass wir ein altes Problem gelöst haben? Die Antibiotika-Entwicklung hat z.B. wichtige Gesundheitsprobleme gelöst, aber gleichzeitig „unser Immunsystem geschwächt" (Postman 2000, S. 105). Es geht also um *Güterabwägungen, Technikfolgenabschätzungen und Chancen-Risiken-Bewertungen*.

Im 21. Jahrhundert können wir es uns nicht leisten, mit geschlossenen Augen nach dem Motto „Augen zu – und durch!" in die Zukunft zu fahren. Mindestens die *„vorhersehbaren Folgen"* (Postman 2000, S. 106) müssen im Blick sein – von möglichen „Best-Case"- oder „Worst-Case"-Szenarien ganz zu schweigen. Der Sprecher eines Computer-Clubs brachte es so auf den Punkt: „Wir wissen ja auch nicht, *wo wir hin wollen*. Aber wir werden auf jeden Fall als erste da sein!"

Die Medienvielfalt im privaten Bereich wird sicher für *chronische Zeitnot* sorgen. Wirklich wichtige Gespräche stoßen deswegen nicht auf taube Ohren, aber der lange Atem für Langatmiges, die Geduld und die Konzentration für längeres Zuhören gehen zunehmend verloren. Im elektronischen *Zeitalter der schnellen Schnitte* müssen auch die privaten Gespräche schnell auf den Punkt kommen – *sonst hört keiner mehr zu*. Dies trifft über die familiäre Situation hinaus insbesondere für die wachsende Zahl informeller und unverbindlicher Kontakte zu.

Wie eine Befragung des Allensbacher Instituts bei 900 Lehrern für Sozialkunde, Wirtschaft und Politik nachweist, sind 81 Prozent der befragten Lehrerschaft davon überzeugt, dass die *heutige Schülergeneration am meisten von den Medien geprägt* ist (Allensbacher Archiv 1996). Die Folgen sind Konzentrationsschwäche, Verhaltensstörungen und zunehmende Aggressivität. Für zwei von fünf Lehrern stellt sich Gewalt als ein hautnah erlebtes Problem dar. 60 Prozent der Lehrer halten den Einfluss der Medien auf ihre Schüler für „sehr groß"; an den Einfluss der Eltern glauben lediglich 17 Prozent und sich selbst schreiben nur noch drei Prozent der Lehrer einen großen Einfluss zu. Wenn sich die *Lehrer die Vermittlung von Wertvorstellungen nicht mehr zutrauen* (86 Prozent würden es gerne tun, aber nur 21 Prozent haben den Eindruck, dass ihnen dies tatsächlich auch gelingt), ist vorhersehbar, dass Schule und Lehrer „vor dem Informations- und Unterhaltungsangebot der Medien kapitulieren" (Köcher 1996, S. 16).

Generation @.

> Entwickeln sich die Medien aus heimlichen Miterziehern zu Haupterziehern, die Kinder mehr beeinflussen und prägen als Eltern und Lehrer? Wer sagt den Kindern dann noch, dass sie Grenzen brauchen? Und wer trägt in Zukunft dafür Sorge, dass sie auch einmal zur Ruhe kommen und in Ruhe gelassen werden?

Was Wissenschaft und Forschung theoretisch an Erkenntnissen zutage fördern, wird durch die pädagogische Wirklichkeit bestätigt: In den Schulen dominieren zunehmend nervöse kleine Egoisten, die aggressiv reagieren, wenn sie aufgefordert werden, sich mehr Mühe zu geben. Mitunter verhalten sie sich so, als sei ihr *Zentralnervensystem an das Vorabendprogramm des Fernsehens angeschlossen*. Ist ihr schulisches Verhalten ein Reflex auf schnelle Schnitte à la VIVA und MTV? Viele sind nervös, können sich weniger konzentrieren, bedürfen immer neuer Reize, Stimuli und Sensationen, können kaum noch mit sich allein sein, behalten weniger, strengen sich selten an – kurz: „*Das Konstante ihrer Persönlichkeit ist die Flüchtigkeit*" (Hensel 1994, S. 17). Haben wir es in Zukunft mit einer reizüberfluteten Generation zu tun, die deutlich aggressiver ist als ihre Vorläufer?

Viele Kinder können nur noch kurze Geschichten erzählen, in denen sich ein Highlight an das andere reiht – genauso wie im Fernsehen bei Werbespots oder Musikkanälen (Rabenschlag/Heger 1994). Wie Fölling-Albers beispielsweise in ihrer Untersuchung über Schulkinder nachdrücklich belegt, klagen 87 Prozent der befragten Lehrerschaft über wachsende Konzentrationsschwäche und vermehrte Unruhe und Nervosität der Kinder. Im gleichen Maße, wie die Ausdauerfähigkeit der Kinder sinkt, nimmt ihre *Ablenkungsbereitschaft* zu. Vorlese-Situationen, wie sie früher von Kindern geradezu herbeigesehnt wurden, werden mittlerweile zur Geduldsprobe für Lehrer: Selbst bei spannenden Geschichten ist nur noch ein kleiner Teil der Kinder in der Lage, sich auf das Zuhören zu beschränken. Bereits mitten im Text verlieren viele Kinder das Interesse daran, die Geschichte überhaupt zu Ende zu hören (Fölling-Albers 1995, S. 23).

> Das Nicht-zuhören-Können, heute schon im Kindesalter nachweisbar, kann in Zukunft zu einer großen Herausforderung für die zwischenmenschliche Kommunikation werden. Motivationsfähigkeiten sowie die Kompetenz zu Methodenwechsel und variantenreichen Unterrichtsformen müssen zum pädagogischen Repertoire jedes Lehrers bzw. zum Grundbestandteil jeder Lehreraus- und -fortbildung gehören.

Was aber passiert, wenn nichts passiert – wenn sich die pädagogischen Qualifikationen der Lehrer und der Lern- und Erziehungsstil in der Schule nicht verändern? Dann würden die Schüler im Zeitalter der Fernbedienung *die Lehrer im Unterricht einfach ‚wegzappen'*, d.h. die Schüler wären körperlich anwesend, aber in Gedanken woanders. Mental würden sie abdriften und wie beim Fernsehkonsum Langweiliges einfach ‚abschießen'.

15. Erziehung zur Medienkompetenz. Bildungsaufgabe der Zukunft

Die junge Generation wächst zunehmend in einer multimedialen Umwelt auf. Kinder sind Leser, Hörer und Fernseher zugleich. Darin ist auch eine große Lernchance zu sehen, wenn es gelingt, Leseerziehung, Medienerziehung und computerunterstütztes Lernen integrativ miteinander zu verbinden. Dies kann allerdings nicht auf das Ersetzen von Lehrkräften hinauslaufen. Ganz im Gegenteil: An der Konzipierung von Software sind Pädagogen stärker zu beteiligen. Die Prognose des Philosophen Peter Sloterdijk darf nicht Wirklichkeit werden, wonach in Zukunft alle Schulfächer auf amüsante, großartige, lebendige Weise computerisiert sein werden: „Kein Lehrer wird mithalten können" (Sloterdijk 1994).

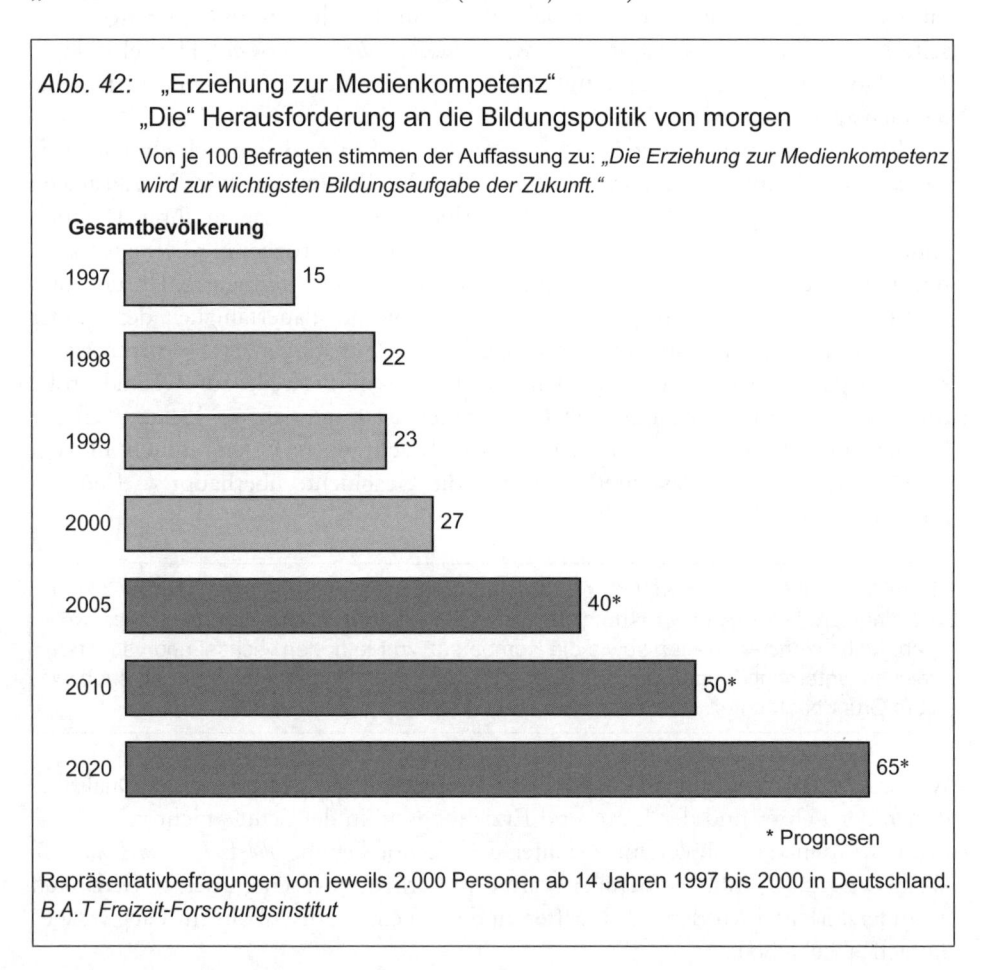

Abb. 42: „Erziehung zur Medienkompetenz"
„Die" Herausforderung an die Bildungspolitik von morgen

Von je 100 Befragten stimmen der Auffassung zu: *„Die Erziehung zur Medienkompetenz wird zur wichtigsten Bildungsaufgabe der Zukunft."*

Gesamtbevölkerung

Jahr	Wert
1997	15
1998	22
1999	23
2000	27
2005	40*
2010	50*
2020	65*

* Prognosen

Repräsentativbefragungen von jeweils 2.000 Personen ab 14 Jahren 1997 bis 2000 in Deutschland.
B.A.T Freizeit-Forschungsinstitut

Vor diesem Problemhintergrund ist verständlich, warum immer mehr Bundesbürger (1997: 15% – 2000: 27%) die Auffassung vertreten: „Die *Erziehung zur Medien-*

kompetenz wird zur wichtigsten Bildungsaufgabe der Zukunft." Die Erziehung zur Medienkompetenz kommt jedoch nicht von selbst. Vielmehr ist eine Neuorientierung der Medienforschung zwingend geboten. Dabei sind vor allem die empirischen Forschungsergebnisse, die Hertha Sturm in den achtziger und neunziger Jahren im Sinne einer *sozialen Folgenabschätzung* ermittelte (vgl. Sturm 1987, 1995 und 1996), vorrangig zu berücksichtigen:

- Erstens sollte mehr als bisher neben der Erforschung der Wirkung von Medieninhalten die *Art des Transports* von Inhalten und das *Wie der Präsentation* im Blickfeld der Medienforschung stehen. Wie wirken sich z.B. schnelle Schnitte, Schwenks und Zooms sowie abrupte Standort-, Situations- und Szenenwechsel auf Kinder aus? Mittlerweile ist nachweisbar: Je hektischer und pausenloser die Laufbildangebote sind, desto mehr kommt es zu Fehlzuschreibungen und Mißverständnissen. TV-Zuschauer praktizieren eine Art innere Verbalisierung, d.h. sie sprechen dauernd zu sich selber, sie beschreiben und kommentieren das Gesehene. Verläuft jedoch die mediale Darstellung zu rasant, dann verstummt der Rezipient oder antwortet aggressiv mit globalen Beschimpfungen (Sturm 1996, S. 164).
- Zweitens ist den *emotionalen Stressfaktoren bei Viel- und Wahllos-Sehern* größere Beachtung zu widmen. Vielseher sowie Rezipienten mit der Neigung zu ständigen Kanal- und Programmwechseln können meist nicht abschalten, weil sie sonst in eine spannungslose (Erregungs-)Leere fallen. Medienpädagogen sollten sich daher nicht immer nur mit der Medienkompetenz im engeren Sinne beschäftigen, sondern genausoviel Energie auf die *Weckung und Erhaltung außermedialer Interessen* verwenden. Andernfalls ist mit einer Zunahme von Aggression und Depression bei Kindern und Jugendlichen zu rechnen.

Es empfiehlt sich eine pragmatische Vorgehensweise: Je größer der Einfluß der Medien auf die Kindheitsentwicklung ist, desto mehr muss die gesamte Kindererziehung „auch Medienerziehung" sein (Moser 1995, S. 22). Die Medienpädagogik führt dann kein eigen- oder randständiges Dasein mehr, sondern versteht sich als wesentlicher Bestandteil einer Allgemeinbildung im künftigen Medienzeitalter.

Das Hauptaugenmerk familiärer und schulischer Medienerziehung muss in Zukunft vorrangig darauf gerichtet sein, *wie die Sinnesüberreizung durch die Medienflut bei Kindern verhindert werden kann*. Dies hat mehr mit Verhaltenstraining als mit Wissensvermittlung zu tun. Konkret: Eine Anleitung zu *weniger* Medienkonsum kann mitunter die wirksamste Medienerziehung sein. Die Erziehung richtet sich gegen *überdosierten* Medienkonsum und fordert keineswegs Medienverzicht, der nur Erlebnisarmut und auch Informationsdefizite zur Folge hätte (vgl. Struck 1997, S. 281). Gemeint ist vielmehr: Wer sein Leben nicht durch Medien beherrschen und reglementieren läßt, beweist die größte Medienkompetenz. Medienkonsum nach Maß ist eine ebenso sinnvolle wie befriedigende Tätigkeit. Kinder hingegen, die beispielsweise drei und mehr Stunden täglich fernsehen, werden dieses Übermaß in ihrer Entwicklung zu spüren bekommen.

Sicher: Wir können darauf hoffen, daß nach einer Ära totaler Reizüberflutung das *Verlangen nach einer neuen Einfachheit* (vgl. DER SPIEGEL Nr. 50/1996, S. 225) steigt – nur darauf verlassen dürfen wir uns nicht. Eher ist anzunehmen, dass sich die neue Generation weder gegen die Angebotsinflation zur Wehr setzt noch bewusst in eine außermediale Idylle zurückzieht.

> Auf die Generation @ könnte in Zukunft das zutreffen, was der Philosoph Blaise Pascal vor über dreihundert Jahren zum Ausdruck brachte: „Kein Übermaß ist sinnlich wahrnehmbar. Zu viel Lärm macht taub; zu viel Licht blendet; was zu weit ist und zu nah ist, hindert das Sehen ... Das Übermäßige ist uns feindlich und sinnlich unerkennbar. Wir empfinden es nicht mehr, wir erleiden es ..." (Pascal, Pensées, 1670).

Bereits in den achtziger Jahren kritisierte die Deutsche Forschungsgemeinschaft (DFG) den Stand der Medienforschung. Sie zeige einen erstaunlichen Mangel an Studien, in denen die Auswirkungen der Medien auf soziale Sachverhalte, soziale Beziehungen und Strukturen, soziale Normen und Werte untersucht werde. Es fehlten vor allem „Untersuchungen über die *langfristigen sozialen Folgen* von Massenkommunikation" (DFG 1986/Teil I). Anfang der neunziger Jahre musste die Medienforscherin Marie-Luise Kiefer dann resigniert feststellen, dass „der dringende Ruf" der DFG nach Langzeitforschung zu den sozialen Folgen der Massenkommunikation „weitestgehend ungehört verhallt" sei (Kiefer 1992, S. 13). Eine *Medienwirkungsforschung*, die Langzeitfolgen für die nachfolgende Generation im Blick hat, ist notwendiger und dringender denn je.

Bill Gates' Prognose vom Computer als digitalem Nervensystem, das so schnell wie der menschliche Gedanke ist, wird Wirklichkeit. Viele Menschen spüren dies und sagen dem *Zeit- und Stress-Faktor, der Info-Falle und dem Erreichbarkeits-Wahn* den Kampf an, damit aus der Entlastung keine Belästigung wird. Sie verweigern sich einfach. Für sie heißt es eher: Hauptsache Fernsehen, also Entspannung und Zerstreuung bei TV-Unterhaltungsprogrammen, die problem- und anforderungslos nach Feierabend konsumiert werden können. Das sind die *neuen alten Wünsche an die Zukunft der Medien*. Die überwiegende Mehrheit der Bevölkerung will passiver Medienkonsument bleiben. Die Rolle des aktiven Gestalters und Mitgestalters – der „Programmchef Publikum" als Vision – bleibt auf die Minderheit der Info- und Bildungselite beschränkt.

> Die Zukunft gehört in Deutschland einer gespaltenen Mediengesellschaft, in der neue Medientechnologien auf alte Mediengewohnheiten stoßen. Die Medien entwickeln sich weiter, viele Menschen aber bleiben – technologisch gesehen – stehen. An Nachrichten, Spielfilm und Unterhaltung gewöhnt, wollen sie daher auch in Zukunft gern alles beim Alten belassen.

Die Hoffnung der Branche, TV-Zuschauer und PC-Nutzer, Viewer und User würden bald zu einer neuen *Viewser-Generation* zusammenwachsen, erfüllen sich so schnell nicht. Die pessimistische Prognose „Web frisst Fernsehen" wird ebenso wenig Wirklichkeit wie die optimistische Voraussage „TV und PC wachsen zusammen." Von Letzterem wird ohnehin nur der Augenarzt profitieren.

Die Kinder werden in Zukunft sicher lieber mit dem Home-Computer als mit dem Holz-Baukasten spielen. Nur: Die multimediale Entwicklung wird bis dahin weder unser menschliches Kommunikationsbedürfnis beeinträchtigen noch unser Interesse am Lesen von Büchern, Zeitungen und Zeitschriften verkümmern lassen. Und je mehr sich Homebanking und Onlineshopping ausbreiten, desto größer wird unser Bedürfnis nach persönlichen Kontakten, nach Sehen-und-gesehen-Werden z.B. beim Einkaufsbummel sein. Denn: *Die Sinne konsumieren weiter mit.* Auch im Jahr 2020 werden die meisten Beschäftigten keine Telearbeiter sein, sondern wie bisher eher müde von der Arbeit nach Hause kommen, sich vor den Fernseher setzen und mit nichts anderem als ihrem Partner oder ihrem Kühlschrank interagieren...

16. Ende der Privatheit?
Die unsichere Datensicherheit

Noch nie war der Zugriff auf die ganz persönlichen Daten des Bürgers so einfach wie heute. Das elektronische Netz ist zur größten Datensammelmaschine der Welt geworden. Das Internet ist ein wenig wie der Wilde Westen. In Zukunft droht geradezu ein Einbruch in unsere Privatsphäre: Wir müssen mit *Digitalvandalismus, Softwarepiraterie und Datendiebstahl* leben lernen – so die Prognose des amerikanischen Vordenkers in Fragen digitaler Technik Nicholas Negroponte. Die Schöne Neue Welt zwischen Multimedia und Internet stellt den gewaltigsten Sprung in der Geschichte der Information und Kommunikation seit der Erfindung des Buchdrucks dar. „Total digital" nennt daher auch Negroponte (1995) das künftige Leben in einer Mischung aus Audio, Video und Daten. Menschen in aller Welt sollen sich in digitalen Nachbarschaften zusammenfinden und rund um die Uhr einen Strom von Daten verschicken. Der Marktplatz früherer Jahrhunderte soll durch eine weltumfassende Datenautobahn ersetzt werden.

Das radikal Neue der multimedialen Zukunft ist darin zu sehen, dass nicht mehr die Medien zu den Menschen kommen, sondern die Menschen die Medien zu sich „herüberziehen." Alles kann angefordert und abgerufen werden. Wird der Mensch am Ende selbst zu einem statistischen Datensatz von Alter, Einkommen, Einkaufszettel, Automarke, Steuererklärung und Trinkgewohnheiten? Werden aus unseren persönlichen Daten neue Dienstleistungen für andere?

Im Nachdenken über die möglichen Risiken der vielgepriesenen Informations-Infrastruktur stehen wir erst am Anfang.

Jeder Verbraucher muss sich in Zukunft ernsthaft Gedanken machen, wie er Risiken minimiert oder vermeidet, um nicht zum Opfer kommerzieller Datenbanken zu werden. Im öffentlichen und privatwirtschaftlichen Bereich lassen sich mittlerweile folgende Daten in maschinenlesbarer Form (vgl. Gandy 1993) problemlos speichern:

- *Persönliche Daten* von der Geburts- bis zur Heiratsurkunde;
- *Finanzdaten* vom Bankauszug bis zur Steuererklärung;
- *Versicherungsdaten* von der Kranken- bis zur Haftpflichtversicherung;
- *Verbraucherdaten* von der Kleidergröße bis zur Schuhnummer;
- *Ausbildungsdaten* vom Schulzeugnis bis zum Universitätszertifikat;
- *Freizeitdaten* von der Konzertkartenreservierung bis zum Reiseziel;
- *Beschäftigungsdaten* von der Bewerbung bis zur Beurteilung;
- *Sozialdaten* von der Arbeitslosenunterstützung bis zur Rentenzahlung;
- *Versorgungsdaten* vom Telefon bis zum Lieferservice;
- *Rechtsdaten* vom Führungszeugnis bis zur Anwaltsakte.

Was passiert eigentlich, wenn Falschinformationen in solche Datenbanken gelangen?

Steht gar das Ende der Privatheit (Whitaker 1999) unmittelbar bevor? Kann in Zukunft alles, was wir einander mitteilen, von anderen gelesen und bis zur Quelle zurückverfolgt werden? Bedeutet dies, dass jeder ein ganz *persönliches Online-Profil* von uns entwickeln kann, z.B.

- welche Webseiten wir besuchen,
- welche Produkte wir bestellen und
- mit welchen E-Mail-Adressen wir korrespondieren?

Gibt es bald keine Privatsphäre mehr? Natürlich muss das nicht alles so passieren – aber es kann geschehen.

Die multimediale Entwicklung wird die weltweiten und regionalen, die institutionellen und privaten, die formellen und informellen Datenströme in den kommenden Jahren auf ein Vielfaches der heutigen Informationsströme wachsen lassen. Der Umfang des heutigen Datenaustausches muss aus der Sicht von morgen wie eine Marginalie erscheinen. Andererseits wird schon heute eine Vielzahl von Daten und Informationen ausgetauscht, ohne dass der einzelne diese Ströme wirklich wahrnehmen kann. Ob im Restaurant beim Zahlen per EC- und Kreditkarte oder beim Arzt durch Ausweisung per Krankenkarte, bei der Aufschlüsselung der Telefonrechnung oder beim Abonnement bestimmter TV-Angebote – überall entstehen Datensätze, die auf bestimmte Verhaltens- und Befindlichkeitsmuster der Kunden bzw. Versicherungsnehmer schließen lassen.

17. Vertrauenssache.
Die Nutzung von Persönlichkeitsprofilen

Viele Fragen sind bisher noch ungeklärt:

- Darf eine Versicherung computergespeicherte Krankendaten einer selbstständig beschäftigten Telearbeiterin überlassen?
- Darf eine Telefongesellschaft Anschrift und Telefonnummer eines Anrufers weitergeben, wenn er eine Kundin am Telefon belästigt?

- Muss ein Mitarbeiter einverstanden sein, wenn externe Kooperationspartner via Datenleitung sein Leistungsprofil erfahren wollen?

Je vernetzter und verkabelter das Leben wird und je mehr sensible Daten auf Festplatten, Disketten und CD-ROMS gespeichert werden, desto mehr setzt ein wirksamer Datenschutz nicht nur informationstechnische, sondern vor allem *juristische Kenntnisse* voraus.

Besonders problematisch erweist sich der *Datenschutz von Kindern* unter 13 Jahren: Wenn z.B. Unternehmen die User im Kindesalter nach persönlichen Daten wie E-Mail, Name oder Geburtsdatum – ohne Einverständnis der Eltern – fragen und dabei Comicfiguren oder Gewinnspiele als Lockmittel einsetzen, wie dies mitunter Spielehersteller und Unterhaltungskonzerne tun. Zum Schutz vor einem Missbrauch dieser Daten sind Gesetze da, die eine weitgehende Datensicherheit gewährleisten sollen. Allerdings gab es in der Vergangenheit auch immer wieder Vorkommnisse, in denen bewusst oder unbewusst gegen die Bestimmungen des Datenschutzes verstoßen wurde. Nur selten ist der Missbrauch von Daten publik geworden. In bestimmten Fällen (wie z.B. bei der Datenweiterleitung von Meldeadressen an Parteien) sind die Schutzgesetze so offen gehalten, dass nicht unbedingt ein Missbrauch von Daten vorliegt. Das Sicherheitsgefühl in der Bevölkerung ist aber dadurch alles andere als gefestigt.

Die Möglichkeiten, mit einem nicht autorisierten Gebrauch von persönlichen Daten konfrontiert zu werden, werden immer vielfältiger. Zu Recht geben Datenschützer mittlerweile warnend zu verstehen, die immer breiteren, schnelleren und dichteren Informationsströme würden unkontrollierbarer werden. Nicht selten würden Adressen mit vielen Zusatzinformationen professionell und legal gehandelt. Eine Reihe von Kreditkartenunternehmen sei – zumindest hypothetisch – in der Lage, relativ *konkrete Persönlichkeitsprofile* von häufigen Nutzern ihrer Karten zu konstruieren. Und in nicht hinreichend gesicherten Computernetzwerken sei es für jugendliche Computerfreaks kein Problem, sich Zugang zu ganz privaten Daten zu verschaffen.

Selbst ohne Aufwendung krimineller Energien können DV-Profis sogenannte Datenspuren, die ein Internetsurfer durch die Bekanntgabe seiner eigenen Daten hinterlässt, aufnehmen und auswerten – in diesen Fällen läge rechtlich noch nicht einmal ein Missbrauch vor. Die Möglichkeiten, spezielle Daten von sich selbst preiszugeben und *von anderen ‚durchleuchtet' zu werden*, nehmen mit der Ausbreitung der Informationstechnologien ständig zu.

Der Bürger hat nach der EU-Richtlinie zum Datenschutz einen Anspruch darauf, über die Speicherung und die Weitergabe seiner Daten unterrichtet zu werden. Damit dieses *Grundrecht auf informationelle Selbstbestimmung* gewahrt bleibt, muss jeder Einzelne darüber informiert werden, welche Institution seine personenbezogenen Daten (z.B. Adresse, Haushaltseinkommen, Krankengeschichte) „benutzt." Falls solche Daten rechtswidrig verbreitet werden, hat der Betroffene einen *Anspruch auf Schadenersatz*. Schon lange und in großem Umfang werden solche privaten Daten auch von Banken, Versicherungen und Versandhäusern „gesammelt." Über den Umgang mit diesen Daten muss der Bürger daher informiert sein.

Das Problem: Der Bürger findet sich im institutionellen Datendschungel kaum mehr zurecht: Wer besitzt überhaupt personenbezogene Daten und wer macht davon wie Gebrauch? Kundenkarten, Kreditkarten, Krankenkarten, Chipkarten – die inflationäre Verbreitung solcher Plastikkarten, die als Ausweis, Datenträger oder Bargeldersatz dienen, ist für den einzelnen Bürger kaum mehr überschaubar und durchschaubar.

> Was früher der Sklavenhandel war, kann in Zukunft der Datenhandel werden. Beides stellt einen Eingriff in Persönlichkeitsrechte dar. Der Adressenhandel erlebt derzeit jährlich zweistellige Zuwachsraten. Die Vermarktung des Persönlichkeitsrechts erreicht grundsätzlich alle.

Um sich selbst besser zu schützen, wird in Zukunft ein *Identitätsmanagement in Computernetzen* immer wichtiger, d.h. Kommunikationspartner werden sich zunehmend Pseudonyme zulegen, die auf den ersten Blick keinen direkten Personenbezug erkennen lassen. Die Neigung und die Notwendigkeit werden zunehmen, *anonym zu kommunizieren* (Federrath/Berthold 2000, S. 204).

> Müssen wir in Zukunft Identitätsmanager werden, die nur mehr zwingend erforderliche personenbezogene Daten zur Verfügung stellen? Der Arbeitgeber bekommt dann andere Daten als die Bank, die Behörde oder der Sportverein.

Jeder entscheidet selbst, wann er anonym oder pseudonym auftreten will (Simitis 2000, S. 321). In der Kommunikation mit anderen wird es dann immer schwieriger, herauszufinden, wie authentisch personenbezogene Daten noch sind. Und was passiert, wenn sich – wie z.B. im Film „Das Netz" mit Sandra Bullock dargestellt – so genannte *Identitätsdiebe* eine Identität ausleihen oder gar stehlen? In den USA ist die neunstellige Sozialversicherungsnummer zum Überleben wichtig. Wer eine solche Nummer nicht mehr hat, den gibt es amtlich auch nicht (vgl. Reischl 2001).

Auf einer Skala, die von 1 (= „überhaupt nicht zuverlässig") bis 7 (= „absolut zuverlässig") reichte, konnten Befragte im Rahmen einer Repräsentativerhebung bewerten, in welchem Maße sie den einzelnen Institutionen, die personenbezogene Daten sammeln, vertrauen können. Hier genießen die *Ärzte* das größte Vertrauen. Zwei Drittel der Bevölkerung (66%) sind bei den Ärzten von der absoluten Zuverlässigkeit im Umgang mit den privaten Daten überzeugt. Der hohe Vertrauensvorschuss gegenüber der Ärzteschaft ist wesentlich in den persönlich positiven Erfahrungen begründet (Opaschowski 2001a).

Die Befragung lässt ein großes Misstrauen gegenüber Institutionen erkennen. Die überwiegende Mehrheit der Bevölkerung ist nicht der Ansicht, dass man den Institutionen im Hinblick auf den zuverlässigen Umgang mit den privaten Daten vertrauen kann. Lediglich 46 Prozent der Bevölkerung trauen den *Sozialämtern* einen sorgsamen Umgang mit den Daten zu. Und nur knapp ein Drittel der Bundesbürger vertraut den *Versicherungen*. Das Vertrauen in den *Verfassungsschutz* ist größer (57%) als das Vertrauen in den Datenschutz der Versicherungen (31%).

Abb. 43: „Datenspeicherung als Vertrauenssache"
Großes Misstrauen bei Adress- und Versandhandel

Von je 100 Befragten halten folgende Institutionen für *absolut zuverlässig* im Umgang mit den privaten Daten:

□ 1998 ■ 2001

Institution	1998	2001
Ärzte	56	66
Polizei	49	60
Verfassungsschutz	41	57
Finanzamt	44	54
Meldeämter	42	54
Banken	41	52
Krankenkasse	47	50
Sozialämter	35	46
Arbeitsamt	38	44
Versicherungen	30	31
Internetanbieter	*	10
Versandhandel	*	10
Adressenhandel	8	8

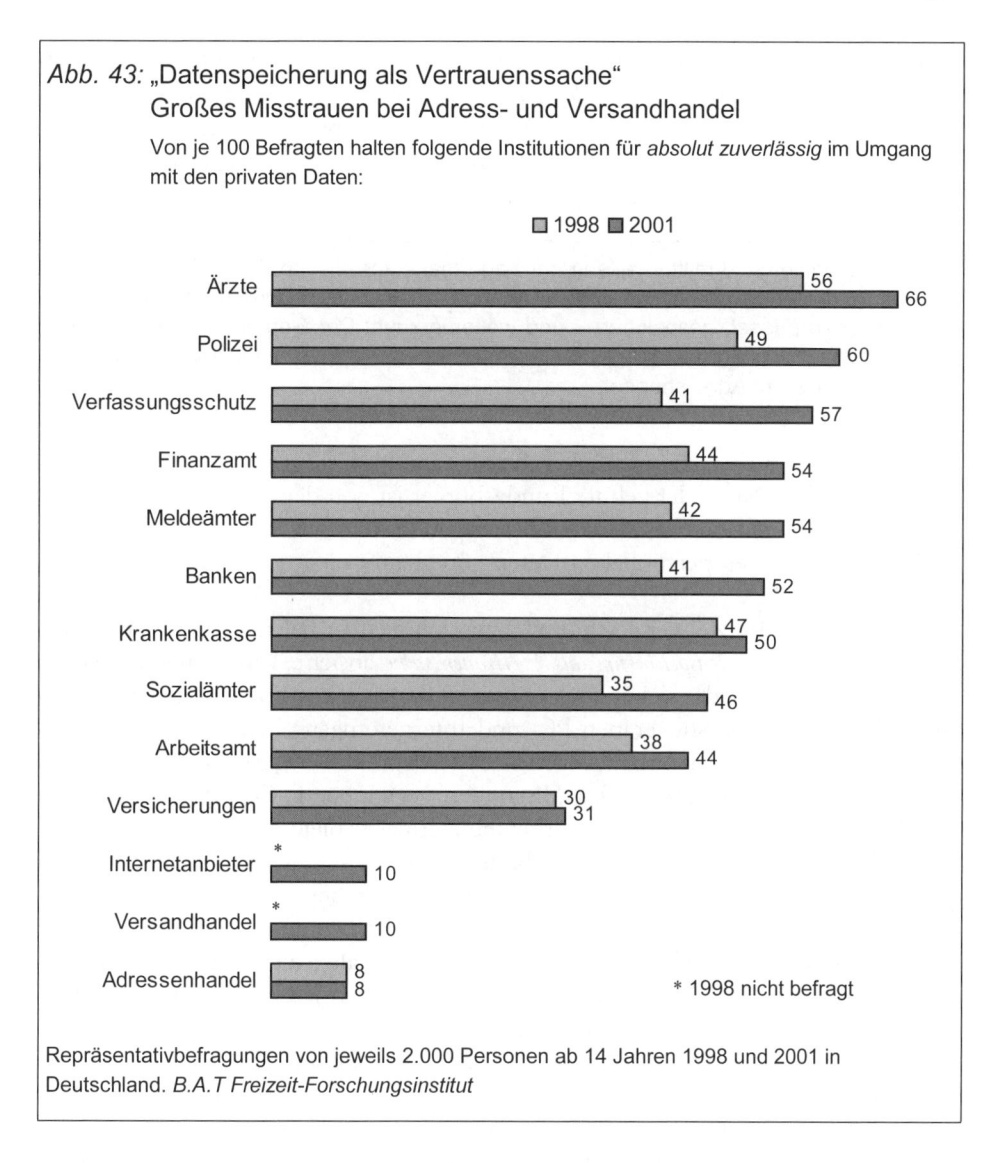

* 1998 nicht befragt

Repräsentativbefragungen von jeweils 2.000 Personen ab 14 Jahren 1998 und 2001 in Deutschland. *B.A.T Freizeit-Forschungsinstitut*

Was auf den ersten Blick nur als Imagefrage erscheint, kann sich in Zukunft zur Existenzfrage ausweiten. Denn Datenschutz ist immer auch Schutz der Privatsphäre. Wenn Versicherungen diesen Schutz auf Dauer nicht mehr garantieren können, werden sich die Verbraucher nach anderen Sicherheiten umsehen oder umorientieren. Wer mit den anvertrauten Informationen nicht sorgsam umgehen kann, wird im Zeitalter des Internets einen schweren Stand haben. Jeder Sechste stellt den Versicherungen ein problematisches Zeugnis aus, weil sie mit persönlichen Daten „überhaupt nicht zuverlässig" umgehen.

Überraschend hoch ist das *Vertrauen in die Polizei*: 60 Prozent der Bevölkerung sind davon überzeugt, dass die Polizei die gespeicherten Daten absolut richtig und zuverlässig verwendet (Frauen: 63% – Männer: 57%). Ein vernichtendes Zeugnis stellen die Bundesbürger dem *Adresshandel* aus: Nur acht von hundert Befragten trauen dem Adresshandel eine richtige Verwendung der persönlichen Daten zu. Die meisten befürchten eher persönliche Nachteile bzw. eine Beeinträchtigung ihrer Privatsphäre.

> Adressenhändler sind mittlerweile in der Lage, ganz spezifische Persönlichkeitsprofile zu liefern. Dabei werden hochsensible Daten aus der privaten Lebenssphäre für Marketingzwecke erfasst, gespeichert – und weiterverkauft! Der George Orwell'sche „Big Brother"-Staat ängstigt die Bürger mittlerweile weniger als der unüberschaubare Datenaustausch beim Adresshandel.

Ähnlich kritisch stehen die Menschen heute dem *Versandhandel* und den *Internetanbietern* gegenüber. Nur jeder zehnte Bundesbürger ist von der Zuverlässigkeit dieser beiden Institutionen überzeugt. Die überwiegende Mehrheit hingegen glaubt, dass die hier gespeicherten persönlichen Daten „überhaupt nicht richtig und zuverlässig verwendet" werden.

Andererseits: Im Zeitvergleich der letzten Jahre ist auffallend, dass die Bevölkerung zunehmend *Datenspeicherung als Vertrauenssache* ansieht. Ein bemerkenswerter Vertrauensvorschuss, der sicher auch etwas mit der eigenen Problemsensibilisierung zu tun hat. Wer einen souveränen PC- und Internetumgang beherrscht, geht sorgsam mit den eigenen personenbezogenen Daten um. Das Vertrauen in die traditionellen Institutionen wächst – das Misstrauen gegenüber E-Commerce-Anbietern wie Versand-, Adresshandel und Internetanbietern aber bleibt stabil.

In den vergangenen Jahren haben Kommunikationsnetzwerke in einer Vielzahl von bundesdeutschen Haushalten ihren festen Platz bekommen. Nahezu unbemerkt wurde eine ständig wachsende Zahl von Menschen an ein Informationsnetz angeschlossen. Die Anzahl der Personen und Haushalte, die über einen entsprechenden Netzzugang verfügen, wird in den kommenden Jahren noch weiter wachsen. Am Ende einer solchen gigantischen Ausbreitung wird dann über diese Kommunikationsnetzwerke ein ganzer *Pool digitaler Medienangebote für jedermann abrufbar* sein: Pay-TV, Online-Dienste, virtuelles Einkaufen und Videokonferenzen. Über das Internet kann eine historisch einmalige Vielzahl von Dienstleistungen und Informationen abgerufen werden. Selbst die Internet-Suchdienste („Browser") können schon längst nicht mehr das komplette Angebot durchforsten. Zu groß und unübersichtlich ist die Vielfalt geworden.

Im Berufs- und Privatleben kann das Internet zu einer *universellen Kommunikationsplattform* werden, die alle Bereiche unseres alltäglichen Lebens multimedial integriert (vgl. Büllingen 1999, S. 26) wie z.B.:

- Elektronisches Shopping in virtuellen Kauf- und Warenhäusern;
- Online-Bankgeschäfte von der Überweisung über den Aktienkauf bis zur Immobilienberatung;
- Internet-Telefonie, elektronische Post und elektronisches Publizieren;

- Video- und Audio-on-demand, die Rundfunk- und Fernsehinhalte weltweit verfügbar machen;
- Öffentliche und kommerzielle Datenbanken und Archive;
- Elektronische Dienstleistungen von Kommunen und Behörden;
- Austausch medizinischer Daten und Beratungen zwischen Ärzten, Krankenkassen und Krankenhäusern;
- Unterschiedliche Formen der Telearbeit und virtuelle Organisationen von Unternehmen;
- Neue Möglichkeiten der Bildung und des Lernens.

Berufliche wie private Kommunikation unterliegen allerdings der Gefahr, abgehört, verfälscht, missbraucht oder zerstört zu werden. *IT-Sicherheit und Selbstschutz der Nutzer* werden zur großen Herausforderung für die Gesellschaft und jeden Einzelnen.

18. „Big brother is watching you." Leben mit Überwachungskameras

Viele Bürger haben sich an die Videokameras an Bahnhöfen, Tankstellen, Kaufhäusern und öffentlichen Gebäuden gewöhnt. Und die Videoüberwachung an so genannten Kriminalitätsschwerpunkten wird geradezu begrüßt. Andererseits ist die Digitalisierungstechnik inzwischen so weit fortgeschritten, dass Kameras – wie z.B. im Londoner Bankenviertel – selbst Autokennzeichen präzise lesen können. Wie weit darf die Videoüberwachung gehen? Welche Grenzen müssen unbedingt eingehalten werden? Gehen wir einer Zukunft entgegen, in der die Bürger noch stärker überwacht werden?

Orwells „Big Brother" lässt grüßen. Bei der Videoüberwachung wurde in den letzten Jahren die Vernetzung zwischen privaten Organisationen und staatlichen Einrichtungen, von Sicherheitsdiensten, Polizei und Verkehrszentralen intensiviert. In Deutschland sind etwa eine halbe Million Filmkameras in Gerichten, Hotelfluren, Spielhallen und Supermärkten im Einsatz. Was findet wirklich statt: *Schutz vor Kriminalität oder kollektive Ausspähung?*

Drei Viertel der Bevölkerung bejahen Überwachungskameras. Auf den ersten Blick eine überzeugende Aussage, denn die Angst vor Kriminalität ist offensichtlich größer als die Angst vor dem gläsernen Bürger. Im Zeitvergleich fällt jedoch auf, dass das Lager derjenigen, die Überwachungskameras uneingeschränkt gutheißen, kleiner wird (1998: 83% – 2001: 75%). In Zukunft kann es zu einer Konfrontation zwischen den *Sicherheitsinteressen* der Gesellschaft und den *Freiheitsbedürfnissen* der Bürger kommen.

George Orwells Fiktion ist keine Utopie mehr. Der Mensch wird immer „gläserner, berechenbarer oder manipulierbarer" (Jacob 2001): Die Telefonüberwachung hat sich in Deutschland zwischen 1995 und 2000 verdreifacht. Auch die Videoüberwachung hat deutlich zugenommen. Prognostiziert wird für die Zukunft gar ein Ende jeglicher Risikobereitschaft: Die perfekte Videoüberwachung schafft eine Art *Hochsicherheitsstadt*, in der auch die kleinsten sozialen Zusammenhänge kontrolliert werden. Die Überwachungsgeräte werden immer kleiner und handlicher und legen sich wie ein *intelligenter Staub* über das ganze Land. Die Folge: Am Ende werden die beobachteten Menschen zum direkten „shooting back" aufgefordert, die mit ihren in Sonnenbrillen eingebauten Kameras selbst wieder die Überwachungskameras filmen (Möller 2000, S. 45).

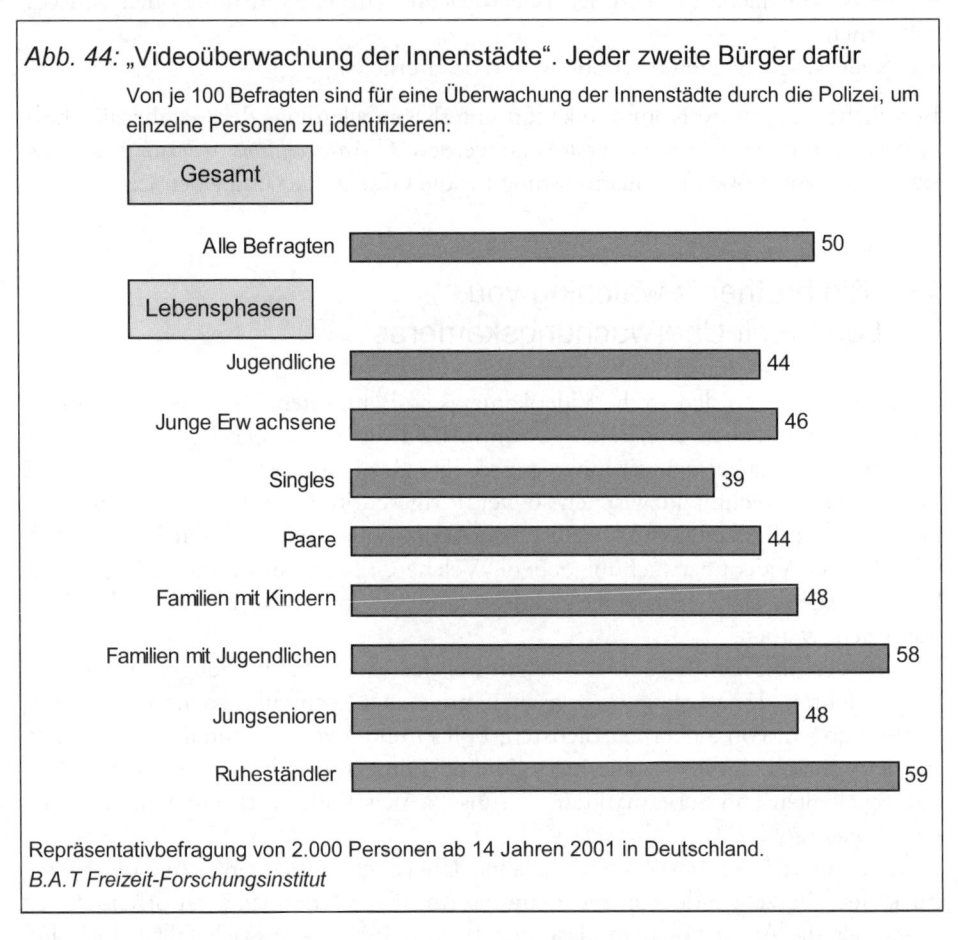

Abb. 44: „Videoüberwachung der Innenstädte". Jeder zweite Bürger dafür

Von je 100 Befragten sind für eine Überwachung der Innenstädte durch die Polizei, um einzelne Personen zu identifizieren:

Gesamt

Alle Befragten	50

Lebensphasen

Jugendliche	44
Junge Erwachsene	46
Singles	39
Paare	44
Familien mit Kindern	48
Familien mit Jugendlichen	58
Jungsenioren	48
Ruheständler	59

Repräsentativbefragung von 2.000 Personen ab 14 Jahren 2001 in Deutschland.
B.A.T Freizeit-Forschungsinstitut

Die Meinungen der Bevölkerung zur Frage „Sind Sie dafür, dass die Innenstädte von der Polizei mit Videokameras so überwacht werden, dass einzelne Personen identifizierbar sind?" sind geteilt:

- Die eine Hälfte der Bevölkerung (50%) stimmt dieser fast totalen Videoüberwachung zu – davon zwei Bevölkerungsgruppen mit besonderem Nachdruck: Einmal die Familien mit Jugendlichen (58%) und zum anderen die Ruheständler (59%). Beide machen sich mehr Sorgen um die Sicherheit als andere wie z.B. die Singles, die von einer möglichen Identifizierung einzelner Personen relativ wenig (39%) halten.

- Die übrige Bevölkerung ist verunsichert. 38 Prozent lehnen eines so intensive Videoüberwachung kategorisch ab. Weitere 12 Prozent können die Tragweite dieses Vorgangs nicht so recht einschätzen und entscheiden sich für die Antwortmöglichkeit „weiß nicht".

Klarere und eindeutigere Positionen werden in der Bevölkerung wohl erst dann vertreten, wenn es mehr *Erfahrungswerte über die Wirkungsweise der Videoüberwachung* in Innenstädten gibt.

Auf Schritt und Tritt von Kameras verfolgt? Was wie ein Alptraum erscheint, ist technologisch möglich und teilweise auch real. Die Einstellung der Bevölkerung zu dieser Vision ist eindeutig: 56 Prozent der Bundesbürger lehnen eine solche Möglichkeit ab. Andererseits überrascht es schon, dass ein knappes Drittel der Bevölkerung (29%) die *Verfolgung von Passanten durch Kameras* „für richtig" hält. Am meisten sprechen sich die über 65-jährigen Frauen (41%) für die Kameraverfolgung aus. Das Sicherheitsgefühl zählt für sie mehr als die Angst, ausspioniert zu werden.

> Die Gefahr ist groß, dass alle Bürger unter Generalverdacht geraten. Wenn z.B. die Kennzeichen aller vorbeifahrenden Autos an Verkehrsknotenpunkten – an Kreuzungen, in Tunneln und auf Autobahnen – durch Videokameras gescannt bzw. gefilmt und mit dem Fahndungscomputer des Bundeskriminalamtes (BKA) abgeglichen werden, dann gleicht dies einer Generalüberwachung – und das alles, um vielleicht einen Autodieb dingfest zu machen.

Hier geht es nicht mehr um den Schutz und die Sicherheit von Menschen wie z.B. auf Bahnhöfen oder um Gefahrenabwehr wie z.B. bei terroristischen Anschlägen. Die Realisierung der George-Orwell-Vision, Hunderttausende von Autokennzeichen und personenbezogenen Daten prophylaktisch „zu erfassen", würde mehr schaden als nützen.

19. „Cyberwar".
Zukunftsrisiken der Internetpiraterie

Was wie Science-Fiction klingt, ist Wirklichkeit. Das Bundesinnenministerium als Mitglied im Arbeitskreis Schutz von Infrastrukturen macht sich ernsthaft Gedanken zu einem über das Internet geführten Krieg, dem sogenannten *Cyberwar*. Was in den USA schon seit Jahren durchgespielt wird, soll auch in Deutschland „geprobt" werden: Wie müssen Politik und Wirtschaft, Behörden und Großunternehmen reagieren, wenn es zu einem koordinierten Angriff auf deutsche Rechnersysteme kommt? Die Folgen eines solchen simulierten Angriffs wären dramatisch: Verkehr und Telefonnetz brächen zusammen, die Flugsicherung fiele aus. Die nationale Sicherheit wäre infragegestellt.

In dieser Ausnahmesituation gäbe es keine Trennung der Interessen von Militär und Industrie, von Staat und Privatwirtschaft mehr. Die Angst vor der @-Bombe ist durchaus realistisch:

- Wird der nächste *Krieg über das Web* geführt — „unsichtbar und mit gewaltiger Zerstörungskraft?" (Krach u.a. 2001, S. 118).
- Genügt im Zeitalter des World Wide Web ein *Laptop als Waffe?*

Die USA entwickeln zur Zeit mit einem Kostenaufwand von 30 Milliarden Dollar einen Schutzschild für ihre New Economy, um ein *elektronisches Pearl Harbour* zu verhindern.

Im Internet-Zeitalter werden die Sicherungssysteme gegen Störversuche immer anfälliger. Allein das Virus „I love you" hatte weltweit Millionen von Daten zerstört. Und sogenannte *E-Mail-Bombardements* („Denial-of-Service-Attacks") hatten Internet-Firmen wie Jahoo, EBay oder Amazon zu schaffen gemacht. Im Kosovokrieg legten die Serben den Nato-Computer mit Tausenden von E-Mails lahm. Werden Bomben als Bits und Bytes das Schlachtfeld der Zukunft beherrschen? Und wie können sich die Industriegesellschaften dagegen schützen?

Im Mai 2000 versammelten sich erstmals Informatiker, Kriminalbeamte, Sicherheitsfachleute aus der Wirtschaft sowie Diplomaten aus aller Welt in Paris. Drei Tage lang beschäftigten sie sich mit nur einem Thema: *Sicherheit und Vertrauen im Internet.* Die Pariser Konferenz war eine erste Antwort auf die allgemeine Hilflosigkeit gegenüber Computerangriffen und Computerkriminalität. Künftig soll eine verstärkte internationale Zusammenarbeit bei der Verbrechensprävention und -bekämpfung im Internet angestrebt werden – wohlwissend, dass derzeit niemand Computerkriminalität verhindern kann. Daran ändern auch konkrete Vorschläge wie z.B. die Schaffung von „Cyber-Polizisten" oder „Gendarmen im Cyberraum" nichts.

Cyberterrorismus und Internetpiraterie können in Zukunft die Welt in Atem halten. Bereits 1999 kündigte der russische Politiker Wladimir Schirinowski an, Kriege eines Tages nicht mehr mit Waffen, sondern mit Maus und Computerviren führen zu wollen – man habe schließlich die besten Hacker der Welt. Bis dahin hatten sich nur die USA gerühmt, in den eigenen Geheimdiensten die besten Hacker zu beschäftigen, zu deren Beruf es gehörte, täglich in fremde Computersysteme einzubrechen. Dazu zählte auch Echelon, eine bereits zu Zeiten des Kalten Krieges mit Großbritannien, Australien und Neuseeland geschlossene *Abhörallianz.*

> Science-Fiction real: Die Schöne Neue Computerwelt lässt sich in Gedankenschnelle weltweit lahm legen. Hacker können das globale Dorf wie ein Kartenhaus zusammenstürzen lassen. Im Computerzeitalter gilt das Domino-Prinzip: Ein Dominostein fällt selten allein. Hacking ist in Zukunft keine Spielwiese für Computerkids mehr, sondern ein folgenschwerer Angriff auf die globale Datensicherheit.

Weil die Computerbranche Angst vor dirigistischen Eingriffen des Staates hat, bleiben viele Straftaten bisher ungesühnt. Stattdessen werden — wie z.B. in den USA – Millionen Dollar in die *Abwehr eines Cyberkriegs* investiert, um vor allem die Wirtschaft zu schützen.

Die Datenschützer müssen einfach eingestehen: Die ultimative Verschlüsselung gibt es bis heute noch nicht. Die Revolution im Bereich der Datensicherheit wird erst in etwa zwanzig Jahren erwartet. Ein neues Gebiet der Quantentheorie, die sogenannte *Quanten-Kryptographie*, soll dann in einer Art Werner Heisenberg/James Bond-Verbindung für absolute Sicherheit sorgen. Jeder Lauschangriff z.B. beim Telefongespräch würde die elektrische Spannung in der Fernmeldeleitung nachweis- und sichtbar absinken lassen und eine Störung im Datenfluss signalisieren (Kaku 1997/2000, S. 145).

Bis dahin werden auch die *privaten PC-Nutzer* von Viren und digitalen Bombardements nicht verschont bleiben. Weil alles mit allem immer mehr vernetzt wird (z.B. PC + Handy + Alarmanlage + ...) gibt es auch im privaten Bereich keine totale Datensicherheit mehr.

> Je intelligenter und funktionsreicher Mobiltelefone werden, desto anfälliger sind sie für die Verbreitung von Viren. Mehr Informations- und Serviceprogramme in mobile Kommunikationscomputer zu integrieren, macht die intelligenten Handys der Zukunft zu einem lohnenden Ziel für Virusattacken.

Und jeder private Verbraucher, der sich zwischen Homebanking, elektronischen Einkäufen und Reisebuchungen bewegt, hinterlässt *digitale Spuren,* die seine Konsumgewohnheiten verraten und die Privatsphäre verletzen können. Die Computerbranche misst diesem Problem aus naheliegenden Gründen keine große Bedeutung bei und empfiehlt ironisierend: „Am besten tragen Sie auch eine Strumpfmaske, damit Sie beim Einkaufen nicht erkannt werden" (McNealy 1999).

Am 1. August 1997 kam in Deutschland das Informations- und Kommunikationsdienste-Gesetz (InKDG) heraus, ein Regelwerk für den bis dahin weitgehend rechtsfreien Cyberspace. Ungeklärt sind aber noch bis heute viele Rechtsgrundlagen, wie etwa die Diskussion um die *Gen-Datei* zur besseren Verbrechensbekämpfung beweist. Erst durch die Bestimmung klarer Grenzen kann den in weiten Teilen der Bevölkerung anzutreffenden und mit der Gentechnik verbundenen Befürchtungen begegnet werden. Auch ein Grund, warum bereits 1995 der Bundestag entsprechende Bestimmungen für den *Gen-Test* (DNA-Analyse) verabschiedet hat.

Indem von vornherein rechtliche Grenzen gesetzt werden, kann verhindert werden, dass z.B. der Einsatz solcher Untersuchungen im Strafverfahren zu übermäßigen, d.h. den Kern der Persönlichkeit berührenden Eingriffen führt. Ähnliches gilt für die Gen-Datei, in der solche Untersuchungsergebnisse gespeichert werden sollen. Keinesfalls darf eine Gen-Datei Angaben über Erbanlagen oder charakterliche Merkmale enthalten. Und es muss Regelungen zum sicheren Umgang und zur Löschung der Daten geben.

Das Teledienstedatenschutzgesetz (TDDSG) bietet ein „Rundum-Sorglos-Paket", das keine Wünsche offen lässt. Die Praxis sieht aber ganz anders aus: Angesichts der Internationalität bzw. Globalität der Probleme werden die Grenzen nationaler Gesetzgebung offenbar. Die Bedeutung des Staates nimmt im weltumspannenden Netz ab. Manche nennen das TDDSG spöttisch ein *virtuelles Gesetz,* das sich im real existierenden Internet kaum oder gar nicht wahrnehmen lässt (vgl. Gundermann 2000). Andere plädieren für den Aufbau einer internationalen *Infrastruktur des Vertrauens* (Dix 2000, S. 105), die Rechtssicherheit schaffen soll.

In einer gemeinsam herausgegebenen Dokumentation zur Informationsgesellschaft des 21. Jahrhunderts weisen das Bundesministerium für Bildung und Forschung sowie das Bundesministerium für Wirtschaft und Technologie darauf hin, dass dem *Schutz der personenbezogenen Daten* eine grundlegende Bedeutung zukommt: Vom Schutz der Menschenwürde über den Jugendschutz bis zum Verbraucherschutz. Das Problem: Im Hinblick auf die Globalität der neuen IT-Technologien haben nationale Vorschriften nur begrenzte Wirkung. International vergleichbare Standards sind notwendig, weil die zunehmende Vernetzung mittlerweile alle Lebensbereiche erfasst und die IT-Sicherheit nachweisbar gefährdet ist: „Die amtliche *Computerkriminalitäts-Statistik* weist von Jahr zu Jahr bis zu *fünfzigprozentige Steigerungsraten* nach. Dabei sind kriminelle Handlungen in den Bereichen Internetkriminalität oder Kriminalität im Zusammenhang mit Computerviren noch nicht einmal erfasst" (BMBF/BMWi 1999, S. 43).

Gleichzeitig nehmen die Möglichkeiten zur Manipulation von Informationen rapide zu. Urheberrechtlich Geschütztes ist vermehrt der Piraterie ausgesetzt. *Elektronischer Diebstahl* breitet sich aus. Das ist eine technologiepolitische Herausforderung ersten Ranges. Ohne Sicherheitsstrategien im Cyberspace wird das Vertrauen in die Sicherheit der IT-Infrastruktur eher sinken. Es kommt also darauf an, das Vertrauen aller Beteiligten (Anbieter, Nutzer, staatliche Aufsichtsbehörden, Datenschutz-Kontrollinstanzen) zu erhalten und zu stärken. Wir brauchen einen Vertrauensrahmen für die Schaffung sicherer Verschlüsselungstechniken.

Geradezu symbolhaft wurde im George-Orwell-Jahr 1984 eine der bekanntesten Hacker-Vereinigungen gegründet: Der Hamburger „Chaos Computer Club" (CCC). Die Mitglieder und Sympathisanten des CCC verstanden sich als Angehörige einer *Alternativbewegung,* die gegen autoritäre Tendenzen in der Informationsgesellschaft ankämpfte. Bereits im Gründungsjahr gelang es den Clubmitgliedern, den BTX-Dienst der Hamburger Sparkasse (HASPA) dazu zu benutzen, mehr als 100.000,- DM auf das Vereinskonto des CCC zu überweisen. Und drei Jahre später konnte der CCC schon in das SPAN-Netzwerk der NASA eindringen. Seither ist Computerkriminalität kein Kavaliersdelikt mehr (vgl. Kyas 1998) und das CCC-Image bewegt sich „zwischen organisierter Jugendkriminalität und selbst ernanntem Datenschutz-TÜV" (Spiegel Nr. 18/2001, S. 208).

In den neunziger Jahren hatten sich Realschüler aus Köln Passwörter von über 600 Online-Kunden der Telekom beschafft. Ein spezielles Spionage-Programm aus dem Internet *("Trojanisches Pferd")* verschaffte Zugang zu den persönlichen T-Online-Daten. Das bis heute ungelöste Problem: Die Online-Kunden können selbst kaum beurteilen, ob das System sicher ist oder nicht. Und sie gehen oft zu gutgläubig und arglos bei der Benutzung von Internet-Software vor. Den meisten Computerbenutzern *fehlt ein Sicherheitsbewusstsein.* Das Internet kann in Zukunft zur elektronischen Zeitbombe für Millionen von Surfern werden. Immer mehr private Daten gehen um die Welt:

- Steuerberater sind online mit ihren Mandanten verbunden.
- Krankenkassen versenden Mitgliederdaten.
- Ärzte verschicken Patientenbefunde elektronisch.

Alle vertrauen nach wie vor darauf, dass die genutzten *Verschlüsselungsverfahren* („Kryptographie") sicher sind.

Andererseits schreckt ein Datenverkehr ohne Grenzen Wirtschaft und Politik auf. Wer trägt in Zukunft die Verantwortung für die Datensicherheit? Selbst militärische Sicherheitsdienste, staatliche Energieversorgungssysteme oder privatwirtschaftliche Finanzsysteme sind gegenüber *Cyber-Angriffen* verwundbar geworden, was auch erklärt, warum z.B. das amerikanische Justizministerium ein eigenes FBI-Zentrum zur Bekämpfung von Computerkriminalität schaffen will.

> Die digitale Kriegsführung könnte in Zukunft zu einer großen Bedrohung der nationalen Sicherheit werden. Internationale Terroristen-Gruppen könnten sich z.B. die zunehmende Digitalisierung des Militärs zunutze machen, indem sie die Informations-Infrastruktur angreifen. Im digitalen Szenario wäre fast alles möglich: Computerviren könnten die Stromversorgung versagen oder Öl-Pipelines bersten lassen.

Datensicherheit und die Beherrschung und Kontrolle der Informationstechnologie werden wichtige *Machtfaktoren im 21. Jahrhundert* sein.

Unternehmen werden sich durch *eigene Datenschutzbeauftragte* schützen. Was aber können private Verbraucher tun, wenn sie erfahren müssen, dass eine E-Mail für ganz persönliche Informationen noch ungeeigneter ist als eine Postkarte? E-Mails werden in den USA mittlerweile mit alten Soldaten verglichen: *Sie sterben nie.* Obwohl viele PC-Nutzer glauben, ihre elektronischen Botschaften für immer gelöscht zu haben, können sie noch jahrelang in diversen Computern *als Sicherungsdateien überleben*. Einen Brief kann man zerreißen, eine E-Mail so schnell nicht.

> **Eldorado für Digital-Desperados? Die Zukunft der Netzwelt**
>
> *Frage:* Wenn ich Ihnen heute von meinem Arbeitsplatz aus eine E-Mail schicke – wer liest dann mit?
> *Antwort:* Alle. Oder zumindest könnten es einige. Ihr Arbeitgeber, über dessen Server die Mail läuft, die Betreiber von Routen – Verteilerstellen im Netz –, aber auch Geheimdienste. Die amerikanische National Security Agency zum Beispiel überwacht mit ihrem Echelon-Projekt die Kommunikation weltweit.
> *Frage:* Das Ganze klingt nicht gerade nach einer ungestörten Privatsphäre im Digitalzeitalter.
> *Antwort:* Wenn ich meinen Vorhang vorm Fenster nicht zuziehe, darf ich mich nicht wundern, wenn die Leute reinschauen. Eine E-Mail ist für Dritte lesbar wie eine Postkarte, aber Vertrauliches gehört nun mal in den Briefumschlag ...

Interview mit *Andy Müller-Maguhn*. Mitglied des Chaos Computer Clubs/CCC. In: Lufthansa Magazin 3 (1999), S. 28

Selbst Bill Gates ist ja mittlerweile im Streit mit dem US-Justizministerium sein eigenes Opfer geworden: Einige seiner Mails sind vor Gericht zum Beweismaterial gegen ihn verwendet worden. Darin beschreibt Gates beispielsweise, wie er den Chef des Softwareunternehmens Intuit dazu bewegen wollte, bei den Browsern nicht das Konkurrenzprodukt von Netscape zu verwenden.

Nachweislich nimmt die Zahl der *Einbrüche in Computersysteme* vom Internet aus Jahr für Jahr zu. Das amerikanische National Center for Computer Crime schätzt, dass nur etwa ein Prozent aller Computerdelikte entdeckt wird und davon lediglich jedes siebte zur Anzeige gelangt (Kyas 1998, S. 23). In vielen Fällen sind die für Homebanking genutzten PCs völlig ungeschützt und können von jedem, der physisch Zugang erlangt, für Überweisungen missbraucht werden. Im Internet gibt es Software-Programme, mit denen sich persönliche Daten, Eigenschaften und Vorlieben problemlos von Surfern ausspionieren lassen: Wenn beispielsweise ein User zum ersten Mal via Netz eine Ware bei einem Anbieter bestellt, so kann der Server des Lieferanten auf dem Computer des Users ein Mini-Programm („Cookie") anlegen, das Daten des Users enthält und automatisch gespeichert wird.

> Nichts gilt mehr als sicher, weil jeder User Spuren im Internet hinterlässt. Ein Eingriff in die Privatsphäre ist nicht auszuschließen. Der gläserne Konsument wird Wirklichkeit.

Bei jedem Homebanking und Onlineshopping hinterlassen die Verbraucher „ergiebige Datenströme, die sich bei geschickter Verknüpfung profitabel vermarkten lassen (‚Database-Marketing')" (Steffens 1995, S. 57). Hier muss der Datenschutz – als Partner des Verbraucherschutzes – zu Hilfe kommen, wenn sich der noch so vorsichtige User nicht anders gegen seine Datenausbeutung zu wehren weiß.

In diese Richtung zielt die 1997 von der Europäischen Ministerkonferenz verabschiedete Erklärung zur weiteren Entwicklung der globalen Informationsnetze. Die Minister fordern die Medienindustrie auf, die Netzbenutzung sicher und zuverlässig zu machen und dem Schutz der Privatsphäre Rechnung zu tragen. Personenbezogene Daten der Nutzer sollten nur dann gesammelt und verarbeitet werden dürfen, wenn der Benutzer in Kenntnis der Sachlage seine ausdrückliche Genehmigung hierzu gegeben hat. Jeder Bürger hat einen *Anspruch auf den Schutz der Privatsphäre*. Was für die Offline-Medien gilt, muss auch im Online-Bereich gegeben sein: Der Nutzer muss anonym bleiben können. Hightech-Kriminalität soll unter allen Umständen verhindert und die Schaffung internationaler Hotline-Netze unterstützt werden. Nur so kann langfristig Vertrauen in die globalen Informationsnetze gebildet werden – im Interesse eines demokratischen Zeitalters der Telekommunikation.

Die *Chancen nutzen* und gleichzeitig die *Risiken beherrschen* – so lautet der politische Auftrag an die Zukunft. Schlüsselfragen hierzu sind u.a.:

- Wie kann in Zukunft der Schutz der Persönlichkeitsrechte gewährleistet werden?
- Wie garantieren wir den Datenschutz, den Schutz der Privatsphäre *und* das Recht der informationellen Selbstbestimmung?

> Die Problemlösung gleicht durchaus einem Spagat: Datenmissbrauch und Internetkriminalität sollen verhindert werden, *ohne* dabei die Freiheit des Datenverkehrs substantiell einzuschränken. Die Problemlösung zielt auf eine größere Verantwortlichkeit von Anbietern und Nutzern, um die freie Fahrt auf der Datenautobahn dauerhaft zu sichern.

V. Körperkult und Kurzzeithelden. Die Sportwelt von morgen

„If you can dream it – you can do it."

Epcot Center/Florida

Prognosen und Perspektiven auf einen Blick

- Jugendwahn:
  Vergötterung des Körpers

- Schlankheitskult:
  Vom Aussehen zum Ansehen

- Fitness. Wellness. Mindness:
  Die Anspruchsrevolution

- Explosion neuer Sportarten:
  Telegenität im Trend

- Vagabundierende Sporthopper:
  Abschied von der Vereinsmeierei

- Show, Sponsoren und Spektakel:
  Zuschauersport als Konsumsport

- Sportverein der Zukunft:
  Vom Idealisten zum Dienstleister

- Seifenoper:
  Profisportler als Popstars

- Angstlust:
  Lieber Risiko als Langeweile

- KurzZeitHelden:
  Für 15 Minuten berühmt

1. Design yourself.
Die Vergötterung des Körpers

Nach dem antiken Mythos kniet Narziss an einer Quelle nieder und wird von seinem eigenen Spiegelbild auf dem Wasser geradezu überwältigt. Obwohl ermahnt, doch vorsichtig zu sein, achtet er auf nichts und niemanden, beugt sich hinab, um das Bild zu umarmen, stürzt – und ertrinkt. Ein Narzisst ist so in sein eigenes Selbst versenkt und verliebt, dass er geradezu blind gegenüber der Umwelt und ihren Gefahren wird. *Ein Narzisst will nur sich selbst erleben* und droht im Ego-Kult zu ertrinken. Im Unterschied zum antiken Mythos ist die Gesellschaft heute als Ganzes betroffen, weil ihre Kultur zunehmend auch narzisstische Züge trägt. Dieser Narzissmus kann Jugendwahn und Körperkult zu Wachstumsindustrien werden lassen.

Um 600 v.Chr. soll Solon in Griechenland den Verkauf von Salben verboten haben, die massenhaft aus Bienenwachs und Schweinefett zu wohlriechenden Pasten gemischt wurden und Schönheit und Jugendlichkeit versprachen. Diese *Vergötterung des Körpers* lebt im modernen Narzissmus wieder auf, wovon insbesondere Sport-, Wellness- und Beautyindustrien profitieren. Wird der Narzissmus zur „Neurose des neuen Jahrtausends" (Schulz 2002, S. 228), bei der Schönheitschirurgen die Rolle von Glücksgöttern spielen? *„Design yourself"*: Kennt die menschliche Anmaßung bald keine Grenzen mehr? Immer mehr Menschen verwechseln Aussehen mit Ansehen.

Tattoos und Piercings breiten sich bei jungen Leuten als neuer Körperschmuck aus. Fast jeder vierte Jugendliche im Alter von 16 bis 29 Jahren (23%) hat heute ein oder mehrere Tattoos. Tätowierungen sind bei den jungen Frauen genauso beliebt wie bei den jungen Männern. Und Piercings sind bei den unter 30-Jährigen sogar noch gefragter (Frauen: 35% – Männer: 17%), wie das Allensbacher Institut auf repräsentativer Ebene nachweist (Allensbach 2003). *Der neue Körperschmuck geht buchstäblich unter die Haut.*

Der amerikanische Soziologe Richard Sennett befürchtet für die Zukunft gar ein Ende der öffentlichen Kultur, wenn sich die *Persönlichkeitszentrierung des Narzissmus* weiter ausbreitet. Sennett erinnert an den Niedergang von Rom. Nach dem Tode des Augustus ging das Gleichgewicht zwischen öffentlichem Leben und Privatleben verloren. Gesellschaftliche Aufgaben wurden zu einer lästigen Pflicht und blutleeren Angelegenheit. Die ganze Leidenschaft galt dem privaten Leben und war zugleich ein Ausdruck des Gefühls innerer Leere. Ähnliches war in den letzten Jahren zu beobachten: Der Einzelne verhielt sich mitunter wie ein Narzisst und Egoist zugleich, „der sich auf aggressive Weise in der Welt Befriedigung verschafft, der genießt, was er hat und was er ist" (Sennett 1976/2001, S. 418). Dieser *Ego-Kult* beeinträchtigt das Wir- und Gemeinschaftsgefühl. Es wird schwierig, sich mit anderen Menschen zu identifizieren. Die zwischenmenschlichen Beziehungen bleiben unpersönlich, schaffen also keine wirkliche Bindung mehr.

Im Sportbereich spiegeln sich viele dieser narzisstischen Entwicklungen wider. Hinzu kommen Forderungen nach *Grenzerlebnissen mit Anmaßungscharakter*. Werden wir uns in Zukunft nur noch in Begleitung eines Proficoachs zwischen Survivaltraining, Hindernisparcours und Challengecup bewegen und auf den letzten Kick warten? Lässt alles, was für den Körper gut oder höchste Anstrengung bedeutet, unsere Seele höher fliegen, weil wir körperlich unausgelastet von der Arbeit nach Hause kommen? Brauchen wir für unser Wohlbefinden ein gewisses Reizoptimum oder gar den Thrill, um dem Gefühl der Langeweile zu entgehen und das Leben als Herausforderung anzunehmen?

Schon frühzeitig war auf den Wandel vom organisierten Breitensport zu einer mehr informellen Bewegungskultur hingewiesen worden: „Die institutionelle Sinndeutung von Sport ist überholt" (B·A·T Institut 1987, S. 39), was für den organisierten Sport und die traditionelle Sportpolitik folgenreich sein wird. Ein neues Sportverständnis muss entwickelt werden, das den veränderten Lebensgewohnheiten Rechnung trägt und auch spontane, offene und nichtorganisierte Sportformen einschließt.

> Über eine Neudefinition, ja neue Identität des Sports muss nachgedacht werden. Sport ist heute in erster Linie das, was die meisten Menschen als Bewegung und körperliche Herausforderung empfinden und nicht nur das, was Sportverbände offiziell unter Sport verstanden wissen wollen.

Zugleich verändern, ja revolutionieren die Trendsportarten das Sportsystem. In Atlanta wurden 14 olympische Medaillen mehr vergeben als in Barcelona vier Jahre zuvor. Telegene Trendsportarten verändern das Programm der Olympischen Spiele: Mountainbiking, Beachvolleyball, Triathlon, Taekwondo, Snowboard, Curling ... Traditionelle Sportdisziplinen allein ziehen die Massen in Zukunft nicht mehr an. Sie müssen schon von einer *Erlebnisaura* umgeben und mit *action, fun und entertainment* garniert sein.

Zudem revolutioniert eine sich ausbreitende Freizeitkultur den Sport: Der Wertewandel der vergangenen Jahrzehnte hat auch bei der Entwicklung freizeitorientierter Lebensstile seine Spuren hinterlassen. In gleichem Maße, wie die Berufs- und Arbeitswelt ihre absolute Leitbildfunktion für die Lebensorientierung verliert, gewinnen *Leitbilder im Umfeld freizeitorientierten Erlebniskonsums* an Bedeutung hinzu. Infolgedessen hat sich auch das Sportverständnis im Sinne von Leibesübung, Regeneration oder Reproduktion der Arbeitskraft („Fit für den Beruf") gewandelt. Freizeitbeschäftigung und Sportbetätigung werden sich immer ähnlicher.

Jenseits von Pflicht, Notwendigkeit oder Zwang entwickelt sich ein *neues Frei-ZeitSport-Verständnis*, das vielfältige Individualisierungen zulässt. Knapp ein Drittel der Bevölkerung denkt heute bei Freizeitsport an *Urlaubssport und Spielsport*; und für jeden vierten Bundesbürger ist Freizeitsport identisch mit *Funsport*. Diese Ausdifferenzierung bzw. Entgrenzung im Freizeitsport wird zur großen Herausforderung für die Sportorganisationen und muss Traditionalisten wie eine Zersplitterung des Sports erscheinen.

2. Neue Bewegungskultur.
Mehr Spaßsuche als Stressabbau

Bedürfnisse und Beweggründe für das Sporttreiben der Menschen werden in der Branche, in der Werbung, aber auch in der Fachliteratur oft überhöht und idealisiert dargestellt. Verheißungen und Versprechungen beziehen sich z.B. auf Fairness, Solidarität und Selbstbehauptung, auf Askese, Katharsis und ästhetische Erfahrung oder auf Selbstfindung, Erleben von Grenzbereichen und Suche nach neuen Erfahrungen. Die Motivationswirklichkeit jedoch lässt sich fast mit einem einzigen Wort umschreiben: *Spaß*.

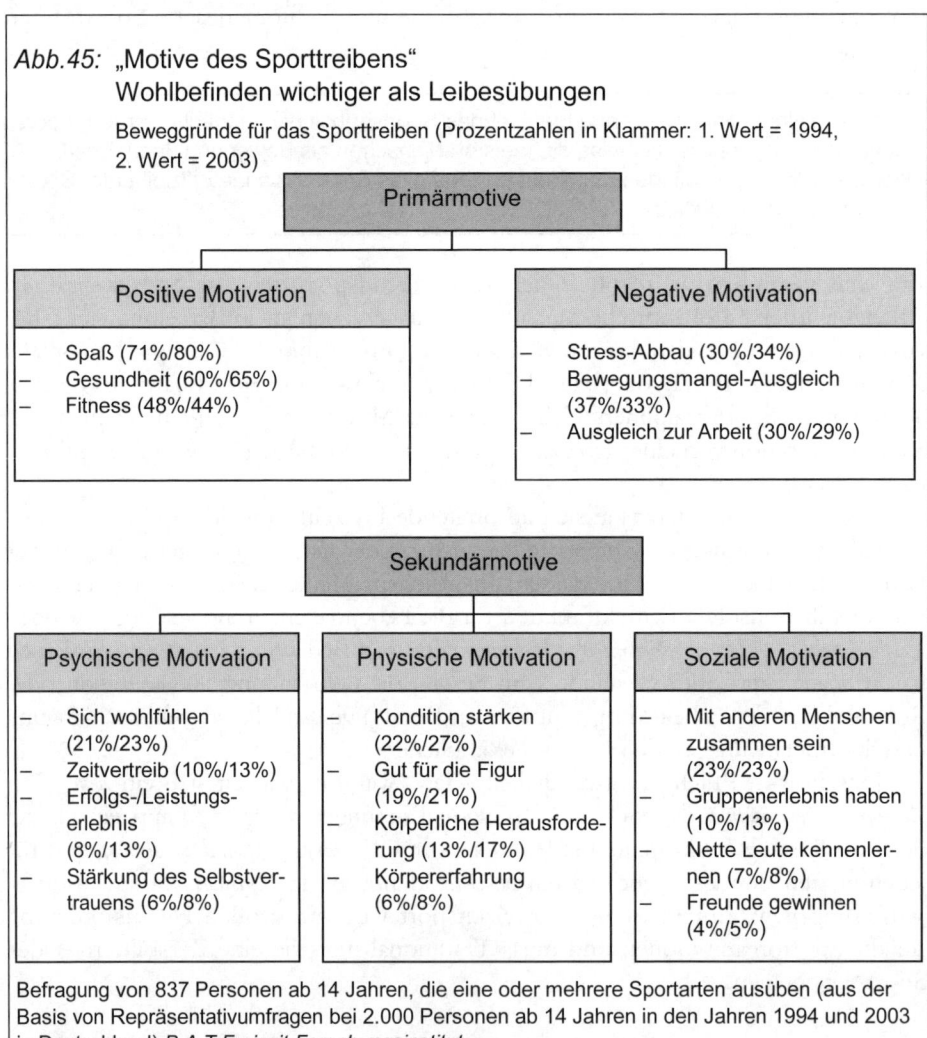

Abb.45: „Motive des Sporttreibens"
Wohlbefinden wichtiger als Leibesübungen

Beweggründe für das Sporttreiben (Prozentzahlen in Klammer: 1. Wert = 1994, 2. Wert = 2003)

Primärmotive

Positive Motivation
- Spaß (71%/80%)
- Gesundheit (60%/65%)
- Fitness (48%/44%)

Negative Motivation
- Stress-Abbau (30%/34%)
- Bewegungsmangel-Ausgleich (37%/33%)
- Ausgleich zur Arbeit (30%/29%)

Sekundärmotive

Psychische Motivation
- Sich wohlfühlen (21%/23%)
- Zeitvertreib (10%/13%)
- Erfolgs-/Leistungserlebnis (8%/13%)
- Stärkung des Selbstvertrauens (6%/8%)

Physische Motivation
- Kondition stärken (22%/27%)
- Gut für die Figur (19%/21%)
- Körperliche Herausforderung (13%/17%)
- Körpererfahrung (6%/8%)

Soziale Motivation
- Mit anderen Menschen zusammen sein (23%/23%)
- Gruppenerlebnis haben (10%/13%)
- Nette Leute kennenlernen (7%/8%)
- Freunde gewinnen (4%/5%)

Befragung von 837 Personen ab 14 Jahren, die eine oder mehrere Sportarten ausüben (aus der Basis von Repräsentativumfragen bei 2.000 Personen ab 14 Jahren in den Jahren 1994 und 2003 in Deutschland) *B.A.T Freizeit-Forschungsinstitut*

Die Ergebnisse der B·A·T Repräsentativbefragungen aus den Jahren 1994 und 2003 lassen auf zwei Motivebenen schließen:

- Primär werden Spaß, Gesundheit und Fitness für das eigene Wohlbefinden gesucht (= *positive Motivation*). Fast genauso wichtig aber ist das Bedürfnis, spürbare Mängel und Defizite des eigenen Lebens auszugleichen (= *negative Motivation*).
- Von sekundärer Bedeutung erscheinen dagegen die vielfältigen Motiv-Facetten von der eigenen Körpererfahrung bis zum Gruppen-, Erfolgs- und Grenzerlebnis.

Für immer mehr Sportler (1994: 71% – 2003: 80%) ist die sportliche Betätigung in erster Linie mit Spaß verbunden, auch wenn sie körperlich noch so anstrengend erscheint. Der Sport dient nicht mehr wie früher nur der Erholung und dem Ausgleich zur Arbeit. Vielmehr gilt: *Sport ist Spaß an der Bewegung*. Und je jünger die Sporttreibenden sind, desto größer ist das subjektive Spaß-Empfinden (z.B. 14- bis 19-Jährige: 92%; 25- bis 54-Jährige: 80%). Bemerkenswert ist auch dies: Frauen macht die Sportbetätigung weniger Spaß (64%) als Männern (77%).

In der öffentlichen, insbesondere gesundheitspolitischen Diskussion scheinen „Gesundheit" und „Sport" fast Synonyme zu sein: Die Bevölkerung treibt Sport, weil Sport gesund ist. Auch in der subjektiven Einschätzung spielt das *Motiv der Gesunderhaltung* eine dominierende Rolle (1994: 60% – 2003: 65%), ja mit zunehmendem Alter bekommt die Gesundheitsorientierung des Sports eine immer größere Bedeutung. Aus gesundheitlichen Gründen sind mehr als drei Viertel der über 50plus-Generation sportlich aktiv. Bei den 14- bis 19-Jährigen liegt der Anteil lediglich bei 37 Prozent. Dies bedeutet:

> Für öffentliche Gesundheitskampagnen sind ältere Menschen über das Medium Sport gut ansprechbar. Wer jedoch Jugendliche zum Sporttreiben motivieren will, muss ihnen erst einmal Spaß garantieren.

Fitness gilt neben Gesundheit und Schlankheit als Lebensideal unserer Zeit, wenn auch mit leicht abnehmender Tendenz (1993: 48% – 2003: 44%). Fast jeder zweite Sportler setzt sich selbst in Bewegung, „um körperlich fit und gelenkig zu bleiben." Von diesem Fitsein-Ideal sind die Frauen (49%) deutlich mehr überzeugt als die Männer (39%). Was im Betrieb und Büro, in Ausbildung und Beruf zu kurz kommt, soll nach Feierabend ausgeglichen werden. Ein Drittel der Sportler (1994: 37% – 2003: 33%) will durch sportliche Aktivität *Bewegungsmängel ausgleichen*. Das größte Ausgleichsbedürfnis melden Angestellte und Beamte (36%) an – mehr als die Arbeiterschaft (29%). Jeder dritte Bundesbürger (1994: 30% – 2003: 34%) nutzt die eigene Sportaktivität zum *Stressabbau*, die Berufstätigen (44%) deutlich mehr als die Nichtberufstätigen (24%).

Zu den Primärmotiven wie Spaß, Gesundheit, Fitness und Ausgleich gesellen sich noch eine Reihe von Sekundärmotiven, die eigentlich nur auf ein Ziel gerichtet sind – auf das psychische, physische und soziale Wohlbefinden. Nicht das einzelne Motiv für sich, sondern alle Motive im Zusammenhang tragen zum persönlichen Wohlbefinden bei.

Psychische Motivation: Sport ist nicht nur für den Körper da. Zur wichtigsten psychischen Motivation gehört das *Wohlfühlen* (1994: 21% – 2003: 23%). Sporttreiben wird als ganz persönliche Sache empfunden wie z.B. „Ohne Sport würde mir das Wohlfühlen fehlen" oder „Man fühlt sich richtig wohl und könnte danach weiß Gott was machen." Viele Sporttreibende leben nach der Sportausübung innerlich auf und fühlen sich „wie neugeboren". Symbolisch dafür ist das Duschen danach („Ein Grund, einmal zu duschen in der Woche").

Zum Wohlfühlen in der eigenen Haut gehört auch das persönliche *Erfolgs- und Leistungserleben* (13%). Sport als Mittel zur *Stärkung des Selbstbewusstseins* wird in der Fachdiskussion oft überschätzt. Für die Sporttreibenden hat dieses Motiv nur eine marginale Bedeutung (8%). In einer Gesellschaft des langen Lebens mit vielen Freiheiten und Freizeiten bekommt der Sport als *Medium des Zeitvertreibs* (1994: 10% – 2003: 13%) eine wachsende Bedeutung.

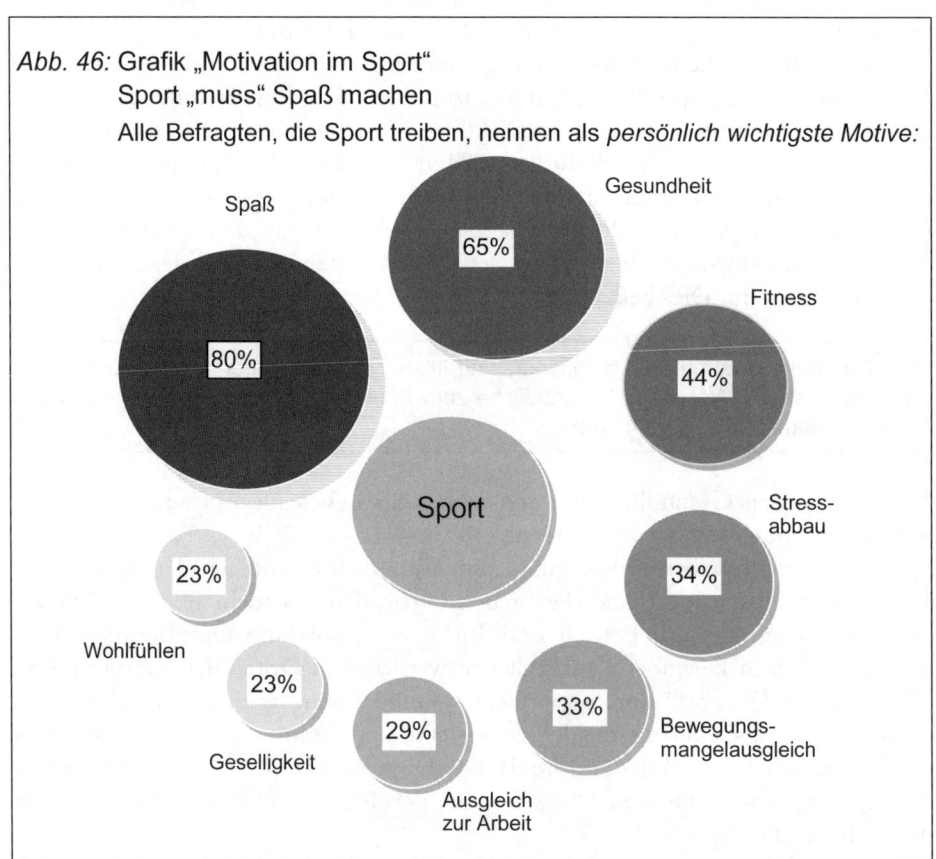

Abb. 46: Grafik „Motivation im Sport"
Sport „muss" Spaß machen
Alle Befragten, die Sport treiben, nennen als *persönlich wichtigste Motive:*

Spaß 80%
Gesundheit 65%
Fitness 44%
Stressabbau 34%
Bewegungsmangelausgleich 33%
Ausgleich zur Arbeit 29%
Geselligkeit 23%
Wohlfühlen 23%

Befragung von 837 Personen ab 14 Jahren, die eine oder mehrere Sportarten ausüben (auf der Basis von Repräsentativumfragen bei 2.000 Personen ab 14 Jahren 2003 in Deutschland.
B.A.T Freizeit-Forschungsinstitut

Physische Motivation: Jeder vierte Sportler (1994: 22% – 2003: 27%) will etwas für seine *Kondition* tun und die eigene Widerstandskraft stärken. Auch die körperliche Herausforderung wird gesucht (17%), was Männern mehr bedeutet (25%) als Frauen (9%). Anders verhält es sich mit dem Motiv *Schlankheit.* Der Anteil der Frauen, die Sport treiben, „weil er gut für die Figur ist und schlank macht", ist fast dreimal so hoch (31%) wie bei den Männern (12%). Die Ästhetik zählt bei den Frauen mehr als die Kondition: „Wenn ich keinen Sport mehr treiben würde, würde ich nach einem Jahr nur noch bei Kaffeekränzchen landen." In der öffentlichen Diskussion überbetonte Selbstfindungsaspekte wie z.B. *Körpererfahrung* (8%) spielen als Beweggründe für das Sporttreiben hingegen kaum eine Rolle.

Soziale Motivation: „Im Verein ist Sport am schönsten". Die DSB-Kampagne will die soziale Dimension des Sporttreibens hervorheben. Die Wirklichkeit hinkt diesem Anspruch hinterher. Denn beim Sporttreiben denken die meisten mehr an sich selbst als an andere. Kontakte und Zusammensein sind manchmal lediglich ein Hilfsmittel dazu. Nur knapp ein Viertel der Sporttreibenden (1994: 23% – 2003: 23%) findet das Zusammensein mit anderen Menschen wichtig. Lediglich jeder Achte will Mannschafts- und Gruppenerlebnisse haben (13%). An die Möglichkeit, nette Leute kennen zu lernen, glauben gar nur acht Prozent der Befragten. Und auch die Hoffnung, im Sport Freunde zu gewinnen (5%), haben die meisten Sporttreibenden aufgegeben.

> In der sportwissenschaftlichen und -politischen Diskussion wird die soziale Dimension des Sports überschätzt. Das soziale Motiv ist kein zentraler Sinngehalt des Sports; individualistische Neigungen dominieren. Die sportliche Betätigung ist eher ein Weg zu sich selbst als zu anderen. Selbstbestätigung zählt mehr als Sozialerfahrung.

Die Erklärung liegt nahe: Weil es viele Mannschafts- und Wettkampfsportarten gibt, wird vorschnell auf die soziale Bedeutung geschlossen. In Wirklichkeit kann der Sport seinen sozialen Anspruch nur selten – z.B. im Sport mit Aussiedlern (Emrich/Reimann 1992) oder in der Jugendarbeit (Becker 1992) – einlösen. Und die erhofften positiven Wirkungen werden nur mühsam erreicht oder bleiben ganz aus. Denn: „Im gegenwärtigen Freizeitsport dominiert die *Zweckhaftigkeit sozialer Beziehungen*" (Wopp 1995, S. 145). Soziale Beziehungen sind eher eine schöne Nebensache als ein Ziel des Sports.

3. Verändertes Sportverständnis. Die Herausforderung der Sportpolitik

In Deutschland gibt es etwa 90.000 Sportvereine. Der organisierte Sport (DSB) feiert sich selbst als „Deutschlands größte Bürgerinitiative." Millionen von Aktiv- und Gelegenheitssportlern nutzen das vielseitige Spektrum vom Einspartenverein (mit zwanzig Mitgliedern) bis zum Großverein (mit über zehntausend Mitgliedern). Andererseits erschüttert ein grundlegender Struktur- und Wertewandel das Sportsystem in seinen Fundamenten. Dieser Wandel wurde bereits Anfang der achtziger Jahre vorausgesagt (Opaschowski 1981, S. 9ff.):

- Als Ausdruck eines freizeitorientierten Lebensgefühls entwickle sich eine neue Form des Sporterlebens, in dessen Mittelpunkt *das persönliche Wohlbefinden* – auch und gerade für Ungeübte – stehe.
- Eine deutliche Entinstitutionalisierung sei im Alltagsverhalten beobachtbar. Die *Flucht aus den Institutionen* drohe mit der Folge jederzeit kündbarer Zeitmitgliedschaften, Engagements auf Zeit oder Abruf.
- Neue Bewegungsangebote mit Betätigungsmöglichkeiten für alle breiteten sich aus – *ohne Zwang zur Vereinsmitgliedschaft*. Ein Umdenken in den öffentlichen Sporteinrichtungen tue Not, denn die kommerziellen Anbieter seien nicht mehr aufzuhalten in einer Zeit, in der sich die Sportbewegung zusehends individualisiere.

Der Deutsche Sportbund (DSB) konnte seinerzeit noch gelassen reagieren und ein Umdenken für entbehrlich halten: „Wir werden kein Land der Fitness-Center und Sportstudios wie Amerika" (DSB-Präsident Willi Weyer 1983). Inzwischen hat die Konsumwelle den organisierten Sport geradezu überrollt.

Bis in die siebziger Jahre hinein galt der Sport als die herrlichste Nebensache der Welt. Doch danach wurde der Sport für viele Menschen fast zur Hauptsache des Lebens. Niemals zuvor hatte der Sport weltweit eine so große individuelle und auch gesellschaftliche Bedeutung wie in dieser Zeit. Die Zahl der Sporttreibenden nahm explosionsartig zu. Und im Deutschen Sportbund (DSB) überschritt die Mitgliederzahl erstmals die magische 20-Millionen-Grenze.

Die Zukunft des Sports. Prognose aus der Sicht von 1987

„Ausblick in die Zukunft:

1. Aus Fitness wird Wellness. Die weibliche Perspektive.
2. Sport als letztes Abenteuer. Die männliche Perspektive.

Dennoch: Auch im Jahr 2000 wird es viele Menschen geben, die – ohne Sport und mit einem Minimum an Bewegung – ganz gut leben können und wollen. ‚Sport für alle' bleibt auch in Zukunft, was er schon immer war, eine konkrete Vision."

Quelle: *H.W. Opaschowski*: Sport in der Freizeit. Band 8 der B·A·T Schriftenreihe zur Freizeitforschung, Hamburg 1987, S. 34ff.

Das *Fitness- und Gesundheitsbewusstsein* aus den USA verdrängte die alte „Leibeskultur". Und die aus der Arbeitswelt entlehnten Grundprinzipien von Leistungsdruck und Konkurrenzdenken wurden infragegestellt. *Der Sport individualisierte sich* zusehends und sprengte traditionelle Disziplingrenzen vom Geräteturnen bis zur Leichtathletik. Neue Sportarten wie z.B. Aerobic, Triathlon oder Großstadt-Marathon breiteten sich aus. Und die Industrie half kräftig nach. Systematisch leitete sie eine Phase der Kommerzialisierung des Sports ein. Folgerichtig wurde auch in den achtziger Jahren der so genannte „Amateur-Paragraph" in den Sportwettbewerben liberalisiert. Aus dem Sportboom entwickelte sich eine Massenbewegung.

Zur gleichen Zeit revolutionierte sich die Medienlandschaft in Deutschland. Noch zu Beginn der achtziger Jahre gab es keinen einzigen privaten Fernsehsender. Wenige Jahre später war ein harter Kampf der öffentlich-rechtlichen und privaten Fernsehsender um die Publikumsgunst entbrannt. Um Zuschauer zu gewinnen, wurde *das wachsende Sportinteresse* der Bevölkerung systematisch *zur Eroberung von TV-Marktanteilen genutzt*. Live-Übertragungen von Fußball- und Tennisspielen gab es plötzlich inflationär auf allen Kanälen. Hinzu kamen neuartige Übertragungsmöglichkeiten wie Kabel- und Satellitenfernsehen.

In den neunziger Jahren wandelte sich das Bild. Genauso schnell, wie sich das „1:0" im Fußballsport überlebt, veränderte sich jetzt auch die Einstellung der Bevölkerung zum Sport als *Ausdruck einer neuen Bewegungskultur*. Es zeichneten sich *Züge einer Erlebnisgesellschaft* ab, in dessen Gefolge der Sport weitgehend unerwartet mit Konkurrenten außerhalb des eigenen Lagers zu kämpfen hatte – mit der Kino- und Medien-, Shopping- und Kneipenkultur, mit tropischen Badelandschaften vor der Haustür und paradiesischen Traumstränden in erreichbarer Ferne. Das *System Sport* sah sich zunehmend mit dem Problem einer Quadratur des Kreises konfrontiert: Denn Freizeitsportler waren *zugleich*

- Städtebummler und Kaufhauskunden,
- Kinobesucher und Kneipengänger,
- Autofahrer und Urlaubsreisende.

Und alle waren auf der Suche nach neuen Erlebnissen. Sie wollten in erster Linie Erlebniskonsumenten sein. Eine expansive Erlebnisindustrie wurde zur größten Herausforderung für den erfolgsverwöhnten Sport. Wie zwischen TV-Anstalten „hoppten" immer mehr Konsumenten zwischen Sportvereinen und Fitnessclubs und wechselten dabei ihre Sportarten mitunter wie ihre Kleidung und ihre Hobbys.

Sportverbände und Sportpolitik können sich nicht mehr länger den Einflüssen der modernen Zeit entziehen. Sie müssen *mit dem Wandel leben lernen*: Schließlich ist Tauziehen einmal eine olympische Disziplin gewesen; andererseits hat es Surfen, Volley- und Basketball früher nicht gegeben. Der Deutsche Sportbund sollte sich zum Interessenanwalt traditioneller und neuer Sportformen, organisierter und nichtorganisierter Sportler machen, wenn eine Zersplitterung des Sports verhindert werden soll oder über ein neues organisatorisches Dach des „Sports für alle" nachgedacht werden muss.

1987 hatte der Autor prognostiziert und gefordert: „Die Diskussion über ein neues Sportverständnis muss geführt werden. Sie wird nicht konfliktfrei verlaufen ... Genau dies erweist sich als ein Problem, das in Zukunft zur größten Herausforderung werden kann. Der Freizeitsport ist in den letzten Jahren gerade deshalb zu einer Massenbewegung geworden, weil er sich zunehmend im nichtorganisierten Bereich abspielt. Millionen sporttreibender Individualisten haben sich zu einer Massenbewegung entwickelt" (B·A·T Institut 1987, S. 39). Die Prognose ist inzwischen Wirklichkeit geworden. Die Sportwissenschaft hat den Wandel im Sportverständnis bestätigt und eine „kulturelle Neudefinition des Sports" gefordert. Die institutionelle Sinngebung von Sport, wie sie etwa in Schule und Sportverein vorgenommen wird, wird nicht mehr fraglos akzeptiert. Vor allem die Jugend entwickelt ihr eigenes subjektives Verständnis davon, „was Sport für sie selbst bedeutet und was nicht mehr zum Sport gehört" (Baur/Brettschneider 1994, S. 16).

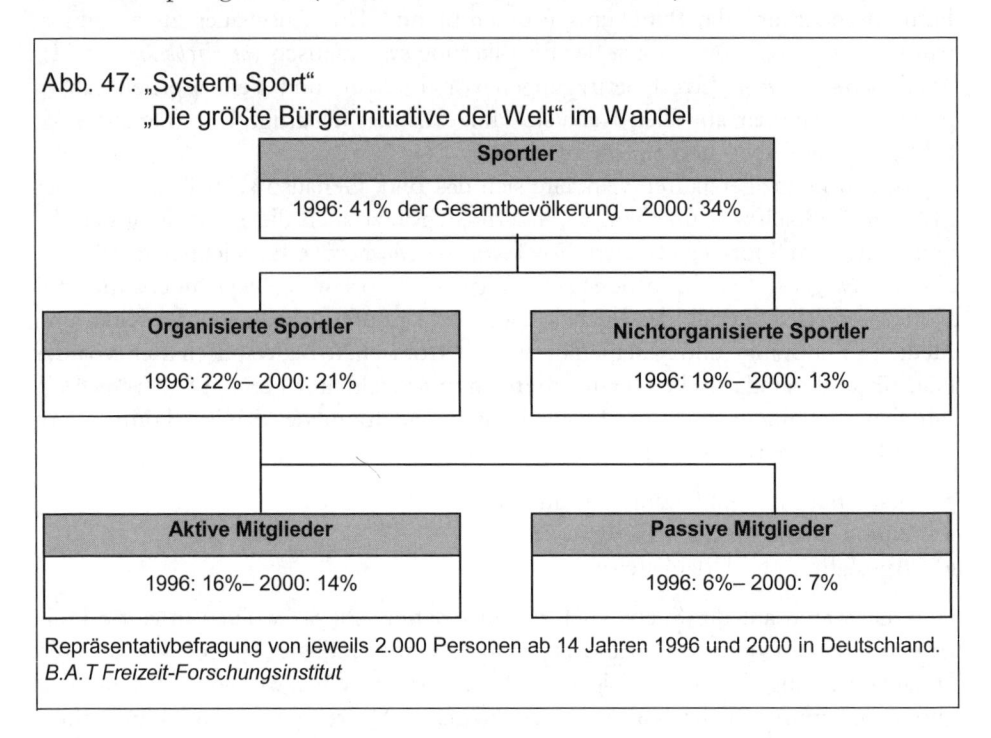

Abb. 47: „System Sport"
„Die größte Bürgerinitiative der Welt" im Wandel

Sportler
1996: 41% der Gesamtbevölkerung – 2000: 34%

Organisierte Sportler
1996: 22%– 2000: 21%

Nichtorganisierte Sportler
1996: 19%– 2000: 13%

Aktive Mitglieder
1996: 16%– 2000: 14%

Passive Mitglieder
1996: 6%– 2000: 7%

Repräsentativbefragung von jeweils 2.000 Personen ab 14 Jahren 1996 und 2000 in Deutschland.
B.A.T Freizeit-Forschungsinstitut

Ein *individualisierter Sport* kann in Zukunft zur Bedrohung für die organisatorische Einheit des Sports werden. Der DSB steht vor einer großen Bewährungsprobe: Was soll er den wachsenden Individualisierungswünschen entgegensetzen? Die Sportarten werden immer spezieller, ausgefallener und extremer. Wo liegen die Grenzen für die Abkopplung der unorganisierten Individualsportarten vom System des Leistungssports? Werden die Sportstätten alten Stils – die Turn- und Schwimmhallen, die Spiel-, Bolz- und Leichtathletikplätze – bald halb leer stehen, weil sie für organisierte Mitglieder in Sportvereinen, nicht aber für Millionen bewegungsfreudiger Individualisten geschaffen wurden?

> **Die Sportvereine werden in Zukunft vor allem mit drei Problemen zu kämpfen haben:**
> - Die Erlebnisorientierung fördert die individuelle Spontaneität und lässt die Organisationsbereitschaft sinken.
> - Mit dem Trend zur Single-Gesellschaft steigt die Zahl der Ein-Personen-Haushalte sprunghaft an. Alleinlebende haben bisher im Sportverein keine Lobby. Unter den Mitgliedern sind Familienhaushalte fast doppelt so stark vertreten wie Alleinlebende.
> - Die demographische Entwicklung lässt die Kinder- und Jugendlichenzahl sinken, so dass es gravierende Nachwuchsprobleme in den Sportvereinen geben wird.

Der Sport galt jahrzehntelang als verlängerter Arm des Berufs, ja als Spiegelbild der Arbeitswelt, weil er strukturelle Ähnlichkeiten mit dem Leistungssystem Arbeit aufwies. Mit dem Strukturwandel in der Arbeitswelt kann auch ein Bedeutungswandel im Sport verbunden sein. Wird dann Sport – subjektiv gesehen – weniger wichtig im Leben? Andere Aktivitätsbereiche wie Medien, Konsum, Kultur und Tourismus können in der persönlichen Wertehierarchie nach oben rücken.

Die Konkurrenten des Sports (Kultur, Medien, Unterhaltung, Mobilität, Tourismus, Erlebniskonsum) werden immer attraktiver. Der Sport – für den DSB „eine große soziale Bewegung mit flächendeckenden Auswirkungen für das Gemeinwohl" – muss um seine gesellschaftspolitische Schlüsselstellung kämpfen.

4. Sportland Deutschland?
Traditionsvereine vor der Bewährungsprobe

Traditionsvereine haben es schwer: Immer weniger Mitglieder in Gesangs- und Schützenvereinen. Auch Sportvereine können sich diesem Sog nicht entziehen. Es wird zudem für die Schule in Zukunft *zunehmend schwieriger, die Jugend noch für traditionelle Sportdisziplinen zu motivieren und zu begeistern*. Die Folge ist: „Sport macht mehr oder weniger überhaupt keinen Spaß in der Schule", wie empirische Studien belegen (Baur/Brettschneider 1990, S. 50; Volkamer 1993, S. 176). So gleicht der Sporttreibende in der Schule eher einem desinteressierten Schüler, der hinter einem Bus herlaufen muss, mit dem er gar nicht fahren will ... Die Brücke zwischen Schul- und Freizeitsport droht einzustürzen, wenn es nicht gelingt, die neuen Entwicklungen im nichtorganisierten Sport in den Schulalltag (Sportunterricht, Arbeitsgemeinschaften, Projekte, Klassenreisen u.a.) einzubeziehen.

Es besteht die Gefahr, dass sich Individualsportarten *als eigene Erlebniswelt verselbstständigen*, was für den organisierten Sport ebenso schmerzhaft wie folgenreich wäre. Schon heute verzeichnet der Deutsche Leichtathletik-Verband (DLV) einen Mitgliederschwund, während gleichzeitig der *Kanon attraktiver Freizeitbeschäftigungen explodiert*.

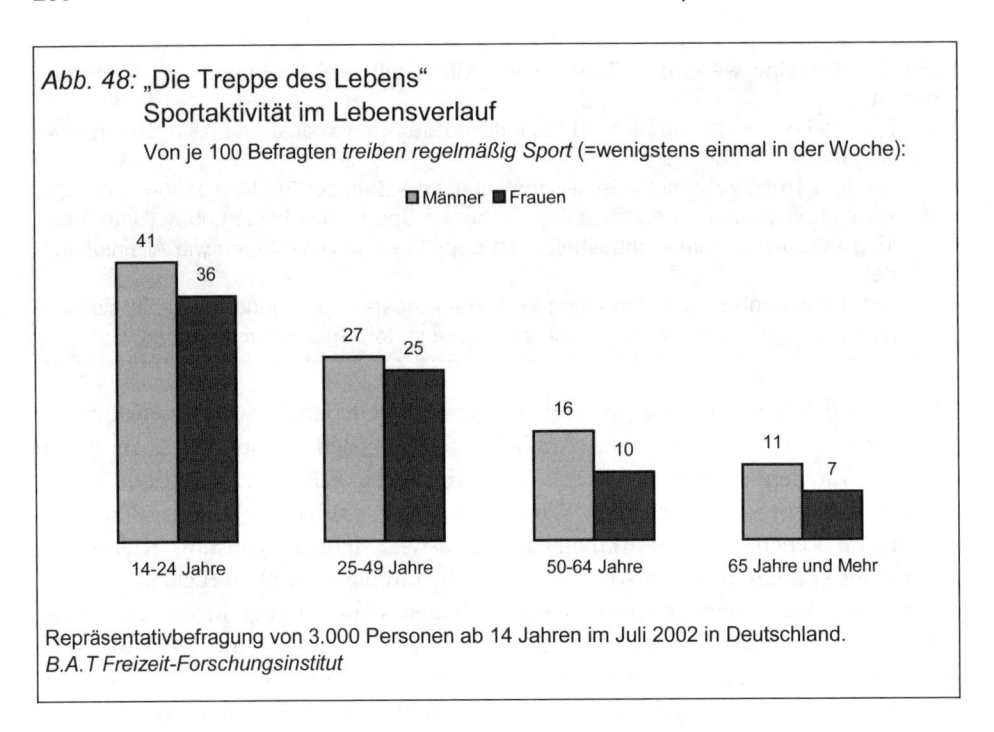

> **Abb. 48:** „Die Treppe des Lebens"
> Sportaktivität im Lebensverlauf
>
> Von je 100 Befragten *treiben regelmäßig Sport* (=wenigstens einmal in der Woche):
>
> ☐ Männer ■ Frauen
>
> - 14-24 Jahre: 41 / 36
> - 25-49 Jahre: 27 / 25
> - 50-64 Jahre: 16 / 10
> - 65 Jahre und Mehr: 11 / 7
>
> Repräsentativbefragung von 3.000 Personen ab 14 Jahren im Juli 2002 in Deutschland.
> B.A.T Freizeit-Forschungsinstitut

Heute gilt, was in den achtziger Jahren noch Zukunftsmusik war: „Statt Turnhallen-Atmosphäre warten Spiegel und Teppichboden, Schwimmbad und Solarium, Sauna und Massage, Clubsessel und Cafeteria auf die Studio-Besucher. Geboten wird Fitness auf die sanfte Tour. *Das Ambiente übt mehr Anziehungskraft aus als das Vereinstrikot*" (Opaschowski 1987, S. 8). Das Heer der nichtorganisierten Sportler wird immer größer. Beim Deutschen Sportbund sind Millionen von Mitgliedern „erfasst", die regelmäßig Beiträge zahlen. Der Mitgliederboom lässt aber kaum Rückschlüsse auf die Sportlichkeit der Deutschen zu.

> Es wird immer schwieriger, junge Menschen für eine Sportart zu gewinnen, in der sie mit hartem Training Erfolg haben. Neue Trendsportarten eignen sich kaum als Rattenfänger für den Wettkampf- und Leistungssport im Verein.

In Zukunft treibt etwa jeder vierte bis fünfte Bürger Sport – allerdings *mehr mäßig als regelmäßig*: An sonnigen Sommertagen gelegentlich surfen, im Urlaub mehr mit dem Fahrrad als mit dem Auto fahren und im Winter öfter die nächste tropische Badelandschaft besuchen. Sehr viel aktiver wird der Durchschnitt der Bevölkerung in Zukunft nicht sein.

- 14 Millionen Bundesbürger bringen sich derzeit *regelmäßig* (= wenigstens einmal in der Woche) auf Trab, alle übrigen liegen lieber auf der faulen Haut.
- Und von den 64 Millionen Bundesbürgern ab 14 Jahren zählt sich gar nur jeder hundertste zur Gruppe der *Leistungssportler*.

- Fast jeder dritte Bürger interessiert sich durchaus für den Sport, treibt selbst aber keinen Sport. Meist handelt es sich dabei um *passive Tele-Sportler*, die gern andere aktiv sein lassen, während sie sich in der Rolle des Zuschauers ganz wohlfühlen.

Im sportlichen Vergleich z.B. mit den beiden Nachbarländern Österreich und der Schweiz kann Deutschland nicht glänzen. Der Anteil der Aktivsportler, die wenigstens einmal in der Woche Sport treiben, ist in der Schweiz mehr als doppelt so hoch (37%) wie in Deutschland (18%). Und unter jeweils 1.000 Einwohnern befinden sich in Deutschland nur zehn Personen, die sich als Leistungssportler bezeichnen, während der Anteil in Österreich und der Schweiz dreimal so hoch ist (jeweils 30). *Jeder dritte Bundesbürger (2000: 35%) ist ein „Sportmuffel"*, der weder Sport treibt noch sich überhaupt für Sport interessiert. In Österreich (25%) und der Schweiz (15%) gibt es deutlich weniger Nicht-Sportinteressierte.

Sportland Deutschland? Österreicher und Schweizer sind aktiver			
	CH (1995)	A (1995)	D (2000)
Leistungssportler	3	3	1
Aktivsportler	37	19	18
Gelegenheitssportler	34	35	15
Sportinteressierte	11	18	31
Nicht-Sportinteressierte	15	25	35

Repräsentativbefragungen in der Schweiz (Forschungsinstitut für Freizeit und Fremdenverkehr 1995), in Österreich (Ludwig Boltzmann Institut 1995) und in Deutschland (B·A·T Freizeit-Forschungsinstitut 2000)

Der hohe gesellschaftliche Stellenwert, den der Sport in Deutschland nach wie vor besitzt, bewirkt, dass der tatsächliche Umfang des Sporttreibens bei weitem überschätzt wird. Beispielhaft hierfür ist die vom Bundesinstitut für Sportwissenschaft geförderte Jugend-Studie (Baur/ Brettschneider 1994, S. 15): „Im Gefüge aller Freizeitaktivitäten nimmt der Sport einen Spitzenplatz ein: Sportaktivitäten zählen nach dem Musikhören und dem Zusammensein mit Freunden zu den häufigsten Freizeitbetätigungen". In Wirklichkeit haben bei den 14- bis 24-jährigen Jugendlichen z.B. Fernsehen (91%) oder Zeitung lesen (51%) eine viel größere Bedeutung als das regelmäßige Sporttreiben (48%). Selbst Faulenzen und Nichtstun (59%) sowie Einkaufsbummel (41%), Tanzengehen (37%) oder Ausschlafen (70%) sind für Jugendliche noch wichtiger als die Aktivität beim Sport.

In der Sportwissenschaft gelten nur die Personen als *regelmäßig aktiv Sporttreibende*, die „mindestens einmal in der Woche" Sport treiben (vgl. Heinemann/ Schubert 1994, S. 147). Zur Jahrtausendwende gehören dazu die Aktiv- und Leistungssportler, nicht jedoch die so genannten Gelegenheitssportler. Im einzelnen lassen sich also *fünf Sport-Typen* unterscheiden:

- Gelegenheits-, Aktiv- und Leistungssportler sowie
- Sportinteressierte und Nicht-Sportinteressierte.

Und so stuft sich die Bevölkerung selbst ein: Gerade einmal jeder sechste bis siebte Bürger (15%) zählt sich zur Gruppe der *Gelegenheitssportler*. „Gelegentlich" kann vieles heißen: Einmal im Monat oder Jahr, selten oder fast nie. Ein diffuser Graubereich, der auch Unsportlichen bzw. sportlich Ungeübten eine persönliche Zuordnung ermöglicht, ohne dabei das Gesicht zu verlieren. Hinzu kommt die Gruppe der *Aktivsportler* (18%), die regelmäßig wenigstens einmal in der Woche Sport treiben. Das regelmäßige Sportvergnügen leisten sich Männer (22%) deutlich mehr als Frauen (15%). Nur 1 Prozent der Bevölkerung zählt sich zur Gruppe der *Leistungssportler*. Leistungssport ist dabei mehr eine bewusste Lebenseinstellung und nicht nur eine bloße Freizeitbeschäftigung. Die Aussage „Ich bin Sportler und betreibe Leistungssport" wirkt sich auf die gesamte Lebensweise aus.

Fast zwanzig Millionen Bürger ab 14 Jahren besuchen öfter Sportveranstaltungen oder sehen sich Sportsendungen im Fernsehen an – treiben selbst aber keinen Sport. Sie gehören zur Gruppe der *Sportinteressierten* (31%), die lieber Sport konsumieren als Sport betreiben. Übrig bleiben die *Nicht-Sportinteressierten*. Gut ein Drittel der Bevölkerung (35%) will weder Sport treiben noch überhaupt etwas von Sport wissen. Die größten Unterschiede sind hier zwischen Männern und Frauen feststellbar. Jeder fünfte Mann (22%) hat kein Interesse am Sport, während der Anteil der Frauen, die dem Sport die kalte Schulter zeigen, fast doppelt so hoch ist (40%).

> Sport stellt nicht nur real, sondern auch mental eine Männer-Domäne dar. Da man(n) ja nicht einfach mit Sportinteresse geboren wird, sind die geschlechtsspezifischen Unterschiede wesentlich ein Ergebnis von Sozialisation und Erziehung, aber auch eine Folge des Sportangebots, das Männerinteressen mehr berücksichtigt als Fraueninteressen.

Der Deutsche Sportbund wurde 1950 gegründet – zu einer Zeit, da klassische Disziplinen wie Handball, Turnen und Leichtathletik dominierende Sportarten waren. Seither hat sich die Sportszene grundlegend gewandelt: Fitnesscenter und Freizeitbäder, Golf- und Tennisplätze, Rad- und Joggingwege haben *infrastrukturelle Voraussetzungen für weitere Sportaktivitäten* geschaffen. Wie wirkt sich diese Angebotsvielfalt auf die Betätigung der einzelnen Sportler aus?

Die ausgeübten Sportarten weisen nichts Exzentrisches auf. Ausgefallene Sportarten stellen eher die Ausnahme als die Regel dar. Bemerkenswerte Unterschiede sind allenfalls zwischen den Geschlechtern feststellbar:

- Für *männliche Sportler* ist und bleibt Fußball „die" dominierende Sportart. Auf dem Fußballplatz tummeln sich mehr als viermal so viele Männer (31%) wie auf dem Tenniscourt (7%).
- Bei den *Frauen* stellen Schwimmen (26%) und Gymnastik (25%) die beliebtesten Sportarten dar.

Abb. 49: „Radfahren ,in' – Tennis ,out'!"
Lieblingssportarten der Deutschen im Zeitvergleich

1987	1996	2003
1. Schwimmen	1. Schwimmen	1. Radfahren
2. Jogging	2. Radfahren	2. Schwimmen
3. Radfahren	3. Fußball	3. Jogging
4. Tennis	4. Gymnastik/Aerobic	4. Fußball
5. Fußball	5. Jogging	5. Gymnastik/Aerobic
6. Gymnastik/Aerobic	6. Tennis	6. Wandern
7. Volley-, Hand-, Basketball	7. Kegeln/Bowling	7. Fitnesstraining
8. Wandern	8. Wandern	8. Skifahren
9. Skifahren	9. Fitnesstraining	9. Tennis
10. Tischtennis	10. Skifahren	10. Inline Skating

Auf den ersten Blick wirkt die Sport(arten)-Realität der Deutschen recht ernüchternd. Selbst die Jugend ist mehr der Tradition als der Innovation verhaftet: *Den Abenteuersport gibt es bisher fast nur in der Phantasie.* Die 14- bis 29-jährigen Sportler schwimmen (14%), radeln (18%) und kicken (26%), spielen Volleyball (4%), drehen ihre Joggingrunden (22%) oder gehen zum Fitness-Training (7%). Durchaus konventionell und traditionell. *Die Jugendrevolution im Sport hat noch nicht stattgefunden.* Fallschirmspringen, Tiefseetauchen oder Drachenfliegen sind noch keine Trendsportarten.

5. Vagabundierende Sporthopper. Abschied von der Vereinsmeierei

In Deutschland sank die Mitgliederquote in den Sportvereinen seit 1990 kontinuierlich: Von 29 Prozent (1990) über 23 Prozent (1993) auf 21 Prozent (2000). Die Sportvereine waren in zehn Jahren *um etwa fünf Millionen Mitglieder (nicht Mitgliedschaften) ärmer geworden.* In der offiziellen Sportstatistik war dies allerdings kaum ablesbar, weil die verbleibenden Aktiven oft *Mehrfach-Mitgliedschaften* in verschiedenen Vereinen eingehen. Die Zeiten, in denen vor allem Jugendliche „mit ganzem Herzen" Vereinsmitglieder waren, gehen langsam zu Ende. Jahrzehntelang auf Expansion programmiert, sieht sich der organisierte Sport im 21. Jahrhundert mit den Grenzen des eigenen Wachstums konfrontiert. Die Zauberformel von der größten Bürgerinitiative der Welt, die auf grenzenloses Wachstum programmiert zu sein schien, hat an Ausstrahlungskraft eingebüßt.

Der wachstumsverwöhnte Sport reagiert zunächst hilflos auf diese Entwicklung. Statt Stagnationen als Signale für einen qualitativen Wandel im Sportverständnis zu begreifen, wird in der Öffentlichkeit seit Jahren weiterhin der Eindruck von Expansion durch „übermäßiges Aufblähen des Wettkampfsystems" (Wopp 1995, S. 105) vermittelt, statt realistisch zur Kenntnis zu nehmen, dass der Rentner-Anteil (1993: 5% – 1996: 8% – 2000: 10%) immer größer wird.

Eine Mitgliedschaft im Sportverein ist keinesfalls gleichzusetzen mit der Sportaktivität ihrer Mitglieder. Bereits die erste umfassende Vereinsstudie aus den siebziger Jahren ermittelte einen durchschnittlichen Anteil sportaktiver Mitglieder von 49 Prozent (Timm 1979, S. 78). Und die nach der deutschen Vereinigung wiederholte Vereinserhebung hat diesen geringen Anteil aktiver Mitglieder bestätigt. Danach lag der durchschnittliche Anteil der Aktiven in den Vereinen bei *50,8 Prozent* (Heinemann/Schubert 1994, S. 148). *Nur jedes zweite Vereinsmitglied treibt wirklich Sport.*

Die Vereine suchen verständlicherweise die Schuld bei sich selbst und führen die Inaktivität ihrer Mitglieder auf die mangelnde Attraktivität ihres Angebots zurück. In Wirklichkeit hat sich bei den Vereinsmitgliedern ein neues konsumorientiertes Sportverständnis entwickelt:

> Aus den ehemals organisierten und gebundenen Sporttreibenden sind frei vagabundierende Sporthopper geworden, die ganz individualistisch nach Lust und Laune agieren und probieren. Bei diesem fluktuierenden Trend wird es für Sportvereine fast unmöglich, ihre Mitglieder auf Dauer zu halten.

Denn die Mitglieder wollen sich alle Optionen offen halten, inhaltlich und organisatorisch nicht mehr festlegen und Sportangebote als Teil eines „erlebnis- und spaßorientierten Freizeitverhaltens" (Heinemann/Schubert 1994, S. 156) verstehen, also bewusst wahrnehmen und entsprechend nutzen. Hinter dem Vagabundieren zwischen verschiedenen Sportarten und Sportvereinen verbirgt sich nur die Angst, etwas zu verpassen.

> Sportvereine in Deutschland bieten immer mehr Sportarten an – und hinken doch den sich inflationär entwickelnden Sportwünschen der vagabundierenden Sportkonsumenten hinterher. Die Tendenz zu Individual-, Mode- und Trendsportarten macht ihnen sehr zu schaffen. Kein Verein kann mehr alle möglichen Optionen auf sich vereinigen.

Mehrfachmitgliedschaften, Vereinswechsel und Vereinsaustritte der Mitglieder sind die Folge einer ständig wechselnden Anpassung an modische Trends. Auf dieses Phänomen der Fluktuation im Mitgliederbestand sind viele Vereine in Deutschland bisher kaum vorbereitet.

Hinzu kommt die Krise des Ehrenamts. Vor allem *die junge Generation steigt aus.* 95 Prozent der Ehrenamtlichen sind älter als 30 Jahre. Und das Durchschnittsalter der Mitglieder, die sich freiwillig engagieren, liegt bei über 50 Jahren (vgl. Wopp 1995, S. 148). Eine *Überalterung* ist für die Zukunft zu befürchten. Nur 4 Prozent der jungen Generation im Alter von 14 bis 29 Jahren engagieren sich ehrenamtlich im Sportverein. Viermal so hoch ist hingegen der Anteil der Senioren im Alter von über 65 Jahren (16%) bzw. der über 80-Jährigen (16%). Hier deuten sich Generationskonflikte an. (Der ehemalige DFB-Präsident Egidius Braun im Juni 2000: „Ich bin einer der wenigen Sportführer auf der Welt, die schon mit 75 Jahren ihren Rückzug bekannt gegeben haben").

Andererseits ist auch zu fragen: Wer will sich denn in Zukunft noch verbindlich engagieren, wenn unverbindliches Konsumieren angesagt ist? Wer will noch „Geld sammeln, Kasse führen, Wettkämpfe organisieren, Vorstand sein, Weihnachtsfeiern durchführen" (Grupe 1988, S. 52f.), wenn Spontaneität und Spaß angesagt sind? 10 Prozent der Sportvereinsmitglieder engagieren sich, *90 Prozent aber lassen sich lieber bedienen.* Die Stärke des Sportvereins, seine Bürgernähe und das ehrenamtliche Engagement der vielen Freiwilligen, kann in Zukunft zu seiner größten Schwäche werden. Auf Fragen nach

- effizienteren Strukturen und größerer Wirtschaftlichkeit,
- Führungskultur und Mitarbeitermotivation,
- Qualitätsmanagement und strategischer Planung

muss der organisierte Sport Antworten geben, wenn er fit für die Zukunft sein will.

Stirbt der Sportverein als Solidargemeinschaft und Selbsthilfeorganisation langsam und leise – durch *Flucht in die Passivität?* Zumindest in den neunziger Jahren wurde ehrenamtliche Tätigkeit zunehmend als verpflichtendes Amt und lästige Arbeit empfunden. Ein ehrenamtlicher Mitarbeiter „musste" im Durchschnitt 16 Stunden (in Westdeutschland) bzw. 21 Stunden (in Ostdeutschland) im Monat für den Verein „opfern" (Heinemann/Schubert 1994, S. 225). Nimmt mit zunehmender Vereinsgröße die Engagementbereitschaft der Mitglieder ab? Der „bezahlte Ehrenamtliche", der für seine Aufwendungen honoriert wird, stellt die erste Stufe der Entsolidarisierung dar. Für ehrenamtliche Engagements mit Dauercharakter fehlt den Vereinsmitgliedern, die sich auch als Konsumenten verstehen, zunehmend die Zeit. Wer viel konsumieren will, leidet schnell unter Zeitnot.

6. Show, Sponsoren und Spektakel. Zuschauersport als Entertainment

Die amerikanischen Fußballclubs zu Zeiten Pelés und Beckenbauers haben es schon frühzeitig demonstriert: Sie boten ihren Besuchern eine Mischung aus Disco, Barbecue und Revue – mit sportlichen Einlagen. *Sport dient seit altersher der Unterhaltung* („disportare" = sich zerstreuen). Und auch in Zukunft suchen die Zuschauer mehr Show und Entertainment als sportlichen Wettkampf um Platz und Sieg.

> Ob EM oder WM, Fußball oder Formel-1 – die Disneyfizierung und Kommerzialisierung der Sportwelt von morgen erscheint unaufhaltsam. Die Zeit der windigen Stehplatzerlebnisse mit Bratwurst und Dosenbier ist endgültig vorbei. Der Zuschauersport der Zukunft – das ist immer mehr eine Mischung aus Show, Sponsoren und Spektakel. Der Zuschauersport entwickelt sich zum Sportkonsum, der den Fan zum Konsumenten macht: Der Konsument konsumiert kommerzialisierte Unterhaltung, gebraucht und verbraucht sie – wie der Hopper im Fernsehen und der Shopper im Einkaufszentrum. Der Zuschauersport wird zum Konsumsport.

Für Zuschauer, die fast alles schon gesehen haben, gilt zunehmend: Leben heißt erleben. Die Ereignisse sind beinahe austauschbar. *Nur der Ereignischarakter zählt, das Nichtalltägliche und Außergewöhnliche.* Eine Weltmeisterschaft oder Olympiade macht den Alltag zum außergewöhnlichen Sportereignis, zum Highlight, indem „man" darüber spricht. Da wird schnell eine Veranstaltung als Mega-Ereignis oder Jahrhundert-Kampf propagiert. Andererseits wird es zunehmend schwieriger, mit immer neuen Attraktionen Massen anzuziehen bzw. zu mobilisieren. Olympia oder Super Cup: Fast alles war schon einmal da. So kann es nicht weiter überraschen, dass das *Zuschauerinteresse auf breiter Ebene stagniert* (2001: 12% – 2002: 11% – 2003: 11%) – sieht man einmal von manchen Fußballveranstaltungen ab, die in den letzten Jahren geradezu zum *TV-Ereignis* hochstilisiert wurden.

Der *Spaß- und Unterhaltungscharakter* einer Sportveranstaltung ist den Zuschauern wichtiger (38%) als das Interesse an dem Verein (29%). Und das Bedürfnis nach Geselligkeit, der Wunsch, unter Menschen zu sein, ist bedeutsamer (26%) als das unmittelbare Erleben der Sieger und Gewinner (15%). Die Gleichgesinnten unter den Zuschauern sind mindestens so faszinierend (18%) wie die Sportstars selbst (13%). Und auch Lokalpatriotismus und Nationalstolz (8%) treiben die Menschen nicht massenhaft in die Stadien. Wichtiger ist da schon, die Begeisterung der anderen Zuschauer „hautnah miterleben" zu können (16%). Gefragt sind Spannung und Nervenkitzel (22%) – die Hoffnung, Augenzeuge eines außerordentlichen Ereignisses zu werden wie z.B. „Es ist was total Verrücktes. Es ist ein bisschen wie Gladiatorenkampf. Irgendwie fasziniert es mich." – „Das Schönste sind die Unfälle, auch wenn es pervers ist." – „Man kann sich abreagieren."

> Die Zuschauer wollen etwas Nichtalltägliches erleben, das Spaß, Spannung und Geselligkeit garantiert. Ihre Erwartungen lassen sich auf fünf Motiv-Bündel reduzieren: Spaß und Ablenkung – Interesse und Begeisterung – Erlebnis und Ereignis – Geselligkeit und Gemeinsamkeit – Spannung und Nervenkitzel. Wird das Sportgeschehen dabei zur Nebensache? Die Zuschauer könnten diese Bedürfnisse doch genauso gut im Kino, auf dem Volksfest oder im Erlebnispark befriedigen.

Bemerkenswerte Unterschiede gibt es zwischen männlichem und weiblichem Zuschauerverhalten, was auch erklärt, warum heute dreimal so viele Männer (18%) wie Frauen (6%) bei Sportveranstaltungen *regelmäßig* zuschauen:

- Die meisten Frauen (55%) waren noch nie auf einer Sportveranstaltung. Mehr *Frauen* wären nur dann als Zuschauer zu gewinnen, wenn der Sport weniger ernst genommen und der Besuch mehr Spaß machen würde. Spaß und Unterhaltung stellen das wichtigste Besuchermotiv für Frauen dar. Und für Frauen können Zuschauer manchmal interessanter als Sportstars sein. Die Begeisterung der anderen Zuschauer hautnah miterleben oder unter Gleichgesinnten sein, das fasziniert sie. Das Ambiente kann mitunter mehr Anziehungskraft ausüben als manche sportliche Leistung.
- Wenn *Männer* Sportveranstaltungen besuchen, dann sind sie durchweg hochmotiviert und stellen auch mehr sportliche Ansprüche an den Besuch. Sie identifizieren sich vor allem mehr mit dem Sportprogramm. Ihr spezielles Interesse am Verein ist deutlich höher (37%) als bei den weiblichen Besuchern (22%) und ihre Erwartungen an Spannung und Nervenkitzel ebenfalls (30% – Frauen: 14%).

Für die meisten Zuschauer ist der Unterhaltungswert einer Sportveranstaltung wichtiger als das Vereinsinteresse und die Begeisterung der Zuschauer bedeutsamer als die Leistung der Sportler. Und eine spannende Niederlage kann interessanter als ein langweiliger Sieg sein.

7. Sportverein der Zukunft. Vom Idealisten zum Dienstleister

Totgesagten Idealisten spricht man ein langes Leben zu: Von der Vereinsmeierei über die Vereinskrise bis zum Untergang der deutschen Vereinslandschaft reichen die Analysen und Prognosen zur Lage und Entwicklung der Vereine. Realistischer ist vielmehr die Annahme, dass es sich bei dem vorhergesagten Untergang eher um einen *Übergang* handelt: Im Übergang von der Industrie- zur Dienstleistungsgesellschaft, in der Wohlbefinden genauso wichtig wie Wohlstand wird, muss auch der Verein ein anderes Qualitätsprofil bekommen. Im Verein der Zukunft sind schließlich „nicht nur Siege zu feiern".

> **Überleben die Vereine? Der organisierte Sport im Sog der Individualisierung**
> „In den siebziger Jahren waren es einige Freizeitforscher, die den Trend zum Individualismus zur absoluten Marke ihrer Zukunftsaussagen machten ... Wird der Trend zum Individualismus und zur Kommerzialisierung der Freizeit nicht auch den bald zweihundertjährigen Hort körperbewegter Spiel- und Sportgemeinschaft in Vereinsgestalt ablösen? Hat ein Mann wie der Hamburger Freizeitforscher Opaschowski recht, der den Menschen unserer Tage den Hang zu einem erlebnisorientierten, aber individualisierten Freizeitvergnügen nachsagt? Eine Art Narzissmus der Selbstbezogenheit im Sport!"

Jürgen Palm. In: Animation. Fachzeitschrift Freizeit, 11. Jahrgang, Sept./Okt. 1990, S. 134

Zu Beginn des 21. Jahrhunderts heißt die Alternative: Start oder Fehlstart in eine neue Zukunft der Vereine. Das Umdenken muss beginnen. Jürgen Palm, der frühere Geschäftsführer der Abteilung Breitensport im Deutschen Sportbund, brachte es selbstkritisch auf den Punkt: „Warum sollten die Vereine ein kleines Stück Ewigkeit gepachtet haben? Schließlich haben sie ihre Wurzeln im Biedermeier und in der Gründerzeit, in Epochen also, die uns heute so fern sind wie die Postkutschen und die ersten Gaslaternen" (Palm 1990, S. 134). *Die Schonzeit für Vereine ist vorbei.*

Viele Jugendliche verlassen den Sportverein, weil sich ihre Freizeitinteressen grundlegend verändern. Was die junge Generation sucht, ist „*Viel Fun, wenig Verein*": Bei Freizeitsport denken die 14- bis 17-Jährigen mehr an „*Funsport*" (42%) als an „*Vereinssport*" (35%). Und gut ein Drittel (36%) der Jugendlichen will lieber *Sport treiben ohne Mitgliedszwang*. Der Sportverein der Zukunft muss sich zum Grundsatz machen: Mehr Individualisierung als Organisierung. Jeder fünfte Sportler (20%) wünscht sich daher einen *selbstorganisierten Sport*, der Spontaneität und Improvisation zulässt und dem Sporttreibenden genügend Freiräume und Gestaltungsmöglichkeiten gewährt.

Die Bevölkerung hat also ganz konkrete Vorstellungen darüber, wie das Sportangebot und der Sportverein der Zukunft aussehen sollen. Die Frage, wie und wohin sich der Sport in Zukunft entwickelt, beantwortet jeder zweite Jugendliche mit dem Hinweis: Sportangebote werden *„immer vielfältiger und grenzenloser."* In der künftigen *Multi-Options-Gesellschaft* entwickelt sich auch der Sportler zum anspruchsvollen Erlebniskonsumenten mit vielen und vielfältigen Wünschen. Der Sportverein wandelt sich zum eher kommerziellen Dienstleistungsunternehmen. Jeder fünfte Jugendliche ist davon überzeugt: Im Sport der Zukunft *zählt das soziale Gruppenerlebnis kaum noch.*

Sportvereine wird und muss es auch in Zukunft geben – wenn sie sich erneuern (und nicht veralten). Bezeichnenderweise ist gerade der älteste Turnverein der Welt, die Hamburger Turnerschaft von 1816 („HT 16"), der Zukunft bereits ganz nah: Nach dem Grundsatz „Mehr als ein Sportverein" hatte der HT 16 schon in den achtziger Jahren als erster deutscher Sportverein ein eigenes Fitness-Studio für 1.500 Mitglieder eingerichtet und besonderen *Wert auf gepflegte Trainingsmöglichkeiten und angenehme Atmosphäre* gelegt. Um der wachsenden Konkurrenz und dem hohen Komfort-Standard kommerzieller Sportzentren auf dem Wege in das 21. Jahrhundert standzuhalten, hatte HT 16 zusätzlich Saunen, Dampfbäder, Solarien und Ruheräume eingerichtet. Die Sportanlage wurde zur Freizeitanlage.

> Die Zukunft gehört den Vereinen, die den Charakter von Freizeit-Clubs haben – mit mehr Offenheit und zeitlich begrenzten Mitgliedschaften, mehr Ambiente, Atmosphäre und Animation. Die Sportvereine der Zukunft müssen optimale Rahmenbedingungen schaffen, damit sich die Sporttreibenden körperlich, psychisch und sozial entfalten und wohlfühlen können.

Nur dann werden sie das leisten, was die fördernde Sportpolitik von ihnen erwartet: „Für die Bundesregierung sind die Sportvereine die wichtigsten Träger sportlicher Aktivitäten" (Deutscher Bundestag/Drucksache 12/6815 – 1994, S. 28).

8. Wie eine Seifenoper. Sportveranstaltungen als Inszenierung

Die Hälfte der Bevölkerung (1996: 52% – 2002: 55%) erwartet für die Zukunft, dass die Vermarktung und Kommerzialisierung des Sports weiter zunimmt. Mit steigendem Bildungsgrad nehmen auch die Kommerzialisierungserwartungen zu. Eine Erwartung, die gleichermaßen als realistische Einschätzung wie als Zukunftsangst gedeutet werden kann. Die Konsumgesellschaft kommt ohne Kommerzialisierung nicht mehr aus. Und auch der Sport kann sich dem wachsenden Wettbewerbsdruck der Konkurrenten aus der Konsumszene nicht mehr entziehen. In Zukunft wird sich der Sport immer öfter nur als *Konsumwelt zwischen Körperkult und Erlebnismarketing* behaupten können.

Zugleich wird sich der Sport – so eine frühe Prognose aus den siebziger Jahren – zu einem *Erlebnisfeld mit hohem Animationscharakter* entwickeln. Für den organisierten Sport ist dies folgenreich, denn die wachsende Erlebnisbedeutung des Sports ernst zu nehmen, heißt dann auch, „die starre Einteilung in ‚Sportarten' und die Festlegung auf ‚Disziplinen' aufzuheben" (Opaschowski 1977, S. 20). Eine Prognose, die seinerzeit vor allem im Deutschen Sportbund auf massiven Widerstand stieß. Die Reaktion war verständlich, weil ein solcher Wandel das festgefügte Sportsystem infragestellte und Sportanbieter zu *Erlebnis-Arrangeuren* machte, die vorrangig bewegungsorientierte Angebote inszenierten.

Der Zeitpunkt scheint im 21. Jahrhundert erreicht zu sein: Die Entwicklung des Sports spielt sich wesentlich zwischen Inszenierung und Vermarktung ab. Für fast jeden zweiten Bundesbürger (1996: 44% – 2002: 46%) ist klar: „Spitzensport wird zum inszenierten TV-Ereignis." *Inszenierung und Telegenität* sind im Sport nicht mehr wegzudenken. Beides unterstreicht den Eventcharakter. Sport-Marketing wird zu einer „Animations-Aufgabe" (Gerken 1993, S. 474) und der Sportübungsleiter zum Szenemanager, der offene Wünsche, Träume und Sehnsüchte der Menschen im Rahmen von Events als Bewegungserlebnisse arrangiert und zelebriert (z.B. Beachball-Turniere, Extremsport-Angebote). Modisch und zeitgeistig werden Szenen und Lifestyles erfunden oder gemacht. Der sportlich orientierte Animateur surft auf aktuellen Trends ...

„Und wenn die reale Sportwirklichkeit das nicht bieten kann, muss man es eben inszenieren" (Gerken/Konitzer 1995, S. 112). Die Inszenierung ist die logische Konsequenz der Kommerzialisierung. Wer mit dem Sportinteresse der Bevölkerung Geld verdienen will, darf das Zuschauen nicht einfach dem Zufall überlassen. Infolgedessen werden die Sportveranstaltungen als Spektakel und die Sportaktivitäten als Erlebnis *dramaturgisch in Szene gesetzt*. Sportindustrie und Sponsoren kommen ohne Erlebnis-Marketing nicht mehr aus. *Von der Inszenierung zur Spektakularisierung des Sports* (Boxkampf-Motto „Eine Frage der Ehre") ist nur noch ein Schritt. In Zukunft werden vielleicht Sport und Spektakel in einem Atemzug genannt.

Zur Authentizität des eigenen Sporterlebens gesellt sich ein Sport der Inszenierung, der Erlebnis-Welten und Mega-Ereignisse jenseits des wirklichen Lebens erfindet und produziert. Die Grenzen zwischen Inszenierung und Vermarktung werden immer fließender: Da werden neue Regeln geschaffen oder neue Sportarten kreiert. Pop und Show halten Einzug in den Sport: In Zukunft läuft Sport als Inszenierung wie eine Seifenoper im Fernsehen ab.

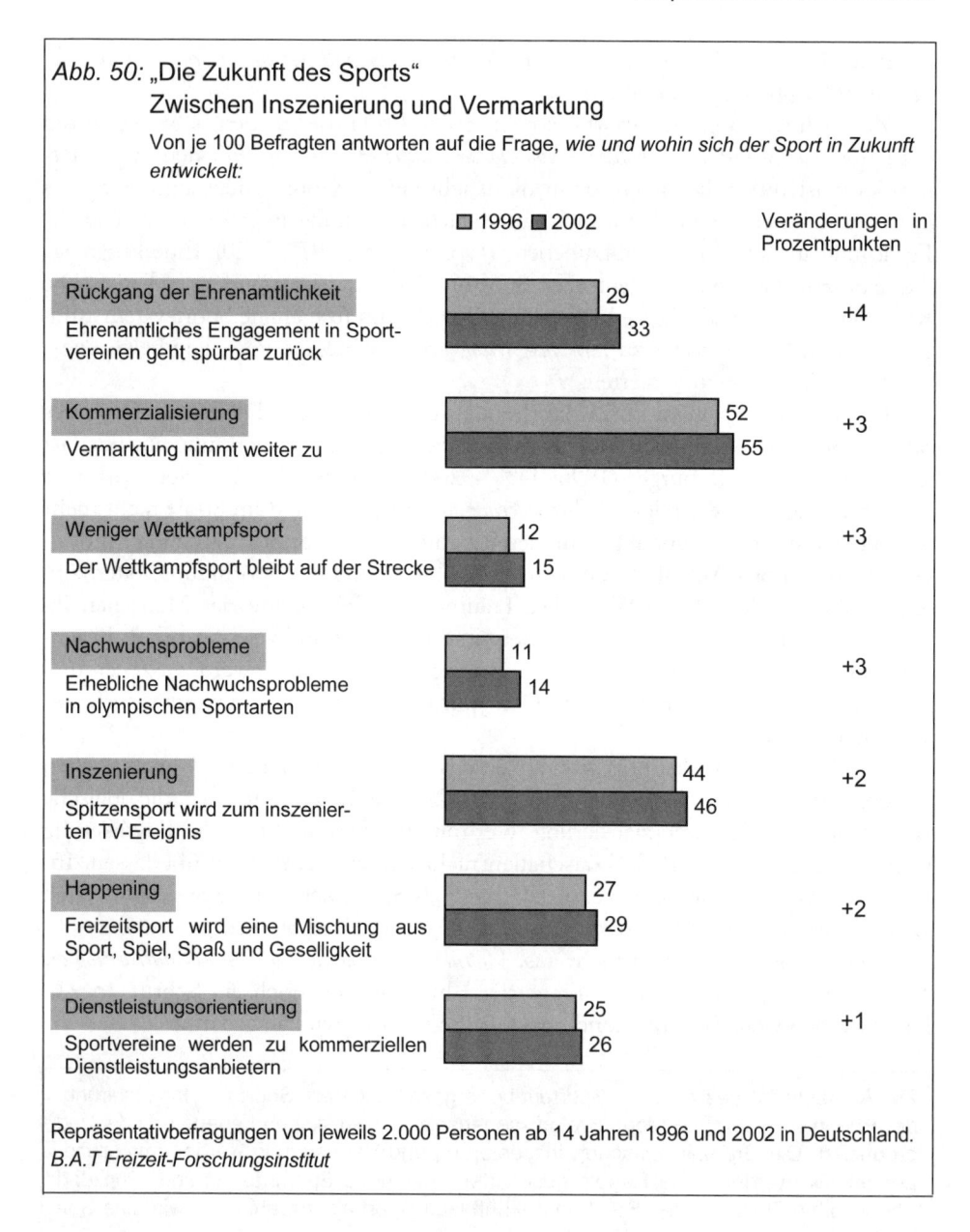

Abb. 50: „Die Zukunft des Sports"
Zwischen Inszenierung und Vermarktung

Von je 100 Befragten antworten auf die Frage, *wie und wohin sich der Sport in Zukunft entwickelt:*

☐ 1996 ■ 2002   Veränderungen in Prozentpunkten

Kategorie	1996	2002	Veränderung
Rückgang der Ehrenamtlichkeit – Ehrenamtliches Engagement in Sportvereinen geht spürbar zurück	29	33	+4
Kommerzialisierung – Vermarktung nimmt weiter zu	52	55	+3
Weniger Wettkampfsport – Der Wettkampfsport bleibt auf der Strecke	12	15	+3
Nachwuchsprobleme – Erhebliche Nachwuchsprobleme in olympischen Sportarten	11	14	+3
Inszenierung – Spitzensport wird zum inszenierten TV-Ereignis	44	46	+2
Happening – Freizeitsport wird eine Mischung aus Sport, Spiel, Spaß und Geselligkeit	27	29	+2
Dienstleistungsorientierung – Sportvereine werden zu kommerziellen Dienstleistungsanbietern	25	26	+1

Repräsentativbefragungen von jeweils 2.000 Personen ab 14 Jahren 1996 und 2002 in Deutschland.
B.A.T Freizeit-Forschungsinstitut

Insbesondere das Fernsehen hat die (passive) Sportbegeisterung der Bevölkerung in den letzten Jahren deutlich „angeheizt" und aus mancher behäbigen Sportveranstaltung ein hoch kommerzialisiertes Massenspektakel gemacht. Die *TV-Vermarktung* bzw. Telegenität einiger Sportarten (z.B. Fußball, Boxen, Formel 1) hat nachweislich ihre Attraktivität erhöht, aber auch ihre Abhängigkeit vergrößert. Sportsponsoring und TV-Übertragungen sind eine schicksalhafte Verbindung eingegangen.

> Der Sport der Zukunft: Mal VIP- und mal Szenesport, in jedem Fall Konsumsport. Denn nur damit lässt sich Geld verdienen. Motor und Multiplikator wird immer das Fernsehen sein. Der Zuschauersport wird zum Telesport: Hier ein Sieger, dort ein Verlierer – bloß kein Unentschieden. Der Zuschauer hat ein Recht auf Spannung. Auch seine Neugier will befriedigt werden.

So muss das Fernsehen selbst neue Sportarten erfinden und als telegene Unterhaltung (weniger als Sport) verkaufen. Also: *Viel Show, Spaß und Unterhaltung – und mittendrin ein wenig Sport* (TV-Kommentator Werner Schneyder live beim Boxkampf: „Und jetzt, glaube ich, geht es sportlich weiter. Während der Ring von der Show-Einlage gesäubert wird ..."). Vielleicht wird in Zukunft eine Ion Tiriac zugeschriebene Inszenierungs- und Vermarktungsidee Wirklichkeit: Der Daviscup findet nur noch vor 500 steinreichen Leuten auf einem Kreuzfahrtschiff statt – unter Ausschluss der Öffentlichkeit, aber das Fernsehen ist live dabei.

9. Spitzensport. Vom Profisportler zum Popstar

Im Spitzensport der Zukunft wird es schon bald heißen: Jeder kann jeden schlagen – wenn nur die Motivation stimmt. Die Motivation von Spitzensportlern aber lässt sich immer weniger durch Leistungsdruck erreichen. Die eigene Sportaktivität „muss" einfach Spaß machen – entweder als fun schon *während* des Trainings oder als Erfolgserlebnis *nach* dem Wettkampf. Ist beides nicht erreichbar oder absehbar, steigen junge Nachwuchssportler immer öfter aus: „Niemand ist mehr bereit, sich zu quälen" (Florett-Trainer Paul Neckermann) oder „Den Leuten geht's wohl zu gut, die machen lieber Funsportarten" (Anja Fichtel-Mauritz, Goldmedaillengewinnerin).Über *neue Anreize im Spitzensport* muss nachgedacht werden.

Damit der olympische Gedanke im Sport nicht vollends verloren geht, müsste es in Zukunft neben den *olympic games* auch *fun-tastic games* geben. Während die olympic games für die *Athleten* dem Ernstcharakter des sportlichen Wettkampfs verpflichtet blieben, könnten die fun-tastic games eine Show-Bühne für Selbstdarstellung und Happening sein. Alles, was im Bereich der Bewegungskultur Spaß macht oder Spaß verspricht, in und modisch ist, könnte hier in Szene gesetzt werden. Das könnten

- Snowboard oder Trickskifahren,
- Street- oder Beachvolleyball,
- Felsklettern oder Skysurfing,
- Mountainbiking oder Go-cart-Rennen

sein. Dabei könnten die Grenzen zwischen Sport und Spektakel ruhig fließend und die Zuschauer Voyeure, Flaneure oder Akteure zugleich sein. So ließe sich die olympische Bewegung am Leben erhalten.

Andererseits sprechen die Zeichen der Zeit derzeit eher für einen gegenläufigen *Trend zur unkontrollierten Kommerzialisierung*. Olympia im 21. Jahrhundert kann heißen: *Viel fun im Programm!* Und: Die Profisportler werden zu Popstars. Die Profis im Sport müssen dafür einen hohen Preis bezahlen: Im gleichen Maße, wie sie an Marktwert gewinnen, büßen sie ihr Recht auf Privatsphäre ein. Auf Schritt und Tritt werden sie von der Presse verfolgt, von Fernsehsendern und Radiostationen, von Tageszeitungen und Illustrierten beobachtet und beäugt. Die Werbeträger verkünden ungeniert: „Sex sells." Nackte Haut verkauft sich gut im Sport, Erotik auch. Noch mehr machen den Stars die Fans zu schaffen, von denen die Profis leben.

10. Die positive Wende im Sport. Zukunftshoffnungen der Bevölkerung

Die Zukunft gehört nicht dem „Entweder-Oder", sondern den Sonnen- *und* Schattenseiten des Sports, wenn man beispielsweise vom Zeitvergleich der Jahre 1996 und 2002 ausgeht. Danach hat die Befürchtung der Bevölkerung, wonach „das ehrenamtliche Engagement in Sportvereinen spürbar zurückgeht", in den letzten Jahren weiter zugenommen (1996: 29% – 2002: 33%). Hier ist noch keine positive Trendwende feststellbar, zumal die Vermarktung (+3 Prozentpunkte) ebenso wie die Dienstleistungsorientierung (+2) nach Einschätzung der Bevölkerung unaufhaltsam erscheinen. Mit Schwierigkeiten im Wettkampfsport (+3) wird der Sport bis auf weiteres genauso weiterleben müssen wie mit Nachwuchsproblemen (+3). *Auch Doping und Körperkult, Inszenierung und Spektakel bleiben uns im Sport erhalten.*

Daneben aber zeichnen sich auf der ganz persönlichen Ebene Ansätze für eine *positive Wende im Sport* ab, die Mut zur Zukunft machen:

1. Was die Globalisierung in Wirtschaft und Politik nicht schafft, kann dem Sport in Zukunft gelingen: *„Menschen aus allen Ländern der Erde näher zusammenbringen"* sagen 22 Prozent der Bevölkerung. Das ist die große soziale Leistung des Sports auf globaler und lokaler Ebene – und wenn es sein muss auch gegen politische Widerstände. Vom Leistungsmessen in der Schule bis zum Vereinswettkampf, von der WM bis zur Olympiade verbindet die Menschen die Lust an der Leistung und auch am gemeinsamen Handeln. Weil der Mensch nicht zur Passivität und Immobilität geschaffen ist, braucht und sucht er die aktive Herausforderung im Leben – ob als Mannschaftsmitglied in der „Elfmannsozietät" (Konrad Lorenz) oder als Einzelkämpfer im Wettbewerb mit anderen.

Die „Gesinnungsgemeinschaft der Turnschwestern und -brüder Jahnscher Prägung" (Schwier 1996, S. 95) wird es jedenfalls kaum noch geben und allenfalls durch *Solidarität auf Zeit* ersetzt werden. Gemeinschaft, Gemeinsamkeit und Solidarität werden dann neu definiert – als „solidarischer Individualismus" (Beck 1996), „verantwortlicher Individualismus" (Evers 1994) oder „kooperativer Individualismus" (Dettling 1994). Eigennutz und Gemeinnutz, Ich + Wir stehen in einem ständigen, teilweise jedoch kreativen Prozess. Der Sportaktive und der

Sportverein schaffen einander und setzen einander voraus. Sie brauchen sich gegenseitig und wenn es nur auf die pragmatische Formel hinausläuft: Mehr Gemeinsamkeit und weniger Egoismus.

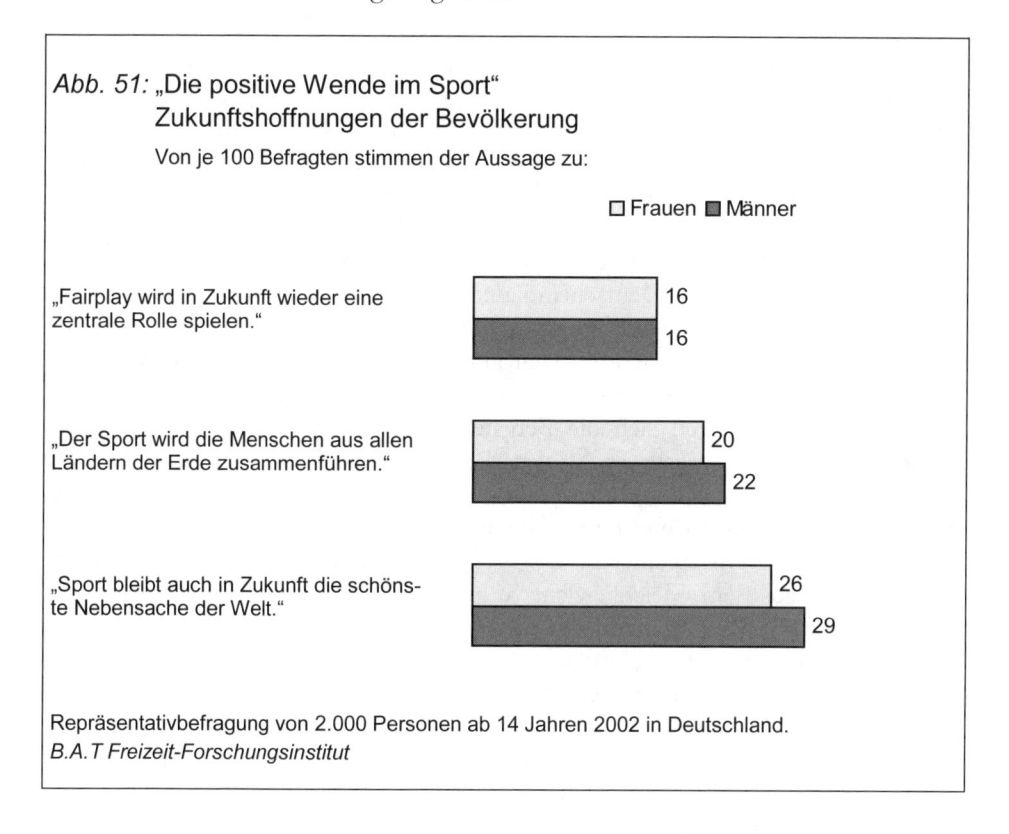

Abb. 51: „Die positive Wende im Sport"
Zukunftshoffnungen der Bevölkerung

Von je 100 Befragten stimmen der Aussage zu:

☐ Frauen ■ Männer

„Fairplay wird in Zukunft wieder eine zentrale Rolle spielen."
- Frauen: 16
- Männer: 16

„Der Sport wird die Menschen aus allen Ländern der Erde zusammenführen."
- Frauen: 20
- Männer: 22

„Sport bleibt auch in Zukunft die schönste Nebensache der Welt."
- Frauen: 26
- Männer: 29

Repräsentativbefragung von 2.000 Personen ab 14 Jahren 2002 in Deutschland.
B.A.T Freizeit-Forschungsinstitut

---

2. „*Fairplay wird in Zukunft wieder eine zentrale Rolle spielen*" (16%). Der Glaube an die Fairness im Sport lebt weiter und lässt die Frage „Erst das Siegen, dann die Moral?" als das erscheinen, was es ist: eine bloße Provokation zum Nachdenken über manche Schattenseiten des Sports von der Manipulation bis zur Aggression.
3. „*Sport bleibt auch in Zukunft die schönste Nebensache der Welt*" sagt jeder vierte Bundesbürger (27%) und glaubt an die „attraktive Mischung aus Sport, Spiel, Spaß und Geselligkeit" (29%). Der Gladiatorensport wird den Individualsport nicht verdrängen können, weil Fitness, Vitalität und Lebenslust auch eine Antwort darauf sind, wofür wir leben.

Was also kommt in Zukunft auf uns zu? Die Versportlichung des Lebens oder die Entsportlichung der Gesellschaft? Sport für alle oder Sport für viele? Sportivität oder „No Sports"? Das Spektrum der Zukunftsmöglichkeiten erscheint grenzenlos. Die Wirklichkeit liegt wohl zwischen diesen Extremen. Eines wird ganz sicher in Zukunft alle – die Sportler, die Politiker und die Funktionäre – einen, nämlich die Überzeugung: *Gemeinsam etwas bewegen.*

11. Leben minus Langeweile.
   Sport im Zeitalter der Extreme

Mit Reality-TV hatte alles begonnen, mit Xtrem-TV oder Ultimate-Internet kann alles enden. Bildschirmspektakel per Satellit und gegen Cash: „Big Brother", „Expedition Robinson", „Das Inselduell", „Realityrun" – und was noch? Nach „Big Brother" folgte die Serie „Gefesselt". Und was dann? Die TV-Erklimmung des Mount Everest: Mehrere Bergsteiger haben – von der Kamera begleitet – live den höchsten Berg der Erde bestiegen. Und wie geht es weiter?

Erstmals 1999 hatten – nach dreißig Stunden in der gefährlichen Eiger-Nordwand – vier Bergsteiger vor laufender Kamera den 3.970 m hohen Gipfel erreicht. TV-Zuschauer aus Deutschland und der Schweiz konnten das Spektakel zwei Tage lang verfolgen. Helmkameras und Mikrofone übertrugen jedes Schnaufen und jede Suche nach dem nächsten Halt in der Steilwand live in die Wohnstuben. Extrem-TV auf Leben und Tod als Reality-Wahnsinn. Nach dem Erreichen des Gipfels beglückwünschten sich die Bergsteiger mit einer Jodeleinlage – fast das Spiegelbild eines Tourismusprospekts vom Berner Oberland: „Adrenalin-Junkies: Sie lachen über die FIS-Regeln und finden die letzte Herausforderung abseits der Piste, wo sie mit Schneelawinen Wettrennen veranstalten ..."

Entwickeln wir uns zu einer *Extremgesellschaft,* in der wir auseinanderdriften und Gefahr laufen, aus dem Gleichgewicht zu geraten? Oder liegt es in der Natur des Menschen, ständig nach Neuem zu streben? Ist das Bedürfnis, in extreme Bereiche unseres Lebens vorzudringen, eine besondere Ausdrucksform der heutigen Zeit, in der die Wagemutigen geradezu Angst haben müssen, zu wenig zu erleben und zu viel zu verpassen? In einer Zeit, in der fast alles erkundet, erfahren, erforscht und ausgelotet erscheint und alle Gene entschlüsselbar sind, sucht der Mensch neue Herausforderungen, die – wie die Natur – Unwägbarkeiten und Risiken enthalten, damit das Leben ein Abenteuer bleibt.

Vor vor fast dreißig Jahren versuchte der amerikanische Psychologe Tibor Scitovsky den Ursprung des *American Way of Life* zu erklären. Das Ergebnis seiner Forschungen mündete in eine „Psychologie des Wohlstands" (Scitovsky 1976/1977). In westlichen Wohlstandswelten, so fand er heraus, leiden die Bürger zunehmend unter dem Mangel an Abwechslung und Anreiz. Die Sehnsucht nach Wohlbefinden („well-being"/„wellness") wird umso stärker, je mehr das Alltagsleben *kein Reizoptimum* mehr bieten kann. Die Folge: Ein Gefühl von Langeweile breitet sich aus. Langeweile aber wird als störend empfunden. Die Menschen neigen daher dazu, möglichst schnell diesen unbehaglichen Zustand zu beseitigen und aktiv nach Anreizen zu suchen.

„Das einfachste Hilfsmittel" gegen Reizarmut ist nach Scitovsky *„körperliche Bewegung",* die in dieser Situation auch noch Spaß macht. Deshalb verausgaben sich viele freiwillig zu ihrer eigenen Befriedigung: „Kampfsportarten und -spiele sind deswegen so beliebt, weil die Freude an der körperlichen Bewegung durch den vollen Einsatz unserer Stärken und Fähigkeiten im Wettkampf maximiert wird" (Scitovsky 1976/77, S. 35). Aus der Physiologie ist bekannt: Bei vollkommener Bettruhe ver-

liert der Mensch täglich etwa drei Prozent seiner Muskelkraft. Nur auf den ersten Blick muss daher die körperliche Anstrengung bei der Ausübung von Risikosportarten als nutzlos erscheinen.

> In Wirklichkeit brauchen alle Organe, Sinne und Fähigkeiten zur Selbsterhaltung und um funktionsfähig zu bleiben das ständige Training. Die Nützlichkeit scheinbar nutzloser Betätigungen ist ein Paradox und dennoch lebensnotwendig. So gesehen sind Gefahren und Ängste beim Risikosport geradezu angenehm – solange jedenfalls, wie sie sich in Grenzen halten, also begrenzbar, kontrollierbar und kalkulierbar sind. Nur dann können wir sie auch verkraften.

Wirtschaft, Werbung und Medien gehen immer mehr dazu über, Extrem-, Risiko- und Trendsportarten zu kreieren bzw. zu erfinden. Fast alles, was derzeit an sportlichen Neuheiten über den Atlantik zu uns schwappt, bekommt die Aura einer Trendsportart verliehen – auch unabhängig davon, ob der Trend sich durchsetzt oder nicht. Zumindest verbal und medial breiten sich *Sport-„ing"-Wellen fast inflationär* aus. Nicht selten sind sie mehr ein Therapeutikum für eine schnelllebige Branche, der langsam die Ideen ausgehen. Gesucht und gefragt sind Outdoor-Aktivitäten, die Erfolgserlebnisse oder Nervenkitzel versprechen, eine ‚richtige' Ausrüstung erfordern und einen möglichst hohen Verschleiß an Material in Aussicht stellen. Dafür bekommen die Sportarten von der Industrie den *Nimbus des Abenteuerlichen* verliehen. Zu solchen Sport"ing"-Wellen zählen z.B. Bungee-Jumping und Paragliding, Free Climbing und River Rafting, Mountain Biking und Trekking. Die Industrie steht immer zu Diensten – mit Bodies und Leggings, Skischuhen und Sturzhelmen, Schienbein- und Ellenbogenschützern.

Anglizismen und Amerikanismen gehören in diesem Bereich fast zur Alltagssprache: „fun" – „speed" – „power" – „flow" – „thrill" – „risk" – „fit for fun". In Anlehnung und auch ironischer Distanz werden in den folgenden Kapitelüberschriften solche *medial verbreiteten Slogans* bewusst aufgegriffen und hinterfragt: „More risk – more fun", „no sports?" – „get your kick!" – „just for fun!" – „no limits?" Viele Werbestrategen bedienen sich solcher auf die Jugendszene ausgerichteten Slangs, um „ihre" Geschäfte mit der Jugend, dem Abenteuer, dem Thrill und Kick zu machen. Eine Generation, die Kriege und Katastrophen nur aus der Tagesschau kennt, will und soll herausgefordert werden: Wo ist am meisten los? Und: Was darf ich auf keinen Fall verpassen?

Nach dem Sozialwissenschaftler H.A. Hartmann leben trotz mancher Konjunkturkrisen die Zweidrittel-Gesellschaften der westlichen Welt noch immer im Überfluss: „*Satt, verwöhnt* und durch ein halbes Dutzend Policen gegen alle Risiken und Wechselfälle des Lebens weitgehend *abgesichert*" (Hartmann 1996, S. 79). Diese Absicherung, die Risikoarmut und Gefahrlosigkeit suggeriert, provoziert die Menschen gleichzeitig, sich freiwillig Risiken und Gefahren auszusetzen. Andernfalls kommt Langeweile auf, weil sich die Menschen unterfordert und dabei unwohl fühlen.

12. Just for fun.
Zwischen Angstlust und Glücksgefühl

Höher, schneller, weiter – und riskanter: Warum gehen immer mehr Menschen freiwillig Risiken im Extremsport ein? Pure Lust am Risiko? Sehnsucht nach dem wilden Leben? Oder pausenlose Jagd nach dem letzten Kick? *Extremsport ist mehr eine Lebensform als eine Sportart.* Sie steht im Mittelpunkt des Lebens und kann sogar andere Lebensbereiche (z.B. Beruf, Partnerschaft, Familie) in den Hintergrund drängen. Der Sozialwissenschaftler und aktive Alpinist Ulrich Aufmuth hat sich eingehend mit der Psychologie von Abenteurern und Extremsportlern auseinandergesetzt. Dieser Typus ist charakterisiert durch

- ein häufiges Erleben von Leere,
- eine große Unrast,
- eine enorme Risikobereitschaft und
- eine tiefreichende Identitätsproblematik.

Dabei handelt es sich nicht um harte, sondern eher um ganz sensible Menschen. Ihr Tatendrang erklärt sich aus einer *Kombination aus hoher Sensibilität und starker Vitalität.* Extreme Naturabenteurer können auch extreme Glückssucher sein, die mit einer ungeheuren Radikalität ihren Lebensweg gehen und davon überzeugt sind: „Ich bin auf *meinem* Weg" (Aufmuth 1996, S. 206). Und wenn sie dabei „alles auf eine Karte setzen" müssen.

Viele sind hin- und hergerissen zwischen innerer Unruhe und äußerer Rastlosigkeit, zwischen der Suche nach Identität und der Bereitschaft, dafür Risiken einzugehen. Eine Lebenshaltung also, wie sie insbesondere für Jugendliche und junge Erwachsene charakteristisch ist. Extrembergsteiger Reinhold Messner macht dafür einen bestimmten Zeitgeist verantwortlich: „Man will *möglichst viel erleben*, alles wird unter dem Spaß- und Abenteueraspekt betrachtet. Das Wichtigste aber fehlt diesen Menschen: das Gefühl für den Berg. Und das Gefühl für die Gefahr" (Messner 1997, S. 3). Es wird immer schwerer, sich von anderen abzugrenzen, wenn man keine Extreme ausprobiert. In einer Wagnisgesellschaft muss auch der Sport zum Wagnis werden.

Das Risikoerleben wird aus der jeweiligen Sicht der Bevölkerung und der Extremsportler ganz unterschiedlich eingeschätzt. Für die überwiegende Mehrheit der Bevölkerung ist klar: Risikosportler fliehen doch nur vor der Langeweile ihres eigenen Lebens und wollen den ultimativen Kick erleben. Die Extremsportler setzen einen ganz anderen Akzent: Sie wollen in erster Linie einfach Spaß haben, alle anderen Motive sind nachgeordnet. Deutlich wird aber auch dies: Wer den *Risikosport als Zeitphänomen* verstehen und erklären will, darf sich mit monokausalen Erklärungen nicht zufrieden geben. Verantwortlich ist vielmehr ein vielfältiges Motivbündel zwischen Lust und Langeweile. Wenn es den Risikosportlern wirklich nur um „Spaß" ginge, dann könnten sie auch ins Kino oder in den nächsten Freizeitpark gehen. Sie wollen mehr: Spaß + Kick + Abenteuer ... Ein ganzes Motivbündel ist dafür verantwortlich:

- *Spaß*

Spaß im Extremsport heißt Freude am kalkulierten Risiko. Bungee-Jumping (75%), Canyoning (71%), River-Rafting (70%) und Freeclimbing (62%) zählen nach Meinung der Bevölkerung derzeit zu den riskantesten und wagnisreichsten Extremsportarten. Die Befragung von Extremsportlern, die selbst schon eine dieser vier Sportarten ausgeübt haben, erbringt den Nachweis, dass es ihnen zunächst *mehr um Lust und Leistung als um Nervenkitzel* geht: „Just for fun", einfach Spaß haben und im Leben auch „einmal" etwas Verrücktes tun, ist das Hauptmotiv einer Generation, die das Leben aktiv erleben und intensiv genießen will.

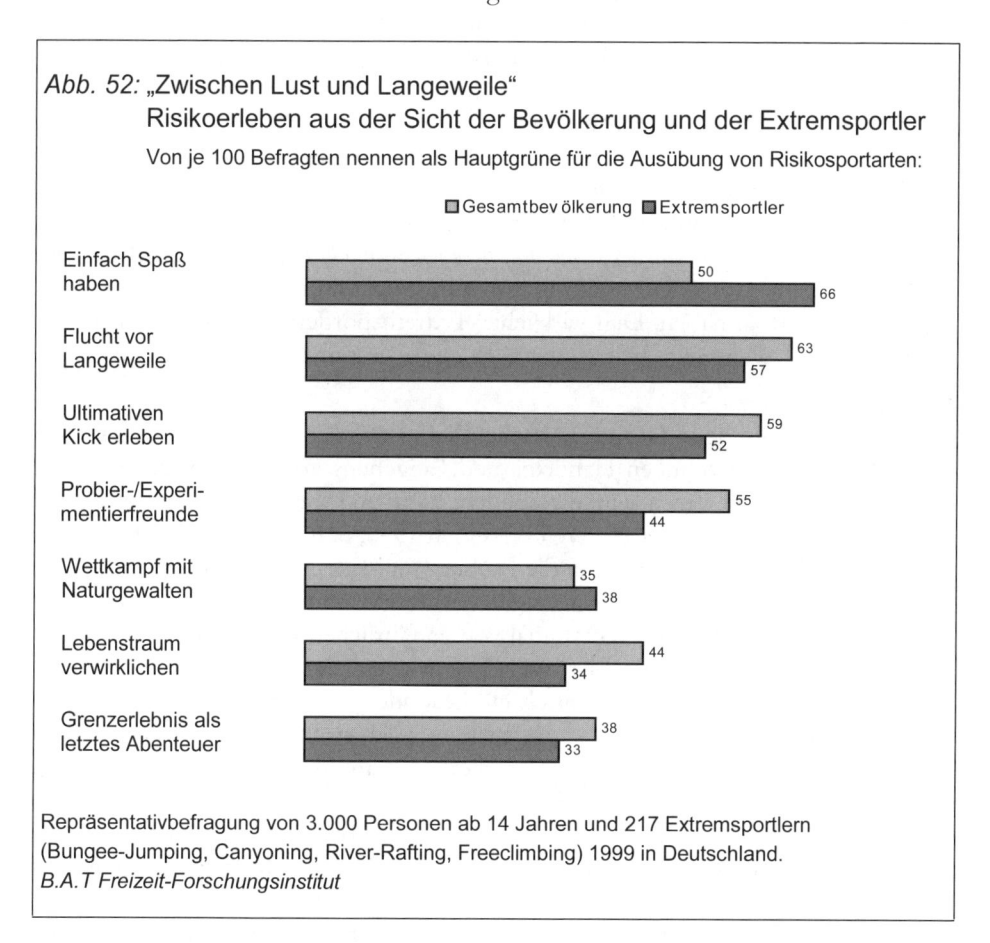

Abb. 52: „Zwischen Lust und Langeweile"
Risikoerleben aus der Sicht der Bevölkerung und der Extremsportler

Von je 100 Befragten nennen als Hauptgründe für die Ausübung von Risikosportarten:

☐ Gesamtbevölkerung ■ Extremsportler

	Gesamtbevölkerung	Extremsportler
Einfach Spaß haben	50	66
Flucht vor Langeweile	63	57
Ultimativen Kick erleben	59	52
Probier-/Experimentierfreude	55	44
Wettkampf mit Naturgewalten	35	38
Lebenstraum verwirklichen	44	34
Grenzerlebnis als letztes Abenteuer	38	33

Repräsentativbefragung von 3.000 Personen ab 14 Jahren und 217 Extremsportlern (Bungee-Jumping, Canyoning, River-Rafting, Freeclimbing) 1999 in Deutschland.
B.A.T Freizeit-Forschungsinstitut

> Gesucht wird mehr ein Leben mit Spaß als ein Leben in Gefahr. Nicht wegen des Risikos, sondern trotz des Risikos suchen Extremsportler „ihre" körperliche Herausforderung. Thrill macht Spaß. Und mit dem Nervenkitzel wächst der Spaß.

Es gehört sicher auch zur menschlichen Natur, Freude am gelegentlichen Nervenkitzel zu haben. Selbst für Chirurgen im Beruf gilt: „Je riskanter die Operation, desto mehr Spaß macht sie" (Apter 1994, S. 57). Obwohl sie wissen, dass ärztliche Fehler für den Patienten tödlich ausgehen können, haben sie an solchen kritischen Situationen die größte Freude ihrer Arbeit. Wenn das Adrenalin in Gang kommt, steigt auch der Spaß-Spiegel. Im berühmten Stiertreiben von Pamplona wurde einem überzeugten Mitläufer, der aufgrund einer Verletzung durch die Hörner des Stieres bereits durch eine Narbe gezeichnet war, die Frage gestellt: „Ist für Sie wohl eine Art mystische Erfahrung?" Die Antwort: „Mystisch? Nicht die Spur! Purer Spaß. Reines Vergnügen" (Michener 1969, S. 499). So ist auch der Sponti-Spruch zu verstehen: „more risk – more fun."

Aus der Sicht von Extremsportlern wird das *Risiko* also nicht direkt gesucht, sondern naturgemäß als ein Teil des Ganzen *billigend in Kauf genommen*. Das Risiko gehört dazu wie beispielsweise „der regelmäßige, aber ungeliebte Besuch beim Zahnarzt", so Tim Kröger, zweimaliger Teilnehmer am Whitebread Round the World Race, der härtesten Segelregatta der Welt für Hochseecrews (Kröger 1998, S. 69). Natürlich macht es den Regatta-Crews mehr Spaß, bei starken Winden loszusegeln als bei Flaute umherzuschaukeln. Und sie wissen auch: Das Risiko segelt immer mit. *Gesucht wird der Spaß – auf dem Weg über den Thrill*. Mit dem Spaß entsteht ein Glücksgefühl darüber, es unter höchsten physischen und psychischen Anstrengungen geschafft zu haben. Den wirklichen Extremsportlern macht das Risiko also „nur dann Spaß, wenn man heil wieder nach Hause kommt" (Arved Fuchs).

- *Experimentierfreude*

Nach den Lukianischen „Göttergesprächen" (150 n.Chr.) soll Fortuna, die Göttin des Zufalls, des wagemutigen Handelns und Eingehens von Risiken die letzte der antiken Gottheiten gewesen sein, die überlebt hatte und weiterhin angebetet wurde. Das „Experimentalverhalten zur Welt" (Nerlich 1998, S. 81) war stärker als die religiöse Furcht. Im Extremsport kann die Probier- und Experimentierfreude ausgelebt werden. Dann wird das Leben zu einem Balanceakt und einer Gratwanderung – immer mit der Möglichkeit, auch einmal vom gefährlichen Grat abzustürzen (Bergsteiger: *„Das törnt mich an"*). Probier- und Experimentierfreude heißt auch, ein wenig mit dem Risiko spielen. Das vermittelt ein besonderes Hochgefühl. Zum Ausprobieren gehört die Fähigkeit, sich so weit wie möglich nach vorne zu wagen – dem Stierkampf vergleichbar, in dem sich der Matador dem Stier möglichst dicht nähert. Es reizt ihn, den Stier zu reizen.

Natürliche Neugier ist die Antriebskraft für die Probier- und Experimentierfreude. Das Neue und Unbekannte übt einen gewissen Reiz aus. Je „neuer" die Situation oder das Umfeld, desto größer ist der Reiz. Dies kann das „ewige Eis" oder ein „neues Ufer" sein. Der Sinn der Neugier ist letztlich Sicherheit, denn Unsicherheit macht Angst: „Das Neue bereitet nur dann Lust, wenn wir es aus der Sicherheit heraus erfahren" (von Cube 1997, S. 32). Neugier, die Gier nach Neuem, ist schon immer ein Motor für Entdecker, Erfinder und Wagemutige gewesen.

- *Angstlust*

Am Anfang ist die Angst, die die Kehle hochkriecht. Angst vorher – Lust nachher: Spannungsvolle Momente des Lebens, zu denen Angst- und Glücksgefühle gehören wie Ein- und Ausatmen. Bungee-Jumping wird oft mit dem Erlebnis eines Kindes verglichen, das von den Eltern in die Luft geworfen und wieder aufgefangen wird. Auf dem Gipfelpunkt zeigt das Kind ein ängstliches Gesicht, dann folgt ein begeisterndes Jauchzen. Und nach dem Auffangen ruft es: „Mach's noch einmal ..." Das Prinzip *Aufsteigen/Fallen/Aufgefangenwerden* ist das Geheimnis der Angstlust bei der Ausübung vieler Risikosportarten.

- *Lebensfreude*

Der amerikanische Kultautor Bret Easton Ellis ist der Auffassung, „dass man sich aus einer gefühlsentleerten Welt, in der es allein um Fassaden und Objekte geht, nur durch einen ultimativen Akt heraussprengen kann" (Ellis 1999, S. 212). Wenn Menschen unter Gefühlsarmut leiden, gehen sie verstärkt auf die Suche nach Ausgleich oder Ersatz. Die einen machen den Erlebniskonsum zur Ersatzreligion, die anderen erhoffen sich von besonderen Erfolgserlebnissen im Extremsport einen Ersatz für entgangene Lebensfreude.

- *Langeweile*

Ausbruch oder Ausstieg aus der Alltagswelt: Extremsport kann zum letzten Kick für gelangweilte Menschen werden, die dem reiz- und erlebnisarmen Dasein wenigstens zeitweilig entrinnen wollen.

> Die meisten Extremsportler haben mehr Angst vor der Langeweile des Lebens als vor dem Risiko der Sportausübung. In der Erlebnisgesellschaft von heute scheint mitunter Langeweile beinahe tödlich, die Lust an der physischen Herausforderung aber grenzenlos zu sein.

Aus der Psychologie ist bekannt, dass *körperliche Bewegung* eine der wirksamsten Mittel zur Bekämpfung der Langeweile ist. Sie macht zudem auch Spaß. Viele Extremsportler verausgaben sich zu ihrer eigenen Befriedigung. Die Freude an der körperlichen Bewegung ist umso größer, je mehr sie gefordert und ihre Stärken und Fähigkeiten maximiert werden. Im Extremsport „bekämpft" der Organismus die Langeweile, um das eigene Unbehagen zu beseitigen (vgl. Scitovsky 1977, S. 34f.).

Das Angenehme und Unangenehme, das Behagliche und Unbehagliche liegen allerdings dicht beieinander. Die Grenzen des Zuviel und des Zuwenig sind fließend, ja das Angenehme liegt zwischen den Extremen des Zuviel und des Zuwenig. Die alten Griechen wussten sehr wohl, warum sie den goldenen Mittelweg bzw. ein Leben nach Maß empfahlen. Risiko und Gefahr können anregend sein, solange sich die Aufregung in Grenzen hält. Ein Risiko ist immer dann angenehm, solange es kontrollierbar und begrenzbar ist und als solches auch erkannt wird. Um Langeweile zu vertreiben wird also *begrenzte Gefahr gesucht*: „So erneuern wir unsere Überlebensstrategie" (Scitovsky 1977, S. 42f.). Risikosuche hat viel mit Lebens- und Überlebensbewältigung zu tun. Zum Leben und Überleben aller Lebewesen gehört die *stimulierende Aktivität* – solange, bis die Langeweile verschwunden ist und sich Wohlbehagen einstellt.

Extremsportler können aber auch ein Opfer ihrer eigenen Adrenalinsucht werden. Denn nach dem Erfolgserlebnis droht geradezu ein *Absturz in das emotionale*

Vakuum: „Einmal oben, kostet es mich Überwindung, wieder abzusteigen", so die Begründung von Reinhard Messner: „Mit dem Abstieg beginnt sich für mich nicht selten eine Leere in mir aufzutun – eine *verlorene Utopie* – die auch durch das Erfolgsbewusstsein nicht ausgefüllt werden kann" (Messner 1978). Um die Leere und Langeweile zu verdrängen, wird sofort das nächste Unternehmen geplant oder werden die leeren Stunden mit Kraft- und Ausdauertraining gefüllt. Hektik und Aktivismus sollen das Vakuum vergessen machen. Sie können, ja sie wollen nicht zur Ruhe kommen. Ein Teufelskreis, der sie zu immer neuen Risiken antreibt.

- *Überdruss*

Jeder vierte Extremsportler beantwortet die Frage, warum bei der Sportausübung freiwillig ein Wagnis eingegangen wird, mit dem Hinweis auf Wohlstand, Sattheit und Überdruss. Die physische Anstrengung wird als Antwort auf die materielle und/oder mentale (Über-)Sättigung verstanden.

Eine Generation, die weder Krieg noch Hunger, keine Kriegs-, Nachkriegs- und ökonomischen Notzeiten kennt und weitgehend in und mit dem Wohlstand aufgewachsen ist, läuft Gefahr, sich mit Sattheit und Überdruss zu arrangieren, wenn sie nicht neue Herausforderungen findet oder erfindet: „Ich sitz' jeden Tag in der Bank. Ich hab' nichts weiter zu tun, als den Leuten die Ohren vollzuquaken, möglichst steril auszusehen und nett zu sein. *Am Wochenende power ich mich aus*", so ein junger Banker (DER SPIEGEL Nr. 34/1993, S. 80). Das Auspowern wird zum Ausbruch aus einem beinahe überzivilisierten Leben.

- *Aufregung*

Je sicherer wir unser Leben gestalten und von Vollkasko-Mentalität umgeben sind, desto mehr sehnen wir uns nach Risiko. Mit der Flucht aus der Vollkasko-Mentalität wollen wir gegen den Strom schwimmen. Die Suche nach Aufregung in einer langweiligen Welt – nach Norbert Elias macht dies einen der Hauptreize sportlicher Aktivität aus: „The quest für exciting in unexciting societies" (Elias 1970). Und der Psychotherapeut Viktor Ernst Frankl formulierte es noch deutlicher: Der Mangel an Spannung und Aufregung im Alltagsleben bringe die Menschen auf seine Couch – die Menschen sollten doch lieber in die Berge gehen (Frankl 1972). In einer spannungslos erscheinenden Vollkasko-Gesellschaft bekommt der Risikosport eine psychohygienische Bedeutung: Das Überflüssige kann zur Notwendigkeit werden.

- *Risiko*

Es gibt grundlegende menschliche Bedürfnisse, die nach Auffassung des französischen Anthropologen Roger Callois in besonderer Weise die Lust am Risiko erklären können (vgl. Callois 1961):

- *Agon*: Bedürfnis nach Wettbewerb, die eigene Schnelligkeit und Ausdauer zu prüfen
- *Mimikry*: Bedürfnis, die eigenen Grenzen durch Nachahmung oder So-tun-als-Ob zu überschreiten
- *Illiux*: Bedürfnis nach Gefahr, Risiko und Schwindelgefühl
- *Alea*: Bedürfnis, das Glück oder den Zufall herauszufordern.

Aus der Psychologie ist bekannt: Aufregung ist angenehm, Angst unangenehm.

- Aufregung ist emotional positiv besetzt: Spannung, Euphorie, Ekstase.
- Angst ist emotional negativ besetzt: Besorgnis, Furcht, Entsetzen, Panik.
- Das Gegenteil von Aufregung ist Langeweile, das Gegenteil von Angst Entspannung. Aufregung und Entspannung werden gesucht, Angst und Langeweile gemieden. Die Gratwanderung dazwischen macht den Reiz des Risikosports aus.
- *Ultimativer Kick*

Der ultimative Kick lässt die Seele fliegen, auch wenn er für den Körper extremen Stress bedeutet. 59 Prozent der Extremsportler nennen den „ultimativen Kick erleben" als Hauptmotiv für ihre Risikosuche. Gesucht wird der Kick für das Selbstvertrauen, eine geballte Ladung Selbstwertgefühl. Ultimativer Kick heißt: *immer härter, immer extremer, immer gefährlicher*. Noch Anfang der neunziger Jahre war der *Ironman* beim Triathlon von Hawaii das Nonplusultra der Extremsportler aus aller Welt. An einem einzigen Tag 3,8 Kilometer Schwimmen, 180 Kilometer auf dem Fahrrad, 42,195 Kilometer Laufen bei 35 Grad im Schatten. Inzwischen hat der Ironman aufgrund der Kommerzialisierung für viele Extremsportler seinen Reiz verloren. Sie suchen nach neuen Herausforderungen: BASE-Jumping, Sky-Surfing, Eis-Klettern. *Je riskanter, desto reizvoller.* Sie wollen den Schweiß auf die Stirn treiben und das Adrenalin zum Kochen bringen.

In Neuseeland leben 3,5 Millionen Menschen und 46 Millionen Schafe. Neuseeland gilt gleichzeitig als das Paradies für Extremsportler aus aller Welt. *„Thrillseekers"* heißen die Adventure-Touristen, von denen rund dreihundert Unternehmen leben: „Extreme Green", „Gravity Action", „Wet'n Wild" u.a. Täglich werden Hunderte von Extremsportlern in Jetbooten mit Wasserturbinenantrieb zu den Bungee-Plattformen transportiert. Als ultimativer Adrenalin-Cocktail werden vier Überdosen innerhalb von sechs Stunden angeboten: „Im Helikopter zur Bungeebrücke fliegen, hinabstürzen, mit dem Jetboot weiter flussaufwärts jagen, um dann die ganze Strecke mit dem Schlauchboot wieder ins Tal zu rauschen" (Weissbach 1998, S. 42).

Was aber passiert, wenn selbst die körperliche Höchstleistung normal und alltäglich wird? Dann hilft nur noch der *mentale Thrill*: Die Angst vor dem Nicht-mehr-gefordert-Sein verstärkt den Einfallsreichtum und das Raffinement der Erlebnishungrigen. Weil über allem das Damoklesschwert von Eintönigkeit und innerer Leere schwebt, bleibt nur die Erlebnissteigerung als letzter Ausweg. Ein Teufelskreis von latenter Langeweile und permanenter Erlebnissteigerung.

Die Zahl der Taucher hat sich beispielsweise in den letzten zehn Jahren mehr als verdoppelt. Das schwerelose Gleiten ist für viele inzwischen langweilig geworden: Sie streben nach immer größeren Weiten und Tiefen (*„Pack die Atemmaske ein!"*). So suchen die „Apnoisten" (griech. Apnoi = Atemlosigkeit) in der selbst erzeugten Luftknappheit den ultimativen Kick, indem sie durch schnelles tiefes Ein- und Ausatmen mehrmals hintereinander ihr Blut so stark mit Sauerstoff anreichern, dass sie sehr viel länger als normal die Luft anhalten und unter Wasser bleiben können.

> Der Nervenkitzel wird gesucht, das flaue Gefühl in der Magengegend, das wilde Herzschlagen im Brustkorb. So genannte Beta-Endorphine werden freigesetzt, körpereigene Wirkstoffe im Zentralnervensystem, die opiatähnlich die Schmerzempfindungen im Gehirn blockieren und euphorische Gefühle hervorrufen.

Den alten Kindheitstraum von der Riesenschaukel oder den Menschheitstraum von der Lust am freien Fall kann man sich beim Bungee-Jumping verwirklichen. Für ein paar Euro kann man den Sprung ins Nichts wagen, ohne sich dabei den Hals zu brechen. Vom Fernsehturm lässt man sich in die Tiefe fallen – das hochelastische Gummiseil bremst den Sprung sanft ab.

Einer der weltbesten Triathleten, Andreas Niedrig, gibt offenmütig zu, dass er sich „vom Junkie zum Ironman" gewandelt und den Extremsport als Ersatzdroge entdeckt hat. Früher hat er sich seine *Glücksgefühle* auf dem Schwarzmarkt gekauft, heute bekommt er sie durch acht Stunden Sport am Tag. Ohne den „körperlichen Kick" könnte er nicht mehr leben (vgl. Schmitt-Kilian 2000). Beim Kick-Erleben liegen verständlicherweise Welten zwischen Jugendlichen und Senioren. Für Jugendliche hat ein Leben zwischen Kick und Kult eine viel größere Bedeutung.

- *Grenzerlebnis*

Der Zeitgeist fordert: *Lote deine Grenzen aus!* Grenzen überwinden, nicht nur im Sport, in Forschung und Wissenschaft, im gesamten Leben – das ist zugleich das *Credo vieler Grenzgänger seit Jahrhunderten.* Extremsportler fühlen sich wie *Ausgegrenzte.* Auf der Suche nach einem Zentrum ihres Lebens loten sie das gesamte Spektrum von Lebens- und Erlebnismöglichkeiten aus. Indem sie natürliche Grenzen überwinden wollen, befinden sie sich auf direktem Weg zu sich selbst: *Wer bin ich?* Mehr ein Ausdruck von Identitätsnot als Identitätsfindung: „Immer wieder fuhr ich nachts aus dem Schlaf: Von Angstträumen geplagt, in der Empfindung, allein gelassen zu sein wie ein *Findelkind*" (Messner 1990, S. 13). Wurde das Grenzerlebnis überstanden bzw. überlebt, hat man es sich selbst – wieder einmal – bewiesen.

Die Grenzerfahrungen im Extremsport erinnern nicht selten an Leiden, Qualen, ja fast Folter: *„Ich lebe nicht mehr, ich vegetiere nur noch"* (Messner 1982, S. 242). Die äußerste Grenze der physischen und psychischen Belastung ist überschritten. Fast lösen sich die Ich-Grenzen auf. Im Extremfall kann es dann zu Halluzinationen, Wahnsinns- und Panikanfällen kommen (Aufmuth 1996, S. 127f.). Jedes Mal, wenn man eine Grenze erreicht, setzt man eine neue: Die Dosis wird gesteigert. Am Ende kann man nur noch „Nein" sagen – oder an die letzte Grenze gehen.

- *Kalkuliertes Risiko*

Es geht um kalkuliertes Risiko und kontrollierte Gefahr, auch wenn manche Extremsportarten wie Arrangements zum Selbstmord aussehen. Ein kalkulierbares Wagnis eingehen heißt, ein hohes Gefahrenbewusstsein haben. Für die Wagemutigen gilt: Sie lieben das Leben – also kalkulieren sie das Risiko und riskieren keineswegs Kopf und Kragen. „Ich würde das Bergsteigen statt als riskantes Spiel eher als *kalkuliertes Risiko* bezeichnen. Es ist kein Roulettespiel. Der Nervenkitzel beim Bergsteigen fließt in eine Gefahrensituation ein, und dann setzen Sie Ihr Können ein, um dieser Gefahr zu begegnen" (Bonington 1986, S. 200). Risikosportler können bis an den Rand der Gefahr gehen und sich dennoch glücklich dabei fühlen.

- *Lebenstraum*

Einmal im Leben werden Berufs- und Privatleben fast zur Nebensache, die Verwirklichung eines Lebenstraums zur Hauptsache. Es ist ein fast urmenschlicher Wunsch, auch einmal etwas Einmaliges, Besonderes, Außergewöhnliches, ja total Verrücktes zu tun. Hier darf und muss dann alles anders als im Alltag sein. Der Kontrast und das Extreme werden gesucht. Die einen träumen vom Leben auf einer Insel in der Südsee mit Palmen, Sonne und vielen Früchten, andere wollen am liebsten am Nordpol sonnenbaden und wieder andere suchen das Risiko beim Extremsport. Mehr als zwei von fünfzig Extremsportlern (44%) wollen sich einen Lebenstraum verwirklichen.

Hohe Berge? Weite Wüsten? Ferne Pole? Das ist Alltag für viele Erlebniskonsumenten geworden. Als besonderer Reiz kommen Erlebnispakete hinzu: Komplette Berg-, Tal- und Wasserabenteuer jenseits ausgetretener Trampelpfade. Raften, Rudern, Kanufahren – Sport, Natur und Wasser ohne Ende. Mit Booten durch die Wildnis oder mit Kanus durch die Schluchten – nach dem Grundsatz „Träum' nicht davon, mach' es einfach!" Im Wettkampf mit Wind und Wellen ziehen Wassersportler eine Bilanz ihres Tuns: 31 Prozent der Segler und 29 Prozent der Taucher „verwirklichen einen Lebenstraum", der in nachhaltiger Erinnerung bleibt. Sie genießen die Freiheit auf und unter dem Wasser. Und sind immer auf der Suche nach dem Besonderen. Tiefsee statt Tiefschnee. Das Traumziel wird zum Lebensziel.

- *Glücksgefühl*

Bungee Jumper geben sich am glücklichsten. Nach gelungenem Sprung haben sie „ein unbeschreibliches Glücksgefühl". Das kennen andere Risikosportler auch – nur nicht so extrem. Der Glücksrausch ist beispielsweise bei Canyoning-Teilnehmern deutlich geringer (35%); für sie hat die Probier- und Experimentierfreude eine größere Bedeutung (48%). „Glück hat auf die Dauer doch zumeist wohl nur der Tüchtige", dieser Ausspruch des Strategen Helmuth Graf von Moltke kennzeichnet in besonderer Weise die Motivation vieler Risikosportler. Das Glücksgefühl erscheint vollkommen, wenn es verdient, regelrecht erarbeitet oder auch erlitten wurde. Glücklich in dem Gefühl, die Gefahr gemeistert und die eigenen Schwächen besiegt zu haben.

- *Kurzzeitheldentum*

Nirgendwo gedeiht der Held des Tages, die Eintagsfliege des Ruhms, mehr als in den westlichen Wohlstandsländern. Der Kurzzeitheld gehört zum westlichen Freizeitalltag wie TV und Video, Auto, Kino und Cola. In der Arbeit körperlich immer weniger gefordert, will sich jeder vierte Extremsportler wenigstens „*einmal im Leben wie ein Kurzzeitheld fühlen*". Extremsportler leben ihre Träume aus. Diese Träume knüpfen an alte Menschheitsträume an. In der griechischen Mythologie kam Ikarus mit seinen durch Wachs zusammengehaltenen Flügeln der Sonne zu nahe und stürzte ins Meer. Der Extremsportler kann es sich leisten, in höhere Sphären emporzusteigen. Die moderne Technik erspart ihm das Schicksal seines antiken Vorbildes Ikarus: Er kann beim Looping und Super-Kick in 250 m Höhe unbeschadet in Las Vegas wieder landen.

- *Abenteuer*

Extremsportler sind Individualisten und legen doch großen Wert darauf, gemeinsame Abenteuer zu erleben. Das Gruppenerlebnis wird für jeden dritten Extremsportler zum Abenteuer. Der Austausch über das gemeinsam Erlebte steigert den Ereigniswert. Die Erfahrung von Kameradschaft, Teamgeist, Zusammenhalt und Gruppenleben in einer extremen Lebenssituation kann für die persönliche Entwicklung prägend sein.

Dennoch: „Gemeinsamkeit" und Gruppenerlebnisse halten sich bei Risikosportlern in Grenzen (28%). Risikosportler verstehen sich eher als Manager einer „Selbst-GmbH", die mehr an den eigenen Spaß (50%) oder an die Selbsterfahrung beim ultimativen Kick (52%) denken. Die anderen braucht man eigentlich nur als Mitspieler.

- *Wettkampf*

Extremsport spielt sich in freier Natur ab. Naturabenteuer werden gesucht. Wilderness-Erlebnisse zwischen River-Rafting und Paragliding. Im Wettkampf mit Naturgewalten übt der *Gegner Natur* mitunter greifbare, physische Gewalt gegen seinen vermeintlichen Bezwinger aus. Mehr mit Einfallskraft als mit Körperkraft kann die Natur ‚überlistet' werden. Bleibt der Mensch Sieger im Wettkampf mit der Natur, kommen *Gefühle von Ich-Macht* auf: „Ich erfahre die Macht, sichtbar große Gefahren durch mein Können zu meistern" (Aufmuth 1996, S. 167). Nicht zufällig wirbt die Risikosport-Branche damit: „Spaß haben und die *Kraft der Natur* entdecken!" Das ist Natur mit Nervenkitzel.

- *Naturerleben*

Natur will und soll hautnah erlebt werden – bei tiefhängenden Ästen durch dichtes Gebüsch, mit Tier- und Pflanzenwelt auf Tuchfühlung und dann ab durch Wellen und Strömungen. Jede Flussbewegung ein Abenteuer. Die Intensität des Naturerlebens vermittelt den Anschein, in einem urwüchsigen elementaren Dasein zu leben. Selbsterfahrung in der Natur? Rendezvous mit der äußeren und inneren Natur? Ehrfurcht vor der Schöpfung? Nicht selten verbirgt sich dahinter die Sehnsucht nach einem harmonischen Miteinander von Mensch und Natur, Tier und Landschaft. So gesehen ist Risikosport auch Natursport oder wird als Naturabenteuer erlebt: beim Klettern, Wildwasserfahren oder Gleitschirmfliegen.

- *Angstbewältigung*

Stephen King, der Erfolgsautor, kann sich angeblich nicht erklären, „warum die Leute bereit sind, viel Geld dafür hinzublättern, dass man ihnen *extremes Unbehagen* bereitet" (vgl. Apter 1994, S. 92). Ähnlich verhalten sich Extremsportler, die teilweise bewusst auf Angstsuche gehen, um mit den eigenen Ängsten besser fertig zu werden, ja die Angstbewältigung sogar genießen wie eine eigene sinnliche Qualität. Bei der Sportausübung kann man „lernen, mit eigenen Ängsten umzugehen" –

beim Surfen (12%) und Segeln (9%) nur bedingt. Sehr viel zutreffender im Hinblick auf Angstbewältigung werden dagegen Tauchen (27%), Canyoning (28%) und River-Rafting (30%) eingeschätzt.

- *Herausforderung*

Handball? Tennis? Skifahren? Solche Sportarten drohen einen Hauch von Langeweile zu bekommen. Immer mehr Menschen in der westlichen Welt lechzen nach neuen Herausforderungen des Lebens. Ende der achtziger Jahre gab es in den USA etwa 50.000 Extremkletterer; heute sind es zehnmal so viele. Das Leben als Herausforderung annehmen heißt, Unternehmergeist und Eigeninitiative entwickeln und auch Mut haben, Risiken einzugehen. Jeder Mensch braucht Raum für Risiko von Kindheit an. Zu einem Spielplatz für Kinder, so weisen Gerichtsurteile hin, gehören auch Risiko und Abenteuer.

- *Stressbewältigung*

Führungskräfte aus der Wirtschaft unterziehen sich in Manager-Seminaren anstrengenden Gipfeltouren und gehen freiwillig an die Grenzen ihrer Leistungsfähigkeit. Hier können sie – wie im Beruf – den Auf- und Abstieg üben sowie Stress, Angst und Überforderung trainieren lernen. Solche Grenzerfahrungen sind auch für berufliche Anforderungen hilfreich. Das außerberufliche Existenzerleben wird zum Hilfsmittel für die Meisterung beruflicher Stress-Situationen.

Viele vertrauen auf die Wechselwirkung von Risikosport und beruflicher Leistungsfähigkeit. Wer in der Wildnis die Orientierung nicht verliert, könnte auch sonst ein guter Teamchef oder Unternehmensleiter sein. Und im übrigen zeigt die Alltagserfahrung: Die besten Ideen kommen den Managern nicht am Arbeitsplatz, sondern bei Freizeit, Hobby und Sport.

- *Überlebenskampf*

„Überlebenskampf" ist fast ein Fremdwort für eine junge Generation, die Hunger und Not kaum erfahren hat. „Wahrscheinlich geht es uns zu gut, dass man solche abartigen Reize sucht. Wir kämpfen ja nicht ums Überleben" (Hartmann 1995, S. 35), so ein jugendlicher Bungeejumper. Insbesondere Teilnehmer an Survival-Trainings nutzen die Gelegenheit zum *Probeleben in freier Natur*. „Hunger" wird wieder – wie früher – zur existentiellen Herausforderung: Zu essen gibt es nur das, was die Natur bietet.

Aus der Verhaltensforschung ist bekannt: Der Mensch ist auf Anstrengung programmiert, auf Kampf, Risiko und Gefahr, auf den ganzen Einsatz seiner Kräfte. Wenn er diese Herausforderung besteht, Risiken bewältigt und Unsicherheit in Sicherheit verwandelt, dann werden Anstrengung und Lust zu einer Einheit. Es klingt paradox: „Der Mensch sucht das Risiko auf, um Sicherheit zu gewinnen" (Cube 2000, S. 28).

Der amerikanische Sozialkritiker Christopher Lasch sagte uns ein *„Zeitalter des Narzissmus"* voraus, in dem der Sport in vieler Hinsicht *„die reinste Form von Flucht"* darstelle (Lasch 1979/1982). Der Sport befriedige das Verlangen nach risikolosen Schwierigkeiten. Hier würden die Menschen die körperlichen Anstrengungen suchen, die sie in ihrer Arbeit nicht mehr fänden. Der Sport würde eine Bedeutung wie nie zuvor bekommen und sogar noch wichtiger als im alten Griechenland werden, wo doch ein großer Teil des gesellschaftlichen Lebens um den sportlichen Wettkampf kreiste. Das Verlangen nach körperlicher Anstrengung werde immer größer, auch als Ausdruck eines rastlosen Lebens. Das 21. Jahrhundert kann vieles in einem sein: Ein Zeitalter des Narzissmus und ein Zeitalter der Extreme.

13. Grenzgänger.
Leben hart an der Grenze

In der westlichen Welt werden Grenzsituationen im Leben wie Leiden, Krankheit, Siechtum oder Tod weitgehend ausgeblendet, meist rational zu erklären versucht und fast emotionslos hingenommen. Das emotionale Defizit „muss" dann eben auf andere Weise ausgeglichen werden. Jenseits von Not, Schicksal oder auferlegtem Zwang wird ein Leben hart an der Grenze gesucht.

> „Grenze" ist im Deutschen ein Synonym für Rahmen, Schranke und Beschränkung. Eine Grenze wird abgesteckt und muss in aller Regel auch eingehalten werden. Wer hingegen im Berufs- oder Privatleben seine Grenzen überschreitet, muss mit Sanktionen rechnen.

Andererseits gibt es seit jeher so genannte *„Grenzgänger"*, die in Grenzgebieten arbeiten und leben und daher permanent Grenzen passieren. Im übertragenen Sinne sprechen wir heute auch von *„Grenzsituationen"*, einer Wortprägung des Philosophen Karl Jaspers (1887-1963), der damit ungewöhnliche Situationen beschrieb, in denen nichtübliche Mittel und Maßnahmen zu ihrer Bewältigung Anwendung finden. In seiner „Psychologie der Weltanschauungen" aus dem Jahr 1919 nennt er Situationen, die an der „Grenze unseres Daseins" gefühlt und erfahren werden, Grenzsituationen.

„Solange ich gesund bin und klar denken kann, bin ich unterwegs – als *Grenzgänger*" (Messner 1999, S. 115). Für den Grenzgänger Reinhold Messner war es zeitlebens eine Herausforderung, in Erfahrung zu bringen, was jenseits der Grenzen des Machbaren liegt. Es kam ihm weniger darauf an, ein letztes Tabu vom Dach der Welt zu holen, als vielmehr jenes Tabu zu respektieren, das uns erst zu Menschen macht: *unser Begrenztsein*. Grenzgänger sprengen die Grenzen nicht. Ganz im Gegenteil: Sie machen Grenzerfahrungen und meiden möglichst Grenzüberschreitungen.

Wer in einem Raumschiff die Erde umkreist, gewinnt einen neuen Blick auf die Erde – und sich selbst. Der Physiker Ulf Merbold war schon dreimal im All und brachte ein verändertes Welt- und Selbstbild mit nach Hause:

- Global gesehen hat Merbold begriffen, dass die auf Landkarten eingezeichneten Grenzlinien nur Kopfgeburten von Menschen sind.
- Und ganz persönlich: „Wir kamen alle verändert zurück." Ob Russen oder Amerikaner – viele fingen an, Erzählungen und Gedichte zu schreiben oder zu malen: „Sie wurden ausgesprochen kreativ" (Merbold 2000, S. 8).

Extremsportler haben nach Aufmuth (1996) besondere Charaktereigenschaften – wie andere Grenzgänger (z.B. Ernest Hemingway) auch: Sie besitzen eine starke Willenskraft, können Energiepotentiale mobilisieren und streben nach den letzten Grenzen des Machbaren und Erlebbaren. Sie setzen sich selbst *Grenzmarken:*

- Sie sind bereit, viel zu riskieren und „alles auf eine Karte zu setzen."
- Sie demonstrieren Härte nach außen und gehören doch zu den besonders Sensiblen, die sich verletzlich zeigen oder innerlich *ausgegrenzt* fühlen.

Bei Extremalpinisten kommt es nicht selten zu psychotischen Wahnsinnsgefühlen wie z.B. Halluzinationen, Trugbildern, Alpträumen und Panikattacken. Als der österreichische Alpinist Hermann Buhl 1953 den Gipfel des Nanga Parbat (8.125 m) erreichte, litt er unter Halluzinationen: „Bin ich schon wahnsinnig? Narrt mich ein Spuk?" (Buhl 1954, S. 206f.). Und auch Messner klagte über den Verlust des Gleichgewichts-, Orientierungs- und Zeitsinns: „Plötzlich hatte ich das Gefühl, als runde, durchsichtige Wolke hinter mir herzuschweben. Ich war völlig schwerelos ..." (Messner 1978, S. 30). Das Wahnsinnsgefühl hilft offensichtlich, die Strapazen zu überstehen oder Angstempfindungen zu verdrängen.

Seit Jahren boomen Bücher mit Risiko-, Krisen- und Katastrophen-Schilderungen. Jan Krakauer mit seinen Bestsellern „Über eisige Höhen" und „In die Wildnis" gilt als Pionier für eine neue Art von Lesetortur: Im Mittelpunkt stehen von Sicherheit und Alltagstrott abgestoßene Abenteurer, die den Ausbruch wagen und sich unter extremen Bedingungen selbst bewähren und beweisen wollen. Sie verstehen sich keineswegs als ziel- und orientierungslose Traumtänzer. Ganz im Gegenteil: *Sie wollen leben – und zwar so intensiv wie möglich.*

> Menschen, die sich freiwillig Risiken aussetzen, beweisen nicht nur ein großes Selbstvertrauen, sondern auch ein größeres Vertrauen in die Dinge, die ihnen Sicherheit versprechen. Sie wirken waghalsig, obwohl sie sich sicher fühlen.

Ihre Sinne sind dabei voll angespannt. Sie wissen um die Allgegenwart der Gefahr und begegnen ihr positiv: „Meine denkwürdigsten und in einem gewissen Sinn auch genussreichsten Kletterfahrten spielten sich im Sturm und im Schneegestöber ab" (Bonington 1986, S. 200). Risikosportler durchleben das gesamte Gefühlsspektrum von großer Angst bis zu tiefer Freude. Sie suchen die persönliche Herausforderung und halten wenig vom nur ruhigen und beschaulichen Leben. Sie wollen beides: *Sicherheit und Geborgenheit und zugleich Risiko und Gefahr.*

Für den Psychologen Michael Apter ist das freiwillige Eingehen von Risiken auch eine Voraussetzung für die Weiterentwicklung von Kultur und Gesellschaft: „Pioniere und Neuerer müssen Risiken eingehen" (Apter 1994, S. 223). Entdecker, Forscher und Künstler leben seit jeher nach diesem Lebensprinzip. Wo Risikolust und Unternehmensgeist erlahmen oder unterdrückt werden (z.B. in totalitären Systemen) ist das gesellschaftliche Überleben infragegestellt (vgl. z.B. den Untergang des kommunistischen Systems).

> Extremsportler sind Grenzgänger, die aus freien Stücken Grenzen berühren. Grenzgänger wollen Erfolgsmenschen und keine Aussteiger sein.

Empirisch lässt sich nachweisen, dass solche extremsportlichen Grenzgänger eher

- jung,
- ledig und
- höher gebildet

sind. Sie fühlen sich frei und weitgehend unabhängig, brauchen nicht Rücksicht auf Familie und Kinder zu nehmen und können daher auch mehr wagen. Infolgedessen sind z.B. unter den 14- bis 29-Jährigen sowie Ledigen dreimal so viel Bungee-Jumper vertreten wie in der übrigen Bevölkerung. Und unter Freeclimbern sind Hochschul- und Universitätsabsolventen überrepräsentiert.

Bei allen Risiken und Gefahren, die mit der Ausübung des Extremsports verbunden sind, darf nicht die damit einhergehende große *psychotherapeutische Wirkung* übersehen werden, die Schlimmeres im Bereich von Aggressivität, Gewalt und Vandalismus verhüten hilft. Extrem- und Risikosport *kompensieren wirksam Sinndefizite des Alltags*lebens: Immer derselbe Rhythmus – das ist sehr lange ein bequemer Weg. Eines Tages aber steht das ‚Warum' da, und mit diesem Überdruss fängt alles an. Der traditionell „schöne Sport" (Funke 1990, S. 23) verändert sich, aber er stirbt nicht. Und solange Autofahren in Deutschland gefährlicher als die Ausübung mancher Risikosportart ist, gilt George Bernhard Shaws Wort, der – als er die Fehlmeldung von seinem Tod in der Zeitung las – an die Redaktion telegraphiert haben soll: *„Nachricht von meinem Tode stark übertrieben."*

Die Neigung von Risikosportlern zu Extremen geht extrem zu Lasten der Natur: Mit dem Mountainbike auf den Zweitausender? Und dann wie Alpen-Hooligans rudelweise johlend den Berg hinabbrausen? Der Nutzungsdruck auf Natur und Landschaft verstärkt sich. Die Unverträglichkeitsrisiken zwischen den Ansprüchen von Outdoor-Sportlern und dem Schutzbedürfnis der Natur nehmen zu. *Wie viel Risikosport verträgt die Umwelt?* Immer mehr neue naturnahe Abenteuer- und Outdoor-Sportarten werden kreiert bzw. erfunden und auf den Markt gebracht und wie ein Verbund von Technik und Kommerz, Natur und Wildnis als Innovation und Attraktion verkauft:

Nicht die Ausübung naturnaher Sportarten ist per se umweltproblematisch, sondern das *Maß- und Gedankenlose* wie z.B.

- das Riverrafting in unberührt gebliebenen Gewässern,
- das Gleitschirmfliegen auf Südhängen im Frühling,
- das Skifahren bei wenig Schnee oder
- das Querfeldein-Fahren mit Mountainbikes.

Vielleicht hilft in Zukunft auch die *Natursimulation („virtual reality")*, Umweltprobleme, die durch Risikosportarten entstehen, zu verhindern. Durch die einfache Kombination visueller, akustischer und kinetischer Effekte können dann die neuen Simulationen Sinneseindrücke von Beschleunigung, freiem Fall und Kollision bei hoher Geschwindigkeit künstlich hervorrufen (vgl. Caneday 1992). Und stationäre „Videocycles" können Mountainbike-Touren durch unwegsames Gelände hervorragend simulieren. Virtual Reality als Ersatz für Risikosport? Umweltforscher sind zuversichtlich, dass in Zukunft eine Risikominderung für den Menschen und die Natur durch die Entwicklung neuer Technologien möglich ist (vgl. Strasdas 1994). Findet dann das Survival Training in städtischen Indoor-Einrichtungen statt, weil die künstlichen Extremlandschaften für Risikosport besser geeignet sind als die Natur?

14. Fitness. Wellness. Mindness. Bewegungs- und Wohlfühlkultur

In Zukunft wird Sportlichkeit rundum positives Lebensgefühl sein. Es verspricht Wohlbefinden und letztes Abenteuer zugleich. Die jahrhundertlang propagierte Einheit von Körper, Seele und Geist spiegelt sich als Fitness/Wellness/Mindness in der Spannung von Bewegungs- und Wohlfühlkultur wider. Frühzeitig wurde diese Entwicklung prognostiziert:

„Für die Zukunft zeichnet sich eine Entwicklung ab, in der aus Fitness ‚Wellness' wird. Körperliche Aktivierung in Verbindung mit seelischer Entspannung und geistiger Anregung. Wellness ist Fitness für Körper, Seele und Geist. Wellness zielt auf persönliches Wohlbefinden (‚well-being')" – so lautete die eigene frühzeitige Prognose in den achtziger Jahren (B·A·T Institut 1987, S. 34). Der vorausgesagte Wellness-Trend ist inzwischen weltweit Wirklichkeit geworden. Das Marktsegment erlebt einen regelrechten Boom. Was früher „Spa" (*sanus per aquam – gesund durch Wasser*) hieß und für Frauen in einer Mischung aus Kosmetik-, Schönheits- und Massagesalon attraktiv war, zieht nun zusehends auch Männer an. Als neues Marktsegment hilft es zudem, in der Hotellerie das kritische Geschäft in *Wochenmitte und Nebensaison* aufzubauen. Zugleich stellt es einen *Anreiz für Aufenthaltsverlängerungen* dar. Mit der Erhöhung von Besucher- und Belegungsraten rechnen sich auch die dazu notwendigen Investitionen.

Wellness wird zur neuen *Destination für Körper, Geist und Seele* erklärt. Angestrebt wird eine Mixtur aus Physischem und Psychischem, Mentalem und Spirituellem, Exotischem und Esoterischem. Alles zielt auf Wohl, Wohlsein und Wohlbefinden, auf „Life in Balance" oder „Energy Balancing" zwischen Tai-Chi über Meditation bis zu Feng Shui Gesichtsmassagen. Wellness-Angebote verstehen sich als Verwöhnprogramme mit Wohlfühlatmosphäre. 1987 hatte der Autor ein *3-Phasen-Wellness-Modell* entwickelt:

- Erste Phase:
  Psychische Entspannung und Sich-Wohlfühlen
- Zweite Phase:
  Körperliche Aktivierung und Gesunderhaltung
- Dritte Phase:
  Geistige Anregung und Neues erleben.

Abb. 53: „Aus Fitness wird Wellness"
Prognose aus dem Jahr 1987

Ganzheitstraining von Körper, Geist und Seele

Ruhe finden	Kräfte sammeln	Neues kennenlernen
Psychische Entspannung und Sich-Wohlfühlen durch:	Körperliche Aktivierung und Gesunderhaltung durch:	Geistige Anregung und Neues erleben durch:
– Sauna/Solarium – Kosmetik/ Schönheitspflege – Entspannung/ Körpererfahrung – Autogenes Training – Meditation/Yoga – Atem-, Entspannungstechniken – Stressbewältigung – Kneippanwendungen/ Massage	– Fitnessgymnastik – Jazzgymnastik – Schlankheitsgymnastik – Herz-, Kreislauf-, Ausdauertraining – Krafttraining/Bodyforming – Bewegungstraining (Schwimmen, Radfahren, Joggen) – Diätkost/Vollwertküche – Gesundheits- und sportmedizinische Beratung	– Ausflug/gemeinsame Wanderung – Einkaufsbummel – Geselliges Rahmenprogramm – Oper-, Konzert-, Theaterbesuch – Literarischer Abend – Portraitieren/ Aquarellieren/Modellieren – Arbeiten mit verschiedenen Materialien – Lebensstilberatung

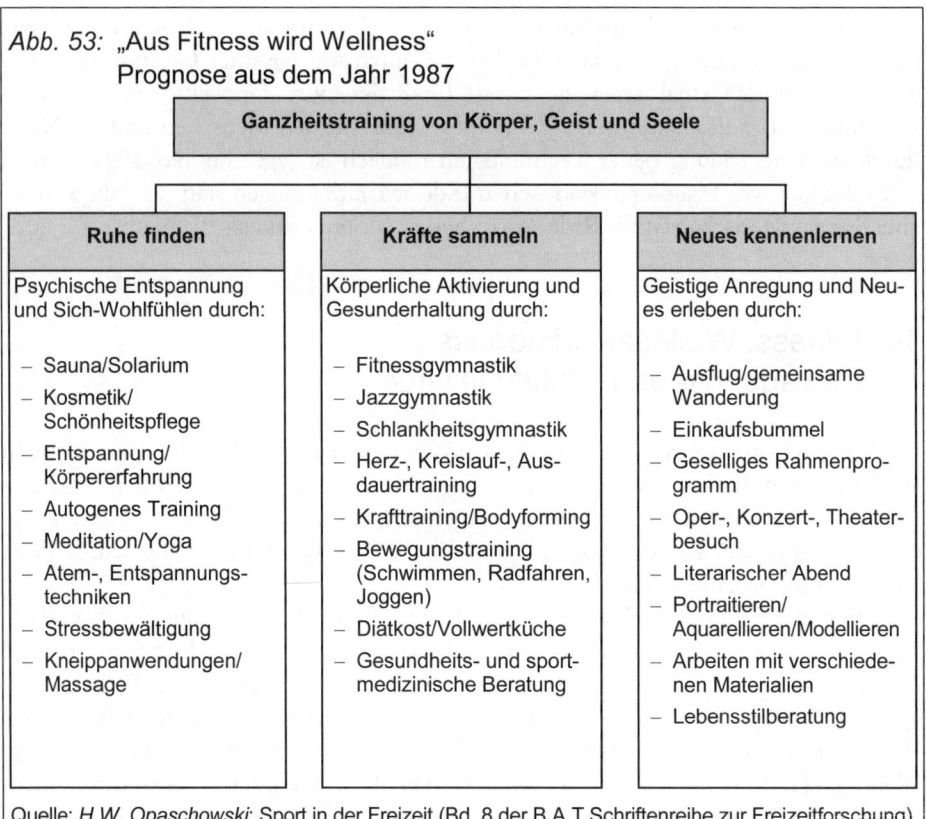

Quelle: *H.W. Opaschowski*: Sport in der Freizeit (Bd. 8 der B.A.T Schriftenreihe zur Freizeitforschung), Hamburg 1987, S. 34

Die Begründung dafür lautete seinerzeit: *Wellness ist auf Synthese ausgerichtet.* Wellness

- trainiert den Körper, aktiviert neue Energien zur körperlichen Fitness,
- lässt die Seele zur Ruhe kommen, weist Wege zum seelischen Relaxen,
- frischt die Lebensgeister auf, gibt Impulse zur geistigen Anregung und Entspannung.

Die Wellnessorientierung ist auch eine *Antwort auf die Erlebnisgesellschaft*, in der man sich dem pausenlosen Aktivsein und Erleben kaum mehr entziehen kann. Erlebnisinflation und Eventmanie lassen schnell den Wunsch nach Ruhe und Muße aufkommen. Die Frage an die Zukunft lautete daher schon vor über zwanzig Jahren: „Verdrängt die Muße die Betriebsamkeit?" – verbunden mit der Forderung: „Ungestört bleiben und Ruhe genießen, Mut zur Muße haben und ohne Schuldgefühle und Gewissensbisse auch faulenzen können" (Opaschowski 1983, S. 88).

Derzeit wird die Muße wiederentdeckt und folgerichtig registriert: „Müßiggang war in der modernen Erlebnisgesellschaft lange verpönt. Nun erlebt das entspannte Sein eine Renaissance" (Lugger u.a. 2001, S. 87). *In Zukunft wird Wellness mehr Mind-*

ness sein – eine Wiederentdeckung der Muße. Manche werden bange fragen: „Müssen wir Mindness fürchten?", weil das Lob der Hängematte nicht in das Bild von Arbeit, Leistung und Betriebsamkeit passt.

Die Einheit von Fitness/Wellness/Mindness wird auch gesundheitspolitisch als *Primärprävention* bzw. *Präventivmedizin* relevant. In den Gesundheitswissenschaften (vgl. Hurrelmann/Laaser 1993, S. 176) wird deutlich unterschieden zwischen

1. *Primärprävention*
   (Vermeidung der Krankheitsentstehung durch individuelle Information, Aufklärung, Erziehung, Bildung, Beratung, Anregung, Anleitung und Vorsorge)
2. *Sekundärprävention*
   (Früherkennung von Krankheiten)
3. *Tertiärprävention*
   (Rückfallprophylaxe bzw. Vorbeugung von Folgestörungen bestehender Krankheiten).

Primärprävention gilt auch als naturgemäße Behandlungsform der *Komplementärmedizin*, die nicht chronische Krankheiten heilen, sondern ergänzend zu anderen medizinischen Notwendigkeiten *Gesundheitsförderung als lebensbegleitende Aufgabe* begreift (Kirschner 2001, S. 33). Das ist Rekreation auf freiwilliger Basis, in deren Mittelpunkt die individuellen Bedürfnisse stehen. Gäste und Kunden (nicht Kranke und Patienten) stellen die Zielgruppe von Wellness-Angeboten dar. Als Präventiv- und Komplementärmedizin sind die Angebote in ihren Absichten und Wirkungen mit der Sportmedizin, der Ernährungsmedizin und der Umweltmedizin vergleichbar. Sie zielen auf Erholen und Vorbeugen, Checkup-Programme und Selbstvorsorge und werden zu einer wichtigen Aufgabe der Gesundheitsbildung (vgl. Scheftschik 2003).

Fitness, Wellness und Mindness haben *„well-being"* zum Ziel, verstehen sich als *Gesundheitsförderung im umfassenden Sinne*. Der klassische medizinisch-trainingswissenschaftliche Gesundheitsbegriff wird ergänzt, erweitert und bereichert um die sozialpsychologische Dimension des subjektiven Wohlbefindens. Die Kombination aus psychologischen und medizinischen Angeboten ist eine Zukunftsinvestition im doppelten Sinne: Ein *Viertel der Kosten*, die für die Heilung von Krankheiten aufgewendet werden muss, lässt sich dadurch *als Präventivmedizin einsparen*, wie der deutsche Sachverständigenrat für die Konzertierte Aktion im Gesundheitswesen feststellte.

Allerdings muss darauf geachtet werden, dass der Boom nicht zum Bumerang wird. Wellness nach Maß (und nicht im Übermaß) kann nur die Empfehlung lauten. Sonst wird die neue Wohlfühlwelt selbst wieder zum Stress. Und Wellness-Weekends werden zwar geldträchtig, aber für Anbieter und Gäste zugleich nervenaufreibend sein. Mitunter sollen Wochenendgäste zum Schrecken des Personals *wie die Hunnen in die Wellness-Oasen einfallen* und alles auf einmal machen: Von der Sauna in den Whirlpool und dann ab zum Peeling und zur Ganzkörpermassage. Rastlos vom Bürosessel auf die Massagebank, von der Arbeit zur Ruhe-Übung: „Irgendwas läuft da falsch" (Beyer 2001, S. 79). Aus Muße wird schnell wieder Leistung: *Aus Wellness wird Wellstress.*

Die Sportwelt von morgen wird nicht frei von Risiken sein, wenn sie das Prinzip *Höher/Weiter/Schneller* auch auf das Mentale überträgt. So wird beispielsweise das Wellness-Konzept geradezu auf den Kopf gestellt, wenn man durch das propagierte *Speed-Wellness* noch schneller ans Ziel kommen will – verbunden mit dem Heilsversprechen: „Man kann gesünder als gesund sein" (Steinle 2003, S. 147). Trend- und Marketingagenturen werden nichts unversucht lassen. Selbst Yoga soll schneller werden: Beim Bikram-Yoga wird dann die Raumtemperatur auf 30 bis 40 Grad erhöht, damit man mehr Kalorien verbrennt. Und im „WoYa" (= Workout + Yoga) wird die Spiritualität des Ostens ganz effektiv mit dem Leistungsdenken des Westens vermischt. Neue Speed-Wellness-Trainer werden eine immer härtere Gangart im Sinne von „Hardcare-Wellness" empfehlen. Statt Wohlfühlen, Entspannen und Wohlbefinden heißt es dann eher Investment, Leistungssteigerung und Effektivität. So kann der Fortschritt wieder zum Rückschritt werden.

> Gleicht der Extremsportler von morgen schon bald einer modernen Chimäre, einem Fisch-Vogel-Känguruh-Wesen, das sich im Wasser, in der Luft und auf der Erde Sprünge erlauben kann, die eigentlich die menschlichen Fähigkeiten überfordern: Schnorcheln und Tiefseetauchen, Drachenfliegen und Paragliding, Free-Climbing und Fallschirmspringen? Die menschliche Phantasie wagt sich immer mehr an kühne Träume heran, begnügt sich jedoch mit den Träumen nicht, sondern macht sie wirklich wahr.

Was wird die Zukunft bringen? Heißt es dann nur noch „The sky is the limit" oder: Gott tot, Mensch am Himmel? Die physischen Belastungen werden bald ausgereizt sein, weil sonst Schmerzgrenzen (Jan Krakauer 1999/S. 11: „Ich litt wie ein Tier") wie z.B. Schleudertraumata oder Schlüsselbeinbrüche Normalität werden könnten. Die Zukunft wird auch dem *mentalen Kick* gehören, bei dem Eigen- und Interaktivität die Passivität ablösen und persönlichkeitsverändernde Herausforderungen angeboten werden. Dann heißt es vielleicht nicht mehr: Einmal im Leben ein Kurzzeitheld sein, sondern: Das Grenzerlebnis hat mir die Augen geöffnet. Ich bin wieder *bei mir selbst angekommen*. Die Heimatlosigkeit hat ein Ende – ganz im Sinne Senecas: Den Sinn musst du wechseln, nicht den Himmelsstrich. Oder mit den Worten von Boris Becker: *„Mein einziger Konkurrent? Ich selbst."*

VI. Zwischen Boom und Business. Die Kulturwelt von morgen

„Hören wir endlich auf mit der überholten und kleinteiligen Kategorisierung der Kultur in hoch und niedrig. Das Geheimnis des lebendigen kulturellen Lebens ist die breite Verankerung in der Bevölkerung."

Sir Peter Jonas, Intendant der Münchener Staatsoper (24. Januar 2004)

Prognosen und Perspektiven auf einen Blick

- Man trifft sich:
  Kultur als gesellschaftliches Ereignis

- Tradition und Moderne:
  Bildungsanspruch mit Unterhaltungswert

- E + U= I:
  Die Integrationskultur als Durchmischungskultur

- Zukunftspotenziale:
  Museen auf der Gewinnerseite

- Highlights:
  Der neue Kulturtourismus

- Sponsorenwettbewerb:
  Kultur und Sport als Konkurrenten

- Kulturwert:
  Urbane Aufwertung

- Wirtschaftsfaktor:
  Ende der brotlosen Kunst?

- Sound Design:
  Grenzen der Kommerzialisierung

- Genießendes Lernen:
  Kultur hat Zukunft

1. Kultur im Wandel. Hochkultur verliert ihr Monopol

In den siebziger Jahren des vorigen Jahrhunderts hatte sich das Kulturverständnis in Deutschland grundlegend verändert: Die traditionelle Hochkultur bemühte sich um Breitenwirkung und aktivierte ein breites Publikum – insbesondere die Bevölkerungsgruppen, die bis dahin kaum am kulturellen Leben teilgenommen hatten. Die Bundesregierung unterrichtete erstmals ausführlich den Deutschen Bundestag (Drucksache 8/1287 vom 1. Dezember 1977) über eine UNESCO-Empfehlung, in der die Politik aufgefordert wurde, für eine *Verbreitung der Kultur* („dissemination of culture") Sorge zu tragen. Kulturelle Güter und Dienstleistungen sollten allen Bevölkerungsgruppen zugänglich sein. Im Laufe der nächsten Jahre entwickelte sich eine kulturelle Bewegung, die als „Kultur für alle" bzw. „Populärkultur", „Alltagskultur" und „Freizeitkultur" in Konzepte der Kulturpolitik Eingang fand. Die Besonderheit dieses erweiterten Kulturverständnisses war: *Kultur macht Spaß und darf auch unterhaltsam sein.*

Hoch- und Populärkultur, Kunst und Unterhaltung bewegen sich seither auf einander zu. Eine Entmythologisierung des traditionellen Kulturverständnisses zeichnet sich ab. Breiten Schichten der Bevölkerung wird die Schwellenangst vor der Kultur genommen. Mit der zunehmenden *Dezentralisierung* des Angebots holen sich breite Bevölkerungsschichten die Kultur in ihren Stadtteil, in ihr Wohnungsumfeld, ja selbst in die eigene Wohnung (z.B. durch DVD, CD, Video, TV-Übertragungen u.a.). Die Kultur – in das Alltagsleben der Bevölkerung einbezogen – gleicht einer *Erlebniswelt zum Anfassen*: Jeder und Jede kann hautnah und live dabei sein. Das Miteinander-Sehen, -Hören und -Reden gibt der Kultur interessante neue Facetten, „entstaubt" die Kultur und macht sie alltagsnäher und lebendiger.

> Tenöre singen in Fußballstadien, Popkonzerte finden in Kirchen statt. Früher „hatten" wenige Kultur, heute können viele Kultur „erleben". Die Hochkultur traditioneller Prägung hat ihr Monopol bzw. ihren Elitecharakter verloren.

Nur mehr die ältere Generation der über 65-Jährigen (die „treuesten" Abonnenten) pochen darauf, lediglich klassische Angebote wie z.B. Oper, Konzert, Theater, Ballett oder Museumsausstellungen als Kultur anzuerkennen (48%). Die übrige Bevölkerung hält hingegen von diesem engen Kulturverständnis relativ wenig (29%). „Kultur hat viele Gesichter" sagen stattdessen 69 Prozent der Deutschen.

Zur Kultur heute gehören also Vielfalt und Vielseitigkeit, Klassisches und Modernes, Ernstes und Unterhaltsames. Kultur darf unterhaltsam und erlebnisreich, muss nicht nur ernst und anstrengend sein. Zum *Bildungsanspruch* gesellt sich der *Unterhaltungswert*. Auch Liedersänger, Straßenkünstler und Kabarettisten, Popsänger und Kinostars können Anregungen zum Nachdenken geben. Nur die älteren Bundesbürger halten weiterhin an ihrem traditionellen Kulturverständnis fest: „Kultur kann doch kein bloßes Unterhaltungsmedium und Massenvergnügen sein."

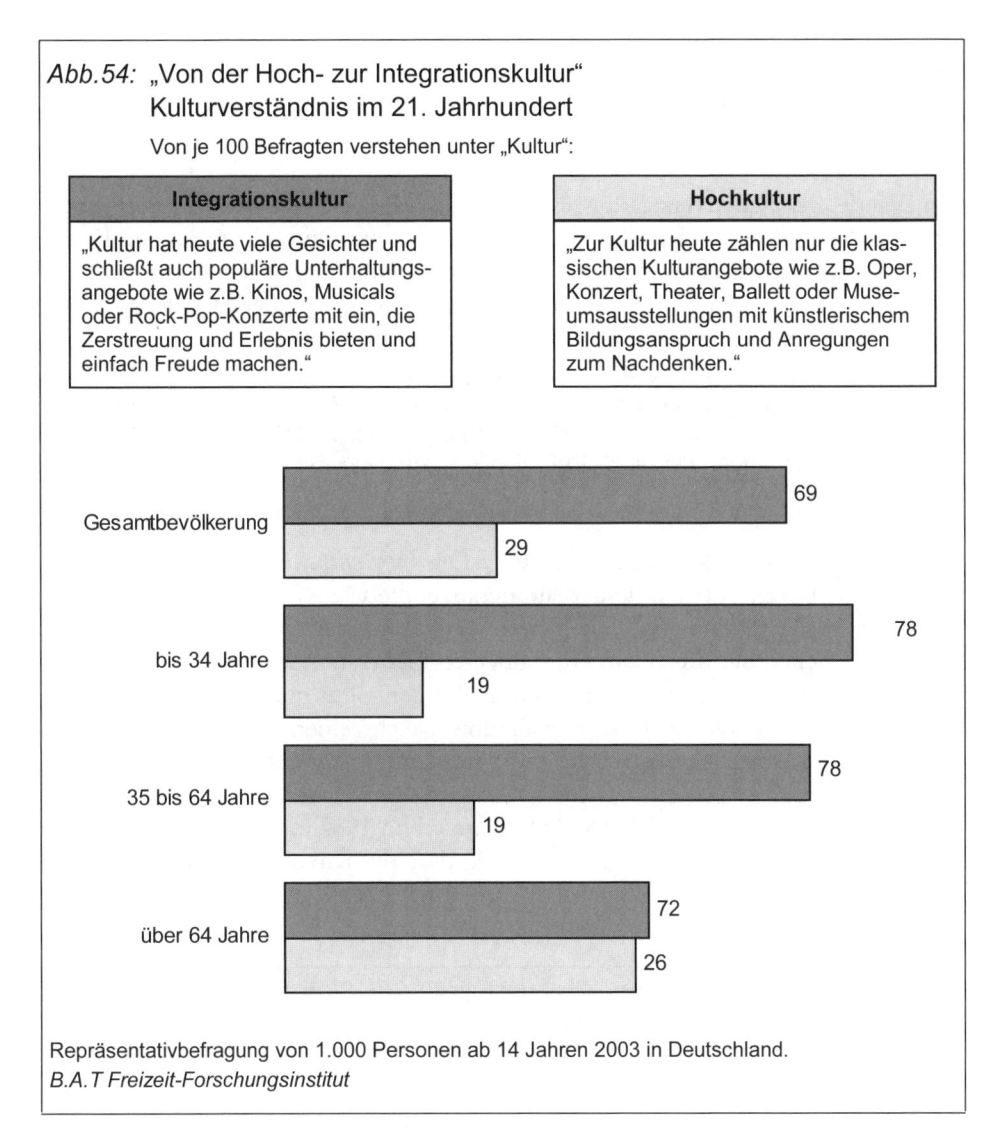

Abb.54: „Von der Hoch- zur Integrationskultur"
Kulturverständnis im 21. Jahrhundert

Von je 100 Befragten verstehen unter „Kultur":

Integrationskultur	Hochkultur
„Kultur hat heute viele Gesichter und schließt auch populäre Unterhaltungsangebote wie z.B. Kinos, Musicals oder Rock-Pop-Konzerte mit ein, die Zerstreuung und Erlebnis bieten und einfach Freude machen."	„Zur Kultur heute zählen nur die klassischen Kulturangebote wie z.B. Oper, Konzert, Theater, Ballett oder Museumsausstellungen mit künstlerischem Bildungsanspruch und Anregungen zum Nachdenken."

	Integrationskultur	Hochkultur
Gesamtbevölkerung	69	29
bis 34 Jahre	78	19
35 bis 64 Jahre	78	19
über 64 Jahre	72	26

Repräsentativbefragung von 1.000 Personen ab 14 Jahren 2003 in Deutschland.
B.A.T Freizeit-Forschungsinstitut

Dem widerspricht die überwiegende Mehrheit der Bevölkerung mit der Aussage: „Kultur kann doch nicht nur eine elitäre Angelegenheit für wenige sein." Das Volk der Dichter und Denker verabschiedet sich mehrheitlich vom Hierarchiedenken bzw. von der kulturellen Hackordnung, nach der die Hochkultur wertvoller als die Massenkultur ist. „Elite" und „Masse" sind in der Kulturlandschaft keine Gegensätze mehr, weil beide inzwischen *Markt- und Massencharakter* bekommen haben. Die Hochkultur wird vom Sockel geholt, aber nicht gestürzt; sie lebt weiter als Kultur für alle.

2. E + U = I.
Integrationskultur ersetzt den Gegensatz von E- und U-Kultur

Ein Wandel des Kulturverständnisses ist die notwendige Folge, seitdem auch hochkulturelle Ereignisse geradezu massenhaft angeboten werden und zunehmend Eventcharakter bekommen, während gleichzeitig Pop- und Open-Air-Konzerte künstlerisch wie auf der Bühne in Szene gesetzt werden. Wo hört der künstlerische Anspruch auf und wo fängt der bloße Unterhaltungscharakter an?

> Das in Deutschland gebräuchliche Begriffspaar E- und U-Kultur ist überholt. Die neue Formel lautet eher: E + U = I. Die E-Kultur und die U-Kultur wachsen zu einer Integrationskultur zusammen, weil auch Reflexion und Emotion, Bildung und Unterhaltung zusammengehören.

Das Votum der Bevölkerung ist eindeutig: Die *Integrationskultur als Durchmischungskultur* schließt auch populäre Unterhaltungsangebote wie z.B. Kinos, Musicals oder Rock-Pop-Konzerte „mit ein", die Zerstreuung und Erlebnisse bieten und einfach Freude machen. Über drei Viertel der jüngeren Generation im Alter bis zu 34 Jahren (78%) wollen Kultur in diesem Sinne als Breitenkultur mit integrativer Wirkung verstanden wissen. Dieses Kulturverständnis gleicht einer gelungenen Symbiose von Ernst und Unterhaltung, Kunst und Kommerz. *Kultur bekommt in diesem Vermischungsprozess eine neue Qualität.*

Die Weltkonferenz der UNESCO brachte schon 1982 in ihrer kulturpolitischen Erklärung von Mexiko-Stadt zum Ausdruck, dass die Kultur nicht nur Kunst und Literatur einschließt, sondern auch Lebensformen und Wertsysteme, wodurch der Mensch befähigt wird, *über sich selbst nachzudenken und nach neuen Sinngehalten zu suchen.*

> Das macht den qualitativen Unterschied zwischen Kultur und Konsum aus. Mit Kultur ist immer auch ein Sinn- und Reflexionsanspruch verbunden.

In einem Punkt sind sich die Bürger weitgehend einig: Kultur ist *keine mühsame Pflichtveranstaltung* mehr, sondern hat viel mit Kommunikation und Geselligkeit zu tun. Erlebnispsychologisch gesehen werden beispielsweise Museums- und Konzertbesuche nur dann als traditionelle Kultur empfunden, wenn sie allein wahrgenommen werden. Sobald diese Angebote in Gesellschaft erlebt werden, werden sie attraktiver und populärer. Kultur wird durch das Miteinander erlebnisreicher und menschlicher. Die wachsende Attraktivität einer auch geselligen Kultur fördert den unterhaltenden Charakter von Kultur und zeigt zugleich die Schwachstellen traditioneller Kulturangebote auf. Die Menschen wollen Kultur miteinander erleben. Sie suchen das gemeinschaftliche Erlebnis in besonderer, stilvoller Atmosphäre. Die Kulturszene entwickelt sich zum *In-Treff*: Die Bevölkerung betrachtet Kulturveranstaltungen als gesellschaftlichen Treffpunkt. Neben den gezeigten Inhalten zieht vor allem die soziale Komponente die Menschen in Museen und Theater.

Im übrigen sollten wir uns daran erinnern: Auch historisch gesehen waren die Grenzen zwischen Kultur und Unterhaltung schon immer fließend, wenn man beispielsweise an die *Lesegesellschaften* oder die *Salonkultur* früherer Jahrhunderte denkt (vgl. Reinhardt 2004). Unterhaltung fungierte dabei als Informationsträger für und über die Gesellschaft.

Für die Zukunft gilt: Kultur, die den Unterhaltungswert vernachlässigt, also keinen Gesprächsstoff liefert und keine Diskussionen auslöst, hat einen schweren Stand. *Kultur bekommt auch Konversationscharakter* – „sagt etwas" und regt zum Gedankenaustausch an: „Man redet darüber" – und zwar über Inhalte und nicht nur über Verpackungen.

> Das bloß Kontemplative ist im modernen Kulturverständnis ein kommunikativer Prozess geworden: Macher und Mitmacher, Akteure und Zuschauer tauschen sich aus, auch im Streit. Das Kulturangebot macht aus Unterhaltung Interaktivität mit Gleichgesinnten.

Die soziale Dimension des kulturellen Lebens ist bisher in Forschung und Öffentlichkeit vielfach unterschätzt worden: Das gemeinsame Live-Erlebnis mit Freunden kann in Zukunft *fast die Bedeutung einer „zweiten Familie"* bekommen. Wenn es der Kulturpolitik gelingt, den sozialen Rahmen dafür zu schaffen, also Treffpunkte für kulturelle Ereignisse zu arrangieren, dann bekommt auch der kommunikative Kern der Integrationskultur als E- und U-Kultur einen neuen Sinn.

Der Anteil der Kulturinteressenten wird weiter ansteigen. Insbesondere in der nachelterlichen und nachberuflichen Lebensphase entdecken die Bürger ihre kulturellen Interessen neu oder entwickeln sie weiter wie z.B. Universitätsvorlesungen hören oder Musikunterricht nehmen. Aktiv überwinden sie auf diese Weise das *Leere-Nest-Syndrom* oder den *Pensionierungs-Schock* und erfüllen sich zugleich alte Jugendträume. Deshalb geht der Kulturbereich einer expansiven Zukunft entgegen. Denn noch nie hat es eine Generation gegeben, die mit soviel Zeit und Bildung aufgewachsen ist. Das wachsende Interesse an Kultur ist auch eine Folge der Bildungsexplosion der letzten Jahre. Das Bildungsniveau hat sich auf breiter Ebene erhöht.

3. Schlangestehen vor Museen?
Kulturelle Zukunftspotenziale

Was ist in Zukunft Kultur? Standortfaktor oder Ersatzreligion, Kulturtempel oder moralische Anstalt? Oder heißt es weiter: Hefe statt Sahnehäubchen? Auch in Zukunft wird die Kultur auf Bildungsansprüche nicht verzichten können, d.h. sie wird ganz im Sinne eines Wortes von Johannes Rau nicht die Sahne auf dem Kuchen, sondern die „Hefe im Teig" sein. Wer das vergisst, bekommt am Ende die falschen Backwaren.

Die Ansichten über die Kulturwelt von morgen können allerdings weit auseinandergehen. Der junge amerikanische Schriftsteller Jedediah Purdy (geb. 1974) bewertet das vergangene Zeitalter als Ausdruck von Überdruss, in dem es nichts mehr gab, was die Menschen noch hinreißen, bewegen, begeistern oder entsetzen konnte. Alles erschien irgendwie inszeniert – die Politik genauso wie das Theater. Die Schaubühne war nicht mehr alleiniger Schauplatz für das Drama von Moral und Geschichte.

Mit dem „Ende der Spaßgesellschaft" (Opaschowski April 2001) und den sozialen Folgen des 11. September 2001 zeichnet sich ein „Elend der Ironie" (Purdy 2002) ab: *Das ironische Zeitalter geht zu Ende.* Jetzt dürfen wieder Hoffnungen ausgesprochen werden, auch wenn sie nicht sofort umsetzbar sind: *Irony is over.* Eine solche Formel kann die Kulturlandschaft verändern: Wird die Bühne zur Kanzel? Dürfen wieder moralische Fragen gestellt werden? Kommen Goethe, Schiller und Brecht, Tschechow, Shakespeare und Ibsen zurück? Feiern Werktreue und Sprechkultur ein unerwartetes Comeback (vgl. Schmidt 2002). *Kommt die Zukunft der Kultur im Retro-Look daher?* Eine Rückkehr zu allem, was seit drei Jahrzehnten nicht mehr in die „neue" Zeit zu passen schien, deutet sich jetzt an. Das Theater der Zukunft „ist plötzlich von gestern: Intendanten setzen auf große Darsteller – und die Gunst des Publikums" (Corsten 2002, S. 48). Feiern Klassisches und Konservatives eine Renaissance?

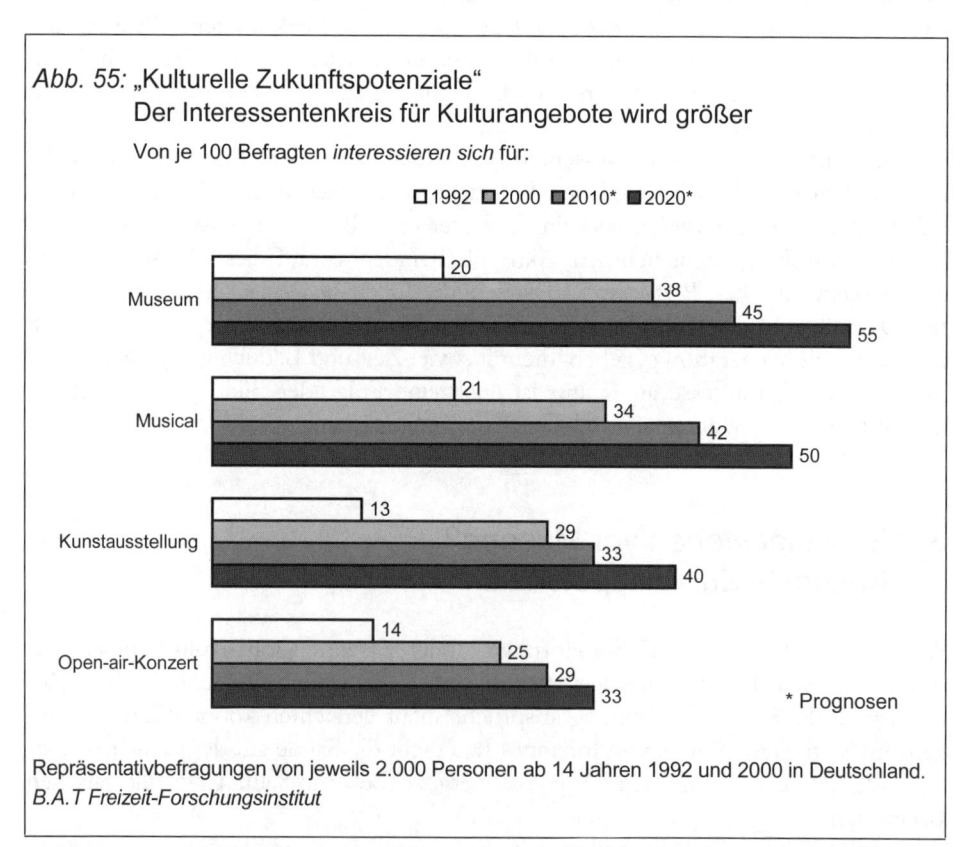

Abb. 55: „Kulturelle Zukunftspotenziale"
Der Interessentenkreis für Kulturangebote wird größer

Von je 100 Befragten *interessieren sich* für:

□ 1992 ■ 2000 ■ 2010* ■ 2020*

	1992	2000	2010*	2020*
Museum	20	38	45	55
Musical	21	34	42	50
Kunstausstellung	13	29	33	40
Open-air-Konzert	14	25	29	33

* Prognosen

Repräsentativbefragungen von jeweils 2.000 Personen ab 14 Jahren 1992 und 2000 in Deutschland.
B.A.T Freizeit-Forschungsinstitut

Im Kulturbereich hat die Zukunft längst begonnen. Frühe Prognosen aus dem Jahr 1992 werden von der Wirklichkeit eingeholt: „Die Menschen werden in Zukunft vor Konzertkassen, Museen und Kunstausstellungen Schlange stehen wie die Nachkriegsgeneration vor Lebensmittelläden. Der Anteil der Kulturinteressenten kann sich bis zum Jahr 2000 fast verdoppeln" (Opaschowski 1992, S. 36f.). 1992 interessierten sich nur 20 Prozent der Bevölkerung für einen Museumsbesuch; bereits im Jahr 2000 war der Anteil der Interessenten fast doppelt so hoch (38%). Allein die deutschen *Museen* verzeichnen über 100 Millionen Besucher pro Jahr. In Deutschland gibt es mittlerweile mehr Museumsbesucher als Einwohner. Auch das Interesse am Besuch von *Kunstausstellungen* hat sich im gleichen Zeitraum mehr als verdoppelt.

Museen sind in den letzten Jahren geradezu *„die" Gewinner der Kulturszene* geworden. Einen ähnlichen Interessenzuwachs verzeichneten nur die Kunstausstellungen (1992: 13% – 2000: 29%). Beide Einrichtungen zeichnen sich durch Offenheit und Zugänglichkeit für alle aus: Reservierungen und Kleidervorschriften entfallen; hinzu kommen besucherfreundliche Öffnungszeiten sowie Eintrittspreise, die für alle erschwinglich sind. Museen und Kunstausstellungen kommen der politischen Forderung „Kultur für alle" am nächsten. Und das heißt konkret: *Kultur muss für alle zugänglich bleiben.*

4. Die Inszenierung der Kultur. Vom Festival zum Festevent

Was die Markt- und Rummelplätze in früheren Jahrhunderten waren, können in Zukunft Massenveranstaltungen und Großereignisse („Events") im Kultur- und Unterhaltungsbereich sein: Eine Mischung aus Erlebnishunger und Bewegungslust, Sensation und Happening zugleich. 27 Millionen Bundesbürger strömen heute schon mindestens einmal im Jahr zu solchen Massenspektakeln, die Erlebnisse versprechen und Wir-Gefühle vermitteln: Das ist *Erlebniskultur*. Am meisten sind derzeit Open-Air-Konzerte gefragt. Jeder achte Bundesbürger war in den vergangenen zwölf Monaten Besucher einer Open-Air-Veranstaltung, das sind etwa 8,2 Millionen Bundesbürger.

Opera in the Alps. „Kulturgenuss" der besonderen Art

Im Januar 2004 versammelten sich – zum achten Mal seit 1996 – Opernfreunde aus aller Welt in den australischen Alpen, um hier in Beechworth/Victoria ein „Musikevent der besonderen Art" zu erleben: Einen Open-Air-Opernabend vor der imposanten Bergkulisse. Die amerikanische Sopranistin Emily Watson und der australische Star-Tenor Kanen Breen sangen. Sie wurden dabei vom Orchestra Victoria und einem 80-köpfigen Chor unter der Leitung des international bekannten Dirigenten Thomas Woods begleitet. Die Zuschauer erlebten das außergewöhnliche Ereignis „in zwangloser und lockerer Atmosphäre" und genossen „neben der Musik Gourmet-Häppchen, köstliche Weine und den unvergleichlichen Sonnenuntergang des australischen Sommers."

Quelle: www.australienmusicevent.com.au

„Wo viel los ist, da erlebt man auch viel": Nach diesem Grundsatz begeben sich immer mehr Bürger auf die Suche nach neuen Erlebniszielen und sind dabei mitunter zeitlich mehr unterwegs als am Ort des Geschehens. *Der Erlebniswert wiegt schwerer als der Zeitverlust.* Dies trifft insbesondere für Jugendliche und Singles zu. Jeder dritte Jugendliche im Alter von 14 bis 24 Jahren (34%) und jeder vierte Single im Alter von 25 bis 49 Jahren (26%) hat in den letzten zwölf Monaten eine Open-Air-Veranstaltung besucht. Jugendliche und Singles setzen Zeichen, wollen *Kultur nicht konserviert, sondern spontan erleben.* Die besondere Attraktivität resultiert aus dem Live-Erlebnis. Gefragt sind Leben und Erleben im Hier und Jetzt. Die Live-Atmosphäre, der Aktualitäts- und Augenblickscharakter erklärt wesentlich die besondere Faszination.

Die Kultur inszeniert ihre Festivals: Aus bloßer Opern-Musik wird schnell eine *Klassik-Entertainment-Show.*

> Eine Kulturveranstaltung wird zum Event, wenn die Medien ausführlich darüber berichten, bevor die Veranstaltung überhaupt stattgefunden hat. Solche Events werden als gesellschaftliche Ereignisse verkauft, die man erlebt haben „muss", weil man darüber spricht.

Übersättigt vom alltäglichen Kulturkonsum wirken Events auf die Besucher wie eine moderne Konsumdroge. 5 Millionen Bundesbürger besuchen mindestens einmal im Jahr ein Musikfestival, weitere 5 Millionen suchen herausragende Kunstausstellungen auf.

Hinsichtlich der Sozialstruktur der Besucher kultureller Großveranstaltungen sind deutliche Unterschiede feststellbar. Die größte *Erlebnismobilität* demonstrieren die Selbstständigen (59%) und Leitenden Angestellten (64%), die sich solche Unternehmungen auch leisten können. Und die jungen Leute von 14 bis 34 Jahren stellen die Gruppe dar, die von diesen Veranstaltungen vor allem eins erwartet: *Viel! Viele Menschen. Viel Gedränge. Und viel zu sehen.* Dafür sind die Jugendlichen auch bereit, viel zu opfern: Zeit und Geld. 59 Prozent der Jugendlichen machen von dem freizeitkulturellen Angebot regelmäßig Gebrauch. Hinter der Freiheit dieses neuen Wir-Gefühls verbirgt sich auch die *Lust an der Masse Mensch.* Die Masse wird zur Bühne. Im Vergleich zur übrigen Bevölkerung können sich Jugendliche deutlich mehr für Open-Air-Konzerte begeistern.

5. Kulturtourismus. Eine neue Massenbewegung

Städte konkurrieren miteinander um Kultur-Events. Dahinter steht die Vorstellung, man könne die Städte im 21. Jahrhundert zu *Schauplätzen inszenierter Urbanität* machen, um Investoren, Touristen und zahlungskräftige Bewohner anzulocken. Dem steht allerdings eine Realität gegenüber, wonach Städte einander eher immer ähnlicher werden: Der Boom von T-Shirt-Läden und Handelsketten, Shopping Malls und Einkaufspassagen, Restaurants und Cafés, Kinos und Kneipen macht die Städte allenfalls zu Räumen der Selbstdarstellung bzw. zu Treffpunkten, an denen man seinesgleichen sucht und findet. Können die kulturellen Güter und Einrichtungen, „die einer Stadt ein verwertbares Image verleihen" (Bittner 2001, S. 22) dagegen überhaupt bestehen? Geht das klassische *kulturelle Kapital von Städten* nicht unter in der Flut von Shopping- und Entertainmentcenter? Wie weit beeinflusst die Disneyfizierung urbaner Erlebniswelten auch die Präsentation kultureller Einrichtungen wie Museen und Theater?

Aus der modernen Stadtsoziologie ist bekannt, dass viele Innenstädte von den Menschen nur noch *als Verbraucher oder Urlauber aufgesucht* werden. Mit „touristischem Blick" (Ronneberger 2001, S. 95) und mit auf Kontakt, Erlebnis und Genuss ausgerichteten Verbraucheraugen flanieren die Menschen durch glitzernde Kulissenlandschaften und fühlen sich dabei durch die besondere Sicherheitsarchitektur privater Shopping Malls – einschließlich Hausordnung und Security Service – besonders wohl. Was kann die Kultur dagegen bieten?

Der neue Kulturtourismus verändert die gesamte Angebotslandschaft in Deutschland. Flächendeckende Versorgung bis in die entlegensten Gebiete auf dem Lande und außerhalb der Städte und Ballungszentren ist immer weniger erforderlich. Denn *die Menschen machen sich selbst auf den Weg zu den Highlights* ihrer Wahl (Werbung: „José Carreras: Mallorca Classic Night. Wir fliegen Sie hin…"). Kein Kulturereignis scheint der erlebnishungrigen Bevölkerung zu weit zu sein. Mit der Attraktivität des Ziels wächst auch die Bereitschaft, längere Wegstrecken dafür zurückzulegen. Dafür gibt es Erfahrungswerte: Die Distanzempfindlichkeit bleibt – beispielsweise im Zeitvergleich 1995/2003 – annähernd gleich. Ein Museum muss in längstens 49 Minuten erreichbar sein. Die Anfahrt zum Musicalbesuch darf ruhig 73 Minuten dauern.

Bei Veranstaltungen mit besonders hohem Erlebniswert können Mobilitätsentscheidungen auch gegen alle Vernunft ausfallen. Jugendliche nehmen z.B. für den Besuch eines Open-Air-Konzerts durchschnittlich 2,4 Stunden Fahrzeit (Hin- und Rückfahrt) mit dem Auto in Kauf. Generell gilt: Entfernung und Fahrdauer sind das Ergebnis einer ganz individuellen Abwägung, d.h. subjektiv gesehen muss der *Zeitaufwand im richtigen Verhältnis zum Erlebniswert* des Ziels stehen. Je höher der Ereignischarakter einer Veranstaltung, desto größer die Bereitschaft, dafür lange unterwegs zu sein. Drei Viertel aller Veranstaltungsbesuche (76%), das sind 20,5 Millionen, werden mit dem eigenen Auto unternommen. Über vier Millionen reisen jeweils mit der Bahn (4,3 Mio) oder dem Bus (4,6 Mio) an. Der Kulturtourismus löst eine Mobilwelle aus.

Der in den letzten Jahrzehnten erreichte Wohlstand hat offensichtlich *neue Bewegungs- und Entfaltungsspielräume* eröffnet. Die in der Arbeitswelt geforderte berufliche Mobilität zieht jetzt auch private Mobilität nach sich, in der die Erlebnisorientierung im Mittelpunkt steht.

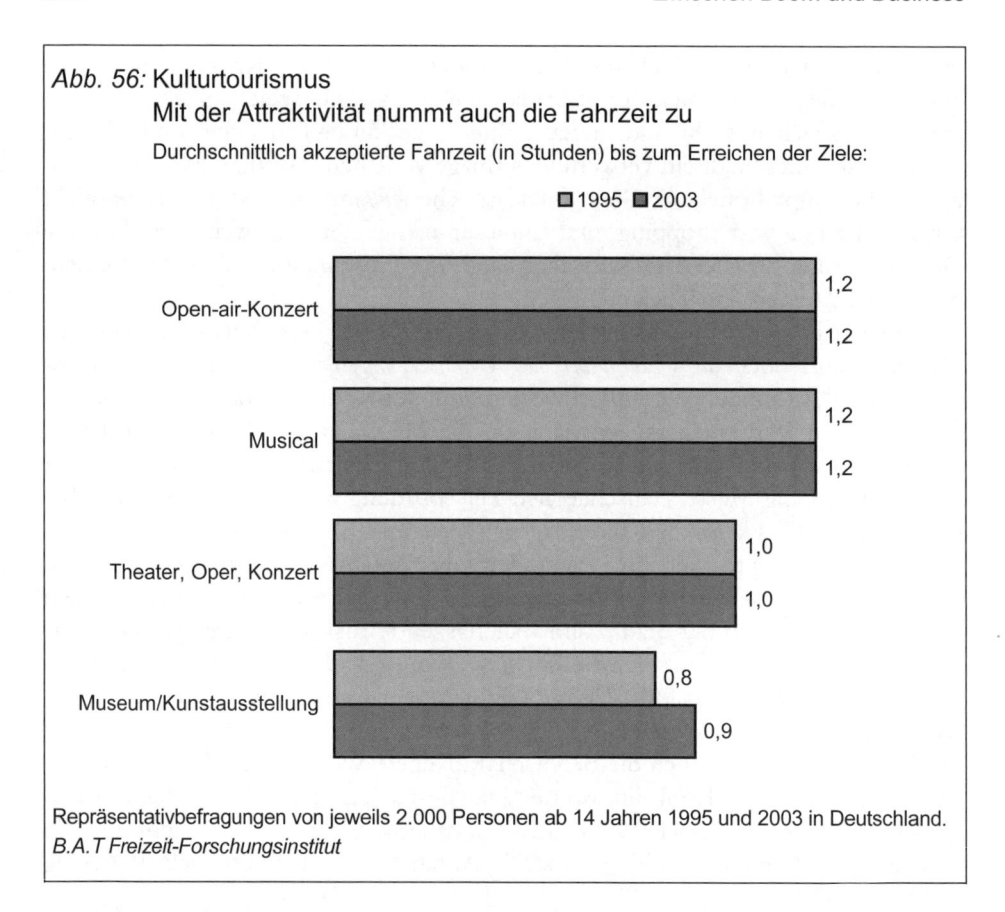

Abb. 56: Kulturtourismus
Mit der Attraktivität nummt auch die Fahrzeit zu

Durchschnittlich akzeptierte Fahrzeit (in Stunden) bis zum Erreichen der Ziele:

☐ 1995 ■ 2003

Ziel	1995	2003
Open-air-Konzert	1,2	1,2
Musical	1,2	1,2
Theater, Oper, Konzert	1,0	1,0
Museum/Kunstausstellung	0,8	0,9

Repräsentativbefragungen von jeweils 2.000 Personen ab 14 Jahren 1995 und 2003 in Deutschland.
B.A.T Freizeit-Forschungsinstitut

Im gleichen Maße, wie die Bürger immer höhere Ansprüche an den Erlebnischarakter von Kulturangeboten und Veranstaltungen stellen, legen sie auch immer größere Entfernungen zurück.

Im Wettbewerb um die größte kulturelle Attraktivität haben vier Städte in Deutschland die Nase vorn: Berlin (71%), München (46%), Hamburg (41%) und Dresden (40%). Sie zählen nach Meinung der Bevölkerung zu den *führenden Kulturmetropolen in Deutschland*. Erst mit größerem Abstand im Hinblick auf ihre kulturelle Ausstrahlung folgen Leipzig (20%), Köln (18%), Weimar (17%), Stuttgart (15%), Frankfurt (15%) und Hannover (6%).

6. Standortfaktor Kultur. Anreiz für Führungskräfte

Kultur als Standortfaktor mit Blick auf wirtschaftliche Begleiteffekte und urbane Attraktivität wird in den nächsten Jahren eine Hauptantriebskraft für die Kulturpolitik sein. Wer im Jahr 2020 qualifizierte Führungskräfte am Ort halten oder gar neue gewinnen will, muss ein vielseitiges Kulturangebot machen. Ein hoher Anteil der Leitenden Angestellten und Höheren Beamten macht die *Entscheidung für eine berufliche Mobilität* schon heute von der Qualität des örtlichen Kulturangebots abhängig. Zwei von fünf Managern und Führungskräften (40%) sind erst dann bereit, aus beruflichen Gründen den Wohnort zu wechseln, wenn *Oper, Konzert oder Theater in erreichbarer Nähe* sind. Neben dem Wohnwert und dem Lohnwert entwickelt sich der Kulturwert einer Stadt oder Region zu einem wichtigen Standortfaktor.

Kommunalpolitiker sonnen sich zudem gern im Glanz des Standortfaktors Kultur, sehen in der Ausstrahlung kultureller Veranstaltungen nicht selten auch eine ganz persönliche Aufwertung oder melden gar aufgrund ihrer Verantwortung für diese Einrichtungen eine *Art Besitzerschaft* an: Es ist „ihre" Kulturstadt bzw. „ihr" Kulturstaat. Deshalb betonen sie auch bei jeder Gelegenheit, dass beispielsweise „das Beste an Bayern nicht die Fabrikation von Autos, High-Tech, Fußball oder Bier ist – das Beste an Bayern und München ist die Kultur" (Jonas 2004, S. 11). Dieser *Kulturwert* wird laut und vernehmbar in die Welt hinausgerufen.

In Zukunft werden viele Städte dazu übergehen, einen eigenen *Kultursommer* zu kreieren, eine Art fünfte Jahreszeit, die allen Städtetouristen und Daheimurlaubern Kulturangebote rund um die Uhr bietet: Festivals und Open-Air-Konzerte, Theaterpremieren und Kunstausstellungen, Kultur- und Kreativwochen. Eine Mischung aus Rock und Rokoko, Sommerakademie, Musical und Festspiel: Freizeit mit Kultur (statt wie bisher: Kultur in der Freizeit). Sonderausstellungen machen Museumsbesuche zum gesellschaftlichen Ereignis: *Ein „Muss" für viele.*

> Manche Bewahrer des Musealen werden die Massenhaftigkeit als Kulturtourismus beklagen, andere hingegen sehen in dieser Bewegung eine gelungene Demokratisierung der Kultur: Kulturelle Einrichtungen werden zu Erlebnisorten, wo man etwas sinnlich erleben kann.

Kulturtourismus bedeutet dabei immer zweierlei: Erstens die *ständige Attraktivierung* des Kulturangebots für immer breitere Bevölkerungsschichten. Und zweitens die *systematische Erschließung* der Kultur für den Tourismus. Ersteres ist eine Frage der Animation, Letzteres eine Aufgabe von Marketing und Management. Der Kulturtourismus als Planungs- und Managementaufgabe steht erst noch in den Anfängen. In Zukunft werden etablierte Reiseveranstalter Kunst und Kultur systematisch vermarkten: Vom folkloristischen Heimat- und Kulturabend für Urlaubsgäste bis zur organisierten Flugreise nach Paris zur Impressionismus-Ausstellung. Kulturmarketing findet dann überall statt. In Ostfriesland gibt es kein Florenz, dafür aber eine eigene „Regionalagentur für Kulturtourismus", die von der Entdeckung der dörflichen Orgel und des lokalen Hobbymalers bis zum Besuch der Kunsthalle Emden alles anbietet und organisiert.

Dem massentouristischen Ansturm auf die Kulturszene werden manche Städte personell in Spitzenzeiten kaum mehr gewachsen sein. Die italienische Lösung wird dann wohl Abhilfe schaffen: Um z.B. die Öffnungszeiten der Museen zu garantieren, werden in Italien in der Sommersaison zusätzlich rund 2.000 ‚Bedienstete auf Zeit' angestellt, unter ihnen eine große Zahl von Wehrdienstverweigerern, die sich freiwillig zum *Kulturdienst* verpflichten. Wer sich in Zukunft dem Sog der Massenkultur entziehen will, muss wieder zum Individualisten werden und eine ganz persönliche Museumsdidaktik praktizieren: Guten Gewissens sieben Säle ignorieren, um dann ganz allein im achten eine Stunde lang verweilen zu können...

Kulturgenuss – und nicht nur Passagen, Pubs und Pinten – lockt Touristen und Einheimische zum Erleben in der Stadt. Elektronische Reservierungssysteme sorgen problemlos für Reisetickets und Eintrittsbilletts. Fremdenverkehrsplaner werden versuchen, Ausflugsziele in Kulturlandschaften umzuwandeln, so wie es das EU-Marketing-Konzept „Via Romana" realisiert, das Ausflugsziele wie Museen, Herrensitze und archäologische Sehenswürdigkeiten zu einer modernen *Kulturachse* von Düsseldorf entlang des Niederrheins bis in die Niederlande verbinden will.

> Kommt eine Kulturlawine auf uns zu? Jeder hat Kultur – alles wird Kultur. Wird man in Zukunft nirgendwo mehr verschont bleiben können von Kultur und Kunst?

Biergärten werden zu Jazzbühnen, Waschsalons zu Lesestuben für Dichter aller Art und Frei- und Hallenbäder zu Auftrittsstätten für Kleinkünstler, Musiker und Kabarettisten. Wenn die Kultur auf diese Weise baden geht, können die Badegäste zu Kulturkonsumenten wider Willen werden.

7. Wachstumsindustrie Kultur. Im Wettbewerb um Sponsoren

Kultur und Kommerz gehen eine Vernunftehe ein, bei der den Besuchern, Verbrauchern und Touristen im wahrsten Sinn des Wortes Hören und Sehen vergehen. Auge und Ohr kommen kaum zur Ruhe, weil sie von Highlight zu Highlight hasten und am Ende *nicht mehr zwischen Hochkultur und Breitenkultur unterscheiden können*. „Staatsoper" oder „Phantom der Oper"? „Pantomimenfestival" oder „Tanz der Vampire"? „Lange Nacht der Museen" oder „Christopher Street Day"? „Frühlingsfest" oder „Lichterfest"? Kulturförderung, Stadtplanung und Tourismusmarketing leben und profitieren von den wechselseitigen Synergieeffekten. Dieser integrative Prozess ist gewollt und äußerst erfolgreich, so wie beispielsweise in Hamburg auf Anne-Sophie Mutter Mick Jagger und die Rolling Stones folgten und unter den *aufregenden Seherlebnissen* Werke von Lucas Cranach mit Fotografien von Gunter Sachs im Museum für Kunst und Gewerbe konkurrierten. Mythologie und Moderne gaben und geben sich ein problemloses Stelldichein.

Für die Zukunft zeichnet sich tendenziell eine *Interessenverlagerung vom Sport zur Kultur* ab. Das Interesse am Zuschauen bei Sportveranstaltungen ist eher rückläufig, während gleichzeitig der Besuch kultureller Veranstaltungen immer attraktiver wird. Der Anteil der Bundesbürger, die regelmäßig (= mindestens einmal in der Woche) Opern-, Konzert-, Theater-, Museums- oder Kunstausstellungsbesuche machen, hat sich seit Mitte der achtziger Jahre mehr als *verdoppelt* (1986: 5% – 2003: 11%).

Damit bestätigt sich eine Entwicklung, die der Amerikaner John Naisbitt als „Megatrend" auf dem Weg ins nächste Jahrtausend gekennzeichnet hat. Gemeint ist ein revolutionierender Wandel im Konsumverhalten, bei dem sich die Rangfolge der Dinge, für die man Geld ausgibt, grundlegend verändert: „Die Kultur wird allmählich den Sport als wichtigste Freizeitbeschäftigung der Gesellschaft ablösen" (Naisbitt 1990, S. 75).

> Finden in Zukunft VIP-Parties mehr in Museen, Opernhäusern und Musik-Festivals als auf Tennis-Courts und in Sportstadien statt? Sport und Kultur werden sich einen harten Wettbewerb liefern – in der Gunst um die Besucher und die Sponsoren.

Während Sportereignisse vorwiegend Männer ansprechen, erreichen Kulturereignisse Frauen gleichermaßen. In der Ansprache neuer Zielgruppen wird das *Kultursponsoring dem Sportsponsoring überlegen sein* und sich daher im Sponsoringmarkt der Zukunft expansiv entwickeln, während gleichzeitig der Anteil des Sportsponsoring stagniert.

In Verbindung mit attraktiven Inszenierungen von Massenveranstaltungen wird die Vorstellung von der „brotlosen" Kunst und Kultur schon bald in Vergessenheit geraten. Kunst und Kultur werden zu *wirtschaftsträchtigen Sympathieträgern*: Museumsdirektoren fahren mit Eiscremewerbung auf dem Dienstwagen durch die Stadt, um den Ankauf einiger Bilder zu sponsern (Weber 1990, S. 44). Sergiu Celibidache konzertiert mit den Münchner Philharmonikern im Werksgelände eines Automobilsponsors. Kann man am Ende überhaupt nicht mehr unterscheiden, wer eigentlich Sponsor, Veranstalter oder Intendant ist? Die Förderung der schönen Künste durch die Wirtschaft steht in voller Blüte. Manager, die mit der Zeit gehen, halten sich Künstler – wie an den früheren Fürstenhöfen auch.

Allein 2003 flossen der Kultur auf dem Weg über das Sponsoring etwa 300 bis 350 Millionen Euro zu. Ohne solche Sponsorengelder wären Kulturereignisse (wie z.B. Bayreuth) kaum realisierbar. Vor dem Hintergrund knapper Kassen, schrumpfender Etats und Kostenexplosionen gilt: „Ohne Sponsorengeld deutscher Unternehmen würde die Kulturlandschaft verdorren" (Götz 2003, S. 46). Kritiker mögen auf den ersten Blick Einflussnahmen und die Beschneidung der künstlerischen Freiheit befürchten, weil die Gefahr besteht, dass sich die Kunst verkauft. Andererseits gilt auch:

> Kultursponsoring kann als Ausdruck postmaterialistischen Wertewandels gewertet werden, von dem alle profitieren – die Kulturschaffenden, die Sponsoren und das Publikum. Denn Kultur strahlt Modernität, Kreativität und Weltoffenheit aus. Das sind Werte, die auch für Wirtschaftsunternehmen attraktiv sind.

Nur so ist zu erklären, dass beispielsweise die Deutsche Bank die Berliner Philharmoniker fördert (mit dem Logo des Sponsoring-Partners im Programmheft). Zugleich wehen Audi-Flaggen bei den Salzburger Festspielen und die Hamburger Kunsthalle deckt etwa 55 Prozent ihres Etats mit Geldern von Stiftern und Sponsoren. Werden auch in Deutschland – ähnlich wie in den USA – „Carnegie", „Rockefeller" oder „Guggenheim" Qualitätsbegriffe für Kultur werden?

Für die Zukunft trifft zu: *Der Kultursektor wächst schneller als die Gesamtwirtschaft.* Kultursponsoring macht die Kultur auch für die Privatwirtschaft attraktiv. Der Wachstumsfaktor Kultur hört auf, ein bloßer Kostgänger des Staates zu sein. Jeder vom Staat für das Theater ausgegebene Euro kommt erfahrungsgemäß etwa 1,6-mal wieder zurück (Seegers 1992, S. 13). Kultur zahlt sich aus, lockt Touristen in die Stadt und macht Subventionen langfristig zu Investitionen.

8. Konsumkultur.
Die Grenzen der Kommerzialisierung

Kulturveranstaltungen werden in Serie produziert, die Massen begeistern und Emotionen freisetzen. Da werden schnell Traum- und Wunderwelten zum Jahrhundertereignis hochstilisiert. Stars, Promoter und Sponsoren machen manche Open-Air-Veranstaltung zum Massenerlebnis oder Massenevangelium mit garantiertem Gemeinschaftsgefühl. Die Gemeinsamkeit ist unverzichtbar. Die „Nacht der drei Tenöre" hat beispielsweise Zeichen dafür gesetzt, wie in Zukunft Spitzenkultur regelrecht erfunden wird. Aus bloßer Opern-Musik wird eine Super-Show. Die Konzerte werden *als gesellschaftliche Ereignisse verkauft*, die man erlebt haben muss, weil man darüber spricht. Ein VIP-Dinner danach in Anwesenheit der Superstars verspricht Exklusivität – auch wenn sich dabei bis zu 2.400 Leute beim Massen-Dinner in einer Halle tummeln.

CDs bei McDonalds. Die Kommerzialisierung der Kultur

In 15 Jahren: Firmen halten sich Künstler

„Es wird noch eine große Firma geben. Die nimmt den Künstler unter Vertrag, wie es früher in Hollywood schon war. Die Firma macht mit ihm Schallplatten, Soaps, Werbung. Sie wertet ihn aus als Gesamtkunstwerk, bezahlt alles und vermarktet ihn in jeder Hinsicht. *Der Künstler ist ihr Eigentum.* Und er wird gecastet werden, ob in Shows oder ob er seine Bänder schickt, das macht keinen großen Unterschied. In einer Show hat er wenigstens die Gewissheit, dass ihm einer zuhört. Das Geld wird aus anderen Quellen kommen. Vor allem aus der Werbung. Und für „Popstars" wurden die Singles bei McDonalds für 1,99 Euro verkauft. Die Girls haben in zwei Wochen 600.000 und die Boys 400.000 abgesetzt. Unglaubliche Zahlen, die erreicht sonst keiner in den Charts. McDonalds leistet einen besseren Vertrieb als die Plattenfirmen. Das zeigt den Weg für die Zukunft."

Quelle: *Uwe Fahrenkrog-Petersen*, Komponist und Juror der TV-Casting-Show „Popstars" (Interview. In: DIE WELT vom 25. November 2003, S. 28)

Ob Reichstagsverhüllung in Berlin, Gutenberg-, Goethe-, Bach-, Dürer- oder Lutherjahr: Nichts bleibt dem Zufall überlassen. Events müssen professionell gemanagt und vermarktet werden. *Event-Management* und *Erlebnis-Marketing* entwickeln sich zu expansiven Wachstumsfeldern für Profis. Davon profitieren Hotellerie und Gastronomie, Bahn-, Bus- und Flugtouristik sowie Reisebüros und Reiseveranstalter am meisten. Aber auch Städte und Regionen erfahren durch „Special Events" eine Attraktivitätssteigerung.

Die Grenzen der Kommerzialisierung sind allerdings dann erreicht oder überschritten, wenn sich amerikanische Verhältnisse in der deutschen Kulturszene durchsetzen. In amerikanischen Opernhäusern haben doppelt so viele Zuschauer Platz wie in Deutschland, Frankreich oder Italien. Die Folge: In überdimensionierten Veranstaltungssälen werden die *Opernstimmen elektronisch verstärkt*. Kritiker befürchten zu Recht einen Verfall der Sangeskultur: Wer seinen Ton nicht halten kann oder keine Höhe hat, dem kommt der Computer bzw. der Tontechniker zu Hilfe. Auch kleine lyrische Stimmen können dann Tristan, Isolde und Siegfried singen. Manche „Worst Case Szenarios" (Breiholz 2004) befürchten für die Zukunft der Kultur: *Playback* oder *Sound Design*.

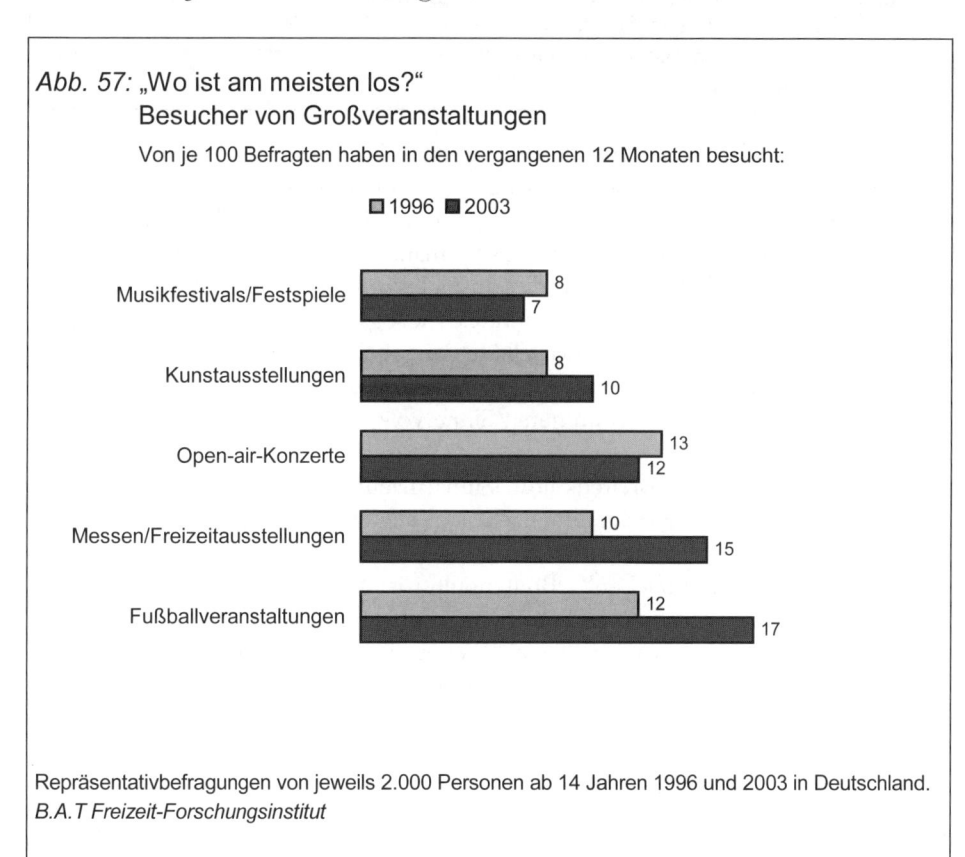

Abb. 57: „Wo ist am meisten los?"
Besucher von Großveranstaltungen

Von je 100 Befragten haben in den vergangenen 12 Monaten besucht:

□ 1996 ■ 2003

Veranstaltung	1996	2003
Musikfestivals/Festspiele	8	7
Kunstausstellungen	8	10
Open-air-Konzerte	13	12
Messen/Freizeitausstellungen	10	15
Fußballveranstaltungen	12	17

Repräsentativbefragungen von jeweils 2.000 Personen ab 14 Jahren 1996 und 2003 in Deutschland.
B.A.T Freizeit-Forschungsinstitut

9. Sinnlich und sozial.
Breitenkultur als Anfasskultur

Die *soziale Dimension*, d.h. die Qualität des Zusammenlebens in der Familie, im Freundeskreis, in Gruppe und Verein stellt ein wesentliches Bestimmungsmerkmal kultureller Erlebnisse dar. Erlebnispsychologisch gesehen werden Museums- und Konzertbesuche, Literaturstudien und Vorträge als traditionelle Kultur (= „reine" Bildung) empfunden, wenn sie *allein genossen* werden. Breitenkultur beginnt jedoch mit dem *Unterhaltungswert*, wenn also eine kulturelle Veranstaltung *in Gesellschaft erlebt* wird. Das Miteinander-Sehen, -Hören und -Reden gibt der Kultur eine interessante Facette, entstaubt Kultur und macht sie lebendiger. Bildungskultur ist dann Unterhaltungskultur. Der Verstand sorgt für die Bildungskultur, aber das Herz schlägt für die Breitenkultur in einer Mischung aus Unterhaltung und Erlebnis.

Neben der sozialen Komponente der Breitenkultur (soziale Geborgenheit, gemeinsame Freude) ist der *sinnliche Erlebnischarakter* fundamental:

> In der Breitenkultur wollen die Menschen Kultur hautnah begreifen und als direkte sinnliche Berührung erleben. Mit der Musik vibrieren, sich in Trance tanzen, sich beim Pop-Konzert bis zur Erschöpfung verausgaben, Zirkusluft schnuppern und immer hautnah (d.h. „live") dabei sein.

Breitenkultur bekommt existentielle Bedeutung – im Gegensatz zur traditionellen Hochkultur, die für viele Menschen schwer greif- und begreifbar ist.

Die wachsende Attraktivität der Breitenkultur zeigt zugleich die Schwachstellen traditioneller Kulturangebote. Kultur wünscht man sich näher und konkreter, anfassbarer und erfahrbarer. „Nähe" ist in diesem Fall wörtlich zu nehmen: Man will sich Kultur in seinen Stadtteil, in das Wohnumfeld, ja sogar in die eigene Wohnung (z.B. durch TV, Video, Bücher) holen. Das elitäre Anspruchsdenken der Hochkultur wird in der Breitenkultur deutlich relativiert. Kultur wird breiten Bevölkerungsschichten zugänglich, wird populärer und im guten Sinne volkstümlicher (vgl. die Renaissance der Volksmusik).

Die Besonderheit der Breitenkultur: Sie ist leichter, unterhaltsamer und erlebnisreicher. Während die Hochkultur nach dem subjektiven Empfinden der Bevölkerung für die Zukunft „bildet", lebt Breitenkultur im Hier und Jetzt („Jetzt will ich etwas sehen, fühlen und erleben"). Breitenkultur ist *gegenwartsbezogen* („aktuell") und gleichermaßen *personen- und sozialorientiert* („menschlich"). Die Hochkultur wird vom Sockel geholt, aber nicht gestürzt; sie lebt weiter in der Breitenkultur. Und auch die Breitenkultur wird ernst genommen – nur mit dem Unterschied, dass man ihr den Ernst nicht anmerkt, weil er nicht anstrengend und langweilig, sondern unterhaltsam und erlebnisreich ist.

Kultur im 21. Jahrhundert umfasst

- *Angebote der Hochkultur* wie z.B. Oper, Konzert, Theater, Ballett, Museum, Kunstausstellung, Volkshochschule, Bibliothek und Literaturlesung genauso wie

- *Angebote der Breitenkultur* wie z.B. Straßentheater, Sommerakademie, Kino, Musical, Revue/Varieté, Pop- und Open-Air-Konzerte, Kabarett, Jazzclub, Stadt- und Volksfeste.

In der Breitenkultur kommt das Persönliche nicht zu kurz. Solche Angebote wirken wie *eine Anfasskultur, die alle berührt*. Das macht ihre besondere Faszination aus.

> Jeder kann kulturell seine eigenen Wege gehen: Familien gehen lieber ins Museum als ins Theater und Jugendliche mehr zum Musical als in die Oper. Und Singles finden Klassikkonzerte attraktiver als Kabarett und Varieté. Mehr als doppelt so viele Frauen wie Männer besuchen die Volkshochschule. Und Arbeiter sind mehr an Straßenkunst und -theater interessiert als Angestellte.

10. Erlebniswelt Kultur. Kontrast zum Alltag

Der Grad des Interesses und die Besuchsintensität werden wesentlich durch die *Attraktivitätsmerkmale* einer Veranstaltung beeinflusst und bestimmt. Was breitenkulturelle Veranstaltungen so interessant und attraktiv macht, wurden auf repräsentativer Basis 2.811 Personen ab 14 Jahren im gesamten Bundesgebiet konkret gefragt. Dabei erwies sich das Open-Air-Konzert als die derzeit attraktivste Veranstaltung. Auch vom Kino geht eine besondere Faszination aus: Das Kino ist noch immer die Traumwelt par excellence.

- Wer das *Live-Erlebnis* sucht, muss Pop- und Open-Air-Konzerte besuchen.
- Eine *besondere Atmosphäre* geht von Konzert-, Opern- und Theaterbesuchen aus.
- Wer das Bedürfnis nach *Abwechslung vom Alltag* hat, kommt im Kino am ehesten auf seine Kosten. Das Kino vor der Haustür bzw. um die Ecke garantiert Zerstreuung und Entspannung ohne großen Zeitaufwand. Und nach zwei Stunden geht es wieder zurück in den Alltag. Dem Kino bescheinigt man auch den größten Unterhaltungscharakter.
- Überraschend hoch wird der *Unterhaltungswert des Theaters* eingeschätzt. Das Theater mag einmal eine Bildungsveranstaltung gewesen sein (Voltaire: „Das Theater bildet mehr als ein dickes Buch"), im Zeitalter der Massenfreizeit wird das Theater neben dem Kino als die Kultureinrichtung angesehen, in der man sich am besten unterhalten lassen kann.

> Zwei von fünf Theaterbesuchern bekommen Unterhaltung (39%), aber nur jeder Siebte Anregungen zum Nachdenken (14%) geboten.

- Der Besuch freizeitkultureller Veranstaltungen wird nicht selten zum akustisch-visuellen Erlebnis. Die sinnliche Ansprache, der *optisch-akustische Eindruck* der

- Besucher ist bei Open-Air-Konzerten am stärksten, weil hier Ton- und Licht-Effekte geradezu inszeniert werden. Ähnliche Wirkungen gehen von Pop-Konzerten und Opern-Aufführungen aus.
- Was die Breitenkultur auch so faszinierend macht, ist der subjektive Eindruck der Besucher, *Idole, Künstler und Persönlichkeiten* ‚zum Anfassen' aus unmittelbarer Nähe erleben zu können. Diese Anfasskultur wird nirgends so perfekt vermittelt wie bei Pop- und Open-Air-Konzerten.
- Das Kino stirbt nicht, lebt eher wieder auf. TV und Video können die *Traumwelt und Illusionierung* nicht ersetzen. Glanz und Glamour, Marmor und Postmoderne der neuen Filmpaläste in den Großstädten („Multiplexe"), die zwei- bis dreitausend Besucher fassen, beweisen, wie groß nach wie vor das menschliche Bedürfnis nach ein wenig Illusionierung ist („Mach dir ein paar schöne Stunden ..."). Es sollte schon zu denken geben, dass der Illusionierungscharakter der Museen im Vergleich zu allen anderen Einrichtungen am geringsten (3%) ist. Museen wären sicher für viele attraktiver, wenn sie auch eine Atmosphäre zum Träumen oder gar ein Gefühl wie im Urlaub vermitteln könnten.
- Wissensvermittlung und Bildungsimpulse wie z.B. *Anregungen zum Nachdenken* werden gezielt nur von Vorträgen und Lesungen erwartet. Jeder dritte Besucher von Vortragsveranstaltungen ist an Gedankenanstößen besonders interessiert; auch an Museen und Kunstausstellungen werden lerndidaktische Ansprüche gestellt. Bei allen übrigen Veranstaltungen aber dominiert eher das Bedürfnis nach emotionalen Erlebnissen und Sinneseindrücken.
- Die Attraktivität einer Veranstaltung wächst mit dem *Live-Erlebnis*. Live dabei sein ist alles. Gefragt sind Leben und Erleben im Hier und Jetzt. Die Live-Atmosphäre ist für die jüngere Generation bis zu 34 Jahren fast doppel so wichtig (66%) wie für die ältere Generation ab 55 Jahren (39%).
- Breitenkultur ‚kommt an' – und zwar auf der ganz persönlichen Ebene. Wer diese Veranstaltungen besucht, kann *persönlich bereichert*, erfüllt und auch gebildet nach Hause zurückkehren. Ein Drittel findet hier den notwendigen Ausgleich zur Arbeit, jeder Vierte lernt Neues kennen und jeder Fünfte nutzt die Chance zur Weiterbildung.
- Die Einbeziehung sinnlichen Erlebens unterscheidet breitenkulturelle Veranstaltungen wesentlich vom Angebot traditioneller Kulturangebote. Insbesondere die jüngere Generation, die im Zeitalter neuer Medien mit der Flut visueller Eindrücke aufgewachsen ist, kann auf optisch-akustische Finessen nicht mehr verzichten. *Atmosphärisches und Illusionierendes* gehören immer dazu.
- Jeder zweite Besucher von kulturellen Veranstaltungen will erst einmal unterhalten werden – und dies nicht allein, sondern unter vielen Menschen, die man dort trifft. Aus dem Wir-Gefühl inmitten vieler Gleichgesinnter kann sich schnell Massenbegeisterung entwickeln. Die *Schaffung einer stimmungsvollen Atmosphäre* lässt die Erlebnisarmut des Alltags vergessen, fördert das ‚einmalige' Gemeinschaftserleben und versetzt die Besucher in eine Hochstimmung, die nachwirkt – auch über den Tag oder Abend hinaus.

Die besondere Atmosphäre eines Opernhauses ist für die Besucher wichtiger als der optisch-akustische Eindruck der Aufführung. Und für Theaterbesucher ist der Anlass, sich anders zu kleiden, immer noch ‚anziehungskräftiger' als mögliche Anregungen zum Nachdenken. Dieses Verhalten mögen Kulturbeflissene bedauern. Doch das Angebotsspektrum von der Hochkultur zur Breitenkultur mit fließenden Grenzen zwischen E- und U-Bereich ist der einzige Weg, die Kultur vom Image der Elitären zu befreien.

11. Kultur für alle. Zwischen Boom und Business

Mitte der achtziger Jahre warnte der Amerikaner Neil Postman die Menschen vor einem *Zeitalter der kulturellen Verwüstung*, wenn also das kulturelle Leben zu einer endlosen Serie von Unterhaltungsveranstaltungen verkommt: „Es gibt zwei Möglichkeiten, wie der Geist einer Kultur beschädigt werden kann. Im ersten Fall – Orwell hat ihn beschrieben – wird die Kultur zum Gefängnis; im zweiten Fall – ihn hat Huxley beschrieben – verkommt sie zum Varieté" (Postman 1985, S. 189). Gegen die McDonaldisierung der Kultur lassen uns die Philosophen und Ethiker offensichtlich im Stich.

Spezielle Event-Marketing-Agenturen werden versuchen, Konzerte, Festivals und Ausstellungen jeweils als „das" Ereignis des Jahres oder Jahrhunderts zu verkaufen und Kulturdenkmäler als touristische Werkzeuge zu Kulturboutiquen zu vermarkten, damit sie profitabel werden. Die Gefahr besteht: *Künstler werden zu Wanderausstellern* im Kaufhaus und Kunststudenten präsentieren rund um die Uhr Filme, Kunstwerke und Theaterstücke. Der Konsument kann Kunst genießen, während er Schaufenster betrachtet oder Jeans und T-Shirts ausprobiert (vgl. „Beck-Forum" in München). Wenn die Kultur zur gigantischen 365-Tage-Software von Großunternehmen verkommt, bei der die Magie der großen Zahl über die Inhalte regiert und die Kultur zur bloßen Ware wird, spätestens dann *kann aus Kultur Konsum werden*: Und aus dem Kultur-Boom wird Kultur-Business.

> Nicht die Versteinerung und Konservierung von Kultur wird in Zukunft zum Problem, eher das Gegenteil: Die zwanghafte Demonstration von Aktualität („Man muss" heute – und nicht erst morgen) in Verbindung mit der wachsenden Kommerzialisierung.

Die Besucher rennen von der einen Premiere zur nächsten Vernissage, von der Kunstausstellung zum Museum. Werden sie am Ende selber museal? Kultur und Konsum werden wohl in Zukunft eine Vernunftehe eingehen: Manche Kulturveranstaltungen gleichen dann mehr einer Konsummeile wie umgekehrt auch viele Konsumspektakel ohne kulturelle Rahmenprogramme nicht mehr auskommen.

Die Frage liegt nahe, ob sich nicht das wachsende Interesse an der Kultur und die wachsende Angst vor einer übersteigerten Kommerzialisierung der Kulturangebote in ihren Wirkungen gegenseitig aufheben können. Eine solche Situation wird wohl kaum eintreten – zu groß sind und bleiben die *Ungleichgewichte zwischen Kultur und Konsum*. Vom Haushaltsvolumen der öffentlichen Hand werden heute gerade einmal etwa ein Prozent für die gesamte Kultur ausgegeben – für alle Theater, Orchester, Museen und Bibliotheken zusammen. Selbst eine künftige Verdoppelung des Kulturetats auf dann zwei Prozent könnte die Kluft zum übrigen Erlebniskonsum nicht schließen:

- Auf einen Konzertbesucher (5%) kommen zwei Kino- oder vier Kneipenbesucher (11% bzw. 19%).
- Und einem Museumsbesucher (5%) stehen fünfmal so viele Restaurantbesucher (25%) und sechsmal so viele Einkaufsbummler (31%) gegenüber.
- Andererseits besuchen mehr als dreimal so viele Bundesbürger die deutschen Bühnen (32 Mio) als die deutsche Fußball-Bundesliga (9 Mio).

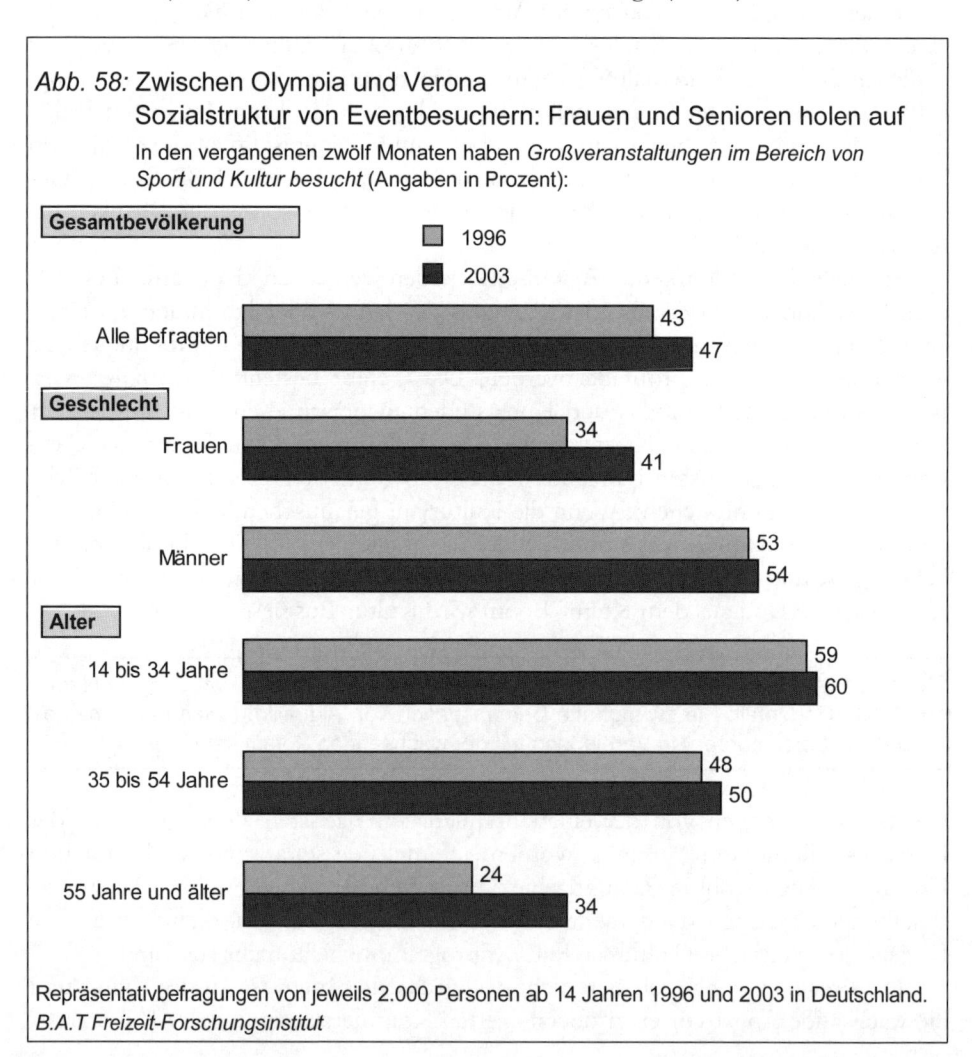

Abb. 58: Zwischen Olympia und Verona
Sozialstruktur von Eventbesuchern: Frauen und Senioren holen auf

In den vergangenen zwölf Monaten haben *Großveranstaltungen im Bereich von Sport und Kultur besucht* (Angaben in Prozent):

Gesamtbevölkerung

□ 1996
■ 2003

	1996	2003
Alle Befragten	43	47

Geschlecht

	1996	2003
Frauen	34	41
Männer	53	54

Alter

	1996	2003
14 bis 34 Jahre	59	60
35 bis 54 Jahre	48	50
55 Jahre und älter	24	34

Repräsentativbefragungen von jeweils 2.000 Personen ab 14 Jahren 1996 und 2003 in Deutschland.
B.A.T Freizeit-Forschungsinstitut

Die „*Kultur-für-alle*"-Bewegung in den siebziger Jahren hat den Stellenwert der Kultur im Leben der Bevölkerung sicher verändert. Zur Kultur-Euphorie besteht dennoch kein Anlass. Relativ gesehen machen alle Konzert-, Theater- und Museumsbesuche gerade *ein bis zwei Prozent der gesamten Freizeit* aus. Eine Verdoppelung des Kulturanteils bis zum Jahr 2020 würde dann allenfalls zwei bis vier Prozent des Frei-Zeit-Budgets in Anspruch nehmen. Für die Entwicklung bis zum Jahre 2020 gilt: Die Kultur boomt, aber der Konsum explodiert. Im Rahmen der allgemeinen Steigerung des Bildungsniveaus zieht die Kultur immer mehr Interessenten an, aber der Konsum erreicht die Masse.

In der Kulturelite früherer Zeiten grenzten sich die Aristokraten von den Bürgern, die Gebildeten von den Proletariern ab. Kultiviertheit war ein Statussymbol, galt als Ausweis, Etikett und Abgrenzungsmerkmal gegenüber der Masse. Im Zuge des Wandels „von der Elite- zur Massenkultur" (Rosenmayr/Kolland 1992) ist auch die *Breitenkultur als Freizeitkultur* entstanden.

Freizeitkultur umschreibt die ganze Bandbreite vom anspruchsvollen Kulturangebot bis zur Massenkultur im Umfeld von Unterhaltung, Zerstreuung und Erlebniskonsum. Warenkonsum, Erlebniskonsum und Kulturkonsum lassen sich kaum mehr voneinander trennen, zumal Wirtschaft und Industrie in Produkt-Werbung und Promotions-Marketing gezielt und verstärkt mit kulturellen Elementen und kulturellem Zusatznutzen arbeiten.

Im Zuge dieser Entwicklung wird *Freizeit als Kultur-Konsum-Unterhaltungszeit* empfunden. Und was früher nur wohlhabenden Schichten möglich war, nimmt jetzt massenhaft zu: „Die Nachfrage nach kulturell ‚angereicherten', ästhetisch verfeinerten Gütern" (Koslowski 1987, S. 107). Damit verlagert sich auch das Prestige von der materiellen Güterqualität (z.B. PS-Zahl des Autos) auf die symbolische Qualität (z.B. Snob-Effekt der Seltenheit). Die Industriekultur wandelt sich zur nachindustriellen Kultur, die auch freizeitkulturelle Züge trägt. Die Freizeitkultur bestimmt wesentlich das Standortmarketing. In der überregionalen Stadtwerbung wird zunehmend der größte Kultur- und Freizeitwert (und nicht mehr der größte Industriebetrieb) herausgestellt.

Kulturpessimisten mögen auf den ersten Blick die massenhafte Verwertung der Kultur beklagen und sie als Kulturtourismus brandmarken. Doch dabei übersehen sie: Kultureinrichtungen sind schon immer Freizeiteinrichtungen gewesen – mit einem wesentlichen Unterschied: Sie standen früher nur der privilegierten Adelsschicht offen, die beides hatte, was zur Kultur nötig war: *Das mäzenatische Geld und die nötige freie Zeit* (die damals noch „Muße" hieß, vgl. Karasek 1973, S. 42). Die meisten traditionellen Kultureinrichtungen stehen heute noch da, wo sie sich die Adligen meist hinsetzten. Viele Kulturmetropolen wie beispielsweise Wien, Florenz und München, russisches Ballett und Comédie Française verdanken ihre Entstehung und Erhaltung kulturell ambitionierten Fürstenhäusern.

Die Entstehung einer breiten Freizeitkultur hat wesentlich zur Entmythologisierung des traditionellen Kulturverständnisses beigetragen. Erst die Freizeitorientierung der Kultur schafft Voraussetzungen für den Abbau von Zwängen (z.B. Garderobenvorschriften), Ängsten (z.B. Angst vor Überforderung) oder Sprachbarrieren (z.B. Bildungszwang). Damit wird breiten Schichten der Bevölkerung die Schwellenangst vor der Kultur genommen.

12. „Zauberflöte".
Zwischen Langeweile und Routine

In den letzten Jahren wurde aus Klassik Pop – die drei Tenöre betätigten sich dabei als Kulturpioniere. Darüber hinaus spielten die Berliner Philharmoniker mit den Scorpions und vergeigten den Rock oder popularisierten die Klassik. Was kommt danach: „Liszt gegen Langeweile, Débussy bei Dämmerung, Mozart als Muntermacher und Beethoven als Betthupferl?"(Schreiber 2000, S. 17). Nach Ansicht des russischen Schriftstellers Vladimir Sorokin spricht die deutsche Gegenwartskultur vorrangig den Durchschnittsmenschen mit durchschnittlichen Fähigkeiten, Durchschnittseinkommen und Durchschnittsansprüchen an. Dabei fühlt sich Sorokin an Nietzsches Prophezeiung über die „letzten Menschen" erinnert, die sich wie Flöhe vermehren, auf die Sterne glotzen und nicht wissen, was das soll. Die Folgen dieses Kulturverständnisses sind *Routine und Langeweile*.

In deutschen Theatern und Opernhäusern werden immer öfter nur bewährte Routinestücke gespielt. Auf den Musik- und Opernbühnen dominiert weiterhin die musikalische Tradition des 18. und 19. Jahrhunderts. Unter den Top-10 haben Werke des 21. Jahrhunderts neben „Zauberflöte", „Hochzeit des Figaro", „Tosca" oder „Madame Butterfly" kaum eine Chance. Wenn der Durchschnittsmensch in der Kultur dominiert, dominiert dann auch die Langeweile in der Kultur? Das aber hätte langfristig zur Folge: Die Langeweile wäre „der Tod der Kultur " (Sorokin 2000, S. 16).

Ist die Kultur am Ende? Ansichten

„Der deutschen Kultur geht es wie dem deutschen Fußball: Beide stolpern im Mittelfeld und halten den Ball flach. Die aufklärenden Steilpässe bleiben aus."
Bernd Kaufmann, *Intendant*

„Keine Angst, die hohe Kultur wird das Affentheater überleben".
Hilmar Hoffmann, *Kulturpolitiker*

Die Kritik an der *Minimalisierung kultureller Ansprüche* bezieht sich in erster Linie auf die Hochkultur, die entweder im kulturellen Konservatismus zu erstarren droht oder ganz im Gegenteil der Spaßkultur den Hof macht, weil Frohsinn unter das Erhabene gemischt wird oder Alberich mit Aldi-Tüte an der Hand die *Profanisierung der Oper* in Bayreuth auf die Spitze treibt.

Und der zur EXPO 2000 von Peter Stein nach den Marktregeln einer Show-Sensation inszenierte 22-stündige Marathon von Goethes „Faust" ließ die Walpurgisnacht wie die Love-Parade einer Amateurtanztruppe auf Inline-Skates erscheinen. Kulturelle Profanisierungen haben mittlerweile eine solche Perfektion erreicht, dass selbst ein Formel 1-Rennen als *Melange aus Hightech und Heldenepos* inszeniert wird, als Drama mit 17 Akten über vier Kontinente verteilt in einer Mischung aus Bayreuth und Nürburgring, Woodstock und Monte Carlo, Rennzirkus und Piccadilly-Circus – „wie geschaffen für die Global Player der Wirtschaft" (Weinzierl 2000, S. 68), die nur eines interessiert: Weltweite Werbung.

Kultur im 21. Jahrhundert. Chancen und Probleme

Von der Kultur zum Event ...
„Es wird jetzt alles ereignisorientiert. Man geht von den ‚guten, alten' Kulturbegriffen weg. Es reicht nicht mehr, Theater zu machen, es reicht nicht mehr, eine Ausstellung zu machen. Es muss ein Event sein. Mit den Kinos und den Discotheken ist rundherum eine große Konkurrenz entstanden: das konkurrierende Nachtgeschäft, vor allen Dingen den Theatern. Wie die Kultureinrichtungen für ihre Sache werben, das ist ziemlich vorsintflutlich. In ein Theater kommen sie heute um 19 Uhr rein, werden um 22 Uhr 15 wieder rausgeworfen, um möglichst nach Hause zu gehen, weil die Technik die Türen abschließt. Da kommen dann Gitter vor die Tore und das war es dann! Man müsste das Publikum einladen, an den Prozessen im Theater teilzunehmen. Und wenn der Prozess ein Biertrinken ist!"

... vom Event zur Kultur?
„Das Problem ist ja, dass die meisten Event-Agenturen hingehen und glauben, dass sie selber in der Lage sind, künstlerische Dinge zu produzieren. Dass sie glauben, selber Choreographen, Musiker und Regisseure in ihren Reihen zu haben, die solche Dinge wirklich entwerfen können. Was Event-Agenturen produzieren, ist zu achtzig Prozent Schrott."

Interview mit Kulturmanager *Tom Stromberg* (Event Partner 2/2000, S. 33f.)

Wer über die Zukunft der Kultur nachdenkt, sollte nicht nur zweifelnd fragen: Wird die Kultur zwischen Goethe-Gedichten und Mozart-Opern im 21. Jahrhundert überleben? Eher geht es um die Schlüsselfragen: Gibt es noch Grenzen zwischen *Kultur-Konsum und Konsum-Kultur?* Droht die Kultur in Zukunft ganz im Sinne Arthur Honeggers an *Überfülle* zu sterben? Oder verkommt Kultur zur *touristischen Massenbewegung*, die Goethe treffend prognostiziert hat: „Die Masse könnt ihr nur durch Masse zwingen, ein jeder sucht sich endlich selbst was aus. Wer vieles bringt, wird manchem etwas bringen. Und jeder geht zufrieden aus dem Haus."

Nicht von der Hand zu weisen ist in diesem Zusammenhang vor allem der Vorwurf des Amerikaners Jeremy Rifkin von der *Ausbeutung der Kultur*. Marketingexperten erklären sich selbst zu Impresarios für kulturelle Produktionen und plündern regelrecht die gesamte Kultur – nur, um Produkte zu verkaufen. Der Verbraucher wird unfreiwillig zum Konsumenten von Kultur gemacht: Kulturmarketing, Eventmarketing, Lifestylemarketing und Produktmarketing vermischen sich. Droht eine *Enteignung der Kultur* durch Konsumkultur (Rifkin 2000, S. 247)?

13. Genießendes Lernen.
Die Kultur der Zukunft

Die Gefahr besteht: Kultur zwischen Boom und Business droht alle herkömmlichen Grenzen zwischen Kunst, Kitsch und Kommerz zu sprengen. Die Grenzen zwischen Kulturpalast und Vergnügungstempel, Musiktheater und Freizeitpark, Erlebnisbühne und Gourmetparadies werden immer fließender. Das klassische Subventionstheater mit Bildungsanspruch löst sich in „magisch-szenische Unterhaltung" (Lloyd Webber) mit Renditeerwartung auf.

> Den eisernen Vorhang zwischen E- und U-Kultur gibt es in Zukunft nicht mehr. Natürlich wird die Kulturlandschaft der Zukunft manche E-Qualitäten verlieren, aber dafür neue U-Qualitäten hinzugewinnen. Traditionelle Schwellenängste und Kommunikationsbarrieren werden abgebaut. Ein breiteres, teilweise völlig neues Publikum wird erreicht.

In ihrer wirksamsten Form ist Freizeitkultur Faszination und Geselligkeit, Wegbereiter für ein neues Kulturverständnis im Sinne der von UNESCO und Europarat geforderten *popular culture*. Diese Breitenkultur nimmt der Bevölkerung nicht mehr freie Zeit und macht krampfhaft Bildungszeit daraus; sie versteht sich vielmehr als Chance für *lustvolles Kulturerleben*. Das wird kein Kulturverfall sein, zumal die demographische Entwicklung dafür sorgt, dass tradierte Kulturinhalte nicht aus dem Blick geraten. Ganz im Gegenteil: Von der Jugend favorisierte Rock-, Pop- und Jazzkonzerte werden an Bedeutung verlieren, während die Zahl der Opern-, Konzert- und Theaterbesucher weiter wächst. Im Zeitvergleich mit den achtziger Jahren (1986: 2%) kann sich die Besucherzahl bis 2020 (8%) vervierfachen.

Im künftigen Zeitalter der visuellen Reizüberflutung kann die Kultur zur Gegenstimme und zum Gegengewicht werden, ohne deshalb gleich in Altertümelei und Grabesruhe zu verfallen. Nach Auffassung des Kunsthistorikers Sauerländer (2000, S. 199) könnte ein Ausweg aus der Alternative zwischen „Grabkammern der Geschichte" und „Disneyland für die Zerstreuung" die Schaffung von *Kultureinrichtungen für genießendes Lernen* sein, in denen man träumen, entdecken und nachdenken kann.

> Die Kulturlandschaft der Zukunft wird sich grundlegend verändern. Staatsbühnen und Privatbühnen werden sich einen harten Wettbewerb liefern. Staatstheater können sich nicht mehr auf Subventionen ausruhen oder ihren vermeintlich hohen Kunstanspruch immer dann, wenn breite Bevölkerungsschichten Zeit für Kultur haben (z.B. in der Urlaubszeit), einfach in die Ferien schicken („Sommerpause"). Die Theaterferien – ein Relikt der Arbeitsgesellschaft in der Nachkriegszeit – sind überholt.

Allerdings darf auch nicht verschwiegen werden, dass die Massenkultur zunehmend einen *ephemeren Charakter* bekommt, also das beinhaltet, was in der italienischen Kulturdiskussion „effimero" genannt wird: Gemeint ist eine *Kultur als Eintagsfliege* zwischen Show- und Sensationseffekt, flüchtigem Kitzel und kurzlebigem Spektakel ohne Folgen: Ein ephemeres, also eintägiges, kurzlebiges und unverbindliches Ereignis. Hiervon ist zweifellos die Freizeitkultur am meisten bedroht, zumal es sich dabei um eine weitgehend medial vermittelte Kultur handelt (vgl. Rosenmayr/Kolland 1992, S. 2). Medien neigen dazu, die Einzigartigkeit des kulturellen Erlebens herauszustellen. So wird Kultur mitunter als *punktuelles Ereignis für Augenblicksmenschen* konsumiert, das keine nachhaltigen Spuren hinterlässt.

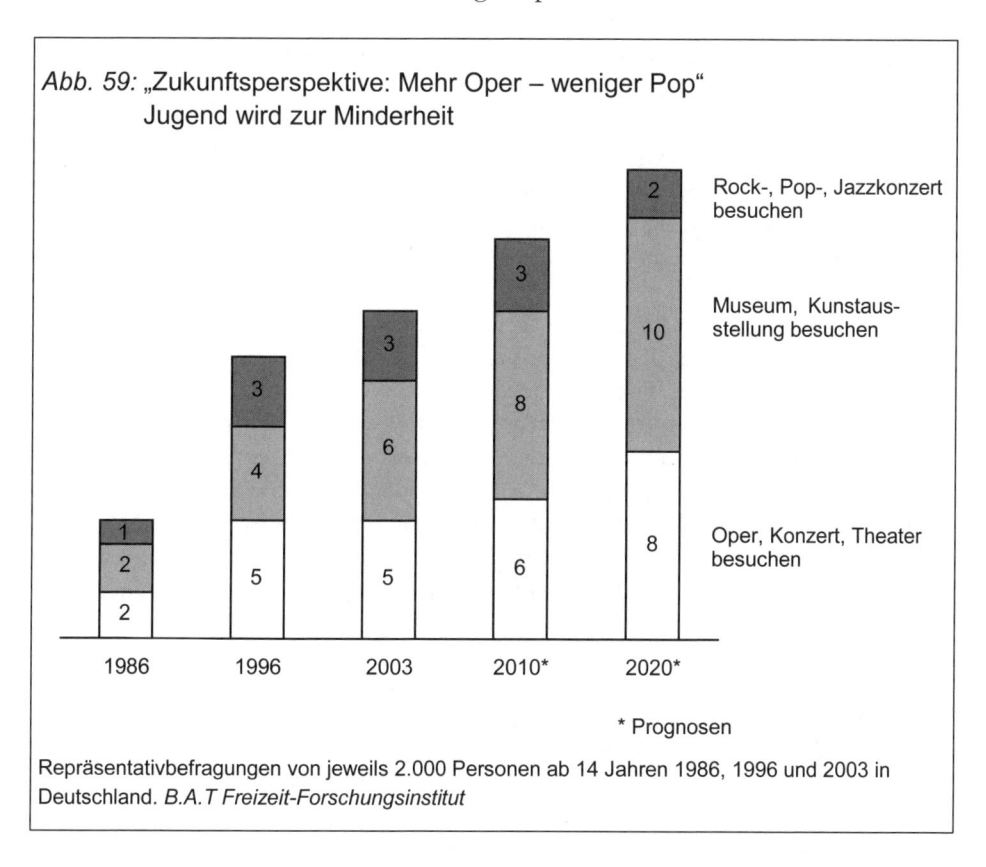

Abb. 59: „Zukunftsperspektive: Mehr Oper – weniger Pop"
Jugend wird zur Minderheit

Jahr	Oper, Konzert, Theater besuchen	Museum, Kunstausstellung besuchen	Rock-, Pop-, Jazzkonzert besuchen
1986	2	2	1
1996	5	4	3
2003	5	6	3
2010*	6	8	3
2020*	8	10	2

* Prognosen

Repräsentativbefragungen von jeweils 2.000 Personen ab 14 Jahren 1986, 1996 und 2003 in Deutschland. *B.A.T Freizeit-Forschungsinstitut*

Im Zeitalter eines sich expansiv entwickelnden Städtetourismus muss sich auch die städtische Kulturpolitik zu einer *Freizeitkulturpolitik* wandeln und den Mut und politischen Willen zu einem kulturellen Gesamtkonzept haben. Aber mit der Angst vor Verflachung wird die Kultur auch in Zukunft weiter leben müssen.

Diese Entwicklung muss keineswegs mit der von Traditionalisten befürchteten *McDonaldisierung der Kultur* einhergehen. Auch in Zukunft wird es einen Nachholbedarf an Kultur mit hohem Unterhaltungswert geben. In keinem anderen Bereich ist die Kluft zwischen tatsächlichem Tun und bekundetem Interesse so groß wie im *Marktsegment „Kulturelles Entertainment"* (Musicals, Open-Air-Konzerte, Kunstausstellungen u.a.). Werden Sportstadien in Zukunft mehr Besucher für Open-Air-Konzerte als für Fußballspiele anlocken? Werden Musicals immer öfter auf Tournee gehen? Es ist schon bemerkenswert, dass derzeit die Landbewohner und nicht die Großstädter am meisten an Musicals interessiert sind.

> Entweder die Kultur verlässt die Städte oder die Landbewohner werden schon bald die Städte stürmen. Rosige Aussichten für das Kulturmarketing von morgen.

Vor über vierzig Jahren hat der Schriftsteller Hans-Magnus Enzensberger die Grundzüge einer neuen *Bewusstseins-Industrie* beschrieben und zugleich prognostiziert, dass ihre volle Entfaltung erst noch bevorsteht. Wer dabei nur den kommerziellen Charakter dieser Industrie beklage, so meinte er, treffe nicht den Kern der Sache. Viel problematischer und subtil wirksamer als der bloße Konsum materieller Produkte seien doch die Inhalte der Bewusstseins-Industrie (Enzensberger 1962, S. 14).

Der Verdacht drängt sich auf, dass die modernistische Kritik an der Kulturentwicklung nur ein willkommenes Mittel dafür ist, eigentlich *Gesellschafts- und Wohlstandskritik* zu üben. Die Kulturkritik ist schließlich so alt wie die Kultur selber. Seit es Kultur für viele (und nicht mehr nur Kultur für Gebildete) gibt, ist die Massenkultur zu einem beliebten Thema der Gesellschaftskritik geworden. Den meisten Kulturkritikern bereitet es einen geradezu intellektuellen Genuss, sich über Kulturbanausen lustig zu machen. In Wirklichkeit verhalten sich die Kritiker mit dem „richtigen Kulturbewusstsein" nicht wesentlich anders als die Konsumenten der Massenkultur. Die Kulturelite geht nach wie vor in die Oper, die Masse lieber in „Phantom der Oper". Der *Arbeiter* fühlt sich in der Erlebniskneipe wohl, wo jeden Abend die Post abgeht. Und der *Manager* hält mehr von der Erlebnisgastronomie, die seine sieben Sinne sensibilisiert. Aus der Hochkultur für wenige ist eine Massenkultur für breite Bevölkerungsschichten geworden, die individuelle *Nischen* zulässt.

> Hinter der Kritik an der Massenkultur verbirgt sich nicht selten nur die Trauer über den Verlust von Privilegien. Kulturkritik ist seit jeher eine Kritik der Privilegierten, die genügend Zeit und Geld hatten, um sich Kultur leisten zu können. Nicht die Kultur, sondern die Bildungsbürger-Kultur hat abgewirtschaftet bzw. ist überholt und veraltet.

Vorsicht ist daher geboten bei Begriffen wie Kulturverfall, Werteverfall, Verfall der Moral oder Verfall der Lesekultur. Die Geschichte lehrt doch: Jede Kultur ist wie ein organischer Körper und unterliegt einem ganz *natürlichen Alterungsprozess*. Demnach ist jeder Untergang zugleich ein Übergang.

Die zunehmende Popularisierung der Kulturwelt von morgen wird mehr einem *Null-Summen-Spiel* gleichen: Was auf der einen Seite an klassischen Inhalten verloren zu gehen scheint, wird auf der anderen Seite durch neue Kulturformen zwischen Pop- und Unterhaltungskultur wieder hinzugewonnen. Die Kulturwelt von morgen wird vermutlich nur deshalb als besonders krisenhaft erlebt und kritisiert, weil sich die alten Ideale des Bildungsbürgertums überleben. Die Kulturwelt von morgen wird *mit Massenkulturen leben* müssen, in denen Hoch- und Breitenkultur (einschließlich Alltags- und Freizeitkultur) gleichberechtigt nebeneinander stehen, aber sich auch gegenseitig bereichern und vermischen.

> Auf dem Weg in die Zukunft verwandelt sich die Kultur in eine Mischung aus Kunst und populärer Kultur (= Integrationskultur) mit vielen Façetten neben der traditionellen Hochkultur: Alltags-, Freizeit-, Populär- und Massenkultur.

Wenn es beispielsweise Musicals und Festivals gelingt, vielen Menschen ihre Schwellenangst vor dem Opern- oder Theaterbesuch zu nehmen, so dass sie sich für weitere kulturelle Veranstaltungen öffnen und interessieren, dann erfüllt auch Entertainment seinen kulturellen Auftrag. Schließlich waren die meisten Musical-Besucher noch nie in einer Oper. Das ist die große Chance der Kulturwelt von morgen: Bildungsbarrieren werden abgebaut. Eine ehemals privilegierte Kulturlandschaft wandelt sich zum Erlebnisraum für ein breites Publikum: *„Man" geht eben hin.*

Die Kulturwelt von morgen geht zugleich harten finanziellen Zeiten entgegen. Controlling hält Einzug in die Kulturlandschaft. Und in konjunkturell schwierigen Zeiten sind auch Subventionskürzungen kein Tabu mehr. Kommen amerikanische Verhältnisse auf uns zu? In den USA gibt es kaum öffentliche Geldgeber für kulturelle Einrichtungen. Werden Theater, Opernhäuser und Sinfonieorchester bald brutal niedergespart? Oder brauchen wir ein „Bündnis für das Theater" (Johannes Rau 2000), eine Art *Allianz für Kultur,* damit nicht die Finanzkrise der Kultur (Einsparung, Abwicklung, Entlassung u.a.) zur Existenzkrise der Kultur wird? Im Nachdenken über neue Wege der Kulturförderung diesseits und jenseits von Events stehen wir erst am Anfang.

Wer den Kulturwert einer Stadt oder eines Staates stärkt, verteidigt auch gesellschaftliche Werte und sorgt für die Zukunftsfähigkeit von beidem: Gesellschaft und Kultur. Andererseits werden Stimmen laut, die eher Turbulenzen, Götterdämmerung und Apokalypse befürchten. Wird die Kulturwelt lebendig begraben? In Zeiten leerer Kassen haben kulturpessimistische Töne scheinbar Konjunktur. Doch solange Etatkürzungen für „Aida", „Eroica" und „Fidelio" (vgl. Umbach 2002, S. 185) nachweislich mehr Demonstrationen und Proteststürme bei den Bürgern auslösen als die Streichung der Eigenheimzulage oder des Buß- und Bettags als Feiertag, solange muss uns um die Zukunft der Kultur nicht bange sein.

VII. Lernen für das Leben.
Die Bildungswelt von morgen

„Das Bildungsverständnis des deutschen Bildungssystems ist revisionsbedürftig. Nach zwei gescheiterten Bildungsreformen in den 50er und 70er Jahren benötigt das deutsche Bildungssystem eine dritte Chance, seine gravierenden Mängel zu beseitigen und die Herausforderungen zu bewältigen, die sich bis 2020 stellen werden."

Gutachten der *Prognos AG* im Auftrag der VBW/ Vereinigung der Bayerischen Wirtschaft (2003)

Prognosen und Perspektiven auf einen Blick

- Bildung neu denken:
  Bedeutungszunahme informeller Bildung

- Zukunftsvision Bildungsgesellschaft:
  Bildung über die gesamte Lebenszeit

- Aufsuchende Bildungsarbeit:
  Zwischen Abholen und Aktivieren

- Bildungsziel Selbstständigkeit:
  Das Leben selbst in die Hand nehmen

- Vorleben:
  Lernen durch Gelebtes

- Lebensunternehmertum:
  Entwicklung von Selbst- und Sozialkompetenzen

- Erfahrungslernen:
  Die neue Schule des Lebens

- Lernarbeit:
  Eine neue Lebensaufgabe

- Identitätsfindung:
  Bildungswissenschaft als Lebenswissenschaft

- Learning for living:
  Lernen für ein langes Leben

1. Bildung neu denken.
Bedeutungszunahme informeller Bildung

Im 21. Jahrhundert müssen die Begriffe Bildung, Lernen und Wissen neu definiert werden. Auch die Funktion und Zuständigkeit traditioneller Bildungsinstitutionen steht auf dem Prüfstand. Denn Bildung ist immer mehr *auf Freiwilligkeit angewiesen* und kann nicht nur verordnet oder gar erzwungen werden. Zur formellen Bildung in Institutionen gesellt sich die informelle Bildung, eine jahrzehntelang in der Bildungswissenschaft vernachlässigte Grundform menschlichen Lernens. Informelle Bildung als Erfahrungs- und Angebotslernen auf freiwilliger Basis grenzt sich deutlich ab von einem „künstlich arrangierten, didaktisch präparierten, erfahrungsfern abstrakten, theoretisch-verbalen Lernen" (Dohmen 2001, S. 27). Nicht geplant und beinahe beiläufig: Das macht die besondere Qualität informeller Bildungsprozesse aus.

Bedeutung informeller Bildung. Prognose aus dem Jahr 1977

„Der Hinterhof, das Wohngebiet, die Straße und das Fernsehen stellen ein der Schule vielfach überlegenes Lernfeld dar. In Freizeit und ‚peer group' werden Sozial-, Kultur-, Kreativitäts- und Kommunikationskompetenzen erworben, die über die Eindimensionalität der Berufsvorbereitung hinaus existentielle Bedeutung haben. Handeln und Lernen vollziehen sich im Lebenszusammenhang von Familie, Schule, Betrieb und Freizeit."

H.W. *Opaschowski*: Freizeitpädagogik in der Schule. Aktives Lernen durch animative Didaktik, Bad Heilbrunn 1988, S. 10

Informelles Lernen ist weitgehend eigenaktives Lernen, ersetzt die Verpflichtung zum Lernen (z.B. in der Schule) durch die Freiwilligkeit selbstinitiierten Lernens. Für die Inhalte tragen die Lernenden selbst Verantwortung.

Als *informelle Lernorte und -gelegenheiten* von Bildung gelten die Familie, der Freundeskreis, die Gleichaltrigengruppe („peers") und die Medien. Die Bildungswissenschaft wird in Zukunft sehr viel mehr als bisher die *subjektiven Bildungsprozesse* im Blick haben müssen, um den engen Zusammenhang von Kompetenzentwicklung und sozialer Herkunft aufzubrechen. Bildung bedeutet in Zukunft nicht nur Erwerb von Qualifikationen und Kompetenzen, die in erster Linie für den Arbeitsmarkt erforderlich sind. Grundlage für ein erweitertes Bildungsverständnis als Basis eines *Nationalen Bildungsberichts* ist die vom Deutschen Jugendinstitut erarbeitete Konzeption (vgl. Mack 2003; Rauschenbach u.a. 2004):

Bildung ist ein offener und unabschließbarer Prozess der Entwicklung der Persönlichkeit mit dem Ziel einer eigenständigen Lebensführung in Partnerschaft und Familie, beruflicher Ansprüche und Erfordernisse sowie sozialer und politischer Teilhabe am gesellschaftlichen Geschehen.

Das Bildungsziel des 21. Jahrhunderts lautet: Selbstständigkeit. Gefordert sind also Selbstbestimmung und Eigentätigkeit, Handlungs- und Kritikfähigkeit einschließlich Empathie und Verantwortungsbereitschaft.

Die Veränderungen von Arbeits- und Beschäftigungsformen in Verbindung mit der zeitlichen und räumlichen Entkoppelung der Arbeitnehmer von ihrem Betrieb sowie eine *wachsende Zahl Selbstbeschäftigter/Neuer Selbstständiger* zwingen dazu, über ein zukunftsfähiges Bildungssystem neu nachzudenken. Die Unterschiede zwischen Berufs- und Privatleben verringern sich, während gleichzeitig die Lebenserwartung weiter zunimmt: Im 21. Jahrhundert haben wir es mit veränderten Bildungsbiografien zu tun.

In einer Gesellschaft des langen Lebens darf Lernen nicht mehr länger als weitgehend passiver Vorgang betrieben werden. Denn das Individuum der Zukunft muss in Bezug auf Leben und Lernen *„unternehmerisch"* tätig werden. Die Prognos AG empfiehlt daher in ihrem Gutachten ein *höheres Maß an Individualisierung im Bildungssystem*. Personale Schlüsselqualifikationen (z.B. Selbstorganisationsfähigkeit, Kreativität, emotionale Stabilität, Optimismus, Verantwortungsbereitschaft) müssen den gleichen Wert wie berufliche Qualifikationen (vgl. VEW 2003, S. 36) bekommen. Das Verhältnis von Lebenszeit und Lernzeit ist neu zu bestimmen.

2. Zukunftsvision Bildungsgesellschaft. Wer nicht weiterlernt, kommt auch im Leben nicht weiter

Alte Paradigmen sind naturgemäß nur schwer außer Kraft zu setzen, weil meist massive Interessen im Spiel sind – ganz im Sinne Niccolo Machiavellis, wonach es nichts Gefahrvolleres gibt als das Herbeiführen einer neuen Ordnung. Die Gesellschaft war bisher wesentlich auf dem *Konzept der Lebensarbeit* aufgebaut. Inzwischen breiten sich Teilzeitarbeiten, Mobilarbeiten, Telearbeiten, Zeitarbeiten, Gelegenheitsarbeiten und Mini-Jobs aus. Sie erschüttern dieses eindimensionale Konzept. Das traditionelle Arbeitsethos (der so genannte „Produktivismus") gerät immer mehr unter Druck. Mit Produktivismus meint der amerikanische Sozialforscher Anthony Giddens ein Ethos, in dem die *Arbeit eine zentrale Rolle im Leben* spielt und im Sinne bezahlter Berufstätigkeit deutlich von anderen Lebensbereichen abgetrennt ist. Hier ist die Arbeitsmotivation etwas Autonomes, ja gilt als eine „Bannerträgerin des moralischen Sinns" (Giddens 1997, S. 237). Von ihr hängt es ab, ob sich der Einzelne als nützlich oder sozial geschätzt empfindet.

Im 21. Jahrhundert zeichnet sich ein deutlicher *Wandel vom alten Produktivismus zur neuen Produktivität* ab: Der Anteil der im Leben mit Berufsarbeit verbrachten Zeit wird geringer bei gleichzeitig wachsenden Möglichkeiten außerberuflicher Produktivität (nicht nur im ökonomischen Sinne). Die neue Produktivität verliert ihren Charakter des Zwanghaften und Abhängigen und breitet sich in fast allen Bereichen des persönlichen Lebens aus. Glücklich kann sich schätzen, wer in der Lage ist, ein produktives Leben zu führen.

> Für die Zukunft deutet sich als Tendenz an: Berufs- und Privatleben tauschen fast ihre Rollen. Arbeit kann Spaß machen und Karrieren sind auch jenseits des Erwerbs möglich.

Es kommt zu einem neuen „*Existenzmix*" (Goebel/Clermont 1998) *aus Arbeit, Leben und Bildung*. Eine Frage ist allerdings offener denn je: Wird dann nicht „ein neuer Menschen-Typus" (Gronemeyer 1996) gebraucht? Wie wird er sich, wie muss er sich bilden?

Die Bildungspolitik steht auf dem Prüfstand. Das bisher in der Schule und im außerschulischen Bereich vermittelte Grundwissen (einschließlich der Kulturtechniken) bedarf einer Erneuerung und Erweiterung. Bildung wird zum lebensbegleitenden Lernen: *Wer nicht weiterlernt, kommt auch im Leben nicht weiter* – oder gibt gar sein Leben auf. Arbeit bedeutet daher immer öfter, auch *an sich selbst zu arbeiten*. Arbeiten in diesem umfassenden Sinn wird zur Lebenstätigkeit und Lebenskunst – von Gelderwerb und ökonomischen Zwängen zeitweilig entkoppelt.

Bildhaft gilt das, was Wirtschaftsexperten künftigen Technikern empfehlen: „In Eurer Karriere ist Wissen wie Milch. Das Ablaufdatum ist schon aufgedruckt. Ein Technikstudium ist heute durchschnittlich drei Jahre lang haltbar. Wenn Ihr innerhalb dieser Zeit nicht Euer gesamtes Wissen auf den neuesten Stand gebracht habt, wird Eure Karriere bald sauer" (Tapscott 1996, S. 236). Lernziele müssen mehr als bisher auf Lebensziele bezogen sein. Antworten auf die Frage „Was tun – mit den neuen Freiheiten des 21. Jahrhunderts?" müssen gefunden werden. Die Erziehung zur selbständigen Lebensführung wird zur wichtigsten Aufgabe der Bildungspolitik.

Erkennbar sind als Zukunftsvision die Konturen einer *Bildungsgesellschaft* (Weiterbildung und Kultur), die sich gleichwertig neben die *Leistungsgesellschaft* (Arbeit und Beruf) und die *Konsumgesellschaft* (Medien- und Erlebniskonsum) schiebt. Lern- und Bildungszeiten verteilen sich auf das ganze Leben. Und Persönlichkeitsbildung wird ein Teil der Lebensqualität. Vor dem Hintergrund einer Gesellschaft des langen Lebens kommt es zu einer *Bedeutungserweiterung des lebenslangen Lernens*. Darin sind sich fast alle einig: „Lebenslanges Lernen hat nicht nur etwas mit Beruf und Betrieb zu tun" meinen 88 Prozent der Bevölkerung.

> Mit einer Umsetzung des programmatischen Begriffs „lebenslanges Lernen" muss also Ernst gemacht werden. Erforderlich werden neue Bildungseinrichtungen (z.B. „Freie Bildungsakademie") und Bildungsangebote (z.B. „Fernseh-Uni"), die unabhängig von der Arbeit sind und uns ein Leben lang begleiten – nach Feierabend, am Wochenende oder im (Bildungs-)Urlaub. Und das rund ums Jahr und ein Leben lang.

Abb. 60: „Zukunftsvision Bildungsgesellschaft"
Wer nicht weiterlernt, kommt auch im Leben nicht weiter

Von je 100 Befragten stimmen den Aussagen zu:

Lebenslanges Lernen hat nicht nur etwas mit dem Beruf und Betrieb zu tun	88
Für seine Weiterbildung ist *jeder selbst verantwortlich.* Der Arbeitgeber sollte lediglich Angebote machen	73
Wir brauchen ganz *neue Bildungseinrichtungen,* die unabhängig von der Arbeit sind und uns *ein Leben lang begleiten*	71
Jeder muss *selber für seine Qualifikation sorgen.* Daher muss man in Zukunft neben der Arbeit selber Kurse besuchen, um sich fortzubilden	63
Ich habe schon einmal für eine Weiterbildung *selbst Geld* aufgewendet	41

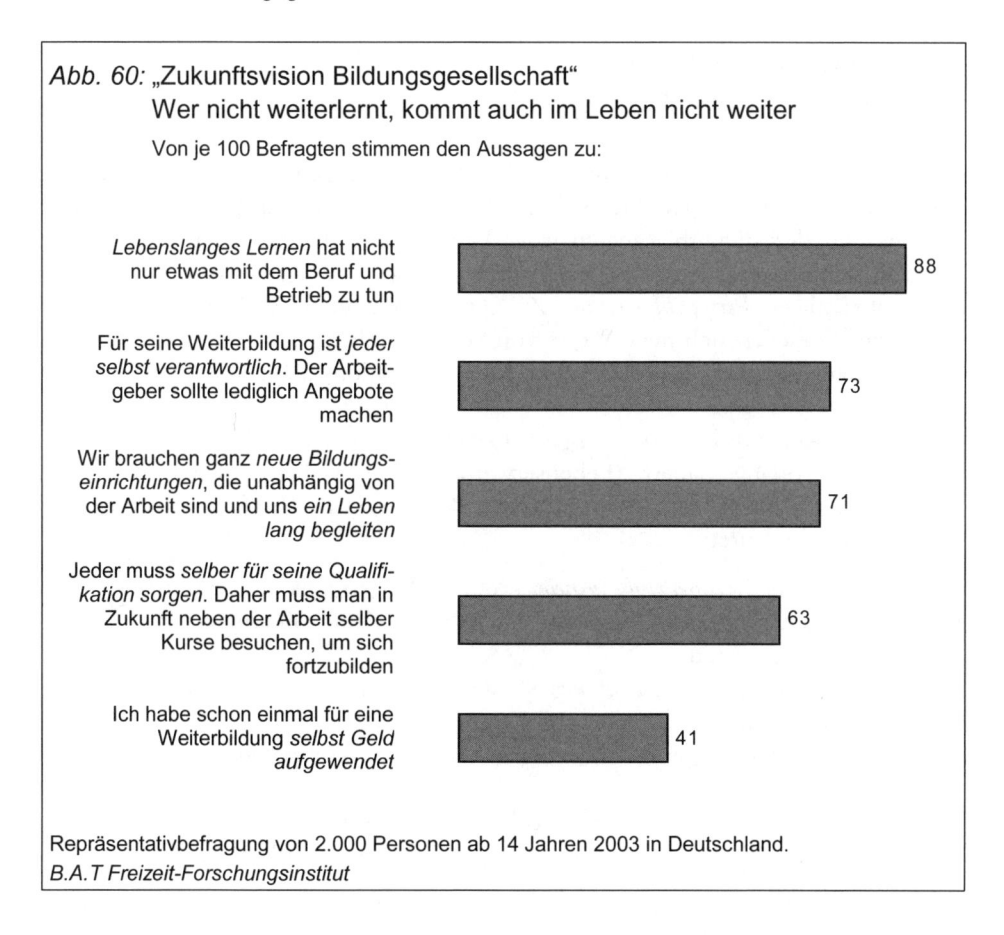

Repräsentativbefragung von 2.000 Personen ab 14 Jahren 2003 in Deutschland.
B.A.T Freizeit-Forschungsinstitut

Fast drei Viertel der Bevölkerung (71%) sprechen sich dafür aus. Vorstellbar ist eine neue Generation von Volkshochschulen: *Freie Bildungsakademien für das 21. Jahrhundert* – in einer Mischung aus Lernstudio, Kulturwerkstatt und Literaturkneipe, Wochenendseminar und Sommerakademie. Im Unterschied zu traditionellen Volkshochschulen wären diese neuen Bildungsakademien

- *auch geöffnet* zu Zeiten, da die meisten anderen Bildungseinrichtungen geschlossen sind, und würden sie
- *Bildungsangebote mit Langzeitperspektive,* also mit zeitlich unbegrenzten Teilnahmemöglichkeiten machen. Für (schul-)bildungsbenachteiligte Bevölkerungsgruppen würden sich so neue Lernchancen eröffnen.

Für die Förderung und Finanzierung dieser neuen Bildungsakademien müssten sich auch Unternehmen mehr verantwortlich fühlen, wie es der Schweizer Konzern Migros schon jahrzehntelang praktiziert. Flächendeckend gibt es in der Schweiz so genannte *Migros-Clubschulen* mit Bildungsangeboten für Jung bis Alt, die kommunale und mit Steuergeldern finanzierte Volkshochschulen weitgehend entbehrlich machen.

3. Perspektivenwechsel.
Lebenszeit als Bildungszeit

Bildung wird immer wichtiger. Die schnellen Veränderungen in der Arbeitswelt und in der nicht auf Erwerb gerichteten freien Lebenszeit verstärken die Bedeutung des Lernens und der Weiterbildung in jeder Lebensphase. Lern- und Bildungszeiten verteilen sich über das ganze Leben. Pädagogik und Bildungspolitik stehen vor einem notwendigen *Perspektivenwechsel*. Zu den so genannten „Pflicht- und Akzeptanzwerten" gesellen sich neue Werte von Selbstentfaltung und Selbstbestimmung, von Spontaneität und Flexibilität, von Kommunikationsfähigkeit und Selbstständigkeit.

Die *Fähigkeit zur Gestaltung des eigenen Lebens*, das in der Geschichte der Menschheit noch nie so lange dauerte (Lebenserwartung 1871: 37 Jahre – 2003: 79 Jahre – 2050: 85 Jahre), zwingt geradezu zum Umdenken (vgl. Enquête-Kommission 1990, S. 5). Und das bedeutet:

- Weg von einer *zu einseitigen Ausrichtung* der Bildungspolitik an der Wirtschaft
- Weg von einer *zu engen Orientierung* der Erziehung und Bildung am Berufs- und Beschäftigungssystem
- Weg von einer *zu starken Fixierung* der Weiterbildung an der ökonomischen Leistungsgesellschaft
- Hin zur Motivierung und Erhöhung der Handlungskompetenz in allen Lebensbereichen
- Hin zur aktiven Mitgestaltung der zukünftigen Gesellschaft
- Hin zur wirklichen Gleichwertigkeit allgemeiner und beruflicher Bildung.

Die Menschen müssen und wollen ein selbstbestimmtes Leben führen, das auch positiv auf die Arbeit im Beruf zurückwirkt.

Lernen findet zunehmend außerhalb des Schul- und Berufslebens statt. Die Familie, das Fernsehen und das gesamte soziale Umfeld von der Nachbarschaft bis zum Freundeskreis stellen ein der Schule vielfach überlegenes Lernfeld dar. Selbstbestimmung und Eigeninitiative aber lassen sich nicht nur auf diesen Zeitraum beschränken. Handeln und Lernen vollziehen sich im Lebenszusammenhang. Daher muss auch das schulische Lernen auf die Sozialisationserfahrungen in der Zeit vor und neben der Schule bezogen sein und darf kein Eigenleben führen. Umgekehrt müssen auch außerschulische Lernanregungen verstärkt in das Schulsystem einbezogen werden.

> Die Entdeckung schul- und arbeitsfreier Lebenszeiten als Felder informellen Lernens steht noch aus. Meist außerhalb von Institutionen und in unorganisierter, auf dem Prinzip der Freiwilligkeit basierender Form stellen diese Zeiträume vielfältige Erfahrungsfelder dar. Die Vielfalt des Verhaltens erklärt sich durch das Vorhandensein größerer Dispositions- und Freiräume, die in Schule, Ausbildung und Beruf in aller Regel nicht gegeben sind, weil diese Bereiche zum Teil unter Erfolgs- und Leistungszwängen stehen.

Die informelle Bildung kann ein bedeutsamer *Ansatzpunkt für aktives Lernen* werden. Aktives Lernen heißt „selber sprechen, selber experimentieren, selber erkunden, selber Situationen realisieren, selber tätig sein" (Krings 1974, S. A 54). Aktives Lernen eröffnet Raum für eigenes Handeln, ersetzt die traditionelle Verpflichtung zu Leistungsergebnissen durch selbstinitiierte Lernerlebnisse.

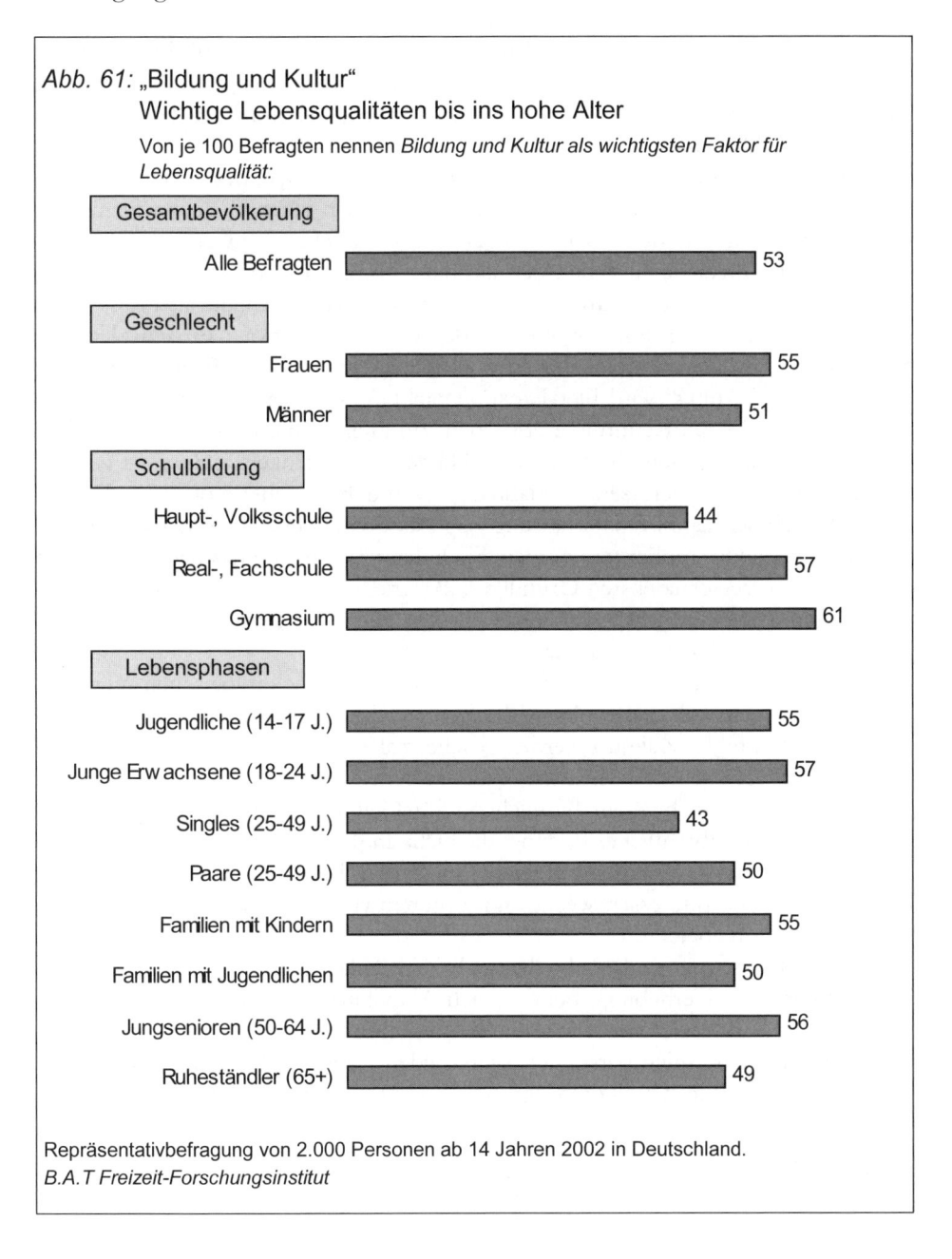

Abb. 61: „Bildung und Kultur"
Wichtige Lebensqualitäten bis ins hohe Alter

Von je 100 Befragten nennen *Bildung und Kultur als wichtigsten Faktor für Lebensqualität:*

Gesamtbevölkerung
- Alle Befragten: 53

Geschlecht
- Frauen: 55
- Männer: 51

Schulbildung
- Haupt-, Volksschule: 44
- Real-, Fachschule: 57
- Gymnasium: 61

Lebensphasen
- Jugendliche (14-17 J.): 55
- Junge Erwachsene (18-24 J.): 57
- Singles (25-49 J.): 43
- Paare (25-49 J.): 50
- Familien mit Kindern: 55
- Familien mit Jugendlichen: 50
- Jungsenioren (50-64 J.): 56
- Ruheständler (65+): 49

Repräsentativbefragung von 2.000 Personen ab 14 Jahren 2002 in Deutschland.
B.A.T Freizeit-Forschungsinstitut

Bildung im 21. Jahrhundert ist *Bildung für sich selbst, Persönlichkeitsbildung, Bildung als Lebensqualität.* 53 Prozent (B·A·T Umfrage 2002) der Bevölkerung sind der Auffassung, dass Bildung und Kultur wichtige Voraussetzungen dafür sind, dass man glücklich und zufrieden leben kann. Bildung und Kultur bleiben wichtige Lebensqualitäten bis ins hohe Alter. 65-jährige Ruheständler messen diesen Bereichen sogar eine höhere Bedeutung zu (49%) als beispielsweise 25- bis 49-jährige Singles (43%). Bildung als Lebensinhalt und Indikator für Lebensqualität bleibt ein ganzes Leben lang wichtig. Ab 50 beginnt der heimliche Ausstieg aus dem Arbeitsleben. Bildung wird dann sogar wichtiger als Arbeit. Bildung bekommt wieder Eigenwert – als Persönlichkeitsbildung.

Bildung bleibt als „life long learning" ein lebensbegleitender Prozess, der gerade im höheren Alter nach dem Ausscheiden aus dem Berufsleben einen Bedeutungszuwachs erfährt – frei von materiellen Erwägungen und beruflichen Verwertungsabsichten. Immer mehr Universitäten gehen deshalb dazu über, eine Art „studium generale" für Menschen in der nachberuflichen Lebensphase einzurichten, die als Frührentner oder Pensionäre wieder lernen wollen. In den USA haben etwa 7 Prozent der über 55-Jährigen Universitätskurse belegt; die Zahl steigt ständig an. Mit der Forderung des „life long learning" wird hier Ernst gemacht. Vorhandene Kenntnisse werden aufgefrischt und neue Kenntnisse erworben. Im *„Dritten Bildungsweg"* geht es nicht in erster Linie um wissenschaftliche Abschlüsse. Persönlichkeitsbildung ist gefragt, weshalb auch jeder Interessent – unabhängig von Schulabschluss oder Hochschulreife – teilnehmen kann. Die Erfahrung zeigt, dass vor allem Menschen des mittleren Bildungsstandes mobilisiert werden. Sie holen jetzt endlich das nach, was ihnen früher aus den verschiedensten Gründen (z.B. Kriegs-, Nachkriegszeit, Heirat, Kindererziehung) nicht möglich war. Dies gilt vor allem für Frauen, die doppelt so hoch vertreten sind wie die Männer.

Der Struktur- und Wertewandel, insbesondere die technologischen Veränderungen der Arbeitswelt, haben Auswirkungen auf das gesamte Bildungssystem. Die Bildungskonzepte der Zukunft werden gleichermaßen und gleichwertig berufs- und persönlichkeitsbezogen sein. In dem Maße, in dem eigenschöpferische Fähigkeiten in der Arbeitswelt nicht mehr hinreichend zur Geltung kommen können, wächst die Bedeutung nachberuflicher Bildung, die nicht an den Nachweis bestimmter Leistungen gebunden ist. Es ist eine freiwillig motivierte Bildung, die Kommunikation ermöglicht, eigene Interessen weckt und weiterentwickelt sowie die Teilnahme am kulturellen Leben erleichtert.

Zur Bildungseuphorie besteht dennoch kein Anlass. Eine 2003 durchgeführte B·A·T Repräsentativerhebung, bei der nach Aktivitäten gefragt wurde, die „in der letzten Woche und/oder am Wochenende" ausgeübt wurden, nannten nur 13 Prozent der Befragten „mich persönlich weiterbilden", aber 90 Prozent „Fernsehen". Bezogen auf einzelne Bevölkerungsgruppen ergibt sich folgende Rangliste der *freiwillig gewählten Bildungsaktivitäten im Alltag*:

1. Leitende Angestellte/Höhere Beamte (25%)
2. Selbstständige/Freie Berufe (19%)

3. Beamte (18%)
4. Angestellte (13%)
5. Arbeitslose (12%)
6. Ruheständler (6%)
7. Arbeiter (4%)

Noch also dominiert die mehr beruflich motivierte Bildung Die Entdeckung außerberuflichen Lernens steht noch aus – im praktischen Tun jedes Einzelnen, aber auch in den Zielsetzungen und Maßnahmen der Bildungspolitik selbst.

4. Aufsuchen. Abholen. Aktivieren. Zur Didaktik außerschulischen Lernens

Um insbesondere die bildungsungewohnten Bevölkerungsgruppen nicht nur räumlich, sondern auch psychisch und sozial, also mit ihren primären Bezugsgruppen Familie/Nachbarschaft/ Freundeskreis zu erreichen, bedarf es animativer Bildungsangebote im Wohnumfeld.

> Erforderlich sind wohnungsnahe Bildungsangebote „vor der Haustür" bzw. „um die Ecke" – also dort, wo die Zielgruppen den größten Teil (über 70 Prozent) ihrer Lebenszeit verbringen, wo sie Zeit für einander haben, sich freiwillig und zwanglos betätigen können, aber nichts tun müssen. Bildung und soziales Nahmilieu müssen künftig motivational, inhaltlich und räumlich mehr aufeinander bezogen sein.

Dieser Zielsetzung liegt ein Verständnis zugrunde, das wohnungsnahe Bildung definiert als ein in Freiwilligkeit und aus Neigung selbstgewähltes Erfahrungslernen in offenen Situationen, in denen Lernanregungen mit kulturellen Inhalten, spielerischen Elementen und geselligen Erlebnissen verbunden sind. Diese Zielsetzung wohnungsnaher Bildungsangebote korrespondiert mit entsprechend anregenden Vermittlungsformen:

- *Aufsuchende Kontaktaufnahme*
  Teilnehmerwerbung durch Multiplikatoren als „Relais"-Stationen:
  Bezugspersonen im Wohnbereich
  Meinungsbildner/"opinion leader" in Vereinen
  Multiplikatoren in Anlaufstellen (Schule, Arztpraxis, Sparkasse, Post, Einkaufsladen)
- *Abholende Teilnehmerorientierung*
  Abholen der Teilnehmer vor der eigenen Haustür:
  Attraktive Bildungsangebote („Bildung als Erlebnis") im Kontaktbereich von Wohnung, Haus, Garten, Straße und Nachbarschaft
  Geringe Zugangsschwellen/Organisationsbarrieren/Motivationshemmungen/ Teilnahmeängste durch Vertrautheitsbezug des sozialen Umfeldes

- *Situationsbezogene Zielgruppenansprache*
  Orientierung am Zeitbudget von Familien, insbesondere berufstätigen Eltern/Frauen mit Kindern
  Anbieten wenig zeitaufwendiger Lernaktivitäten
- *Einladende Empfangssituation*
  Annehmende Atmosphäre der Akzeptanz und Toleranz
  Arrangement von freien Bildungsangeboten (z.B. offene Animationskurse) mit Wahl-, Entscheidungs- und Initiativmöglichkeiten der Teilnehmer
  Kursleiter als Ermutiger, Anreger und Berater
- *Anregende Vermittlungsform*
  Nicht-direktive Methoden zur Aktivierung von Eigeninitiative
  Eigenbeteiligung mit Lust, Spaß, Begeisterung
- *Nachhaltige Erlebnisförderung*
  Durchgehendes Jahresangebot (auch und gerade während der Urlaubszeit/ Schulferien) mit Gelegenheiten zur Kontaktierung der Teilnehmer untereinander (keine „Ein-Punkt-Aktionen")
  Ermöglichung und Förderung von Gruppenerlebnissen
- *Teilnahmeoffenes Angebot*
  Offene Situation ohne Zwang zur Teilnahme und Mitgliedschaft
  Motivierung neuer Adressaten/Interessenten im Wohnbereich.

Die Realisierung einer offenen Bildungsarbeit als einer wohnungsnahen Form des Sich-Mitteilens, des Umgangs miteinander, des Lernens mit Lust und der Entfaltung von Einzelnen oder Gruppen – vom Erwerb neuer Kenntnisse bis zur Entwicklung eines eigenen Lebensstils, von der künstlerischen Betätigung bis zum gemeinschaftlichen Handeln – steht noch aus. Dies ist die zentrale Herausforderung der außerschulischen Bildungsinstitutionen, speziell der Volkshochschulen.

> Die Volkshochschulen dürfen in Zukunft keine spezialisierten Bildungseinrichtungen mehr sein, die bei den Besuchern spezielle Kenntnisse voraussetzen. Wie auch Theater, Museen u.a. wirken sie auf diejenigen, die in ihre Benutzung nicht eingeführt sind, als Angebote an Spezialisten mit entsprechendem Können und ausreichendem Wissen. Vom Anspruch her überfordern sie zumeist jenen Großteil der Bevölkerung, dem diese Angebote nicht vertraut sind.

Sie entmutigen die möglicherweise Interessierten, indem sie bei ihnen vieles von dem vorauszusetzen scheinen oder tatsächlich voraussetzen, was als hemmend empfunden werden kann. Bildungsangebote aber müssen ermutigen.

Auch Bildungsinteressenten wollen die Chance der Abwechslung und Wahl geboten bekommen. Der Wechsel unter verschiedenen Bildungsangeboten – auch und gerade der Wechsel vom Bekannten zum weniger Gewohnten – sollte möglich sein und zu einem wesentlichen Bildungsziel werden. Um das bestehende spezielle Angebot entsprechend anzureichern und Volkshochschulen zu *Freien Bildungsakademien* auszubauen, muss das starre Fachkursprinzip durch *räumlich und zeitlich flexible Lernangebote* ersetzt werden.

5. Bildungsziel Selbstständigkeit.
Auf sich selbst gestellt statt angestellt sein

Anfang des 18. Jahrhunderts setzt sich unter pietistischem Einfluss das substantivierte Wort *Selbst* (=eigene Persönlichkeit) im deutschen Sprachgebrauch durch – in Anlehnung an die englische Formulierung „my better self" mit religiös-asketischer Bedeutung. Damit verbunden sind Wortzusammensetzungen wie z.B. Selbstbestimmung, Selbstbewusstsein und Selbstständigkeit. Letzteres basiert auf dem veralteten Begriff „Selbstand", einer Verdeutschung von *Substanz*, womit das Beständige, das Bleibende, das im Wechsel Beharrende, ja das Wesentliche (lat. substantia = Wesen) gemeint ist. Seither ist auch Selbstbewusstsein nur ein anderes Wort für Wertbewusstsein.

> Selbstständig sein heißt, frei, unabhängig, ohne Hilfe und vor allem auf sich selbst gestellt und nicht angestellt sein. So sprechen wir davon, dass jemand im Leben eine selbstständige Stellung einnimmt oder sich beruflich selbstständig macht (z.B. als Handwerker, Geschäftsmann, Arzt, Architekt). Selbstständigkeit umschreibt die Fähigkeit, eigenständig denken, entscheiden und handeln zu können.

Das überlieferte Sprichwort „Selbst ist der Mann" im Sinne von „Man muss sich selber helfen können" kommt der Wortbedeutung von Selbstständigkeit heute sehr nahe: Stolz auf die eigene Leistung und unabhängig von der Hilfe anderer (insbesondere des Staates) sein können. „Selbst ist der Mann" stellt eine direkte Aufforderung dar, die Dinge des Lebens selbst in die Hand zu nehmen und sich erst einmal auf sich selbst zu verlassen.

Die Lebenskunst der Selbstständigkeit hat eine lange Tradition. Wer sich nicht selbst helfen und seine Angelegenheiten ordnen kann, ist nach einer alten Fabel den Fröschen vergleichbar, die immer nur nach einem Herrscher schreien, oder gleich den nächtlichen Trunkenbolden, die früher regelmäßig von der Nachtwache nach Hause gebracht werden mussten. So ist die alte Lebensweisheit zu verstehen: „Wer sich an andere hält, dem wankt die Welt! Wer auf sich selber ruht, steht gut". Das gilt für das private Leben genauso wie für den Beruf, weshalb die Engländer noch heute sagen; „If a man will have his business well done he must do it himself."

Nach und nach von Fremdhilfen unabhängig werden, ist seit jeher ein wichtiges Ziel der Persönlichkeitsentwicklung und Persönlichkeitsbildung. Das *Bildungsziel Selbstständigkeit* bewegt sich dabei in einem Spannungsfeld von „Binden und Befreien", „Führen und Wachsenlassen", „Fördern und Fordern" oder „Fordern statt Verwöhnen."

Die internationale Wertewandelforschung weist seit den fünfziger Jahren auf eine grundlegende Verschiebung der Wertorientierungen der Bevölkerung hin: Gemeint ist der Wandel von den *Pflicht- und Akzeptanzwerten* (=traditionelles Wertesystem) zu den *Selbstentfaltungswerten* (=modernes Wertesystem). Repräsentative Befragungen der Bevölkerung in den fünfziger bis neunziger Jahren gingen systematisch der Frage nach: „Auf welche Eigenschaften sollte die Erziehung von Kindern vor allem hinzielen: Gehorsam und Unterordnung – Ordnungsliebe und Fleiß oder Selbstständigkeit und freier Wille?"

> **Selbstständig: Prozess. Zustand. Gefühl. Redewendungen und ihre Bedeutung**
>
> *selbstständig werden*
> sich loslösen
> sich freischwimmen
> sich abnabeln
> aussteigen
>
> *selbstständig sein*
> unabhängig sein
> sein eigener Herr sein
> auf eigenen Füßen/Beinen stehen
> freie Bahn/Hand haben
>
> *sich selbstständig fühlen*
> sich nicht eingeschränkt fühlen
> sich nichts mehr sagen lassen
> jemandem über den Kopf wachsen (z.B. den Eltern)
> sich befreit fühlen.

Die Befragten sollten sich jeweils zwischen diesen drei Gruppen entscheiden. Im Zeitvergleich von vier Jahrzehnten konnten die Sozialwissenschaftler Helmut Klages und Thomas Gensicke einen „*gewaltigen Verschiebungsprozess in Richtung eines modernen und liberalen Erziehungsleitbildes Selbstständigkeit und freier Wille*" (Klages/Gensicke 1994, S. 676) nachweisen:

- Anfang der fünfziger Jahre bevorzugte die Bevölkerung so genannte „Sekundärtugenden" im Umfeld von Fleiß und Ordnung. Und nur ein Viertel der Befragten konnte sich mit dem Erziehungsziel Selbstständigkeit anfreunden.
- Anfang der neunziger Jahre kehrte sich das Verhältnis um. Zwei Drittel identifizierten sich jetzt als Folge des Trends zur Individualisierung mit der Selbstständigkeit als Erziehungsziel, während sich nur mehr eine Minderheit für Pflicht- und Akzeptanzwerte entschied.

Ungeschriebene soziale Regeln („was sich gehört") würden immer mehr individuellen Nutzenerwägungen („was bringt es mir?") geopfert.

Selbstständiges Denken und Handeln gilt als ein nahezu selbstverständliches und erstrebenswertes Verhalten. Zumindest für sich selbst nimmt jeder Einzelne eine weitgehende Selbstständigkeit in diesem Sinne an. Und auch für die eigenen Kinder gilt dies als erstrebenswert. Um Selbstständigkeit zu fördern, sind Bedingungen zu erfüllen, die von früher Kindheit bis ins Erwachsenenalter reichen:

- Kinder benötigen eine Spannung aus emotionaler *Sicherheit und Freiraum* für Rückzug und Eigenverantwortung. Emotionale Sicherheit gewährleistet ein Selbstwertgefühl, das dem Kind (und später dem Erwachsenen) vermittelt, dass es erwünscht und angenommen ist. Der Freiraum, allein schon in seiner Rückzugsqualität, gilt als Zeichen von Respekt gegenüber dem Individuum.
- Zum Freiraum gehört ein *geschützter Rahmen*, dessen Grenzen angemessen und altersgemäß erweitert werden und in dem freies Handeln, Ausprobieren, Sich-

Erproben, aber auch nur Träumen und Phantasieren möglich ist. Der Rahmen hat dabei eine sowohl sichernde als auch begrenzende Funktion. Er macht das Experiment kalkulierbar. Aber er muss auch Grenzüberschreitungen zulassen, die dann als Herausforderung zu bewältigen sind.

Hierzu sind in der Biographie deutliche Spuren erkennbar: Der Vater, der z.B. seine Tochter zum Do-it-yourself motiviert. Oder die Großmutter, die den Enkel ermutigt, selbst etwas zu bauen (und die ihm beim Neubau hilft, wenn das „Ding" zusammenbricht). Hinzu kommen Möglichkeiten, auf sich stolz zu sein: *Ermutigung* durch enge Bezugspersonen oder durch Gleichaltrige. Ein Satz wie *„Du schaffst das schon"* kann zu einem positiven Lebensprogramm werden. Der Lehrer, der eine Klasse übernimmt und den Schülern prognostiziert „Sie werden alle die Prüfung schaffen – und zwar gut" motiviert seine Schüler, so dass diese Prophezeiung auch wahr wird.

In „echten", d.h. ernsthaften Projekten hingegen lernen Kinder und Jugendliche eine Reihe von *Fertigkeiten*, die für die eigene Selbstständigkeit (auch und besonders für die berufliche) hilfreich sind:

- Zeit einteilen.
- Abläufe organisieren.
- Informationen einholen, verarbeiten und bewerten.
- Kreativ handeln.
- Improvisieren und planen, auch Krisen managen („Der Wolkenbruch im Pfadfinderlager – und ich hab die Verantwortung für die kleinen Neunjährigen").
- Kontakt- und Konfliktfähigkeit erlernen und gruppendynamische Prozesse erkennen und handhaben.
- Problemlösungskompetenz auf sachlicher und emotional-sozialer Ebene.

6. Lebensunternehmertum. Das Leitbild der Zukunft

Lebensunternehmer nehmen ihr *Leben als Potenzial* wahr, für das sie sich selbst verantwortlich fühlen und aus dem sie das Beste machen wollen. Sie sind hoch motiviert und produktiv und zugleich bereit, *unternehmerische Verantwortung* zu tragen – in der Elternrolle, als Vereinsmitglied, als Angestellter (=Unternehmer am Arbeitsplatz), Kleinunternehmer, Freiberufler oder selbstständig Gewerbetreibender. Mit einer solchen Motivation und Kompetenz könnten Lebensunternehmer in Zukunft die „Hauptträger der neuen Demokratisierung in Politik, Kultur und Wirtschaft" (Lutz 1995, S. 70) werden: Sie schöpfen ihre eigenen Fähigkeiten und Möglichkeiten aus und nutzen sie für die Mitgestaltung des sozialen Umfeldes.

In einer *Multioptionsgesellschaft* (vgl. Gross 1994), in der die Menschen in der Vielfalt der Optionen und Angebote zu ertrinken drohen, in der es keine gottgegebenen Prinzipien und keine staatliche Weisungskultur mehr gibt, ist der autonome Mensch in allen Lebensbereichen gefordert. Wenn alles machbar, wählbar und erreichbar erscheint, wird es geradezu unverzichtbar, dass es selbstständige Menschen gibt, die „ihren" Weg finden und gehen können.

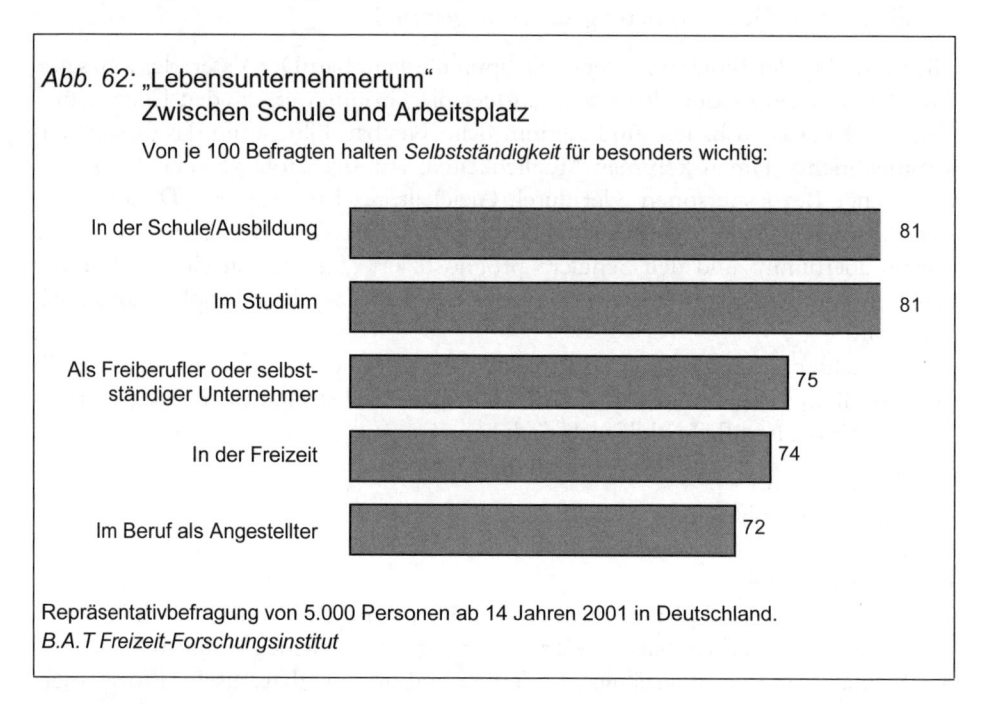

Abb. 62: „Lebensunternehmertum"
Zwischen Schule und Arbeitsplatz

Von je 100 Befragten halten *Selbstständigkeit* für besonders wichtig:

In der Schule/Ausbildung	81
Im Studium	81
Als Freiberufler oder selbstständiger Unternehmer	75
In der Freizeit	74
Im Beruf als Angestellter	72

Repräsentativbefragung von 5.000 Personen ab 14 Jahren 2001 in Deutschland.
B.A.T Freizeit-Forschungsinstitut

Mit dieser Problemstellung konfrontiert spricht sich die überwiegende Mehrheit der Bevölkerung für zwei Lösungsansätze aus:

- *Selbstständigkeit in der Schule*
  Menschen müssen lernen, sich selbstständig um ihre Belange zu kümmern. Die Schule soll hier als Wegbegleiter und Übungsfeld fungieren.
- *Selbstständigkeit im Studium*
  Wer künftig selbstständig leben oder Führungsaufgaben in der Gesellschaft übernehmen will, muss im Studium und während der Studienzeit eigenverantwortlich lernen und Ideen für die Zukunft unserer Gesellschaft entwickeln können.

Im Mittelpunkt: der Mensch. Aus gesellschaftspolitischer Sicht stellt die persönliche Selbstständigkeit ein Humankapital ersten Ranges dar. So gesehen kann es nicht überraschen, dass die *Selbstständigkeit in der Freizeit* von der Bevölkerung genauso hoch bewertet wird wie die Selbstständigkeit im Beruf. Gemeint ist vor allem Konsumsouveränität, die ein Ausdruck für selbstbestimmtes, selektives und auch kritisches Verbraucherverhalten ist: Wer nicht einfach nur konsumieren will, muss selbstständig entscheiden und auch einmal nein sagen können.

So spannt sich der Bogen des Lebensunternehmertums vom eigenverantwortlichen Leben bis zum eigenen Arbeitsplatz. Für Familien mit Jugendlichen hat die Selbstständigkeit in der Freizeit sogar einen etwas höheren Stellenwert als die Selbstständigkeit am Arbeitsplatz oder in der freiberuflichen Tätigkeit. Eltern müssen nicht selten die Erfahrung machen, dass es für Jugendliche heute genauso schwer ist, den beruflichen Lebensweg zu finden wie in der Freizeit *nicht* vom Weg abzuweichen.

7. Eigeninitiative.
Von der Berufsfindung bis zur Familiengründung

Kindheit, Jugendzeit, Ausbildung, Familiengründung, Berufsphase, Ruhestand – in allen Lebensphasen spielt Selbstständigkeit eine große Rolle. Die größte Bedeutung kommt nach Meinung der Bevölkerung allerdings dem *frühen Erwachsenenalter* zu. Junge Erwachsene müssen die Weichen für das Leben stellen, beruflich und auch ganz privat. Eine falsche Entscheidung in dieser Lebensphase kann folgenreich für das ganze Leben sein. Dies trifft insbesondere für die Ausbildung und den Einstieg in den Beruf zu.

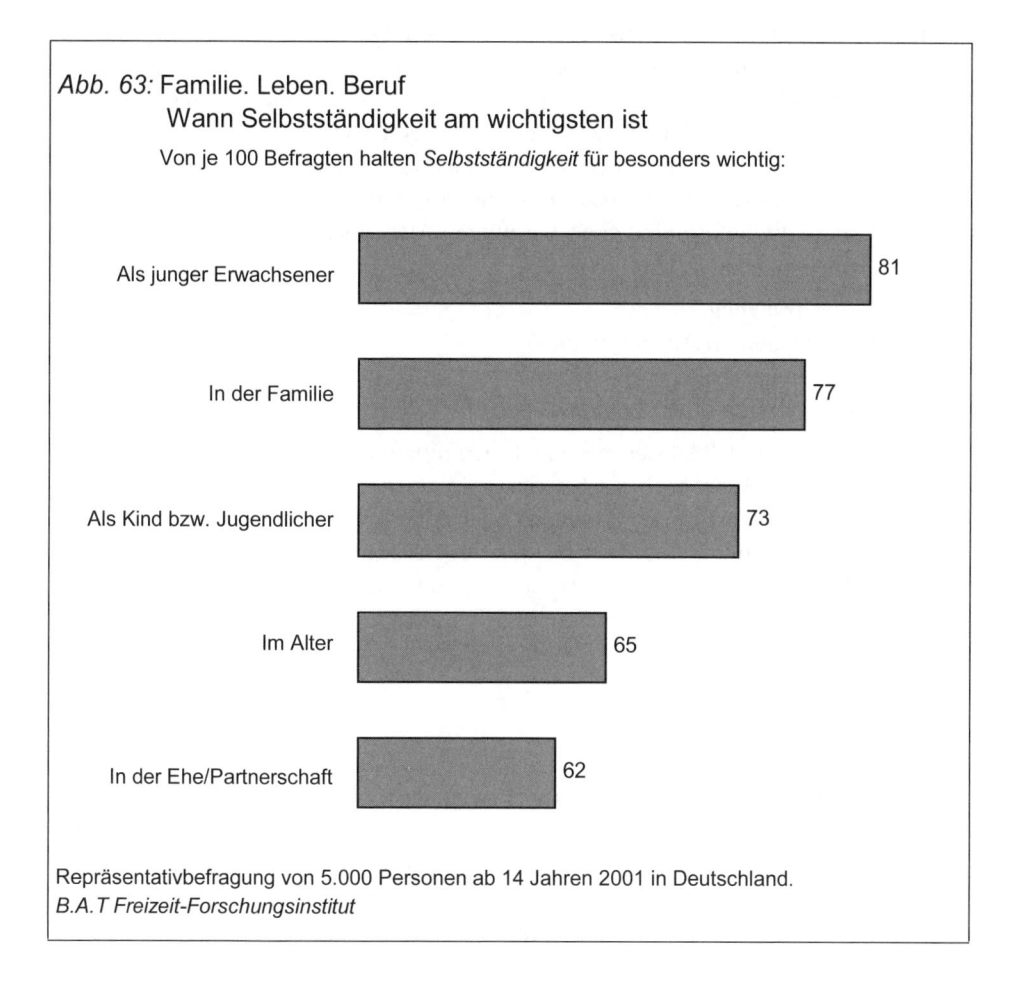

Abb. 63: Familie. Leben. Beruf
Wann Selbstständigkeit am wichtigsten ist

Von je 100 Befragten halten *Selbstständigkeit* für besonders wichtig:

- Als junger Erwachsener: 81
- In der Familie: 77
- Als Kind bzw. Jugendlicher: 73
- Im Alter: 65
- In der Ehe/Partnerschaft: 62

Repräsentativbefragung von 5.000 Personen ab 14 Jahren 2001 in Deutschland.
B.A.T Freizeit-Forschungsinstitut

In dieser Lebenssituation „muss" man die Dinge selber in die Hand nehmen können, sagen 81 Prozent der Bevölkerung. Genauso wichtig ist aber der *familiäre Rückhalt*. Ganz im Beruf aufgehen, kann auch heißen, sich voll auf die Familie verlassen können und darauf vertrauen, dass alle ihre Aufgaben selbstständig erledigen. Selbstständige, die im Beruf zeitlich, physisch und mental teilweise bis an die Grenze der Belastbarkeit gefordert sind, können dieser Dauerbelastung nur standhalten, wenn sie sich privat den Rücken freihalten. Eine intakte Familie zeichnet sich auch durch Verlässlichkeit aus: Hier hat und erfüllt jeder seine Rechte und Pflichten – wie im Geschäftsleben auch.

Für die Zukunft zunehmend wichtiger wird ein anderer Aspekt: *Selbstständigkeit im Alter*. Vor dem aktuellen Hintergrund ständig steigender Lebenserwartung, was auch Hochaltrigkeit und Langlebigkeit zur Folge hat, kann es ebenso lebenswichtig wie lebensqualitätserhaltend sein, nicht auf die Hilfe anderer angewiesen zu sein. Zwei Drittel der Bevölkerung (65%) legen besonderen Wert darauf; Ruheständler verständlicherweise mehr (72%) als Jugendliche (57%). Selbstständigkeit im hohen Alter heißt, sich selbst helfen können. Selbsthilfe kann Fürsorge entbehrlich machen, wobei natürlich der Wunsch nach Nähe auf Distanz und nach emotionaler Zuwendung und Unterstützung davon unberührt bleibt.

Selbstständigkeit und ehrenamtliche Tätigkeit weisen viele Gemeinsamkeiten auf – in der Motivation, der Zielsetzung, der Vorgehensweise und der Umsetzung. Insofern kann es nicht überraschen, dass vielfach der *prägende Charakter des ehrenamtlichen Engagements insbesondere bei Jugendlichen* hervorgehoben wird. Ein solches Engagement fördert die Selbstständigkeit bei jungen Menschen. Wer sich ehrenamtlich engagiert,

- macht dies freiwillig,
- tut dies aus eigenem Antrieb heraus,
- ist als Person gefordert und
- will etwas schaffen oder verändern.

Die Entwicklung und Realisierung von Eigeninitiative im Jugendalter erweist sich als eine gelungene Ausgangsbasis für eine spätere berufliche Tätigkeit – vom freiwilligen sozialen Dienst in der Kranken- oder Altenbetreuung über die aktive Mitwirkung in der Jugendvereinsarbeit bis zur Organisation und verantwortlichen Leitung einer Gruppenreise mit Kindern und Jugendlichen. Die gemachten Erfahrungen können eine *Schule des Lebens* und zugleich ein *Übungsfeld für berufliche Selbstständigkeit* sein.

8. Vorleben.
Wie Eltern am wirksamsten erziehen können

Schon Seneca vermerkte in seinen Briefen an Lucilius: „Lehren sind ein langweiliger Weg, Vorbilder ein kurzer, der schnell zum Ziele führt." Noch wirksamer sind heute *gelebte Leitbilder* wie z.B. die Lebensweise der Eltern, die mit gutem Beispiel vorangehen und Erziehungsziele nicht lehren, sondern positiv leben. Vorleben heißt leitbildhaft so zu leben, dass sich Kinder und Jugendliche damit *identifizieren* können. Das Verhalten von familiären Bezugspersonen, insbesondere der Eltern hat prägenden Einfluss auf die eigene Entwicklung, die Lebensgestaltung und auch spätere berufliche Orientierung und Berufswahl. Während Vorbilder und Ideale (griech.-lat. idealis = vorbildlich) nie völlig erreichbar sind und mehr Wunschcharakter haben, hat das Vorleben mehr pragmatische Bedeutung als *Orientierungshilfe für das Leben*.

Dies spiegelt auch die Einschätzung der Befragten wider. Die Frage, ob Selbstständigkeit

- Veranlagung oder eine
- Folge der Erziehung oder der
- Einflüsse durch das soziale Umfeld

ist, beantwortet die Bevölkerung mit dem Hinweis: „Erziehung zur Selbstständigkeit von früher Kindheit an". Die Bedeutung der elterlichen Erziehung wird als wegweisend für das ganze Leben angesehen. Im Elternhaus beginnt die Reise in die eigene Zukunft.

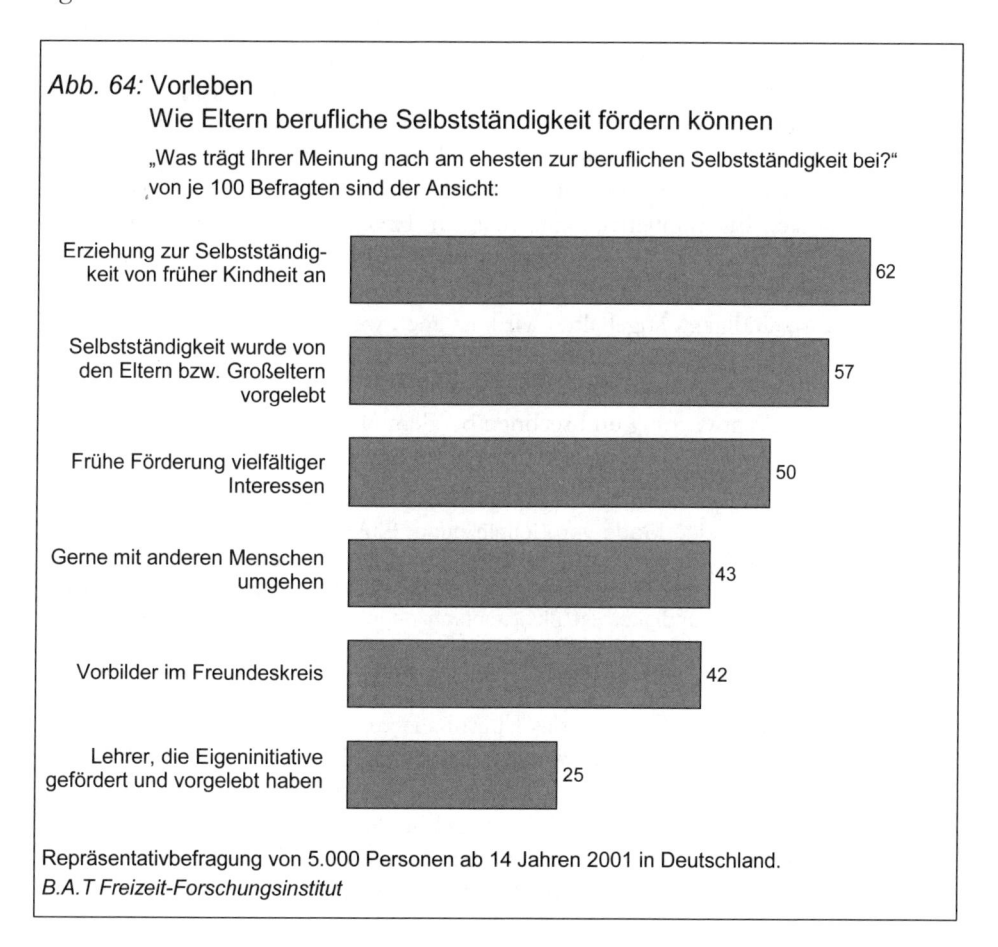

Abb. 64: **Vorleben**
Wie Eltern berufliche Selbstständigkeit fördern können

„Was trägt Ihrer Meinung nach am ehesten zur beruflichen Selbstständigkeit bei?"
von je 100 Befragten sind der Ansicht:

Erziehung zur Selbstständigkeit von früher Kindheit an	62
Selbstständigkeit wurde von den Eltern bzw. Großeltern vorgelebt	57
Frühe Förderung vielfältiger Interessen	50
Gerne mit anderen Menschen umgehen	43
Vorbilder im Freundeskreis	42
Lehrer, die Eigeninitiative gefördert und vorgelebt haben	25

Repräsentativbefragung von 5.000 Personen ab 14 Jahren 2001 in Deutschland.
B.A.T Freizeit-Forschungsinstitut

Als weitere bedeutsame Einflussfaktoren werden genannt:

- Vorbilder im Freundeskreis
- Besondere Kontaktfähigkeit, also gerne mit anderen Menschen umgehen wollen
- Frühe Förderung vielfältiger Interessen.

In jedem Einzelfall wird es ein ganz individuelles Motiv-Bündel für die Begründung der eigenen Selbstständigkeit geben. Das Vorleben der Eltern aber ist in jedem Fall fundamental. Eltern und ihre Erziehung haben bei der *sozialen Vermittlung* für das Berufsziel Selbstständigkeit die größte Bedeutung.

Damit bestätigen sich auch grundlegende Erkenntnisse der Sozial- und Sozialisationsforschung. Aus der Sportforschung ist beispielsweise bekannt: Wer angibt, nie Sport getrieben zu haben, hat viel häufiger (87 bis 95%) als andere (26%) Eltern, die nie sportlich aktiv waren. Oder: Wenn wir über die Information verfügen, dass die Eltern eine bestimmte Lieblingssportart ausgeübt haben, so können wir mit 46 Prozent Sicherheit (bei den übrigen nur mit 23%) annehmen, dass auch die Kinder diese Lieblingssportart ausüben (Schlagenhauf 1977, S. 170f.). In gleicher Weise gilt: Wenn Eltern erfolgreiche Selbstständigkeit gelebt und vorgelebt haben, kann mit großer Sicherheit angenommen werden, dass auch die Kinder – privat und/oder beruflich – ein selbstständiges Leben führen werden.

Sich selbst beschäftigen zu können wird in Zukunft wichtiger als abhängige Beschäftigung sein. Hier gilt die Erfahrung: Wenn 68 Prozent der persönlichkeitsstarken Menschen angeben, schon frühzeitig von Kindheit und Jugend an zu großer Selbstständigkeit erzogen worden zu sein (Persönlichkeitsschwache: 31%), dann wird deutlich, dass sich Eigeninitiative kaum mehr im Erwachsenenalter nachträglich erlernen lässt (Allensbach 1983). Erfahrungsgemäß macht sich eine unselbstständige Lebensführung im späteren Leben bemerkbar, d.h. wer nicht in Kindheit und Jugend zur Selbstständigkeit angehalten wird, ist auch weniger zur Mitarbeit in Parteien, Gewerkschaften oder Bürgerinitiativen bereit und übt seltener ein Amt in einem Verein oder einer Organisation aus. Unselbstständige übernehmen privat wie beruflich ungern Verantwortung und rechnen bei dem, was sie machen, selten mit Erfolg.

> Selbstständigkeit ist keine Frage von Schulbildung, Einkommen oder Schichtzugehörigkeit, sondern die Folge von Erziehung und Bildung, insbesondere einer Persönlichkeitsbildung, die auf Persönlichkeitsstärke (Selbstvertrauen, Offenheit, Kontaktfähigkeit u.a.) zielt. Selbstständigkeit ist nicht einfach angeboren – man kann und muss auch etwas dafür tun!

Dies trifft in besonderer Weise für das Elternhaus zu, das durch die Wahl ihrer Erziehungs- und Bildungsziele die Persönlichkeitsentwicklung von früher Kindheit an unmittelbar beeinflusst. Eine wirksame Erziehung zur Selbstständigkeit kann sogar die als schicksalhaft erscheinende Schichtzugehörigkeit zeitweise aufheben, d.h. in bestimmten Entscheidungssituationen können Arbeiter und Freiberufler als *Leitpersonen* dicht zu einander rücken.: „Arbeiter mit großer Persönlichkeitsstärke verhalten sich beim Setzen von beruflichen Prioritäten überraschend ähnlich wie leitende Angestellte" (Noelle-Neumann 1983, S. 10). Die Grenzen zwischen niedrigem und hohem sozio-ökonomischem Status werden fließend, ja verwischen sich.

Eine Erziehung, die das Ziel verfolgt, das Selbstbewusstsein zu stärken und die Eigeninitiative herauszufordern, fördert die Selbstständigkeit im Berufs- und Privatleben. Das 21. Jahrhundert kann ein *Zeitalter der Selbstständigkeit* werden, in dem sich vor allem selbstständige Menschen behaupten. Menschen also, die nicht resignieren, wenn sie nicht mehr gebraucht werden (z.B. Arbeitslose), sondern bereit und in der Lage sind, sich neue Lebensziele zu setzen und neue Lebensaufgaben zu übernehmen. Mehr als je zuvor wird die Fähigkeit zur Eigeninitiative gefordert sein.

9. Leiten oder leiten lassen? Die Bevölkerung bleibt gespalten

Laut dem erziehungswissenschaftlichen Lexikon zum Thema „Bildung und Erziehung an der Schwelle zum dritten Jahrtausend" sollen entscheidende Weichenstellungen für die „Bewältigung eines gelingenden Lebens" (Seibert/Serve 1994, S. 19) vorgenommen werden. Dazu gehört auch die Forderung nach einer *Erziehung zur Selbstständigkeit*: Das Erlernen von Selbstständigkeit und Eigenverantwortung muss zu einem vorrangigen Bildungsziel der Gesellschaft werden. Abhängige Beschäftigung wird es auch in Zukunft geben, aber selbstständige Beschäftigung wird immer wichtiger.

Diese bildungspolitische Aussage wurde zur Grundlage einer eigenen Fragestellung gemacht: *Kann Selbstständigkeit ein neues Bildungsideal für das 21. Jahrhundert werden?* Das Befragungsergebnis kann zunächst nicht überraschen. Die Bevölkerung bleibt gespalten: Die einen wollen leiten, die anderen sich lieber leiten lassen.

Bisher gibt es wenig Anlass zum Bildungsoptimismus. Der Erziehungswissenschaftler Michael Pries weist überzeugend nach, dass wir heute im so genannten Zeitalter lebenslangen Lernens „von einer Selbstständigkeit im Sinne Kants, Pestalozzis oder Humboldts weit entfernt sind" (Pries 2004, S. 7). Offen ist ohnehin die Frage, ob die Menschen auch wirklich *ein Leben lang lernen* oder nicht lieber bequem in gewohnter Abhängigkeit verharren wollen.

Wer sich für Selbstständigkeit im Leben entscheidet, muss sich von Phlegma, Trägheit und Bequemlichkeit weitgehend verabschieden. Im Zeitalter von Convenience-Produkten und Dienstleistungs-Angeboten stehen mehr das Sich-verwöhnen-Wollen und das Verwöhnt-Werden im Vordergrund. Die Bevölkerung wie auch die Selbstständigen treffen – aus persönlicher Erfahrung im Umgang mit Menschen – zwei folgenschwere Aussagen:

- Viele fühlen sich wohler, wenn sie angeleitet werden (89%).
- Selbstständigkeit ist nicht für alle erreichbar (86%).

Sind Selbstständigkeit im Leben und Selbstständigkeit im Beruf kein erstrebenswertes Ziel für alle? Das Bildungsziel „Fordern statt Verwöhnen" (von Cube 1997) stößt offenbar an psychische Grenzen. Nicht alle Menschen können und wollen gleichermaßen aktiv, kreativ, mobil und unternehmungslustig sein. Wer selbstständig leben und handeln will, muss zudem *reflektieren, entscheiden und verantworten*. Das kann im Einzelfall „anstrengend" sein. Lebenslust ohne Anstrengung ist einfach bequemer, weniger mühsam. Dennoch: Die pädagogische Formel „Fordern statt Verwöhnen" bleibt ein unverzichtbares Bildungsziel.

10. Einüben. Fördern. Praktizieren. Eckwerte einer nachhaltigen Erziehung

Die Eckwerte einer ebenso wirksamen wie nachhaltigen Erziehung zur Selbstständigkeit lassen sich mit drei Worten umschreiben: Einüben. Fördern. Praktizieren. Nur überzeugende „best practice"-Beispiele können aus der Sicht- eine Lebensweise machen. Die systematische Förderung sollte auf jeden Fall in *Kindergärten und Grundschulen* beginnen. Hier müssten Gelegenheiten, Anlässe und Angebote zum Einüben von Selbstständigkeit geschaffen werden wie z.B.

- Mehr *Praxisbezug* in Ausbildung und Studium durch begleitende Praktika.
- Übertragung von V*erantwortung* auf Jugendliche in Vereinen und Gruppen.
- Einbeziehung von *Projekten* mit Ernstcharakter zum Lernen von Verantwortlichkeit und Verlässlichkeit in den Schulalltag.
- Intensivere *Vermittlung* von außerschulischen Lern- und Lebenskonzepten in der Schule.

Das Erfolgsgeheimnis einer selbstständigen Persönlichkeit besteht in einer Mischung aus Ichstärke und Verantwortungsbereitschaft. In der selbstständigen Persönlichkeit spiegeln sich gleichermaßen Ich-AG und Co-AG wider. Nach Meinung der Bevölkerung zeichnet sich die „selbstständige Persönlichkeit" im 21. Jahrhundert durch eine Vielfalt von Eigenschaften und Fähigkeiten aus. *Selbst- und Sozialkompetenzen* halten sich bei der selbstständigen Persönlichkeit die Waage. Und so sieht nach Einschätzung der Bundesbürger das *Idealprofil* einer Lebensunternehmers aus:

Autonomie und Charakter
- Selbstvertrauen (78%)
- Charakterstärke (51%)
- Optimismus (51%)
- Ehrlichkeit (50%)
- Kritikfähigkeit (41%)
- Geduld (41%)
- Spontaneität (35%)

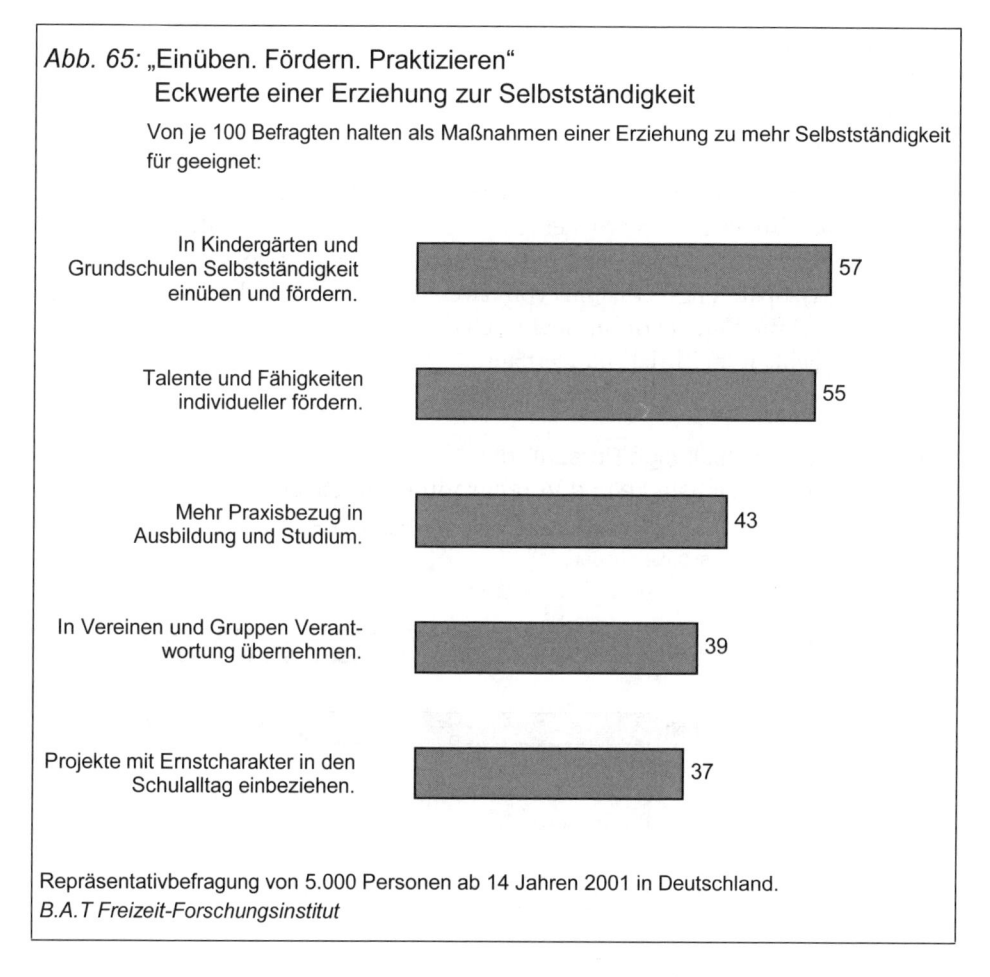

Abb. 65: „Einüben. Fördern. Praktizieren"
Eckwerte einer Erziehung zur Selbstständigkeit

Von je 100 Befragten halten als Maßnahmen einer Erziehung zu mehr Selbstständigkeit für geeignet:

- In Kindergärten und Grundschulen Selbstständigkeit einüben und fördern. — 57
- Talente und Fähigkeiten individueller fördern. — 55
- Mehr Praxisbezug in Ausbildung und Studium. — 43
- In Vereinen und Gruppen Verantwortung übernehmen. — 39
- Projekte mit Ernstcharakter in den Schulalltag einbeziehen. — 37

Repräsentativbefragung von 5.000 Personen ab 14 Jahren 2001 in Deutschland.
B.A.T Freizeit-Forschungsinstitut

Verantwortung und Soziabilität
- Verantwortungsbereitschaft (77%)
- Kontaktfähigkeit (58%)
- Teamfähigkeit (43%)
- Toleranz (42%)
- Gerechtigkeitsgefühl (38%)
- Respekt (34%)

Fleiß und Leistungsorientierung
- Fleiß (63%)
- Leistungsstreben (59%)
- Disziplin (55%)
- Pflichterfüllung (53%)
- Selbstbeherrschung (48%)
- Genügsamkeit (17%)

Konvention und Akzeptanz
- Höflichkeit (48%)
- Richtiges Benehmen (41%)
- Anpassungsfähigkeit (34%).

Die Vielfalt der Anforderungen an eine selbstständige Persönlichkeit lässt die Frage offen, welche Fähigkeiten mit Sicherheit erlernbar (z.B. richtiges Benehmen) und welche nur bedingt trainierbar sind (z.B. Charakterstärke, Optimismus). Unbestritten bleibt das Spannungsverhältnis von zwei Eigenschaften: das Selbstvertrauen (78%) gepaart mit Verantwortungsbereitschaft (71%). Das macht die Kompetenz einer Persönlichkeit im 21. Jahrhundert aus.

Abb. 66: „Die selbstständige Persönlichkeit"
Zwischen Ichstärke und Verantwortungsbereitschaft

Von je 100 Befragten sind der Meinung, eine selbstständige Persönlichkeit muss folgende Eigenschaften haben:

Eigenschaft	%
Selbstvertrauen	78
Verantwortungsbereitschaft	77
Durchsetzungsvermögen	64
Fleiß	63
Leistungsstreben	59
Kontaktfähigkeit	58
Disziplin	55

Repräsentativbefragung von 5.000 Personen ab 14 Jahren 2001 in Deutschland.
B.A.T Freizeit-Forschungsinstitut

12. Erfahrungslernen.
Die neue Schule des Lebens

Der irische Psychologe Charles Handy hat es auf den Punkt gebracht: „Die Schule sollte ein Arbeitsplatz und der Arbeitsplatz eine Schule sein" (Handy 1997, S. 234). Was ist damit gemeint? Wer heute eine Schule aufsucht und danach fragt, wie viele Personen dort arbeiten, bekommt je nach Größe der Schule die Antwort: zehn, zwanzig oder siebzig. An die Schüler wird dabei gar nicht gedacht, obwohl sie doch die eigentlichen Mitarbeiter in einem kreativen Unternehmen sind, das von Lehrern beraten und gemanagt wird. Wenn Unterricht auch als Arbeit verstanden würde, dann könnte die Vermittlung von *praktischen Fähigkeiten* (z.B. Arbeiten am Computer, Erste Hilfe, Sprachen, Management von Haushalt und Finanzen, Instrumentalmusik, Präsentationstechniken) von außerschulischen Fachkräften aus der Arbeitswelt geleistet werden, so dass die Lehrer wieder mehr Zeit für die eigentliche Erziehung hätten. Das wären dann Schulen für das Leben und die Arbeit.

Bereits in den fünfziger Jahren initiierte der Deutsche Gewerkschaftsbund in Recklinghausen ein europäisches Gesprächsforum, in dem der niederländische Soziologe Wilhelm Verkade eine wirkungsvollere Vorbereitung der Schule auf das (Arbeits-)Leben forderte. Damit meinte er weniger Einheitsunterricht für alle und *mehr Zeit für die individuelle Arbeit*: „Es gibt bei uns in Holland Schulen, in denen die Hälfte der Stunden der individuellen Arbeit überlassen ist. Man wird ebenso gut mit dem Abiturstoff fertig wie in den Schulen, in denen alle Stunden Klassenstunden sind, und übt sich viel besser im *selbstständigen Arbeiten*. Und so werden alle befähigt, sowohl im Arbeitsleben als auch in der Freizeit als Person zu bestehen"(Verkade 1957, S. 182). Diese Forderung ist nach wie vor aktuell: Die Schule muss den Schülern und den Lehrern mehr *freie Verfügungsstunden für selbstständiges Arbeiten* und freigewählte Beschäftigungen in Neigungs- und Interessengruppen gewähren. Stunden also, in denen Schüler und Lehrer individuell und selbstständig planen, lernen und arbeiten können.

Wenn das Schulsystem nicht auf die veränderten Bildungsanforderungen des 21. Jahrhunderts reagiert, steht uns eine doppelte Bildungskrise bevor:

- Die *Legitimationskrise der Schule*, die tradiertes Fachwissen vermittelt, das in der modernen Arbeitswelt vielfach nicht mehr gebraucht wird.
- Die *Motivationskrise der Schüler*, die kaum mehr wissen, was sie noch lernen sollen, die sich also nicht mehr motiviert fühlen, etwas zu erlernen, was viel besser von Computern geleistet werden kann.

Die doppelte Bildungskrise ist vermeidbar, wenn mit der Forderung *Lernziel Leben* Ernst gemacht wird.

Selbstständigkeit bezeichnet im allgemeinen Sprachgebrauch eine unternehmerische Unabhängigkeit. Aus der Sicht von Erziehung und Bildung aber ist damit *im Leben ohne fremde Hilfe stehen können* gemeint. Ziel einer Erziehung zur Selbstständigkeit kann es daher nur sein, zu freier und selbstständiger Lebensführung fähig zu machen. Vorrangiges Ziel jeder schulischen Erziehung ist letztlich ein Lernen in Freiheit, damit die Schüler urteils-, entscheidungs- und handlungsfähig werden können. Die Schüler müssen in der Schule mehr Gelegenheiten bekommen, sich selbst zu erproben (auch das eigene Leistungsvermögen), damit das Vertrauen in die eigenen Fähigkeiten wächst.

Die größte Barriere für die künftige Entwicklung von Eigeninitiative kann die Unselbstständigkeit der Schüler selbst sein, wenn sie es kaum anders kennen, als zu reagieren und die „aktive Rolle" vom Lehrer erwarten. Bei einer konsequenten schulischen Erziehung zur Selbstständigkeit muss der Lehrer mehr zum „Coach" (Struck/Würtl 1999) werden, der die Schüler zu fördern und zu fordern versteht, zum anregenden *Förderer des Lernens* („facilitator of learning") mit einfühlendem Verständnis („empathie understanding"). Und er muss zu denjenigen gehören, die „zuhören, verstehen, akzeptieren, klären, kommunizieren" (Rogers 1974, S. 203f.) können. So zu lehren heißt

- beraten, ohne zu belehren,
- motivieren, ohne zu reglementieren,
- aktivieren, ohne direktiv einzugreifen.

Das hat mehr mit *Erfahrungslernen* als mit Buchlernen zu tun.

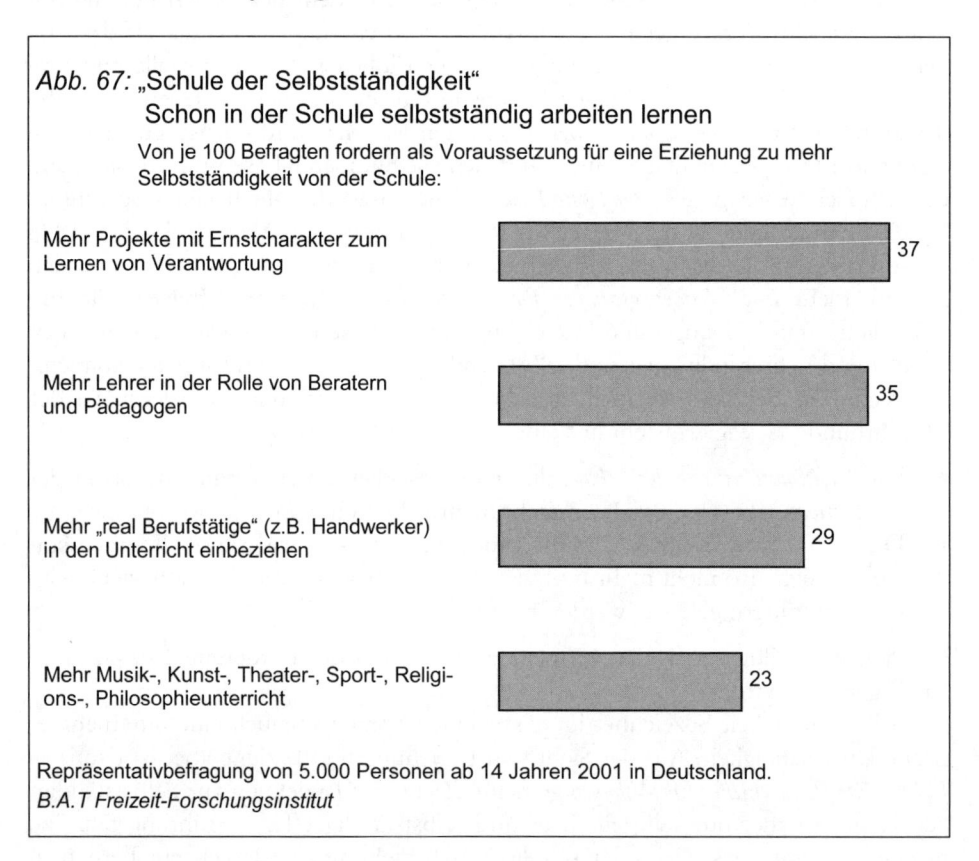

Abb. 67: „Schule der Selbstständigkeit"
Schon in der Schule selbstständig arbeiten lernen

Von je 100 Befragten fordern als Voraussetzung für eine Erziehung zu mehr Selbstständigkeit von der Schule:

Mehr Projekte mit Ernstcharakter zum Lernen von Verantwortung	37
Mehr Lehrer in der Rolle von Beratern und Pädagogen	35
Mehr „real Berufstätige" (z.B. Handwerker) in den Unterricht einbeziehen	29
Mehr Musik-, Kunst-, Theater-, Sport-, Religions-, Philosophieunterricht	23

Repräsentativbefragung von 5.000 Personen ab 14 Jahren 2001 in Deutschland.
B.A.T Freizeit-Forschungsinstitut

In diese Richtung zielen auch die Vorschläge der Bevölkerung selbst. Sie fordert von der Schule „mehr *Projekte mit Ernstcharakter* zum Lernen von Verantwortung". Damit soll die selbstständige Lebensführung und zugleich die Integration der räumlich getrennten Lebensbereiche Schule/Wohnen/Arbeiten gefördert werden. Diese Empfehlung knüpft an eine langjährige Fachdiskussion um die „Entschulung der Schule" bzw. „Schule ohne Mauern" an.

Die Schule muss ihre gesellschaftliche Isolierung und räumliche Abgeschiedenheit verlieren. Das heißt: Die *Schule muss selbst unter die Menschen gehen.* So kann sie zu einer Institution der Stadtteilarbeit werden und damit Prozesse der sozialen und politischen Bewusstwerdung von Schülern, Lehrern und Bewohnern eines Stadtteils fördern. Die räumliche Isolation der traditionellen Schule muss aufgelöst und Lernen auf verschiedene Lernorte verlagert werden.

Dies entspricht auch den früheren Empfehlungen des Deutschen Bildungsrats „Zur Neuordnung der Sekundarstufe II". Darin hieß es z.B., dass die Schüler an grundsätzlich gleichwertigen, aber räumlich und in ihrer pädagogischen Funktion unterschiedlichen Plätzen unterrichtet werden sollten. Der Deutsche Bildungsrat nannte vier Lernorte: 1. die *Schule* für theoretisches Lernen; 2. den *Betrieb* für praxisnahes Lernen; 3. die *Lehrwerkstatt* für überbetriebliches Lernen; 4. das *Studio* für Spiel und Sport, Medien und Künste, in dem humane Kompetenz, kreative Fähigkeiten und ästhetisches wie soziales Lernen vermittelt werden (Deutscher Bildungsrat 1974).

So können Schulen zur Umwelt geöffnet und Lerninhalte auf reale Lebenssituationen und Geschehnisse in Stadtteil und Wohnquartier bezogen werden. Die schulische *Projektarbeit* muss als *Erfahrungslernen* konzipiert werden und – im Kontext von schulischem und außerschulischem Lernen – von konkreten Handlungen mit *Ernstcharakter* ausgehen. Schüler sollen beispielsweise in der Arbeitswelt nicht nur die Beobachterrolle spielen, sondern auch mit den Leuten sprechen und mittätig sein können, indem sie selbst die Arbeit *ausprobieren*.

Projektthemen könnten beispielsweise sein:

- Industrie und Arbeitswelt
  (Berufe, Arbeitsbedingungen, Verkehr)
- Wohnen
  (Wohnbedingungen, Wohnbedürfnisse, Grünanlagen, Einkaufsmöglichkeiten)
- Soziale Einrichtungen
  (Kommunikationsmöglichkeiten, Jugendheime, Freizeit, Kultur)

Hinzu kommen Besuche verschiedener Ämter und Behörden.

In den englischen Schulen wird schon seit langem versucht, über Projekte eine Verbindung der Schule mit der *community* herzustellen. Der *social-service* als eine spezielle Form der extra-curricular-activities wird *während* der Unterrichtszeit und *außerhalb* des Schulgeländes von den Schülern geleistet. Die Schüler übernehmen in dieser Zeit die Betreuung von Kleinkindern, Alten und Kranken (z.B. durch Einkaufengehen). Erfahrungen haben allerdings gezeigt, dass bei den außerunterrichtlichen Engagements, die auf freiwilliger Basis durchgeführt werden, wiederum die Schüler der Mittelschicht überrepräsentiert sind.

Der Erfolg der Projektarbeit hängt weitgehend davon ab, in wieweit es gelingt, durch Veranstaltungen und Aktionen die Schule zum *Kommunikationszentrum des Stadtteils* während der Unterrichtszeit, aber auch in den Schulferien zu machen und mehrfach nutzbare Schuleinrichtungen (z.B. Sportanlagen, Computerstudio, Werk-, Kunst-, Musikräume) für alle Bewohner zu öffnen. Um lebensnaher Mittelpunkt des Gemeindelebens zu werden, muss die Schule die *Funktion eines Treffpunkts für alle Bewohner*, einer Informationsbörse und eines Umschlagplatzes für lokale Nachrichten und Neuigkeiten übernehmen:

- Hier würde man vielfältige Informationen über das familiäre, berufliche, wirtschaftliche und kulturelle Leben der Gemeinde erhalten.
- Man würde erfahren, wann der Kinderarzt, der Erziehungsberater, der Berufsberater oder der Vorsitzende des Kulturvereins zu sprechen ist.
- Es gäbe Kinoabende, Diskussionen mit Erziehern, Gewerkschaftern, Architekten oder Schauspielern.
- Es würden Räume reserviert für ständige Ausstellungen oder für Eigenproduktionen künstlerischer Arbeiten, zu denen ein Maler oder Musiker animiert.

Wichtig wären in diesem Zusammenhang auch *work-study-Projekte*, die Schulunterricht mit Teilzeitarbeit verbinden. Öffnung der Schule zur Arbeitswelt ist besonders für die Schüler im Übergang von der Schule zum Beruf (z.B. Hauptschulabsolventen) bedeutsam. „Work-study"-Projekte bieten eine stufenweise Abfolge unterrichts- und arbeitsbezogener Phasen, wobei die praktische Arbeit immer mehr Zeit ausfüllt und schließlich in die volle Berufsarbeit überführt.

In diese Richtung zielen auch Bemühungen der Deutschen Gesellschaft für Erziehungswissenschaft (Sektion Pädagogische Freizeitforschung und Sportpädagogik), die für die Zukunft einen *Bildungsauftrag Ganztagsbetreuung* fordert, damit nicht „Bildung" gesagt und „Aufbewahrung" gemeint ist. Andernfalls droht die Sinnfrage aus dem Blickfeld zu geraten.

Mehr als bisher muss in den Bildungskonzepten die Individualität der Lernenden im Lebensverlauf Berücksichtigung finden und bekommen Elemente der Selbstorganisation in der Bildungsbiographie jedes Einzelnen eine größere Bedeutung. In Wien wird z.B. jedes zweite Pflichtschulkind ganztägig betreut, was sich nachweisbar positiv auf Stressbewältigung, Leistungsmotivation und Selbstständigkeit auswirkt.

Daraus ergeben sich als konkrete Forderungen für die praktische Bildungs- und Betreuungsarbeit:

- Eigeninitiativen, freiwillige soziale Engagements und Projektkompetenz von Schülern müssen den viel zu engen schulischen Leistungsbegriff erweitern und neue Wege der Anerkennung entwickeln und fördern (z.B. durch *Zertifikate für Freiwilligenarbeit und soziale Dienste*). Entsprechende Aktivitätsangebote (wie z.B. Social-Service-Learning-Programme in den USA) und Projekte mit Ernstcharakter sind an Nachmittagen und in den Schulferien im Rahmen einer umfassenden schul-, sozial- und freizeitpädagogischen Betreuung von multiprofessionellen Teams vorzubereiten und aktivierend zu begleiten.

- Wenn Ganztagsbetreuung über die traditionelle Wissensvermittlung (Nachhilfe) und die bloße Aufbewahrung hinausreichen soll, muss sie einen umfassenden Bildungs- und Erziehungsauftrag wahrnehmen und ergänzende *sozialpädagogische und freizeitdidaktische Konzepte* entwickeln und umsetzen.
- Ganztagsschulen sind kein Allheilmittel für die PISA-Defizite. Sie ermöglichen aber mehr Zeit für Bildung und Erziehung, individuelle Förderung, Spiel- und Freizeitgestaltung. Abzulehnen ist eine schulische Bevormundungspädagogik von 8.00 bis 16.00 Uhr bzw. eine totale Verschulung des kindlichen Lebens. Ganztagsbetreuung kann keine Verlängerung der defizitären Halbtagsschule in den Nachmittag hinein sein. Sie soll vielmehr *Bildungsreserven aktivieren* und eine neue Ausbildung für Lehrer und Erzieher in Gang setzen.

12. Beraten und Erziehen. Die erweiterte Lehrerrolle

Der erweiterte Aufgabenkatalog der Schule muss mit einer neuen Lehrerrolle einhergehen. Lehrer sollen mehr als bisher *Beratungs- und Erziehungsaufgaben* übernehmen. Dabei sollten sie in ihrer Arbeit durch „real Berufstätige" (z.B. Handwerker) unterstützt werden. Vor dem Hintergrund der Diskussion um die Ganztagsschule kann die Ganztagsbetreuung nicht einfach nur eine Verlängerung des Vormittagsunterrichts mit anderen Mitteln sein. Der

- pädagogischen Betreuung sowie der
- *fachlichen Begleitung* (z.B. durch Handwerker, Informatiker, Sportler, Künstler)

kommt eine wachsende Bedeutung zu.

Sehr nachdenklich stimmt in diesem Zusammenhang eine weitere Forderung: Nicht weniger, sondern eher *mehr Musik-, Kunst-, Theater-, Sport-, Religions- und Philosophieunterricht in der Schule*. Eine geradezu antizyklische Forderung im Hinblick auf die Tatsache, dass derzeit vor allem im musisch-kulturellen Bereich „Spar"-Maßnahmen vorgenommen werden. Gerade diese Fächer haben eine große lebenspraktische Bedeutung. Sie bieten: Spiel mit Arbeitscharakter, Arbeit mit Spielcharakter und auch Arbeit mit Ernstcharakter. Das kann Neigungs- und Interessengruppenarbeit genauso sein wie das Erlernen von Eigenaktivität, in Schülerinitiativen, Selbsthilfe- und Gemeinschaftsaktionen.

Grundprinzipien einer animativen Didaktik sind in die schulische Bildungsarbeit mit einzubeziehen wie z.B.

- das Prinzip des Freiseins von äußerem Zwang und persönlichem Druck,
- das Prinzip der Schaffung einer zwanglosen Lernatmosphäre, in der Lernen Spaß macht,
- das Prinzip anregungsreicher Wahlmöglichkeiten,
- das Prinzip selbstinitiierten Lernens,
- das Prinzip der Selbstregulierung von Schulkonflikten,

- das Prinzip tendenzieller Aufhebung des Gegensatzes von Arbeit und Spiel, Unterricht und Freizeit,
- das Prinzip der Überwindung der schulischen Isolation durch Stadtteilorientierung und stärkere Verbindung des schulischen Lernens mit dem Lernen in Elternhaus, Freundeskreis und Öffentlichkeit.

> Die Schule kann zur Schule des Lebens werden, wenn sie Arbeitsformen bietet, bei denen die Schüler die Arbeit selbst einteilen, die Ergebnisse selbst sichern, den Erfolg selbst kontrollieren, die Informationen selbst weitergeben – kurz: wo nicht der Lehrer, sondern die Schüler am stärksten tätig sind, und wo nicht das Interesse der Erwachsenen, sondern die Interessen der Jugendlichen am meisten berücksichtigt werden.

Daraus folgt für die Zukunft:

Erstens: Die Lehrerrolle ist neu zu definieren. Der Lehrer muss mehr als bisher Erzieher sein.

Zweitens: In der Lehrerausbildung sind Kompetenzen der Beratung, Betreuung, Animation und Aktivierung stärker zu berücksichtigen.

Drittens: Außerunterrichtliche Betreuungs- und Aktivierungsarbeit ist auf das Lehrdeputat bzw. Stundenkontingent anzurechnen.

Wenn Selbstständigkeit und Eigeninitiative in der Schule stärker gefördert werden sollen, dann ergibt sich als Konsequenz auch die Aufhebung des Zwangs, dass alle Schüler zur gleichen Zeit den gleichen Lernstoff erarbeiten. Die Trennung von fachlichem und sozialem Lernen, von unterrichtlichem und außerunterrichtlichem Lernen ist tendenziell aufzuheben.

So ergibt sich ein *doppeltes Mandat* für die Schule des 21. Jahrhunderts: Zu den

- Funktions- und Instrumentalkompetenzen (z.B. Prüfungsanforderungen, Schulnoten, Fachqualifikationen) gesellen sich gleichwertig
- Selbst- und Sozialkompetenzen (z.B. Urteils-, Handlungs-, Initiativfähigkeit).

In Anlehnung an die englischen Primary Schools, in denen die erste Doppelstunde jedes Schultages als *Activity Period* allen Schülern die Möglichkeit gibt, ihre Tätigkeiten selbst zu wählen, sind auch hierzulande in der Schule mehr *Stunden für freie Arbeit* in den Stundenplan einzubauen. Z.B. sind in den Anfangsklassen der Grundschule täglich etwa 30 Minuten vorzusehen und die Zeiten für freie Arbeit von Schuljahr zu Schuljahr kontinuierlich auszuweiten.

13. Lernarbeit als Lebenshilfe. Eine lebensbegleitender Prozess

Zur Erwerbsarbeit gesellt sich in Zukunft eine zweite Arbeitswelt: die Lernarbeit. Sie ist wesentlich darauf gerichtet, das *menschliche Dilemma zu überwinden*. Mit dem Begriff „menschliches Dilemma" umschrieb Aurelio Peccei, der Gründer des Club of Rome, die wachsende Diskrepanz zwischen der zunehmenden Komplexität unserer Lebensbedingungen und der nur schleppenden Entwicklung unserer eigenen Fähigkeiten (Peccei 1979, S. 25).

> Viele Menschen reagieren äußerst irritiert und viel zu langsam auf die Wellen der gesellschaftlichen Veränderung. Ihre Lernfähigkeit kann mit dem schnellen technologischen Wandel kaum Schritt halten. In dieser Situation erweist sich Lernarbeit als Lebenshilfe, wobei „Lernen" weit über das Verständnis von Erziehung, Ausbildung und Schule hinausgeht. Lernen wird mehr als lebensbegleitender Prozess gesehen: Von den Lernerfahrungen des täglichen Lebens bis zum systematischen Trainieren und Erwerben neuer Fertigkeiten und Verhaltensweisen.

Lernarbeit befähigt zum Handeln in neuen Situationen, hat innovativen Charakter und verwirklicht partizipative Ziele (z.B. aktivere Beteiligung am Gemeindeleben).

Die Lernarbeit als neuer Beschäftigungssektor des 21. Jahrhunderts ist kein Luxus, sondern Lebensnotwendigkeit, weil sie vorhandene Arbeitsplätze sichern hilft. Lernarbeit schafft auch neue Jobs und sorgt für mehr Lebensqualität. Als *lebensbegleitende Weiterbildung* qualifiziert Lernarbeit für

- Erwerbsarbeit und multiple Beschäftigungsverhältnisse („Learning by the job").
- Neue Selbständigkeit und Existenzgründung („Learning by doing").
- Ehrenamtliche Arbeit und Gesellschaftsarbeit („Social-service-learning").
- Persönlichkeitsentwicklung und Identitätsfindung („Life-long-learning").

> Lernarbeit schafft Wissen und Information für alle Lebensphasen von der Kindheit bis ins hohe Alter. Idealiter ist Lernarbeit Lebensbegleitung, Lebensaufgabe und Lebenselixier zugleich.

Für immer mehr Menschen steht das Leben nicht mehr unter dem Diktat der Erwerbsarbeit. Und mit der zunehmenden Flexibilisierung der Arbeitszeit gerät auch die alte Zeitordnung ins Wanken. Arbeitnehmer können, ja müssen ihre gesamte Lebenszeit neu planen, weil es immer weniger durch betrieblich festgelegte Arbeitszeiten determiniert oder diszipliniert wird. Viele entdecken das *Leben nach der Arbeit* neu, d.h. sie sind „frei für neue Möglichkeiten: für Vergnügen, für politische Tätigkeit, für Bildung" (Giesecke 1983, S. 9). Die Vorbereitung auf einen immer größer und bedeutender werdenden Teil des arbeitsfreien Lebens mit Medien und Konsum, Unterhaltung und Geselligkeit, Politik und sozialem Engagement zwingt zu Neuorientierungen in der Bildungspolitik. Die dafür nötige Bildungsreform steht allerdings noch aus.

> Der Paradigmenwechsel von einer Arbeitsgesellschaft (die lebte, um zu arbeiten) zu einer Lebensgesellschaft (die arbeitet, um zu leben) stellt alle Gesellschafts- und Bildungstheorien infrage, die seit Marx um den Begriff der Arbeit zentriert waren.

Dieser Wandel kann auch eine *Bildungschance für die Zukunft* sein. Eine zukunftsorientierte Bildungspolitik darf die Menschen mit ihrem wachsenden Wunsch nach Lebensoptimierung nicht allein lassen.

Die Lernarbeit als Lebens- und Arbeitswelt zugleich wird nicht ohne Auswirkungen auf das schulische Lernen bleiben. Beide, das Lernen im Schulunterricht und die außerschulische Lernarbeit, können im 21. Jahrhundert nicht mehr von einem festen, geschlossenen Wissenskanon ausgehen und auf Lernergebnisse im Sinne der Reproduktion überprüfbaren Wissens konzentriert sein. Die *Lernkultur des 21. Jahrhunderts* zielt vielmehr darauf, in den Lernzusammenhängen Identitätsfindung und soziale Erfahrung zu ermöglichen. Genauso wichtig wie das fachliche wird das überfachliche Lernen, also die Verknüpfung individueller und sozialer Erfahrungen, des Praxisbezugs und der Einbeziehung des gesellschaftlichen Umfeldes. Für die Lernarbeit ist Bildung mehr ein Können als ein bloßes Sich-Auskennen. Lernarbeit gleicht einem Entwicklungsprozess, in dem eigene Lebens-Sinnbestimmungen gefunden und verwirklicht werden.

Mit Lernkultur ist ein Begriff gemeint, der in der Erwachsenenbildung durchaus Akzeptanz findet (vgl. Faulstich 1990), wenn auch nicht übersehen werden darf, dass der fast inflationäre Gebrauch des Wortes (vgl. z.B. „Konsumkultur", „Unternehmenskultur") bestimmte Risiken birgt. Immer aber verweist der Kulturbegriff auf eine qualitative Dimension als Teil von Lebensqualität.

> Das Lernziel der Zukunft heißt Lebensunternehmertum: Der Arbeitnehmer als Leitfigur des Industriezeitalters wird zunehmend abgelöst von einer Persönlichkeit, die gegenüber dem eigenen gesamten Leben eine unternehmerische Grundhaltung entwickelt – im Erwerbsbereich genauso wie bei Nichterwerbstätigkeiten. In Zukunft gilt: Jeder sein eigener Unternehmer!

Dies kann, wie der schweizerische Sozialforscher Christian Lutz überzeugend belegt, je nach Lebenssituation bedeuten, dass z.B. einmal dem Partner, den Kindern oder einem sozialen Engagement das Hauptgewicht gewidmet wird, „während zu einem anderen Zeitpunkt die gesamte Energie in den beruflichen Erfolg einfließt" (Lutz 1997, S. 133). Diese Grundhaltung weist auch auf die Berechtigung des Begriffs Lern„arbeit" hin – auf eine Leistung also, die unterschiedliche soziale Funktionen miteinander zu verbinden weiß. Der Lebensunternehmer von morgen findet in der *Berufslaufbahn keine dauerhafte Lebenserfüllung* mehr.

14. Identitätsfindung.
Bildungswissenschaft als Lebenswissenschaft

Die Bildungspolitik kommt in Zukunft ohne eine radikale Bildungsreform nicht mehr aus. Wenn Menschen von früher Kindheit an lernen sollen, ihr Leben selbst in die Hand zu nehmen, dann kann auch „nicht mehr nur das Berufsbild im Zentrum der Ausbildung stehen" (Beck 1997), zumal der *lebenslange Beruf zu einer aussterbenden Gattung* wird. Die Lernarbeit sprengt den Rahmen einer zu engen Berufsorientierung, die sich bisher nur als Bedarfsorientierung an den Arbeitsmarkt verstand.

> Lernarbeit hingegen vermittelt neue Schlüsselqualifikationen im Sinne von Lebenskompetenzen: Existenzbewältigung, Eigeninitiative, Urteils-, Kontakt- und Konfliktfähigkeit. Die der Lernarbeit zugrundeliegende Bildungswissenschaft muss zur Lebenswissenschaft werden.

Im 21. Jahrhundert, in dem jeder zweite Bürger über fünfzig Jahre alt sein wird, ist die *Qualifizierung für die nachberufliche Lebensphase* notwendiger denn je. Vorstellbar ist ein Lernkonzept, das der außerberuflichen Interessenfindung dient, also Antworten darauf gibt, wie man jenseits der Erwerbsarbeit sinnerfüllt leben kann (= nachberufliche Lebensplanung). Eine solche Qualifizierung muss eine Mischung aus Kompetenzanalyse und Interessentest, Kommunikationstraining und persönlichem Coaching sein.

Unsere Leistungsgesellschaft hat sich in den letzten hundert Jahren den Luxus leisten können, den ganzen Menschen aus dem Blick zu verlieren, weil sich der Einzelne wesentlich in und durch Erwerbsarbeit verwirklichte. Jetzt, da die Erwerbsarbeit nicht mehr für alle und vor allem nicht mehr für ein ganzes Leben zur Verfügung steht, müssen sich die Menschen wieder auf sich selbst besinnen lernen. Hieraus leitet sich die Legitimation für die Lernarbeit ab: Lebensbegleitende Vermittlung von Kompetenzen für den sozial und kulturell immer bedeutsamer werdenden erwerbsfreien Teil des Lebens.

Wenn der Arbeitsgesellschaft die Arbeit ausgeht und ein Mehr an arbeitsfreier Zeit (in welcher Form auch immer) für alle Bevölkerungsgruppen unausweichlich erscheint, müssen das „Zwangs"lernen in der Schule und die „abhängige" Beschäftigung in Ausbildung und Beruf qualitativ verändert werden, d.h. *mehr Freiwilligkeitscharakter* annehmen und mehr individuelle Dispositions- und Flexibilitätsspielräume vorsehen. Was man bisher in Schule und Beruf vor allem lernte, war abhängige Beschäftigung. Und was man von Fernsehen und Unterhaltungsindustrie lernen konnte, waren überwiegend Passivität und Zeitvertreib. Die Einübung von Eigeninitiative blieb der Familie oder dem Zufall überlassen.

In einer Gesellschaft ohne garantierte Vollbeschäftigung werden sich nur persönlichkeitsstarke Menschen behaupten können. Menschen also, die nicht resignieren, wenn sie als Erwerbstätige nicht mehr gebraucht werden, sondern bereit und in der Lage sind, sich neue Lebensziele zu setzen und neue Lebensaufgaben, die Sinn haben und auch Spaß machen, zu übernehmen. Mehr als je zuvor werden menschliche Fähigkeiten gefordert sein.

> Lernarbeit wird in Zukunft Identitätsarbeit sein, sich also auf Berufsqualifizierung beziehen und gleichermaßen Persönlichkeitsentwicklung und Hilfe zur Identitätsfindung sein („Life-long-learning").

In dem Anfang 1982 veröffentlichten Bericht an den Club of Rome, der sich mit den gesellschaftlichen Auswirkungen der Mikroelektronik befasste, wurde ein *Modell der fortwährenden Weiterbildung* (Friedrichs/Schaff 1982, S. 364) vorgeschlagen, bei dem sich Arbeit, Freizeit und Lernen ein ganzes Leben lang abwechseln sollen. Dazu sollen neue Lehr- und Vermittlungsmethoden entwickelt werden, die das ständig rollierende System von manueller Arbeit, praktischer Beschäftigung und theoretischem Unterricht in Bewegung bringen und halten. Die Ausarbeitung des komplizierten Lehrplans soll „zuständigen Expertengruppen" (S. 365) obliegen – ein organisatorisch und finanziell ungeheuer aufwendiges Modell, das zudem die Gefahr einer Reglementierung des gesamten Lebens heraufbeschwört und der Freiwilligkeit des Einzelnen enge Grenzen setzt. Das Modell vermittelt den Eindruck eines relativ rigiden Leistungssystems, das dem Einzelnen – z.B. für die Aufstellung eines individuellen Lebensplanes – zu wenig Handlungsspielräume lässt.

Ein Teilgedanke des Club-of-Rome-Konzepts bleibt jedoch bedenkens- und realisierungswert: Die Lernarbeit in Form einer fortwährenden Weiterbildung außerhalb von beruflichen Verwertungsabsichten in einer

- motivationalen Mischung aus Freiwilligkeit, Spaß und Interesse und einer
- inhaltlichen Kombination von Komunikationsförderung, Kreativitätstraining und Persönlichkeitsbildung.

Lernarbeit als neuer Tätigkeitssektor heißt: *Die Zukunft lernen* – auch im Sinne des von dem amerikanischen Sozialforscher Jeremy Rifkin geforderten („Social-)Service learning" (Rifkin 1996, S. 246). Ein solches Dienst-Leistungs-Lernen müsste von früher Kindheit an *für gemeinnützige Dienstleistungen qualifizieren*, d.h. Schüler müssten einen Teil ihrer Schulzeit bei Non-profit-Organisationen verbringen. Auf diese Weise würden Kinder frühzeitig lernen, dass die Produktion von humanem und sozialem Kapital genauso wichtig wie die Erzeugung von wirtschaftlichem oder staatlichem Kapital ist.

In einer Mischung aus Bildungsclub, Werkstatt und Kommunikationszentrum müssen neue Lernstätten entwickelt werden, *freie Lernclubs und Bildungsakademien* mit freiwillig tätigen Lernhelfern und Mentoren. Bei der Entwicklung von didaktischen Konzepten für die neue Lernarbeit sollten erlebnispädagogische Erfahrungen einfließen (vgl. Heckmair/Michl 1994, S. 211f.). Lernarbeit in diesem Sinne bedeutet:

- *Lernen durch Tun* und Handlungsorientierung, bei dem der Prozess und das Unterwegssein besonders wichtig sind.
- *Lernen durch Erleben*. Durch Erleben und Erlebnisse kann besser und nachhaltiger gelernt werden. Der Zusammenhang von Handeln und Wirkung, Verhalten und Erfolg wird dadurch eher erfahrbar.
- *Lernen durch die Sinne* – als Kontrast zu Erfahrungen aus zweiter Hand. Ein unmittelbares Lernen durch Sehen, Hören, Riechen, Schmecken, Tasten …
- *Lernen durch Muße* – auch als Gegenbewegung zur immer stärkeren Beschleunigung aller Lebensbereiche. Schöpferische Pausen können zur (Wieder-)Entdeckung der Langsamkeit und zur Entschleunigung des Lebens beitragen.

Die Lernarbeit im 21. Jahrhundert wird sich von folgenden Grundsätzen leiten lassen müssen:

- Sie ist *motivational* im Erwartungshorizont des persönlichen Erlebens anzusiedeln. Der Zugang zur Bildung von der Motivation her ist nahezu der einzige Weg, der den Menschen keine Überwindung abverlangt. Wenn Bildung als Erlebnis wiederentdeckt wird, wird sich auch Lernen mit Lust von selbst entwickeln.
- Sie muss sich *inhaltlich* – wenn sie Menschen ansprechen und erreichen will – an Merkmalen wie Selbst-Aktiv-Sein/Spontaneität/ Sozialkontakt/Sichentspannen/ Spaß orientieren.
- Sie muss *aktivierend-kreativierende Handlungskonzepte* entwickeln, die zur Überwindung passiv-konsumtiver Lebenshaltungen beitragen. Sie muss den wachsenden Aktivitäts-, Gestaltungs- und Entfaltungswünschen der Menschen Rechnung tragen.
- Sie muss sich als *Transfer-Medium* für Lebensstilbereicherungen verstehen, d.h. vorhandene oder bereits tendenziell erkennbare Lebensstile langfristig um neue Dimensionen bereichern.
- Sie muss – wenn sie erlebnisbezogene Botschaften vermitteln will – zur animativen Didaktik werden, also Ermutigung und Motivierung, Anregung und Aktivierung, Anleitung und Förderung immer mit einschließen. Die *Lernkonzepte* der Zukunft *werden Animationskonzepte* sein müssen.

Die Leistungsgesellschaft der Zukunft wird auch eine Lerngesellschaft sein, in der es vielleicht „Fitness-Studios für Lernen" (Nahrstedt 1997, S. 67) genauso geben kann wie „Frühstücks-Volkshochschulen" (Hass 1997, S. 175). Weil die Zeitblöcke von Arbeit und Freizeit durcheinander geraten, wird sich auch die Volkshochschule der Zukunft von der überwiegend reinen Abendschule zum Rund-um-die-Uhr-Akademie wandeln müssen. Vormittagsveranstaltungen, Wochenendangebote und Wochenkurse werden an Bedeutung gewinnen. *Zeitflexible Lernangebote* werden gefragt und nebenamtliche Kursleiter zunehmend überfordert sein. Kompakte Angebotsformen während der Woche oder am Wochenende übernehmen dann eher *freiberufliche Dozenten*, die mehr zeitliche Spielräume haben.

Die Zukunft hat längst begonnen: Nachweislich geht der Anteil der Abendkurse kontinuierlich zurück, während Vormittagsangebote deutlich anwachsen. Der späte Abend gehört der Medienzeit, der Familienzeit und der Ausgehzeit. Die Lernangebote müssen sich nach den individuellen Tagesabläufen der Lernenden richten. Eine große organisatorische Herausforderung für die Anbieter. Vielleicht gibt es schon bald den *Tele-Tutor als neues Berufsbild*, der bei der „Fernseh-Uni" oder der „VHS GmbH" (Meder 1997) seine Anstellung findet.

Die Bildungspolitik wird ihr Selbstverständnis neu definieren müssen. Bildung muss in Zukunft wieder ganzheitlicher verstanden werden. Die bildungspolitische Herausforderung kann nur heißen: *Lernziel Leben* – für sich und gemeinsam mit anderen. Dazu gehört insbesondere die Stärkung der Kontakt-, Kooperations- und Solidaritätsfähigkeit. Solidarität ist bisher immer mehr ein programmatisches Lebensprinzip und weniger eine realisierte Lebensgewohnheit gewesen. Dieses Manko können sich viele Menschen in Zukunft nicht mehr leisten. Weil es immer weniger Familien mit Kindern gibt, werden die Familien- und Verwandtschaftsnetze kleiner – im gleichen Maße, wie der Anteil der Alleinstehenden im höheren Lebensalter größer wird. Es ist doch höchst fraglich, ob in Zukunft so genannte „Lebensabschnittspartner" zu gleichen Hilfeleistungen bereit sind wie die Partner in einer ehelichen Lebensgemeinschaft.

> Die Menschen in der künftig älter werdenden Gesellschaft müssen also mehr als bisher kompetent und in der Lage sein, sich eigenständig soziale Netze aufzubauen.

Mit den schrumpfenden familialen Netzen nehmen auch die Verwandtschaftshilfen z.B. im handwerklichen Bereich ab. Die Menschen müssen daher in Zukunft frühzeitig *Do-it-yourself-Kompetenzen* erwerben, weil andernfalls handwerkliche Dienstleistungen nur professionell erbracht werden können bzw. gegen Bezahlung eingekauft werden müssen. Es wird daher unerlässlich sein, das *natürliche Hilfs- und Solidarisierungspotential zu aktivieren*, damit Nachbarn und Freunde als freiwillige Helfer gewonnen werden können. Aus der möglichen Hilfsbereitschaft muss eine tatsächliche werden. Dafür spricht auch, dass z.B. drei Viertel der Jugendlichen der Auffassung sind, die Menschen sollten sich „gegenseitig mehr helfen" und nicht alle sozialen Angelegenheiten einfach dem Staat überlassen (IFEP 1995). Eine ausgeprägte Hilfsbereitschaft wird damit zu einer der wichtigsten Lebenskompetenzen der Zukunft, die von früher Kindheit an entwickelt werden muss.

Auch generationsübergreifende *Selbsthilfegruppen* müssen stärker gefördert werden, wenn Kommunikation und Mitmenschlichkeit nicht auf der Strecke bleiben sollen. In den nächsten Jahren bekommen informelle soziale Kontakte eine größere Bedeutung als formelle, wie sie z.B. in einer Vereinszugehörigkeit gegeben sind. Denn die Bereitschaft, sich in einem Verein oder einer Organisation längerfristig zu engagieren, geht zurück, während gleichzeitig die Zahl der passiven Mitglieder in Vereinen und Organisationen zunehmend größer wird. *Sozial aktiver und solidarischer leben lernen* wird eine der wichtigsten Voraussetzungen für das individuelle Wohlbefinden und die soziale Lebensqualität im 21. Jahrhundert.

15. Learning for Living. Lernen für ein langes Leben

Mit dem Ende der Erwerbsarbeit ist die Lebensarbeit nicht zu Ende. Ein Paradigmenwechsel von der berufsbezogenen Wissensvermittlung zur lebensgestaltenden Kompetenzvermittlung steht zur Diskussion. Arbeit bedeutet in Zukunft immer öfter, *für andere tätig zu sein und auch an sich selbst zu arbeiten.* Die Bildungspolitik muss den sich abzeichnenden Struktur- und Wertewandel in Arbeitswelt und Gesellschaft zur Kenntnis nehmen. Angesichts der Tatsache, dass sich Normalerwerbsbiographien auflösen und es in Zukunft weder Jobgarantien noch „Berufe für's Leben" geben wird, wird auch die Integration in die Erwerbsgesellschaft keine lebenslange Aufgabe mehr sein können. Angesichts sinkender Lebensarbeitszeit und steigender Lebenserwartung verbringen die meisten Menschen den größten Teil ihres Lebens als Nichterwerbstätige oder Beschäftigungslose.

Trainieren für das Leben. Frühe Forderung aus den achtziger Jahren

„Nebenbeschäftigungen können zur Trainingsphase für eine neue Selbstständigkeit werden und erste Stufe einer Freiberuflichkeit sein. Damit ist zugleich die individuelle Chance verbunden, sich von der traditionellen Arbeitsmarktabhängigkeit zu lösen und eine neue Selbstständigkeit zu gewinnen, die Fleiß und Leistung ebenso herausfordert wie Kreativität und individuellen Gestaltungswillen."

H.W. Opaschowski: Wie leben wir nach dem Jahr 2000? (B·A·T Projektstudie), Hamburg 1987, S. 21 und 23

Damit sich die Beschäftigungskrise nicht zur Bildungskrise ausweitet, müssen die Menschen erweiterte Kompetenzen für ein langes Leben erwerben. Die Bildungspolitik muss sich diesen Anforderungen stellen und durch Forschung und Entwicklung, Erziehung und Bildung, Beratung und Betreuung für eine entsprechende Förderung in allen Lebensphasen Sorge tragen. Nicht mehr nur die *Vorbereitung* auf das Leben steht in Zukunft im Zentrum bildungspolitischen Interesses, sondern die Lebenszeit*begleitung*: Von der Kleinstkindpädagogik bis zur Weiterbildung im höheren Lebensalter. In dieser Sichtweise begleitet die Bildung die Menschen von Lebensphase zu Lebensphase – in schulischen und außerschulischen Lebenszusammenhängen genauso wie in beruflichen und nachberuflichen Lebensphasen.

Erziehung zur Selbstständigkeit. Forderung aus den achtziger Jahren

„Bei einer Persönlichkeitsbildung werden
1. das Entdecken eigener und die Entwicklung vielseitiger Interessen,
2. die Befähigung zu Selbstbeschäftigung und Eigeninitiative sowie
3. das Umgehenkönnen mit der Informationsfülle
wichtiger als die bloße Ansammlung von Wissen. "Wissen ist Stückwerk" (1. Kor., 13, 9), solange es nur die Anschauungsweise und nicht auch die Lebensweise verändert. Persönlichkeitsbildung und Lebensweise sind nicht voneinander zu trennen. Kommunikationsfähig sein, Zuhören können, neue Ideen entwickeln, Probleme finden, analysieren und auf der Suche nach Lösungen neue Wege gehen, flexibel reagieren, praktisch denken und Anwendungsbezüge im Blick haben, gruppenfähig sein und sich konsensfähig verhalten – dies alles sind überfachliche Kompetenzen, die über Beruf und Freizeit hinaus für das gesamte Leben wichtig sind."

H.W. Opaschowski: Pädagogik und Didaktik der Freizeit, Opladen 1987, S. 55f.

Das Bundesministerium für Bildung und Forschung hatte das Jahr 2001 zum „Jahr der Lebenswissenschaften" ausgerufen, allerdings *Lebenswissenschaft* („*Life Science*") einseitig als Naturwissenschaft verstanden und die gesellschaftliche Fachdiskussion fast ausschließlich den Physikern, Evolutionsbiologen und Genforschern überlassen. Im 21. Jahrhundert stehen Forschung und Gesellschaft vor großen ethischen Herausforderungen. Hier ist die Stimme der Bildungswissenschaft gefordert, die zu lebenswissenschaftlichen Fragen wie „Gendschungel", „Digitale Spaltung" oder „Posthumanes Marketing" kritisch Position beziehen muss.

> Vor dem Hintergrund des Leitbilds Lebensunternehmertum und einer immer höheren Lebenserwartung muss auch die Bildungsplanung zu einer Lebensbildungsplanung erweitert werden, in der sich die außerschulisch-nachberufliche Bildung als dritte Kraft neben der schulischen und beruflichen Bildung etabliert. Eine Herausforderung für die Bildungswissenschaft als integrativer, nicht abtrennbarer Bestandteil einer umfassenden Lebenswissenschaft. Life-Long-Learning heißt dann: Bildung über die Lebenszeit.

Es ist kein Zufall, dass vor dem Hintergrund des gesellschaftlichen Paradigmenwechsels die OECD über neue Schlüsselbegriffe in der Bildungspolitik nachdenkt und das Konzept eines *Learning for Living* anstrebt, bei dem es auch um *soft skills* und *Lebenskompetenzen* und nicht nur um berufsbezogene Schlüsselqualifikationen („cross-curriculum-competences") geht. Damit verbunden sind Werte wie Wohlbefinden, Sozialkapital und bürgerschaftliches Engagement (OECD 2000). Eine erweiterte Persönlichkeitsentwicklung sowie die Befähigung zu sozialer Partizipation könnten die Selbst- und Sozialkompetenzen stärken und gesellschaftlich aufwerten helfen. Alle Zukunftsanstrengungen würden sich dann auf die Erreichung von zwei Zielen konzentrieren: *ökonomisches Wachstum und soziale Lebensqualität*.

Nach einer 1996 veröffentlichten Studie des Royal Institute of International Affairs (RIIA) in London wächst mit dem Wohlstand in einem Lande die Auffassung, der Staat sei Diener des Volkes. Gleichzeitig sinkt die Bereitschaft der Bevölkerung, Diener des Staates zu sein. Dies gilt insbesondere für die USA, Kanada, Australien, Deutschland, Frankreich und Großbritannien. Das hat u.a. zur Folge (vgl. Handy 1998, S. 248), dass der heutige durchschnittliche Arbeitnehmer mittleren Alters in den OECD-Ländern im Laufe seines Lebens etwa 100.000 EURO mehr an staatlichen Leistungen bekommt, als er an ihn abgeführt hat. Doch schon seine Kinder werden bereits 200.000 bis 300.000 EURO mehr an Steuern zahlen müssen als sie an staatlichen Leistungen zurückbekommen. So werden ständig *Anleihen bei der nächsten Generation* gemacht.

Diese Einstellung muss sich grundlegend ändern. Aus sozialer Verantwortung heraus kann *nicht mehr alles dem Staat überlassen* bleiben. Die Bürger müssen viele Dinge des Lebens selbst und selbstständig in die Hand nehmen. Dies ist auch ganz im elementaren Interesse der nachwachsenden Generationen. Statt die Verantwortung weiter an den Staat zu delegieren, sollte wieder *Verantwortung an die Bürger zurückgegeben* und die unternehmerischen Fähigkeiten jedes einzelnen herausgefordert werden. Wir benötigen einen unternehmerischen Imperativ im Sinne von „Tu was" und „Sei selbst initiativ" als Leitlinie für eine neue Ära der Verantwortung.

VIII. Zwischen Ich und Wir.
Die Sozialwelt von morgen

„Meine Online-Verbindungen
halten länger als meine Beziehungen."

Werbeanzeige

Prognosen und Perspektiven auf einen Blick

- Flucht aus den Institutionen:
  Parteien und Gewerkschaften verlieren ihre Basis

- Entwicklungsland in Sachen Ehrenamt:
  Deutschland im internationalen Vergleich

- Geschäfte mit menschlichen Nöten:
  Kommerzialisierung des Sozialen

- Unverbindliche Kontakte:
  Soziale Erosionserscheinungen

- Soziale Kälte:
  Sang- und klanglos begraben

- Gebraucht werden:
  Eine neue Lebensaufgabe

- Soziales Volontariat:
  Die Zweitkarriere jenseits des Erwerbs

- Berechnende Helfer:
  Lieber Freiwilligenarbeit als finanzielle Zusatzbelastungen

- Aktivierende Kommunalpolitik:
  Entlastung für den Haushalt

- Freiwilliges Soziales Jahr:
  Alternative zum Zivildienst

1. Aktiv. Passiv. Ehrenamtlich.
Vereinswesen in Deutschland

Die Ausgangsdaten sind zunächst beeindruckend: Rund acht Millionen Bundesbürger sind derzeit ehrenamtlich tätig. Jeden Monat werden in Deutschland ungefähr 240 Millionen Stunden ehrenamtliche Arbeit geleistet. 15 Prozent der Frauen und 20 Prozent der Männer engagieren sich nach Ermittlungen des Statistischen Bundesamtes in Vereinen, Verbänden oder öffentlichen Ämtern. Fast ausnahmslos positiv muss das Bild erscheinen, wenn wir einen Blick auf die Situation und das Sozialverhalten der jungen Generation werfen:

- Die 14- bis 29-jährigen Jugendlichen halten z.B. die Lösung des Umweltproblems (51%) und die Friedenssicherung (68%) für vordringlicher als die Wohlstandssicherung (29%) oder die Erhaltung des Lebensstandards (37%), wie eine Repräsentativumfrage des B·A·T Instituts im Jahr 2003 nachweist.
- Und mehr als drei Viertel der Jugendlichen (78%) vertreten heute die Auffassung, die Menschen sollten sich *gegenseitig mehr helfen* und nicht alle sozialen Angelegenheiten einfach dem Staat überlassen (vgl. IFEP 1995).
- Fünf von hundert Jugendlichen im Alter von 14 bis 29 Jahren sind Mitglied bei der Freiwilligen Feuerwehr. Von allen jugendlichen Sportvereinsmitgliedern haben 8 Prozent eine ehrenamtliche Aufgabe übernommen.
- Tausendfach leisten Jugendliche täglich freiwillige Dienste in Krankenhäusern und Altersheimen. Allein im Rahmen des Jugendrotkreuzes engagieren sich etwa 90.000 Kinder und Jugendliche freiwillig für Sanitäts-, Sozial-, Rettungs- oder Betreuungsdienste und bringen dafür jeweils etwa *6 Freizeitstunden pro Monat* auf, ohne dafür bezahlt zu werden. Dies ist eine außerordentliche Leistung, wenn sie auch im Vergleich zu den durchschnittlich 50 Fernsehstunden pro Monat immer noch relativ gering erscheint.
- Die Wertschöpfung der durch die freiwilligen und ehrenamtlichen Helfer erbrachten Leistungen liegt bei weit mehr als fünf 10 Milliarden Euro im Jahr.

Vereine haben in Deutschland eine über 600-jährige Tradition. Etwa 270.000 Vereine soll es in Deutschland geben. Jeder Deutsche in zwei Vereinen? Diese traditionelle Formel gilt nicht mehr: *Die meisten Deutschen (56%) gehören heute keinem Verein oder Club mehr an.* Sportvereine (23%) und kirchliche Vereine (9%) weisen nach Angaben der Befragten noch die höchsten Mitgliederanteile in der Bevölkerung auf. Auch Gesang- (6%) und Schützenvereine (5%) sowie Freiwillige Feuerwehr (5%) und Rotes Kreuz/Caritas/Innere Mission (8%) sind gefragt.

Die Antworten der Bevölkerung auf die Fragen („Sind Sie Mitglied in einem Verein?" – „Wenn ja: aktives oder passives Mitglied?" – „Haben Sie eine ehrenamtliche Aufgabe für und innerhalb dieser Organisation übernommen?") machen eine auffallende Kluft zwischen formeller Mitgliedschaft und subjektiver Vereinszugehörigkeit deutlich. *Die deutsche Vereinsmeierei stirbt langsam und leise – durch Flucht in die Passivität* und innere Kündigung: Mitgliedschaften laufen formell weiter, Beiträge werden regelmäßig bezahlt – doch immer weniger gehen hin.

Abb. 68: „Abschied von der Vereinsmeierei"
  Vereins- und Organisationswesen in Deutschland

Frage 1: „In welcher der folgenden Organisationen sind Sie Mitglied?
Frage 2: „Aktives oder passives Mitglied?"
Frage 3: „Ehrenamtliche Aufgabe für oder innerhalb dieser Organisationen übernommen?"

Vereine/Organisationen	Mitglieder ab 14 Jahren (in %)	... davon aktive Mitglieder (in %)	... davon ehrenamtliche Aufgabe (in %)
Sportverein	23	73	12
Kirchlicher Verein	9	60	37
Rotes Kreuz, Caritas u.a.	8	22	9
Gewerkschaft	8	25	6
Gesangverein	6	71	20
Freiwillige Feuerwehr	5	53	24
Schützenverein	5	57	12
Partei	3	36	10
Bürgerinitiative	2	54	42
In keiner Organisation Mitglied: 56			

Repräsentativbefragung von 2.000 Personen ab 14 Jahren 2002 in Deutschland.
B.A.T Freizeit-Forschungsinstitut

- Mehr als jedes vierte Sportvereinsmitglied (27%) ist nicht mehr aktiv und begnügt sich mit passiver Mitgliedschaft. Dies trifft auch für die Mitglieder in Gesangvereinen (29%), Schützenvereinen (43%) und in kirchlichen Vereinen (40%) sowie bei der Freiwilligen Feuerwehr (47%) zu. Im lokalen Bereich ist „man" nicht selten mehr ideelles Mitglied, ohne selbst aktiv zu sein. Viele wollen von eigener Aktivität nur wenig wissen, auch wenn der Vereinsvorstand ruft.
- Mitgliedschaften in Großorganisationen bestehen manchmal nur noch auf dem Papier. In den Parteien sind gerade einmal 36 Prozent der Mitglieder aktiv und bei den Gewerkschaften 25 Prozent. Die Größe und Anonymität dieser Organisationen wirken sich nachteilig auf die Aktivität, das Interesse und das persönliche Engagement aus.

Einen hohen Aktivitätsgrad weisen Bürgerinitiativen (54%) auf. Hier muss niemand befürchten, ‚einverleibt' zu werden. Ämter, Aufgaben und Verantwortungsübernahmen regeln sich meist von selbst. Denn: Hier ist jede(r) als Person gefordert und anerkannt. Während beispielsweise nur jedes zehnte Parteimitglied ein Amt oder eine Aufgabe übernimmt (10%), ist der Anteil der Engagierten in Bürgerinitiativen mehr als viermal so hoch (42%).

In den letzten Jahren haben sich in Deutschland neue Organisationsstrukturen mit individuellem und informellem Charakter entwickelt. Netzwerke Gleichgesinnter entwickeln sich auf breiter Ebene, also offenere und weniger instrumentalisierte Organisationsformen, die Spontaneität zulassen und mehr dem Leitbild des Freundeskreises gleichen. Diese informellen Netzwerke ermöglichen einerseits neue Formen der Solidarität, sind aber andererseits weniger stabil und nicht auf Dauer oder Lebenszeit angelegt: Heute in einer „Band" mitspielen, morgen einen Fanclub gründen oder sich spontan einer Bürgerinitiative anschließen.

Vor allem die jüngere Generation findet an Spontan-Gruppierungen Gefallen. In Zukunft ist mehr Individualisierung als Organisierung gefragt. Die Flucht aus den Institutionen erscheint unaufhaltsam. Allein zwischen 1993 und 2002 stieg der Anteil der Bundesbürger, die nicht mehr Mitglied in einem Verein oder einer Organisation sind, von 42 auf 56 Prozent. D*ie Mehrheit der Deutschen geht „freiwillig" keine Organisationsbindung mehr ein.* Davon sind die Gewerkschaften und die Parteien am meisten betroffen. *Die Parteien verlieren ihre Basis.*

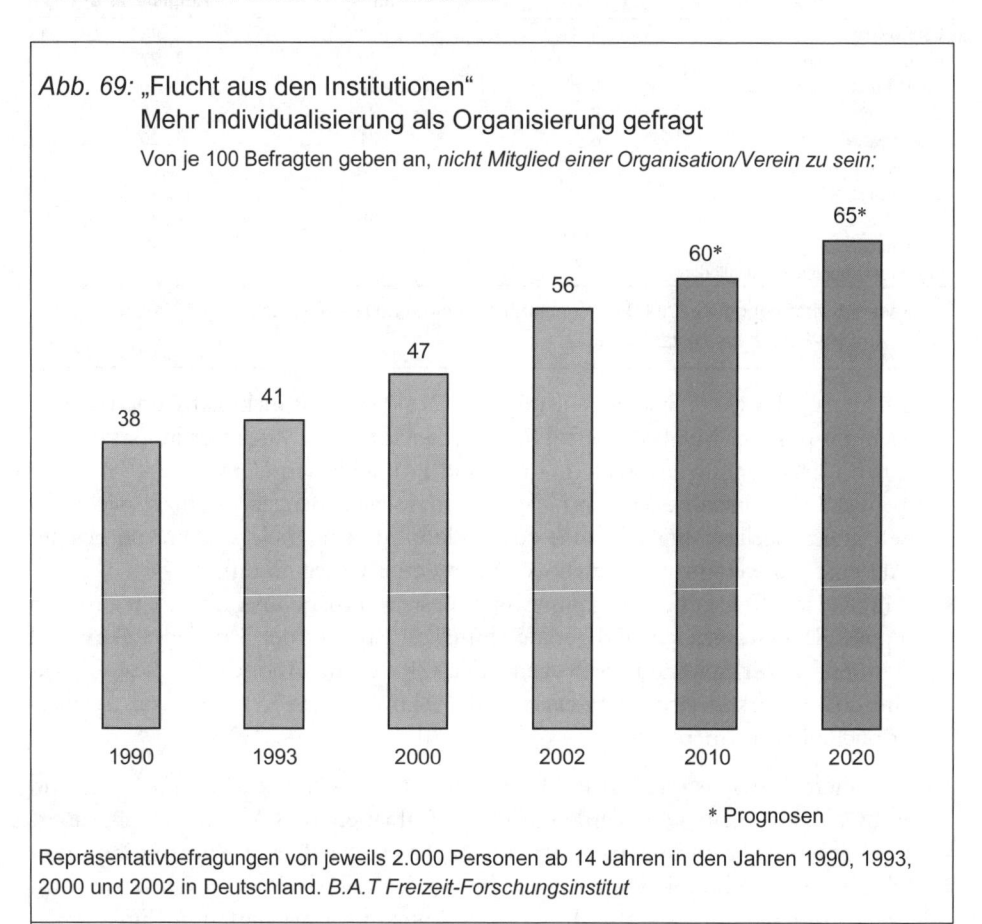

Abb. 69: „Flucht aus den Institutionen"
Mehr Individualisierung als Organisierung gefragt

Von je 100 Befragten geben an, *nicht Mitglied einer Organisation/Verein zu sein:*

1990	1993	2000	2002	2010	2020
38	41	47	56	60*	65*

* Prognosen

Repräsentativbefragungen von jeweils 2.000 Personen ab 14 Jahren in den Jahren 1990, 1993, 2000 und 2002 in Deutschland. B.A.T Freizeit-Forschungsinstitut

2. Entwicklungsland in Sachen „Ehrenamt". Deutschland im internationalen Vergleich

Im internationalen bzw. europäischen Vergleich ist das freiwillige und unbezahlte Engagement in Deutschland unterentwickelt: Lediglich 18 Prozent der Bevölkerung engagieren sich im Vergleich zu etwa 27 Prozent im europäischen Durchschnitt. Eine Erklärung könnte dafür sein, dass Freiwillige in Deutschland zu häufig den

Eindruck haben, nur benutzt und nicht anerkannt zu werden. Dafür spricht auch, dass die Auffassung der Freiwilligen, sie würden im Vergleich zu bezahlten Mitarbeitern eine besondere Arbeit leisten, nur mit 41 Prozent halb so viel Zustimmung findet wie z.B. in Dänemark (82%).

Etwa jeder zweite Amerikaner (48,5%), aber nur jeder siebte bis achte Deutsche (13,1%) hat in den vergangenen zwölf Monaten ehrenamtliche Arbeit geleistet. Und während sich beispielsweise Amerikaner mehr im sozialen und kirchlichen Bereich für andere engagieren, stehen bei den Deutschen eher eigene Interessen wie *Bürger- und Verbraucherinteressen im Vordergrund* (Anheier 1997 b, S. 201f.). Dies geht aus den Vergleichserhebungen des Wissenschaftszentrums Berlin hervor, einem internationalen und interdisziplinären Forschungsprojekt, dem sogenannten „John-Hopkins-Projekt", einem der größten Forschungsvorhaben, das in den letzten Jahren in den Sozialwissenschaften durchgeführt wurde.

> Erkennbar ist in Deutschland eine klare Verschiebung der Engagement-Präferenzen: Kirchlich-religiös und sozial orientierte Organisationen und Vereine gehören zu den eindeutigen Verlierern, während die Fun- bzw. Spaßbereiche (insbesondere Freizeit, Spiel und Sport) nach wie vor auf Wachstumskurs liegen – vor allem dann, wenn sie Clubcharakter aufweisen.

Die kleinen und *Kleinstvereine* können sich über mangelndes Engagement nicht beklagen. Hingegen müssen die Großorganisationen des Nonprofit-Sektors zunehmend damit leben, dass die Mitglieder immer weniger zur Übernahme ehrenamtlicher Aufgaben in den Leitungsebenen der Vorstände bereit sind.

> Klassische Sozialkarrieren, bei denen Ämter und Funktionen in Organisationen von den Eltern an die Kinder weitergegeben wurden, sterben langsam aus.

Die Tradition, z.B. seit Generationen bei der Freiwilligen Feuerwehr, der Diakonie oder der Arbeiterwohlfahrt aktiv zu sein, gerät in Vergessenheit (vgl. Zimmer/Priller 1997, S. 260ff.). Gleichzeitig nimmt die Attraktivität von Organisationen wie z.B. Greenpeace oder Amnesty International zu, weil hier neue Ziele und aktuelle gesellschaftsrelevante Werte propagiert werden, die insbesondere für die jüngere Generation eine große Anziehungskraft besitzen. Hier können sie noch *Anwender-Demokratie* (Naschold 1996, S. 299) erleben und echte Mitverantwortung übernehmen, also Subjekt ihres Handelns sein (Klages 1996, S. 246).

Hingegen sind Freiwillige und Mitarbeiter in großen Wohlfahrtsverbänden vielfach ohne besondere Einfluss- und Mitbestimmungsmöglichkeiten tätig. Und ein zeitlich befristetes soziales Engagement wird ohnehin nur ungern gesehen – eine Zukunftschance für die sich ausbreitenden neuen *Freiwilligen-Agenturen*, die Freiwillige und Mitarbeiter für spontane und kurzfristige Engagements vermitteln, ohne sie gleich dauerhaft zu verpflichten. Das ist die zeitgemäße Antwort auf eine individualisierte Gesellschaft: Die Kultur des Helfens wird nicht mehr „von Amts wegen" verordnet, sondern entsteht eher spontan als Treff für Gleichgesinnte mit Szene- und Ereignischarakter.

In der Fachdiskussion werden *Freiwilligenarbeit, Freiwillige Mitarbeit, Ehrenamtliche Arbeit, Bürgerarbeit, Gesellschaftsarbeit oder Soziales Engagement* weitgehend synonym verwendet. Gemeinsam ist eigentlich allen Begriffen das, was im Englischen „*volonteering*" genannt wird: Also das freiwillige unbezahlte Engagement. Mit der Neigung, den Begriff „Ehrenamtliche" zunehmend durch „Freiwillige" zu ersetzen, besteht allerdings auch die Gefahr, dass die Verbindlichkeit für das soziale Engagement sinkt, während gleichzeitig der Anteil sogenannter „spontaner Helfer" immer größer wird. Denn Spontaneität schließt Kontinuität weitgehend aus.

Die Übertragung von Verantwortlichkeit und leitenden Funktionen wird immer schwieriger: „Früher gingen Vierzehnjährige als Gruppenleiter mit einer Gruppe noch Jüngerer auf Fahrt. Das ist heute unvorstellbar" (Agricola 1997, S. 64). So dominiert zusehends die informelle Freiwilligenarbeit – spontan und zeitlich begrenzt (vom einmaligen Kuchenbacken bis zur mehrtägigen Mitarbeit bei der Planung einer Großveranstaltung). Nur die wenigsten Freiwilligen sind auch bereit, Mitglieder zu werden. Sie wollen sich nicht binden und schon gar nicht unter Zeitdruck setzen lassen. Und drücken sich gerne vor *lästigen Verpflichtungen*.

Die wachsende Kommerzialisierung des Lebens fordert ihren Tribut: Je mehr Konsumangebote es gibt, desto größer wird der subjektive Zeitdruck und desto geringer ist die Engagementbereitschaft. Auf eine einfache Formel gebracht: *Mehr Konsumangebote = mehr Unverbindlichkeit = weniger freiwillige Mitarbeit* (vgl. Heinemann/Schubert 1992). Werden in Zukunft immer mehr soziale Dienstleistungen von Hauptamtlichen und professionellen Mitarbeitern erbracht werden müssen, weil es immer weniger freiwillige Helfer gibt? Bewahrheitet sich eine Diagnose des Theologen Jürgen Moltmann aus den achtziger Jahren: „Wir haben die Diakonie an die Verbände delegiert, wie wir das Evangelium an die Pastoren und die Theologie an die Professoren delegiert haben. Dieses Prinzip der Delegation macht die Gemeinden arm" (Moltmann 1984, S. 37).

> Wenn die Profis kommen, werden viele Laien passiv und stellen ihr Engagement Zug um Zug ein.

3. Unverbindliche Kontakte. Soziale Erosionserscheinungen

Von der jungen Generation wird soziale Geselligkeit heute besonders intensiv gepflegt. Die Clique und der Freundeskreis haben bei den Jugendlichen im Vergleich zu allen anderen Bevölkerungsgruppen die größte Bedeutung. Der Zuwachs an sozialen Aktivitäten hält sich in der übrigen Bevölkerung bisher in engen Grenzen. Lediglich das *Handy als Nabelschnur zur Freizeitclique* hat in den letzten zehn Jahren deutlich zugenommen. Auch Einladungen und Besuche stellen eine wichtige Form der Geselligkeit dar. Und das Engagement in einer Bürgerinitiative ist gleich bleibend gering. Das Engagement nach Feierabend hat, auch wenn es freiwillig erfolgt, einen gewissen Arbeits- und Anstrengungscharakter. Viele wollen in ihrer freien Zeit nicht auch noch an Arbeit erinnert werden.

Das Freizeitverständnis hat sich grundlegend gewandelt. Im Gegensatz zu den fünfziger und sechziger Jahren, in denen Freizeit lediglich negativ als Abwesenheit von Arbeit („*frei von*" Zwängen, Pflichten, Erledigungen usw.) verstanden wurde, herrscht heute ein positives Freizeitverständnis vor, bei dem man „*frei für*" etwas ist. Nur mehr knapp die Hälfte der Bevölkerung (48%) versteht unter Freizeit eine *sozialbezogene Zeit*,

- „in der ich *mit Familie und Freunden* etwas unternehmen kann".

Die überwiegende Mehrheit der Bevölkerung (70%) aber denkt in der Freizeit erst einmal an sich selbst zuerst und begreift den arbeitsfreien Teil des Lebens als eine *ichbezogene Zeit*,
- „in der *ich* tun und lassen kann, was *mir* Spaß macht".

Die freie Zeit wird immer mehr zur Spaß- und Ego-Zeit, die zu Lasten der Gemeinschaft, vor allem der Familie geht.

Wenn heute eine Tätigkeit zur Pflichterfüllung wird, verliert sie zunehmend ihren Freizeitcharakter. Immer mehr Jugendliche wollen ihre Freizeit ohne Einschränkung genießen. Hauptsache Spaß. Die *wachsende soziale Unlust der Jugend* kann zur größten Herausforderung der Zukunft werden. Fast jeder zweite Jugendliche im Alter von 14 bis 24 Jahren (1991: 30% – 2000: 44%) blendet mittlerweile die Mitarbeit in einer sozialen Organisation aus seinem persönlichen Freizeitverhalten aus. Im subjektiven Empfinden hat eine solche *soziale Verpflichtung „in keinem Fall"* mehr *etwas mit Freizeit zu tun*. Das Soziale wird zum Störfaktor.

Selbst spontane Bürgerinitiativen bleiben davon nicht verschont. Wenn es ernst wird in einer Bürgerinitiative, dann hört für die meisten Jugendlichen der Freizeitspaß auf. Das Engagement in der Bürgerinitiative bekommt Pflichtcharakter. Dies passt offenbar nicht zur Freizeit, die doch Freiheit und Freiwilligkeit verspricht. Für viele Jugendliche ist die Freizeit zu einer *Zeit der unverbindlichen Kontakte* geworden. Die Bereitschaft sinkt, soziale Verpflichtungen einzugehen. Dies bekommt selbst die eigene Familie zu spüren: Kranken- und Verwandtenbesuche werden immer lästiger (1991: 25% – 2000: 44%). Und familiären Pflichten nachkommen ist fast für die Hälfte der Jugendlichen inzwischen mit Unlust verbunden (45%). Sieben Jahre zuvor war die soziale Unlust nur halb so groß (23%). Auch in der übrigen Bevölkerung verliert die soziale Dimension des Freizeitverhaltens zunehmend an Bedeutung. Dies trifft in besonderer Weise für *Singles und Großstadtbewohner* zu.

Das Zeitalter der Individualisierung fordert vor allem bei der jungen Generation seinen Tribut. Immer mehr Jugendliche neigen dazu, sich in ihrer freien Zeit selbst genug zu sein. Sie wollen ihre Freizeit *erleben und ausleben*. Soziale Verpflichtungen werden eher als Störfaktoren empfunden, die den Lebensgenuss beeinträchtigen. Mit der wachsenden Kommerzialisierung der Freizeit nimmt auch die *Entsolidarisierung* im Alltag zu. Freizeit wird zur Egozeit, in der das Ich *alles tun kann*, aber *nichts tun muss*. Damit sinkt auch die Bereitschaft, anderen zu helfen. „Nachbarschaftshilfe" droht fast zu einem Fremdwort in der Freizeitgestaltung von Jugendlichen zu werden. Für immer mehr Jugendliche wird Nachbarschaftshilfe geradezu lästig (1991: 26% – 2000: 36%).

> Aus der sozialen Last muss wieder eine soziale Lust werden. Gesellschaft und Politik sind hier gefordert. Soziales Engagement muss attraktiver werden. Jugendliche dürfen nicht das Gefühl haben, von Erwachsenen ‚einverleibt' oder ‚in die Pflicht genommen' zu werden. Für sie muss das soziale Engagement mehr Erlebnischarakter bekommen – sonst steigen immer mehr aus.

Pflicht und Spaß dürfen keine Gegensätze mehr sein. Jugendliche wollen schließlich etwas tun, was Sinn hat und Spaß macht. Gefragt sind vor allem mehr Freiräume für eigene Ideen und eigenes Gestalten sowie mehr Gemeinschafts- und Erfolgserlebnisse. Jugendliche sind durchaus bereit, etwas freiwillig zu tun, lassen sich aber nur ungern von anderen unter Zeitdruck setzen. Da zudem im Zeitalter von Handy, Telefax und Fernbedienung alles immer schnelllebiger und spontaner wird, müssen auch freiwillige Tätigkeiten zunehmend spontanen Charakter haben, also Engagements auf Zeit sein. Wer hingegen Lebenszeit-Bindungen erwartet oder fordert, muss mit Ausstieg oder innerer Kündigung rechnen. Soziales Engagement steht bei Jugendlichen immer mehr – wie in den übrigen privaten Beziehungen auch – unter dem Vorbehalt jederzeitiger Kündbarkeit. Mitarbeit und Mitgliedschaft müssen neu definiert werden. Eine Herausforderung an alle Institutionen, Organisationen und Vereine, die in Zukunft Jugendliche erreichen wollen.

4. Zeitnot. Psychosoziale Folgen

Die jungen Leute geraten in den letzten Jahren immer mehr in *Zeitnot*, weshalb sie „lieber Dienstleistungen empfangen als geben" – so das frühzeitige Ergebnis einer Expertise des Bundesministeriums für Familie aus den neunziger Jahren (BMFuS 1993, S. 32). Das gesellschaftliche Umfeld bietet den Jugendlichen nicht nur Geld, sondern auch *Zeit kostende Konsumangebote*, die „Lust sofort" versprechen. Auch Vereinsangebote werden an diesem Standard gemessen.

So haben Jugendliche zunehmend das Gefühl, dass ihnen die Zeit davonläuft. Und je mehr freie Zeit sie zur Verfügung haben und je vielfältiger die Konsumangebote sind, desto stärker wachsen auch ihre persönlichen Wünsche. Wenn ihnen dann alles zu viel wird, weil sie sich „zu viel vorgenommen" haben, werden sie ein *Opfer ihrer eigenen Ansprüche*: 28 Prozent aller 14- bis 19-jährigen Jugendlichen können sich dann nur noch mit Aggressionen helfen. Die innere Unruhe und Unzufriedenheit mit sich selbst „muss raus": Sie nerven die eigene Familie, reagieren sich beim Jogging und Fußball ab oder suchen bewusst Streit mit anderen. Viele Jugendliche haben Schwierigkeiten, sich Grenzen zu setzen – zeitlich, finanziell und auch psychosozial. Die Folge ist *Erlebnisstress, der auch explosiv werden kann* – vor lauter Angst, vielleicht etwas zu verpassen. Den Konsum-Imperativ „Bleiben Sie dran!" erleben sie als eine einzige Stress-Rallye. Die ständige Anforderung droht zur Überforderung zu werden. So nehmen sich Jugendliche vor allem an Wochenenden mehr vor, als sie eigentlich schaffen können. (Jugendlicher: „Mit dem Konsumstress ist es wie mit dem Tagespaß beim Skifahren: Man muss unbedingt weiter fahren, obwohl man eigentlich schon kaputt ist").

Der gesellschaftliche Trend zur Individualisierung bleibt nicht ohne Folgen. Soziale Verpflichtungen und Rücksichtnahmen lösen bei ihnen Stresssymptome aus, wenn sie ihnen „nachkommen müssen". Familientreffen und Verwandtenbesuche sind davon besonders betroffen. Für 29 Prozent aller Jugendlichen sind Verwandtenbesuche reine Pflichtbesuche, denen sie nur mit großer Unlust, gezwungenermaßen, gereizt und ‚mit Wut im Bauch' nachkommen. Solche Besuche halten sie vermeintlich davon ab, das zu tun, woran sie eigentlich mehr Spaß und Freude haben.

Die junge Generation wehrt sich gegen die ständige Reizüberflutung auf ihre eigene Weise: Sie resigniert nicht, wird nicht apathisch, zeigt sich weder verunsichert noch verwirrt. Sie reagiert vielmehr ihre innere Unruhe einfach ab: Lust schlägt in Wut um und aus Nervosität wird Aggressivität.

- Wenn sich Erwachsene gestresst fühlen, werden sie erst einmal unruhig und nervös.
- Wenn Jugendliche ‚voll im Stress' sind, werden sie eher aggressiv.

Und eine Generation, die in ständiger Spannung und Anspannung lebt und auch nach der Arbeit nicht zur Ruhe kommt, riskiert am Ende Dauerstress.

Die Folge ist, dass *Jugendliche und junge Leute zunehmend aggressiver werden*. So wird dann beispielsweise das Autofahren vom vegetativen Nervensystem als Schwerarbeit eingestuft, ohne dass der Körper etwas tut. Wenn schon beim normalen Autofahren die Stresshormone um das Doppelte in die Höhe schnellen, „treibt aggressives Fahren sie jedoch auf eine zehnfache Konzentration" (Vester 1976, S. 250). Bei weiterer Reizüberflutung kommt es zu immer neuen Reizungen des vegetativen Systems und damit zu sprunghaft steigenden Unfallgefahren, Herz-Kreislaufstörungen und Aggressionssteigerungen. Die natürliche Hemmschwelle zum Ausleben von Aggressionen kann in Zukunft im gleichen Maße sinken, wie sich Grenzerlebnisse und die Gier nach Sensationen zwischen Thrill und Crash ausbreiten.

Aus der Psychologie ist bekannt: Das Angenehme (= das „Reizoptimum") liegt zwischen den Extremen des Zuviel und des Zuwenig. Dies erklärt auch die Paradoxie, dass *selbst zuviel des Guten schlecht sein kann*. So kann beispielsweise der Besuch eines Freizeitparks oder ein Kindergeburtstag, der ja eigentlich Freude bereiten sollte, mit Streit, schlechter Laune der Eltern oder Weinen der Kinder enden (vgl. Berlyne 1974). Das Überreizungssyndrom bleibt nicht folgenlos: Eine Konsumgesellschaft, deren Philosophie sich in der ständigen Reizsteigerung erschöpft („Hauptsache neu"), fordert geradezu die Aggressivität der Konsumenten heraus, die sich nicht mehr anders gegen die Überforderung zu wehren wissen. So kann aus einem Konsumvergnügen eine Gefahrenquelle für andere werden.

Noch nie waren die Menschen einem solchen Angebotsstress ausgesetzt wie heute. Ständige Aufforderungen und Anforderungen führen zur Überforderung: Die Konsumenten haben das Gefühl, Zeit und Geld reichten bei weitem nicht mehr aus, sich alle ihre Wünsche zu erfüllen. So werden sie unsicher, ängstlich, enttäuscht und frustriert, weil sie viele persönlichen Ziele gar nicht mehr verwirklichen können. Sie leben in einer Art Dauerspannung und Dauerstress, die ihnen das Gefühl vermitteln, sie kämen dauernd zu spät. Mitmenschen gegenüber reagieren sie zunehmend aggressiv und wütend, weil sie sich von ihnen auf ihrer Konsum-Jagd und Stress-Rallye gestört fühlen. *Der Mitmensch wird zum Störfaktor.* Unerwartet auf andere Rücksicht nehmen müssen, heißt für sie, nicht alles das erreichen können, was sie sich vorgenommen haben. Die subtilen Zwänge der Konsumgesellschaft lassen mitunter Materielles wichtiger als Soziales erscheinen.

5. Geschäfte mit menschlichen Nöten. Kommerzialisierung des Sozialen

Die Überflussgesellschaft der 70er bis 90er Jahre suggerierte die Vision einer *Multi-Options-Gesellschaft* mit grenzenlosen Konsumsteigerungen: Je mehr Gelegenheiten und Möglichkeiten ich habe, desto freier bin ich – eine Fehlannahme offensichtlich, weil die bloße Menge von Angeboten mit der Qualität von Freiheit verwechselt wird. Insbesondere Jugendliche können sich durch die Angebotsinflation in ihrer persönlichen Entfaltung mehr behindert als befreit fühlen. Sie haben das Gefühl, zu versagen, weil sie nicht alle möglichen Ziele erreichen können. Wichtiger als die Vielzahl von Optionen ist die Auswahl und Auslese, also das Angebot einer „Menükarte" (Koslowski 1987, S. 64), die für den einzelnen Konsumenten wesentlich ist, ihn als Person erreicht und als Individualität stärkt.

1980 sagte der amerikanische Futurologe Alvin Toffler für die Zukunft voraus, *Einsamkeit könne ein wichtiger Wirtschaftsfaktor* werden. Weil sich nur noch wenige Menschen zu etwas zugehörig fühlten, das größer und besser sei als sie selber, würden die menschlichen Beziehungen immer flüchtiger: „Gemeinschaft gibt es höchstens noch gelegentlich, ganz spontan, bei Krisen, Stress und Katastrophen" (Toffler 1980, S. 369). Werden wir uns mit der neuen Einsamkeitsgeißel arrangieren und nur noch auf staatliche und kommerzielle Kontaktdienste hoffen? Von der Telefonseelsorge über Telefonkontaktanzeigen bis hin zum Internet, in dem Computerfreaks miteinander kommunizieren? Und auch das „Psychofon" ist keine Utopie mehr: Für jedes Problem gibt es die passende Telefonnummer. *Telefontherapie gegen Geld.* Dann wird schnell nach Sofort-Lösungen gegriffen – für Ursachenerforschung bleibt keine Zeit. Problematisierung, Tiefgang oder gar Anamnese werden als Zeitverschwendung empfunden.

Es bewahrheitet sich eine Prognose aus den achtziger Jahren, wonach es zur menschlichen Verarmung inmitten technologischen Reichtums kommen könne: Weil kaum einer mehr Zeit zum Zuhören habe, werde es bald *„Zuhörer von Berufs we-*

gen" (Opaschowski 1988, S. 33) geben. Und weil die zwischenmenschlichen Beziehungen immer unbefriedigender würden, *müsste der bezahlte Profi den einfühlsamen Mitmenschen ersetzen*: „Zuhörer", „Vorleser" und „Geschichtenerzähler" könnten ebenso Zukunftsberufe sein wie „Computeranimateur", „Videoseelsorger" oder „Langeweiletherapeut". Das mitmenschliche Einfühlungsvermögen werde zunehmend durch bezahltes Entgegenkommen ersetzt.

Wachsende Zeitnot und nachlassende Verbindlichkeit echter sozialer Beziehungen bescheren Serviceagenturen in Zukunft einen wahren Boom. Das Geschäft mit den Ängsten und Nöten der Menschen entwickelt sich zur cleveren Ausbeutung menschlicher Bedürfnisse:

- Vom *Geschäft mit der Zeitnot* profitieren Partyservice und Festeveranstalter, Onlineshopping und Sofortkredite.
- Das *Geschäft mit der Angst* boomt bei Babysittern und Bodyguards in Haus und Garten, bei Diebstahl- und Reiseversicherungen.
- Vom *Geschäft mit der Einsamkeit* leben Single-Clubs und Single-Reisen, Telefon- und Kontaktdienste.
- Am *Geschäft mit der Langeweile* verdienen Kinos und Kneipen, Freizeitparks und Fernsehanstalten.
- Das *Geschäft mit den Träumen* beherrschen die Traumfabriken Ferienclubs und Reiseveranstalter, Shoppingcenter und Badelandschaften.

Im 24-Stunden-Service ist und wird alles möglich. Der Telefondienst für Blinde, der Bodyguard für Friedhofbesucher oder der Verkauf neuer Psycho-Spiele für Erwachsene zum Austoben von Aggressionen am Wohnzimmertisch. Es gibt bald *keine Tabuzonen* mehr.

Mit der wachsenden Kommerzialisierung des Lebens sinkt die Bereitschaft, sich in bestimmten Situationen gegenseitig zu helfen. Wird Sozialverhalten zunehmend zu einem öffentlichen und immer weniger zu einem privaten Gut?

> Mitmenschlicher Kontakt wird immer mehr gesucht, aber immer weniger gefunden. Weil das Ego stärker wird, kann sich der sozialfähige Mitmensch kaum behaupten. Es regiert die Vielzahl informeller Kontakte – an der Theke oder bei der Fête. Der mitmenschliche Umgang wird in Zukunft unverbindlicher, während gleichzeitig die Einbindung in Gruppen und Organisationen sinkt.

Der Freundeskreis wird immer bedeutsamer, wird fast zu einer Art ‚zweiten Familie'. Und die Clique symbolisiert den unverbindlichen Charakter. Von Clique und Freunden will man nicht versorgt und betreut werden; es reicht, wenn sie das Individuum kennen und vor allem anerkennen. *Aus Abhängigkeit soll Anerkennung, aus Bindung Bestätigung werden*. Doch von der coolen Clique zur „kühlen Gesellschaft" (Szszesny-Friedmann 1991) ist es vielleicht nur ein Schritt.

> Die soziale Anerkennung wollen alle, das soziale Vakuum aber niemand haben. Der Wunsch nach Nähe ist da, die Angst vor dem Risiko der Nähe aber scheint noch grö-

> ßer zu sein. Man will nicht auf andere „angewiesen" sein – so bleiben die Cliquen- und Freundesbeziehungen austauschbar und jederzeit aufkündbar. Für jede Lebenslage gibt es eine Clique oder einen Club.

Die Schattenseite dieses locker-liberalen Umgangs miteinander wird gern verdrängt. Denn die Individuen wähnen sich in einer *Gesellschaft der glücklichen Cliquen*, wo sie von einer Gruppierung zur anderen springen und jederzeit die Bezugsgruppe wechseln können – aber diese Beziehungen bleiben weitgehend frei von emotionalen Bindungen. Die „vielen" Freunde und Cliquenmitglieder leben seelisch aneinander vorbei. Sie stellen infolgedessen auch *keine Quellen sozialer Unterstützung* dar. Die Folge: „Verlust an Geborgenheit und menschlicher Nähe" (Szczesny-Friedmann 1991). Lästige Verpflichtungen entfallen – dafür entfallen auch Hilfe und Unterstützung bei Unfall, Krankheit, Berufsunfähigkeit oder Altersversorgung. Wer die Bindung scheut, lebt mit höherem Risiko. Das Golfspiel ist deshalb so attraktiv, weil man es auch allein spielen kann ...

> Homesitting-Agenturen gehen einer rosigen Zukunft entgegen. Denn mit dem Aufbruch in den Urlaub wächst die Angst vor dem Einbruch in das eigene Heim. Erfahrungsgemäß bleiben über neunzig Prozent aller Einbrüche unaufgeklärt. Es mangelt an Familienmitgliedern, die freiwillig während der Abwesenheit die heimischen vier Wände weiter beleben. So kommen kommerzielle Homesitter zum Zug, die sich das sogenannte „Bewohnwachen", also das Bewachen durch Bewohnen ordentlich bezahlen lassen.

Der Rückgang der familiären Bindungen hat auch zur Folge, dass immer mehr *Alleinstehende sang- und klanglos begraben werden*. Nach ihrem Tod lassen sie sich einäschern und auf einem anonymen Urnenfeld verscharren. Familienangehörige sind nicht da. Und Freunden und Lebensabschnittspartnern ist die Grabpflege offensichtlich nicht zuzumuten. Allein in Hamburg hat sich die Zahl der anonymen Beisetzungen in den letzten zwanzig Jahren verzehnfacht. Die *soziale Kälte* kann morgen regieren, wenn wir uns nicht heute ändern. Oder wir besinnen uns noch rechtzeitig – machen aus der mitunter als „lästig" empfundenen sozialen Verpflichtung eine persönlich interessante und öffentlich anerkannte Sozialleistung. Dann wird auch soziales Engagement wieder attraktiv.

6. Gebraucht werden. Jeder Mensch braucht eine Aufgabe

Xenophon ließ in seinen „Memorabilien" Antiphon zu Sokrates sagen: „Wenn jemand zu dir kommt und sich von dir beraten lässt, verlangst du kein Geld von ihm. Du bist kein Weiser, denn deine Worte haben keinen Wert." Sokrates erbrachte unbezahlte Dienstleistungen, die dem professionellen Sophisten wertlos erscheinen mussten. Was nichts kostete, war auch nichts wert – dies ist bis heute so geblieben. Unter dem *Manko des Nichtmonetären* leiden die Nichterwerbstätigen. Was ist ihre erwerbslose Zeit schon wert? Das Bruttosozialprodukt wird auch ohne sie erwirtschaftet:

- Sie arbeiten, aber stehen nicht im Dienst ökonomischer Verwertbarkeit.
- Sie sind produktiv, aber nicht erwerbstätig.
- Aus ihrer Tätigkeit erwächst ein hoher Ertrag an persönlicher Leistungsmotivation, der unbezahlbar ist.
- Sie schaffen menschliche Beziehungen und Werte, die nicht käuflich sind.

Margret Mead hatte sicher Recht, wenn sie die Auffassung vertrat, dass Muße entweder durch Arbeit oder durch „gute Werke" verdient werden müsste (Mead 1958, S. 10ff.). In Zukunft wird es immer schwieriger, die Verdienst-Komponente in Anspruch zu nehmen. Hier kommt womöglich die Selbsthilfe zu Hilfe: *Die Selbsthilfe wird zum moralischen Ersatz für Arbeit oder gute Werke.* Immer mehr Gleichgesinnte suchen sich und schließen sich zusammen. Und für nicht wenige wird die Selbsthilfe zu einer eigenen Lebensform.

Solange Menschen auf dieser Erde leben, wird es das Schlaraffenland nicht geben. Das Paradies bleibt Wunschbild oder Illusion, weil weder der Einzelne noch die Gesellschaft auf die notwendige Erwerbsarbeit verzichten können. Wohlstand und Wohlbefinden müssen auch in Zukunft erst einmal produziert, erarbeitet und verdient werden. Was aber passiert mit denen, die vom erwerbsmäßigen Produzieren, Erarbeiten und Verdienen ausgeschlossen werden? Wenn in Zukunft *die überwiegende Mehrheit der Bevölkerung noch nicht, nicht mehr oder nie mehr im Erwerbsprozess steht*, kann auch Erwerbsarbeit nicht mehr alleiniger Lebenssinn oder Lebensinhalt sein.

Es ist geradezu lebensnotwendig, die Sinnorientierung auf menschliche Tätigkeiten zu richten, die in einem Sinnzusammenhang mit arbeitsähnlichem Charakter stehen und dem beruflichen Erfolgsleben relativ nahe kommen.

> Sinnerfüllte Tätigkeiten im sozialen Bereich können Erwerbsarbeit nie ersetzen, wohl aber den Verlust von Erwerbsarbeit ausgleichen helfen. Jeder Mensch braucht eine Aufgabe. Das Gefühl, gebraucht zu werden, zählt mehr als Geldverdienen. Etwas Sinnvolles für sich und etwas Nützliches für die Gemeinschaft zu tun, verdient gesellschaftliche Anerkennung.

Wenn die Erwerbsarbeit ihren Mythos verliert und in den Betrieben über wachsenden Motivationsverlust geklagt wird, so ist das psychologisch gesehen eine Art Selbstschutz, eine natürliche Reaktion auf die Unsicherheit am Arbeitsmarkt – aus Angst vor einer zu starken Identifikation, die bei plötzlichem Arbeitsplatzverlust kaum verkraftet werden könnte. Das seelische Gleichgewicht wäre gestört, die ökonomische und psychische Grundlage der eigenen Existenz in Frage gestellt. Durch *Engagements im sozialen Bereich* können sich viele ein zweites Standbein schaffen und ein neues Gleichgewicht finden.

Wir müssen uns Gedanken über einen *neuen Helfertypus* machen. Der deutsche Begriff *Helfer* ist von Martin Luther als wörtliche Übersetzung von lateinisch *diaconus* eingeführt worden und gilt heute noch in der Schweiz als Synonym für ein *geistli-*

ches Amt. Helfer agieren nicht mehr in erster Linie aus religiöser oder moralischer Verantwortung. Aus der modernen sozialen Netzwerkforschung geht hervor, dass es bisher „keinen empirischen Beleg dafür gibt, dass z.B. religiös gebundene Menschen mehr soziales Engagement zeigen" (Keupp 1996, S. 88). Der neue Helfertypus lebt und erlebt vielmehr eine Kultur des Helfens, die deutlich zwangloser, zeitlich begrenzter, inhaltlich offener und zugleich weniger von einem moralisch aufgeladenen Helferpathos geprägt ist. An die Stelle der einmaligen Solidargemeinschaft treten eher multiple Netzwerke mit mehr persönlichem Freiheitsspielraum und weniger Gruppenzwang oder traditioneller Bindungspflicht. Persönliche Freiheitsliebe geht vor Pflichtgefühl.

Dies trifft vor allem für die jüngere Generation zu: Beim sozialen Engagement geht es auch um eigene Interessen. Der Ich-Bezug zur eigenen Lebenswelt muss dabei erhalten bleiben. Nur so lässt sich garantieren, dass soziales Engagement seinen Freiwilligkeitscharakter nicht verliert. Ein soziales Engagement, das auf Freiwilligkeit aufgebaut ist und hinreichend Freiheitsspielräume lässt, bereitet erfahrungsgemäß Freude. Die Eurovol-Studie in acht europäischen Ländern brachte es beispielsweise auf den Punkt: Nur 18 Prozent der sozial Engagierten in Europa nennen moralische, religiöse oder politische Gründe für ihr Handeln. Aber fast dreimal so hoch ist der Anteil der Befragten, die unumwunden feststellen: *„Es macht mir wirklich Spaß"* (Gaskin u.a. 1996, S. 98).

> Freiwillige wollen durch ihr Engagement nicht öffentliche Gelder sparen oder privat neue Geldquellen erschließen helfen, sondern etwas für andere tun, was Sinn hat und Spaß macht. Sinn und Spaß sind die Hauptantriebskräfte für freiwilliges soziales Engagement und nicht etwa Bürgerpflicht oder moralisches Pflichtbewusstsein.

So gesehen müssen sich Gemeinsinn und Individualismus nicht gegenseitig ausschließen. In einer individualisierten Gesellschaft entwickelt sich eine neue Kultur des Helfens: *Helfen macht Sinn und Helfer haben Spaß daran.*

In einer Leistungsgesellschaft gilt der Grundsatz: Leistung muss sich lohnen! Entsprechend lässt sich auch fordern: „Das Ehrenamt muss sich lohnen – für beide Seiten" (Hörrmann 1996, S. 116). Der *Hauptlohn* für freiwillige Helfer ist nicht das Geld, sondern die *soziale Anerkennung.* Von der Anerkennung im Schulzeugnis über Zertifikate und Freiwilligenausweise bis zur Würdigung in der öffentlichen Medienberichterstattung. Auch konkrete finanzielle Vergünstigungen wie Steuererleichterungen und Rentenersatzzeiten kommen in Betracht. Hilfsbereitschaft und Solidarität müssen neu definiert werden. Dies beweist auch die derzeitige Begriffsinflation von der „kommunitären Individualität" (Keupp 1996) über den „kooperativen Individualismus" (Dettling 1994), den „solidarischen Individualismus" (Beck 1996) bis hin zum „verantwortlichen Individualismus" (Evers 1994).

Der amerikanische Soziologe Amitai Etzioni plädiert in diesem Zusammenhang für ein neues Paradigma jenseits des Egoismus-Prinzips. Gemeint ist das *Ich+Wir-Paradigma,* das beides miteinander vereint: Die Verpflichtungen gegenüber der Gemeinschaft werden eingelöst, ohne dass die Eigeninteressen zu kurz kommen. Für

Etzioni existiert Individualität nur innerhalb eines sozialen Kontextes (vgl. Etzioni 1988/1994). Die Gesellschaft sind wir. Und wir sind immer auf der Suche nach einem Gleichgewicht: Wir wollen uns selbst erhalten, also auch unser persönliches Vergnügen maximieren, aber auch etwas für die Allgemeinheit tun – durch Hilfe für die Nachbarn, freiwillige Arbeit und Wohlfahrt. Eigennutz und Gemeinnutz, Ich + Wir stehen in einem ständigen, teilweise jedoch kreativen Konflikt. Erst die Einbeziehung der sozialen Dimension garantiert die Balance des Lebens.

Etzioni gilt als der Wortführer der amerikanischen Kommunitarier, die von der Idee einer guten Gesellschaft ausgehen, in der soziale Pflichten freiwillig angenommen und realisiert werden. Das kommunitaristische Denken bildet die Agenda für neue Formen der *Gesellschaftsarbeit* in einem postindustriellen Zeitalter *jenseits der Massenerwerbsarbeit*. Dies ist die Chance für den „Dritten Sektor", den „Non-Profit-Sektor" bzw. „Freiwilligen Sektor". Zu den gemeinnützigen Arbeiten im Dienste der Gesellschaft zählen freiwillige Hilfeleistungen in sozialen Organisationen, in Schulen und Kindertagesstätten, im Gesundheitswesen (Krankenhaus, Kliniken), im Umwelt-, Natur- und Tierschutz. Wegweisende Pioniere auf diesem Gebiet sind insbesondere die Amerikaner: Jeder zweite amerikanische Bürger widmet durchschnittlich 4,2 Stunden pro Woche gemeinnützigen Anliegen und Organisationen. Die regelmäßige Mitarbeit in Freiwilligenorganisationen entspricht den Arbeitsstunden von neun Millionen Vollzeitbeschäftigten.

Den Freiwilligen gewährt die Gesellschaftsarbeit nicht nur Erfolgs- und Gemeinschaftserlebnisse. Sie lernen dabei auch Bausteine eines Weltbildes kennen, das nicht mehr zentral vom Nützlichkeitsdenken des Marktsektors beherrscht wird. Die Gesellschaftsarbeit entwickelt sich zum „Gegenmittel gegen den Materialismus des industriellen Denkens, von welchem das 20. Jahrhundert beherrscht war" (Rifkin 1996, S. 187). Freiwilligenarbeit kann die *Erfahrung einer Neuen Solidarität* vermitteln – vom Glück, anderen helfen zu können, bis zum Gefühl der Verbundenheit mit anderen sozialen Schichten.

Jenseits des Erwerbs braucht Freiwilligenarbeit in Zukunft ein eigenes Anreiz-System: An die Stelle der Honorierung mit Geld muss die Honorierung mit Sinn und Spaß treten. Auch Projekte mit Ernstcharakter kommen ohne eine solche Motivationskomponente nicht aus, wobei Spaß nichts anderes bedeutet, als von sinnvollen Zielvorstellungen überzeugt zu sein und Freude an Erfolgserlebnissen zu haben.

Da aber die Sozial- und Wohlfahrtsarbeit im traditionellen Verständnis „mit Spaß nun wirklich nichts zu tun hat, im Gegenteil: als todsicherer Spaßverderber wirkt" (Beck 1997, S. 13ff.), gelten Jugendliche, die sich auf solche Bedingungen nicht einlassen, schnell als „unsozial", obwohl ihr sozialer Tatendrang kaum Grenzen kennt.

7. Soziales Volontariat.
Die Zweitkarriere jenseits des Gelderwerbs

In Zukunft kann das Leben doch keinem gigantischen Supermarkt gleichen, in dem alles beliebig wird und zur freien Auswahl bereit steht. Dann würde die Multi-Optionsgesellschaft zu einer *Ent-Obligationsgesellschaft* werden, in der es keine sozialen Pflichten und Verpflichtungen mehr gibt. Ralf Dahrendorf hat es auf den Punkt gebracht: „Optionen sind leere Wahlchancen, wenn die Koordinaten fehlen, die einen Sinn geben. Diese Koordinaten aber bestehen aus tiefen Bindungen" (Dahrendorf 1983, S. 125).

> Mit dem Ende der Vollbeschäftigungsgesellschaft brauchen wir neue soziale Sinn-Koordinaten, an denen wir uns orientieren können. Wir sollten daher in Zukunft eine neue Profession mit Ernstcharakter („Soziales Volontariat") schaffen, eine Art Zweitkarriere jenseits des Gelderwerbs – ein Volontariat, das auf dem Prinzip der Freiwilligkeit basiert.

Millionen von Volontären (engl. „volonteers", frz. „volontaires") – ob als Schüler, Teilzeitarbeiter oder Frührentner – könnten freiwillig in Sozialdiensten tätig sein, wenn sie dafür die entsprechende soziale Anerkennung bekämen – von Kindheit an. „Soziales Volontariat" ist ein anderes Wort für „Ehrenamtliche Arbeit" oder „Freiwilligenarbeit": *Soziale Volontäre sind freiwillige Mitarbeiter im sozialen Bereich.* Das freiwillige unbezahlte Engagement von Kindern und Jugendlichen sollte in Zukunft als Zusatzleistung („Zertifikat") auf schulischen Zeugnissen genauso vermerkt werden wie die Bewertungen von Leistungen in Religion, Musik oder Sport und später bei beruflichen Einstellungsgesprächen ebenso Berücksichtigung finden wie der Nachweis von Abschlusszeugnissen. Ein Volontär-Ausweis für soziales Engagement muss genauso wichtig wie ein Übungsleiter- oder Jugendgruppenleiter-Ausweis werden.

Wenn *Ehren* und *Amt* keine Worthülsen sein und wirklich etwas bedeuten sollen, dann müssen *freiwillige Helfer* auch das Gefühl vermittelt bekommen, dass sich der Aufwand und die Mühe für soziales Engagement wirklich lohnen. Das kann eine Auszeichnung in der Öffentlichkeit, eine Ehrung, eine Ehrentitel- oder Ordensverleihung oder eine vorübergehende Freistellung in Schule, Ausbildung und Beruf (z.B. durch gesetzlichen Anspruch auf Sonderurlaub) sein. Auch materielle Honorierungen sind – zumindest übergangsweise – in Erwägung zu ziehen: Vom Steuerfreibetrag und der Verdienstausfallregelung über finanzielle Vergünstigungen bei der Benutzung öffentlicher Verkehrsmittel bis zum freien Eintritt in öffentliche Kultureinrichtungen (z.B. Museen).

Wer als Übungsleiter im Sportverein tätig ist, in der Freiwilligen Feuerwehr mitarbeitet, sich bei Greenpeace engagiert, ehrenamtlich Gewerkschafts- oder Gemeindearbeit leistet oder Pflegedienste in der Familie oder Nachbarschaft übernimmt, muss materiell oder immateriell honoriert werden: Finanzielle Anreize für ein soziales Volontariat sollten nicht die Regel werden, sie müssen aber andererseits geschaffen werden, damit soziales Engagement nicht auch noch bestraft oder benachteiligt wird.

> Wenn Familienmitglieder ihren Beruf zugunsten eines pflegebedürftigen Menschen aufgeben, wie dies oft bei Frauen der Fall ist, dann müssen sie weiter renten-, kranken- und unfallversichert bleiben. Wer heute Geld für gute Zwecke spendet, bekommt vom Staat steuerliche Vorteile eingeräumt. Folgerichtig muss es in Zukunft heißen: Wer freiwillig soziale Dienste für die Gemeinschaft leistet, muss auch steuerlich entlastet werden.

Das freiwillige Engagement ist zwischen Ehre und Amt, Idealismus und sozialer Pflicht angesiedelt. Im Unterschied zum käuflichen Konsum, der „Spaß sofort" verspricht, muss die Freude am Ehrenamt erst durch eigene Leistungen „erarbeitet" werden. Eigeninitiative und Verantwortungsbewusstsein gehören immer dazu. Dafür vermittelt die ehrenamtliche Tätigkeit aber auch *besondere Erfolgserlebnisse* wie z.B. die Freude, anderen helfen zu können oder der Stolz über eigene Einflussmöglichkeiten.

8. Mehr Ehrensache als Ehrenamt. Die Kultur des Helfens

Wie kann eine neue Kultur des Helfens in einer individualisierten Gesellschaft geschaffen werden? Wie kann unbezahltes soziales Engagement für eine konsum- und leistungsorientierte, ebenso individualistisch wie materialistisch eingestellte Generation attraktiv werden? 3.000 Personen ab 14 Jahren wurden repräsentativ nach „guten Gründen" für eine solche ehrenamtliche Tätigkeit gefragt.

Der Mensch lebt nicht vom Brot allein. Und: Auch Geld allein macht nicht glücklich. Auf diesen Nenner lassen sich die Antworten der Bevölkerung bringen. Zwei von fünf Bundesbürgern (41%) sind der Auffassung, dass unbezahlte freiwillige Tätigkeiten eine wichtige Lebensaufgabe darstellen – auch jenseits von Konto und Karriere. Jeder Mensch braucht eine Aufgabe über alle Lebensalter hinweg. Das ist schließlich *Lebensgestaltung mit Sinn (und nicht nur gegen Geld)*. Immer vorausgesetzt, dass das übrige Ein- und Auskommen gesichert ist. Es ist daher kein Zufall, dass z.B. die Besserverdienenden die Wichtigkeit einer solchen unbezahlten Tätigkeit stärker betonen als etwa die Bezieher unterer Einkommen.

Soziales Engagement gibt auch eine Antwort auf die Sinnfragen des Lebens. *„Es tut gut, gebraucht zu werden"* meinen 43 Prozent der Bevölkerung – die Frauen mehr (46%) als die Männer (39%). Mit zunehmendem Alter verschärfen sich diese Sinnfragen, insbesondere dann, wenn das Ausscheiden aus dem Berufsleben erfolgt. Die Bedeutung des Gebrauchtwerdens heben 36 Prozent der 14-bis 29-Jährigen, aber 55 Prozent der Rentner und Pensionäre hervor.

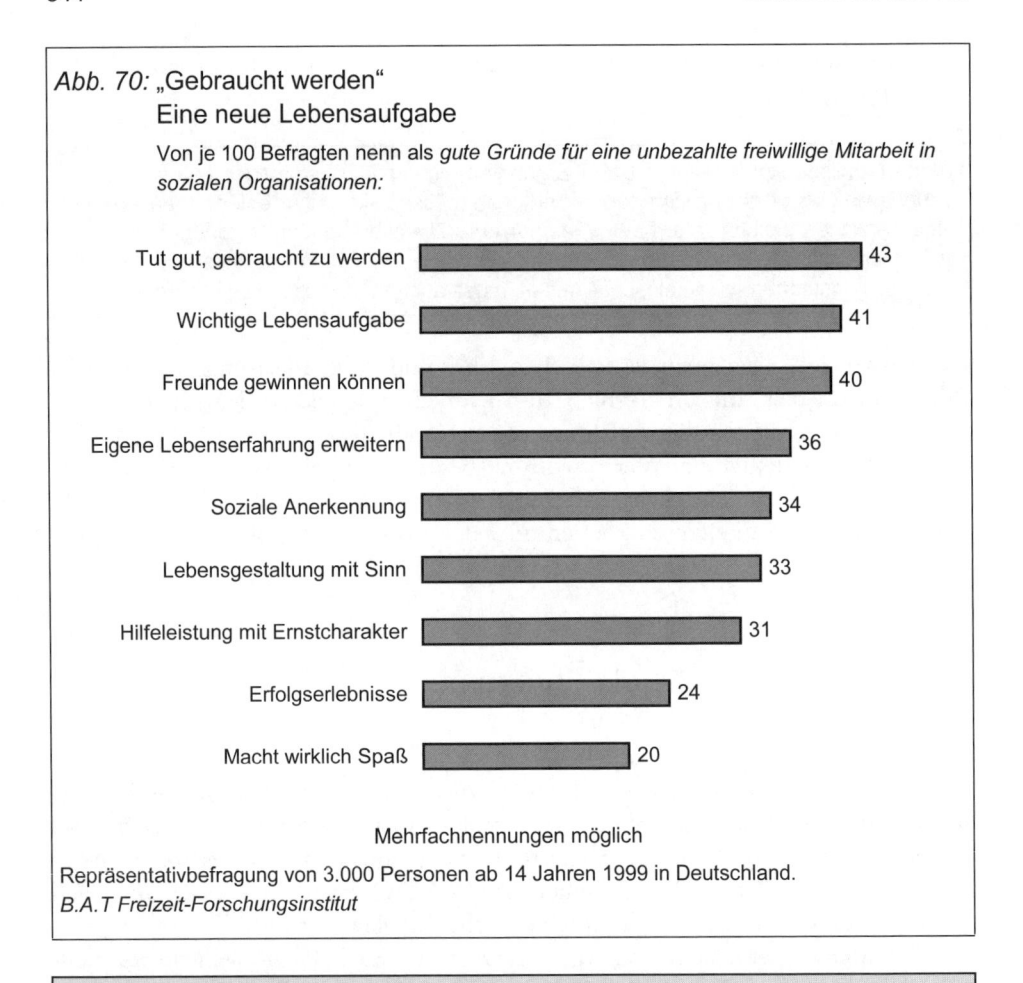

Abb. 70: „Gebraucht werden"
Eine neue Lebensaufgabe

Von je 100 Befragten nenn als *gute Gründe für eine unbezahlte freiwillige Mitarbeit in sozialen Organisationen:*

Grund	Prozent
Tut gut, gebraucht zu werden	43
Wichtige Lebensaufgabe	41
Freunde gewinnen können	40
Eigene Lebenserfahrung erweitern	36
Soziale Anerkennung	34
Lebensgestaltung mit Sinn	33
Hilfeleistung mit Ernstcharakter	31
Erfolgserlebnisse	24
Macht wirklich Spaß	20

Mehrfachnennungen möglich
Repräsentativbefragung von 3.000 Personen ab 14 Jahren 1999 in Deutschland.
B.A.T Freizeit-Forschungsinstitut

Wer braucht die Rentner noch? Wer sucht ernsthaft ihren Rat? Im höheren Lebensalter bekommt das Gebrauchtwerden die Bedeutung eines neuen Lebensinhalts.

Wer die Jugend mehr für die Übernahme sozialer Aufgaben gewinnen will, muss in Ansprache und Werbung andere Akzente setzen:

- *Männliche Jugendliche* finden es besonders gut, dass man bei der Freiwilligenarbeit Menschen treffen, Freunde gewinnen und persönliche Erfolgserlebnisse haben kann.
- *Weibliche Jugendliche* betonen mehr die Hilfeleistung mit Ernstcharakter sowie die mögliche Erweiterung ihrer eigenen Lebenserfahrung. Dann macht ihnen die unbezahlte Freiwilligenarbeit auch wirklich Spaß.

Auffallend ist, dass der Aspekt der sozialen Anerkennung bei allen Bevölkerungsgruppen nicht im Vordergrund steht. Nur etwa ein Drittel der Bevölkerung (34%) glaubt daran, dass ehrenamtliches Engagement soziale Anerkennung „bringt." Offensichtlich wird soziale Anerkennung mehr gewünscht als wirklich gefunden. Vor allem die Jugendlichen geben sich in dieser Hinsicht keinen Illusionen hin. Im Vergleich zu allen anderen Bevölkerungsgruppen glauben sie am wenigsten daran, dass Freiwilligenarbeit durch soziale Anerkennung honoriert wird.

Die Folgen können nicht ausbleiben: Immer weniger Menschen werden in Zukunft bereit sein, sich unentgeltlich für andere oder für etwas zu engagieren, wenn sie nicht „honoriert" werden. *Ohne Lob oder Lohn läuft kaum eine soziale Leistung mehr.* Anders als in den sechziger bis neunziger Jahren gibt es in Zukunft keine Job-Sicherheit mehr. Wer will sich schon in solch unsicheren Zeiten dauerhaft binden oder abhängig machen? Der Arbeitgeber nicht und der Arbeitnehmer auch nicht. Jeder will sein zeitliches Engagement selbst bestimmen.

In einer individualisierten Gesellschaft gleicht die unbezahlte freiwillige Mitarbeit in sozialen Organisationen mehr einem sporadischen Engagement, um weiterhin frei und flexibel bleiben zu können. Die Neuen Helfer von morgen wollen sich nicht längerfristig verpflichten – mit gutem Grund: Schließlich haben viele das Gefühl, beim sozialen Engagement „ausgenutzt zu werden."

> In Zukunft droht kein soziales Analphabetentum, eher ein berechnender egoistischer Altruismus, bei dem die Neuen Helfer das Warum, Wofür und Wielange ihres Tuns selbst bestimmen. Die vielen freiwilligen Helfer werden eine neue Kultur des Gebens und Nehmens entstehen lassen. Aber kaum ein Helfer wird sich noch lebenslang engagieren wollen.

Sich engagieren heißt handeln, heißt aktiv und tätig sein. In Zukunft gilt: Sich engagieren ist Ehrensache (und weniger ein Ehrenamt). Es tut gut, gebraucht zu werden. Und es tut ungeheuer gut, etwas Sinnvolles zu tun – für sich und andere. Die Zukunft gehört interessierten Helfern, die *mehr in Initiativen als in Institutionen tätig* sind: Sie kochen für Obdachlose, pflegen kranke Kinder, melden sich am Kindertelefon, betreuen gefährdete Jugendliche, kümmern sich um Menschen in Asylbewerberheimen, organisieren Nachbarschaftshilfen oder machen beim Senior-Experten-Service mit – solange es ihnen gefällt.

Die *Individualisierung des Sozialen* nimmt mehr Züge von Beliebigkeit an. Denn für alles und jedes gibt es eine Interessenvereinigung. Die Zahl der eher kleineren Einsparten-Vereinigungen (ehemals „Vereine"), die sich in das Vereins-Register eintragen lassen, wird in Zukunft mehr zu- als abnehmen – vor allem in Großstädten und Ballungszentren. Allein in Hamburg entstehen jährlich über 500 solcher Vereinigungen: Vom „Internationalen Kutscher Treff" bis zum Motorradclub „Kuhle Wampe", vom Sportclub „Cricket Club Pak Alemi" über die „Freunde des Tierparks Hagenbeck" bis zur studentischen Vereinigung „Gemeinsam statt Einsam." Kein Thema ist zu exotisch, als dass es nicht in eine satzungsmäßige Organisation umgewandelt werden könnte. Mit der Themeninflation nimmt auch die Austauschbarkeit der Mitglieder zu. Alles wird individualisiert. Am Ende kann es heißen: *„Der Verein bin ich."*

Ende der sechziger Jahre warnte der Psychoanalytiker Erich Fromm vor einer zweifachen Bedrohung des modernen Menschen: Die Vernichtung durch Krieg und die *innere Leblosigkeit durch das Passivsein des Menschen*. Eine der Grundvoraussetzungen menschlichen Wohlergehens sei es, aktiv zu sein, also „alle seine Fähigkeiten produktiv auszuüben" (Fromm 1968/ 1974, S. 85). In Zukunft muss also die drohende Passivierung des Menschen aufgehoben werden – sonst kann es passieren, dass ein paar Privilegierte intensiv arbeiten, die Mehrheit aber mehr mit ihrer eigenen Lebensbewältigung beschäftigt ist.

> Die Menschen müssen mehr außerberufliche Gelegenheiten bekommen, aktiv an den Aufgaben und Problemen der Gesellschaft teilzunehmen. Neben der passiven Konsumkultur muss eine aktive Gemeinschaftskultur treten, in der sich die Menschen stärker als bisher in den Dienst sozialer Belange stellen können. Diese sozialen Aufgaben müssen so attraktiv sein, dass die Bürger freiwillig und mit Freude dabei sind.

Freiwillige Non-Profit-Dienste müssen durch neue Status- und Prestigesymbole gesellschaftlich aufgewertet werden. Wenn die Freiwilligenarbeit wirklich den Charakter einer Zweitkarriere bekommen soll, kann sie nicht nur dem Zufall oder der Spontaneität überlassen bleiben. Damit sie die entsprechende gesellschaftliche Anerkennung erlangt, müssen sich die sozialen Volontäre *in Kursen weiterqualifizieren* können. Nicht immer reicht die eigene Lebenserfahrung, um Mitmenschen in schwierigen Lebensphasen zu begleiten – von der Gesprächsführung bis zum Zuhören-Können. Nur über begleitende Qualifikationskurse kann das Soziale Volontariat eine gleichwertige Ergänzung (nicht Alternative) der professionellen Arbeit sein.

Volontäre, die freiwillig gemeinnützige Tätigkeiten ohne Lohn leisten, müssen in Zukunft professionell beraten und vermittelt werden. Dazu brauchen wir *Volontariats-Dienste* (wie z.B. Benevol in der Schweiz oder die Freiwilligen-Zentralen in den Niederlanden), die organisatorische Hilfen geben.

> Soziale Volontäre sollen die Tätigkeiten ausüben, die bisher weder von der Privatwirtschaft noch vom Öffentlichen Dienst hinreichend wahrgenommen werden. Freiwilligenarbeit könnte sich so zu einer neuen Säule des Sozialstaats entwickeln – zu einem Treffpunkt Hilfsbereitschaft zur Wiederbelebung des Gemein- und Bürgersinns.

Die neuen *Freiwilligenbörsen* auf regionaler Ebene in allen Teilen Deutschlands sind ein Schritt in diese Richtung. Dazu gehört auch die 1997 gegründete *Nationale Freiwilligen-Agentur*, die Bürger auf der Suche nach einem Ehrenamt anrufen und sich auch dort beraten lassen können (z.B. in Versicherungs- und Steuerfragen).

Damit wir keine Gesellschaft von Einzelgängern werden, die nur ihren egoistischen Interessen nachgehen, müssen wir das Bewusstsein für Gemeinsinn so stärken, dass eines Tages die Ausübung eines Sozialen Volontariats *genauso prestigeträchtig* ist wie der Erwerb eines kostspieligen Konsumartikels. Beides muss schließlich „verdient" werden – entweder durch Arbeit oder durch gute Werke im Dienste der Gemeinschaft. Das lange Leben kann doch erst dann ein sozialer Fortschritt sein, wenn wir auch bereit sind, einen *Teil der geschenkten Zeit* sowohl in die Erhöhung der persönlichen Lebensqualität als auch in die Verbesserung der sozialen Lebensbedingungen zu *re-investieren*. Dazu aber bedarf es gesellschaftlicher Anreize durch die Politik.

> Vielleicht heißt Solidarisierung in Zukunft einfach nur: mehr Gemeinsamkeit (und weniger Egoismus). Von dem hohen Solidaritätsideal werden wir uns wohl verabschieden müssen. Das soziale Optimum der Zukunft wird eher eine pragmatische Solidarisierung nach dem Prinzip „do ut des" sein: Ich helfe dir, damit auch mir geholfen wird.

Ich gebe mich notwendigerweise solidarisch, um weiter frei und unabhängig leben zu können. Für die Zukunft zeichnet sich ein neuer Typus von Solidarität ab, der von Pflichtgefühl und Helferpathos herzlich wenig wissen will. Aus der Not oder Notlage heraus geboren schließen sich Individuen zu einem sozialen Netzwerk zusammen – auf Abruf und jederzeit kündbar, wenn die Geschäftsgrundlage (= Notlage) entfällt. Das Netzwerk wird zum Beistandspakt auf Zeit. Der sich international ausbreitende Kommunitarismus (vor allem in den USA) ist eigentlich nichts anderes als ein sozialer Egoismus.

Vielleicht entwickelt sich Solidarität wieder zu dem, was sie ursprünglich in der europäischen Arbeiterbewegung des 19. Jahrhunderts einmal war: Zu einer *Erfahrung des Aufeinander-Angewiesenseins*, bei der sich Eigen- und Gemeinnutz miteinander verbinden und weniger eine Frage von Pflicht und Moral, Fürsorge und Nächstenliebe sind (vgl. BUND/ Misereor 1996, S. 278). Mehr Bestand und Verlässlichkeit könnten Hilfsbereitschaft und Solidarisierung erst dann bekommen, wenn sie gesellschaftlich aufgewertet und entsprechend anerkannt und honoriert würden.

9. Abschied vom Individualismus. Zeitalter des gemeinsamen Lebens

Das Zeitalter des Individualismus geht zu Ende. Die Sehnsucht wird größer, auch einmal Nicht-Ich zu sein und nicht immer nur Ich-Imagepflege betreiben zu müssen. Der Individualismus, der keine vorgegebenen Normen, Werte und Leitbilder mehr kannte und anerkannte, überlebt sich. Jetzt heißt es Abschied vom Zeitalter individueller Bastelexistenzen zu nehmen und einem *Zeitalter des gemeinsamen Lebens* zum Durchbruch zu verhelfen. Vielleicht müssen wir in Zukunft wieder präziser unterscheiden lernen zwischen

- individuell ganz unterschiedlichen Werten und Maximen für den Einzelnen und
- eindeutigen moralischen Richtlinien und Weisungen für alle.

Im Idealfall nähern sich beide weitgehend an, im Konfliktfall liegen Welten dazwischen.

Haltlosigkeit oder Zusammenhalt. Freie Assoziationen zur Zukunft – so oder so	
Goldenes Kalb	Goldene Regeln
Globalismus	Gewissen
Spaßgesellschaft	Sinngesellschaft
Stammzellenforschung	Zukunftssorge
Gleichgültigkeit	Gemeinschaft
Unterernährung	Handreichung
Entertainment	Lebenserfüllung
Zeitgeist	Grundordnung
Orientierungslosigkeit	Grenzmarkierung
Abtreibung	Menschenbild
Wohlleben	Moral
Haltlosigkeit	Geborgenheit
Gottlosigkeit	Gottvertrauen

Handelte es sich beim 11. September 2001 wirklich um einen tiefen Einschnitt im Bewusstseinshaushalt der westlichen Welt? Um einen Bruch im Fühlen und Denken der Zeitgenossen? Um eine nachhaltige Erschütterung, die „Geschichtszeichen" setzt, so wie das Erdbeben in Lissabon 1755 den Fortschrittsglauben der Aufklärung erschütterte (Vorländer 2001, S. 3)? Können wir überhaupt von einer *Zeitenwende* sprechen? Oder handelt es sich nur um einen zeitweiligen *Themenwechsel*?

Das Allensbacher Institut für Demoskopie hat in einer Art *Vorher-Nachher-Studie zum 11. September* die Stimmen und Stimmungen in Deutschland empirisch erfasst. Die Menschen reagieren auf den 11. September auf eine zweifache Weise:

- Zunächst einmal denkt jeder an sein ganz *persönliches Glück*: Das Leben heute und nicht erst morgen genießen und einfach glücklich sein. Diese Art von Lebensfreude ist allerdings weniger von materialistischen Erwägungen abhängig: „Dass ich viel Geld habe, reich werde" (Januar 2001: 15% – Januar 2002: 13%) hat nur eine marginale Bedeutung im Vergleich zu dem Wunsch „Dass ich glücklich bin" (Januar 2001: 65% – Januar 2002: 67%). Lebensglück und Lebenssinn werden mehr als Einheit gesehen (Allensbach 2002).
- Die zweite Reaktion deutet auf einen grundlegenden Einstellungswandel hin. Seit den frühen siebziger Jahren haben *soziale Motive* im Leben an Bedeutung verloren. Im Zeitvergleich vor und nach dem 11. September ist nun plötzlich feststellbar, dass sich die Menschen wieder mehr für eine bessere Gesellschaft interessieren und sich dafür auch einsetzen wollen. Sehr viel mehr als vor einem Jahr wollen sie jetzt *mithelfen, eine bessere Gesellschaft zu schaffen* (Januar 2001: 31% – Januar 2002: 40%). Von dieser sozialen Orientierung und Aufmerksamkeit ist die gesamte Bevölkerung ergriffen, quer durch alle Generationen. Zugenommen hat der Hang zum sogenannten Altruismus auch bei den 21- bis 29-Jährigen. Im Januar 2001 bestand für 16 Prozent dieser Altersgruppe der „Sinn des Lebens darin, *anderen zu helfen*". Im Februar 2002 votierten plötzlich 22 Prozent dafür. Wie lange hält diese ernsthafte Lebensorientierung an?

In unruhigen Zeiten nimmt erfahrungsgemäß der Wunsch nach Ruhe und Geborgenheit zu. Im Zeitvergleich der letzten Jahre ist beispielsweise feststellbar: Die Bürger richten sich auf eine neue Häuslichkeit ein, auf das Zuhausesein im Vertrauten. Immer mehr besinnen sich auf die *Familie und die eigenen vier Wände* als Horte der Stabilität: „Sich mit der Familie beschäftigen" rückt wieder in den Mittelpunkt des Alltagslebens (1999: 44% – 2001: 51% – 2003: 51%). Die Menschen wollen mit der Welt ins Reine kommen und gehen auf die *Suche nach dem inneren Frieden*. Das kann ein Rückzug in die Familie und auch eine Neubesinnung auf das Beständige sein, was dem Leben einen Sinn gibt.

Mehr Ernsthaftigkeit als Oberflächlichkeit, mehr Ruhe als Betriebsamkeit – das Privatleben wird wieder wichtiger. Zur Ruhe kommen, in Ruhe gelassen werden und sich in Ruhe pflegen deuten auf einen Einstellungswandel hin, der Wohnen und Wohnumfeld stärker in das Zentrum der persönlichen Lebensqualität rückt. Wie könnte der Wunsch nach mehr Familienorientierung Alltag und Leben verändern, wenn sich dieser Einstellungswandel stabilisiert?

- Die *Familie* wird dann wieder mehr zum sozialen Lebensmittelpunkt. Zusammensein und Zusammenleben in und mit der Familie werden bewusst gesucht. Man nimmt sich Zeit für einander.
- Das *Miteinander-Reden und -Diskutieren, -Unterhalten und -Erzählen* sowie ernsthafte Gespräche und Aussprachen gewinnen an Bedeutung – im kleinen Kreis der Familie und Freunde. Die „schönen Abende" zählen; private Einladungen und Besuche nehmen zu.
- Die *Entspannung* wird zu einem zentralen Lebensbedürfnis. Sicher und ungestört, stressfrei und friedlich werden Feierabend und Wochenende erlebt und Musikhören und Lesen als beruhigende Beschäftigungen wiederentdeckt.
- Die *Wohnung* vermittelt ein neues Nähe-, Nest- und Heimatgefühl: „Hier bin ich zu Hause" und „Hier fühle ich mich geborgen". Es wird Wert auf Gemütlichkeit und behagliche Atmosphäre gelegt – durchaus als Gegenbewegung und Kontrast zu Lifestyle, Mainstream und Postmoderne. Die Wohnung kann Boxenstopp und Rückzugsnische zugleich werden, die den Alltagsstress und -lärm von draußen abschirmt.
- Familienorientierung und Wohnatmosphäre ersetzen zunehmend Prestige- und Statussymbole. Im Zentrum steht mehr das eigene *Wohlgefühl* zwischen Wellness und Wohlbefinden, Entspannungswochenenden und Schönheitskuren, Wohlfühlprogrammen und Gesundheitstourismus.
- Es wird *nicht weniger, sondern anders konsumiert*: E-Commerce-Hoffnungen, wonach die Menschen auf den Einkaufsbummel mit Familie und Freunden verzichten und stattdessen lieber online bestellen, erfüllen sich nicht. Denn die Sinne und die Kontakte konsumieren weiter mit. Ausgaben für Wohnen, Essen, Trinken und Gemütlichkeit – vom Bademantel über das Kochbuch bis zum Kinderspielzeug – werden keineswegs eingeschränkt.
- *Unternehmungen mit Sinnbezug* werden stärker nachgefragt sein. Dafür spricht auch, dass es z.Zt. mehr Kirchenbesucher (16%) als Zuschauer bei Sportveran-

staltungen (12%) gibt und das Engagement in Bürgerinitiativen (7%) mehr als die aktive Mitarbeit in Parteien und Gewerkschaften (2%) gefragt ist.
- Der Rückzug ins Private hat allerdings auch seine *sozialen Schattenseiten*. Wenn die Wohnung als Ankerplatz für das Ich und als Naherholungsgebiet für die Familie das Rückzugs- und Separierungsbedürfnis zu sehr betont und zur Isolierzelle wird, kommt die Kommunikation nach draußen und im sozialen Umfeld zu kurz.

10. Informelles Helfen.
Lieber Freiwilligenarbeit als finanzielle Zusatzbelastungen

Ein Problem für die Zukunft stellt vor allem die Erfahrung dar: „*Je erwerbsferner* die Bevölkerungsgruppe – *desto geringer das ehrenamtliche Engagement*" (Blanke/Schridde 2001, S. 235). Nachberufler, Vorruheständler und Rentner haben am meisten Zeit, zeigen bisher aber den geringsten Elan für bürgerschaftliches Engagement. Was aber passiert, wenn in Zukunft die Erwerbstätigenquote sinkt und der Anteil der Älteren weiter steigt? Kommen dann nicht neue zusätzliche finanzielle Belastungen auf die Bürger zu? Vor die Wahl gestellt, selbst ehrenamtliche Aufgaben zu übernehmen oder zusätzliche finanzielle Belastungen in Kauf zu nehmen, sprechen sich 81 Prozent der Bürger dafür aus, lieber *durch ehrenamtliche Arbeit den Staat zu entlasten* (Blanke/Schridde 2001, S. 113).

In Deutschland sind in den letzten Jahren eine Reihe von Einrichtungen zur Förderung der Freiwilligenarbeit entstanden: Freiwilligen-Agenturen, Freiwilligen-Büros, Freiwilligen-Zentren sowie Ehrenamts-Börsen. Gemeinsam ist allen Einrichtungen, dass sie *mehr den Dienstleistungscharakter als die Ehrenamtsfunktion* betonen. Freiwillig Engagierte und Engagementinteressenten können hier durch Information, Beratung und Vermittlung gefördert werden – vom Münchner „Treffpunkt Hilfsbereitschaft" bis zum Berliner Verein „Tatendrang". In diese Richtung werden sich in Zukunft *neue Formen freiwilligen sozialen Engagements* (vgl. Heinze/Strünck 2001, S. 241ff.) entwickeln wie z.B.:

- *Selbsthilfegruppen*
  Eine neue Selbsthilfebewegung entsteht mit bundesweit z.Zt. etwa 70.000 Initiativen und zwei bis drei Millionen Teilnehmern (ISAB 1997). Selbsthilfegruppen konzentrieren sich vorrangig auf Bereiche wie Gesundheit, Soziales, Erziehung und Kultur. Selbsthilfegruppen sind vor allem für gesellschaftlich ausgegrenzte Menschen eine Chance für neue Formen der Gemeinschaft.
- *Seniorengenossenschaften*
  Senioren organisieren freiwillig ehrenamtliche Dienste und bieten Beratungsleistungen an. Dabei werden auch Zeitgutscheine ausgegeben, so dass unbezahlte Dienstleistungen – wie bei Tauschringen – gegen Verrechnung einer fiktiven Währung (z.B. Punkte-Bonus-System) getauscht werden können (vgl. Otto 1995).
- *Tausch- und Kooperationsringe*
  Sie sind zwischen Selbsthilfeszene und Ehrenamtlichkeit angesiedelt. Persönliche Dienstleistungen (z.B. Instandhaltung, Reinigung, Pflege, Reparaturen)

werden gegen Gutscheine als Ersatzwährungen getauscht. Auf diese Weise können auch Arbeitslose bestimmte Dienste ‚einkaufen', wenn sie selbst eigene Leistungen anbieten. In Deutschland gibt es derzeit über 150 Tauschringe, die teilweise den Charakter von stabilen Nachbarschafts- und Freundesnetzwerken haben.

- *Freiwilligenagenturen*
Nach dem Vorbild vergleichbarer Einrichtungen in England, USA und den Niederlanden breiten sich solche Agenturen aus, die als Anlaufstelle für Menschen dienen, die Orientierungshilfen suchen. Die Agenturen bieten Vermittlungsdienste, Bildungsmaßnahmen, Telefonberatung oder mobile Aufklärungsarbeiten an.

> In den meisten Projekten wird soziales Engagement mehr als freiwilliges Arrangement und informelles Helfen angesehen – durchaus als Kontrast zu institutionalisierten Formen, die meist mit Verpflichtungen oder gar Zwang verbunden sind. Die Folge ist eine Biographisierung des sozialen Engagements: Beim Engagement geht es in erster Linie um biographische Anliegen, um die eigene Persönlichkeitsentwicklung, das Eigeninteresse und die Selbstentfaltung.

Ein solches Engagement ganz nach persönlichem Befinden lässt in der Regel keine dauerhafte Verpflichtung mehr zu, weshalb Jugendliche besonderen Wert darauf legen, „jederzeit wieder aussteigen zu können" (Fischer 1997, S. 325). Auf die sogenannte „biographische Passung" (Braun 2001, S. 487) müssen Freiwilligen-Agenturen in besonderer Weise Rücksicht nehmen. Auf „Lückenbüßer"-, „Handlanger"- oder „Notnagel"-Dienste lässt sich kaum jemand mehr ein.

Infolgedessen müssen Verbände der Freien Wohlfahrtspflege viel ortsnäher und personenbezogener vorgehen als bisher. Sie müssen vor allen Dingen Brücken zwischen professioneller und freiwilliger Arbeit bauen, also für Scharnierfunktionen sorgen und Konfrontationen abbauen. Zukunftsorientierte Freiwilligenarbeit schließt

- Individualität *und* Zugehörigkeit,
- Egoismus *und* Altruismus,
- Eigennutz *und* Gemeinnutz

mit ein – nach dem Grundsatz: „Du allein kannst es – aber du kannst es nicht allein" (Braun 2001, S. 513). *Hilf anderen, damit auch dir geholfen wird.* Die Individualisierung muss also kein Hindernis, kann eher eine Chance für die aktive Gemeinschaftskultur sein: Soziales Engagement „lohnt" sich für den Einzelnen und „stiftet" Nutzen für die Gemeinschaft – wenn auch in deutlicher Abgrenzung zur Kommunitarismus-Diskussion (Etzioni 1994), die mehr die „community" in den Mittelpunkt stellt, denen sich individuelle Interessen unterzuordnen haben.

11. Aktivierende Kommunalpolitik. Entlastung für den Haushalt

Aktive Gemeinschaftskultur basiert auf einer ausgeglichenen *Balance zwischen Individualinteressen und Gemeinschaftswerten* und muss durch eine aktivierende Kommunalpolitik gefördert werden. Der Bürger ist dabei Nutznießer und Mitgestalter der Gemeinschaft zugleich. Die Schnittstellen zwischen beiden Interessenbereichen machen das Neue der Gemeinschaftskultur aus, in der vitale Eigeninteressen geradezu zur Antriebsfeder werden: Wenn Eltern beispielsweise den Bau oder die Betreuung eines Spielplatzes übernehmen, damit „ihre" Kinder Spielmöglichkeiten haben (vgl. Esch u.a. 2001, S. 533), dann wird diese Vorgehensweise nicht mehr als egoistische Motivation gebrandmarkt, sondern geradezu als willkommenes Eigeninteresse begrüßt. Eigene Interessen müssen nicht mehr „hinter vorgehaltener Hand" kaschiert werden. Eigeninteressen werden fast zur Erfolgsgarantie für soziales Engagement.

Aktivierende Kommunalpolitik. Wie eine aktive Gemeinschaftskultur gefördert werden kann		
Beispielhafte Einzelmaßnahmen	**Erwartete Effektivität**	**Erwartete Belastungen/ Entlastungen für den kommunalen Haushalt**
Einrichtung einer Freiwilligen-Agentur in Kooperation mit freien Trägern: Vermittlung von Ehrenamtlichen; aktives Zugehen auf andere Institutionen (Schulen etc.); Förderung von Selbsthilfegruppen; Förderung von Tauschringen	Hoch	Mittlere Belastungen (Kommunaler Eigenanteil)
Ehrung und Anerkennung von engagierten Bürgern; Werbung für bürgerschaftliches Engagement; Information über Engagement für bestimmte Zielgruppen (z.B. Seniorenwegweiser); Qualifizierung aller Beteiligten	Mittel	Geringe Belastungen
Kleinere Aufwandsentschädigungen und Unfallversicherung für die Übernahme kommunaler Aufgaben (Grünpflege, Spielplatzpatenschaften)	Relativ gering	Geringe Belastungen

Quelle: Eigene Zusammenstellung nach Bogumil/Holtkamp (2001)

Immobilienbranche und Wohnungsunternehmen müssen in Zukunft verstärkt auch ein *soziales Management* anbieten, das vor allem soziale Dienste für die wachsende Zahl alter, hochaltriger und langlebiger Menschen leistet. Weitere Problemgruppen werden Alleinerziehende, Dauerarbeitslose und Zuwandererfamilien sein. Das soziale Wohnungsmanagement muss wie ein *sozialer Kitt* wirken, wozu Altenbetreuung, Mietschuldenberatung, Beschäftigungsprojekte, Nachbarschaftshilfsvereine, Tauschringe u.a. gehören. Diese Aktionen können „Kristallisationskerne für soziale Beziehungen im Stadtteil" (Eichener 2001, S. 426) werden.

Im Zeitalter von shareholder value kann soziales Wohnungsmanagement auch in ökonomischer Hinsicht erfolgreich sein. Denn die Alternative heißt nicht: Wirtschaftlichkeit oder Sozialverträglichkeit? Die Erfolgsformel lautet eher: *Wirtschaftlichkeit durch Sozialverträglichkeit!* Damit verbunden ist auch eine neue Qualität wohnumfeldbezogener Betreuungsarbeit. Gemeint ist *„Betreutes Wohnen plus!"*

Die 1951 mit Sitz in Lünen-Brambauer gegründete Glückauf Wohnungsbaugesellschaft hat erste Erfahrungen mit dieser neuen Form organisierter und gelebter Nachbarschaft gesammelt. Neben freizeitpädagogischen Angeboten wurde ein eigener Nachbarschaftshilfe e.V. gegründet. Bewohner zahlen einen einmaligen Aufnahmebetrag von maximal 12,50 □, bekommen dafür einen *Mitgliederausweis* sowie ein *Bonusheft* mit einem persönlichem *Punktekonto*. Der Verein vermittelt Hilfen zwischen den Mitgliedern, so dass auch jeder, der anderen helfen will, jemanden findet, dem er helfen kann – und umgekehrt. Damit diese Form der organisierten Nachbarschaftshilfe auch wirklich funktioniert, wurde ein *Leistungskatalog* entwickelt, der die wichtigsten Hilfsangebote nach einem Punktesystem bewertet. Es besteht die Möglichkeit, Punkte „anzusparen" und dem Punktekonto „gutzuschreiben", um dann Hilfsangebote je nach Bedarf jederzeit abrufen zu können.

Helferbörsen. Leistungskatalog und Punktesystem

(A) = Allgemeine private Hilfen

		Punkte
(A1)	Hilfe beim Ausfüllen von Formularen	8
(A2)	Hilfe beim Erstellen von Schreibarbeiten	8
(A3)	Hilfe bei Gesprächen, Besuchsdiensten, beim Vorlesen	8

(B) = Hilfen zur Mobilität

		Punkte
(B1)	Rollstuhlausfahrten	8
(B2)	Spaziergänge	6
(B3)	Unterstützung/Begleitung zum Arzt, zu Behörden	6
(B4)	Begleitung zu kulturellen Veranstaltungen	6

(C) = Hilfen rund um die Wohnung und das Wohnumfeld

Eventuell benötigte Materialien zur Verrichtung der Hilfeleistungen müssen vom Hilfesuchenden gestellt werden

	Punkte
(C 1) Hilfe beim Umzug	16
(C 2) Hilfe beim Entrümpeln der Wohnung	16
(C 3) Hilfe beim Aufräumen und Fegen der Garage	16
(C 4) Hilfe beim Umräumen von Möbeln	16
(C 5) Hilfe beim Schneeräumen	16
(C 6) Hilfe beim Aufstellen der Möbel	10
(C 7) Hilfe bei der Grabpflege	10
(C 8) Hilfe beim Tapezieren	10
(C 9) Hilfe beim Wäschewaschen	10
(C10) Hilfe beim Bügeln/Mangeln	10
(C11) Hilfe beim Gardinenab- und -aufhängen	10
(C12) Hilfe bei der Zubereitung von Mahlzeiten	8
(C13) Hilfe beim Fegen der Hauseinfahrt	8
(C14) Hilfe beim Anstreichen	8
(C15) Hilfe bei kleineren Reparaturen	8
(C16) Hilfe beim Bilderaufhängen	6
(C17) Hilfe beim Kuchenbacken	6
(C18) Hilfe beim Auswechseln von Glühlampen	6
(C19) Hilfe bei der Vermittlung von gebrauchten Gegenständen	4
(C20) Hilfe bei der Suche nach einer neuen Wohnung	4
(C21) Hilfe beim Einkaufen	3
(C22) Hilfe bei der Müllentsorgung (pro Mülltonne/gelber Sack)	1

D = Hilfen rund um den Garten

	Punkte
(D1) Hilfe bei schweren Gartenarbeiten	16
(D2) Hilfe beim Anlegen von Wegen	16
(D3) Hilfe beim Rasenmähen	10
(D4) Hilfe bei der Obsternte	10
(D5) Hilfe beim Pflegen von Blumen- oder Gemüsebeeten	8
(D6) Hilfe beim Beschneiden von Sträuchern/kl. Bäumen	8
(D7) Hilfe bei der Anschaffung von neuen Pflanzen	4

E = Hilfen rund ums Tier

	Punkte
(E1) Urlaubsbetreuung (mindestens 2 Wochen)	50
(E2) Urlaubsbetreuung (weniger als 1 Woche)	30
(E3) Tagesbetreuung (Tagessatz)	10
(E4) Tierpflege, z.B. Hund baden und bürsten	6
(E5) Begleitung zum Tierarzt	6
(E6) 1x Gassi gehen (Hundehaftpflichtversicherung notwendig)	4

F = Hilfen für Kinder und Erwachsene

	Punkte
(F1) Hilfe bei der Betreuung von Kleinstkindern	8
(F2) Hausaufgabenbetreuung	8
(F3) Unterstützung beim Zeichen- und Musikunterricht	8
(F4) Hilfe beim Erlernen von Fremdsprachen	8
(F5)1 Hilfe rund um den Computer	8
(F6) Hilfe bei der Beschaffung von medizinischen Geräten	8
(F7) Hilfe bei der Betreuung von Behinderten	8

G= Hilfen bei der Freizeitgestaltung

	Punkte
(G1) Kegelangebote	5
(G2) Sportangebote	3
(G3) Wanderangebote	3
(G4) Kartenspielangebote	2
(G5) Brettspielangebote	2

Quelle: Erfahrungswerte des „Glückauf Nachbarschaftshilfe e.V." in Lünen-Brambauer (*Pfützenreuther* 2001, S. 443ff.)

Die *Idee der Zeitwährung* geht von der Möglichkeit aus, im Laufe eines Lebens sogenannte *Zeitbanken* einzurichten, in denen gleichsam die „sieben fetten Jahre" eingelagert werden, um sie dann während der folgenden „sieben mageren Jahre" wieder zu entnehmen. Zeitreiche und zeitarme Lebensphasen lösen sich ab. Was langfristig angespart wird, kann dann später wieder „verzehrt" werden – ohne schlechtes Gewissen und ohne den Gedanken, auf Almosen angewiesen zu sein (Offe/Heinze 1990, S. 302).

In diesem Zusammenhang stellt sich für die Zukunft auch die Frage der *Übertragbarkeit und Vererbbarkeit*. Sollten Übertragungen nur zu Lebzeiten zugelassen werden? Und dürfen Jüngere für ihre Angehörigen Ansprüche ansparen? Offene Zukunftsfragen für eine „neue Wohlfahrtspolitik" (Otto 1995) und für die Wiederbelebung einer alten Genossenschaftsidee.

12. Freiwilliges Soziales Jahr. Alternative zum Zivildienst

Spätestens im Jahr 2010 wird es in Deutschland keinen Zivildienst mehr geben. Damit wird die *Einführung eines Freiwilligen Sozialen Jahrs für alle Generationen* immer dringlicher – also nicht nur für Jugendliche und junge Leute, sondern auch für Jungsenioren und Senioren. Auf freiwilliger Basis heißt natürlich, dass ein solches Angebot attraktiv sein muss, damit es motiviert und engagiert wahrgenommen werden kann. Solche *attraktiven Anreize* (Anerkennungen, Honorierungen, Steuererleichterungen, Vergünstigungen u.a.) müssen bald geschaffen werden – sonst „droht" das soziale Pflichtjahr, wie es in einer frühen Prognose als „befohlene" Versorgung und Betreuung schon einmal angedacht war.

> **Was sich ändert, wenn wir uns nicht ändern. Prognose aus dem Jahr 1992**
>
> „Es wird in Zukunft vielleicht nicht nur die gesetzliche Pflegeversicherung geben, sondern auch das soziale Pflichtjahr, kommerzielle Agenturen für die Kinderbetreuung, Tagesmütter-Firmen und Nachbarschaftshilfen gegen Bezahlung. Kinder, Alte, Kranke und Behinderte hätten dann keinen Anspruch auf mitmenschliche oder liebevolle Zuwendungen mehr."

H.W. Opaschowski: Die wachsende soziale Unlust. In: Ders.: Freizeit 2001 (B·A·T Projektstudie), Hamburg 1992, S. 36

Ein freiwilliger sozialer Dienst wird immer wichtiger, weil sich der Staat – schon aus finanziellen Gründen – aus vielen sozialen Bereichen zurückziehen wird. Etwa jeder zehnte Hauptschüler verlässt derzeit die Schule ohne Schulabschluss und hat auch kaum Chancen, eine Lehrstelle zu finden. Wenn in der neunten oder zehnten Klasse die *Sozialkompetenz durch Projekte mit Ernstcharakter gefördert* würde, hätten diese Absolventen Mut und Motivation genug, um sich vorübergehend sozial zu engagieren. Aus ehemals Un- und Angelernten könnten so vielleicht *neue Assistenzberufe im sozialen Bereich* werden.

Es kommt also alles darauf an, bei der Förderung neuer Freiwilligendienste den *Motivationsaspekt* vorrangig im Blick zu haben. Statt immer nur von „sozialer Verpflichtung" zu reden, sollte eher das Gefühl vermittelt werden, an einer wichtigen Aufgabe („Gebraucht werden") beteiligt zu sein, einen sinnvollen Beitrag für das Gemeinwohl zu leisten, neue private Kontakte zu finden, sich von der Begeisterung der anderen Freiwilligen mitreißen zu lassen und so mit Freude dabei zu sein: Es macht Spaß und bringt auch Anerkennung, wenn man anderen hilft.

Wo der Pflichtgedanke stirbt, stirbt die Kultur – der kulturpessimistische Satz des Philosophen Eduard Spranger wird in der Welt von morgen neu interpretiert werden müssen: Die Menschen lassen sich nicht mehr vereinnahmen. Sie nehmen sich selbst in die Pflicht und machen aus einer Selbstbetätigung eine Selbstbestätigung: „I did it" und „Ich war dabei!" So gesehen wird in Zukunft die Aussage Sprangers eher durch das Wort des indischen Philosophen und Nobelpreisträgers (1913) Rabindranath Tagore verdrängt: „Ich schlief und träumte, das Leben wäre Freude. Ich erwachte und sah, das Leben war Pflicht. *Ich handelte – und siehe, die Pflicht war Freude.*"

IX. Von der Sinnflut zur Sinnsuche. Die Wertewelt von morgen

„Die westliche Welt ist in einer Sackgasse: Sie hat viele ihrer ökonomischen Ziele erreicht und den Sinn für ein Ziel des Lebens verloren."

Erich Fromm (1900-1980), Psychoanalytiker und Schriftsteller: Der moderne Mensch und seine Zukunft (1960)

Prognosen und Perspektiven auf einen Blick

- McWorld:
  Welt ohne Überraschungen

- Ersatzreligionen:
  Waren rangieren vor Werten

- Werteexport:
  Von der Migration der Menschen zur Migration der Werte

- Maßstäbe:
  Alternativen zur Beliebigkeit

- Erneuerung:
  Prosoziale Werte im Aufwind

- Wertesynthese:
  Altes und Neues im Gleichgewicht

- Ehrlichkeit:
  Das Wunschziel

- Rücksichtnahme:
  Neubelebung von Umgangsregeln

- Zugehörigkeit:
  Verhaltenskodex mit Verbindlichkeitscharakter

- Lebenssinn:
  Besinnung auf das Beständige

1. Zwischen zwei Stühlen.
Die Folgen des Wertewandels

Keine Gesellschaft steht still. Jedes gesellschaftliche System ist in Bewegung. Sozialer Wandel tritt überall und jederzeit auf. Gesellschaftliche Strukturen aber ändern sich nicht „über Nacht". Und auch ein Wertewandel kündigt sich lange vorher an. Zu keiner Zeit war das gesellschaftliche Zusammenleben der Menschen ein völlig stabiler Zustand. Das vergangene Jahrhundert war gekennzeichnet von Auseinandersetzungen um wirtschaftliche, technische und soziale Veränderungen. Der gesellschaftliche Wandlungsprozess hält weiter an. Weder heute noch in Zukunft werden Ruhe und Stillstand eintreten. Die sozialen und psychologischen Auswirkungen der technologischen Entwicklung auf die einzelnen Lebensbereiche der Menschen werden für Bewegung und Dynamik sorgen und Prozesse von Veränderung und sozialem Wandel auslösen.

Signale hierfür sind Sinnentleerung und Suche nach neuem Lebenssinn. Forschung und Wissenschaft, Publizistik und Politik fassen diese Veränderungen unter den Begriff „Wertewandel." Nicht die Tatsache des Wertewandels, sondern das Ausmaß und die Auswirkungen sind diskussionswürdig. Die Schlüsselfrage lautet: *Wie viel Wertewandel können wir uns leisten?* Die in langer Tradition eingeübten und gelebten Wertvorstellungen der Menschen sind spätestens seit den siebziger Jahren – zeitgeschichtliche Zäsur war die Öl-/Energiekrise 1973 – fragwürdig geworden. Hinzu kommen veränderte Strukturen von Arbeitszeit und Freizeit, in deren Gefolge traditionelle Werte wie zum Beispiel Leistungsstreben, Fleiß und Pflichterfüllung, wie sie vor allem im Arbeitsleben gefordert werden, mit neuen Werten wie zum Beispiel Lebensfreude, Spaß und Spontaneität konfrontiert werden. Die sich neu entwickelnden Werte ergänzen und bereichern die traditionellen Werte, können aber auch in Konflikt zu ihnen geraten.

Nach Untersuchungen des Amerikaners Ronald Inglehart hat in den westlichen Industriegesellschaften seit Anfang der siebziger Jahre eine stille Revolution stattgefunden: ein Wertewandel von der Überbetonung des materiellen Sicherheitsdenkens in Richtung auf eine *Höherbewertung immaterieller Aspekte des Lebens* (Inglehart 1971). Was aber geschieht, wenn – wie dies für die Zukunft vermutet werden kann – in einer Gesellschaft, die sich jahrhundertlang in ihrem zentralen Selbstverständnis an der Erwerbsarbeit orientierte, andere Lebensbereiche von den Menschen für persönlich genauso wichtig gehalten werden wie der Lebensbereich Arbeit? Wie wirkt sich dies auf das gesellschaftliche Wertesystem aus? Kommt es zu Identitätskrisen? Wird Bells Prognose eines „collapse of the older value system" Wirklichkeit (Bell 1973/1996)?

Ein gesellschaftliches Konfliktpotential, das in der Veränderung des Lebenssinns schlummert, zeichnet sich ab. Die offizielle Daseinsregelung (z.B. durch Erziehungs- und Bildungswesen, Medien, Wirtschaft und Politik), die noch weitgehend auf der *Definition von Arbeit als oberstem Lebenszweck* beharrt, hält mit der Entwicklung des Wertewandels nicht Schritt. Dies erklärt auch – trotz veränderter technologischer Bedingungen – das grundsätzliche Festhalten der Gesellschaftspolitik am Prinzip der Vollbeschäftigung.

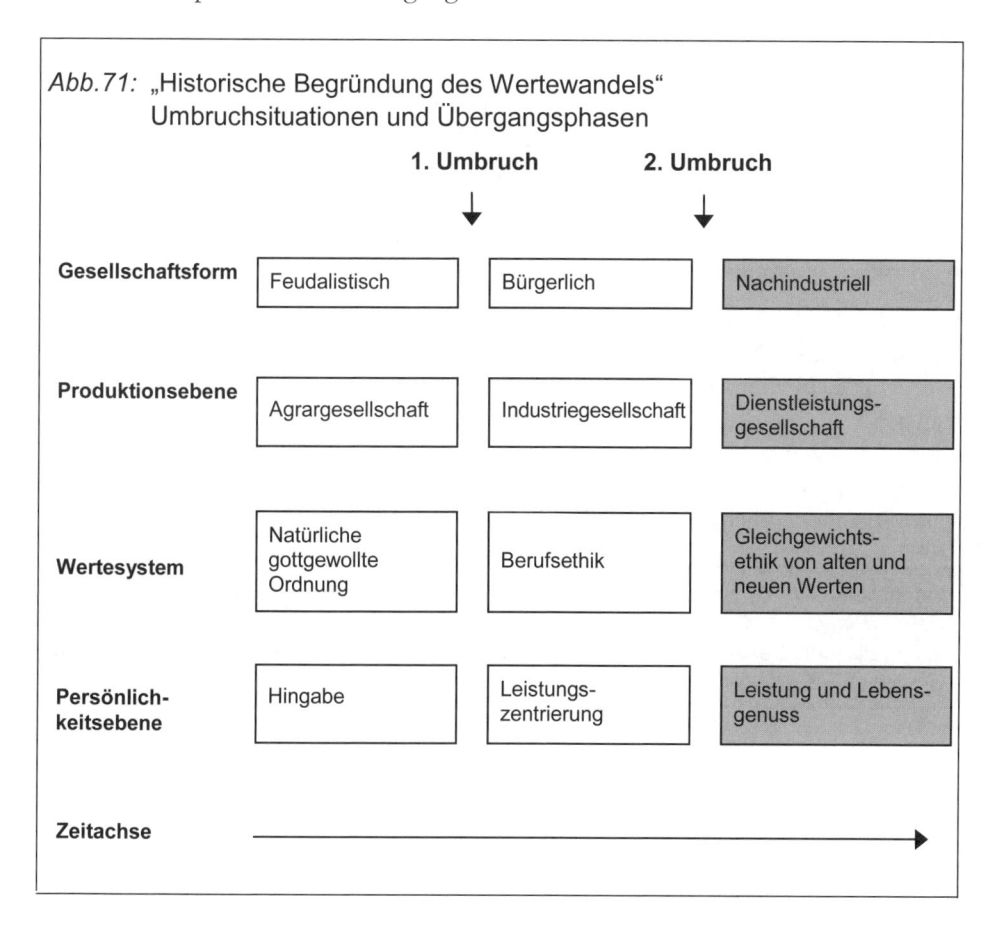

Abb. 71: „Historische Begründung des Wertewandels"
Umbruchsituationen und Übergangsphasen

	1. Umbruch ↓	2. Umbruch ↓	
Gesellschaftsform	Feudalistisch	Bürgerlich	Nachindustriell
Produktionsebene	Agrargesellschaft	Industriegesellschaft	Dienstleistungsgesellschaft
Wertesystem	Natürliche gottgewollte Ordnung	Berufsethik	Gleichgewichtsethik von alten und neuen Werten
Persönlichkeitsebene	Hingabe	Leistungszentrierung	Leistung und Lebensgenuss
Zeitachse	→→→→→→→→→→→→→→→→→→→→→→→→→→		

Die Menschen sitzen gleichsam zwischen zwei Stühlen. Sie erleben den gegenwärtigen Wertewandel, der sich aus der Schere zwischen persönlichem Bewusstsein und offizieller Daseinsregelung ergibt, als Ungleichgewicht. Viele reagieren darauf mit Unsicherheit oder doppelter Moral, indem sie zwischen informell-privatem Verhalten (Selbstdarstellung) und öffentlich-offiziellem Verhalten (Darstellung nach außen) unterscheiden.

2. Revolution der Unzufriedenheit. Die Folgen des weltweiten Werteexports

„Modernisierung" lautet ein Schlagwort unserer Zeit. Geradezu inflationär sind die Assoziationen, die mit diesem Begriff verbunden sind wie z.B. Globalisierung,

Technisierung, Spezialisierung, Urbanisierung oder Demokratisierung. Sinnvoller erscheint es, mit Modernisierung alles das zu bezeichnen, was mit einer *Steigerung menschlicher Möglichkeiten* einhergeht und die individuelle und gesellschaftliche Lebensqualität verbessern hilft (vgl. Müller-Schneider 2000, S. 98). Dazu gehören z.B.:

- Bessere Techniken zur Nutzung natürlicher Ressourcen
- Neue Technologien zur Gewinnung und Verbreitung von Informationen
- Effizienzerhöhung von Arbeitsabläufen
- Steigerung von Erlebnismöglichkeiten
- Gesellschaftliche Durchsetzung von Menschenrechten
- Erweiterung politischer Teilhabe.

Diese Modernisierungsprozesse sind allerdings mit *unumgänglichen Paradoxien* verbunden. Denn: „Neue Freiheitsrechte schaffen neue Zwänge, Gleichheitsrechte neue Ungleichheiten, neues Wissen zugleich Nichtwissen, Wohlstandsmehrungen zugleich Wohlstandseinbußen" (Münch 1995, S. 44).

Mit der Verwestlichung des Lebensstils auch über die Industrieländer hinaus ist ein *weltweiter Werteexport* verbunden: So leben wollen „wie im Westen" verbindet sich mit einer deutlichen Wertschätzung westlicher Lebensstile und Lebensziele.

> Indem immer mehr westliche Werte in Entwicklungsländer eindringen, wird den Bewohnern auch bewusst, wie ungleich der Lebensstandard und die Lebenschancen in der Welt verteilt sind. Die Verbreitung westlicher Werte wird daher zur wesentlichen Ursache für Zuwanderungen in westliche Länder.

Die massiv einsetzenden Wanderungsbewegungen aus weniger entwickelten Ländern deuten darauf hin, dass viele Menschen nicht mehr bereit sind, im eigenen Land auf die Verbesserung der individuellen Lebenssituation zu warten. Sie wandern einfach aus – Weltmigration ist die Folge (Hoffmann-Nowotny 1993).

Von der Migration der Menschen zur Migration der Werte ist es aber nur ein Schritt. In der westlichen Welt dominiert das Recht auf persönliches Glück: Die Person ist Mittelpunkt und Thema der Welt (Schmidtchen 1997, S. 33). Die Folge: Ein individualistischer Wertekanon breitet sich weltweit aus – zwischen Selbstverwirklichung und Erlebnisorientierung. Das Leben in der westlichen Wohlstandswelt kann zum erstrebenswerten Ziel für viele werden. Es wird durch die globale Ausbreitung von Fernsehen und Internet beschleunigt: Noch in den Elendsvierteln von Kalkutta werden die Menschen im Fernsehen mit Bildern aus den wohlhabenden Industrieländern überschwemmt. Die Globalisierung der Massenmedien zieht eine *Globalisierung der westlichen Wertewelt* nach sich.

Diese westliche Wertewelt ist wesentlich durch eine Konsumkultur geprägt, die Wohlstand und Glück verspricht. Entwicklungsländer können aber diese Glücksversprechungen (noch lange) nicht einlösen. So droht eher eine *Revolution der Unzufriedenheit* („revolution of rising frustrations"). Den Mängeln der eigenen Lebensumstände kann dann nur wirksam durch Auswanderung begegnet werden. Andernfalls kommt es zu Wertekonflikten, zur Erosion traditioneller Sozialstrukturen und zu sozialen Konflikten. Ob mit oder ohne Auswanderung – eine „Entwurzelung der Menschen" (Müller-Schneider 2000, S. 109) erscheint unaufhaltsam. Der weltweite Werteexport löst eine weltweite Mobilität aus, eine Völkerwanderung neuen Stils.

3. Stimmen durch Stimmungen. Medien und Markenkulte

Alles globalisiert, alle sind mobil – die Menschen, die Werte, die Wirtschaft, die Unternehmen und das Geld. Kommen amerikanische Verhältnisse auf uns zu? Die Verweildauer an einem Wohnort liegt in den USA nur mehr bei fünf Jahren. Der amerikanische Traum, zu *gehen, wann und wohin man will,* kann zum Albtraum werden: Der Verlust an Ortssinn droht, ein Verlust an Wurzeln, die den Menschen helfen, sich selbst zu definieren. Moderne Nomaden verkünden gerne: „Wir blühen, wo wir gepflanzt sind." Nur: Kann man überhaupt wachsen, wenn man ständig umgepflanzt wird? Gibt es heute noch eine *Moralinstanz*, die richtungsweisend für die Vermittlung von Wertvorstellungen sein könnte?

> Kirchen haben mit sich selbst zu tun, Politiker weitgehend auch. Kulturschaffende schaffen sich öffentlich zu selten Gehör. Eltern geben vielfach ihre Vorbildfunktion auf und ihre Erziehungsverantwortung am Schultor ab. Die Schule hingegen fühlt sich überfordert und reicht die Verantwortung wie einen Wanderpokal an die Medien weiter. Am Ende kapitulieren fast alle vor den Medien.

Wenn die Medien als Wertevermittler agieren, ist dann nicht eine *Zapping-Kultur* vorprogrammiert? Der Medien-Imperativ „Bleiben Sie dran. Abschalten können Sie woanders" wird doch heute schon als Stress-Rallye empfunden. Schnelle Schnitte à la MTV werden auch im Alltagsverhalten Normalität. Und die mediale *Hopping-Manie* breitet sich in Alltagskommunikation und sozialen Beziehungen aus: *Aus Beständigkeit wird Beliebigkeit.* Wie sieht in einem solchen Zeitalter postmoderner Beliebigkeit eine Wertegemeinschaft aus, an der sich Bürger genauso orientieren wie Politiker? Die Realität zeigt:

> In der Politik werden vielfach Stimmen durch Stimmungen gemacht. Selbst die Moral hängt von Stimmungen ab. Weil es weder für den Einzelnen noch für den Politiker einen verbindlichen Verhaltenskodex gibt, steuern wir eher auf ein Leben in der Grauzone zu: Beliebig. Wertfrei. Verantwortungslos.

Die Politik lebt es vor. Es dominieren Populismus und Opportunismus: Die *Position der Positionslosigkeit* verspricht am meisten Erfolg und Stimmen. Und das heißt letztlich Beliebigkeit. Solche Politiker können jederzeit von einem Thema zum anderen springen – je nachdem, wie die Stimmung im Lande gerade ist. Deshalb ist auch alles möglich: Wohlverhalten und positives Agieren, aber auch das Aufnehmen radikaler Stimmungen, wenn es gerade opportun erscheint. Aus der Sicht der nachwachsenden Generation erscheint dann vieles im Leben käuflich und konsumierbar: *austauschbar und verwechselbar*. Persönlichkeitsprofile und Identitätskonturen drohen zu verschwimmen. Selbst über die Ländergrenzen hinweg können sich die Menschen immer ähnlicher werden.

Noch zur Jahrtausendwende liefen Scharen von Gläubigen Selfmade-Weisen, die Selbstverwirklichung ‚predigten', hinterher. Entertainer der Erfolgsgesellschaft verkündeten „die" *Religion des 21. Jahrhunderts*. Dazu gehörten Versprechen von unbegrenzter Energie (Anthony Robbins: „Grenzenlose Energie") und steiler Karriere (Jürgen Holler: „Jeder kann Karriere machen"), von Erfolgsgarantie (Jörg Löhr: „Jeder kann seinen Erfolg planen") und finanzieller Freiheit (Bodo Schäfer: „In sieben Jahren zur Million"). Sie nannten sich „Lauf- und Fitnesspapst" (z.B. Internet-Promotion für Strunz' Buch „For ever young": „Fitnesspapst Ulrich Strunz predigt sehr ausführlich, warum man zur *Religion des Laufens* überwechseln soll"). Die inflationäre Verwendung von religiösen Symbolen – Managementtraining als Religion, Motivatoren als Propheten, Events als Eucharistiefeiern – endete schließlich in der Forderung: *„Design yourself"* (vgl. Jahn 2001, S. 12). Vor allem Trendforscher wie Norbert Bolz, Matthias Horx und Peter Wippermann machten „Selfdesign" zum kategorischen Imperativ für Erfolgsmenschen. Im Zeitalter der Ich-AG sollte nur noch der Ego-Kult gelten.

Mittlerweile ist jeder dritte Deutsche konfessionslos. Und jedes Jahr verlassen Zehntausende ihre Kirchen. Deutschland, so scheint es, ist fast entchristlicht: „Gott ist gesichtslos geworden" (Naumann 2001, S. 1). Noch gesichts- und substanzloser aber sind die Ersatzreligionen zwischen Esoterik und New-Age, Markenkult und Supermarkt der religiösen Gefühle. Hinzu kommen moderne Märchen im Stile von *Harry Potter* oder *Herr der Ringe* mit Ersatzantworten auf die Frage nach „Gott und der Welt".

Die Menschen leben im Zwiespalt zwischen alten Werten und neuen Märkten: *Waren rangieren vor Werten*. Was z.B. die junge Generation am meisten fasziniert, sind Waren und Markenzeichen wie z.B. Coca-Cola (38%), Levis (34%) und McDonald's (33%), Nike (33%) und MTV (29%). Werte, Symbole und soziale Einrichtungen wie Kirche und Religion (22%), Greenpeace (22%) und Amnesty International (21%) sind deutlich nachgeordnet (Opaschowski 2001, S. 340). So droht die Wertekultur zur Warenkultur zu werden – mit weltweiter Ausstrahlung: Allein MTV strahlt täglich in 140 Ländern und 17 Sprachen ihre Sendungen aus.

> In einer „Rund-um-die-Uhr-und-alles-ist-möglich"-Gesellschaft lösen sich tendenziell die Grenzen von In oder Out, Neu oder Alt, Progressiv oder Konservativ, Links oder Rechts zusehends auf. Die Bürger, die Wähler und die Konsumenten sind kaum mehr berechenbar, dafür aber spontan, flexibel und mobil. Stamm-Kunden und Stamm-Wähler sterben aus. Stimmungs- und Wechsel-Wähler breiten sich aus. Konsumiert und gewählt wird ganz nach persönlichem Befinden oder gesellschaftlicher Stimmungslage.

Weitere Folgen: Tendenzielle Flucht der jungen Generation aus Institutionen und Verpflichtungen, dramatischer Einbruch bei Wahlbeteiligungen und politischen Engagements. Den Vereinen und Parteien laufen die Jungmitglieder und Jungwähler davon. Die politischen Parteien und einzelne Wirtschaftsbranchen „müssen" damit leben lernen: Heute FDP und morgen MTV... Nichts ist in Zukunft unmöglich.

4. Besser als Gott?
Abschied von den Ersatzreligionen

Der Psychoanalytiker Erich Fromm hat die Sinnkrise der westlichen Welt schon vor über vierzig Jahren auf den Punkt gebracht und das Nachdenken über alternative gesellschaftliche Entwicklungen angemahnt: Die westliche Welt drohe ihre Vitalität und innere Kraft zu verlieren. Sie setze keine Ziele und leiste keine Vorausschau mehr. Wirtschaft, Medien und Politik säßen im Sattel – „und reiten den Menschen." Die Zukunft der westlichen Welt hänge davon ab, ob es dem Menschen wieder gelinge, „sich in den Sattel zu setzen" (Fromm 1960, S. 322f.).

Nach Fromm drohen die Menschen in der westlichen Welt ihr *soziales Identitätsgefühl zu verlieren*. Der Individualismus erweist sich dabei nur als Ersatzlösung und schlechte Fassade, hinter der sich vordergründige Identifizierungen verbergen: *Sofort-Kontakte und Sofort-Vertrauen*. Ist der soziale Umgang miteinander wirklich nur noch geprägt von einer sehr oberflächlichen Freundlichkeit, unter deren Oberfläche Distanz und Gleichgültigkeit sitzen? Werden soziale Verpflichtungen mehr auf den Staat projiziert, der für Fürsorge, Betreuung oder Pflege zuständig sein soll? Funktioniert der mitmenschliche Zusammenhang nur noch dann, wenn man voneinander Nutzen zieht?

Erich Fromm hatte seinerzeit die „Menschen in der westlichen Welt" im Blick, deren materielles Wohlergehen die innere Leere nicht ersetzen konnte. Diese Entwicklung hat sich seit der Jahrtausendwende verstärkt.

> Es fehlt ein einigendes Prinzip des Lebens, das die Menschen verbindet und die Gesellschaft in der westlichen Welt zusammenhält.

„Wir sind besser als Gott" meint der amerikanische Wissenschaftler Ron McKay, der beispielsweise Zellen so verändern will, dass sie körpereigenes Insulin herstellen und Zuckerkranke auf diese Weise ohne die tägliche Spritze auskommen (vgl. Luik/Hinz 2001, S. 248). Wird die Spaltung des Zellkerns – nach der Spaltung des Atomkerns – zum zweiten großen Sündenfall der Menschheit?

> Heißt es schon bald: Unser Schicksal liegt in den Genen – und nicht mehr in den Sternen? Der Mensch will selbst Schicksal spielen, ja das menschliche Schicksal abschaffen. Welche Hybris! Denn die Seele kann man nicht klonen.

Vieles deutet darauf hin: Die Menschen werden schon bald nach einer neuen Sinnorientierung verlangen, die Halt, Beständigkeit und auch Wesentliches in das Leben bringt. Religiosität als Lebensgefühl ist dann wieder gefragt. Das Problem der westlichen Konsumkultur war ja bisher nicht der Verfall des Religiösen, sondern die *Inflationierung des Lebens mit Ersatzreligionen* aus Werbung, Lifestyle und Mode. Dabei spielten moderne Trendagenturen Gott nach dem Motto: *„Posthuman: Schicksal wird zur Ware"* (6. Deutscher Trendtag im Mai 2001 in Hamburg). Sie animierten die Verbraucher zum naiven Glauben an das Kultmarketing. Die alten Religionen sollten durch die neuen Götter des Marktes verdrängt werden und Markennamen ein Ersatz für das fehlende Sinnsystem sein.

Trendforscher traten in den letzten Jahren mit dem vermessenen Anspruch auf, den wirklichen Krieg durch den *„Krieg der Marken"* zu ersetzen. „Statt des Hakenkreuzes" sollte das Coca-Cola-Emblem über Deutschland zu leuchten beginnen und an die Stelle des Kommunismus „das kultische Begehren in Richtung McDonald's und Sony" treten. Zugespitzt in der Botschaft: „Wo nicht genügend konsumiert wird, herrscht früher oder später Krieg" (Horx/Wippermann 1995, S. 17). *Maßlos. Grenzenlos. Gewissenlos.* Marken wurden wie Religionen gehandelt. Liebe aus der Steckdose und Lebenserfüllung aus dem Warenregal? Irrweg und Selbsttäuschung zugleich.

Der französische Schriftsteller Pascal Bruckner findet hierin auch die Erklärung dafür, warum der individualistisch geprägte Westen zunehmend vom Buddhismus so fasziniert ist: Der Buddhismus ist nicht dogmatisch, erteilt keine Vorschriften und schöpft seine Lehren aus der Erfahrung des Lebens. Viele Menschen in der westlichen Welt übernehmen den Buddhismus aber nicht als Religion, sondern eher als *Therapie gegen den Stress*. Die Verpackung kommt schön tibetisch-asiatisch daher – als in einem „exotischen Gewand gehüllte Religion à la carte", die als *Light-Version* auf den Verzicht verzichtet und ihn für das eigene Ego verdaulich serviert (Bruckner 2001, S. 251). Diese Art von Pseudo-, Neo- oder Light-Buddhismus kommt bequem mit einem *Mini-Glauben* aus.

Von hier aus ist es nicht mehr weit zum Markenkult. Die unbequeme Pflichtethik wird dabei durch die leichte *Genussethik* ersetzt, moralisch begründet („Genuss statt Muss") und dann als Non-Mühsal-Ethik wie eine echte Religion verkauft. Wahlfreiheit statt Einheitsbotschaft heißt die Devise. Dazu liefern Trendforscher den entsprechenden „Moral plus"-Effekt, bieten die „rituelle Waschung" des Konsumenten an und garantieren „Ablasscharakter" – und wenn es nur der sortierte Joghurtbecher ist, der sauber geputzt zum Recycling-Container gebracht wird. Die moralische Bilanz kann sich jedenfalls sehen lassen: „Ökologie plus Katholizismus gleich Ökolozismus" (Horx/Wippermann 1995, S. 180). So wird man schnell seine Sünden los und braucht das Fegefeuer nicht zu fürchten.

Vieles deutet darauf hin, dass im Zuge der Globalisierung die Wertegemeinschaft des europäischen Abendlandes einer *McWorld* geopfert wird, einer *Einheitswelt*: Globale Warenwelten sorgen für globale Lebensstile. Und globale Märkte ziehen globale Werte („global values") nach sich. Die modernen Informations- und Kommunikationstechnologien beschleunigen diesen Prozess weltweiter Angleichung. Der Medienphilosoph Marshall McLuhan hatte schon in den sechziger Jahren prognostiziert: „Elektrisch zusammengezogen ist die Welt nur mehr ein Dorf" (McLuhan 1964, S. 17). Die Beschleunigung im elektronischen Zeitalter wirke dann so zersetzend auf die westlichen Menschen wie früher die Kurierstraßen des alten Rom auf die stammesgebundenen Dorfbewohner. Daraus folgt: Die Welt als globales Dorf wird auch die Wertewelt der Menschen verändern. Ob in Wien oder Berlin, Tel Aviv oder im englischen Leeds – überall heißt es sinngemäß: „One World – One Love Parade."

> Es ist der westliche, der kalifornische Lebensstil, der sich über Medienkanäle bis in die letzten Winkel der Erde ausbreitet. Mickey Mouse, McDonald's und MTV erreichen fast weltweite Omnipräsenz. Die ganze Welt kann zu einem Einheitsmarkt mit Einheitswaren und Einheitspreisen werden.

Wartet im 21. Jahrhundert die „globale Einheitskultur" (Martin/Schumann 1996, S. 44) auf uns? Der amerikanische Sozialwissenschaftler George Ritzer geht davon aus, dass z.B. die sogenannte *McDonaldisierung* weltweit expandiert und immer mehr Gesellschaftsbereiche auf der ganzen Welt beherrscht. Wie bei Walt Disney oder Coca Cola identifizieren sich zunehmend mehr Menschen damit. Es ist dabei weniger das Produkt, das die Menschen fasziniert, als vielmehr die Idee, die Philosophie, die mit dem Produktkauf verbunden ist: Der *fast-food-Gedanke* und das *Häppchen-Denken*, das auf fast alle Bereiche des täglichen Lebens übertragen wird: Medien, Sport, Kultur, soziale Beziehungen. Die Folge ist eine *Welt ohne Überraschungen* (Ritzer 1995, S. 169), weil alles einheitlich normiert, standardisiert und in Serie produziert wird.

Im 21. Jahrhundert müssen die Menschen mit der *Spannung zwischen alten Werten und neuen Märkten* leben: Kirche und Religion bleiben zwar wichtig (22%), aber noch wichtiger im Leben sind Champions League (26%) und Formel-1 (31%). Und in der persönlichen Wertschätzung rangiert die Bibel (19%) nur knapp vor Coca-Cola (18%). Dies ist das Ergebnis einer Repräsentativumfrage, in der das B·A·T Freizeit-Forschungsinstitut im Jahr 1999 3.000 Personen danach gefragt hatte, was sie in ihrem Leben attraktiv finden und wofür sie sich persönlich begeistern können. Was auf den ersten Blick konfus oder stillos erscheinen mag, ist in Wirklichkeit Ausdruck einer multioptionalen Konsumhaltung, bei der man sich fast alles wünschen kann und alles haben darf, um möglichst überall dabei zu sein. Im 21. Jahrhundert geben gespaltene, spontane und multioptionale Verbraucher, die sich *alle Optionen offen halten wollen*, den Ton an.

In der modernen Kultursoziologie wird die Auffassung vertreten, dass in der Erlebnisgesellschaft der Satz dominiert: „Ich tue, was mir gefällt." Der Erlebniskonsument betrachtet die *Welt als Speisekarte* und stellt sich ein individuelles Menü zusammen: Er wählt, kauft, trennt sich oder wirft weg, ist also *unberechenbar* in seinen Erlebniswünschen und *instabil* in seiner Beziehung zur sozialen Umwelt. Der multioptionale Erlebniskonsument wünscht sich grenzenlose Möglichkeitssteigerungen, was ihn zum Auswählen geradezu verurteilt, ob er es will oder nicht, ob er es kann oder nicht (Schulze 2000, S. 4f.). Wer diese *Selektionsfähigkeit* nicht besitzt oder erlernt, droht selbst zum Opfer der herbeigesehnten Angebotsexplosion zu werden, weil Maßstäbe, Richtungen und Orientierungen fehlen. Und immer mehr schwanken zwischen Wertpluralismus und Wertrelativismus, zwischen einem großen Entfaltungsspielraum und einer wachsenden persönlichen Verunsicherung.

5. Wertemix und Bastelexistenzen. Der Supermarkt der Moral

Das Wandeln durch den Supermarkt der Moral zwingt vor allem die junge Generation zum Bauen und Basteln einer *Do-It-Yourself-Ethik*, die in traditioneller Sichtweise wie *Moral-Surfing* oder *Neo-Opportunismus* erscheint. Der jungen Generation, die mit der Wertevielfalt aufwachsen, souverän durch die Werteflut waten und sich ihren Wertecocktail selber mixen muss, bereitet die Unübersichtlichkeit offensichtlich wenig Kopfzerbrechen: „Ihr großer Freundeskreis ist für sie da und doch fühlt sie sich diesen Freunden gegenüber nicht verpflichtet. Oft ist sie unzuverlässig und lässt Verabredungen und Termine einfach platzen. Wären Pünktlichkeit und Disziplin noch allgemeingültige Werte, würde sie schon längst allein dastehen. Doch ihre Freunde mögen ihre chaotische Art ..." (Goebel/Clermont 1997, S. 12).

Aus der Sicht der Erwachsenengeneration muss dieses Leben chaotisch erscheinen. Für Jugendliche hingegen ist ein solches Verhalten *weder beliebig noch ziellos* – wohl aber bindungs- und verpflichtungslos. Eher sind sie hin- und hergerissen zwischen

- Flucht aus der Verbindlichkeit *und* Sehnsucht nach Bindung sowie
- Abschied von sozialen Verpflichtungen *und* Suche nach eigenen verpflichtenden Lebenskonzepten.

Mit diesen Spannungen und Widersprüchen können sie offensichtlich ganz gut leben, solange jedenfalls, wie sie nicht aus dem *inneren Gleichgewicht* geraten. Denn wer sich immer nur pragmatisch auf Zeit bindet und wie im Geschäftsleben auf *temporäre Allianzen* schwört, kann schnell aus dem Tritt geraten, wenn Partner ihre Verabredungen nicht mehr einhalten oder ohne Angabe von Gründen ihre Kontakte abbrechen. Dann gerät die Balance des Lebens ins Wanken, aus Bindungslosigkeit wird Orientierungslosigkeit und die Sehnsucht nach *intakten sozialen Beziehungen* („wie in der Familie") sowie nach Halt und Geborgenheit wird stärker.

Nicht Werteverfall, sondern Wertevielfalt (Hörfunkwerbung: „Der Mix macht's" – „Die neue Vielfalt") kennzeichnet das 21. Jahrhundert. Damit verbunden ist aber auch ein undifferenzierter *Trend zur Gleich-Wertigkeit in deutlichem Gegensatz zur Allgemein-Verbindlichkeit*. Die Grenzen zwischen Wertevielfalt und Optionenflut werden fließend, während gleichzeitig die Wahlfreiheit zum Wahlzwang wird.

Wertemix und Bastelexistenzen

> Orientierungs- und Beratungshilfen sowie Lebensgestaltungsangebote werden immer dringender, was die Inflation von Therapiehandbüchern und Bildungsführern, Datenbanken und Suchmaschinen erklärt. So wächst eine Generation multioptionaler Konsumenten heran. Weil ihnen alles gleich-wertig erscheint, geben sie sich auch entsprechend gleich-gültig.

In der Zukunft angekommen lautete die Hauptthese der Shell-Studie „Jugend 2000" (Shell 2000, S. 97ff.). Doch wie sieht „diese Zukunft" aus, die zur Jahrtausendwende schon Wirklichkeit sein sollte?

- Auf vieles ist *kein Verlass mehr*. Grundpflichten, die früher für das soziale Zusammenleben unabdingbar waren, sind nicht mehr verbindlich und können jederzeit flexibel gehandhabt werden.
- Es gibt keinen Werteverfall, wohl aber einen Verfall von Werten mit überindividueller Gültigkeit: Der allgemein verbindliche *alte Wertehimmel ist passé*.
- Die „neue Unübersichtlichkeit" hat die junge Generation erreicht. Infolgedessen gibt es für sie auch keine „Entweder-Oder"-Werteerziehungskonzepte mehr, weil sie in einer *Sowohl-als-auch-Gesellschaft* lebt.
- Das Festgelegtsein auf einen *Werte- und Verhaltenskodex wird als einengend empfunden*. Die Jugendlichen befreien sich von dieser Fixierung – auf Kosten von Stabilität und Solidarität.
- Soziale Normen und gesellschaftlich Wünschbares gelten als antiquiert. Es gibt *keine Gebrauchsanweisung für den zwischenmenschlichen Umgang*.
- Jeder Jugendliche schafft sich „bedarfsgerecht" (wie im Geschäftsleben) sein eigenes Orientierungssystem und bastelt sich eigenverantwortlich seinen *persönlichen Wertekosmos*.
- Eine *Generation von Bastelexistenzen* mixt sich ihren persönlichen „Wertecocktail" selber, der *keine Normen* mehr anerkennen will.

Das Forschungsteam sieht diese Entwicklung keineswegs als problematisch an. Es analysiert – und bewertet nicht. Gefeiert werden der „*Gewinn an Vielfalt*" (S. 155), die „Vielzahl der Optionen" (S. 95) sowie der „Bedeutungszuwachs von Werten individueller Selbstverwirklichung" (S. 97). Das erinnert an die euphorische Selbstverwirklichungsdebatte der frühen siebziger und achtziger Jahre und knüpft an die optimistischen Aussagen der amerikanischen Trendforschung (Naisbitt, Popcorn u.a.) in den neunziger Jahren an: „*Alles wollen, vieles können*" (S. 134). Genügt das als Lebensphilosophie für die Zukunft unserer Gesellschaft?

Es reicht aus der Sicht einer verantwortlichen Zukunftsforschung nicht aus, Jugendliche in ihren Erwartungen und Verhaltensweisen immer nur verstehen zu wollen und jeden persönlichen Freiheitsgewinn schon als Fortschritt darzustellen, ohne zugleich danach zu fragen, wie die Zukunft dieser Generation wirklich aussieht, wenn sie so weiterlebt wie bisher. Wer die Zukunftssicht von Jugendlichen beschreibt, darf ihre Zukunftsaussichten nicht verschweigen. Zur *Verständnispädagogik* muss sich die „*Konfrontationspädagogik*" (Struck 2000, S. 257) gesellen, die Jugendliche mit den sozialen Folgen ihres Tuns deutlich konfrontiert.

> Eine Jugend, die unbestritten leistungsbereit, konsumorientiert und politikinteressiert ist, kann genauso gut egozentrisch und nur auf den eigenen Vorteil bedacht sein, wenn es ihr an der sozialen Dimension des eigenen Handelns mangelt. Nicht die Einstellungen und Lebensweisen von Jugendlichen sind zu kritisieren, sondern die Gesellschaft, die sie so aufwachsen lässt: rastlos, ratlos und am Ende bindungslos.

Es stimmt weder zuversichtlich noch optimistisch, wenn sich nur etwa ein Fünftel (21%) der Jugendlichen in Deutschland für die künftige Entwicklung der Gesellschaft „gut vorbereitet" fühlt und sich in der Lebensorientierung fast nur auf das Hier und Jetzt konzentriert (S. 32 und 37):

- „Mit Zukunft kann ich eigentlich nichts anfangen, ich lebe hier und jetzt."
- „Ich habe keine Pläne, sondern warte, was die Zukunft mir bringt."
- „Allein, wie man heute lebt, zählt."

Mängel in der Zukunfts-, insbesondere in der Sozial- und Werteorientierung der Jugendlichen sorgen für *Flickwerk-Biographien bzw. Patchwork-Identitäten*. Solche Defizite werden durch verstärkten Medienkonsum allenfalls verdrängt bzw. kaschiert. Immer häufiger geschieht Kommunikation nicht mehr von Angesicht zu Angesicht, steht oder sitzt man sich nicht mehr gegenüber, teilt man die Situation nicht mehr miteinander. Immer häufiger werden Kommunikationsmittel (etwa über Fax, Mailbox, Internet ...) an andere Menschen vermittelt. Das führt zu einer *räumlichen Entkoppelung von Sozialkontakten*.

6. Ende der Sinnflut. Suche nach Maßstäben

Erziehung und Bildung in Elternhaus und Schule dürfen sich nicht länger aus ihrer Verantwortung stehlen und müssen sich mehr Gedanken über *Maßstäbe und Alternativen zur sozialen Beliebigkeit des modernen Lebens* machen. Wie sollen Jugendliche lernen, ein Leben nach Maß und im Gleichgewicht zu leben, wenn sie keine Maßstäbe und Grenzen kennen und sich ihr Lebenskonzept selber basteln und ihren Lebenssinn selber suchen müssen?

Behält der amerikanische Kultschriftsteller Douglas Coupland, der schon den Zeitgeist der Jugend in seinem Roman „Generation X" so treffend beschrieb, wieder einmal Recht? Zum ersten Mal, so diagnostiziert er, ist eine Generation ohne Religion in einem *Leben ohne Gott* aufgewachsen. Dieser „Life-after-God"-Generation wird auf den ersten Blick ein geradezu goldenes Leben in einer Welt der Einkaufszentren, Werbespots und TV-Kanäle geboten. Der Preis aber, den sie dafür zahlen muss, dass sie „Gott verloren" hat, sind *Ironie, Parodie und Satire*, indem sie alles, was sie berührt, mit Spott und Spaß regelrecht verbrennt und jeden Ernst und jede Tiefgründigkeit mit überlautem Lachen verdrängt. Für Coupland ist eine solche Haltung – jahrzehntelang am Leben zu bleiben, ohne an etwas zu glauben – nichts anderes als ein „perverser Witz" (Coupland 1995, S. 176).

> Muss nicht die Ironiekultur der Spaßgesellschaft als Zeichen von Schwäche und Ausdruck von Ohnmacht und Hilflosigkeit gewertet werden? Stellt sie nicht eine Art Allmacht-Ohnmacht-Paradox zwischen egozentrischem Größenwahnsinn und infantilem Narzissmus dar? In der Psychoanalyse wird ein solches Verhalten als psychosoziale Störung behandelt, weil es zu echtem Gemeinschaftssinn unfähig ist und nichts mehr für vertrauenswürdig hält. Die Flucht aus der Ohnmacht in die Allmacht gleicht dem Bild: Gott ging verloren – der Mensch spielt Gott.

Diese Verhaltensstörung wird nicht selten durch pausenlosen Spaß überspielt: Man wirbelt von Witz zu Witz. Und wer nicht mitlacht, hat nichts mehr zu lachen, ja wird selbst zum Objekt der Lachkultur gemacht. Der oberflächliche Spaß soll eigentlich nur die innere Leere überdecken und gehört zu den „geläufigsten modernen Techniken der *Leidensverleugnung*" (Richter 2001, S. 161): Die Menschen beweisen einander durch gewollte Fröhlichkeit, wie wenig isoliert sie sind – und sie sind es eben deshalb.

Diese erste Generation ohne Gott wird nicht mehr lange ohne Religion auskommen können. Sie muss erkennen, dass Fjodor Dostojewskijs Aussage im „Schuld und Sühne"-Roman von 1866 „Wenn es Gott nicht gibt, dann ist alles erlaubt" an psychologische und gesellschaftliche Grenzen stößt. Verantwortliches soziales Handeln kommt auf Dauer *ohne religiöse Fundierung* nicht aus. Die „Jeder-mixt-sich-seinen-Wertecocktail-selbst"-Philosophie erweist sich als *nicht zukunftsfähig*. Daraus folgt: „Eine Ethik, die sich nicht auf die tiefer reichende normative Kraft einer verbindlichen Religion stützen kann, wird es schwer haben, sich in der Gesellschaft durchzusetzen" (Fischer 1992, S. 191).

Auf der Suche nach Sinn leben Religion und Religiosität weiter – aber in anderen Formen. Von der ursprünglichen Bedeutung des lateinischen Wortes religare „an Gott gebunden sein" befreit, kann sich jeder seine eigene Religion zusammenbauen, an die er dann auch glaubt: Mehr Zeit-Geist als Gottes-Glaube, mehr Diesseits- als Jenseitsorientierung. Die Clique der Gleichgesinnten ist frei wählbar. Die Inhalte sind jederzeit austauschbar. Das zeitweilige Fasziniertsein ersetzt das dauerhafte Gebundensein. Innerhalb der selbstgewählten Religionsgemeinschaft zählt noch so etwas wie *Zugehörigkeit* – wenn auch auf Zeit. Wir-Gefühl auf Abruf. Wie lange noch?

Wenn der gesellschaftliche Konsens zerbröckelt, weil er dem Trend zum materialistischen Individualismus („Waren wichtiger als Werte") geopfert wird, und keine Religion mehr das soziale Verhalten steuert, dann geht der ‚common sense' und auch das *Gefühl für das, was sich gehört*, zusehends verloren. Und Grundgesetz und Menschenrechte sind viel zu allgemein und starr (vgl. Isensee 1997, S. 20), um ein solches *Defizit an Verhaltensmaßstäben und verbindlichen Normen* adäquat ersetzen zu können. Es stellt sich wirklich die Frage, wohin eine ganze Gesellschaft driftet, „wenn sie den Anker lichtet, den das Grundgesetz in seiner Präambel mit der ‚Verantwortung vor Gott' geworfen hat" (Püttmann 1997, S. 13). Die Rechtspraxis weist einen engen Zusammenhang zwischen dem Verfall der religiösen Kultur und einer Schwächung des Rechtsbewusstseins nach – von illegalen Protestformen bis zu kriminellen Delikten. Die Veränderung der subjektiven Wertvorstellungen der Bevölkerung kann sich langfristig auch *auf das Rechtssystem*, das „im Namen des Volkes" Recht spricht, *auswirken*.

> Das Bewusst-Sein bestimmt letztlich auch das Sein von Recht. Recht und Gesetz befinden sich schließlich nicht in einem gesellschaftlichen Vakuum, d.h. höchstrichterliche Bewertungen können sich dem Sog von Zeitströmungen nicht entziehen. Wenn alte Werte wieder aufleben, muss auch eine Aussage „Ich habe Familie – und das ist auch gut so" eine neue juristische Bewertung erfahren.

Damit nicht weiterhin die Konsumlust als Religionsersatz dient, müssen die *Kirchen mehr in die Offensive gehen* und insbesondere Jugendlichen Orientierungen und Sinnantworten auf Fragen geben wie z.B. Was kommt? Was geht? Was bleibt? Wer sind wir? Wo sind wir? Und wohin wollen wir? Auf der Suche nach Sinn müssen Religion und Kirche wiederaufleben, wenn verhindert werden soll, dass die Menschen weiterhin mit Ersatzreligionen aus Zeitgeist, Werbung und Mode abgespeist werden, also mit Schablonen aus der Konsum-Retorte, die notdürftig die „Leere füllen" (Wippermann 2001) und vergessen machen sollen. Die Folgen wären klar: *Orientierungslose Menschen in einer haltlosen Welt*.

Wenn der Philosoph Jürgen Habermas in seiner Rede anlässlich der Verleihung des Friedenspreises in der Frankfurter Paulskirche davon sprach, dass der 11. September „im Innersten der Gesellschaft *eine religiöse Saite in Schwingung versetzt*" habe (Habermas am 14. Oktober 2002), so ist damit sicher nicht nur die Wiederkehr des Religiösen gemeint. Eher ist dies als Eingeständnis zu werten, den Sinngehalt und die Nachhaltigkeit von Religionsangeboten nicht kritischer hinterfragt und die Kirchen als moralische Sinnstiftungsunternehmen nicht stärker gefordert zu haben. Wie schon lange nicht mehr ist die *Ressource Sinn* gefragt.

Bei der Beantwortung solcher Sinnfragen muss „*irgend jemand den Ton angeben*". So die Empfehlung von Ralf Dahrendorf (2001, S. 10). Das können Experten und Persönlichkeiten mit Autorität, auch Institutionen von der Kirche bis zum Bundesverfassungsgericht sein, die das öffentliche Bewusstsein durch die Diskussion über Wertvorstellungen beeinflussen und prägen. Nur so kann verhindert werden, dass die Menschen dauerhaft ihre Orientierung und ihr Vertrauen in ethisch anerkannte Normen verlieren.

7. Was uns zusammenhält.
Ein Bündnis für soziale Werte

Was gibt dem modernen Menschen noch lebenslangen Halt? Muss nicht der Wunsch nach Geborgenheit immer größer werden, weil die Inhalte der neuen Religion jährlich und saisonal, ja täglich und stündlich gewechselt werden wie beliebige Auto- und Kleidermarken? Brauchen wir nicht – auch und gerade für den *sozialen*

Zusammenhalt – eine Übereinkunft, eine gemeinsame Überzeugung von grundlegenden Werten, ein neues *Bündnis für soziale Werte*? Viele Bundesbürger waren bisher weniger Ingenieure oder professionelle Konstrukteure ihres Lebens, sondern betätigten sich eher wie Amateure, Heimwerker oder Hobbybastler und montierten aus dem, „was ihnen gerade so zur Verfügung stand bzw. sich ohne allzu hohe ‚Kosten‘ besorgen ließ, ‚irgendwie‘ das zusammen, was ihnen je nötig erscheint" (Hitzler 1997, S. 57). Lebensbasteln war zur Lebensaufgabe für Monteure geworden, wozu auch das *Basteln von Lebenssinn* gehörte.

Auf der Suche nach Lebenssinn wurden die Menschen (vor allem die Nichterwerbstätigen) weitgehend alleingelassen, weil es *keinen Konsens des Sinnvollen* gab. Sinn konnte nicht mehr – wie früher durch Kirchen und Handwerkszünfte – von außen gesetzt werden. Sinn wurde beinahe vollständig individualisiert, also in den Verantwortungsbereich des Individuums verlagert. Jeder musste aus der Pluralität möglicher Sinnorientierungen ‚seine‘ individuelle Auswahl treffen können.

Wie soll sich der Einzelne in Zukunft im *Optionenkarussell* zwischen konkurrierenden Sinnangeboten entscheiden? Wird nicht in einer „Multioptionsgesellschaft" (Groß 1994) das Auswählen aus einer Vielzahl von Sinnangeboten materieller, ideeller oder emotionaler Art selbst zu einem *Puzzle-Spiel für Sinn-Bastler*? Mit anderen Worten: Alle müssen mitspielen und ihr Lebenskonzept so konstruieren, dass es bis ins hohe Alter Bestand und Sinn hat.

Denn wenn fast alles zum „Wert" erhoben wird, dann gleicht doch die Gesellschaft einem Supermarkt, dessen Waren und Angebote man erwerben, ausprobieren oder auswechseln kann. Und je nach Stimmung und Gefühlslage kann es dann heute ein Fan-Club und morgen ein TV-Sender oder eine politische Partei sein.

> Emotionalität und persönliche Ausstrahlung ersetzen das Rationale und Ideologische. Wer z.B. in der Politik nur auf Vernunft setzt und die Bedeutung des Emotionalen verkennt, hat schon verloren. Und ein Politiker ohne Sympathiefaktor hat ohnehin keine Chance mehr.

Dies erklärt auch die große Verunsicherung darüber, was heute noch progressiv oder konservativ sein soll. Diese Frage ist einfach falsch gestellt, weil jede Partei, jede Boygroup oder Popband *das ganze Spektrum widerspiegeln* und die jeweiligen Widersprüche und Spannungen aushalten muss. Man kann sich öffentlich nur noch profilieren, wenn man spezifische und damit auch *unverwechselbare Akzente* setzt – innerhalb des vorgegebenen Spektrums natürlich. So gesehen muss auch die schon legendär anmutende Aussage von Franz Josef Strauß kein Widerspruch sein: „Konservativ sein heißt, an der Spitze des Fortschritts zu marschieren".

Fortschritt wird also – je nach Standort oder Zeitgeist – ständig neu definiert: Globalisierung. Flexibilisierung. Modernisierung. Individualisierung. Kommunitarismus... Eins ist dennoch allen Parteien und Gruppierungen gemeinsam: Sie wollen „mitten im Leben" oder gar selbst die „neue Mitte" sein. Es gibt keine klaren Konturen mehr, die Grenzen sind fließend, die Ränder überlappen sich. Weil alle *mittendrin und dabei sein* wollen – Jugendliche genauso wie alte Leute, Parteien ebenso wie Kirchen, Kultidole und Karnevalsvereine – wechseln auf den ersten Blick nur die *Kulissen und Kostüme*. Auf den zweiten Blick wird aber erkennbar, wie wichtig die Persönlichkeit wird: das eigenständige Profil, die persönliche Ausstrahlung und Glaubwürdigkeit.

In einer postideologischen Zeit, in der fast alles austauschbar erscheint, gewinnt das Unverwechselbare, Einmalige und Individualistische zunehmend an Bedeutung. *Popstars, Populisten und neue Gurus* sind gefragt – keine Heiligen, eher Idole und profane Götter zum Anfassen, die wegweisend sind bei der persönlichen Suche nach Lebenssinn. Von der Persönlichkeitsaura zum Persönlichkeitskult ist vielleicht nur noch ein kleiner Schritt.

In dieser Umbruchsituation, in der sich jeder seine persönliche Orientierung selbst suchen, sein Lebenskonzept selbst erarbeiten und sein „Heil" und „Glück" selbst finden muss, kommt den Medien eine zentrale Bedeutung als Aufklärer und Vermittler zu. Andernfalls bleibt nur der Supermarkt der Werbeslogans *„Do you dream in Sony"* oder *„Top-Tipp USA. Don't dream it. Just do it."* Wer nur auf solche Träume baut, gibt sich selbst und seine Zukunft auf.

8. Periode der Erneuerung. Prosoziale Werte im Aufwind

Wir stehen also am Scheidewege: Wir haben entweder eine lange *Phase des Niedergangs* vor uns oder machen eine *Periode der Erneuerung* durch (vgl. Huntington 1996/97, S. 500). Einerseits zeigen sich Verfalls- und Niedergangsfaktoren der westlichen Kultur, wenn z.B. die Spar- und Investitionsrate sinkt, mehr Geld in den Konsum statt in die Bildung fließt, egozentrische Zwecke im Vordergrund stehen und der Unwille wächst, überhaupt noch etwas für die Gesellschaft zu tun, was zwangsläufig einen Bevölkerungsrückgang zur Folge hat. Andererseits können wir diese Verfallsprozesse aufhalten oder sogar umkehren, wenn wir über wirtschaftliche und demographische Veränderungen hinaus auch zu einer *moralischen Erneuerung* bereit sind. Dazu gehören:

1. die gesellschaftliche *Aufwertung* von Ehe, Familie und Kindern als Grundbausteine der Gesellschaft und als Gegengewicht zur wachsenden Zahl Alleinlebender und Alleinerziehender;
2. die soziale *Anerkennung* ehrenamtlicher Engagements und freiwilliger Mitarbeit in Vereinen und gesellschaftlichen Organisationen;
3. die grundlegende *Neubewertung* von Arbeit und Leistung, wobei auch unbezahlte Arbeiten für die Gemeinschaft – von der Familienarbeit bis zur Freiwilligenarbeit im sozialen Bereich – in die Bewertung und Berechnung des Bruttosozialprodukts mit einbezogen werden müssen;
4. die vorrangige *Förderung* von Bildung und Kultur bei gleichzeitig geringerer Gleichgültigkeit gegenüber religiösen Überzeugungen.

> Moralische Erneuerung heißt, sich über eine gemeinsame kulturelle Identität zu verständigen und nach gemeinsamen kulturellen Wurzeln zu suchen. Moralische Erneuerung kann auch Revitalisierung alter Werte bedeuten. Damit verbunden ist eine Besinnung auf Kernwerte, die für das soziale Zusammenleben der Menschen wichtig sind. Für die Zukunft unverzichtbar ist also eine Verständigung über gemeinsame Werte.

Seit den siebziger Jahren des 20. Jahrhunderts leben wir in einem *Zeitalter des Wertewandels*. Für den Philosophen Robert Spaemann ist ein solcher Kampf um Werte nichts anderes als ein verschleierter Kampf um Macht. Dahinter stehen meist verborgene Interessen. Aus einer bestimmten Werteordnung oder Wertegemeinschaft heraus sollen ganz persönliche, politische oder wirtschaftliche Vorteile gezogen werden: „Wenn Werte nicht objektiv, sondern *unsere* Werte sind, wer ist hier ‚wir'? Und wer dominiert in einer Gesellschaft, wenn diese oder jene Werte obenan stehen?" (Spaemann 2001, S. 26). So macht sich die Überzeugung breit: Man sollte weniger eine verbindliche Wertegemeinschaft fordern, als vielmehr *Gemeinschaften mit gemeinsamen Wertschätzungen* ermöglichen.

Wolfgang Thierse soll einmal die europäischen Werte als „dünne Luft" bezeichnet haben. In den offiziellen Dokumenten kommt nämlich der Begriff der *europäischen Wertegemeinschaft* gar nicht vor. Was europäische Werte eigentlich sind, das zu bestimmen, bereitet größte Schwierigkeiten: Gemeinschaft der Freiheit? Gemeinschaft der Menschenrechte, der Demokratie, der kulturellen Vielfalt oder der sozialverpflichteten Marktwirtschaft? Und sind diese Werte überhaupt rechtlich verbindlich, so dass jeder Bürger sie als Grundrechte regelrecht einklagen kann? Die Frage der rechtlichen Verbindlichkeit von Werten (vgl. Neisser 2001, S. 30) bleibt weiter ungeklärt.

Vor über hundert Jahren hat der Philosoph Friedrich Nietzsche (1844-1900) erstmals einen grundlegenden Wertewandel als Anzeichen für ein neues Zeitalter diagnostiziert und prognostiziert: „Was ich erzähle, ist die Geschichte der nächsten zwei Jahrhunderte. Ich beschreibe, was kommt, was nicht mehr anders kommen kann: die Heraufkunft des Nihilismus. Diese Geschichte kann jetzt schon erzählt werden: denn die Notwendigkeit selbst ist hier am Werke. Diese *Zukunft redet schon in hundert Zeichen*, dieses Schicksal kündigt überall sich an: für diese Musik der Zukunft sind alle Ohren bereits gespitzt. Unsere ganze europäische Kultur bewegt sich seit langem schon mit einer Tortur der Spannung, die von Jahrzehnt zu Jahrzehnt wächst, wie auf eine Katastrophe los: unruhig, gewaltsam, überstürzt: wie ein Strom, der ans Ende will, der sich nicht mehr besinnt, der Furcht davor hat, sich zu besinnen." Nach Nietzsche glaubt „der moderne Mensch ... versuchsweise bald an diesen, bald an jenen Wert und lässt ihn dann fallen: der Kreis der überlebten und fallengelassenen Werte wird immer voller; die Leere und Armut an Werten kommt immer mehr zum Gefühl, die Bewegung ist unaufhaltsam. Es fehlt das Ziel, *es fehlt die Antwort auf das Warum?*" (Nietzsche 1980, S. 57, 189 und 350). Nietzsche hat schon frühzeitig die Sinnfrage gestellt, die in jedem Zeitalter neu gestellt und anders beantwortet werden muss, damit sich nicht Resignation breit macht im Sinne von: Alles hat keinen Sinn.

Zu Beginn des 21. Jahrhunderts zeichnet sich ein *Wertewandel mit positiver Grundrichtung* ab: Im Zentrum stehen wieder „prosoziale Werte" (Hillmann 2003, S. 199), die auf ein glückliches Zusammenleben der Menschen ausgerichtet sind. Dazu zählen Hilfsbereitschaft und menschliche Wärme, Freundschaft und Freundlichkeit, Gerechtigkeit und Verantwortung. Verantwortung zählt wieder mehr als Freiheit: Letzteres hat man. Ersteres vermisst man. Wie ist dieser Wandel erklärbar? Werfen wir einen Blick zurück auf die Wertewandel-Prozesse der letzten Jahre und Jahrzehnte.

Abb. 72: „Verantwortung wichtiger als Freiheit"
Bürger kritisieren Wertedefizit

Von je 100 Befragten antworten auf die Frage: *„Welche der folgenden Werte haben sich Ihrer Meinung nach in den vergangenen Jahren negativ entwickelt?*

Wert	Prozent
Hilfsbereitschaft	55
Soziale Gerechtigkeit	54
Soziale Verantwortung	40
Menschliche Wärme	39
Pflichtbewusstsein	36
Freundlichkeit	28
Freundschaft	14
Geborgenheit	11
Liebe, Zärtlichkeit	8
Freiheit	8

Repräsentativbefragung von 2.000 Personen ab 14 Jahren 2003 in Deutschland.
B.A.T Freizeit-Forschungsinstitut

Der Sozialwissenschaftler Peter Kmieciak unternahm erstmals 1976 im Auftrag der von der Bundesregierung berufenen Kommission für wirtschaftlichen und sozialen Wandel den Versuch, in einer Sekundäranalyse von Meinungsumfrageergebnissen für den Zeitraum 1951 bis 1974 den Wandel der Wertprioritäten in Deutschland zu erfassen. Kmieciak ermittelte seinerzeit einen deutlichen *Rückgang beruflichen Leistungsstrebens und beruflicher Werte* allgemein. Weite Bevölkerungskreise würden in der Arbeit und im Beruf immer weniger Berufung und Sinnerfüllung sehen als vielmehr ein bloßes Mittel des Geldverdienens. Mit der sich entwickelnden instrumentalisierenden Haltung gegenüber dem Berufsleben wäre zugleich eine verstärkte *Suche nach Selbstverwirklichung* im außerberuflichen Bereich verbunden. Ranghöhere Werte im Umfeld von Familie, Freizeit und Gesundheit würden eine immer größere Bedeutung bekommen. Auf die Zukunft bezogen sei eine „Ausstrahlung konkreter Freizeiterfahrungen, -motivationen, -wünsche auf andere Lebensbereiche" (Kmieciak 1976, S. 348) zu erwarten.

Auch Tino Bargel wies Ende der siebziger Jahre nach Auswertung von sieben Erhebungen im Zeitraum 1972 bis 1978 eine *„klare Zurückstellung leistungsthematischer Tugenden"* (Bargel 1979, S. 177) nach. Am Beispiel von Schülern, Studenten und Akademikern konnte er innerhalb einer homogenen sozialen Schicht aufzeigen, dass der Wertewandel im lebenszyklischen Verhalten kaum Unterschiede aufwies, vielmehr historisch und gesellschaftlich bedingt war.

Die direkten Auswirkungen des Wertewandels bekommen seit jeher zuallererst die gesellschaftlichen Institutionen (Vereine, Verbände, Kirchen, Parteien u.a.) zu spüren, die bremsend, stützend oder verstärkend reagieren. Dies zeigt sich beispielsweise an der inhaltlichen Gestaltung und Veränderung der Wahlprogramme von Parteien, die als erste auf dominante (= mehrheitsfähige) Wertorientierungen der Bürger reagieren müssen, um ihren Stimmenanteil durch die Ansprache gelebter Werte der Bevölkerung oder einzelner Bevölkerungsgruppen zu halten bzw. zu erhöhen.

Wahlprogramme spiegeln vielfach aktuell gelebte Werte wider. Die Wahlprogrammanalysen des Amerikaners J.Z. Namenwirth anlässlich der Präsidentschaftswahlen in den USA wiesen beispielsweise nach, dass im Jahre 1856 Werte wie Respekt und Rechtschaffenheit dominierten, hundert Jahre später jedoch Gesundheitsorientierung und Werte des persönlichen Wohlergehens auf dem Programm standen (Namenwirth 1973). *Sozialer Wandel und Wertewandel* stehen also in Wechselbeziehung zueinander. Beide bedingen sich.

Anfang der achtziger Jahre konnte in einer umfangreichen Wertewandelstudie der Nachweis einer *breiten Distanzierung von der traditionellen Berufsethik* erbracht werden. Die befragten Berufstätigen betrachteten „die traditionellen Wertmuster der Berufsethik wie Leistungsorientierung (Leistungsstreben, Fleiß, Ehrgeiz) und Konformität (Pflichterfüllung, Gehorsam, Selbstbeherrschung) als relativ unwichtig" (Opaschowski/Raddatz 1982, S. 28). Die Arbeit verlor ihren Mythos. Ein Wertekonflikt mit sozialem Zündstoff deutete sich an.

9. Renaissance der alten Werte. Pflicht- und Akzeptanzwerte finden größere Resonanz

Was ist aus diesem Wandel von den sogenannten Pflicht- und Akzeptanzwerten zu den Selbstentfaltungswerten geworden? Zu den traditionellen *Pflichtwerten* gehören nach wie vor (vgl. Klages 1984, S. 18):

- Fleiß
- Pflichterfüllung
- Gehorsam
- Disziplin
u.a.

Und zu den Selbstentfaltungswerten zählen:

- Spontaneität
- Genuss
- Kreativität
- Selbstverwirklichung
u.a.

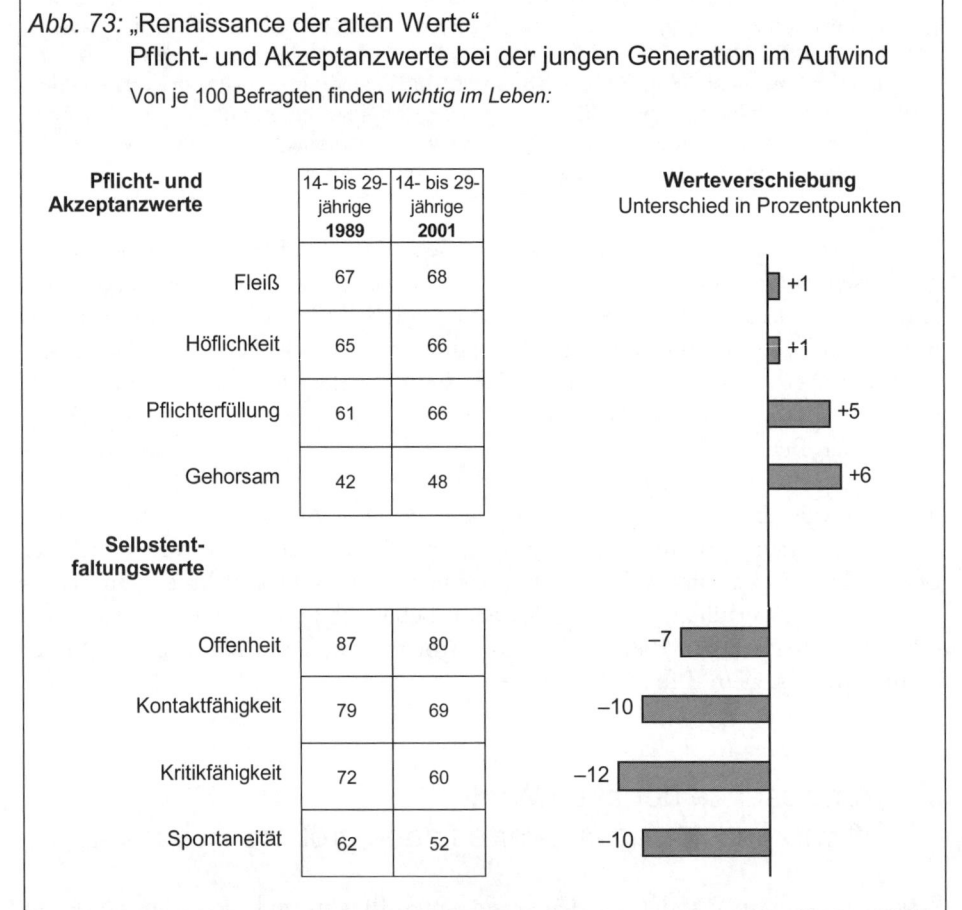

Abb. 73: „Renaissance der alten Werte"
Pflicht- und Akzeptanzwerte bei der jungen Generation im Aufwind

Von je 100 Befragten finden *wichtig im Leben:*

Pflicht- und Akzeptanzwerte	14- bis 29-jährige 1989	14- bis 29-jährige 2001	Werteverschiebung Unterschied in Prozentpunkten
Fleiß	67	68	+1
Höflichkeit	65	66	+1
Pflichterfüllung	61	66	+5
Gehorsam	42	48	+6
Selbstentfaltungswerte			
Offenheit	87	80	−7
Kontaktfähigkeit	79	69	−10
Kritikfähigkeit	72	60	−12
Spontaneität	62	52	−10

Repräsentativbefragungen von jeweils 2.000 Personen ab 14 Jahren in den Jahren 1989 und 2001 in Deutschland. *B.A.T Freizeit-Forschungsinstitut*

Die deutsche Vereinigung hat – fast unbemerkt – die Wertewandelprozesse nachhaltig verändert und einen *Wertemix* gefördert: Die mehr konservativen Werte der Ostdeutschen haben den Selbstentfaltungstrend der Westdeutschen spürbar gebremst. Umgekehrt hat die stärker hedonistisch ausgerichtete Lebensorientierung der Westdeutschen den Lebensstil der Bürger in den neuen Bundesländern beeinflusst. Die Folge ist eine *Wertesynthese auf beiden Seiten* und ein vor allem in der jungen Generation sich herausbildender neuer Wertetypus: der *Hedomat*, der hedonistische Materialist, wie er in der Wertewandelforschung bezeichnet wird (Klages 1993, S. 12): Fleißig und leistungsorientiert, spontan und konsumfreudig zugleich.

Insofern kann es nicht überraschen, dass sich jetzt zu Beginn des 21. Jahrhunderts eine *Renaissance der alten Werte* abzeichnet. Bei den 14- bis 29-Jährigen ist eine deutliche Werteverschiebung feststellbar. Die traditionellen Pflicht- und Akzeptanzwerte finden bei der Jugend wieder größere Resonanz (Gehorsam: +6 Prozentpunkte/Pflichterfüllung: +5/Höflichkeit: +1/Fleiß: +1), während die Selbstentfaltungswerte deutlich an Bedeutung einbüßen (Kritikfähigkeit: -12/Kontaktfähigkeit: -10/Spontaneität: -10/Offenheit: -7). Die Selbstentfaltungswerte bleiben wichtig im Leben, verlieren aber tendenziell ihre übermächtige Dominanz.

> Die junge Generation will wieder mehr im Gleichgewicht leben: Leistung und Lebensgenuss sind für sie keine Gegensätze mehr. Beide verlieren ihren Konfrontationscharakter im gleichen Maße, wie die Grenzen zwischen Arbeit und Nicht-Arbeit, Ernst und Spaß fließender werden. Nicht anstrengende Berufsethik auf der einen und entspannende Non-Mühsal-Ethik auf der anderen Seite beherrschen ihr Leben. Ein Ausgleich zwischen materiellen und immateriellen Lebenszielen wird eher angestrebt – eine Art Gleichgewichtsethik.

Renaissance der alten Werte heißt Revitalisierung und Neubelebung – und nicht etwa zurück in die fünfziger Jahre. Die sogenannten *Sekundärtugenden* sind für die 14- bis 29-Jährigen von heute *keineswegs sekundär*.

- Für die Jugend ist Pflichtbewusstsein (87%) wieder wichtiger als Spontaneität (79%).
- Und auch Anstand und richtiges Benehmen (66%) haben im Leben ihren festen Platz.

Noch Ende der neunziger Jahre hatte der amerikanische Soziologe Richard Sennett in seinem Buch „Der flexible Mensch" (im Original: The Corrosion of Character) den Niedergang von harter Arbeit und Selbstdisziplin, von Wohlerzogenheit und Respekt vorausgesagt. In der neuen flexiblen Ökonomie der westlichen Welt würden Oberflächlichkeit und Unzuverlässigkeit regieren, die alte Arbeitsethik verdrängen und langfristig auch den persönlichen Charakter der Menschen verändern (Sennett 1998). Sennetts pessimistische Sicht war wesentlich auf den Strukturwandel der Arbeitswelt in den neunziger Jahren gerichtet und hatte dabei den *Einstellungswandel der jungen Generation nach der Jahrtausendwende* noch nicht im Blick.

Die Nach-68-er Generationen und ihre Wertorientierungen können heute die Einstellung der Jugend zum Leben nur noch unzureichend beschreiben. Als beispielsweise die Studentenführer Rudi Dutschke und Daniel Cohn-Bendit 1978 in einem Wiener Fernsehstudio einmal danach gefragt wurden, was sie denn von der 68-er Revolution gesellschaftlich und politisch hinübergerettet hätten, antworteten beide einhellig: 1. die Veränderung der Arbeitsmoral und 2. die Unlust an der Leistung. Dies ist mittlerweile überholt. Leistungsorientierung ist wieder gefragt. Und die veränderte Arbeitsmoral basiert auf den beiden Säulen *Sinn und Spaß*.

Die junge Generation des 21. Jahrhunderts löst sich also selbstbewusst aus dem Schatten der Werterevolution der 68-er Jahre. Sie muss sich und anderen keine Protesthaltung mehr beweisen. Sie richtet sich stattdessen auf ein ebenso langes wie selbstständig geführtes Leben ein: Unterwegs und auf der Suche nach dem „richtigen" Verhältnis von alten und neuen Werten.

> Die junge Generation will in einer ausgeglichenen Balance zwischen Leistungs-, Genuss- und Sozialorientierung leben. Sie will im Leben etwas leisten und natürlich auch das Leben genießen. Bemerkenswert hoch ist aber der Wunsch ausgeprägt, anderen helfen zu wollen. Mehr als alle Kriegs- und Nachkriegsgenerationen zuvor will sie das Gleichgewicht von Wohlstand und Wohlbefinden wiederfinden.

10. Ehrlichkeit und Selbstständigkeit. Gewünschte Erziehungsziele im 21. Jahrhundert

Zur Erfassung zukünftiger Entwicklungen im Wertebereich der Gesellschaft führten E. Ballerstedt und W. Glatzer (1975) die *Erziehungsziele als Wertindikatoren* ein. Darauf basierten auch die Wertewandeluntersuchungen von P. Kmieciak (1976) und Bargel (1979). Mit Hilfe dieser Forschungsmethode wurden die Erziehungsziele von den Befragten nach ihrer persönlichen Wichtigkeit eingeschätzt. Erziehungsziele stellen *Sollvorstellungen des Verhaltens dar* und werden als so genannte instrumentelle Werte („instrumental values") verstanden (Rokeach 1973). Bei den instrumentellen Werten handelt es sich um einen Katalog persönlicher Fähigkeiten und Fertigkeiten, die der Einzelne instrumentell einsetzt, um in seinem Leben etwas zu erreichen. Dazu gehören beispielsweise Fleiß und Ehrgeiz oder Ehrlichkeit und Kontaktfähigkeit.

Die Befragten sollen in der Untersuchung so antworten, *als ob sie ein Kind zu erziehen hätten*. Aus den Antworten lässt sich ermitteln, mit welcher Intensität sie auf die Verankerung von bestimmten Werten (z.B. Bescheidenheit) in der Persönlichkeitsstruktur des Kindes achten würden. Die Erziehungsziele geben Aufschluss darüber, wie die Befragten sich die Anforderungen innerhalb der Gesellschaft vorstellen. Erziehungsziele, die hoch bewertet werden, spiegeln wider, was im sozialen Leben als besonders wichtig angesehen wird.

> *Abb. 74:* Ehrlichkeit und Selbstständigkeit
> Gewünschte Erziehungsziele im 21. Jahrhundert
>
> Von je 100 Befragten würden bei der Erziehung eines Kindes besonderen Wert legen auf:
>
> | Erziehungsziel | Wert |
> |---|---|
> | Ehrlichkeit | 85 |
> | Selbstständigkeit | 81 |
> | Verantwortungsbereitschaft | 78 |
> | Selbstvertrauen | 77 |
> | Fleiß | 77 |
> | Gerechtigkeit | 75 |
> | Kontaktfähigkeit | 71 |
>
> Repräsentativbefragung von 5.000 Personen ab 14 Jahren 2001 in Deutschland.
> B.A.T Freizeit-Forschungsinstitut

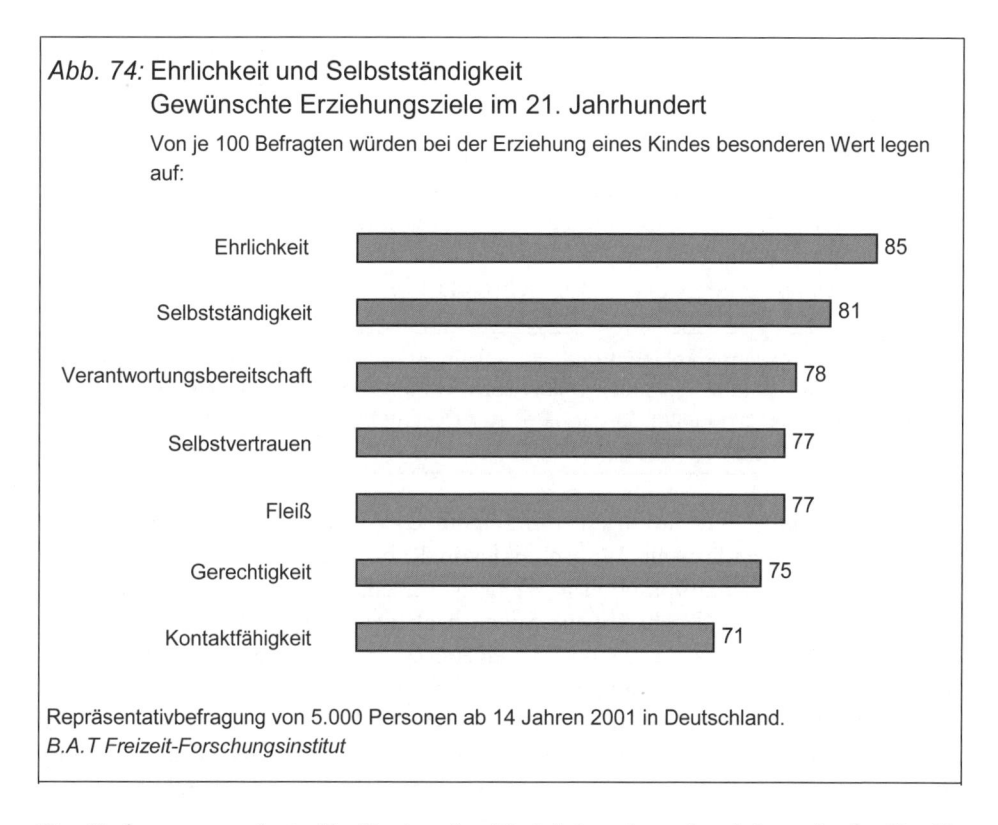

Das Befragungsergebnis: Zu Beginn des 21. Jahrhunderts dominieren in der Bevölkerung zwei Erziehungsziele: Ehrlichkeit und Selbstständigkeit. Diese zwei Erziehungsziele stellen *Zielwerte* dar und beschreiben als Wunschvorstellung einen *Idealzustand*: So wünscht man sich ein schönes, gelingendes Leben, geprägt von ehrlichem, d.h. offenem Umgang miteinander. Gewünschte Werte müssen allerdings noch nicht gelebte Werte sein. Eher lassen sie auf subjektiv empfundene Defizite im privaten und öffentlichen Leben schließen.

Die besondere Betonung von Werten wie *Selbstständigkeit (85%) und Selbstvertrauen (77%)* deutet darauf hin, dass der technologische und soziale Wandel in Verbindung mit gesellschaftlichen und wirtschaftlichen Beschleunigungsprozessen die *Kompetenz von starken, selbstbewussten Persönlichkeiten* erfordert. Und als Gegengewicht zu einer befürchteten Gesellschaft der Ichlinge wünscht man sich wieder mehr Offenheit und *Ehrlichkeit*, damit nicht die soziale Kälte regiert. Dies erklärt auch den hohen Stellenwert von Verantwortungsbereitschaft (78%), Gerechtigkeitsgefühl (75%) und Kontaktfähigkeit (71%). Der Weg von der individuellen zur allgemein gesellschaftlichen Wertorientierung (= Öffentliche Meinung) ist allerdings noch weit.

> Die Menschen befreien sich derzeit mehrheitlich von der doppelten Moral, individuell etwas anderes zu tun als das, was „man" gesellschaftlich für wertvoll hält. Während der Zeitgeist mitunter noch auf der Welle der Spaßkultur schwimmt, sind viele schon einen Schritt weiter auf dem Weg zu einem ausbalancierten Lebenskonzept.

Statt Wertewandel heißt es eher Werteverschiebung. *Konvention und Konformität sind wieder im Kommen – vom richtigen Benehmen bis zur Pflichterfüllung* (vgl. auch die aktuelle Diskussion um den „Benimm-Unterricht" in Schulen). Die Wiederkehr der alten Werte führt keineswegs zum Untergang postmaterieller Lebensorientierungen. Alles deutet auf eine Wertesynthese hin, die sich schon frühzeitig ankündigte im Sinne einer „Gleichwertigkeit von materiellen und immateriellen Lebensbedürfnissen". In einer solchen *Wertesynthese* werden „alte und neue Werte aufeinander bezogen und nicht gegeneinander ausgespielt" (Opaschowski 1983, S. 184f.).

> Altes wird mit Neuem kombiniert und die Leistungsorientierung wird nicht der Lust am Leben geopfert (und umgekehrt). Selbstdisziplin steht der Selbstverwirklichung nicht im Wege. Und die Sinnhaftigkeit der eigenen Arbeit steht wieder mehr im Zentrum des Lebens. Und das heißt: work hard, have fun.

Als ganz persönliche Reaktion auf die derzeitigen ökonomischen und politischen Krisen entsteht geradezu ein Wunschbild von Ruhe und Geborgenheit, „beinahe eine *neue Bürgerlichkeit"* (Opaschowski 1995, S. 122). Der Mensch will mit der Welt ins Reine kommen und geht auf die Suche nach dem inneren Frieden. Das kann auch ein Rückzug in die Familie und die eigenen vier Wände sein. Die einen besinnen sich auf sich und die beständigen Werte, die anderen entdecken die Familie und die Häuslichkeit in den eigenen vier Wänden wieder. Mal heißt es wie zur Zeit des Golfkriegs 1991 (!) „Back to the simply life" und mal „Cocooning" – in Anlehnung an den Kokon, der Schutzhülle, mit der sich die Raupe des Seidenspinner-Schmetterlings von der Außenwelt abschirmt.

11. Wertesynthese.
Das ausbalancierte Lebenskonzept

Erstmals in den siebziger Jahren hatte der amerikanische Soziologe Daniel Bell die westliche Welt vor einem *„collapse of the older value system"* (Bell 1996) gewarnt. Und die deutsche Meinungsforscherin Elisabeth Noelle-Neumann konnte die Schlagzeile der New York Post vom 2. Oktober 1975 *„Ethos is slipping"* nur bestätigen: Die Leistungsbereitschaft sei „zu einer klaren Minderheit zusammengeschrumpft" und die „Auswirkungen auf den deutschen Export" (Noelle-Neumann 1978, S. 50ff.) seien unabsehbar.

Diese pessimistischen Einschätzungen wurden seinerzeit von dem Autor kritisiert mit der Begründung, ihnen liege ein veraltetes Leistungsverständnis zugrunde, das dem „Zeitgeist der Nachkriegszeit in den fünfziger Jahren" entsprach und unberücksichtigt ließe, dass man sich in einer *Übergangsgesellschaft* befinde, die „in der *Übergangsphase* zu einem neuen erweiterten Leistungsbegriff" führe, den auch die jüngere Generation voll bejahe. Der These vom angeblichen Werteverfall wurde mit den Worten begegnet: „Die große Leistungsverweigerung findet nicht statt!"

(Opaschowski 1983, S. 34f.). Als Zukunftsperspektive zeichne sich eher eine Wertesynthese ab.

Genauso ist es gekommen. Bürgerliche Tugenden wie Fleiß und Leistung, Anstand und Ehrlichkeit, Pflichtgefühl und Verantwortungsbereitschaft kehren zurück.

Wertesynthese. Frühe Prognose und Forderung aus den achtziger Jahren

„Es ist eine *Wertesynthese als Problemlösung für die Zukunft* anzustreben. Durch die Wertesynthese sollen alte und neue Werte aufeinander bezogen und nicht gegeneinander ausgespielt werden. Es war ein Fehler der Gesellschafts- und Bildungspolitik der vergangenen Jahre, die Parzellierung des Lebens in die Teilbereiche Arbeit und Freizeit, Öffentlichkeit und Privatheit, Notwendigkeit und Freiwilligkeit mehr verschärft als ihr tendenziell entgegengewirkt zu haben. Warum soll es nicht möglich sein, berufliche Interessen zu fördern (ohne die persönlichen Freizeitinteressen auszublenden), Leistung zu fördern (ohne die Lust am Leben zu verdrängen)?"

H.W.Opaschowski: Arbeit. Freizeit. Lebenssinn? Orientierungen für eine Zukunft, die längst begonnen hat, Opladen 1983, S. 184f.

Die Wirklichkeit hat die Wertewandeldiskussion eingeholt. Die Erosion der Leistungsmotivation und die ökonomische Abrüstung finden nicht statt. Und auch der deutsche Export hat nicht gelitten – eher im Gegenteil: Deutschland feiert sich weiterhin als Exportweltmeister und statt des befürchteten Werteverfalls wird nach der Jahrtausendwende die Prognose von der Wertesynthese auch empirisch nachgewiesen: „Wir möchten besonders darauf hinweisen, dass wir bei unseren Forschungen einen *Trend zur Wertesynthese* – das heißt zu einer Vereinigung gegensätzlich erscheinender Werte – entdeckten" (Klages 2001, S. 10).

Die Zukunft gehört einem Persönlichkeitstypus, der *gleichermaßen traditionelle und moderne Werte* schätzt und verkörpert. Menschen, die sich zwischen Altem und Neuem souverän zu bewegen wissen, werden in der Forschung *aktive Realisten* (Klages 2001) genannt. Sie repräsentieren ein spannungsreiches Persönlichkeitsprofil, können also diszipliniert und gleichzeitig kommunikativ, durchsetzungsfähig und kooperativ, fleißig und sensibel, aktiv und kreativ sein. Die neuen aktiven Realisten haben Tradition und Moderne verinnerlicht und leben danach.

Auch Elisabeth Noelle-Neumann kommt zu dem Ergebnis, dass der Wertewandel der Achtundsechziger seinen „Höhepunkt überschritten" hat und traditionelle Werte wieder an Bedeutung gewinnen. Ein neuer Zeitgeist kündigt sich an: „Der Wertewandel ist erst dann zu Ende, wenn sich die Jüngeren in ihren Ansichten nicht mehr wesentlich von den Älteren unterscheiden" (Noelle-Neumann/Petersen 2001, S. 20). Die Generationskluft löst sich tendenziell auf, weil Jüngere und Ältere gleichermaßen ein *ausbalanciertes Lebenskonzept* anstreben, das eine Antwort darauf gibt, wofür es sich zu leben lohnt. Hier deuten sich Chancen für eine *Sinndeutung des Lebens mit neuen moralischen Bezügen* an. Zu Recht spricht die Wertewandelforschung in diesem Zusammenhang von einer *moralischen Generation* (Schmidtchen 1997, S. 17), die insbesondere persönliche Ehrlichkeit und Offenheit für wertvoll hält.

Nur auf den ersten Blick kommt es zur *Massenflucht aus der Verantwortung*. Denn: Noch nie hat es in Deutschland so viele Singles und kinderlose Paare wie heute gegeben. Der Trend zur Single-Gesellschaft erscheint unaufhaltsam. Und immer mehr Paar-Bindungen bleiben kinderlos. Allein in den neunziger Jahren stieg die Zahl der kinderlosen Paare nach Angaben des Statistischen Bundesamtes um 7,1 Prozent. Zugleich wächst das Misstrauen der Bevölkerung gegenüber Staat und Gesellschaft, Wirtschaft und Politik. Die Mehrheit der Bevölkerung ist inzwischen davon überzeugt, dass es der Wirtschaft ausschließlich um eigene Interessen geht, nicht aber darum, dem Land eine gute Zukunft zu sichern. Partikularinteressen werden geschickt in Gemeinwohl-Rhetorik verkleidet wie z.B.: *„Wenn es der Wirtschaft gut geht, geht es auch der Bevölkerung gut".* Nur 38 Prozent der Bürger glauben noch an dieses Credo. In Zeiten der Globalisierung erscheinen die Unternehmer mitunter wie „vaterlandslose Gesellen" (Köcher 1999, S. 5). Und den Gewerkschaften laufen die Mitglieder in Scharen davon. Seit 1991 haben die Arbeitnehmerorganisationen mehr als ein Viertel ihrer Mitglieder verloren.

> Was hält die Gesellschaft in Zukunft noch zusammen? Brauchen wir nicht eine Verantwortungsgesellschaft, in der wir sozialen Pflichten freiwillig und aus Überzeugung nachkommen? Nicht nur, weil wir dazu genötigt werden, sondern weil wir uns sozialen Werten verpflichtet fühlen. Individualisierung und soziale Verantwortung müssen keine Gegensätze sein. Erforderlich ist eher ein Balanceakt, eine ausgeglichene Pendelschwingung zwischen individuellen und sozialen Werten.

- Wäre es nicht an der Zeit, eine Gesellschaft anzustreben, in der der Einzelne *mehr Verantwortung für sich und andere* trägt und „in der er das nicht als Last, sondern als Chance begreift?" (Herzog 1999, S. 8).
- Und wäre es nicht auch an der Zeit, über eine Gesellschaft nachzudenken, die Verantwortung für künftige Generationen ernst nimmt, also *Generationengerechtigkeit* realisiert und nicht nur den status quo im Blick hat?

Wer mehr Verantwortungsbereitschaft von der Jugend fordert, sollte diese Fähigkeit erst einmal selbst glaubhaft vorleben.

Schon in den achtziger Jahren wurde der sich inflationär ausbreitende Begriff *„Wertewandel"* kritisiert, der immer mehr an Popularität gewinne und auf dem besten Wege sei, „Einzug in die Umgangssprache zu halten" (Opaschowski/Raddatz 1982, S. 6). Zudem sei der Begriff missverständlich: Nicht die Werte wandeln sich, verfallen gar oder sterben, sondern die *Hierarchie der Werte verändert sich.* Was in der Vergangenheit einen hohen Wert einnahm, büßt an Bedeutung ein und beginnt, in der Wertehierarchie nach unten zu gleiten. Erst nach und nach erfahren andere Inhalte eine Aufwertung und rücken in der Hierarchie nach oben. So dauert es eventuell eine *lange Zeit*, bevor die neu heraufsteigenden Werte fest in der Sozialstruktur verankert sind und die volle Anerkennung des öffentlichen Bewusstseins gefunden haben. „Die Neuorientierung in Übergangsphasen geht also mit einem hohen Maß an *Orientierungsunsicherheit* einher" (Opaschowski/Raddatz 1982, S. 7).

In dieser Umbruchsituation befinden wir uns jetzt zu Beginn des 21. Jahrhunderts. Die Orientierungsunsicherheit breitet sich aus, weil sich zwar im individuellen Verhalten die Wertprioritäten wandeln, aber öffentlich nicht anerkannt werden. Die Orientierungsunsicherheit kann zum *Orientierungsverlust* werden, wenn der gesellschaftliche Wertekonsens ins Wanken gerät, die öffentliche Sinnsetzung (z.B. durch Normen) fragwürdig wird und selbst Grundwerte und Grundrechte nicht mehr allgemeingültig sind. Solche Grundwerte regulierten bisher das gesellschaftliche Zusammenleben. Wenn aber die Mehrheitsfähigkeit dieser Grundwerte und Normen in Zweifel gezogen wird, bleiben die Bürger mit dem doppelten Sinn-Vakuum allein.

> Nicht eine neue Wertediskussion ist jetzt das Gebot der Stunde, sondern ein neues Bündnis für soziale Maßstäbe, das wegweisend sagt, wie wir uns sozial gegenüber unseren Mitmenschen zu verhalten haben (also z.B. gegenüber Kindern, Eltern, Partnern, Familien, Freunden, Kollegen und Nachbarn). Wir brauchen eine neue Verbindlichkeit für soziales Verhalten, für soziale Bindungen und für soziale Verpflichtungen.

12. Glückszwangsangebote.
Die Sinnkrise als Religionskrise

In Zukunft müssen mehr die Medien als die Politik in die Pflicht genommen werden, weil sie sich zum *wichtigsten Meinungsbildungs- und Einflussfaktor* (noch vor Schule und Elternhaus) entwickelt haben. Sie setzen und besetzen Themen in der Öffentlichkeit und sorgen direkt und indirekt dafür, dass die veröffentlichte Meinung zur öffentlichen Meinung wird. Für die Meinungsbildung der Bürger haben sie die größte Glaubwürdigkeit und Überzeugungskraft. Ohne die Medien wäre beispielsweise das wachsende Umweltbewusstsein in der Bevölkerung nicht möglich gewesen. Ohne die Medien gäbe es keine Umweltpolitik und keine Umweltministerien.

> Was den Medien bei der Vermittlung und Verbreitung des Umweltbewusstseins gelungen ist, das könnten sie auch bei der Vermittlung und Verbreitung eines neuen Verantwortungsbewusstseins leisten. Sie könnten zum Motor und Vehikel für eine neue Sozialkultur werden. Dazu müssten sie informieren, aufklären, moderieren und transportieren, ohne deswegen gleich zur moralischen Anstalt zu werden.

Das ist eher die Aufgabe gesellschaftlicher Entscheidungsträger wie z.B. Parteien, Kirchen und Verbände, die sich über einen *sozialen Minimalkonsens* zu verständigen haben. Auch und gerade vor dem Hintergrund von Kirchenaustritten, der Privatisierung und Kommerzialisierung von Religion und religiösem Leben sowie einer kirchlich-religiösen Indifferenz werden die Menschen in Zukunft „*viel mehr auf Religion und Glauben angewiesen*" (Lehmann 1999, S. 99) sein. Kirchen, Glaubensgemeinschaften und Sekten werden hierauf eine Antwort geben müssen.

Auf der einen Seite breiten sich *Entkirchlichung und Entchristlichung* aus. Andererseits „dampft diese Zeit geradezu von Religionsbereitschaft" nach einem Wort von

Wolfgang Frühwald (vgl. Schilson 1999, S. 30). Gemeint sind Kult-Phänomene in Musik, Kunst, Medien oder Sport, die religiös aufgeladen sind. Dahinter steht ein erfolgreiches Marketing, das die alte Religion durch die neuen Götter des Marktes ersetzen will.

Konsumfixierte Trendforscher wie Matthias Horx und Peter Wippermann treten mit dem Anspruch auf, durch Rituale und Symbole von Marken für neue Orientierungen zu sorgen, ja „Sinnkontexte in die Welt der Waren" zu bringen. Ihr markenorientiertes Orientierungssystem soll zum *Ersatz für das fehlende Sinnsystem* werden (vgl. Horx/Wippermann 1998, S. 10ff.). Aus den Stempeln der Rinder mit Brandzeichen machen sie *Branding für Menschen*. Indem sie Warenkonzepte mit ätherischen Bedeutungen „aufladen", wollen sie die Rückkehr der Menschen zu den „heiligen, ewigen Dingen" erleichtern. Als *maßlos, grenzenlos, gewissenlos* müssen solche Markenkult-Ansprüche bewertet werden, weil sie wie eine Ausbeutung menschlicher Nöte erscheinen. Der Sound des Konsums soll die Sinnkrise vergessen machen. Die Ware wird zum Geist verklärt und die Marke wie eine echte Religion gehandelt – und auch verkauft. Es herrscht die *Religion des Marktes*.

Auch aus der Sicht der modernen Theologie gleicht die derzeitige Sinnkrise einer Religionskrise mit zwei Gesichtern (vgl. Höhn 1996, S. 5):

- Religion und Kirchen sind im Verschwinden begriffen: Religion hat keine klaren Konturen mehr und die etablierten Kirchen sind von der Erosion bedroht.
- Andererseits ist Religion aber auch im Kommen – erkennbar am wachsenden Interesse für Esoterik sowie an der Konjunktur und Wiederkehr des Mythischen.

Schon Mitte der neunziger Jahre hatte der Autor eine *neue Flucht* diagnostiziert: „New Age und Esoterik, Parapsychologie und transzendentale Meditation, Segelfliegen, Drachenfliegen und Tiefseetauchen, Sekten, Psychotherapien und Psychopharmaka, Tarot, Runen und I Ging sind die Ausdrucksformen einer Flucht in den Privatismus" (Opaschowski 1995, S. 122). Die Vielfalt der Ausdrucksformen bedeutet: Religion hat viele Gesichter, ja multiple Identitäten bekommen. Sie kommt zunehmend im Gewand der Konsumkultur daher und zeichnet sich durch eine *religionsfreundliche Gottlosigkeit* (vgl. Metz 1992) aus.

Dabei wird selbst die Stadt zum mythischen Erlebnisraum: So findet man beispielsweise in der Frankfurter City das „Poseidon- und Tritonhaus, kann Modelle künftiger Wolkenkratzer ansehen, die die Namen ‚Säulen des Herkules', ‚Campanile' oder ‚Kronen-Turm' tragen, und findet Boutiquen geschmückt mit Miniatur-Faksimiles klassisch-antiker Tempel-Portiken. Auf den ‚Säulen des Herkules' ist in schwindelnder Höhe eine Plastik des Ikarussturzes angebracht werden; der Reif auf der Spitze des ‚Kronen-Turms' firmiert als Symbol der Kaiserkrone Karls des Großen" (Bartetzko 1991, S. 239). Religion wird auf diese Weise neu produziert oder vielleicht treffender: recycelt. Diese Art von *City-Religion* soll neue Urbanität ausstrahlen: *Stadtkultur zwischen Passagen und Passanten*. Die City-Religion will aus Konsumtempeln heilige Räume machen.

Hier kann dann jeder seine eigenen Wege gehen und jenseits sozialer Verantwortung im Ich-Kapitalismus leben. „Wirtschaften im Zeitalter der Ich-AG" hieß beispielsweise die entsprechende Losung des 5. Deutschen Trendtags in Hamburg. Die Begründung wurde gleich mitgeliefert: „Ein neuer Geist herrscht in deutschen Landen. Wirtschaft wird zum Lifestyle in einer Zeit, die eine Option auf das Glück für jeden bereithält. Hinter der Goldgräberstimmung steht ein neues Selbstverständnis: Jeder ist für sein Schicksal selbst verantwortlich" (Programm des Trendtages 2000). Das Ich wurde hier wie eine Aktiengesellschaft behandelt und nach dem Prinzip der Ökonomie „vermarktet": Die kleinste Einheit der Wirtschaft von morgen soll dann das Individuum und nicht mehr die Kapitalgesellschaft sein. Das Dabeisein wird zum *Glückszwangsangebot für jeden*. Was der Manchester-Kapitalismus des 19. Jahrhunderts war, soll der Ich-Kapitalismus des 21. Jahrhunderts sein.

Es wächst das Leiden der Menschen an einem sich ständig vertiefenden *Zustand der Heimatlosigkeit*. Heimatverluste tragen zur Entwurzelung der Menschen bei (Weidenfeld/Rumberg 1994, S. 5ff.). Fast schicksalhaft wirkende Zeitströme wie „Globalisierung", „Flexibilisierung" und „Individualisierung" verstärken die Orientierungsunsicherheit der Menschen, wenn es nicht gelingt, einen *sozialen Normenkonsens mit Verbindlichkeitscharakter* zu entwickeln, aus dem ein *Verhaltenskodex* (z.B. auch für Politiker, Manager, Journalisten) abgeleitet werden kann.

Was als moralisch wertvoll oder sozial verbindlich gelten soll, kann sicher nicht von oben verordnet werden. Es muss vielmehr auf breiter Ebene medial vermittelt und öffentlich diskutiert werden. Eine demokratische Zivilgesellschaft muss sich mehrheitlich auf soziale Normen einigen, die dann für alle gelten und auch von allen akzeptiert werden müssen.

> Die Werte-Vielfalt bewahren („Erkenne die Unterschiede – und respektiere sie!") und gleichzeitig gemeinsame Werte fördern – das könnte eine Handlungsleitlinie für die Zukunft sein. Es muss wieder möglich werden, sich auf gemeinsame Werte und Ziele zu verständigen. Wenn wir eine soziale Gemeinschaft bleiben wollen, brauchen wir diesen Minimalkonsens.

Was also ist konkret zu tun?

- Der Frankfurter Soziologe Karl Hondrich warnt davor, bestimmte Werte propagieren zu wollen. Stattdessen sollte man erst einmal prüfen, ob es nicht in bestimmten Bereichen schon einen stillschweigenden Konsens gibt, auch wenn darüber nicht gesprochen wird. Gleichzeitig sollte man durch Abwägen und *Trial-and-Error-Verfahren* herausfinden, „in welche Richtung sich die Gesellschaft bewegen sollte" (Hondrich 1994, S. 43).
- Der Züricher Philosoph Hermann Lübbe empfiehlt ganz konkret, sich einmal die vielfältigen Formen gelingender *Alltagssinnstiftung im Vereinswesen*, in selbstbestimmten Solidaritäten und in informellen Alltagskulturen anzuschauen und gelungene Beispiele zu fördern, zu honorieren und öffentlich zu machen (Lübbe 1994, S. 27).
- Der Berliner Theologe Wolfgang Huber konstatiert selbstkritisch eine Krise der Religion, weil die Zeiten, in denen ein einzelner Sinnkosmos dominierte, endgül-

tig vorüber sind. Umso notwendiger ist es, ein *Minimum an gemeinsamen Wertorientierungen* in einer multireligiösen und multikulturellen Gesellschaft zu finden.
- Für den Publizisten Joachim C. Fest stellt sich daher die Frage, wie in einer Gesellschaft ohne Religion und ohne Normenkatalog überhaupt noch eine Richtschnur des Verhaltens entwickelt werden kann.

Vielleicht muss in Zukunft neben der Kirche die *Familie wieder stärker als Sinninstanz fungieren.*

Der amerikanische Kultschriftsteller Douglas Coupland, Autor des legendären Romans „Generation X", stellt in seinem Roman „Girlfriend in a Coma" eine jugendliche Freundesclique vor die Wahl, zurück in die Vergangenheit zu gehen oder die Weichen in die Zukunft für eine bessere und schönere Welt zu stellen. Im Mittelpunkt steht die sechzehnjährige Karen, die achtzehn Jahre lang in ein Koma fällt, während ihre Freunde so weiterleben wie bisher, beruflich Karriere machen, aber gleichzeitig auch unter einer gewissen Sinnleere leiden, die sie notdürftig mit Aktionismus stopfen. Als Karen 18 Jahre später aus ihrem Koma erwacht, findet sie eine Welt der rastlosen Beschleunigung, der Hektik ohne Ziel und Sinn vor.

Der Blick in die Gegenwart erscheint ihr wie eine Zeitreise in die Zukunft. Was hat sich inzwischen verändert? Mit Tempo und mit Spaß hat sich das gesellschaftliche Leben weiterentwickelt, aber die Menschen – die Menschen sind in ihrer Entwicklung stehen geblieben oder noch treffender: sie haben *den Rückwärtsgang eingelegt.* Das Leben gleicht jetzt keiner Welt der Träume mehr. Es ist eher eine Arena der Betriebsamkeit, in der sich alles immer schneller dreht. Es bleibt auch keine Zeit mehr, über die Zukunft nachzudenken oder sich ein sinnvolles Leben zu wünschen. *Jeder inszeniert nur noch sein Leben* für ein imaginäres Publikum.

In dieser Inszenierung haben vor allem Oberflächlichkeit und leichte Konversation ihren Platz. Der Eindruck entsteht, als würden sich alle verstellen, wären nicht mehr sie selbst. Und kaum jemand nehme ihnen mehr die „Identität" ab, die sie sich selbst konstruiert hätten. Das permanente Spaßhaben-Wollen sollte lediglich die innere Leere verdecken und verschleiern helfen Das Leben kam der Freundesclique gleichzeitig so lang und so kurz vor, so als hätten die jungen Leute bereits ihren Lebensherbst erreicht und wären schon vor ihrer Zeit *alt geworden, weil sie nichts mehr ändern wollten.*

Der Roman vermittelt den Eindruck, als seien die Menschen gar nicht mehr in der Lage, sich wirklich zu ändern. Sie drohten stehen zu bleiben oder sozial zu verkümmern: „Die Kinder werden in Schulen und zu Videospielen abgeschoben. Es scheint auch niemand mehr ertragen zu können, einfach allein zu sein – aber gleichzeitig sind alle isoliert. Die Leute arbeiten viel mehr als früher, nur um danach nach Hause zu gehen, im Internet zu surfen und lieber E-Mails zu verschicken, als einander anzurufen, zu besuchen oder Briefe zu schreiben. Sie arbeiten, sehen fern und schlafen. So sieht es aus. Die ganze Welt dreht sich nur um Arbeit: arbeiten arbeiten arbeiten abzocken abzocken abzocken ..., Karriere machen ..., gefeuert werden ..., online gehen ..., Computersprachen können ..., Aufträge ergattern ... Die Menschen sind ausgelaugt und wütend, geldgierig und der Zukunft gegenüber bestenfalls gleichgültig" (Coupland 1999, S. 194).

In dieser Sichtweise wirken die Menschen sozial isoliert und ohne einen Kern, der ihrem Leben einen Sinn geben könnte. Wer kann sich denn wirklich noch entspannen, wenn alle anderen herumlaufen wie aufgedrehte Zeichentrickfiguren? Manchen gelingt es ja nicht einmal, zwei Minuten lang ihr *Ego auf Pause zu schalten*. Effizienz ist das Zauberwort: Doch was hat es für einen Sinn, effizient zu sein, wenn man nur ein effizient ödes Leben führt? Nach Meinung des Romanautoren Coupland gibt es keine Ideale, keine gültigen Werte mehr, weil sich jeder seine Wertvorstellungen so zurechtbiegt, wie es gerade den eigenen Bedürfnissen entspricht. *Einem höheren Zweck zu dienen* sei in Vergessenheit geraten und die Welt kein Ort ethischer Grundsätze mehr.

Was also ist zu tun? Coupland lässt am Ende seine Romanfiguren fragen: *Wie können wir uns ändern, ja wie müssen wir uns ändern?* Statt wie im Koma untätig zu verharren, müssten wir – bevor die Welt sich ändert – erst einmal uns selbst verändern: „*Schürft. Spürt. Grabt. Glaubt. Fragt!*" Hört nicht auf, Fragen zu stellen, zu suchen und zu forschen. Die Erde ist nicht der Himmel, aber „die Erde könnte unsere Arche sein" (Coupland 1999, S. 343). Um den nachfolgenden Generationen keinen Trümmerhaufen zu hinterlassen, endet der Roman sinngemäß mit der Aufforderung: Schafft eine humane und soziale Zivilisation: *Lasst uns eine neue Arche Noah bauen!*

13. Zivilcourage.
Von der Pflicht, sich öffentlich einzumischen

Das Plädoyer für mehr Gemeinsinn muss mehrheitsfähig gemacht werden, wenn westliche Wohlstandsgesellschaften eine lebenswerte Zukunft haben wollen.

> Für politische und gesellschaftliche Entscheidungsträger ist es durchaus eine Pflicht, in der Neuorientierung voranzugehen und sich öffentlich einzumischen. Einmischen heißt, nicht alle Lösungen gleich selbst zu finden, sondern eher Fragen zu stellen und andere zu Antworten zu ermutigen.

Eine Vorreiter-Rolle in der öffentlichen Meinungsbildung müssen neben Wissenschaft und Politik vor allem Kultur und Kunst übernehmen: Wo sind die Autoren, Publizisten, Schriftsteller, Liedersänger und Bildenden Künstler, die sich *öffentlich und streitbar* – ganz im Stile von Rolf Hochhuth oder Martin Walser – zur Wertediskussion Gehör verschaffen und auch gehört werden? Alle gesellschaftspolitischen Funktionsträger (Kirchen, Gewerkschaften, Parteien, Unternehmen, Medien, Politik, Public Relations u.a.) sind aufgefordert, *über einen sozialen Werte-Konsens sicht- und hörbar nachzudenken*. Oder „müssen wir erst den Nihilismus erleben" (Schulze van Loon 1993), um zu erfahren, was eigentlich der Wert der Werte ist?

Eine stärkere Orientierung an Sozial- und Gemeinschaftswerten kann zugleich ein Weg zu sich selbst sein – als Reaktion auf die Kurzlebigkeit vieler Konsumangebote. Eine Selbstbesinnung auf das Beständige, was dem Leben einen Sinn gibt, ist erforderlich, das In-sich-selbst-Hineinhorchen: Was will ich eigentlich? Aus kultursoziologischen Forschungen geht hervor, dass es Menschen im Mittelbereich zwischen Not und Überfluss subjektiv am besten geht. Diesen Menschen fehlt noch etwas, wofür sich Arbeit und Anstrengung lohnen. Ihr Leben hat schließlich eine Richtung: nach oben. Und die Erfahrung lehrt: Menschen, die nach oben wollen, haben eher Mittel-Krisen – Menschen, die oben sind, dagegen Sinn-Krisen. Die einen sind noch unterwegs, die anderen sind schon angekommen (vgl. Schulze 1992). *Bedroht ist nicht mehr das Leben, sondern sein Sinn.*

14. Was uns verbindet.
Verständigung über Umgangsregeln

Vor 240 Jahren gab der französische Philosoph Jean-Jacques Rousseau in seinem Erziehungsroman „Emile" die Empfehlung aus: *Alles, was aus Vernunft geschieht, braucht seine Regeln.* Dieser pädagogische Grundsatz wurde in der Nach-68-er-Zeit bis Ende der neunziger Jahre in Deutschland geradezu auf den Kopf gestellt. Die moderne Jugendforschung diagnostizierte als Hauptcharakteristikum einer neuen Generation, dass die Jugend keine Normen mehr anerkenne, keine verbindlichen Regeln mehr akzeptiere und keine Gebrauchsanweisungen mehr brauche (vgl. Shell-Studie „Jugend 2000").

Gleichzeitig hat sich aber auch die Erwachsenenwelt von jedem verbindlichen und als einengend empfundenen Regelwerk weitgehend verabschiedet: *Wie ein Wanderpokal* wurde die Verantwortung für gemeinsame Werte und Regeln einfach an den Staat weitergereicht. Der Staat aber, repräsentiert durch Politiker wie z.B. Otto Schily im Jahr 2000, reichte die Bringeschuld unbesehen wieder an die Familie zurück: „Wer vermittelt noch Werte? Was haben wir für ein Menschenbild? Das kann doch nicht einfach beim Staat abgeladen werden".

Der Eindruck entsteht: „Verunsicherung, wohin man blickt" (Wickert 2001, S. 29). Eltern, Lehrer, Politiker – fast alle fühlen sich in der Rolle des bestimmenden Wegweisers unwohl, wenn nicht gar überfordert. Die Folge: Die Menschen verlieren ihre Orientierung, weil es *an gesellschaftlichen Regeln und Regelwerken mangelt.* Jeder „macht" sich seine eigenen Regeln – allerdings mehr in den eigenen vier Wänden als in der gesellschaftlichen Auseinandersetzung. Infolgedessen bleibt zunehmend das *Gefühl der Zugehörigkeit* auf der Strecke.

Wie sollen Eltern noch entscheiden, was Kinder tun sollen oder nicht tun dürfen, wenn es keine Maßstäbe für das Wünschbare und keine Grenzmarkierungen für das Problematische gibt, an denen sie sich orientieren können? Was ist eigentlich ‚common sense' in Deutschland, also gemeinsamer bzw. mehrheitsfähiger Bürgersinn darüber, wie „man" miteinander umgeht und nach welchen Grundsätzen und Zielen Kinder zu erziehen sind? Der Wunsch der Menschen nach einem *Verhaltenskodex mit eindeutigen Regeln* ist wahrscheinlich größer denn je.

> **Wie wir miteinander umgehen sollten.**
> **Grundsätze für den mitmenschlichen Umgang**
> – Beispiele für einen Minimalkonsens –
>
> *Für andere:*
> - deine Mitmenschen achten
> - jedem Menschen respektvoll begegnen
> - andere so behandeln, wie du selbst behandelt werden willst
> - die sozialen Folgen deines Handelns bedenken
> - Versprechen einhalten
> - auf Schwächere Rücksicht nehmen
> - anderen Menschen in Not helfen.
>   u.a.
>
> *Für dich selbst und andere:*
> - lieben können
> - Freude bereiten
> - freundlich und höflich sein
> - wissen, was gut ist und es tun
> - die Privatsphäre achten
> - fair und gerecht handeln
> - die Menschenwürde verteidigen
>   u.a.
>
> *Für die Umwelt:*
> - vor der Natur demütig sein
> - die Umwelt schützen
>   u.a.

Auch in Gesellschaft, Wirtschaft und Politik wird zunehmend nach einem orientierenden Kodex Ausschau gehalten, der moralischen Grundsätzen standhalten kann:

- Immer mehr Bürger verurteilen den Verfall der politischen Umgangsformen in Deutschland: Sachlichkeit, Fairness und Anstand drohen verloren zu gehen. Vermisst wird vor allem ein *Verhaltenskodex für Politiker*.
- Gleichzeitig wird der Ruf laut nach einem *Ehrenkodex für Unternehmensleitungen*, so dass Firmen wie in den USA bei Verfehlungen Geldstrafen für Manager einführen können. Managerseminare über „Umgangsformen im Business und internationale Etikette" (z.B. 2002 in Mühltal/Traisa) werden mittlerweile angeboten. Wer sie erfolgreich absolviert, schafft sich eine solide Grundlage für den geschäftlichen und persönlichen Erfolg.
- Eine Änderung des Aktiengesetzes sieht vor, dass Vorstände und Aufsichtsräte jedes Jahr öffentlich erklären sollen, dass sie sich an den künftigen *Corporate-Governance-Kodex* halten. Die „an sich freiwilligen" Verhaltensregeln sollten – so die Empfehlung von Juristen – am besten „auswendig gelernt werden", um nicht wegen der Haftungsrisiken auf Schadenersatz verklagt zu werden.
- Die Deutsche Börse plant einen *Kodex für Neuemissionen*, der strenge Auflagen bei Börsengängen vorsieht.

- Ein *Ehrenkodex für Analysten* ist ebenso im Gespräch, der vom Bundesaufsichtsamt für den Wertpapierhandel kontrolliert werden soll.
- Diskutiert wird auch über einen Verhaltenskodex für private TV-Sender.
- Und schließlich plant selbst die Bundesliga einen *Ehrenkodex für Profis*. Konkret: Die Deutsche Fußball-Liga (DFL) will ihr Image im sozialen Bereich verbessern und einen Ehrenkodex über das Verhalten am Spielfeldrand und bei Spielertransfers entwickeln.

> Je freier wir leben, desto lauter wird der Ruf nach einer verbindlichen Gemeinsamkeit. Nur die Verständigung über gemeinsame Werte kann der soziale Kitt sein, der unsere Gesellschaft zusammenhält – und wenn es nur ein Minimalkonsens ist. Ein solcher Verhaltenskodex muss mehrheitsfähig und repräsentativ sein.

„Kanon" lautete ursprünglich der Titel einer Schrift des antiken Bildhauers Polyklet, in der er *die idealen Proportionen* des menschlichen Körpers festlegte. Seither gilt Kanon als Regel, Richtlinie und Richtschnur. In der Nach 68-er Zeit hat man sich in Deutschland von normativen Zwängen weitgehend befreit. Offen ist heute nicht mehr die Frage, *ob* wir wieder einen Wertekanon brauchen, sondern *wie* ein *solcher Kanon aussehen soll*, der nicht dem Zufall oder der Beliebigkeit überlassen bleibt. Ein Kanon kann nicht perfekt, wohl aber ein wichtiges Hilfs- und Orientierungsmittel vor allem für die nachwachsende Generation sein. Denn: „Die Kanon-Debatte ist immer auch eine Generations-Debatte" (Spiegel 2002, S. 45). Mit jeder neuen Generation muss ein alter Kanon überdacht, geändert oder erweitert werden.

So soll z.B. ein Kanon im Reich-Ranicki'schen Sinne keine Vorschrift, sondern ein *Vorschlag*, kein Dekret, sondern eine *Offerte* sein – „für möglichst alle" (Reich-Ranicki 2002, S. 45) und nicht nur für eine Minderheit. Ein Kanon, der *grundlegenden Empfehlungscharakter* hat, muss im demokratischen Sinne mehrheitsfähig und im statistischen Sinne repräsentativ sein. Es geht also nicht um irgendeinen („meinen", „deinen", „euren") Kanon, sondern um den Kanon, der die meiste Akzeptanz findet. Idealiter müsste ein Kanon, wenn er die Wirkung eines Verhaltenskodex haben soll, das *Ergebnis einer Gemeinschaftsleistung* sein.

Hier können wir aus der amerikanischen Geschichte lernen. In der Neuen Welt kamen seinerzeit viele verschiedene Kulturen zusammen, die sich nicht auf traditionelle Werte und gemeinsame Normen verlassen konnten. So wurden beispielsweise 1915 in der Ford-Fabrik in Highland Park über 50 verschiedene Sprachen gesprochen. Also wurde ein dichtes *Netz an formalen Regeln* bis auf die unterste Ebene der Arbeitsorganisation entwickelt. So entstand ein Netzwerk aus sozialen Verpflichtungen, das auf *Regelbefolgung („compliance")* ausgerichtet war. Es handelte sich um universelle, für alle gültige Verhaltensregeln („to play by the rules"), was noch heu*te die Beliebtheit von Checklisten, Richtlinien und Prinzipien* in den USA erklärt (Palazzo 2000, S. 152). In sogenannten „Compliance Codes" werden die Gesetze in für Mitarbeiter praktikable feste Regeln übersetzt, an die sich dann *alle zu halten haben* und die jeder Einzelne *erfüllen muss*. Es zeigt sich: Eine ebenso individualistische wie pluralistische Gesellschaft kann offensichtlich nur mit Verordnungen bzw. Ethik-Kodizes („Code of Ethics") mit festen Regeln funktionieren.

15. Verantwortung.
Der soziale Kitt von morgen

Bisher waren die sozialen Sicherungssysteme so gut ausgebaut, dass niemand befürchten musste, in seinem Überleben gefährdet zu sein. Andererseits haben heute immer mehr Menschen das Gefühl, geradezu in einer Hochgefahrenzivilisation zu leben – von Tschernobyl und Treibhauseffekt über BSE und Nitrofen bis hin zu Gewaltkriminalität und weltweitem Terrorismus.

> Es breitet sich das subjektive Empfinden aus: Nichts ist mehr sicher. Die Folge ist ein Vertrauensverlust auf breiter Ebene – gegenüber Politikern und Parteien, Managern und Wirtschaft, Berufskollegen und Nachbarn. Gleichzeitig wächst die Sehnsucht nach Ehrlichkeit, Beständigkeit, Treue – kurz: nach gegenseitigem Vertrauen.

Individualisierung und Selbstverwirklichung sind nicht mehr tragfähig, weil das Fundament – der Lebenssinn – außer acht gelassen wurde. Da helfen auch Consultingdienste oder Ratgeberliteratur nicht – ganz zu schweigen von der Vermarktung menschlicher Bedürfnisse und Defizite, wie sie der Deutsche Trendtag 2002 propagierte: „Sofortvertrauen" soll als „Ad-hoc-Moral" verkauft werden, die ein „neues Business" verspricht. Der *kommerzielle Handel mit Sofortvertrauen* lässt einen expansiven „Zukunftsmarkt Privacy" erwarten. Das beste Mittel gegen Vertrauensschwund sind nicht bezahlte Dienstleister, sondern die Verwirklichung von Hilfsbereitschaft, Wärme und Gerechtigkeit, also *gelebtes Vertrauen*.

Im übrigen sollte nicht übersehen werden: Der allgemeine Vertrauensverlust hat auch wirtschaftliche Folgen. Wenn die Menschen verunsichert sind, schwindet das Konsumentenvertrauen und ist Angstsparen angesagt. Die privaten Haushalte tragen zu etwa zwei Dritteln das Bruttoinlandsprodukt. Sinkt das Stimmungsbarometer der Konsumenten, sinkt der Verbrauch, fallen die Kurse und droht längerfristig eine Rezession. In den vergangenen Wohlstandszeiten haben wir offensichtlich verlernt, einander zu vertrauen. Das Prinzip Vertrauen wurde weitgehend durch das Prinzip Individualität ersetzt.

Statt Freiheit und Flexibilität weiterhin als individuelle Lebensideale zu verklären, sollten wir eher nach gemeinsamen Werten Ausschau halten als Grundlage für einen mehrheitsfähigen Verhaltenskodex, der für Beständigkeit und Verlässlichkeit sorgt. Gibt es und brauchen wir *„Umgangsregeln, die man einhalten sollte"*? 3.000 Personen ab 14 Jahren wurden in einer Repräsentativbefragung danach gefragt. Die Wünsche der Bevölkerung konzentrieren sich auf zwei Bereiche im sozialen Umgang miteinander: *Ehrlichkeit und Rücksichtnahme*.

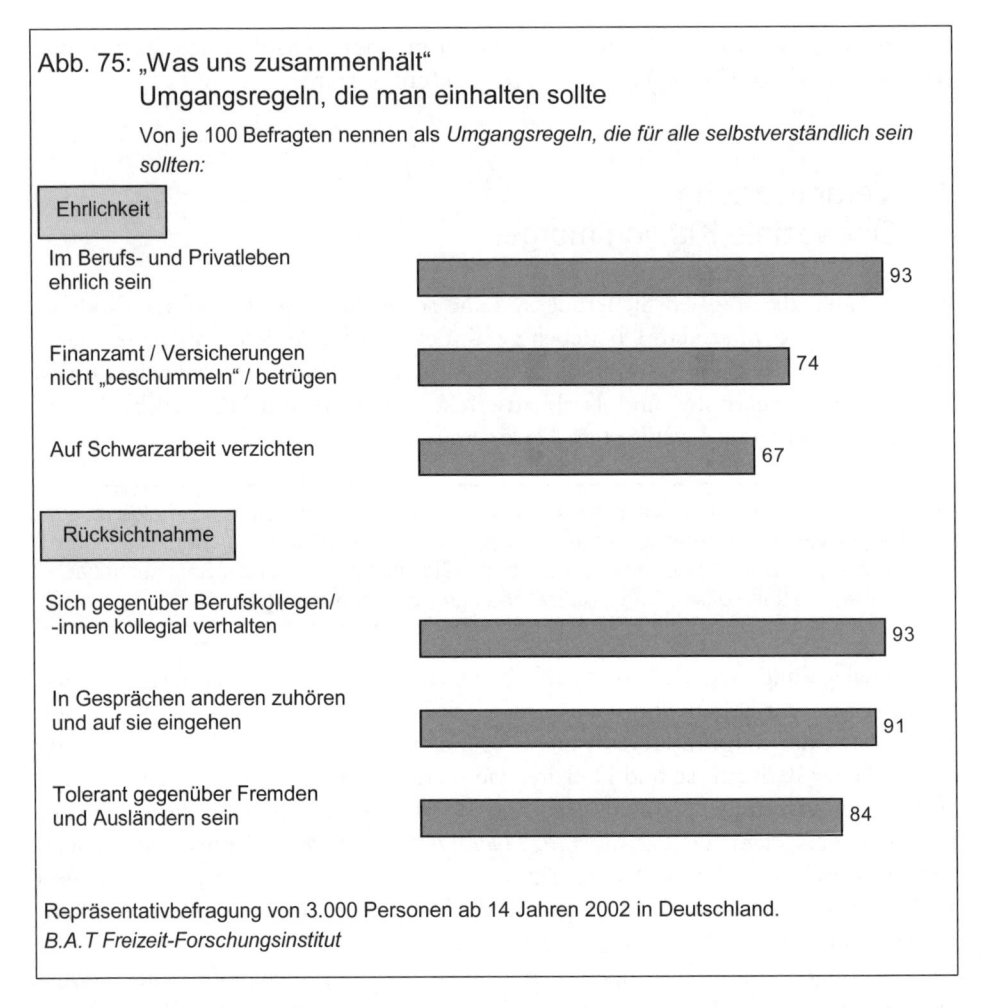

Abb. 75: „Was uns zusammenhält"
Umgangsregeln, die man einhalten sollte

Von je 100 Befragten nennen als *Umgangsregeln, die für alle selbstverständlich sein sollten*:

Ehrlichkeit

Im Berufs- und Privatleben ehrlich sein — 93

Finanzamt / Versicherungen nicht „beschummeln" / betrügen — 74

Auf Schwarzarbeit verzichten — 67

Rücksichtnahme

Sich gegenüber Berufskollegen/-innen kollegial verhalten — 93

In Gesprächen anderen zuhören und auf sie eingehen — 91

Tolerant gegenüber Fremden und Ausländern sein — 84

Repräsentativbefragung von 3.000 Personen ab 14 Jahren 2002 in Deutschland.
B.A.T Freizeit-Forschungsinstitut

Ganz im Gegensatz zur volkstümlichen Redensart „Der Ehrliche ist der Dumme" steht in der Wunschliste der Bevölkerung als Grundsatz ganz oben an: „Im Berufs- und Privatleben ehrlich sein" (93%). Ohne *Ehrlichkeit und Wahrhaftigkeit im Leben* kann es kein Verständnis, kein Vertrauen und keine Verlässlichkeit geben. Familien mit Kindern legen größten Wert (95%) darauf, während Singles im Alter von 25 bis 49 Jahren die Aufrichtigkeit nicht so hoch (88%) einschätzen. Dafür spricht auch, dass es zwei von fünf Singles (42% – übrige Bevölkerung: 25%) völlig „egal" ist, ob man das *Finanzamt* oder die *Versicherungen betrügt*. Autoversicherungen, Reiseversicherungen und Privathaftpflichtversicherungen haben die Folgen zu tragen, die jeder vierte Bürger offensichtlich als Taschengeld oder willkommenes Zusatzeinkommen betrachtet. Gesellschaftsspiel oder strafrechtlicher Tatbestand? Die subjektiven Einschätzungen der Bevölkerung scheinen mit der Realität übereinzustimmen: Bereits im Juli 1994 hatte die Gesellschaft für Konsumforschung (GfK) nachgewiesen, dass jeder vierte Bürger seine Privathaftpflicht schon einmal betrogen hat (vgl. Wickert 1995, S. 27).

In diesem Spannungsfeld zwischen Betrug und Kavaliersdelikt muss auch das klare *Votum der Bevölkerung gegen Schwarzarbeit* gesehen werden: Zwei Drittel (67%) sprechen sich dagegen aus. Anderseits ist das Lager der Gleichgültigen oder Befürworter von Schwarzarbeit nicht gerade klein. Ein Drittel der Bevölkerung stört die Schwarzarbeit überhaupt nicht: „Ist mir egal" sagen am meisten die jungen Erwachsenen im Alter von 18 bis 24 Jahren (51%) sowie die 25- bis 49-jährigen Singles (43%). Überrepräsentiert sind bei den Befürwortern auch Arbeiter, Arbeitslose und Selbstständige.

Im Kommunikationszeitalter des 21. Jahrhunderts rücken fremde Welten ganz nah, während gleichzeitig Nachbarn wie Bewohner einer fremden Welt immer ferner rücken können. Aus gelebter Nachbarschaft wird nicht selten bloßes Nebeneinanderwohnen. Die eigenen vier Wände bekommen Inselcharakter. Kommunikationsdichte und Kontaktlosigkeit müssen keine Gegensätze mehr sein. Der Zusammenhalt von Menschen ist infragegestellt, wenn man *unter vielen Menschen ist, aber keine echten Gesprächspartner findet*. An geselligen Anlässen und „Events" mangelt es sicher nicht, wohl aber an tiefergehenden Beziehungen, die Bestand haben und über oberflächliche Kontakte hinausgehen. Es wird mehr untereinander als miteinander geredet. Im Lauern auf das Stichwort setzt sich *small talk* durch. Die Unverbindlichkeit oft sekundenschneller Kontakte bleibt nicht ohne Folgen: Zu Kurzkontakten gehören Kurzgefühle. Es wächst die Sehnsucht nach einem Leben, in dem man einander wieder zuhören, ernsthaft miteinander reden und echte Gefühle zeigen kann.

In den Wünschen der Bevölkerung spiegeln sich immer auch Defizite des Alltags wider. Nur so ist es zu erklären, dass als wichtigste soziale Tugend neben der Ehrlichkeit die *Rücksichtnahme in einer Mischung aus Einfühlungsvermögen und Entgegenkommen* genannt wird, also die Fähigkeit und Bereitschaft, „in Gesprächen anderen zuzuhören und auf sie einzugehen" (91%). Zuhören und in Gesprächen und Diskussionen auf andere eingehen, ja auf sie zugehen zu können, wird vor allem von der älteren Generation gefordert. Mit zunehmendem Lebensalter verstärkt sich der Wunsch danach (z.B. 25 bis 49 Jahre: 88% – 50 bis 64 Jahre: 93% – 65 bis 75 Jahre: 96%).

> Im hohen Alter von über 80 Jahren wird das Zuhörenkönnen mit 100 (!) Prozent Zustimmung gar zur höchsten Lebensqualität erklärt. Es ist davon auszugehen: Hochaltrige fühlen sich sozial – und nicht nur räumlich – isoliert.

Hier deuten sich für die Zukunft *mögliche Generationenkonflikte* an: Ältere erwarten mitunter von Jüngeren mehr und anderes, als diese eigentlich leisten wollen oder können – auch in den kleinen Dingen des Lebens. Denn freundlicher Umgang miteinander im Sinne von Rücksichtnahme wird je nach Alters- und Lebensphase ganz unterschiedlich definiert.

16. Tugenden der Verlässlichkeit.
Die Rückkehr von Anstand und Benehmen

Vor weit über zweitausend Jahren hatte der griechische Dichter Hesiod (700 v. Chr.) jeden Glauben an die Zukunft verloren, weil die Zukunft einer *„leichtfertigen Jugend"* ohne Benehmen gehörte, die „ohne Zweifel von einer unerträglichen *Unverschämtheit"* war. Die Kritik an der Jugend hat seither eine lange Geschichte und spiegelt sich noch heute im altdeutschen Sprichwort „Jugend hat keine Tugend" wider.

Die repräsentative B·A·T Umfrage vermittelt hingegen ein sehr viel differenzierteres Bild über die Jugend. Auch im 21. Jahrhundert schätzt die Jugend Konventionen. Für 79 Prozent der 14- bis 29-Jährigen stellt der Respekt gegenüber Autoritäten (z.B. Eltern, Lehrer, Polizisten, Pfarrer) eine soziale Verpflichtung dar, die man unbedingt einhalten muss. Drei Viertel der Jugendlichen bieten ganz selbstverständlich Älteren Platz in öffentlichen Verkehrsmitteln an. Und drei von fünf Jugendlichen (60%) lassen Frauen den Vortritt oder helfen ihnen in den Mantel. Bei dieser Einstellung stellt sich fast die Frage: „Junger Wein in alten Schläuchen?" Die junge Generation wächst ganz selbstverständlich in alte Konventionen hinein, wie sie schon immer von Eltern und Großeltern „vorgelebt" wurden.

Allerdings sehen sich die überlieferten Konventionen zwischen Respekt und Rücksichtnahme zusehends mit *Herausforderungen des 21. Jahrhunderts* konfrontiert, auf die die Jugend neue und eigene Antworten geben muss. Dabei sind die Auffassungen durchaus geteilt. Jeder zweite Befragte im Alter bis zu 29 Jahren (52%) verzichtet freiwillig auf das Telefonieren mit dem Handy, wenn es andere stören könnte (z.B. in öffentlichen Verkehrsmitteln). Knapp zwei Drittel der Jugendlichen (63%) telefonieren nicht länger, wenn Besuch da ist. Anders sieht es bei der Nutzung des Walkmans in öffentlichen Verkehrsmitteln aus: Nur knapp jeder Dritte (31%) macht vom Walkman in Bahnen oder Bussen keinen Gebrauch, aber über zwei Drittel wollen beim Unterwegssein auf das Musikhören nicht verzichten.

Im Umgang miteinander gönnen sich die jungen Leute heute *großzügige Freiheiten*. Auf Partys „getrennte Wege gehen" finden 56 Prozent völlig in Ordnung. 62 Prozent scheuen sich auch nicht, regelmäßig eigenen Sport- und Hobbyinteressen nachzugehen – selbst wenn es den Partner/die Partnerin stört. Und auch als Verheiratete(r) regelmäßig „ohne Partner(in) mit Freunden ausgehen" finden 51 Prozent normal – und das nicht nur die Männer (m: 52% – w: 50%). Nur in einem Punkt verstehen sie keinen Spaß bzw. erwarten sie Verlässlichkeit und Zusammenhalt: Sich nicht abfällig bei anderen über eigene Partner(in) äußern. Für 81 Prozent der jungen Leute von heute ist dies ein ungeschriebener Ehrenkodex.

Andererseits: Generationsspezifische Unterschiede in den Konventionen hat es zu allen Zeiten gegeben. Alt-Werden und Altmodisch-Werden gehörten schon immer zusammen. Es ist dennoch bemerkenswert, wie sensibel Jugendliche auch im 21. Jahrhundert für das sind, was für die sozialen Beziehungen im Alltag förderlich ist:

> Der Eindruck, bei Jugendlichen regle sich alles von selbst, täuscht. Auch unter Jugendlichen gibt es Grundsätze, Konventionen und Höflichkeiten wie z.B. sich an das gegebene Wort halten oder eigenen Grundsätzen treu bleiben. Und selbst unter Jugendgangs gibt es nachweislich einen ungeschriebenen Straßenkodex.

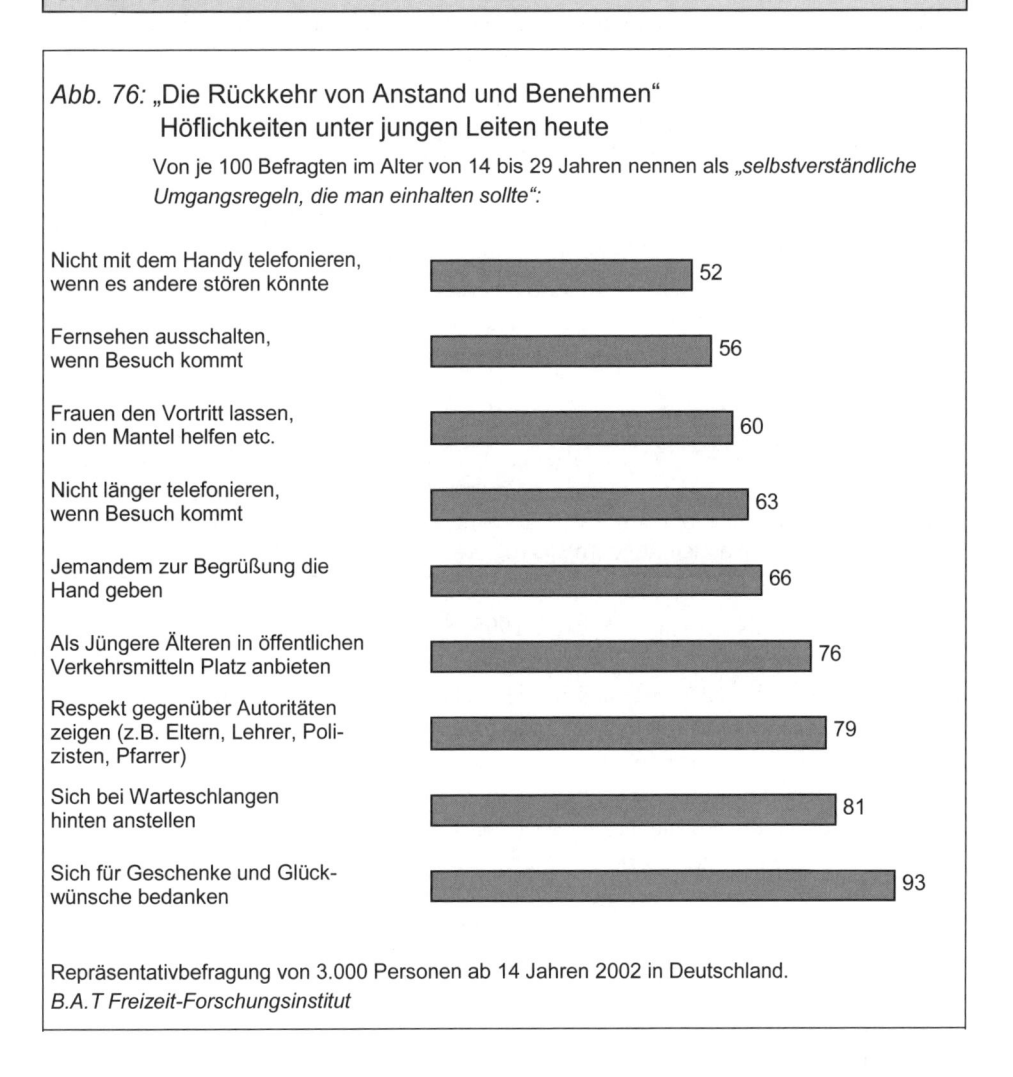

Abb. 76: „Die Rückkehr von Anstand und Benehmen"
Höflichkeiten unter jungen Leiten heute

Von je 100 Befragten im Alter von 14 bis 29 Jahren nennen als *„selbstverständliche Umgangsregeln, die man einhalten sollte":*

Umgangsregel	%
Nicht mit dem Handy telefonieren, wenn es andere stören könnte	52
Fernsehen ausschalten, wenn Besuch kommt	56
Frauen den Vortritt lassen, in den Mantel helfen etc.	60
Nicht länger telefonieren, wenn Besuch kommt	63
Jemandem zur Begrüßung die Hand geben	66
Als Jüngere Älteren in öffentlichen Verkehrsmitteln Platz anbieten	76
Respekt gegenüber Autoritäten zeigen (z.B. Eltern, Lehrer, Polizisten, Pfarrer)	79
Sich bei Warteschlangen hinten anstellen	81
Sich für Geschenke und Glückwünsche bedanken	93

Repräsentativbefragung von 3.000 Personen ab 14 Jahren 2002 in Deutschland.
B.A.T Freizeit-Forschungsinstitut

Zu den Umgangsregeln, die man unbedingt einhalten sollte, gehören nach Meinung der Bevölkerung auch die Gebote von *Toleranz und Kollegialität.* Dazu zählt die Forderung, „sich gegenüber Berufskollegen/innen kollegial zu verhalten" (93%) – eine Meinung, die gleichermaßen von berufstätigen Frauen und Männern geteilt wird. Dahinter verbirgt sich mehr als der sprichwörtliche „Ärger über den Chef." Weil es heute kaum mehr eine Arbeitsplatzgarantie gibt und die Angst vor dem Arbeitsplatzverlust eher zunimmt, wächst auch die Verunsicherung in den Betrieben und lässt die Kollegialität nach. Groß ist die Angst vor Konkurrenz, Neid, unerwünscht geäußerter Kritik oder gezielt gestreuten Gerüchten über mangelhafte Leistungen. Gewünscht wird daher ein kollegiales Arbeitsklima ohne Verleumdungen und Beleidigungen, ohne Diskriminierungen oder gar Schikanen. Eine kollegiale Atmosphäre im Betrieb wirkt sich ebenso motivierend wie leistungssteigernd auf die Mitarbeiter aus, verhindert häufige Krankmeldungen oder gar frühe Erwerbsunfähigkeit. Mehr Kollegialität steigert auch die Produktivität.

Fast genauso hoch wie die Kollegialität wird die Bedeutung der Toleranz im täglichen Leben eingeschätzt. 84 Prozent der Bevölkerung sehen es als eine Selbstverständlichkeit an, tolerant gegenüber Fremden und Ausländern zu sein. Tolerantes Verhalten muss allerdings mehr als bloß passives Tolerieren von Vielfalt und Verschiedenartigkeit sein. Toleranz im aktivierenden Sinne bedeutet eher, dass man andere in ihrem Anderssein kennt und anerkennt und dabei auch die Wertschätzung für das Fremde aktiv zum Ausdruck bringt, so dass selbst das Eigene und Vertraute noch einmal hinterfragt und überdacht werden kann. Nur das ist *gelebte Toleranz*.

> Gesetze können nicht alles regeln – sonst gängeln sie. Infolgedessen kann auch das Grundgesetz den Umgang im zwischenmenschlichen Bereich nicht regeln. Dazu bedarf es grundlegender Werte als Basis für gemeinsame Umgangsregeln und als Maßstab für das eigene Handeln. Andernfalls regieren Egoismus und Eigenwerte.

„Menschenwürde als Prinzip" (Wickert 1995, S. 49) ist sicher der Grundwert, ohne den ein Zusammenleben von Menschen nicht möglich ist. Das setzt Einsicht voraus, aber auch die Bereitschaft, sich in die soziale Pflicht nehmen zu lassen. Für das gemeinsame Ziel „Zusammenleben" bzw. „Gemeinschaft" lohnt es sich, auch einmal Eigeninteressen zurückzustellen oder gar für andere Opfer zu bringen.

Die Menschen wissen sehr wohl, was in Zukunft im Leben wirklich wichtig und wertvoll ist. Es ist die soziale *Tugend der Verlässlichkeit*. Glücklich kann sich schätzen, wer auf Liebe/Zärtlichkeit, Freundschaft, menschliche Wärme und Geborgenheit bauen kann. Alle anderen aber sind darauf angewiesen, dass sie in einem Gemeinwesen ein Mindestmaß an Freundlichkeit und sozialer Gerechtigkeit erfahren. Dieses Entgegenkommen bekommen sie aber nicht umsonst. Als Gegenleistung werden Verbindlichkeit und soziale Verantwortung erwartet. Nur so kann Zukunft ein Synonym für Hoffnung sein.

Es ist doch unbestreitbar: Eine Lebensplanung ohne soziale Dimension ist eine Illusion. Wer in Zukunft im Leben bestehen will, sollte – neben den christlichen Geboten natürlich – die folgenden *Zehn Anleitungen und Gebote für ein gelingendes Leben im 21. Jahrhundert* beherzigen:

1. Bleib nicht dauernd dran; schalt doch mal ab.
2. Jag nicht ständig schnelllebigen Trends hinterher.
3. Kauf nur das, was du wirklich willst, und mach dein persönliches Wohlergehen zum wichtigsten Kaufkriterium.

4. Versuche nicht, permanent deinen Lebensstandard zu verbessern oder ihn gar mit Lebensqualität zu verwechseln.
5. Entdecke die Hängematte wieder. Lerne wieder, ‚eine Sache zu einer Zeit' zu tun. Lieber einmal etwas verpassen als immer dabei sein.
6. Genieße nach Maß, damit du länger genießen kannst.
7. Mach nicht alle deine Träume wahr; heb' dir noch unerfüllte Wünsche auf.
8. Du allein kannst es – aber du kannst es nicht allein: Hilf anderen, damit auch dir geholfen wird.
9. Tu nichts auf Kosten anderer oder zu Lasten nachwachsender Generationen: Sorge nachhaltig dafür, dass das Leben kommender Generationen lebenswert bleibt.
10. Verdien dir deine Lebensqualität – durch Arbeit oder gute Werke: Es gibt nichts Gutes; es sei denn, man tut es.

X. Agenda 2020.
Visionen brauchen Fahrpläne

„Ich kann freilich nicht sagen, ob es besser wird, wenn es anders wird.
Aber so viel kann ich sagen, es muss anders werden, wenn es gut werden soll."

Georg Christoph Lichtenberg (1742-1799), Schriftsteller und Physiker: „Göttinger Taschenkalender" (1778)

Prognosen und Perspektiven im Überblick

- Leitvisionen:
  Vier Szenarien für die Welt von morgen

- Multiaktive Leistungsgesellschaft:
  Leitbild für die Zukunft

- Neue Beschäftigungswelten:
  Diesseits und jenseits des Erwerbs

- Folgenreich:
  Kindererziehung und Erwerbsarbeit sind gleichwertig

- Leistungswettbewerb:
  Probe auf die Menschlichkeit

- Gleichgewichtsethik:
  Leben zwischen Leistung und Lebensgenuss

- Gemeinschaftsarbeit:
  Aktiv auch ohne Bezahlung

- Lebenssinn:
  Leben ist die Lust zu schaffen

- Lebensarbeit:
  Jeder sein eigener Unternehmer

- Agenda 2020:
  An sich selbst arbeiten – für andere tätig sein

1. Leitvisionen.
Vier Szenarien für die Welt von morgen

Über die Zukunft nachdenken, heißt, sich die Frage stellen: *Wie werden, wie wollen, ja wie sollen wir in Zukunft leben?* Zukunftsforschung muss auch und mit Hilfe sozialer Phantasie und Szenarientechniken variantenreich vorgehen und eine Vielfalt von Möglichkeiten beschreiben. Aus heutiger Sicht sind vier Zukunftsentwürfe für ein Leben bis zum Jahre 2020 vorstellbar – ein illusionärer, ein utopischer, ein visionärer und ein realistischer.

- Im illusionärem Zukunftsentwurf wird unsere heutige Erwerbswelt einfach in die Zukunft projiziert: Wir bleiben, was wir sind, *lebenslang lohnabhängige Arbeitnehmer.*
- Im utopischen Zukunftsentwurf verdienen wir unser Geld im Schlaf, weil wir die Maschinen für uns arbeiten lassen: Auf dem Boden einer schlaraffischen Faulheitsethik leben wir in den Tag hinein als *gedankenlose Müßiggänger.*
- Im visionären Zukunftsentwurf geht das Wunschdenken mit uns durch: Immer aktiv, kreativ und kommunikativ entwickeln wir uns zu *souveränen Lebenskünstlern.*
- Im realistischen Zukunftsentwurf lebt die Arbeit rund um die Uhr weiter: Morgens, mittags oder abends die Arbeit im Beruf, anschließend Zweit- oder Nebenjobs, danach im Keller die elektrische Bohrmaschine fest im Griff und ansonsten hektische Betriebsamkeit zwischen Surfen, Mailen und Telefonieren. Wir verwandeln uns in *rastlose Nomaden*, die kaum zur Ruhe kommen.

Die folgenden vier Zukunftsszenarien erwecken nur scheinbar den Eindruck beliebiger Wahl- oder Gestaltungsmöglichkeit. Unsere Zukunft hat längst begonnen, noch ehe wir sie wahrgenommen haben. Während wir am Fahrkartenschalter stehen, sind zwei Züge schon abgefahren und wir können gerade noch auf den dritten oder vierten aufspringen.

1.1 Die illusionäre Erwerbsgesellschaft

In diesem Zukunftsbild bleibt die Mythologie des gefesselten Prometheus, der an den Kaukasus geschmiedet ist, am Leben erhalten. Prometheus verkörpert die leidvolle und lebensnotwendige Seite der Arbeit – zugleich als moralische Legitimation für Konsum und Lebensgenuss. Produzenten und Konsumenten, Macher und Mitmacher leben direkt und indirekt von der Arbeit als Quelle der Sinnfindung und Einkommenssicherung. An der Erwerbsethik und Arbeitszentrierung des Lebens wird, ja muss unter allen Umständen festgehalten werden (Willi Brandt in den achtziger Jahren: „*Wir müssen wieder eine Partei der Arbeit werden*").

Abb. 77: Gesellschaft im Wandel

Gesellschaft im Wandel

Ausgangssituation bis 2000

ARBEITSGESELLSCHAFT

Arbeitsethik
(Arbeit als Zentrum des Lebens)
Primat des Gelddenkens
Erwerbsbiographie

Übergangsphase bis 2020

LEISTUNGSGESELLSCHAFT

Gleichgewichtsethik
(Multiaktive Leistungen in Erwerbs- und Nichterwerbstätigkeit)
Geld-Zeit-Denken
Leistungsbiographie

Zukunftsvision bis 2050

TÄTIGKEITSGESELLSCHAFT

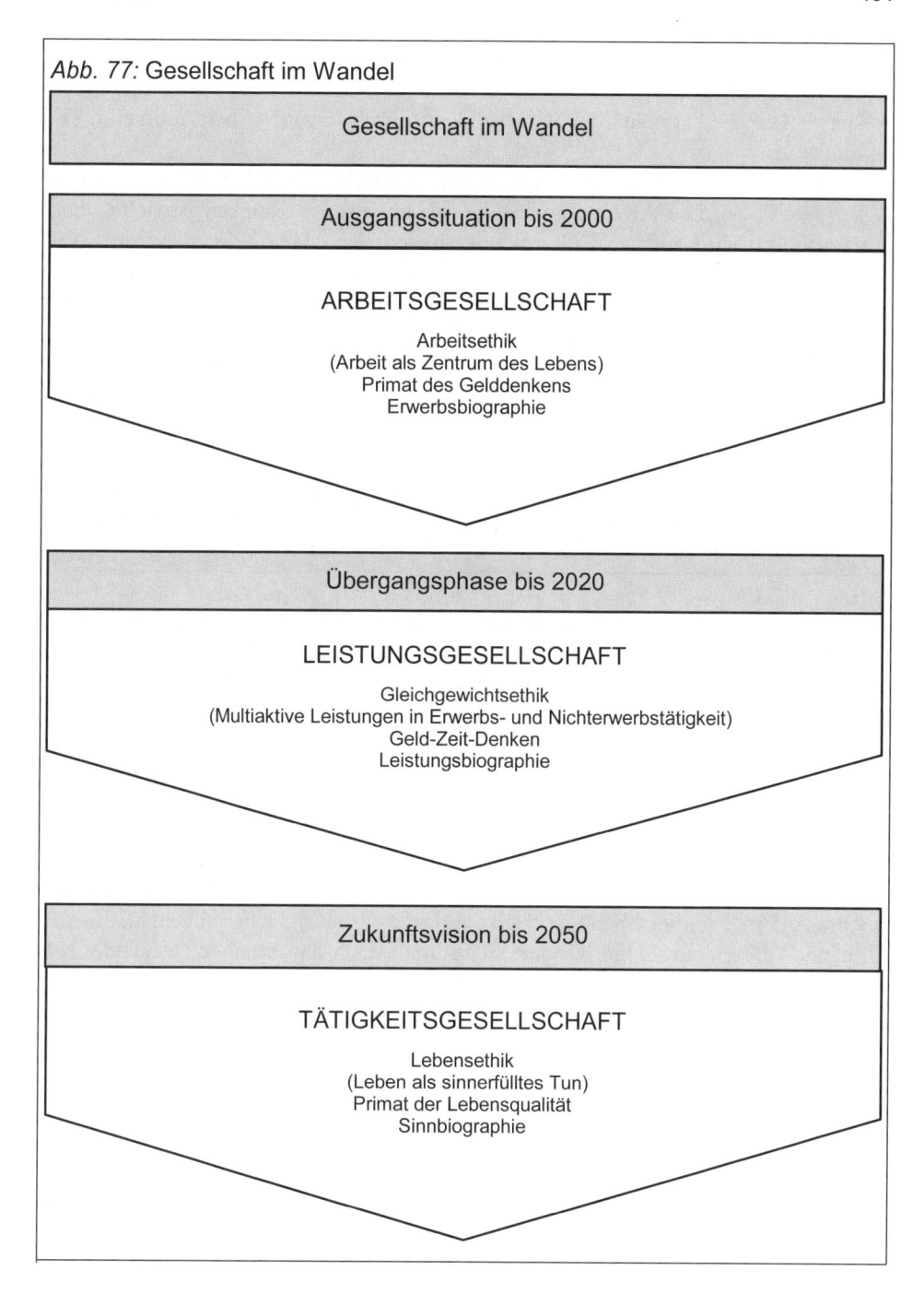

Lebensethik
(Leben als sinnerfülltes Tun)
Primat der Lebensqualität
Sinnbiographie

Vollbeschäftigung ist das erklärte und unverrückbare Leitziel der Erwerbsgesellschaft, um den hohen gesellschaftlichen Stellenwert der Arbeit zu erhalten. Jahrhundertelang stellte der homo faber die solide psychische Grundlage unserer Existenz dar. Jetzt, da den westlichen Industriegesellschaften die *bezahlte Arbeit* ‚ausgeht', ist der homo faber infrage gestellt und nicht mehr ausgelastet. Und auch die Gesellschaft als Ganzes kann sich nicht mehr allein durch Erwerbsarbeit definieren und legitimieren.

Die ständige Produktivitätssteigerung in der Arbeitswelt hat Massenarbeitslosigkeit zur Folge. Die Arbeit als bezahlte *und* unbezahlte Tätigkeit ist sicher nicht am Ende und wird auch in Zukunft unerlässlich sein. Aber: *Von der Erwerbsgesellschaft als Vollbeschäftigungsgesellschaft muss Abschied genommen werden.* Die klassische Arbeitsgesellschaft hat keine Zukunft mehr, weil die Erwerbsarbeit für immer mehr Menschen ihren Charakter als „zentrale Lebensäußerung des Menschen verliert" (Club of Rome) und für einige der „Beruf geradezu zur Nebenbeschäftigung wird" (O. v. Nell-Breuning 1985) – gleichwertig neben unbezahlten sozialen, kulturellen und politischen Tätigkeiten.

> Die klassische Arbeitsgesellschaft, die Erwerbstätigkeit und bezahlte Arbeit für alle garantiert, ist im 21. Jahrhundert zur Illusion geworden. In Zukunft leben immer weniger Menschen nur von der Erwerbsarbeit.

Noch 1991 bestritten 44,5 Prozent der Bevölkerung ihren Lebensunterhalt überwiegend durch eigene Erwerbstätigkeit. Ende der neunziger Jahre waren es lediglich 40,9 Prozent. Werden im Jahr 2020 zwei Drittel der Bevölkerung leben – ohne bezahlte Arbeit?

1.2 Die utopische Mußegesellschaft

Alte Menschheitsträume werden wach. In der Mußegesellschaft lebt das Paradies wieder auf. Der Müßiggang ist das einzige „Fragment von Gottähnlichkeit, das uns noch aus dem Paradies blieb", schrieb schon Friedrich Schlegel in seinem Roman „Lucinde". Bereits im 5. Jahrhundert v.Chr. malte sich der Athener Telekleides realistisch aus, was zum Müßiggang immer dazugehört: *Frieden und Wohlstand*. Der Müßiggänger genießt den Wohlstand und lebt in Frieden mit sich und der Welt, weil auch auf der übrigen Welt Frieden herrscht. 1492 – im Jahr der Entdeckung Amerikas – erschien Sebastian Brants „Schluraffen landt", das nach Hans Sachs dort liegt, wo es hingehört: „Drei Meilen hinter Weihnachten."

Die Mußegesellschaft kennt keine Unterscheidung zwischen Pflicht und Neigung, Tätigsein und Müßigsein. Getragen von einer *Non-Mühsal-Ethik* setzt sie materielle Sicherheit und höhere Bildung auf breiter Ebene voraus (oder die Rückkehr in das Leben „edler Wilder"). In einer Mußegesellschaft ist die Arbeitswelt so weit automatisiert, dass nur mehr wenige die notwendigen Kontrollfunktionen wahrnehmen. Alle übrigen leben im Reich der Freiheit ohne Arbeitszwang. Sie haben Zeit zum Leben nach Lust und Laune. In der Mußegesellschaft ist die Abhängigkeit von der Arbeit aufgehoben. Es kommt zur völligen Umwertung der Werte: Aus menschlicher Faulheit wird göttliches Faulenzen, aus unerträglicher Langeweile glückliche Beschaulichkeit. Eine solche Mußegesellschaft kann nur eine Utopie sein. Die Müßiggänger haben die Arbeit nicht erfunden, ja sie schauen nicht einmal müßig zu, wenn andere arbeiten.

> In der utopischen Mußegesellschaft gibt es praktisch kaum oder gar keine menschliche Arbeit mehr. Roboter steigern das Bruttosozialprodukt, das die Müßiggänger dann beim Glücksspiel verjubeln. Ihre einzige Lebensaufgabe besteht darin, die Zeit totzuschlagen.

Es ist ein Leben in chronischem Überfluss, in der friedlichen Idylle von Lebensfreude und Dauerglück. Doch dieses Leben erweist sich als ein mythologischer, zutiefst antiökonomischer Traum, der auch im Jahr 3000 noch nicht ausgeträumt sein wird.

1.3 Die visionäre Tätigkeitsgesellschaft

Die Tätigkeitsgesellschaft ist eine jahrhundertealte Vision der Philosophie vom menschlichen Glück. Ihre geistigen Ursprünge reichen von Sokrates und Aristoteles über die mittelalterliche Philosophie bis hin zu Hannah Arendt (1960) und Ralf Dahrendorf (1978). Nach der *Vita-activa-Ethik* der Tätigkeitsgesellschaft sind Arbeit und Freizeit zwar noch existent, stellen aber zusammen mit Kultur, Bildung, Unterhaltung und Politik gleichwertige Lebensqualitäten dar. Leitbild ist der *freie tätige Mensch*, der sich vom Verdikt des immer nur Nützlichen und Lebensnotwendigen befreit. Es ist der souveräne Mensch, der – aus freien Stücken – gleichermaßen für sich und die Gemeinschaft tätig ist und ebenso individualistisch wie sozialaktiv lebt.

In der Tätigkeitsgesellschaft ist der Mensch ein selbstbewusster Lebenskünstler, der zu leben versteht und weder Stress noch Phlegma kennt. Mal arbeitet er im Schweiße seines Angesichts, mal entspannt er sich beim kreativen Tun. Immer geht die Initiative von ihm selbst aus, er wartet nicht auf den Anstoß von außen. Untätigkeit ist dem Lebenskünstler fremd. Selbst das Genießen wird zum Ausdruck innerer Aktivität. Was Karl Marx einst als „freie bewusste Tätigkeit" vorschwebte, lebt der Lebenskünstler intensiv vor: Ihm geht das Tätigsein nie aus. Nicht Aktionismus und Geschäftigkeit bestimmen seinen Lebensstil. Der Lebenskünstler besinnt sich auf die eigenen Fähigkeiten, gibt seinem Leben Sinn durch produktives Tätigsein in Übereinstimmung mit seinem sozialen Umfeld.

Das Problem: Dieser eigenaktive Lebenskünstler, der das *savoir vivre* der *vita activa* beherrscht, muss erst noch geboren werden. Der heutige Mensch – weitgehend an abhängige Beschäftigung und verordnete Arbeiten und Pflichten gewöhnt – würde sich erst einmal selbst im Wege stehen.

> Die Tätigkeitsgesellschaft setzt ein verändertes Werte- und Wirtschaftssystem und einen neuen Menschen voraus. Ein solcher Wandel wird – wenn er kommt – Zeit brauchen, vielleicht Zeitabläufe mehrerer Generationen beanspruchen.

Die freie Tätigkeit als Quelle der Sinn- und Identitätsfindung des Menschen kann daher nur das visionäre Ziel für eine wünschbare Zukunft sein.

1.4 Die realistische Leistungsgesellschaft

„Arbeit für alle: Leistung von allen" heißt es in der realistischen Leistungsgesellschaft: Es gibt für alle genug zu tun – nur nicht immer gegen Geld. In der Produktion werden für die gleiche Leistung nur mehr halb so viele Arbeitskräfte benötigt. „Erwerbsarbeit für alle" wird zur historischen Reminiszenz. Schon heute gibt es in jedem zweiten Haushalt keinen Erwerbstätigen mehr. Bezahlte Arbeit ist nur noch für wenige da.

In dieser Übergangssituation müssen sich die Menschen wieder auf sich selbst und ihre Fähigkeiten besinnen und die Erfahrung machen, dass Berufsarbeit allenfalls das halbe Leben ist. Die *neue Ressource Leistung* entwickeln sie zu ihrem größten Produktivfaktor. Erwerbsarbeit ist dabei lediglich Mittel zum Zweck und nicht mehr höchster Lebenszweck. Genauso wichtig wie berufliche Karriere werden außer- und nachberufliche Leistungen im Familien- oder Freundeskreis, im Sport oder im sozialen Engagement.

Die realistische Leistungsgesellschaft in der Übergangsphase ist eine multiaktive „Freizeit-Arbeitsgesellschaft" (vgl. Opaschowski 1988, S. 11): Freizeitelemente dringen in die Arbeitswelt wie umgekehrt auch die Arbeit schattenhaft im Freizeitbereich weiterlebt. Neue Lebensformen entstehen, bei denen notwendige Arbeitstätigkeiten mit persönlichen Freizeitinteressen verbunden werden. Der Leistungsbegriff wird quantitativ und qualitativ erweitert und die alte Berufsethik wandelt sich zu einer *neuen Gleichgewichtsethik von Leistung und Lebengenuss*.

> Die Grenzen zwischen Erwerbs- und Eigenarbeit, Hand- und Heimwerken verwischen sich. Viele Rollen sind in der Person der neuen Leistungsträger vereinigt: Mal Werk- oder Freizeittätige, mal Jobholder oder Jobsharer, mal Aufsteiger oder heimliche Aussteiger.

Was nach Feierabend erfahren wird, muss auch in der Erwerbsarbeit möglich sein: Motivation, Spaß und sinnvolles Tun. Sie möchten auch in der Arbeit auf Erfolgs- und Prestigeerlebnisse nicht verzichten. Die neuen Leistungsträger sind *Vielbeschäftigte und Multiaktive*. Sie wollen Herr über ihre eigene Lebenszeit und keine ‚getarnten Arbeitstiere' sein. Der Gewinn von mehr Zeitsouveränität und mehr Freude am Leben ist ihnen wichtiger als ein höheres Einkommen. In der multiaktiven Leistungsgesellschaft wird die Bezahlung mit Lebenssinn genauso wichtig wie die Bezahlung mit Einkommen sein.

„Der Soziologe fühlt sich stets versucht, den Propheten zu spielen." An diese Aussage des amerikanischen Soziologen Daniel Bell (Bell 1973/1996, S. 58) mag man sich bei diesen vier Zukunftsszenarien erinnert fühlen. Ulrich Beck hat in seiner Veröffentlichung „Schöne neue Arbeitswelt" ein anderes Szenario entwickelt, das er statt Tätigkeitsgesellschaft *Weltbürgergesellschaft* nennt, dabei allerdings weitgehend verschwiegen, wie die Brücke zu diesem Ziel hin überhaupt gebaut werden kann. Fast unversöhnlich stehen sich nämlich die Arbeitsgesellschaft und die Weltbürgergesellschaft gegenüber. Ein konkretes Übergangsstadium ist bisher nicht erkennbar. Wo soll denn plötzlich „die politisch gewendete, selbsttätige, selbstbewusste, politische Bürgergesellschaft" (Beck 1999, S. 14) herkommen? Wie kann sich der abhängig Beschäftigte auf einmal zum Selbsttätig-Werdenden entwickeln, zum selbstbewussten Do-it-yourselfer und eigenständigen Unternehmer?

2. Übergangsmärkte.
Multiple Beschäftigungen im Zentrum des Lebens

„Wie viel Arbeit braucht der Mensch?" fragte schon vor über zwanzig Jahren die Sozialforscherin Marie Jahoda die gesamte westliche Welt (Jahoda 1982/83). Diese Frage ist im 21. Jahrhundert offener denn je. Die westlichen Industriegesellschaften stehen vor ihrer größten Herausforderung seit hundert Jahren. Arbeit hat eine Zukunft, weil es weiterhin sinnvolle Aufgaben für alle gibt.

> Die Suche nach sinnstiftenden Aufgaben und Betätigungen muss zum Credo für das 21. Jahrhundert werden. Im gleichen Maße, wie die bezahlte Arbeit zur Mangelware wird, muss ernsthaft Ausschau nach neuen Beschäftigungsformen gehalten werden, die Existenzsicherung und Lebenserfüllung gleichermaßen gewähren.

Jetzt ist soziale Phantasie gefordert, die heute schon eine Antwort auf die Frage gibt, wie wir morgen sinnerfüllt arbeiten und leben wollen. *Diesseits und jenseits des Erwerbs warten neue Beschäftigungswelten auf uns.* Alte Unternehmensstrukturen lösen sich zusehends auf, neue Organisationsformen entstehen: High-Tech-Arbeitsplätze und virtuelle Unternehmen, Telearbeiten zu Hause und Nebenjobs außer Haus, nachberufliche Zweitkarrieren für sich selbst und unbezahlte soziale Dienstleistungen für andere. Neue Beschäftigungswelten lösen „die" alte Arbeitswelt ab. *Multiple Beschäftigungen rücken in das Zentrum des Lebens.* An Ideen und Initiativen mangelt es den Bürgern nicht, denn sie wollen weiterhin im Leben etwas leisten. Und alle können auch etwas leisten – wenn Politik und Gesellschaft ihnen bescheinigen, dass sie und ihre Leistungen auch gebraucht werden.

Abb. 78: „Arbeit für alle"
Zukunftspotenziale einer neuen Leistungsgesellschaft

Welche Arbeitsleistungen von einzelnen Bevölkerungsgruppen besonders hoch eingeschätzt werden:

Erwerbsarbeit (72%)
- Gymnasial-/Hochschulabsolventen (79%)
- 1-Personen-Haushalte (75%)
- 25- bis 59-Jährige (74%)

Familienarbeit (72%)
- Frauen (79%)
- Angestellte (77%)
- Familien mit Kindern (74%)

Lernarbeit (54%)
Fort-/ Weiterbildung
- 18- bis 24-Jährige (63%)
- Großstädter (57%)
- Ostdeutsche (56%)

Gemeindearbeit (52%)
- 50- bis 64-Jährige (63%)
- Familien mit Jugendlichen (55%)
- Frauen (53%)

Freiwilligenarbeit (44%)
Ehrenamtliche Arbeit
- Gymnasial-/Hochschulabsolventen (55%)
- 50- bis 64-Jährige (51%)
- Westdeutsche (46%)

Vereinsarbeit (36%)
- Gymnasial-/Hochschulabsolventen (44%)
- 50- bis 65-Jährige (43%)
- Selbstständige/Freiberufler (41%)

Eigenarbeit/Do-it-yourself/Heimwerken (49%)
- Landbewohner (59%)
- Männer (55%)
- Berufstätige (53%)

Gartenarbeit (63%)
- Landbevölkerung (73%)
- Ruheständler (70%)
- Arbeitslose (67%)

Schularbeit/Hausaufgaben (50%)
- Schüler (73%)
- Frauen (53%)
- Gymnasial-/Hochschulabsolventen (51%)

Trainingsarbeit Sport/Fitness (49%)
- 14- bis 24-Jährige (62%)
- Singles (57%)
- Männer (52%)

Repräsentativbefragungen von 2.000 Personen ab 14 Jahren 2003 in Deutschland.
B.A.T Freizeit-Forschungsinstitut

Nichts anderes meint die 1999 in Berlin veröffentlichte gemeinsame Erklärung der ehemaligen Bundespräsidenten Herzog, Rau, Scheel und Weizsäcker. Die Politik, so hieß es, muss vielfältige *Gelegenheiten schaffen* und *Wege ebnen*, damit die Bürger auch die Möglichkeit haben, sich in Diensten für die Gemeinschaft freiwillig zu engagieren. Dies setzt allerdings voraus, dass die Politik (die Politiker, die Parteien, die Parlamente) der Gesellschaft mehr *Orientierungen gibt* und nicht nur primär am Erhalt von Mehrheiten interessiert ist.

1990 hatte der Autor vor dem Hintergrund des Struktur- und Wertewandels von der Politik *mehr Orientierungsleistungen gefordert*. Konkret: Die Politik soll „Orientierung leisten (z.B. über Verlautbarungen, Veröffentlichungen, symbolhafte Handlungen, öffentliche Reden) und Sinnfindung fördern – auch und gerade im Kontakt mit sinnstiftenden Organisationen (z.B. Kirchen, Gewerkschaften, Verbänden)" (Opaschowski 1990, S. 66). Orientierungen leisten, heißt vor allem, *der jungen Generation Zukunftsperspektiven bieten*, damit sie sich diesseits und jenseits des Erwerbs entfalten und engagieren kann. Die Zeichen der Zeit zwingen geradezu zum politischen Handeln.

Es reicht in Zukunft nicht mehr aus, für eine bloße Umverteilung der Erwerbsarbeit Sorge zu tragen. Viel dringlicher wird eine *„bessere flexiblere Abstimmung"* (Dombois 1999, S. 20) *zwischen Erwerbsarbeit und Nichterwerbsarbeit*, zwischen Erwerbstätigkeiten und bisher nicht marktvermittelten Tätigkeiten wie Familien-, Gemeinschafts- und Gesellschaftsarbeit. Es geht also um Tätigkeiten diesseits und jenseits des Marktes. Dazu zählen Vollzeit- und Teilzeitbeschäftigungen genauso wie Erziehungsurlaub und Sabbatical, Arbeitslosigkeit und Ruhestand. Die Politik muss solche *Übergangsmärkte fördern, erleichtern und regeln helfen* (vgl. Rabe/Schmid 1999).

3. Paradigmenwechsel. Von der Industrie- zur Leistungsgesellschaft

Für den Wandel der veränderten gesellschaftlichen Wirklichkeit werden vielfach neue Namen und Begriffe gesucht wie z.B.

- „Wissensgesellschaft" (Bell 1973),
- „Leistungsgesellschaft" (Opaschowski 1973),
- „Risikogesellschaft" (Beck 1986),
- „Erlebnisgesellschaft" (Schulze 1992),
- „Optionsgesellschaft" (Klages 1993),
- „Multioptionsgesellschaft" (Gross 1994)
- „Dienstleistungsgesellschaft" (Häußermann/Siebel 1995)
- „Überlebensgesellschaft" (Hillmann 1998)
- „Verantwortungsgesellschaft" (Etzioni 1999).

Aus der Sicht einer zeitdiagnostisch orientierten Sozialwissenschaft sind dies Versuche, ein Verständnis für die Gegenwartsdynamik zu gewinnen und diesem gesellschaftlichen Wandel auch einen prägnanten Namen zu geben, der sich deutlich von früheren Gesellschaftsformen unterscheidet. Nicht selten enthalten diese neuen Begriffe eine *futuristische Dimension*, deuten also eine Entwicklung an, die zum gegenwärtigen Zeitpunkt noch gar nicht abgeschlossen sein muss. Mit solchen Kurzformeln lässt sich sicher nicht die Gesellschaft als Ganzes beschreiben, wohl aber ein *wesentlicher Aspekt* und eine *zentrale Perspektive*.

Wie schätzt die Bevölkerung selbst die derzeitige gesellschaftliche Situation ein? Identifizieren sich die Bundesbürger noch mit der Arbeitsgesellschaft oder leben sie in einer Erlebnisgesellschaft, in der es mehr um das Vergnügen für sich und weniger um die Arbeit für andere geht? 3.000 Personen ab 14 Jahren wurden mit folgender Aussage konfrontiert: „Unsere Gesellschaft befindet sich im Wandel. Für die Beschreibung der gesellschaftlichen Entwicklung in Deutschland gibt es eine Vielzahl von Bezeichnungen. Welche der folgenden Bezeichnungen treffen nach Ihrer persönlichen Auffassung am ehesten auf die Situation in Deutschland zu?" Das Ergebnis überrascht: Nach Einschätzung der Bevölkerung hat der *Abschied von der Industriegesellschaft* in Deutschland längst begonnen. Nur mehr knapp ein Drittel der Bundesbürger (30%) ist der Meinung, dass wir in einer Industriegesellschaft leben. Selbst die in der Produktion tätigen Arbeiter glauben kaum mehr daran. Von dem „Leitbild Industriegesellschaft" sind lediglich die Leitenden Angestellten noch am meisten überzeugt.

Ein Wandel von der Industrie- zur Leistungsgesellschaft zeichnet sich ab. Fast zwei Drittel der Bevölkerung (63%) vertreten die Auffassung, dass mittlerweile *die Leistungsgesellschaft die bundesdeutsche Wirklichkeit am treffendsten beschreibt*. Vor allem Befragte mit höherer Schulbildung wie z.B. Universitätsabsolventen sowie Berufstätige in leitenden Positionen wie z.B. Höhere Beamte oder Leitende Angestellte betonen das Leistungsprinzip. Von der Industriegesellschaft in Deutschland heißt es Abschied zu nehmen, doch *die (Dienst-) Leistungsgesellschaft lebt*.

Mit dem Begriff Leistungsgesellschaft kann sehr viel umfassender jede Form von gesellschaftlicher Leistung zum Ausdruck gebracht werden. Die Bevölkerung hat offenbar ein Gespür dafür, was im Berufsleben genauso zählt wie im privaten Bereich: Soziale Anerkennung verdient, wer im Leben etwas leistet.

> Die Zukunft in Deutschland hat einen Namen: Leistungsgesellschaft. Offen ist eigentlich nur noch die Frage: Leistung – wofür? In der Arbeit? Im Sport? Oder im sozialen Engagement?

Die Arbeitsgesellschaft ist kein dominantes Paradigma für die Zukunft mehr. Lediglich eine Minderheit der Bevölkerung kann sich damit noch identifizieren (27%). Werden im 21. Jahrhundert die beiden Gegenwelten Arbeit/Freizeit durch die Spannungspole Leistung/Lebensgenuss ersetzt? Der Lebenssinn müsste dann neu definiert werden.

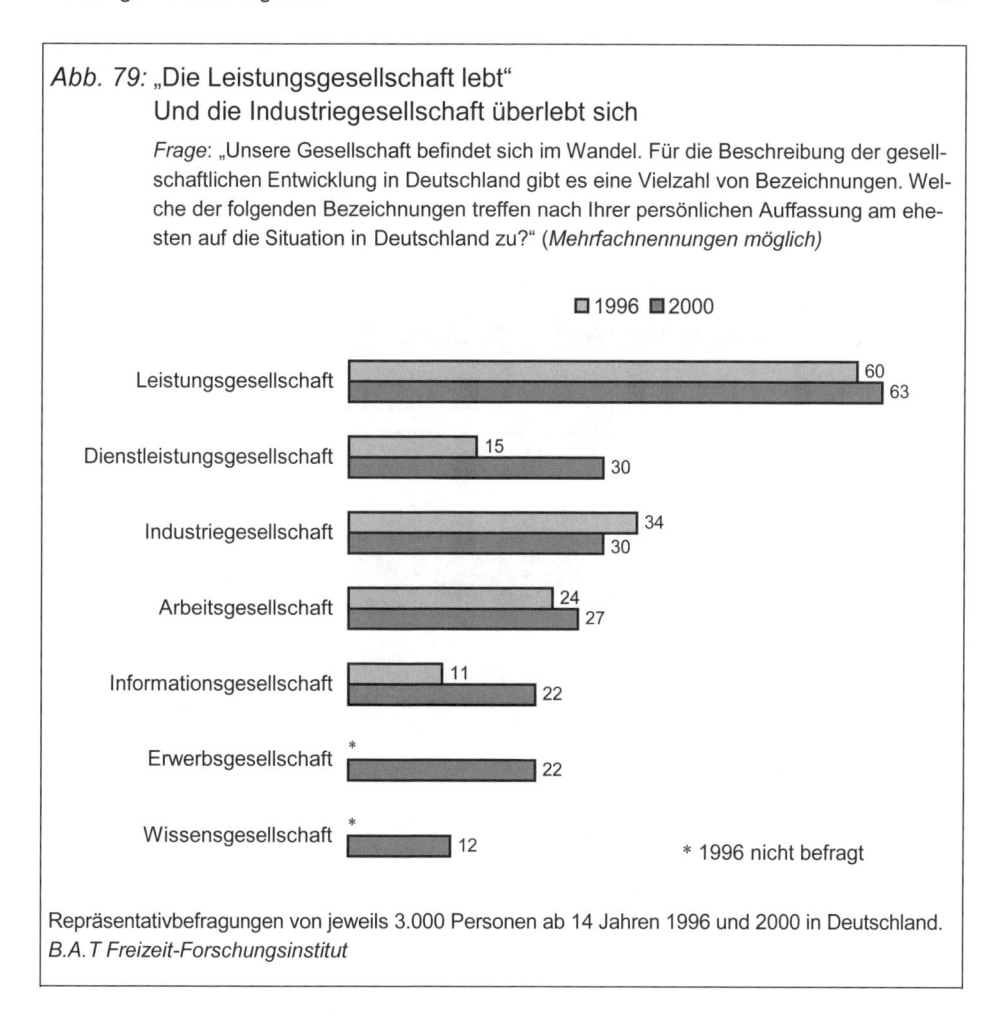

Abb. 79: „Die Leistungsgesellschaft lebt"
Und die Industriegesellschaft überlebt sich

Frage: „Unsere Gesellschaft befindet sich im Wandel. Für die Beschreibung der gesellschaftlichen Entwicklung in Deutschland gibt es eine Vielzahl von Bezeichnungen. Welche der folgenden Bezeichnungen treffen nach Ihrer persönlichen Auffassung am ehesten auf die Situation in Deutschland zu?" *(Mehrfachnennungen möglich)*

□ 1996 ■ 2000

Bezeichnung	1996	2000
Leistungsgesellschaft	60	63
Dienstleistungsgesellschaft	15	30
Industriegesellschaft	34	30
Arbeitsgesellschaft	24	27
Informationsgesellschaft	11	22
Erwerbsgesellschaft	*	22
Wissensgesellschaft	*	12

* 1996 nicht befragt

Repräsentativbefragungen von jeweils 3.000 Personen ab 14 Jahren 1996 und 2000 in Deutschland.
B.A.T Freizeit-Forschungsinstitut

4. Leistung und Lebensgenuss. Die neue Gleichgewichtsethik

Die junge Generation befindet sich derzeit auf dem Wege zu einer neuen Lebensbalance. Leistung und Lebensgenuss sind für sie keine Gegensätze mehr. Lust auf Leistung und Lust durch Leistung werden und bleiben attraktiv, wenn dabei die Lebensfreude und der Lebensgenuss nicht zu kurz kommen. Ganz anders, als es in den siebziger und achtziger Jahren befürchtet und diagnostiziert worden war (z.B. Noelle-Neumann 1978: „Nachlassende Freude an der Berufsarbeit" – „Entfernung vom Leistungsdenken") hat sich die Einstellung der jungen Generation zu Arbeit und Leistung entwickelt.

Abb. 80: „Mehr Lust auf Leistung"
Junge Generation startet durch

Von je 100 Befragten im Alter von 18 bis 29 Jahren entscheiden sich für:

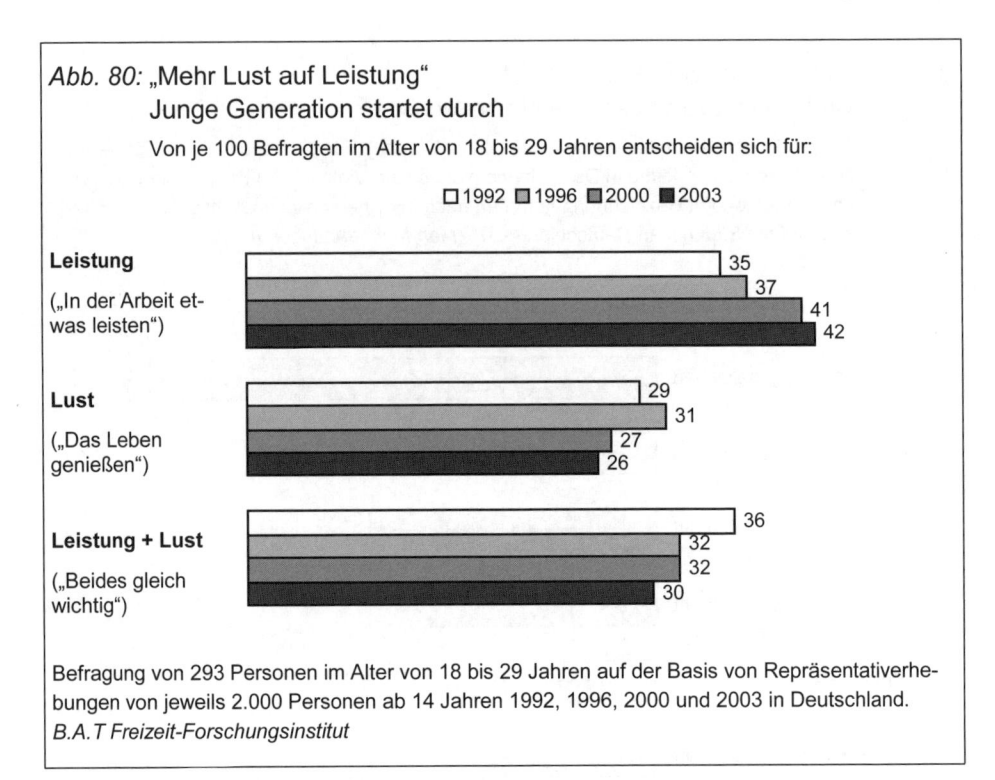

☐ 1992 ☐ 1996 ■ 2000 ■ 2003

	1992	1996	2000	2003
Leistung („In der Arbeit etwas leisten")	35	37	41	42
Lust („Das Leben genießen")	29	31	27	26
Leistung + Lust („Beides gleich wichtig")	36	32	32	30

Befragung von 293 Personen im Alter von 18 bis 29 Jahren auf der Basis von Repräsentativerhebungen von jeweils 2.000 Personen ab 14 Jahren 1992, 1996, 2000 und 2003 in Deutschland.
B.A.T Freizeit-Forschungsinstitut

Die befürchtete Leistungsverweigerung fand und findet nicht statt. Im Zeitvergleich der achtziger und neunziger Jahre ist erkennbar, dass Leistung und Lebensgenuss immer gleichgewichtiger beurteilt werden. Auf die Frage, ob sie

- in der Arbeit etwas tun und *leisten* möchten, was Sinn hat und Spaß macht, oder ob sie lieber
- ihr Leben *genießen* möchten und sich nicht mehr abmühen wollen als nötig, oder ob für sie
- Leistung und Lebensgenuss gleich wichtig sind,

antworten die jungen Leute im Alter von 18 bis 29 Jahren ganz moderat und ausgewogen. Alle drei Antwortmöglichkeiten finden Anhänger. Ein Hang zu Hedonismus und Leistungsdistanz lässt sich hieraus nicht ableiten. Ganz im Gegenteil: Die Leistungsorientierung des Lebens nimmt wieder deutlich zu (1992: 35% – 2003: 42%). Die moderate Beantwortung lässt eher darauf schließen, dass Leistung und Lebensgenuss ihren Alternativ- oder gar Konfrontationscharakter verloren haben. Offensichtlich gehören Leistung und Lebensgenuss heute zum Leben wie Ein- und Ausatmen auch.

> Kein Lebensgenuss ohne Leistung. Umgekehrt gilt auch: Lebensgenuss lenkt nicht mehr automatisch von Leistung ab. Und wer sein Leben nicht genießen kann, wird auf Dauer auch nicht leistungsfähig sein.

In den letzten Jahrzehnten haben sich die Wertvorstellungen in allen westlichen Gesellschaften grundlegend verändert haben: „Die Ergebnisse weisen international eine fast atemberaubende Übereinstimmung auf" (Inglehart 1989, S. 116). Stand früher materielles Wohlergehen im Vordergrund, so wird heute und in Zukunft mehr Gewicht auf die Lebensqualität gelegt. Der in der Sozialforschung diagnostizierte Wandel verändert zwangsläufig auch das Wesen und die Qualität von Arbeit und Leistung.

> Der Lebenssinn muss im 21. Jahrhundert neu definiert werden: Leben ist dann die Lust zu schaffen. Schaffensfreude (und nicht mehr nur Arbeitsfreude) umschreibt das künftige Leistungsoptimum von Menschen, die in ihrem Leben weder über- noch unterfordert werden wollen. Schaffensfreude schließt Lust und Leistung gleichermaßen ein.

Schon heute wird in Deutschland mehr unbezahlte als bezahlte Arbeit geleistet. Etwa 60 Milliarden Stunden Erwerbsarbeit stehen rund 100 Milliarden Stunden unbezahlte Arbeit, insbesondere Familienarbeit durch Kindererziehung und Haushaltsarbeit gegenüber.

- Die unbezahlte Arbeit ist bisher in der alten Arbeitsgesellschaft überrepräsentiert, aber unterbewertet.
- In der neuen Leistungsgesellschaft von morgen muss mehr die effektive Leistung zählen – ob bezahlt oder unbezahlt, damit sich Leistung wirklich „lohnt".

Das gesellschaftliche *Leistungsprinzip*, in der Nach-68er-Zeit höchst frag- und diskussionswürdig geworden, erlebt eine *neue Renaissance*: Die Leistungskriterien werden auf alle Bereiche des Lebens übertragen. Über Schule und Arbeit hinaus auf die Kindererziehung, die Haus- und Gartenarbeit, auf Fitness und Sport, auf soziale Kontakte und soziales Engagement. Die Leistungsmotivation bleibt also ungebrochen. Ein Rückgang von Leistungsbereitschaft wäre nur dann zu erwarten, wenn die Anforderungen von der Sinnfrage abgekoppelt würden und die Frage „Leistung – wofür?" unbeantwortet bliebe.

5. Leistungskultur. Zwischen Sinn und Spaß

Eine *neue Leistungskultur* wird zur Brücke zwischen Berufs- und Privatleben – eine Art Vermittler zwischen traditionellen Gegenwelten. Ehemals dominante Aspekte der Leistung gibt es zwar auch heute noch, spielen aber nur mehr für Minderheiten eine Rolle:

- Verzicht leisten
- Gehorsam leisten
- Bürgschaft leisten

- Eid leisten
- Buße leisten

Das neue Leistungsverständnis hingegen hat eine *Bedeutungserweiterung* erfahren. Nach der Jahrtausendwende verbinden die Menschen mit dem Begriff Leistung zunehmend positive Assoziationen:

- Produktives leisten
- Soziale Dienste leisten
- Kreatives leisten
- Praktische Hilfe leisten
- Freiwillige Engagements leisten.

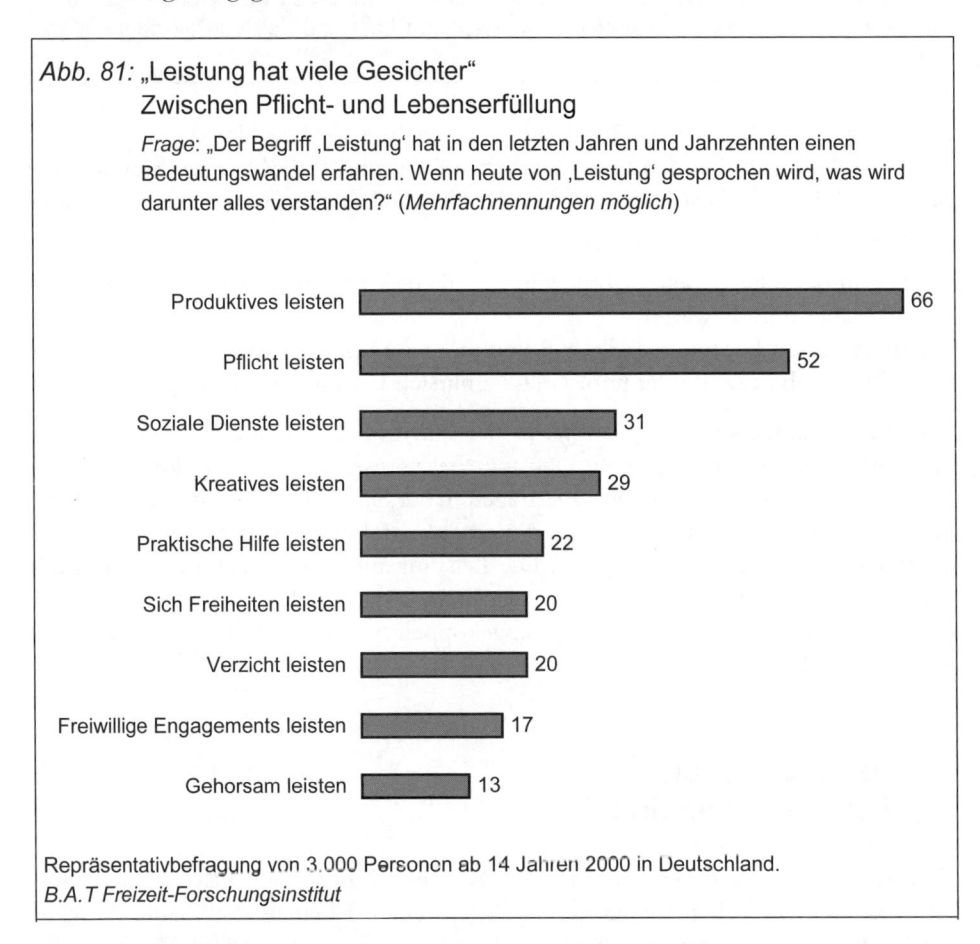

Abb. 81: „Leistung hat viele Gesichter"
Zwischen Pflicht- und Lebenserfüllung

Frage: „Der Begriff ‚Leistung' hat in den letzten Jahren und Jahrzehnten einen Bedeutungswandel erfahren. Wenn heute von ‚Leistung' gesprochen wird, was wird darunter alles verstanden?" (*Mehrfachnennungen möglich*)

Produktives leisten	66
Pflicht leisten	52
Soziale Dienste leisten	31
Kreatives leisten	29
Praktische Hilfe leisten	22
Sich Freiheiten leisten	20
Verzicht leisten	20
Freiwillige Engagements leisten	17
Gehorsam leisten	13

Repräsentativbefragung von 3.000 Personen ab 14 Jahren 2000 in Deutschland.
B.A.T Freizeit-Forschungsinstitut

Insbesondere die junge Generation der 14- bis 29-Jährigen lebt und erlebt diese Leistungskultur. Verzicht und Gehorsam leisten wird von den Jugendlichen im Vergleich zur übrigen Bevölkerung geringer bewertet; dafür schätzen sie *kreative Leistungen* höher ein. Und auch *soziale Dienste leisten* hat bei den Jugendlichen einen höheren Stellenwert (32%) als etwa bei den 30- bis 49-Jährigen (27%).

Wird die Jugend zum Hoffnungsträger für das 21. Jahrhundert? Der Leistungsgedanke lebt weiter, ja erlebt eine Renaissance in erweiterter Bedeutung. *Eigenleistung wird wichtiger als Fremdleistung.* Zum traditionellen Pflicht- und Zwangscharakter der Leistung gesellt sich im 21. Jahrhundert der Selbstbestimmungs- und Selbstverwirklichungscharakter. „*Leistung 21*" hat viele Gesichter und ist zwischen Pflicht- und Lebenserfüllung angesiedelt. Die alte Redensart „Ohne Fleiß kein Preis" hat ihre Gültigkeit bis heute bewahrt. Wer in Schule, Ausbildung, Beruf, Hobby und Sport etwas erreichen will, muss sich dafür anstrengen.

Die Frage „Welche persönlichen Vorstellungen verbinden Sie am ehesten mit dem Wort ‚Leistung'?" wird von der überwiegenden Mehrheit der Bevölkerung (73%) mit „*Fleiß*" beantwortet. Danach folgen fast auf dem Fuße „*Erfolg*" und „*Können*". Fremdbestimmte Leistungsanforderungen wie „Druck" (23%), „Zwang" (18%) und „Erschöpfung" (17%) haben dagegen eine marginale Bedeutung bekommen. Leistungsanreize sind durchweg positiv motiviert.

Zur Leistung will man in der Regel nicht gezwungen werden. Die meisten setzen sich ihre Leistungsnormen selbst („*Ich* bringe die Leistung nicht für den Verein, sondern für *mich*"). Erfolg bedeutet dabei in erster Linie persönliches Erfolgserleben: „Man ist befriedigt hinterher, wenn man etwas geleistet hat." Zunächst einmal klopft man sich selbst auf die Schulter. Und mit dem Erfolg lässt auch der Spaß nicht lange auf sich warten: „*Ich* versuche immer, der Beste zu sein. Sonst habe *ich* keinen Spaß daran." Wer auf der Verliererseite steht, verliert – verständlicherweise – auch schnell den Spaß daran.

Mit dem Wort „Leistung" verbinden einige Bevölkerungsgruppen ganz unterschiedliche Vorstellungen:

- Für Jugendliche im Alter von 14 bis 29 Jahren hat Leistung zwei Gesichter: Im Vergleich zur übrigen Bevölkerung betonen die Jugendlichen deutlich mehr die *Anstrengung*, aber auch das *Erfolgserlebnis* – den *Stress*, aber auch den *Spaß*.
- Ostdeutsche geben an, mehr als Westdeutsche bei Leistung auch an *Erschöpfung* zu denken.
- Männer begreifen Leistung mehr als *Herausforderung*, Frauen verbinden damit eher die Vorstellung von *Anerkennung*.
- Befragte mit höherem Bildungsabschluss – insbesondere Universitätsabsolventen – machen deutlich, dass Leistung auch *Können* voraussetzt, damit sich *Erfolg* einstellt.

Nach Einschätzung der Bevölkerung ist *Leistung nicht mehr zentral an Erwerbsarbeit gebunden*, kann vielmehr in allen Lebensbereichen erbracht werden. Das ist die Zukunftschance für eine multiaktive Leistungsgesellschaft, in der alle etwas leisten und Erfolgserlebnisse haben können. In die Zukunft projiziert bedeutet dies:

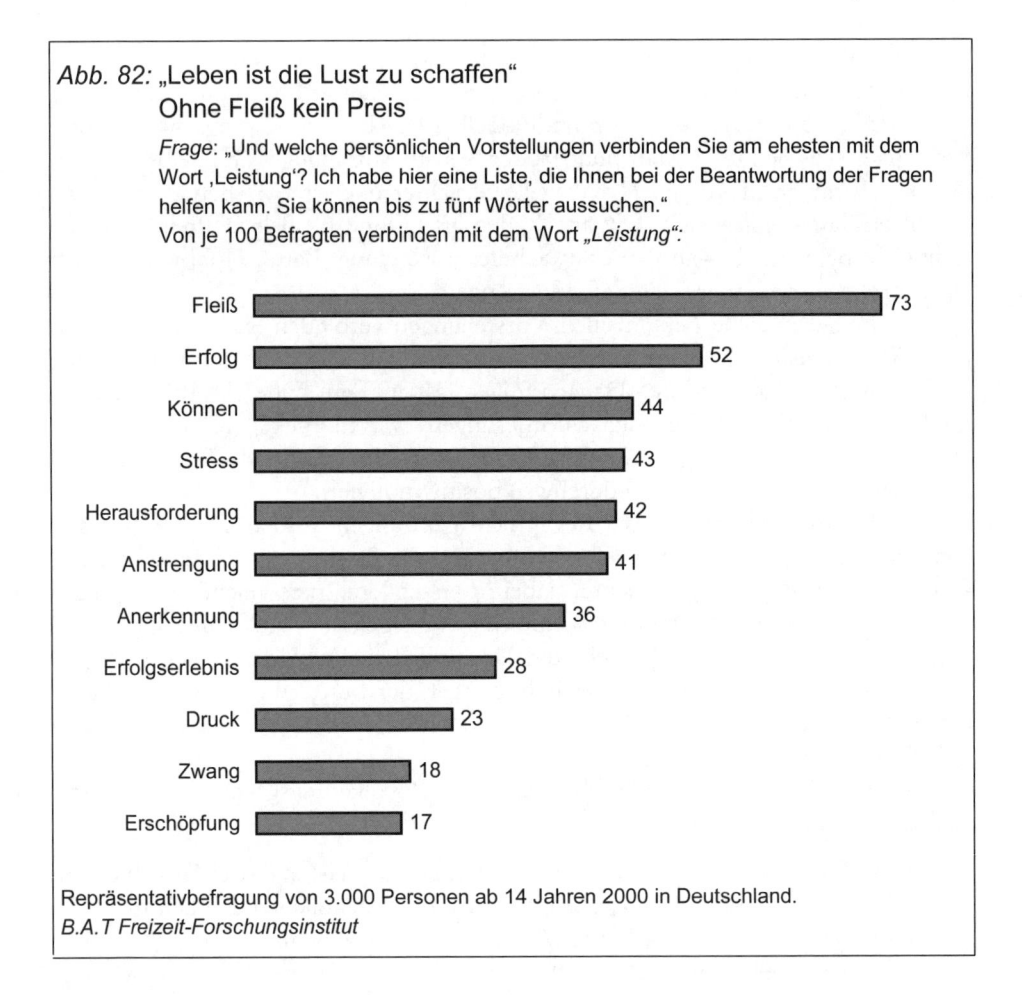

Abb. 82: „Leben ist die Lust zu schaffen"
Ohne Fleiß kein Preis

Frage: „Und welche persönlichen Vorstellungen verbinden Sie am ehesten mit dem Wort ‚Leistung'? Ich habe hier eine Liste, die Ihnen bei der Beantwortung der Fragen helfen kann. Sie können bis zu fünf Wörter aussuchen."
Von je 100 Befragten verbinden mit dem Wort „*Leistung*":

Fleiß	73
Erfolg	52
Können	44
Stress	43
Herausforderung	42
Anstrengung	41
Anerkennung	36
Erfolgserlebnis	28
Druck	23
Zwang	18
Erschöpfung	17

Repräsentativbefragung von 3.000 Personen ab 14 Jahren 2000 in Deutschland.
B.A.T Freizeit-Forschungsinstitut

Der Wille zur Leistung scheint uns buchstäblich „in die Wiege gelegt" (Heiko Ernst) worden zu sein. Leistungslust und Lebenslust werden auch im 21. Jahrhundert zusammengehören. Jahrzehntelang daran gewöhnt, Leistungen nur daran zu messen, ob sie beruflich verwertbar sind oder sich in barer Münze auszahlen, ergeben sich nun auch Chancen für Leistungspotenziale, die sich vorwiegend in *individuellen und sozialen Erfolgserlebnissen* verwirklichen lassen. Damit können soziale Leistungen im zwischenmenschlichen Bereich wieder stärker zum Zuge kommen wie z.B. Rücksichtnahme und Hilfsbereitschaft.

Je weniger Leistungsnachweise in der Erwerbswelt möglich sind, desto wichtiger wird es, sich selbst in Leistungen jenseits des Erwerbs zu betätigen. Denn: Der menschliche Leistungsdrang bleibt ungebrochen.

Leistungskultur 415

> **Leistung – wofür? Das Leben als Herausforderung**
>
> **... in Arbeit und Beruf(ung)**
> „Engagiertes Zupacken ist für mich Leistung"
> *Wendelin Wiedeking* (Porsche-Chef)
>
> „Leistung bedeutet für mich, großes Stehvermögen aufzubringen und Ziele trotz widriger Umstände zu erreichen – vor allem dann, wenn es darum geht, neue Ideen durchzusetzen"
> *Ulf Merbold* (Astronaut)
>
> **... im Sport**
> „Beständigkeit und Konzentrationskraft. Dauerhaft so gut bleiben, dass alle Kraft auf Abruf auf einen Punkt zu konzentrieren ist"
> *Katarina Witt* (Eisläuferin)
>
> **... in der Kultur**
> „Leistung ist eine subjektive Angelegenheit, die Bewertung kommt immer von mir selbst"
> *Dieter Hildebrandt* (Kabarettist)
>
> „Leistung ist für mich, dass ich das, was mir an Veranlagung mitgegeben wurde – Schreiben und Zeichnen – umsetze und bis aufs Äußerste ausreize, wobei ich oft an die Grenzen stoße"
> *Günter Grass* (Schriftsteller)
>
> **... im sozialen Engagement**
> „Gut Fußballspielen und anderen helfen"
> *Matthias Fischer* (Schüler, 15, rettete einen Fünfjährigen vor dem Ertrinken)
>
> „Für andere da zu sein, ohne mich dabei selbst zu vergessen"
> *Marion Kutzner* (Krankenschwester in einem Sterbehospiz)
>
> **... im Lebensalltag**
> „Wenn man im Alter alles tut, um geistig und körperlich fit zu bleiben"
> *Herta Beyer* (80 Jahre)

Eigene Zusammenstellung nach *Heiko Ernst*: Lebensziel: Leistung (STERN vom 2. Oktober 1996)

Die in der neuen Leistungskultur vorherrschenden Prinzipien

- Spaß am Tun und an einer sinnvollen Aufgabe,
- Suche nach Erfolgserlebnissen sowie
- Stolz auf die Anerkennung durch andere

werden langfristig das gesellschaftliche Leistungsbewusstsein verändern: Einen eigenen Lebensstil entwickeln und kultivieren, soziale Kontakte und Beziehungen ausbauen, sich produktiv betätigen, praktische Nachbarschaftshilfe leisten, an der Verbesserung und Gestaltung des Wohnumfelds mitwirken, eigene Lebensziele verwirklichen, soziale Aufgaben wahrnehmen, sich einer Initiative anschließen, einen Verein gründen – dies alles sind Leistungen, die

- einerseits mit persönlicher Selbstdarstellung verbunden sind und soziale Anerkennung ermöglichen und

- andererseits Erlebnisqualitäten beinhalten und das persönliche Wohlbefinden fördern helfen.

In einer multiaktiven Leistungsgesellschaft, in der die selbstbestimmte Eigenleistung mehr Bedeutung bekommt, muss über das traditionelle Begriffsumfeld *Leistung/Leistungsprinzip* neu nachgedacht werden.

> Die Leistungsdiskussion, die sich jahrzehntelang fast nur im ökonomischen Fahrwasser bewegte, muss um humane und soziale Dimensionen erweitert werden.

Mit der neuen erweiterten Leistungskultur stirbt keineswegs das traditionelle Leistungsverständnis aus. In Schule, Ausbildung und Beruf müssen auch in Zukunft Leistungen mitunter hart erarbeitet und verdient werden – auch mit gelegentlicher Unlust oder partiellem Zwang. Mit dem Begriff Leistung verbinden die meisten Menschen nach wie vor zuerst Fleiß und zuallerletzt Spaß. Die neuen Leistungsqualitäten – jenseits von Notengebung oder Geldverdienen – kommen in Zukunft *zusätzlich* hinzu, sorgen nicht nur für den notwendigen Ausgleich, sondern stärken auch das Selbstwertgefühl.

Wir entwickeln uns zu einer multiaktiven Leistungsgesellschaft, die auch die jüngere Generation voll bejaht. Wenn Leistung nicht nur als Ergebnis (von anderen!) gemessen, sondern auch als Erlebnis (selbst!) erfahren werden kann, kommt es nicht zum Bedeutungsverlust, sondern zur Bedeutungserweiterung der Leistung. Leistungsstarke können Leistungsschwache unterstützen. *Leistung hat Zukunft, weil Leistung Glück und Erfüllung im Tun ist.*

6. Multiaktive Leistungsgesellschaft. Gemeinschaftsarbeit. Lernarbeit. Eigenarbeit.

Der Umbau der alten Erwerbsgesellschaft in eine neue Leistungsgesellschaft kann gelingen auf dem Wege über die Gleichwertigkeit von bezahlter und unbezahlter Arbeit, von Erwerbsarbeit und gemeinnütziger Arbeit. Zur neuen Leistungsgesellschaft gehören vier Arbeitswelten:

1. Die *Erwerbsarbeit* mit multiplen Beschäftigungsverhältnissen.
2. Die *Gemeinschaftsarbeit* mit Freiwilligenleistungen für Familie und Gesellschaft.
3. Die *Lernarbeit* mit lebenszeitbegleitender Fort- und Weiterbildung.
4. Die *Eigenarbeit* mit Eigenleistungen für sich und auch mit „Arbeiten an sich selbst" zur Erhaltung von Gesundheit und Lebenszufriedenheit.

In den westlichen Industrieländern geht der Erwerbsgesellschaft nachweislich die bezahlte Arbeit aus. Die Schlüsselfrage lautet daher: Was kann für den hohen Anteil der Nichterwerbstätigen (etwa 59% der Bevölkerung) zum neuen Lebensinhalt werden, wenn es weiter an bezahlten Jobs mangelt? Während Politik und Wirtschaft noch über Lösungsmöglichkeiten nachdenken, sind die meisten Bundesbürger schon einen Schritt weiter. Sie suchen sich selbst einen Lebenssinn, machen sich selbst zum Unternehmer und schaffen sich selbst Arbeitsplätze, in denen sie Leistungen im Leben erbringen und Erfolgserlebnisse haben können: *Familienarbeit (72%), Lernarbeit (63%)* durch Fort- und Weiterbildung sowie *Gartenarbeit (54%)* heißen *die neuen Beschäftigungsmöglichkeiten:* Sie haben Sinn und machen Spaß.

Natürlich nennen zunächst einmal fast drei Viertel der Bevölkerung die *Erwerbsarbeit (72%)* als allgemein anerkannten Leistungsbereich – allerdings gleichauf bewertet mit der Familienarbeit, also der Kindererziehung und Haushaltsarbeit. Mit deutlichem Abstand folgen Gemeindearbeit (52%), ehrenamtliche Bürger- und Freiwilligenarbeit in sozialen Organisationen (44%) und Vereinsarbeit (36%). Deutlich höher bewertet wird die Eigenarbeit, weil man hier etwas nach eigenen Vorstellungen gestalten und jederzeit Erfolgserlebnisse haben kann. Solche Eigenarbeiten wirken wie ein Lebenselixier und verhindern Leere, Langeweile und Depressionen.

> Eine neue Sinnfindung des Lebens hat begonnen: Die Menschen werden aktiv – auch ohne Bezahlung. Der klassischen Arbeitsgesellschaft geht die bezahlte Arbeit aus, nicht aber den Menschen die Lust auf Leistung.

Dies bedeutet: Wenn *Maschinen* in Zukunft fast alles tun, gibt es dennoch für *Menschen* genug zu tun. Denn: Nach der Erwerbsarbeit ist die Lebensarbeit nicht zu Ende. Zu den Arbeiten in Familie, Haus und Garten kommt insbesondere die persönliche Weiterbildung hinzu. *Gemeinnützige Tätigkeiten* wie z.B. Gemeindearbeit, Freiwilligenarbeit und Vereinsarbeit werden allerdings etwas nachrangiger eingestuft, weil solche sinnstiftenden Bürgerengagements im Dienste der Gemeinschaft bisher vor allem eine Frage der Bildung sind. Befragte mit höherer Schulbildung schätzen im Vergleich zu Haupt- und Volksschulabsolventen die Vereinsarbeit (+12 Prozentpunkte), die Freiwilligenarbeit (+16) und die Gemeindearbeit (+8) als Tätigkeitsbereiche, in denen sie etwas leisten können, deutlich höher ein.

> Arbeit muss in Zukunft neu definiert werden: Erwerbsarbeit bringt Geld, Familienarbeit spart Geld.

Genau genommen „spart" die Familie nicht nur Geld, sie „bringt" auch Geld. Das Statistische Bundesamt weist nach, dass *die wichtigste Einkommensquelle der Deutschen* – neben dem Arbeitseinkommen (40%) – nicht die Rente oder Pension (23%), sondern *die Familie* (30%) ist, also die Angehörigen, die Ehepartner und die Eltern. Die Familie erbringt also eine *doppelte Vorsorgeleistung* – eine Kapitalvorsorge und eine Sozialvorsorge. Wenn das Grundgesetz in Artikel 6 die Familie unter den besonderen Schutz des Staates stellt, so findet dies in der doppelten Vorsorgeleistung der Familie seine Begründung. Versicherungsgesellschaften können das nicht leisten und Freundeskreise wollen das in der Regel auch nicht. So gesehen erweist sich die *Familienförderung als die beste Zukunftsvorsorge der Gesellschaft*. Während sich die Gesetzliche Rente mehr zu einer Art Zusatzversicherung zurückentwickelt, nimmt die *Familie als verlässliche Vollversicherung* ihren Platz ein.

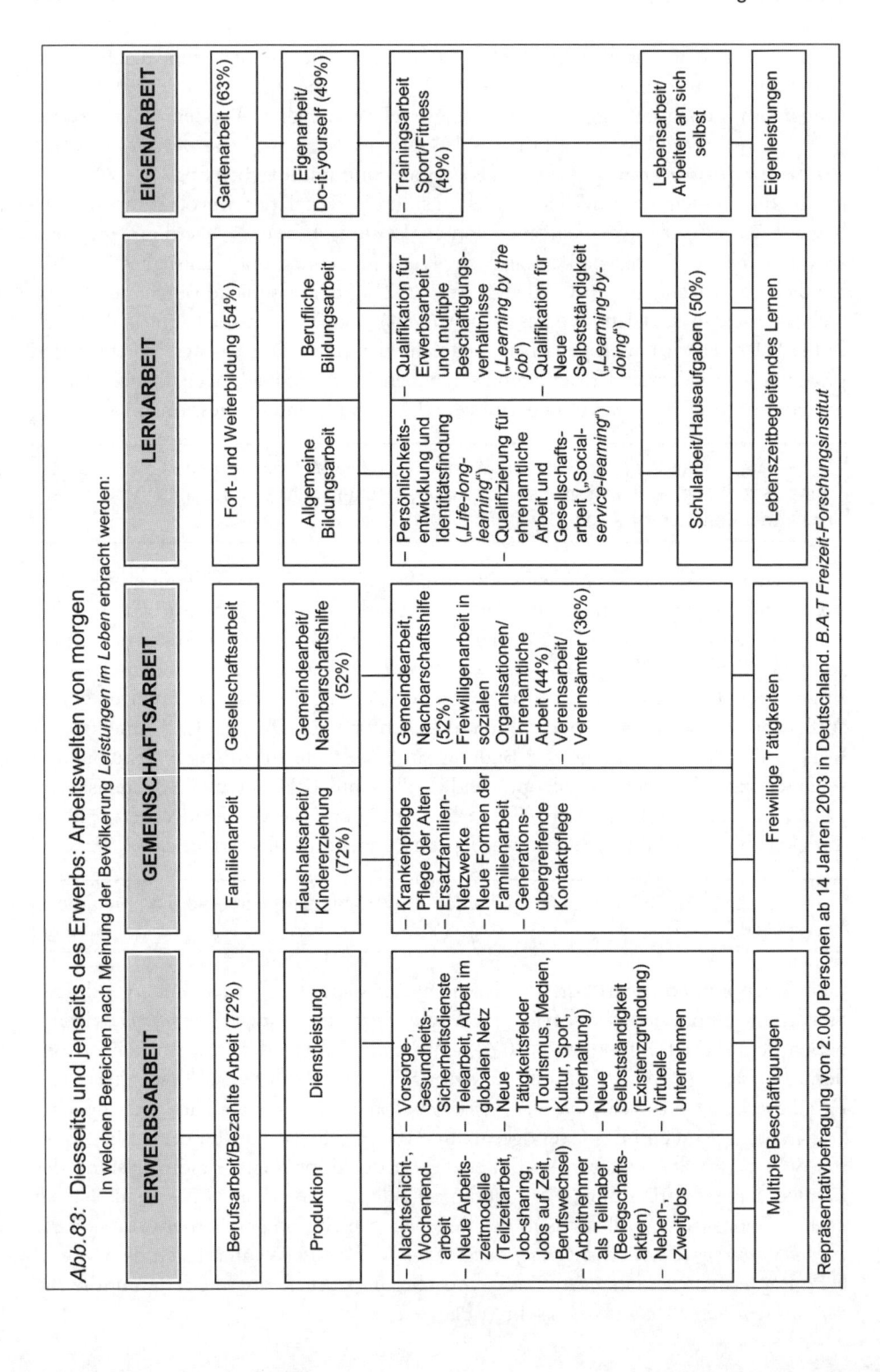

Abb. 83: Diesseits und jenseits des Erwerbs: Arbeitswelten von morgen
In welchen Bereichen nach Meinung der Bevölkerung *Leistungen im Leben* erbracht werden:

ERWERBSARBEIT		GEMEINSCHAFTSARBEIT		LERNARBEIT		EIGENARBEIT	
Berufsarbeit/Bezahlte Arbeit (72%)		Familienarbeit	Gesellschaftsarbeit	Fort- und Weiterbildung (54%)		Gartenarbeit (63%)	
Produktion	Dienstleistung	Haushaltsarbeit/ Kindererziehung (72%)	Gemeindearbeit/ Nachbarschaftshilfe (52%)	Allgemeine Bildungsarbeit	Berufliche Bildungsarbeit	Eigenarbeit/ Do-it-yourself (49%)	– Trainingsarbeit Sport/Fitness (49%)
– Nachtschicht-, Wochenendarbeit – Neue Arbeitszeitmodelle (Teilzeitarbeit, Job-sharing, Jobs auf Zeit, Berufswechsel) – Arbeitnehmer als Teilhaber (Belegschaftsaktien) – Neben-, Zweitjobs	– Vorsorge-, Gesundheits-, Sicherheitsdienste – Telearbeit, Arbeit im globalen Netz – Neue Tätigkeitsfelder (Tourismus, Medien, Kultur, Sport, Unterhaltung) – Neue Selbstständigkeit (Existenzgründung) – Virtuelle Unternehmen	– Krankenpflege – Pflege der Alten – Ersatzfamilien-Netzwerke – Neue Formen der Familienarbeit – Generationsübergreifende Kontaktpflege	– Gemeindearbeit, Nachbarschaftshilfe (52%) – Freiwilligenarbeit in sozialen Organisationen/ Ehrenamtliche Arbeit (44%) – Vereinsarbeit/ Vereinsämter (36%)	– Persönlichkeitsentwicklung und Identitätsfindung („*Life-long-learning*") – Qualifizierung für ehrenamtliche Arbeit und Gesellschaftsarbeit („*Social-service-learning*")	– Qualifikation für Erwerbsarbeit – und multiple Beschäftigungsverhältnisse („*Learning by the job*") – Qualifikation für Neue Selbstständigkeit („*Learning-by-doing*")		
Multiple Beschäftigungen		Freiwillige Tätigkeiten		Schularbeit/Hausaufgaben (50%)	Lebenszeitbegleitendes Lernen	Lebensarbeit/ Arbeiten an sich selbst	
						Eigenleistungen	

Repräsentativbefragung von 2.000 Personen ab 14 Jahren 2003 in Deutschland. *B.A.T Freizeit-Forschungsinstitut*

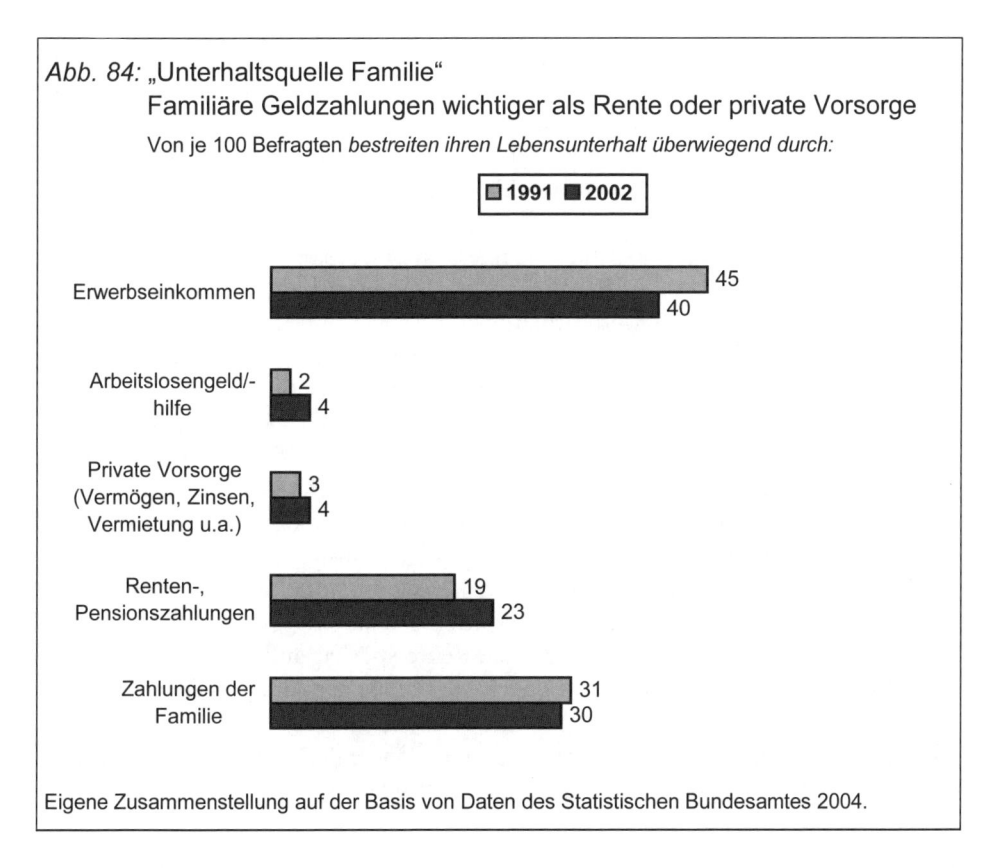

Abb. 84: „Unterhaltsquelle Familie"
Familiäre Geldzahlungen wichtiger als Rente oder private Vorsorge

Von je 100 Befragten *bestreiten ihren Lebensunterhalt überwiegend durch:*

□ 1991 ■ 2002

	1991	2002
Erwerbseinkommen	45	40
Arbeitslosengeld/-hilfe	2	4
Private Vorsorge (Vermögen, Zinsen, Vermietung u.a.)	3	4
Renten-, Pensionszahlungen	19	23
Zahlungen der Familie	31	30

Eigene Zusammenstellung auf der Basis von Daten des Statistischen Bundesamtes 2004.

Dass sich bezahlte Leistung im Beruf weiterhin lohnt, darüber sind sich Frauen und Männer gleichermaßen einig. Hingegen gehen die Ansichten noch auseinander, wenn es um die Einschätzung unbezahlter Arbeit geht. Während Männer eher dazu neigen, z.B. Do-it-yourself und Heimwerken als Leistungsäquivalent zur Berufsarbeit anzuerkennen (55% – Frauen: 43%), stufen Frauen mehr die Gemeindearbeit, die Nachbarschaftshilfe, die Kranken- und Altenpflege etwas höher ein (53% – Männer: 51%). Und in der Bewertung von Familienarbeit und Kindererziehung liegen geradezu Welten zwischen Frauen und Männern: Während über drei Viertel der Frauen (79%) diese Tätigkeiten als besondere Leistungen im Leben würdigen, sind dazu nur 64 Prozent der Männer bereit.

> Männer können sich nach wie vor mit Familienarbeit und Kindererziehung weniger identifizieren, weil sie der Meinung sind, dass man(n) in der Erwerbsarbeit mehr anerkannte Leistungen vollbringen kann als in der Familienarbeit zu Hause. Frauen sehen das nicht so.

Mit der politisch ernst gemeinten Diskussion um eine bessere Vereinbarkeit von Beruf und Familie *bekommt die Erwerbsarbeit Konkurrenz:* Die überwiegende Mehrheit der Bevölkerung bewertet die Kindererziehungsarbeit (72%) genauso hoch wie die Erwerbsarbeit (72%). Damit wird das Grundsatzurteil des Bundesverfassungsgerichts vom 28. Februar 2002 voll bestätigt: Kindererziehung und Beruf sind gleichwertig, d.h. „Kindererziehung und Haushaltsführung stehen gleichwertig neben der Beschaffung des Einkommens." Beide haben infolgedessen „Anspruch auf gleiche Teilhabe am gemeinsam Erwirtschafteten." In der multiaktiven Leistungsgesellschaft des 21. Jahrhunderts haben bezahlte und unbezahlte Arbeiten den gleichen Wert.

Für die Zukunft zeichnet sich als Tendenz ab: Gemeinschaftsarbeit, Lernarbeit und Eigenarbeit entwickeln sich – neben der Familienarbeit – zu weiteren ernsthaften Konkurrenten der Erwerbsarbeit, weil sie Spaß mit Sinn verbinden. Sie geben zudem vielen Unternehmen auch eine Antwort darauf, warum manche Mitarbeiter nicht mehr länger arbeiten oder gar früher aufhören wollen. *In vielen Erwerbsarbeiten kommt der Sinnfaktor zu kurz.* Bei unbezahlten Tätigkeiten hingegen bemisst sich der Erfolg einer Arbeit nicht mehr nur an der Höhe des Einkommens. Wer hier etwas leistet, steigert sein Selbstwertgefühl. An die Stelle der Honorierung mit Geld tritt dann die *Honorierung mit Sinn*, der in naher Zukunft allerdings auch die entsprechende gesellschaftliche Anerkennung folgen muss.

In der Übergangsphase wird man auf materielle Honorierungen und Vergünstigungen nicht ganz verzichten können, z.B. durch *leistungsbezogene Pauschalen*, die das Ein- und Auskommen verbessern oder die Rente spürbar aufstocken helfen. Über ähnliche Vergünstigungen muss im Bereich der Familienarbeit nachgedacht werden.

> Wer sich kontinuierlich um Kinder kümmert oder längerfristig kranke Menschen betreut, sollte einen arbeitnehmerähnlichen Status bekommen.

Die Zukunftsformel „Arbeit für alle" muss um den Aspekt „Leistung von allen" erweitert werden. In der künftigen Leistungsgesellschaft ist Arbeit für alle da und können auch alle etwas leisten. Es ergeben sich zudem *Zukunftschancen für außerberufliche Karrieren* im sozialen, kulturellen, ökologischen oder politischen Bereich.

Je nach Geschlecht, Alter oder sozialer Schicht zeichnen sich unterschiedliche Leistungsmöglichkeiten ab. Es ist sicher kein Zufall, dass z.B. Singles das Leistungspotenzial der *Erwerbsarbeit* am höchsten einschätzen (75%). Schon Ulrich Beck hatte 1986 den vollmobilen Single geradezu als „Urbild der durchgesetzten Arbeitsmarktgesellschaft" (Beck 1986, S. 200) bezeichnet. In dem zu Ende gedachten Marktmodell der Erwerbsgesellschaft wird fast ein familienloses Dasein unterstellt.

Hingegen identifiziert sich die überwiegende Mehrheit der Frauen mehr mit der *Familienarbeit* (79%) als mit der Erwerbsarbeit (72%). Die größte Aufgeschlossenheit für unterschiedliche Formen der *Lernarbeit* zeigen derzeit die jungen Erwachsenen im Alter von 18 bis 24 Jahren. Ehrenamtliche Arbeit und *Freiwilligenarbeit* werden vor allem von den Höhergebildeten favorisiert. Arbeiter schätzen die *Heimarbeit* (Do-it-yourself/Heimwerken) besonders hoch ein. Und Ruheständler sehen in der *Gartenarbeit* Möglichkeiten für Leistungsanforderungen und Erfolgserlebnisse.

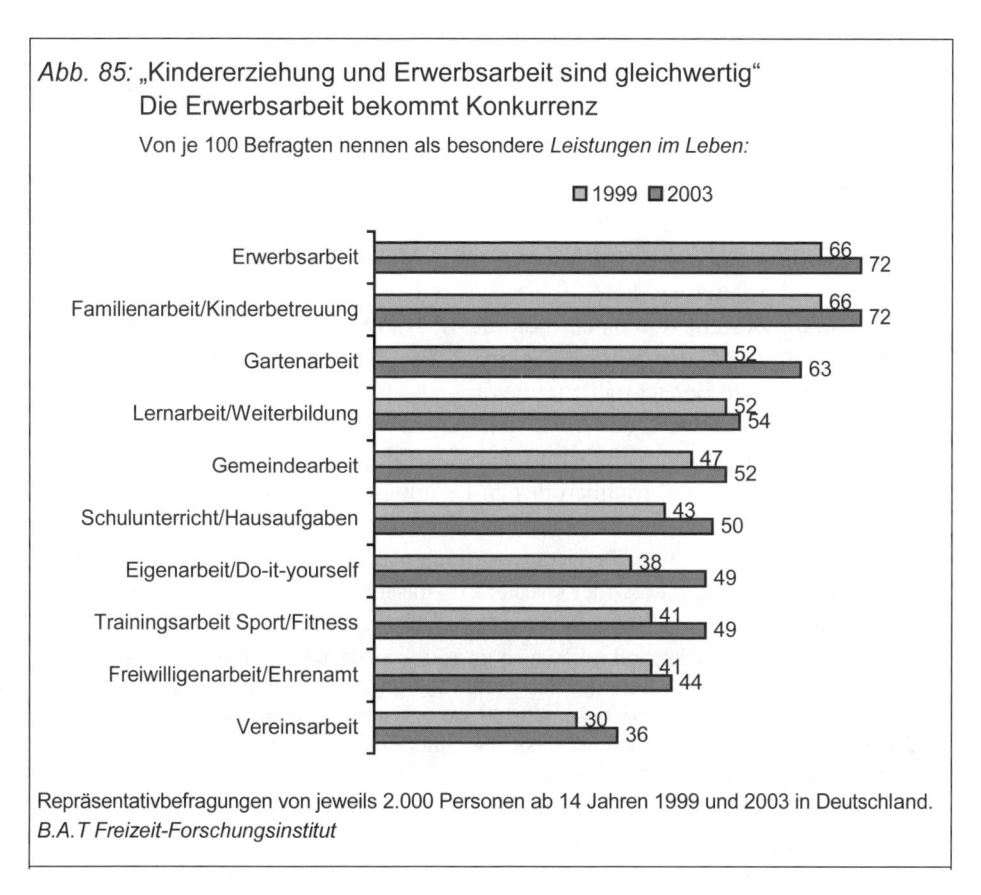

Abb. 85: „Kindererziehung und Erwerbsarbeit sind gleichwertig"
Die Erwerbsarbeit bekommt Konkurrenz

Von je 100 Befragten nennen als besondere *Leistungen im Leben:*

☐ 1999 ■ 2003

Tätigkeit	1999	2003
Erwerbsarbeit	66	72
Familienarbeit/Kinderbetreuung	66	72
Gartenarbeit	52	63
Lernarbeit/Weiterbildung	52	54
Gemeindearbeit	47	52
Schulunterricht/Hausaufgaben	43	50
Eigenarbeit/Do-it-yourself	38	49
Trainingsarbeit Sport/Fitness	41	49
Freiwilligenarbeit/Ehrenamt	41	44
Vereinsarbeit	30	36

Repräsentativbefragungen von jeweils 2.000 Personen ab 14 Jahren 1999 und 2003 in Deutschland.
B.A.T Freizeit-Forschungsinstitut

7. Leistungsvergleich.
Probe auf die Menschlichkeit

Eine multiaktive Leistungsgesellschaft kann für die individuelle Lebensqualität und für das soziale Zusammenleben der Menschen eine große Zukunftschance sein – birgt aber auch Risiken:

- Müssen wir vielleicht in Zukunft permanent Leistung demonstrieren, so dass der gesellschaftliche Erwartungsdruck „*Haben Sie heute schon etwas geleistet?*" zwar nicht so massiv wie der traditionelle Leistungszwang erscheint, dafür aber umso subtiler, also bedrückender wirkt?
- Heißt es schon bald: *Leistung rund um die Uhr* ist nicht nur erwünscht, sondern geradezu vorgeschrieben? Lebensgenuss ja – aber immer verbunden mit dem Nachweis, den Genuss auch „verdient" zu haben?
- Haben wir in Zukunft geradezu eine *Pflicht zum privaten Glück* im Sinne von vorher erbrachter Leistung?

Diese Problematisierung heißt nicht, das Bedürfnis des Menschen, von Kindheit an etwas leisten und sich mit anderen messen zu wollen, infrage zu stellen. Andererseits ist es nur realistisch: Bei jedem ernsthaften Leistungsvergleich muss es *Gewinner und Verlierer* geben. Insofern kann auch eine humane Leistungsgesellschaft inhumane Züge tragen. Welche Chancen haben in Zukunft eigentlich die Menschen, die nicht so flexibel und souverän, nicht so selbstständig und selbstbewusst, nicht so leistungsorientiert und erfolgshungrig sind? Müssen sie nicht selbst erst einmal angespornt und geleitet werden?

Die Gefahr besteht durchaus, dass die Leistungsgesellschaft eine Gesellschaft der Starken sein kann, die dann die Schwächeren doppelt benachteiligt – beruflich und privat. Doppelte Benachteiligung heißt:

Erstens: Im Wettbewerb um einen sicheren Arbeitsplatz und im Kampf um den beruflichen Aufstieg drohen die Schwächeren auf der Strecke zu bleiben.

Zweitens: Im außer- und nachberuflichen Leistungswettbewerb mangelt es ihnen an Selbstvertrauen, Kontakt- und Konfliktfähigkeit, so dass andere wiederum das Rennen machen und sie bei der Vergabe verantwortungsvoller Aufgaben, Ämter und „Pöstchen" in Verein, Kirche, Partei oder sozialer Organisation das Nachsehen haben.

> Die neue Leistungsgesellschaft muss also ihre Probe auf die Menschlichkeit erst noch bestehen, indem sie auch die zu ihrem Recht kommen lässt, die es selber nicht fordern können. Die Leistungsgesellschaft darf sich zu ihren Schwächsten nicht unsozial verhalten. Sie darf nicht zulassen, dass die Starken immer nur die Schwachen verdrängen oder gar zu Versagern degradieren.

Hier sind alle aufgerufen, für eine *soziale Leistungsgesellschaft* zu sorgen, die nicht nur die materielle Absicherung im Blick hat, sondern auch für eine gerechte Verteilung der Lebenschancen Sorge trägt.

8. Zukunftspotenziale. Hilfsbereitschaft und Gemeinwohlorientierung

Eine wertorientierte Standortbestimmung tut Not – jenseits ökonomischer Notwendigkeiten: Wie sehen unsere Lebensziele für die Zukunft aus?

> Lebensziele umschreiben in der Wertewandelforschung Zielvorstellungen, die der Einzelne in seinem Leben zu verwirklichen sucht („will ich gern mit besonders starkem Einsatz tun"). Lebensziele verkörpern individuelle Werte, auf die jeder sein Leben ausrichtet, auf die er zulebt – von der Vermögensanlage bis zum Lebensgenuss.

Lebensziele lassen sich zu fünf Wertemustern zusammenfassen:

1. *Leistungsorientierung*
   (Etwas leisten; sich Herausforderungen stellen; vorwärts kommen; sich fortbilden)

2. *Genussorientierung*
   (Das Leben genießen; etwas selber tun, was Spaß macht)
3. *Sozialorientierung*
   (Mit anderen zusammen sein; anderen helfen)
4. *Ichorientierung*
   (Sich selbst verwirklichen; Ideen durchsetzen; sich besser kennen lernen)
5. *Besitzorientierung*
   (Viel Geld verdienen; Vermögen schaffen; Etwas Bleibendes schaffen).

Auf dem Weg in die Zukunft möchten die Deutschen gern in einer *Balance zwischen Leistungs-, Genuss- und Sozialorientierung leben*. Sie wollen in ihrem Leben etwas tun, was Spaß macht. Zugleich legen sie besonderen Wert darauf, das Leben zu genießen. Spaß und Lebensfreude sind aber erst durch andere und mit anderen am größten. An dritter Stelle der Lebensziele der Deutschen rangiert daher das Zusammensein mit anderen. Bemerkenswert hoch ist der Wunsch in der Bevölkerung ausgeprägt, anderen helfen zu wollen. Materielle Lebensorientierungen wie z.B. „viel Geld verdienen" oder „Vermögen schaffen" spielen im Vergleich hierzu eine untergeordnete Rolle. Die Hoffnung hat eine Zukunft, wenn es gelingt, das große Potenzial an Hilfsbereitschaft in der Bevölkerung zu wecken. Die Gemeinwohlorientierung muss nicht sterben.

> Jenseits der Erwerbsgesellschaft gibt es in der Wunschvorstellung der Bevölkerung eine soziale Leistungsgesellschaft, in der das Für-andere-da-Sein Lebenserfüllung verspricht. Eine Forderung für die Zukunft zur Erhaltung und Sicherung der Wohlstands- und Wohlfahrtsgesellschaft sollte daher lauten: Öffentliche Ausgaben reduzieren – private Initiativen aktivieren.

Leben im 21. Jahrhundert heißt für die Mehrheit der Bevölkerung: *Leben zwischen persönlicher Lebensfreude und sozialer Geborgenheit*. Um sich im eigenen Lande wohlfühlen zu können, müssen Lebensbedingungen vorhanden sein oder geschaffen werden, die Wohlstand und Wohlfahrt gleichermaßen garantieren. Unterschiedliche Prioritäten sind im Generationenvergleich erkennbar:

- Für die jüngere Generation ist der eigene Spaß genauso wichtig wie die Geborgenheit im Zusammensein mit anderen. Jugendliche leben eher nach der Devise: Man kann andere nicht glücklich machen, wenn man nicht selber Spaß dabei hat.
- Hingegen können die meisten älteren Menschen, um sich wohlzufühlen, auf Spaß und Freude, Fröhlichkeit und Ausgelassenheit verzichten – nicht jedoch auf Hilfsbereitschaft und Verständnis füreinander.

> Die Bevölkerung erwartet von der Zukunft nicht das ganz große Glück. Es sind eher die kleinen Glücksmomente des Lebens in einer entspannten und störungsfreien Atmosphäre: Stimmung, Harmonie, Geborgenheit. Garanten dafür, dass man unbeschwert leben und sich über manche schönen Augenblicke einfach freuen kann.

Auch die Zukunftshoffnungen der Jugend richten sich auf Lebensziele zwischen *Freundschaft, Freundlichkeit und Liebe* – auf zeitlose Werte. Die junge Generation weiß sehr wohl, was auch in Zukunft wichtig ist. Das Bewusstsein für die Bedeutung der vorrangig sozialen Werte lässt für die Zukunft hoffen. Es ist kein Zufall, dass die Menschenrechte in Europa drei Namen tragen: *Freiheit. Sicherheit. Gerechtigkeit*. Ein Recht auf Glück lässt sich hieraus allerdings nicht ableiten.

> Aus erlebnispsychologischer Sicht gilt: Es macht auf Dauer nicht glücklich, wenn man immer das bekommt, was man sich wünscht. Kurzfristig mag man sich glücklich fühlen; langfristig erzeugen jedoch weder ein neues Auto noch ein Zweitfernseher oder ein Dritturlaub die gleichen Glücksgefühle wie am Anfang. Menschen fühlen sich subjektiv immer dann am wohlsten, wenn Ansprüche und Möglichkeiten im Gleichgewicht sind.

Die alten Griechen wussten schon, warum sie den Zeus-Tempel in Olympia als Mahnung an die Epheben mit der Inschrift versahen: PAN METRON ARISTON: *„Genieße nach Maß, damit du länger genießen kannst".* Wer noch im Genuss maßvoll bleibt, leidet keine materielle Not, schwimmt aber auch nicht im Überfluss. Denn er weiß, dass man Glück nicht kaufen kann.

9. Weniger Arbeit – und was dann? Lebenssinn im 21. Jahrhundert

Das Durchschnittsalter für den Eintritt in den Ruhestand liegt noch immer bei unter 60 Jahren: *Die nachberufliche Lebensphase kann zur „Neuen Sozialen Frage" des 21. Jahrhunderts werden.* Wie sich kurze Lebensarbeitszeiten und lange Lebenszeiten auf Lebenssinn und Lebensziele auswirken, wird zu einer zentralen gesellschaftspolitischen Problem- und Fragestellung der Zukunft. Lebenssinn kann nicht mehr nur in der bezahlten Arbeit gefunden werden, sondern muss auch durch unentgeltliche Tätigkeit, „die dem Menschen und der Gemeinschaft dient" (Opaschowski 1980, S. 24) möglich sein: Von der Haushaltsarbeit über die Kindererziehung in der Familie bis zur freiwilligen sozialen Arbeit in Nachbarschaft oder Verein.

Auf der Suche nach Lebenssinn diesseits und jenseits des Erwerbs ist die Bevölkerung längst fündig geworden. Die Zukunftshoffnungen richten sich auf den *Wunsch nach mehr Muße und sozialen Kontakten*. Auf repräsentativer Ebene wurde die Bevölkerung mit folgender Frage konfrontiert: „Einmal angenommen: Sie würden erheblich weniger arbeiten. Ihr Grundeinkommen wäre trotzdem gesichert. Welche der folgenden Tätigkeiten und Aufgaben könnten Ihrem Leben dann einen Inhalt und Sinn geben?"

Eigenarbeiten, also *Beschäftigungen mit der Familie (45%) und dem Hobby (45%)* werden von der Bevölkerung als die Tätigkeiten angesehen, die dem Charakter der Erwerbsarbeit noch am nächsten kommen. Fast jeder zweite Bundesbürger hofft, in Zukunft im eigenen Hobby eine neue Lebenserfüllung zu finden. Ebenso viele können sich vorstellen, ganz in der Arbeit für die Familie aufzugehen und dem Leben dadurch einen sinnvollen Inhalt zu geben (Frauen: 48% – Männer: 44%).

Abb. 86: „Weniger Arbeit – und was dann?"
Was dem Leben Sinn und Inhalt geben kann

Frage: „Einmal angenommen: Sie würden nach dem Jahr 2000 erheblich weniger arbeiten. Ihr Grundeinkommen wäre trotzdem gesichert. Welche der folgenden Tätigkeiten und Aufgaben könnten Ihrem Leben dann einen Inhalt und Sinn geben?"

Mehr Zeit für sich	1995	2003	Veränderungen 1995-2003
Muße	39	50	+11
Hobbies	45	44	−1
Reisen	29	31	+2
Sport	18	18	0
Mehr Zeit für andere			
Familie	46	51	+5
Freunde	39	43	+4
Soziales Engagement	12	12	0
Freiwillige Mitarbeit	11	11	0
Mehr Zeit zum Tätigsein			
Gartenarbeit	23	29	+6
Do-it-yourself	10	11	+1
Nebentätigkeit	9	9	0
Schwarzarbeit	6	6	0
Mehr Zeit zur Weiterbildung			
Kulturangebote	21	22	+1
Persönlichkeitsbildung	14	14	0
Freizeitakademiekurse	10	9	−1
Universitätsvorlesungen	5	5	0

Repräsentativbefragungen von jeweils 2.000 Personen ab 14 Jahren in den Jahren 1995 und 2003 in Deutschland. *B.A.T Freizeit-Forschungsinstitut*

Nur zwei von hundert Befragten geben unumwunden zu: „Ohne Berufsarbeit kann ich nicht leben". Diese Auffassung wird mehr von Alleinstehenden geäußert. Alle übrigen verbinden mit der Vorstellung eines Lebenssinns jenseits der Erwerbsarbeit *vier Zukunftshoffnungen*: Mehr Zeit für sich – Mehr Zeit mit anderen – Mehr Zeit zur Weiterbildung – Mehr Zeit zum Tätigsein:

1. *Mehr Zeit für sich.* Millionen von Bundesbürgern wünschen sich, in Zukunft mehr Zeit für Hobbies, Sport und Reisen zu haben. Und fast jeder zweite Bundesbürger richtet die Hoffnung darauf, endlich mehr Muße für sich selbst zu finden. Dies trifft vor allem für zeitlich stark beanspruchte Berufsgruppen (z.B. Leitende Angestellte) zu.
2. *Mehr Zeit für andere.* Soziale Bezüge können künftig für die Sinnerfüllung des Lebens an Bedeutung gewinnen. Dabei dominiert die Hinwendung zu Familie und Freunden. Jeder achte würde sich gerne in der Nachbarschaftshilfe, in der Altenpflege oder im Umweltschutz sozial engagieren, die Frauen mehr als die Männer. Und jeder neunte Bundesbürger wäre bereit, freiwillig und ehrenamtlich in Organisationen mitzuarbeiten.
3. *Mehr Zeit zum Tätigsein.* Auch in Zukunft gibt es genug zu tun – nur nicht immer gegen Geld. Weil die Menschen mehr Zeit, aber weniger Geld zur Verfügung haben, werden Do-it-yourself (10%) und Gartenarbeit (23%) einen Teil des Geldverdienens ersetzen müssen. Aber auch Nebenjobs (9%) und Schwarzarbeiten (6%) werden gefragt sein.
4. *Mehr Zeit zur Weiterbildung.* Der Kultur- und Bildungsbereich könnte sich in Zukunft expansiv entwickeln, wenn die Bundesbürger ihre Wunschvorstellungen Wirklichkeit werden lassen. Jeder Fünfte will dann mehr Kulturangebote nutzen und jeder Siebte will sich persönlich weiterbilden. Etwa sechs Millionen Bundesbürger würden gerne Kurse in Freizeitakademien und über drei Millionen Vorlesungen an der Universität besuchen.

In Politik und Gesellschaft wurde bisher weitgehend die Auffassung vertreten, die Erwerbsarbeit als Zentrum des Lebens könne durch nichts Gleichwertiges ausgeglichen werden. Die Befragungsergebnisse zeigen jedoch deutlich, dass sich die Bevölkerung sehr wohl vorstellen kann, Lebenserfüllung auch im arbeitsfreien Teil des Lebens zu finden.

> Eine Umbewertung des Lebenssinns zeichnet sich für die Zukunft ab. Lebenssinn kann für viele Menschen auch heißen, in außerberuflichen Tätigkeiten das zu suchen, was sie in der Erwerbstätigkeit nicht mehr finden können: Sinnbezug, Selbstdarstellung und Erfolgserleben.

10. Agenda 2020.
An sich selbst arbeiten – für andere tätig sein

Die berühmte Berliner Rede des ehemaligen Bundespräsidenten Roman Herzog vom 26. April 1997 („Durch Deutschland muss ein Ruck gehen") war seinerzeit verbunden mit aktivierenden Aufforderungen wie: *Durchstehen. Durchsetzen. Handeln.*

Sie wollte Mut zur Zukunftsgestaltung machen: *So soll es werden!* Es ist bald so weit. Zukunft erscheint wieder machbar. Die Bürger entwickeln sich zu *aktiven Realisten*, die ihre Eigenverantwortung ernst nehmen und vom Untertanengeist wenig wissen wollen. Sie wollen Akteure der Zukunft und kein Spielball der Politik mehr sein.

Sie besinnen sich wieder auf *Bürgertugenden*, d.h. sie wollen sich gegenseitig mehr helfen und nicht alle sozialen Angelegenheiten einfach dem Staat überlassen. Sie bauen eigenständig soziale Netze auf und solidarisieren sich pragmatisch nach dem Prinzip „do ut des": Ich helfe dir, damit auch mir geholfen wird. *Ich-AG und Wir-Gesellschaft* verbinden sich zu einer neuen *Bürgerdemokratie*, bei der sich der einst hierarchisch organisierte „Vater Staat" auf die Rolle des Förderers beschränkt und zunehmend auf die Wirksamkeit bürgerschaftlicher Netzwerke mit Selbsthilfe-Charakter (Attac, eBay, Greenpeace, Verbraucherberatung u.a.) vertraut.

Das Verständnis von Staat ändert sich grundlegend. Die Deutschen nehmen *Abschied vom Obrigkeitsstaat* als Macher, Verteiler und Versorger. Das jahrzehntelang fast grenzenlose Vertrauen in eine Staatsform, bei der die politische Macht überwiegend von der Regierung ausgeht, ist erschüttert. Für den Schutz vor den Risiken des Lebens wie Krankheit, Alter und Pflegebedürftigkeit ist immer weniger der Staat und immer mehr der einzelne Bürger selbst verantwortlich. Im gleichen Maße, wie die Fürsorgeleistungen des Staates zurückgehen, nehmen die Eigenleistungen der Bürger zu. Sie wollen wieder aus eigener Kraft das erreichte Wohlstands- und Wohlfahrtsniveau halten

Staat und staatliche Institutionen verlieren bei der Zukunftsvorsorge und Sicherung der Sozialsysteme an Glaubwürdigkeit, während gleichzeitig die Bedeutung von lokalen Bürgerinitiativen bis hin zu globalen Verbraucherschutz- und Umweltorganisationen wächst. Neue Formen *direkter Demokratie* entwickeln sich bei gleichzeitigem Bedeutungsverlust der repräsentativen, d.h. durch gewählte Abgeordnete vertretenen Demokratie. Beide sind jetzt für die Erledigung der gemeinsamen sozialen Aufgaben („welfare mix") verantwortlich. Die *aktive (Mit-)Beteiligung der Bürger* ist gefordert. Der Staat als Ausgabenmaschine hat ausgedient. Die Bürger erkennen, dass der Staat keine sozialen Wohltaten mehr zu verteilen hat.

Es ist in Zukunft kein Widerspruch mehr, parteipolitisch desillusioniert und gleichzeitig politisiert zu sein – und zwar dort, wo die Bürger *selbst gestaltend etwas bewirken und verändern* können (z.B. bei konkreten Projekten und Hilfsaktionen, in Initiativen und spontanen Bewegungen). Hier können die Bürger noch *Politik zum Anfassen* erleben und sich engagieren, ohne gleich einverleibt zu werden. Für die Zukunft zeichnet sich ab: Die Bürger übernehmen wieder mehr Verantwortung und suchen Orte und Gelegenheiten, wo sie Aufgaben mit Ernstcharakter finden. Sich engagieren heißt für sie: *Gebraucht werden!* Die politische Kultur verändert sich.

Dafür spricht: Die Mitgliedschaft in etablierten politischen Parteien geht spürbar zurück. Aber gleichzeitig *nimmt die Zahl von* Nichtregierungsorganisationen (NGO's: Non-Governmental Organizations), gemeinnützigen Gruppen und freien *Initiativen explosionsartig zu.* Die NGO's mischen sich verstärkt in politische Entscheidungsprozesse ein und werden dabei von den Medien unterstützt, indem diese öffentliche Diskussionen in Gang bringen, Missbräuche aufdecken und den Bürgern neue Freiräume für ernsthafte politische Engagements eröffnen. Insbesondere die Globalisierungsbewegung ist eine *Antwort auf das Demokratiedefizit* in vielen Institutionen und Organisationen, die Weltpolitik machen, ohne dass die Bürger ihre Vertreter z.B. in der Welthandelsorganisation (WTO), im Internationalen Währungsfonds (IWF), in der Weltbank oder im UN-Sicherheitsrat direkt wählen können.

In Nichtregierungsorganisationen und freien Initiativen entwickeln die Bürger eine *eigene Gegenkultur*, die auf Werten beruht (und nicht nur auf Erwerbszwecke ausgerichtet ist). Im Mittelpunkt steht der Mensch. Diese Organisationen werden getragen von unbezahlten Mitarbeitern (und nicht nur „ehrenamtlichen Helfern"), d.h. sie bekommen eine spezifische Ausbildung und ihre Leistungen werden auch bewertet. Diese Organisationen halten die Menschen untereinander zusammen und helfen, Brücken zu schlagen. Sie agieren als *funktionierende Bürgerschaft*, in der jeder Einzelne Verantwortung übernehmen und Einfluss ausüben kann. Die Zukunft gehört einer so genannten *Kultur des dritten Sektors,* in der die Bürger auch außerhalb von Wahlen ihre politischen Rechte aktiv wahrnehmen können. So können sie die Weichen für die Vision einer Welt stellen, in der sie morgen gerne leben wollen.

Auch die *Lebenskompetenzen* der Bürger ändern sich. Selbstständigkeit und Eigenverantwortung bekommen in der Persönlichkeitsentwicklung einen immer größeren Stellenwert. Das *Selbsthilfeprinzip* bürgert sich wieder ein: Hilf dir selbst, bevor der Staat dir hilft. Und meistere dein Leben aus eigener Kraft! Der Staat soll nur dafür Sorge tragen, dass die Bürger dazu auch in der Lage sind. Für ihre eigene Wohlfahrt sind die Bürger selbst verantwortlich.

Die Frage ist in Zukunft nicht mehr, was der Staat alles machen soll, sondern was er eigentlich noch machen kann. Die staatliche Politik hat ihre traditionelle Machtposition weitgehend verloren. Ein Staatsmonopol hat die Politik fast nur noch im Bereich des Militärs und der Inneren Sicherheit, also in der Aufrechterhaltung von Gesetz und Ordnung, wobei Letzteres (z.B. in der Kriminalitätsbekämpfung) immer mehr privaten Sicherheitsdiensten überlassen wird. *Der Staat als Macher und Versorger ist infragegestellt.* Jetzt ist mehr seine aktivierende Rolle als Impulsgeber gefragt. Den Bürgern wird klar, dass sie nicht mehr auf den fürsorgenden Wohlfahrtsstaat zählen können, sondern selber für sich sorgen müssen.

Damit verbunden ist ein grundlegender *Wandel in der Staatsbürger-Rolle*. Die Initiative geht wieder mehr vom Volk aus. Die Bürger werden Lebensunternehmer und nehmen ihr Leben als Potenzial wahr, für das sie sich selbst verantwortlich fühlen und aus dem sie das Beste machen wollen. Sie sind hoch motiviert und zugleich bereit, *unternehmerische Verantwortung* zu tragen – für sich selbst und in der Elternrolle, als Vereins- oder Gemeindemitglied, als Unternehmer am Arbeitsplatz, Freiberufler oder selbstständig Gewerbetreibender. Auch in Zukunft werden sich realistischerweise die Lust, die Kraft und die aufgewendete Zeit der Vollzeitbeschäftigten für freiwillige Zusatzarbeiten in engen Grenzen halten. Doch: *Mit dem Ende der Erwerbsarbeit ist die Lebensarbeit nicht zu Ende.* Ein Paradigmenwechsel von der berufsbezogenen Wissensvermittlung zur lebensgestaltenden Kompetenzvermittlung steht zur Diskussion. Arbeit bedeutet in Zukunft immer öfter, für andere tätig zu sein und auch an sich selbst zu arbeiten.

Agenda 2020

Der Wandel von der Arbeitszentrierung zur Leistungsorientierung des Lebens wird folgenreich sein. Das gesamte Wertesystem wird sich verändern, wenn aus der Berufsethik eine Gleichgewichtsethik wird. Die Formel „Leben, um zu arbeiten" gehört der Vergangenheit an. Statt *Arbeit und Erholung* heißt es im 21. Jahrhundert: *Leistung und Lebensgenuss* – oder pointiert und durchaus ironisch: „Frohes Schaffen" statt wie bisher „Viel Arbeitsfreude."

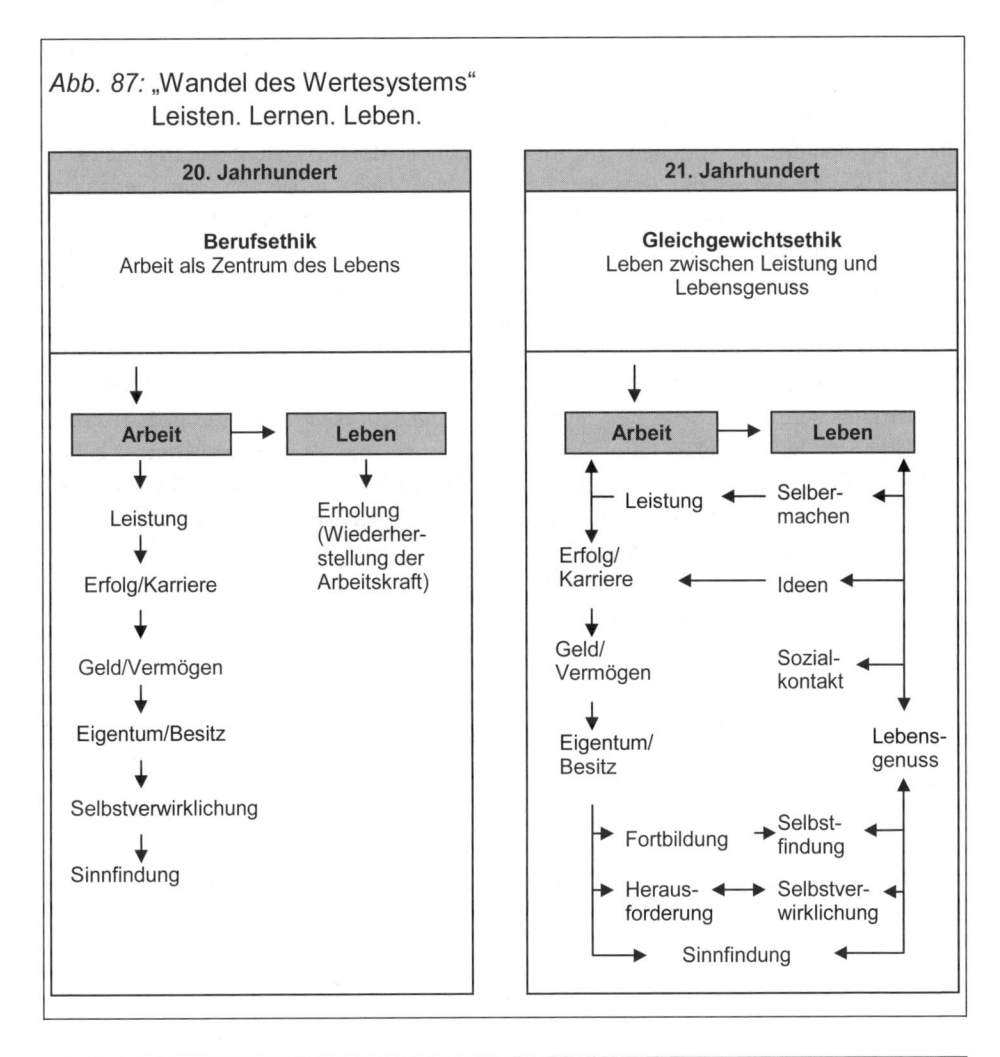

Abb. 87: „Wandel des Wertesystems"
Leisten. Lernen. Leben.

20. Jahrhundert	21. Jahrhundert
Berufsethik Arbeit als Zentrum des Lebens	**Gleichgewichtsethik** Leben zwischen Leistung und Lebensgenuss
Arbeit → Leben	Arbeit ↔ Leben
Arbeit: Leistung → Erfolg/Karriere → Geld/Vermögen → Eigentum/Besitz → Selbstverwirklichung → Sinnfindung	Arbeit ↔ Leistung ← Selbermachen; Erfolg/Karriere ← Ideen; Geld/Vermögen; Sozialkontakt; Eigentum/Besitz; Lebensgenuss; Fortbildung → Selbstfindung; Herausforderung ↔ Selbstverwirklichung; Sinnfindung
Leben: Erholung (Wiederherstellung der Arbeitskraft)	

„Travel" und „Travail", Reisen und Arbeiten haben die gleiche Wortwurzel und deuten auf das gleiche Phänomen hin: Der Mensch kann auf Dauer nicht untätig in seinen eigenen vier Wänden verweilen – er braucht eine Aufgabe und eine Perspektive mit Lebenssinn.

Von der traditionellen Berufsethik muss Abschied genommen werden, doch die Arbeit ist nicht am Ende. Sie lebt – neben der Erwerbstätigkeit – in neuen Formen weiter, die für das ganze Leben wichtig sind: Als freiwilliges Engagement (und nicht nur abhängige Beschäftigung), als soziale (nicht nur bezahlte) Tätigkeit und als kulturelle (nicht nur vermarktete) Leistung. So wandelt sich zwar die industrielle Arbeitsgesellschaft zu einer multiaktiven Leistungsgesellschaft ohne lebenslange Erwerbsgarantie. Doch das Zeitalter des Müßiggangs findet auch in Zukunft nicht statt.

Vor über einhundertzwanzig Jahren beschrieb der amerikanische Schriftsteller Mark Twain in seinem Buch „Bummel durch Europa" einen Waldspaziergang im Schwarzwald an einem Sommertag im Jahre 1880. Er suchte sich ein sonniges Plätzchen, ließ sich dort im weichen Moos nieder, genoss die friedliche Stille und betrachtete den Waldboden. Über das, was er beobachtete, machte er sich so seine Gedanken. Er verfiel dabei in ein langes Grübeln über zwei Ameisen, die sich mit dem Transport eines Grashüpferbeins beschäftigten. Jede hielt ein Ende in ihren Zangen und zog nach Leibeskräften daran. Es kam zu einem Geschiebe und Gezerre mit gegenseitigen Anschuldigungen zwischen Sabotage, Schlägerei und Versöhnung, behindert durch Wurzeln und abgebrochene Zweige. Endlich schienen sie sich auf eine gemeinsame Richtung geeinigt zu haben. Sie schleppten das Bein ein Stück weit, machten ganz unvermittelt kehrt und bewegten sich in die entgegengesetzte Richtung. Sie kamen gut voran und hatten sich offenbar aufeinander eingespielt. In diesem Moment ließen beide ihr Objekt plötzlich fallen – und gingen allein ganz unterschiedliche Wege weiter.

Stimmt das überlieferte Bild von der fleißigen Ameise nicht mehr? Ist dies nicht auch symbolisch für das, was vermeintlich bei der *Suche der Zukunftsforschung nach der Welt von morgen* herauskommt – nämlich weitgehende Prognoseunsicherheit? Das ist nur die halbe Wahrheit. Die andere Hälfte der Geschichte besteht nämlich darin, dass die Ameisen doch immer wieder einen Ameisenbau zustande bekommen (vgl. Schulze 2003, S. 12). Am Ende von Versuch und Irrtum, von Anpacken und Loslassen, von Innehalten und scheinbarer Ziellosigkeit steht doch das Weiterkommen und *die Überzeugung, dass es weitergeht.* Wer die Zukunftsentwicklung nur negativ sieht, muss die Zukunft erleiden. Wer hingegen positiv dynamisch (nicht blauäugig) nach vorne schaut, kann *die Zukunft aktiv angehen und gestalten* – die eigene wie auch die gesellschaftliche Zukunft.

So lässt sich thesenhaft eine gesellschaftliche Zukunfts-Agenda mit zehn Forderungen formulieren:

1. Aus der Geschichte Lehren ziehen
Das ist nicht so einfach. Denn jedes Gesellschaftssystem unterliegt einem natürlichen Alterungsprozess. Historisch gesehen ist jeder Untergang der einen zugleich ein Übergang für die anderen. Die Verfallsfaktoren z.B. für den Untergang Roms lesen sich heute wie eine aktuelle Bestandsaufnahme: Vergnügungssucht, ausufernder Egoismus, Ehe- und Kinderlosigkeit, hohe Scheidungsraten, Bevölkerungsschwund. Letzterer ließ sich selbst durch sogenannte „Sklavenzufuhr" nicht aufhalten. Rom war sozial, politisch und kulturell erstarrt und reif für den Untergang. Viele Wege führen nach Rom. Wir sollten in Zukunft andere Wege gehen.

2. In der Schule für das ganze Leben lernen
„Nicht für die Schule, sondern für das Leben lernen wir". Wenigstens diese alte Weisheit der Römer sollte wieder wörtlich und ernst genommen werden. Aus der Lernschule muss wieder eine Lebensschule werden. Lernfragen sind wichtig, Lebensfragen aber genauso. Viele Schüler haben nach Verlassen der Schule den Kopf voll mit Formeln und Vokabeln, stolpern aber ansonsten ziemlich orientierungslos durch das wirkliche Leben.

3. Die materialisierte Lebenshaltung überdenken
Erkenne, wann du satt bist. Wir müssen wieder spüren lernen, wann wir hungrig sind – materiell und mental. Tragen mehr Konsumangebote wirklich zu unserem Wohlbefinden bei oder lassen sie uns aus dem inneren Gleichgewicht geraten? Auch die Konsumgesellschaft muss ihren Anspruch auf Lebensqualität einlösen, wenn sie eine Zukunft haben will.

4. Familienfreundliche Leitbilder schaffen
Viele Erlebnisangebote fördern das Auseinanderdriften der Familienmitglieder. „Tu was für dich selbst." „Erlebe dein Leben". „Verwirkliche deine Träume" – egal, ob Partnerschaft oder Familie darunter leiden. Wie nie zuvor in der menschlichen Geschichte müssen wir in Zukunft mit einer beispiellosen Zunahme der Langlebigkeit rechnen, bei der wir auf das natürliche Hilfspotenzial der Familie angewiesen sind.

5. Für generationsübergreifende Kontakte sorgen
Der Generationenvertrag alter Prägung steht vor seiner Auflösung. Vor dem aktuellen Hintergrund schrumpfender familialer Netze nehmen in Zukunft auch die Verwandtschaftshilfen ab. Informelle soziale Netzwerke müssen systematisch gefördert und die natürlichen Hilfspotenziale aktiviert werden, damit auch Freunde, Bekannte und Vereinsmitglieder als freiwillige Helfer bzw. soziale Konvois gewonnen werden können.

6. An soziale Zukunftsvorsorge denken
Die materielle Vorsorge durch abgesicherte Rente, Wohnung, Haus und Garten kann nur die „halbe Miete" sein. Zur Lebensplanung von morgen gehört auch die mentale und soziale Vorsorge – die Erweiterung des eigenen Interessen- und Aktivitätenspektrums im Umfeld von Bildung, Kultur, Medien, Gesundheit und Sport in Verbindung mit der systematischen Pflege von Kontakten in Familie, Freundeskreis und Nachbarschaft. Nur so bleibt die persönliche Lebensqualität bis ins hohe Alter garantiert.

7. Arbeit und Leistung neu definieren
Diesseits und jenseits des Erwerbs warten neue Arbeitswelten auf uns: Familienarbeit, Freiwilligenarbeit, Eigenarbeit. Viele dieser Tätigkeitsfelder kommen ohne Bezahlung, aber keines ohne soziale Anerkennung aus. Unbezahlte Arbeiten können das Erwerbssystem sinnstiftend ergänzen. Alle wollen im Leben etwas leisten und alle können auch etwas leisten. Allerdings muss die Leistungsdiskussion, die sich bisher fast nur im ökonomischen Fahrwasser bewegte, um soziale Dimensionen erweitert werden.

8. Das freiwillige Ehrenamt gesellschaftlich aufwerten
Mit dem Trend zur Individualisierung gehen immer mehr Orientierungsmöglichkeiten verloren und werden neue Gemeinschaftserlebnisse immer wichtiger. Wir sollten also in Zukunft geradezu eine neue Profession mit Ernstcharakter schaffen, eine Art Zweitkarriere jenseits des Gelderwerbs – ein soziales Volontariat, das auf dem Prinzip der Freiwilligkeit basiert.

9. Für verbindliche Wertorientierungen Sorge tragen
Multiplikatoren und gesellschaftliche Entscheidungsträger haben eine Pflicht, in der Suche nach verbindlichen Wertorientierungen, in denen das Wohl des Einzelnen und das Gemeinwohl der Gesellschaft im Mittelpunkt stehen, voranzugehen. Sie müssen nicht gleich alle Lösungen selbst finden, sollten eher Fragen stellen und andere zu Antworten ermutigen.

10. Die Politik mehr für Zukunftsfragen sensibilisieren
Die Politik muss die Bevölkerung davon überzeugen, dass sie die Richtung der zukünftigen gesellschaftlichen Entwicklung kennt und entsprechend Einfluss darauf nimmt.

Alle Verantwortlichen in Politik, Wirtschaft und Wissenschaft, die den Willen und die Macht zur Veränderung haben, müssen schon heute die Weichen für die Welt von morgen stellen. Sie müssen erkennen, dass die größten Gefahren für die nächsten Generationen in der Nichterfüllung ethischer Werte liegen. Alle sollten daher an einem *sozialen Ausgleich* interessiert sein.

Von einem am sozialen Handeln orientierten „intelligenten Egoismus" könnten Wirtschaft und Gesellschaft genauso wie künftige Generationen langfristig profitieren. Was der ehemalige Präsident des Club of Rome der jungen Generation zurief „Legt euren Zukunftspessimismus ab. Ihr seid die Akteure der Zukunft!" (Diéz-Hochleitner 2000, S. 23) setzt erst einmal voraus, dass die gesellschaftlichen und politischen Entscheidungsträger von heute selbst daran glauben und als *Akteure der Zukunftsgestaltung* wirksam sind. Dann hat Deutschland seine Chance – in sechzehn und auch in hundertsechzig Jahren.

XI. Zukunft neu denken! Begründungen und Perspektiven einer Zukunftswissenschaft

„Es ist nicht unsere Aufgabe,
die Zukunft vorauszusagen,
sondern auf sie gut vorbereitet zu sein."

Perikles (490-429 v.Chr.), Politiker und Staatsmann in Athen

Prognosen und Perspektiven auf einen Blick

- Die Schlüsselfrage:
  Wo bleibt und was will der Mensch?
- Die Natur macht keine Sprünge:
  Lebensgewohnheiten sind voraussagbar
- Blick zurück nach vorn:
  Zukunft ist auch Herkunft
- Hochrechnen aus Verantwortung:
  Zukunftswissenschaft als neuer Wissenschaftstypus
- Von Zeitreihen zu Zukunftstrends:
  Repräsentativumfragen im Zeitvergleich
- Prognoseforschung:
  Mehr Psychologie als Ökonomie
- Zukunftspflicht:
  Weitsicht statt Schnelllebigkeit
- Zukunftsoptionen:
  Mögliche Zukünfte besuchen
- Zukunftsfähigkeit:
  Kombination aus Machbarem und Wünschenswertem
- Wo wollen wir eigentlich hin?
  Fahrplan für die Zukunft

1. Die Geschichte der Zukunft. Wahrheiten von morgen

In Griechenland wimmelte es von *Orakeln* (Delphi, Delos, Olympia, Epidaurus, Theben u.a.), die miteinander um Treffsicherheit wetteiferten. Hinzu kamen sogenannte *Seher*, die Politikern und Militärstrategen nicht selten das verkündeten, was sie hören wollten. So vermittelten beispielsweise die Feldzüge Alexander des Großen den Eindruck einer fast konspirativen Kooperation zwischen dem König und den Sehern, bei der man nicht wusste, „wer wen manipulierte" (Minois 1998, S. 108). König und Seher steckten sozusagen ‚unter einer Decke'. Dafür sprach auch, dass jede militärische Expedition ihre eigenen Seher hatte, so wie es heute für jeden Wahlkampf parteienspezifische Meinungsumfragen oder bezahlte Werbeagenturen gibt.

> Die griechische Kultur gilt als die erste, die ernsthaft über den Begriff der Zukunft nachgedacht hat. Die inflationäre Verbreitung von Orakeln und Sehern war ein Ausdruck dafür. Dazu gehörte auch die Offenheit für Utopien, die als Wahrheiten von morgen verstanden wurden.

Die Römer hingegen hatten mehr die Gegenwart im Blick und rückten die Weissagungen in die Nähe von Betrug, Verschwörung oder gar Landesverrat. Zukunft wurde zur *Chefsache* erklärt. Nur der Kaiser sollte die Zukunft kennen. Kaiser Tiberius versuchte, Orakel in der Nähe Roms zu beseitigen. Und Kaiser Claudius fasste im Jahre 47 alle Weissager zu einem Staatskollegium zusammen – zu einer Art *Zukunftsministerium* (vgl. Minois 1998, S. 125). Die Zukunftsdeuter wurden zu Beamten und die Voraussagen eine Sache des Staatsmonopols.

Die Politik Roms hatte ein ernsthaftes Interesse daran, Voraussagen oder gar Gerüchte über die Zukunft der kaiserlichen Macht zu verhindern. So ließ z.B. Kaiser Augustus alles, was an griechischen und lateinischen Orakelbüchern kursierte, verbrennen. Stattdessen wurde in Rom der Mythos der Ewigen Stadt verbreitet. Und der Dichter Horaz verkündete die *Carpe diem*-Devise: „Nutze den Tag und verlass dich so wenig wie möglich auf den, der noch kommt." Jeder sollte im Hier und Jetzt leben und nicht etwa im Vertrauen auf die Zukunft. Denn: „Es hat ein weiser Gott den Weg der Zukunft mit dunkler Nacht verhüllt und lächelt nur, wenn ein Sterblicher über das erlaubte Maß sich ängstigt ... Nur der wird als sein eigener Herr und heiter leben, der nach jedem Tag zu sprechen weiß: ‚Ich habe gelebt'" (Horaz „Oden" I und III). Das erinnert an den Zeitgeist des 21. Jahrhunderts. Cicero stützte Horaz in dieser Meinung: Das Wissen um die Zukunft sei weder nützlich noch hilfreich: „Was für ein Leben hätte doch Priamos gehabt, wenn er von Jugend an gewusst hätte, welche Schläge ihn im Alter treffen würden? ... Es ist demnach die *Unkenntnis* künftigen Unheils gewiss *von größerem Nutzen als ein entsprechendes Wissen*" (Cicero „Über die Wahrsagung" II).

Mit dem Übergang von der Antike zum Mittelalter verändert sich die Einstellung zur Zukunft nicht grundlegend: *Gott allein kennt die Zukunft* heißt es jetzt, zumal die Welt nicht mehr lange bestehen sollte. Die Ankündigungen von Antichrist/Wiederkehr Christi/Ende der Welt/ Jüngstes Gericht bestimmten die mittelalterlichen Zukunftsvorstellungen. Der Zyklus der ewigen Wiederkehr geriet ins Wanken. Das römische „Carpe diem" von Horaz wurde einfach umgeschrieben. An die Stelle von Daseinsfreude und Lebensgenuss trat nun die Flucht nach vorn: *Wir leben nicht mehr – wir erwarten das Leben* (Minois 1998, S. 211).

> Die Griechen sprachen von to mellon und die Römer von futurum. Ansonsten waren die Menschen in Antike und Mittelalter weit von unserem heutigen Zukunftsdenken entfernt. Das neuzeitliche Zukunftsverständnis gibt es im Deutschen erst seit der zweiten Hälfte des 18. Jahrhunderts.

Im Deutschen Wörterbuch von Jacob und Wilhelm Grimm heißt es dazu: „Erst das ‚philosophische Jahrhundert', als der Mensch aufhörte, die Zeitlichter der Ewigkeit entgegenzustellen, und anfing, sich selbst im Ablauf des allgemeinen Geschehens zu sehen ... hat die für uns so geläufige Abstraktion des Begriffs der *zukünftigen Zeit* allgemein vollzogen" (Grimm 1954, Sp. 479). Bis dahin gab es Zukunft eigentlich nur in der räumlichen und nicht in der zeitlichen Bedeutung von *Ankunft* bzw. *adventus* – ganz im Sinne von Kap. 24/Vers 3 des Matthäus-Evangeliums „quod signum adventus tui, et consummatione saeculi?" Gemeint war die Ankunft Christi auf Erden, die Martin Luther 1545 ganz modern ins Deutsche übersetzte: „Welches wird das Zeichen sein deiner Zukunft und der Welt Ende?" Die Zukunftsvorstellung glich damals mehr einer *Adventsstimmung*. Dies spiegelt sich noch heute in verschiedenen Sprachen wider, bei denen als Zukunftsbegriff das lateinische *adventus* zugrundegelegt wurde wie z.B. *avenir* (französisch), *avenire* (italienisch) und *provenir* (spanisch).

Im Unterschied zu heute war man früher sehr viel mehr von der ewigen Wiederholung des Gleichen überzeugt. Maßstab hierfür waren die *Kreisläufe der Natur*: Vogelflug und Witterung, Aussaat und Ernte, jahreszeitliche Rituale und Kirchenfeste, die Folge und das Zusammenleben der Generationen von der Geburt über die Eheschließung und Vererbung bis hin zur Blutrache. Alles, was sich diesem Kreislauf des Lebens entzog, wurde als Schicksalsschlag bzw. Ratschluss Gottes hingenommen. Völlig neuartige, ja revolutionäre gesellschaftliche und technologische Entwicklungen wie in der heutigen Zeit waren den Menschen in Antike und Mittelalter weitgehend fremd. Geschichtlich gesehen wiederholte sich alles: „Der Sohn folgte dem Vater auf den Thron, der neue dem alten Rat in der Herrschaft über Republiken und Städte. Kriege folgten auf Friedenszeiten, Frieden auf Krieg, Reichtum auf Armut, Glück auf Unglück" (Hölscher 1999, S. 28).

> In römischer Zeit hatte der Kaiser die Zukunft definiert und reglementiert – im Mittelalter war es die Kirche: Zukunftsdenken wurde jetzt als Aberglaube und Teufelswerk gebrandmarkt. Das traf insbesondere für die Astrologie, die Wissenschaft der Sterne, zu. Die Aufstellung von Horoskopen wurde verurteilt.

Einen zeitgeschichtlichen Einschnitt gab es 1516 mit der Veröffentlichung des Werkes *Utopia* von Thomas Morus. Der Kanzler Heinrichs III. beschrieb darin die glückliche Gesellschaft der Gleichen auf einer imaginären Insel im „Nirgendwo". Die Entdeckung Amerikas durch Morus' Zeitgenossen Christoph Kolumbus hatte neue Horizonte eröffnet – räumlich und geistig. Gleichzeitig machte Nostradamus („Michel de Nostre-Dame") durch seine Sammlung astrologischer Weissagungen ab 1550 auf sich aufmerksam. Und Tommaso Campanella (1568-1639) schrieb seinen *Sonnenstaat*.

Die Menschen glaubten fortan an eine *bessere Zukunft*. Die Angst vor der Zukunft schwand. Zukunft erschien plötzlich planbar und beherrschbar. Die Welt war nicht mehr dem Schicksal oder Zufall ausgeliefert. Astrologen, Propheten und Utopisten wurden zunehmend von Mathematikern, Historikern und Philosophen abgelöst. Der französische Sozialhistoriker Georges Minois beschreibt daher das 19. Jahrhundert als das *Jahrhundert der Zukunft*, als ein prophetisches Jahrhundert und Jahrhundert wissenschaftlicher Utopien. Die neuen Propheten verließen den Boden der Kirche. 1830 erschien in Frankreich die erste Zukunftszeitschrift *L'Avenir*. Optimismus breitete sich aus. Alle Welt sprach von der Zukunft, von Freiheit, Fortschritt und Entwicklung (vgl. Opaschowski 1970, S. 314).

Die Zukunftsdenker verstanden sich als neue Propheten des Glücks. Nur Karl Marx distanzierte sich deutlich: Die phantastischen Antizipationen sollten nicht „vom gegenwärtigen Kampf" ablenken (Karl Marx' Brief an Nieuwenhuis am 21. Februar 1881). Hier deutete sich schon das Ende der Utopien, der Träume, der Hoffnungen und des Optimismus an. Der Aufstieg des Pessimismus begann: Aldous Huxley veröffentlichte 1932 die „Schöne neue Welt" als Synonym für Glück ohne Freiheit in einer Welt der Diktatur. 1949 folgte George Orwells Zukunftsroman „1984". In dieser Welt des Big Brother regierten Furcht, Verrat und Folter, Angst, Hass und Wut. Als Grundsatz galt: *Wer die Gegenwart kontrolliert, kontrolliert die Zukunft*. Es bleibt als erste wichtige historische Erkenntnis festzuhalten:

> Das Interesse an Zukunftswissen war zu allen Zeiten groß. Zur göttlichen Vorsehung (französisch: prévision) gesellte sich die menschliche Voraussage (französisch: prévoyance). Der religiöse Hoffnungsbegriff wurde erweitert – vor allem zur Zeit der Aufklärung.

Der französische Mathematiker Marquis de Condorcet hat 1793 in seiner berühmten Schrift über die Fortschritte des menschlichen Geistes („des progrès d l'esprit humain") die unbegrenzte Vervollkommnungsfähigkeit des Menschen (*perfectibilité*) verkündet und das Fortschritts- und Zukunftsdenken gesellschaftsfähig gemacht.

2. Vom Geschichtsdenken zum Zukunftsdenken. Perspektivenwechsel

Ein afrikanisches Sprichwort lautet: „Weißt du nicht, wohin du willst, so wisse zumindest, woher du kommst." Gemeint ist damit: *Es gibt keine Zukunft ohne Herkunft.* Und Herkunft bedeutet Geschichte, Tradition, Kultur. Solange die Herkunft unerforscht bleibt, lassen sich auch Zukunftsfragen nicht beantworten. Die meisten Ideen für die Zukunft können aus der Vielfalt der Vergangenheit geschöpft werden (vgl. Oloukpona-Yinnon 2000, S. 85). Der ehemalige Baseballstar der New-York Yankees, Goose Gossage, soll auf die Frage, was er sich unter Zukunft vorstelle, geantwortet haben: „Die Zukunft ist im wesentlichen wie die Vergangenheit – nur länger." Die Zukunft ist geradezu schicksalhaft mit der Vergangenheit verbunden.

Zur Zeit macht der Begriff Zukunft neugierig, aber auch Angst. Jahrhundertwenden wie z.B. 1800, 1900 und 2000 haben schon immer *Weltuntergangsstimmungen* und gleichermaßen *euphorische Erwartungen* ausgelöst (Zweckbronner 2000, S. 321):

- Um 1800 ging es zentral um die Frage, wie viele Menschen die Erde wohl noch tragen könne.
- Auch zur Jahrhundertwende um 1900 griff die Angst vor künftiger Unterversorgung der wachsenden Bevölkerung mit Nahrungsmitteln um sich. Gleichzeitig wurde das „Jahrhundert des Dampfes" und das „Zeitalter der Elektrizität" gefeiert.
- Im Jahr 2000 war die Weltbevölkerung mittlerweile auf sechs Milliarden angewachsen. Der Übergang zum solaren Zeitalter kündigte sich an, der selbst zehn Milliarden Menschen ausreichend Energie für ein Leben im Wohlstand geben könnte. Das 21. Jahrhundert sollte eigentlich ein Jahrhundert technologischer Revolutionen sein – von der Computerrevolution bis zur biomolekularen Revolution (Kaku 1997/2000). Eher deuten sich weltweit ökonomische und soziale Konflikte an.

Im alltäglichen Leben haben die Menschen die Erfahrung gemacht: Zu wenig Innovation ist *langweilig* – ein Zuviel an neuen Entwicklungen aber *ängstigt.* Auch ein Grund dafür, warum Zukunftsdenken jahrhundertelang aus dem Leben ausgeblendet, ja systematisch verdrängt wurde. Vor 2500 Jahren beschrieb der Philosoph Platon dieses Phänomen im Dialog Phaidros: Danach präsentierte der Erfindergott Theuth dem ägyptischen Pharao Thamus eine Reihe von Erfindungen, die sich im ganzen Land ausbreiten sollten. Dazu gehörte auch die *Erfindung der Schrift.* Der ägyptische Herrscher lehnte dies jedoch kategorisch ab. Denn: „Mit Einführung der Schrift verändern sich auch die gesellschaftlichen Begriffe von Erinnerung und Weisheit" (Warnecke 1999, S. 11). Der Pharao befürchtete eine Schwächung des Gedächtnisses und eine Vernachlässigung der mündlichen Überlieferungstradition.

> Die Geschichte beweist: Neue Technologien wie z.B. der Buchdruck, das Fernsehen oder das Internet können langfristig die Lebensgewohnheiten von Menschen verändern. Ähnliches gilt im Bereich zukunftsweisender Entwicklungen im Bereich der Mobilität (Auto, Eisenbahn, Flugzeug).

Der technologische Fortschritt ist kaum aufzuhalten, die Zukunft und die Zukunftsforschung auch nicht – frei nach den erfolgreichen Zukunftsstudien von Robert Jungk „Die Zukunft hat schon begonnen" (1952/1990) sowie von Herman Kahn und Anthony Wiener „Ihr werdet es erleben" (1967/1971). In der Zukunftsforschung geht es um *Vorausschauen*, nicht um Wahrsagen, Prophetie, Astrologie oder Magie. Die Zukunftsforschung weist eher Gemeinsamkeiten mit der Geschichtsforschung auf, in der von der ewigen Wiederkehr des Gleichen die Rede ist und Vergangenheit als Präfiguration der Zukunft erscheint (vgl. Eliade 1984, S. 101): Alles wiederholt sich endlos – seit Jahrhunderten.

In der Schule gibt es seit altersher den Geschichtsunterricht. Hier wird gelehrt, was geschehen *ist* und was getan *wurde*. Aber danach – danach steht die Zeit still. Über die Zukunft schweigt die Schule. Der Geschichtsunterricht endet im günstigsten Fall in dem Jahr, in dem er erteilt wird. Danach bricht der Lauf der Zeit ab. Es ist, als gäbe es keine Zukunft. Wird die Zukunft, die aus dem Unterricht verbannt wird, auch aus dem Schüler-Bewusstsein verbannt? Orientieren sich Schüler fast nur an Vergangenheit und Gegenwart und fast gar nicht an der Zukunft? Das käme einer *Verdrehung des Zeitsinns* gleich, wie ein aufschlussreiches Experiment an zwei Universitäten in New York und Los Angeles beweist. Jeweils einer Gruppe von Studenten wurde der Anfangstext einer Erzählung übergeben (vgl. Toffler 1970, S. 333f.). Darin wurden ein fiktiver Herr Hoffmann, seine Frau und ihre koreanische Adoptivtochter beschrieben: Das Mädchen weinte, seine Kleidung war zerrissen, eine Gruppe von Kindern starrte es an ...

Der Professor forderte nun die Studenten auf, die Geschichte zu Ende zu schreiben. Die Studenten wussten aber nicht, dass man sie vorher in zwei Gruppen aufgeteilt hatte.

- Die eine Gruppe erhielt den Text in der *Vergangenheitsform*: Die Personen „hörten", „sahen" oder „liefen". Aufgabe der ersten Gruppe war es, zu erzählen, was Herr und Frau Hoffmann „taten" und was die Kinder „sagten".
- Für die zweite Gruppe war der Anfangstext der Erzählung vollkommen in der *Zukunftsform* gehalten. Sie sollten nun erzählen, was Herr und Frau Hoffmann „tun werden" und was die Kinder „sagen werden". Text und Anweisungen waren ansonsten identisch.

Und so unterschiedlich fielen dann auch die Ergebnisse aus:

- Die erste Gruppe schrieb inhaltsreiche und interessante Fortsetzungen der Geschichte, erdachte neue Charaktere, schuf neue Situationen und Dialoge.
- Die zweite Gruppe hingegen schrieb mehr fragmentarische Textpassagen, nichtssagend und unwirklich.

Das Experiment wies nach: Die Geschichten über die Vergangenheit waren farbig, die Geschichten zur Zukunft ziemlich leer. Den Studenten fiel es leicht, über die Vergangenheit zu schreiben, aber schwer, über die Zukunft nachzudenken. Ihr *Sinn für die Zukunft* war deutlich weniger ausgeprägt und *Zukunftsbewusstsein* war ihnen weitgehend fremd. Vertrauter hingegen war ihnen das Denken nach rückwärts. An den Geschichtsunterricht waren sie gewöhnt, „Zukunftsunterricht" aber war Neuland für sie.

Geschichtsunterricht und Zukunftsunterricht müssten eigentlich eine Symbiose eingehen – ganz im Sinne der Vorrede Friedrich Nietzsches in seinem letzten Buch „Der Wille zur Macht" aus dem Jahre 1888: „Was ich erzähle, ist *die Geschichte der nächsten Jahrhunderte*. Ich beschreibe, was kommt, was nicht mehr anderes kommen kann ... Diese Geschichte kann jetzt schon erzählt werden: denn die Notwendigkeit selbst ist hier am Werke. Die Zukunft redet schon in hundert Zeichen" (Nietzsche 1888/1966, S. 634).

Genaugenommen beginnt Zukunftswissenschaft mit der Geschichtswissenschaft – ganz im Sinne von Ernst Bloch: „Die *Entdeckung der Zukunft im Vergangenen*, das ist Philosophie der Geschichte" (Bloch 1951, S. 474). Zukunft ohne Vergangenheit bleibt blass. In dieser Sichtweise ergeben sich geradezu neue Anforderungen an die Geschichtsforschung, die bisher unvermittelt mit dem Heute oder Gestern abbricht und ohne Bezug zur Zukunft bleibt. Man stelle sich einmal vor: Historiker würden auch prognostisch arbeiten, also nicht nur den Blick zurück auf das 19. oder 20. Jahrhundert werfen, sondern auch futurologisch 2010, 2020 oder 2050 antizipieren. So könnte die Geschichtswissenschaft neue Dimensionen gewinnen.

Dies träfe genauso gut für andere Disziplinen zu:

- Die *Soziologie* kann schließlich auch als Gegenwartswissenschaft verstanden werden, „die Voraussagen über die Zukunft erstrebt" (Dreitzel 1967, S. 456).
- In der *Politologie* muss auch zukunftsgestaltende Politik eine Rolle spielen.
- Gleiches gilt für die *Pädagogik*: Die vorausschauende Pädagogik ist die Schwester der Historischen Pädagogik.
- In der *Philosophie* wird ohnehin die Prognose als eigene Kategorie definiert: „In der Bildung von Prognosen bestehen das Ziel und die Existenzberechtigung der Wissenschaft" (Grundmann 1968, S. 40).

Schon in den Frühzeiten der futurologischen Forschung war klar, dass Zukunftswissenschaft die *Disziplingrenzen sprengen* muss. „Futurologie, die mehr ist als Utopie, Technokratie oder ‚crisis management', muss versuchen, Prognostik, Planung und Philosophie der Zukunft zu einer neuen Einheit zusammenzufügen, wobei zur Zukunftsphilosophie auch die Politik und Pädagogik gehören" (Flechtheim 1972, S. 8). Was lehrt uns die Geschichte des Zukunftsdenkens?

> Von Marshall McLuhan stammt die Aufforderung: Know the present – mache dich mit der Gegenwart vertraut! Also in die Zukunft schauen, aber Wissen, Orientierung und Sicherheit aus der Gegenwart und Vergangenheit beziehen nach dem Prinzip: Zukunft ist Herkunft.

Zukunftsdenken heißt nicht, das Alte und Bewährte in Bausch und Bogen über Bord zu werfen. 83 Prozent der amerikanischen Bevölkerung stimmen beispielsweise der Aussage zu: „Das Komponieren von Musik wird immer wichtiger bleiben als das Schreiben großartiger Computersoftware" (Matathia/Salzman 1998, S. 45).

Technologische Revolutionen sollten nicht überschätzt und nicht jede vage Zukunftsidee gleich zum „Trend" erklärt werden. Die Jahrtausendwende hatte Zukunftstrends vorübergehend in den Mittelpunkt gerückt. Zukunft wurde als Medienspektakel inszeniert – zwischen Marketingidee und Werbespot. Trend- und Zukunftsbüros schossen wie Pilze aus dem Boden. „Trend" drohte zum Unwort, „Zukunft" zum entwerteten Begriff zu werden.

O.W. Schwarzmann gründete beispielsweise ein „Institut für Zukunftskonditionierung" und kreierte gar einen neuen Menschen, den er *„Hyper Sapiens"* nannte. Dahinter stand die Überzeugung, dass wir schon bald in eine Hyper-Welt wandern, die mit der bekannten körperlichen Welt nichts mehr gemein haben soll. Prognostiziert wurde „die Verschmelzung von Spitzentechnologie und Mensch in Vollendung" – körperlos und intelligent, aber virtuell und auf höchster Ebene kommunizierend. Dieses Hyper-Wesen sollte dann – jenseits von Umwelt, Ernährung, Ressourcen und Kriegen – als Elite in einem goldenen Millennium leben (Schwarzmann 1997, S. 7).

Was wie Hybris und Fantasterei anmutet, wurde und wird z.B. vom Fraunhofer Institut für Naturwissenschaftlich-Technische Trendanalysen gestützt und gefördert. Es sei kein Problem mehr, so heißt es, mit Hilfe von Kameras Personen zu „vermessen" und dann als „virtuelle Person" in das Computersystem einzugeben (einschließlich Mimik und Gesten). Das wäre in der Tat ein *grundlegender Paradigmenwechsel* – wenn wir ihn zulassen und das technisch Mögliche nicht verhindern: „Je früher wir uns mit den Konsequenzen auseinandersetzen, desto geringer ist die Gefahr, dass die technologische Entwicklung und der Prozess der Globalisierung uns *Lösungen aufzwingen, die wir nicht wollen"* (Wiemken 1997, S. 18).

> Zukunftswissenschaft darf nicht nur vorausschauen, sondern muss vor allem vorbeugend nachdenken – auch in kritischer Distanz zu sogenannten Delphi-Orakeln, die immer nur verkünden, was in Zukunft technisch alles möglich wäre, statt sich in die gesellschaftliche Pflicht nehmen zu lassen und Voraus-Schau mit Vor-Sorge zu verbinden und empfehlend und beratend die Weichen für die Zukunft zu stellen.

3. Vom Rückblick zur Prognose. Mehr Psychologie als Ökonomie

Über der Haustür von Niels Bohr, dem großen dänischen Atomphysiker, war einst ein Hufeisen befestigt. Ein Freund sprach ihn prompt darauf an: „Aber Du glaubst doch nicht an so etwas!" „Nein", antwortete Bohr, „natürlich nicht. Aber ich habe mir sagen lassen, dass es trotzdem wirkt." Als Niels Bohr seine Atomtheorie entwickelt hatte, wurden Stimmen laut wie: „Mein Gott, muss der gerechnet haben." Seinen Freunden und Schülern wie z.B. Carl Friedrich von Weizsäcker vertraute der Gelehrte jedoch an: „Ich habe nicht gerechnet – das war ein Einfall" (Jungk 1969/1990 S. 71).

> So muss wissenschaftliches Zukunftsdenken heute verstanden werden: Eine Antenne für das Kommende haben, eine Art inneres Radarsystem, das ständig die Gegenwart beobachtet und systematisch der Frage nachgeht: Wo gehen die Dinge hin? Eine Mischung aus Datenbankbasis und Problemlösungshilfe für Entscheidungsträger.

Das bedeutet: Verantwortliche Zukunftsforschung muss sozialkritische Analysen liefern, aber genauso offen für positive Signale sein. Im Mittelpunkt der eigenen Forschungsarbeit steht seit über zwanzig Jahren die systematische Untersuchung der Lebensgewohnheiten der Bevölkerung. Die Ergebnisse von *Repräsentativumfragen im Zeitvergleich*, also sogenannte *Zeitreihen* bilden die sozialwissenschaftliche Basis für Prognosen. Müssen aber nicht angesichts der gegenwärtigen weltpolitischen Lage konkrete Aussagen, die sich auf Entwicklung, Veränderung und Zukunftsperspektiven beziehen, auf den ersten Blick unrealistisch erscheinen? Lassen globale Krisen präzise Prognosedaten nicht schnell zur Makulatur werden?

> Prognosen erzielen immer dann eine große Treffsicherheit, wenn sie von der zentralen Frage ausgehen: Wo bleibt und was will der Mensch? Erst danach ergeben sich Antworten darauf, was wirtschaftlich und technologisch alles möglich wäre.

Daraus folgt: Große gesellschaftliche Veränderungen von der Perestroika bis zur deutschen Vereinigung lassen sich nicht prognostizieren, auch Kriege und Krisen von der Energiekrise über den Golfkrieg bis zu den Terroranschlägen in den USA nicht – *voraussagbar aber sind die Lebensgewohnheiten der Menschen.*

Lebensgewohnheiten sind wie eine *zweite Natur* und haben fast die Wirkung einer Kleidung aus Eisen, die nur schwer zu sprengen ist. Viele Tätigkeiten im Alltag werden so lange praktiziert, dass sie wie Aufstehen, Essen und Schlafengehen fast zur lieben Gewohnheit bis ins hohe Alter werden. Dies erklärt auch, warum beispielsweise Urlauber auf Reisen am meisten das eigene Bett, die Zeitung aus der Heimat und das gemütliche Zuhause vermissen. Gewohnter Lebensrhythmus und alltäglicher Regelkreis sind den Menschen geradezu in Fleisch und Blut gegangen. Viele können einfach nicht aus ihrer Haut heraus. Die Sozialforschung geht davon aus, dass die Persönlichkeits- und Interessenstruktur eines Menschen im wesentlichen ausgebildet ist, wenn er das Erwachsenenalter erreicht. Die *Kindheits- und Jugenderfahrungen* haben ein größeres Gewicht als die spätere Sozialisation. Im Einzelfall kann es zwar auch im Erwachsenenalter noch zu dramatischen Veränderungen kommen, aber die statistische Wahrscheinlichkeit einer grundlegenden Persönlichkeitsveränderung nimmt abrupt ab, wenn das Erwachsenenalter erreicht ist.

Der *Wertewandel einer Gesellschaft* besteht also nicht darin, dass sich die Menschen sozusagen über Nacht verändern. Er vollzieht sich vielmehr allmählich in dem Maße, in dem die jüngere Generation einer Gesellschaft die ältere Generation Zug um Zug ablöst. Und eine Generation, die unter veränderten gesellschaftlichen Lebensbedingungen aufwächst, gelangt zwangläufig zu anderen Erfahrungen und Gewohnheiten. Damit verändern sich auch die Einstellungen zu Arbeit und Leben, zu Partnerschaft, Familie und Freundeskreis.

In der Statistik wird die Grundrichtung einer *langfristigen* Entwicklung „Trend" genannt. Die Berechnung von Trends erfolgt auf der Basis *statistischer Zeitreihen*. Dies sind wesentliche Grundlagen einer sozialwissenschaftlichen Zukunftsforschung, die Zukunfts- bzw. Megatrends formuliert. Trends lassen sich als Tendenzen beschreiben, die für die gesellschaftliche Entwicklung richtungweisend sind. Der Schweizer Philosoph Hermann Lübbe zählt z.B. zu den Trends der Zukunft vor allem die „temporale Innovationsverdichtung" (1996, S. 117). Weil sich die *Innovationsrate pro Zeiteinheit* immer mehr erhöht, kommt es zu immer schnelleren Innovationsschüben. Messbar an der *Halbwertzeit* – an der Zeit also, die vergeht, bis beispielsweise die Hälfte der Ergebnisse eines Forschungsprojekts, einer technologischen Entwicklung, einer wissenschaftlichen Disziplin oder auch eines Lehrbuchs als überholt und veraltet gelten. Bibliothekare könnten auf diese Weise die Benutzung wissenschaftlicher Literatur in Abhängigkeit von ihrem Erscheinungsdatum messen. Das ergäbe dann – grafisch gesehen – eine steil nach unten absinkende Kurve.

Beispiele aus der Industriegeschichte zeigen, dass z.B. Werkzeugmaschinen im Textilbereich im 19. Jahrhundert bei guter Wartung etwa drei Jahrzehnte nutzbar waren. Hundert Jahre später lag die Nutzungszeit nur mehr bei 15 Jahren. Heute haben wir Innovationsschübe in der Technologie von gerade einmal 15 bis 18 Monaten. Wenn sich also die so genannte temporale Innovationsverdichtung weiter so exponentiell entwickelt, dann werden Prognosen und Voraussagen für Wirtschaft, Politik und Gesellschaft immer problematischer. Der subjektive Eindruck entsteht: Die *Gegenwart schrumpft* – von der Wahrnehmung bis zur gelebten Realisierung werden die Zeiträume immer kürzer.

Georg Picht erklärte in den sechziger Jahren, es gebe drei Grundformen, in denen sich das menschliche Denken die Zukunft vor Augen zu stellen vermag: „Ich nenne sie Prognose, Utopie und Planung" (Picht 1967, S. 13). Und Robert Jungk sprach von Voraussagen, Voraussicht und Entwurf (Jungk). In der *Gründungsphase* der Zukunftsforschung dominierte noch weitgehend der *Optimismus der Macher* getreu dem Satz der Genesis „Macht Euch die Erde untertan." So wurde beispielsweise unter Rückgriff auf Expertenstudien der RAND-Corporation in den USA folgende Zukunft für die siebziger, achtziger und neunziger Jahre vorausgesagt (vgl. Rotta/Schmid 1967):

- 1975 könne die Entstehung von Hurricans verhindert werden.
- 1982 werde es auf dem Mond eine permanent mit zehn Menschen besetzte Basis geben.
- 1985 werde zum ersten Mal in der Geschichte der Menschheit nahezu jedes Kind auf der Erde eine Schule besuchen.
- 1990 werde der Mensch das Klima auf der Erde nach eigenem Willen gestalten können.
- 1994 werde es überall auf der Erde einen generellen Impfschutz gegen alle Bakterien- und Viruserkrankungen geben.

Fortschrittsglauben und Zukunftseuphorien begeisterten die Forscher in den sechziger Jahren, bis die Veröffentlichungen des Club of Rome in Verbindung mit der

Öl-/Energiekrise 1972/73 sowie dem Unglück in Tschernobyl 1986 ganz andere Zeichen setzten (vgl. Urban 1993).

> Im 21. Jahrhundert müssen wir mit dem Zukunftsparadox leben: Je mehr und je präziser wir Prognosen abzugeben in der Lage sind (z.B. bei Wahlprognosen, Wettervorhersagen), desto mehr stellt sich bei uns das subjektive Gefühl von Ungenauigkeit und Unsicherheit ein.

Der Schweizer Lübbe spricht in diesem Zusammenhang von „Zukunftsgewissheitsschwund" (Lübbe 1990, S. 68). Weil die Menge der Ereignisse pro Zeiteinheit mit der Menge des verfügbaren Wissens wächst, entsteht der Eindruck, dass die Zukunft immer weniger prognostizierbar sei.

Zukunftswissenschaft hat es wesentlich mit Prognosen zu tun. Der Begriff Prognose stammt aus der allgemeinen Medizin und bezeichnet hierbei die vorausschauende Beurteilung des Verlaufs und Ausgangs einer Krankheit. Die Prognose wird aus der Diagnose abgeleitet. Ist die Diagnose richtig, ist auch die Treffsicherheit der Prognose groß (vgl. Flechtheim 1972, S. 80).

> Prognose lässt sich definieren als eine wissenschaftlich begründete Voraussage – im Unterschied zu allgemeinen Voraussagen, die jeder jederzeit treffen kann, ohne dass ihre Zuverlässigkeit überprüfbar ist. Nicht jede Voraussage ist also eine Prognose, jede Prognose aber eine Voraussage.

Und so kann man in der prognostischen Forschung unterscheiden (vgl. Bauer/ Kosin 1967, S. 83) zwischen

- Prognoseobjekt
- Prognoseumfang
- Prognosezweck
- Prognosemethode
- Prognosezuverlässigkeit
- Prognoseaussagekraft.

Genaugenommen verkünden Wirtschaftsweise und Wirtschaftsforschungsinstitute keine Prognosen, sondern *Einschätzungen*. Sie korrigieren mitunter ihre Einschätzungen binnen drei bis sechs Monaten. Die jeweiligen Abweichungen bzw. Fehlerquoten (z.B. 1% Wachstum oder 0,5%) erreichen daher Werte von teilweise 50 Prozent. Wie sollen Politik und Wirtschaft verlässlich agieren oder reagieren, wenn Wirtschaftsforschungsinstitute wie bei den Wettervoraussagen sowohl Sonne als auch Regen bzw. gleichermaßen Konjunkturoptimismus und Konjunkturpessimismus verkünden? Die Folge: Regierung und Opposition, Arbeitgeber und Gewerkschaften fühlen sich durch solche vagen Meldungen gleichermaßen bestätigt. Sie sind für sie wie Straßenlaternen für Betrunkene: Sie dienen mehr dem eigenen Halt als der eigenen Erleuchtung.

> Die Hauptursache für Fehlerquoten bei Wirtschaftsprognosen: Mangelnde Berücksichtigung von Kenntnissen der Verbraucherpsychologie.

Der Erkenntnisstand, den z.B. die Wirtschaftswissenschaft von der Motivation der Konsumenten hat, ist durchaus vergleichbar mit demjenigen, den die Finanzwissenschaft vom Börsengeschehen hat. Beide wissen viel zu wenig von den individuellen Verhaltens- und Reaktionsweisen. Antworten auf die Frage, *wer wann wie in welchen Situationen reagiert*, sind aber fundamental für die Abgabe von Prognosen.

Eine wirklich zukunftsorientierte Wirtschaftsforschung müsste sich auch als *Hemmnisforschung* verstehen und zentral der Frage zuwenden: Warum reagiert der Verbraucher nicht so, wie es ihn sein ökonomischer Verstand eigentlich lehrt? Die Antwort: Die Entscheidungsprozesse sind zu komplex, als dass sie von einem streng rational und wirtschaftlich agierenden „homo oeconomicus" allein bewältigbar sind. Psychologische Faktoren sorgen wesentlich dafür, dass Entscheidungen nicht primär und schon gar nicht „ausschließlich nach ökonomischen Kriterien" gefällt werden (Boeser u.a. 2000, S. 42).

Solange sich in dieser Hinsicht nichts ändert, sollte man – statt von unzuverlässigen Konjunkturprognosen – eher von mehr oder weniger präzisen Analysen und Analysten reden.

> Wirtschaftsanalysten sind Wirtschaftswatcher, die nur ein Stück weit in die Zukunft der nächsten Wochen oder Monate schauen. Sie leisten Vorab-Schätzungen als grobe Anhaltspunkte. Da es bei Vorab-Schätzungen ganz unterschiedliche Grade von Genauigkeit gibt, kann es sich auch nur um Annäherungswerte handeln.

Ganz im Unterschied zu solchen Vorab-Schätzungen sind *Prognosen wesentlich präziser* – wie z.B. Wahlprognosen, die meist nur um ein bis zwei Prozentpunkte vom amtlichen Endergebnis abweichen.

Anders sieht es mit der Zukunftsforschung aus, die längere Zeiträume im Blick hat. Für sie gilt eher der Grundsatz: „Je turbulenter die Zeiten sind, desto unklarer wird das Bild" (Sinn 2001, S. 102). Prognosen sind also Aussagen über Vorgänge und Ereignisse, die in der näheren oder ferneren Zukunft liegen. Was aber heißt in diesem Zusammenhang „Zukunft" und wie konkret lässt sie sich beschreiben? Derzeit lassen sich vier Zukunftsmodelle (vgl. Busch 1970, S. 16) unterscheiden:

1. Das minimale Zukunftsmodell
Dieses Modell enthält Mindestanforderungen an die Zukunft, die mit hoher Wahrscheinlichkeit auch verwirklicht werden. Das Minimalmodell liefert das Bild einer relativ überraschungsfreien Zukunft.

2. Das wahrscheinliche Zukunftsmodell
Dieses Modell liefert ein möglichst vollständiges Bild der Zukunft auf der Basis abgesicherter empirischer Daten und mit relativ hohem objektivem Aussagewert.

3. Das wünschenswerte Zukunftsmodell
Im Unterschied zum wahrscheinlichen Modell werden hier die nicht wünschenswerten Entwicklungsaspekte herausgenommen und Wege zu einer erstrebenswerten Zukunft aufgezeigt.

4. Das utopische Zukunftsmodell
Dieses Modell vereinigt in sich ebenso optimale wie effektive, wünschbare wie denkbare Zukünfte auf der Basis von Ideen, Assoziationen und Wunschvorstellungen – vom Brainstorming über das Szenariowriting bis zu Sciencefiction.

4. Von der Vorausschau zur Vorsorge. Vorausdenkende Verantwortung

Die Sozialwissenschaft traditioneller Prägung tut sich bisher schwer mit Voraussagen – aus Angst vor Fehlschlägen. Die *Schwäche der Sozialwissenschaft im Prognostizieren* ist bekannt. Dabei gibt es nach Meinung des Amerikaners Alasdair MacIntyre (1937, S. 141) in der Sozialwissenschaft durchaus voraussagbare Elemente, die verlässliche Aussagen und Prognosen zulassen. Dazu gehören beispielsweise die *Alltagsrituale*, wonach die meisten Menschen *zu bestimmten Zeiten das immer wieder Gleiche tun*, was Voraussagen mit großer Wahrscheinlichkeit ermöglicht. Auch die Kenntnis statistischer Regelmäßigkeiten spielt bei Prognosen eine wichtige Rolle. So lassen sich in den Sozialwissenschaften durchaus rational begründete Voraussagen machen.

Dennoch bleibt die Skepsis gegenüber sozialwissenschaftlichen Voraussagen weit verbreitet. Der Philosoph Karl Raimund Popper hält es sogar für ein großes Unglück, wenn z.B. von Geschichtsphilosophen erwartet wird (unter Hinweis auf Hegel und Spengler), dass sie die Zukunft voraussagen können. Die *Nachfrage nach Propheten* und Zukunftsideen wächst: „Denn Ideen können Berge versetzen" (Popper 2002, S. 156). Wer also auf die Suche nach der Welt von morgen gehen will, der sollte seine Ideen und Visionen in erster Linie auf das beziehen, was man *von der Vergangenheit und der Gegenwart lernen* kann. Nur so lässt sich auch die Hoffnung auf eine bessere Welt begründen.

Schlüsselfragen einer wissenschaftlichen Zukunftsforschung müssen sein: Welche Gesellschaft wollen wir in Zukunft haben? Was hält die Gesellschaft noch zusammen? Und wie wollen wir wirklich leben? Und dies unter Berücksichtigung globaler Probleme wie z.B. Bevölkerungsexplosion, Nord-Süd-Gefälle und Ausbeutung der natürlichen Ressourcen.

Zukunftswissenschaft

- prognostiziert erstens auf der wissenschaftlichen Basis von Zeitvergleichen (= sogen. „Zeitreihen") statistisch nachweisbare Entwicklungstendenzen der Gesellschaft und geht den Ursachen und möglichen Folgewirkungen (Chancen, Risiken) für die Zukunft nach;
- versteht sich zweitens als wissenschaftliche Orientierungs- und Entscheidungshilfe für Gesellschaft, Wirtschaft und Politik, was das Vorausdenken („Antizipation") von Zukunftsalternativen (sogen. „Futuriblen", „Zukünfte") notwendig mit einschließt.

Aus möglichen und auch wünschbaren Zukünften leitet die Zukunftswissenschaft *Handlungsoptionen für die Zukunft* ab, zeigt Handlungsstrategien auf und fragt: Wenn wir „so" leben wollen – welche Wege müssen wir dann gehen? Eine nachhaltige wissenschaftliche Zukunftsforschung will *Wegweiser und Weichensteller* sein. Für den Zukunftswissenschaftler gilt: Ich prophezeie gar nichts. Ich beobachte nur, was geschieht, und wäge mögliche Folgen ab. Der Zukunftswissenschaftler nimmt Einfluss auf die Zukunftsentwicklung, indem er Folgerungen aus dem zieht, was wir heute tun oder nicht tun.

Vor allem die Wirtschaft sollte sich mehr als bisher an solchen Wegweisungen orientieren. Bisher mussten die Bürger den Eindruck gewinnen, dass es den Wirtschaftsunternehmen sehr gut gehen kann, ohne dass die Bevölkerung davon profitiert. Angeprangert wurde vor allem der *Turbokapitalismus*, der in erster Linie an billigen Arbeitsplätzen (wo auch immer in der Welt) oder an Arbeitskräften auf Zeit („Green Cards") interessiert war. Die Wirtschaft wehrte sich verständlicherweise gegen diese Vorwürfe mit dem Argument: Nur wer „profitabel ist und dabei wächst, wird langfristig im internationalen Wettbewerb überleben" und nur wer „über den Tag hinaus Werte schafft", kann den Mitarbeitern eine „verlässliche und nachhaltige Perspektive bieten" (Schrempp 1999, S. 51).

Nur auf den ersten Blick mögen dies Schein- oder Lippenbekenntnisse sein. Nach dem Ethiker und Sozialphilosophen Hans Jonas sollte man solche Äußerungen dennoch nicht gering schätzen. Denn sie schaffen ein Klima, das einen *moralischen Druck auf Träger öffentlicher Verantwortung ausübt*. Die Verantwortlichen müssen sich ausweisen, legitimieren und öffentlich entsprechend argumentieren: Dabei reicht es bei weitem nicht mehr aus, Verantwortung nur für den Tag und das Hier und Jetzt zu tragen. Erforderlich wird ein Verantwortungsbewusstsein für kommende Generationen, was Hans Jonas „*vorausdenkende Verantwortung*" nennt. Denn mit der Globalisierung hat auch die Reichweite menschlicher Macht zugenommen, also muss im gleichen Maße die Reichweite menschlicher Voraussicht wachsen. Als früher „ganze Gebirge entlang der dalmatinischen Küste entwaldet wurden für die Flotten des Mittelmeeres, konnten die Holzknechte die daraus folgende Verkarstung nicht voraussehen" (Jonas 1992, S. 43).

Heute und in Zukunft findet jedoch eine fortschreitende Wissensexplosion in Verbindung mit Beschleunigungsprozessen statt. Macht und Verantwortung, Wissen und Vorauswissen gehören daher zusammen. Infolgedessen können und dürfen Wirtschaft und Politik auf das Wissen, die Vorausschau und die Wegweisung der Zukunftsforschung nicht mehr verzichten. Eine *vorausschauende Zukunftsforschung* schafft im 21. Jahrhundert die Voraussetzungen für eine vorausschauende Gesellschaftspolitik und eine vorausschauende Unternehmensplanung. Wer als Politiker nur an die nächste Wahl denkt oder als Manager lediglich die Aktionärsversammlung im Blick hat, handelt unverantwortlich für nachfolgende Generationen.

Politik und Wirtschaft propagieren gern und stolz: *Die Schnellen schlagen die Langsamen* – das ist viel zu kurzatmig gedacht. Erst rastlos, dann ziellos und am Ende ratlos? Offensichtlich sind sie manchen schnelllebigen Trendforschern auf den Leim gegangen, die auf dem 5. Deutschen Trendtag (Hamburg 2000) kleinlaut eingestehen mussten: *„Vorne ist da, wo sich keiner auskennt."* Realistischer ist da die Maxime des deutschen Dichters Ephraim Lessing: *„Der Langsamste, der sein Ziel nicht aus den Augen verliert, geht immer noch geschwinder als der, der ohne Ziel umherirrt."*

Ein Ziel vor Augen haben und unbeirrt daran festhalten, um es zu erreichen – das sind Grundsätze einer ebenso vorausschauenden wie verantwortlich handelnden Zukunftswissenschaft. Und immer erkenntnis- und handlungsleitend getragen von einer ganz persönlichen Motivation – ganz im Sinne des Philosophen Karl Popper, der am 29. Juli 1994, wenige Wochen vor seinem Tod, in einem Interview erklärte: „Es ist unsere *Pflicht, optimistisch zu sein.*"

Damit ist nicht die fortschrittsbegeisterte Delphi-Methode gemeint, die ihre Herkunft von der Militärtechnologie und Rüstungsindustrie nicht verleugnen kann. Die meisten Delphi-Voraussagen werden – wenn überhaupt – zeitlich viel später realisiert als eigentlich prognostiziert oder erweisen sich schlichtweg als Flop. *Jede dritte Delphi-Umfrage ist erfahrungsgemäß ein Flop*, weil die Realisierung der Umfrageergebnisse an

- mangelnder gesellschaftlicher Nachfrage,
- fehlendem Problembewusstsein oder
- zu hohen Kosten

scheitert (vgl. Grupp 1995, S. 51).

Eigentlich müssten wir schon längst überall Stadtautos haben, die keine Umweltschäden mehr verursachen, Autobahnen für automatisches Autofahren, präzise Wettervorhersagen einschließlich wirksamer Beeinflussung des Wetters sowie zuverlässige Immunisierungen gegen Bakterien- und Viruserkrankungen (vgl. Waterkamp 1972, S. 151).

5. Glaubwürdigkeit durch Nachprüfbarkeit. Zukunftswissenschaftliche Begründungen

Vor über zweihundert Jahren entbrannte *1790* im englischen Parlament eine Debatte darüber, ob die Bevölkerung nun zu- oder abnehme. Die Parlamentarier hatten sich dabei in ihren Argumenten gegenseitig widersprochen, weil sie sich seinerzeit auf *kein gesichertes Datenmaterial* stützen konnten. Also beschloss man, das Problem „durch eine Volkszählung (die erste in der Neuzeit) zu lösen" (Bell 1973/ 1996, S. 204). Seither hat die Menge an verfügbaren Daten deutlich zugenommen.

Knapp ein Jahrzehnt nach der Französischen Revolution veröffentlichte der englische Landpfarrer Thomas Robert Malthus sein weltberühmtes Werk „Ein Essay über das Prinzip der Bevölkerung, wie es die zukünftige Verbesserung der Gesellschaft beeinflusst" (London 1798). Malthus wies dabei auf ein wachsendes Missverhältnis zwischen Menschen und Ressourcen hin. Weil sich die Bevölkerungen von England, Frankreich und Amerika alle 25 Jahre verdoppeln, würde die Nahrungsmittelproduktion nicht Schritt halten können. Die Folgen wären zunehmender Hunger, Verelendung, Massensterben durch Unterernährung, Krankheiten sowie ein Zerreißen aller gesellschaftlichen Strukturen. Das Bevölkerungswachstum würde zu einer deutlichen Verschlechterung der menschlichen Lebensbedingungen führen und die Kluft zwischen Besitzenden und Habenichtsen vergrößern. Malthus' Prognosen sind nicht in vollen Umfange Wirklichkeit geworden, können aber durchaus als ein *erster Ansatz für Zukunftsdenken auf wissenschaftlich belegbarer Basis* gewertet werden.

Es vergingen rund einhundertfünfzig Jahre, bis der amerikanische Präsident Franklin D. Roosevelt 1944 zum ersten Mal in seinem Haushaltsbericht *systematisch Forschungsdaten gesammelt und veröffentlicht* hat (einschließlich grundlegender wirtschaftlicher und sozialer Projektionen und Prognosen). Den wichtigsten Anstoß zur Zukunftsforschung gab wieder einmal das amerikanische Militär. Der Aerodynamiker Theodor von Karman vom California Institute of Technology veröffentlichte im gleichen Jahr einen Bericht über die Zukunft des Flugzeugantriebs, der bis heute als *erste moderne technologische Prognose* (vgl. Bell 1973/1996, S. 205) gilt. Die US-Luftwaffe wie auch die NATO haben diesen Ansatz zu 5-Jahres-Prognoseprogrammen weiterentwickelt.

Ein Meilenstein in der Geschichte der Zukunftswissenschaft stellt schließlich der bereits 1965 in den USA gegründete „Ausschuss für das Jahr 2000" dar. Der Physiker und Mathematiker Herman Kahn sowie der Jurist und Soziologe Anthony J. Wiener vom New Yorker Hudson-Institut entwickelten für diesen Ausschuss eine Übersicht über wahrscheinliche und mögliche künftige Entwicklungen. Bei der Darstellung ihrer Zukunftsentwürfe haben sie *historische und statistische Methoden miteinander kombiniert* und in dem Zukunftsreport „The Year 2000. A Framework für Speculation on the Next Thirty-Three Years" (deutsch: „Ihr werdet es erleben", 1967) zusammengefasst.

Der ehemalige Wirtschaftsminister und Bundeskanzler Ludwig Erhard bezeichnete Ende der sechziger Jahre die „Planung der Zukunft als Irrtum der Zeit" und weigerte sich beharrlich, den Blick „auf die Jahrhundertwende vorauszurichten" (vgl. Kreibich 1991, S. 78) Und von dem Schweizer Zukunftsforscher Rolf Homann, Autor der Studie „Zükünfte", stammt die Aussage: „Deutschland ist das einzige große oder mittlere Land, das es sich leistet, *keine eigene Zukunftsforschung* zu haben ... Wie es auf die Dauer ohne Zukunftsforschung auskommen will, ist mir ein Rätsel" (Homann 1991, S. 43f.). Natürlich gab und gibt es zukunftsbezogene Forschung in Deutschland, aber eben keine institutionalisierte und kontinuierliche Zukunftsforschung.

Systematische Zukunftsforschung gibt es in Deutschland erst seit den siebziger Jahren. Dazu trugen insbesondere die Studien des Club of Rome bei, die einerseits frühzeitige Warnungen aussprachen (z.B. „Grenzen des Wachstums" 1972), andererseits auch wünschbare Zukünfte beschrieben (z.B. „Zukunft und Lernen" 1979, „Die Zukunft in unserer Hand" 1981 und „Der Weg ins 21. Jahrhundert" 1983). Hinzu kamen Zukunftsstudien des Autors, in denen es um grundsätzliche Fragen ging wie z.B. „Wie leben wir nach dem Jahr 2000?" (Opaschowski 1988) oder „Wie arbeiten wir nach dem Jahr 2000?" (Opaschowski 1989).

Als eine der Hauptursachen dafür, warum die wissenschaftliche Zukunftsforschung so lange ein *weißer Fleck in der Forschungslandschaft* blieb, muss wohl das „Fehlen konsensueller und identitätsstiftender Visionen" (Steinmüller 2000, S. 51) angesehen werden. Die öffentliche Diskussion bewegte sich nicht selten zwischen Visionsängsten und Innovationsmüdigkeit. Gefragt waren mehr Gegenwartsanalysen und Problemstudien zu Frieden, Umwelt, Dritte Welt u.a. Erst als Aspekte der Nachhaltigkeit in das öffentliche Bewusstsein rückten und erkannt wurde, dass Zukunftsforschung ein *Frühwarnsystem* sein könne und eine Alarmfunktion habe, wurde die gesellschaftliche Bedeutung erkannt.

Der Physiker und Sozialwissenschaftler Rolf Kreibich versteht unter Zukunftsforschung „die wissenschaftliche Befassung mit möglichen, wünschbaren und wahrscheinlichen Zukunftsentwicklungen" (Kreibich 2000, S. 9). Zukunftsentwicklungen sind für ihn nur ein anderes Wort für *Zukünfte*. Damit soll deutlich gemacht werden, dass verschiedene Zukünfte möglich und auch gestaltbar sind.

Eine sozial verantwortliche Zukunftsforschung muss immer auch gestalterische Elemente enthalten, so dass politische Programme mit dem Anspruch „die Zukunft gestalten", wenn sie wirklich ernst gemeint sind, auf zukunftswissenschaftliche Erkenntnisse aufbauen können.

Getreu dem Wort des griechischen Politikers Perikles (490-429 v.Chr.) ist es nicht die Aufgabe der Zukunftsforschung, die Zukunft vorauszusagen, sondern „auf sie gut vorbereitet zu sein." Ihre Aussagen müssen *glaubwürdig und nachprüfbar* sein. Das unterscheidet sie wesentlich (und nicht nur marginal) von modischen Trendforschungen. Zukunftswissenschaft kann nur objektiv auf interdisziplinärer Basis als Forschung von Wissenschaftlern betrieben werden. Sie muss ihre Unabhängigkeit bewahren und *„unabhängig sein vom ‚Establishment', d.h. von Bund und Ländern, von Wirtschaft und Industrie, von den Kirchen wie von den Verbänden"* (Flechtheim 1970, S. 19).

1838 hat Auguste Comte den Begriff *Soziologie* geprägt, 1948 Eugen Fischer-Baling die Bezeichnung *Politologie*. Und der deutsche Emigrant Ossip K. Flechtheim gebrauchte 1943 im amerikanischen Exil erstmals den Begriff *Futurologie* als Bezeichnung für die institutionalisierte Zukunftsforschung. Flechtheim fand den Begriff Futurologie ebenso prägnant wie international verständlich. Er fand ihn auch – pragmatisch gesehen – kürzer als den Begriff „Zukunftswissenschaft", den er als Wortungetüm mit zwanzig Buchstaben und nur fünf Vokalen empfand. Beide Begriffe meinen jedoch dasselbe und zielen auf die systematische Behandlung der Zukunft als Gegenstand wissenschaftlicher Reflexion.

Flechtheim hatte zunächst die amerikanische Situation im Blick. In den USA war die Zukunft als Forschungsgegenstand in den fünfziger Jahren entdeckt worden. Die Erforschung der Zukunft diente neben militärischen auch industriellen Zwecken. Spezialisierte Wissenschaftler, die sich *forecasters* nannten, sollten und wollten nicht über die *Zukunft* nachdenken und philosophieren, sondern etwas mit ihr *machen*, ihre Richtung beeinflussen oder ändern. Die Zukunft sollte deshalb möglichst exakt berechnet und vorausgesagt werden, um sie zu *erobern*. Diese Art von Zukunftsforschung hatte weniger mit Visionen zu tun, sondern trug technokratische Züge. Forecasting war ein *Instrument strategischer Planung* – in bewusstem Gegensatz zur Planwirtschaft der kommunistischen Länder: Technokratisches Forecasting im Westen versus sozialistische Planung im Osten.

Der französische Sozialforscher Bertrand de Jouvenel wandte sich zunächst kritisch gegen den Begriff Futurologie, weil er glauben lasse, dass man Zukunft mit Sicherheit voraussagen könne (Jouvenel 1967, S. 31f.). Flechtheim hingegen wollte Futurologie mehr im Sinne einer *„Science of Future"* bzw. einer *„Science of Probality"*, also einer Wissenschaft der Wahrscheinlichkeiten verstanden wissen. Das sei wissenschaftlich gesehen keineswegs ungewöhnlich, denn auch die Soziologie und die Politologie würden nicht nur Aussagen über sichere Zusammenhänge, sondern auch über größere oder geringere Wahrscheinlichkeiten machen (Flechtheim 1972, S. 174f.). Dadurch werde der *Wissenschaftscharakter* keineswegs beeinträchtigt.

Flechtheim griff einen Gedanken auf, den schon ein Jahrzehnt zuvor Herbert G. Wells in die provokante Formel *„Wanted: Professors of Foresight!"* gebracht hatte. Wells fand es schon bemerkenswert, dass es auf der ganzen Welt Tausende von Lehrstühlen für Geschichtsforschung gab, aber nirgendwo eine einzige Person, die *hauptberuflich* damit beschäftigt war, die Folgen künftiger Entwicklungen und neuer Erfindungen abzuschätzen: „Es gibt nicht einen einzigen Professor der Vorausschau in der Welt" (Wells 1932/1987, S. 90). Das war vor über siebzig Jahren.

In den USA war eine *institutionalisierte Zukunftsforschung* zuerst im Rahmen strategischer Rüstungsplanungen vor und während des Zweiten Weltkriegs entstanden, bevor dann auch in Europa (z.B. durch Julian Huxley in England, Gaston Berger/Bertrand de Jouvenel in Frankreich) das systematische Zukunftsdenken einsetzte. Im deutschsprachigen Raum ist es im wesentlichen nur der Österreicher Robert Jungk gewesen, der das öffentliche Interesse auf Zukunftsfragen lenkte. Zukunftsforschung zielte auf Zukunftsgestaltung und setzte *Vorausschau* bzw. *Foresight* (Irvine/Martin 1984) voraus. Solche Vorausschau-Projekte lassen sich durch sechs K beschreiben (vgl. Grupp 1995, S. 24):

Die sechs großen K der Vorausschau.
Voraussetzungen strategischer Zukunftsplanung

Kommunikation: Fachleute und Interessenvertreter müssen auf einem neuartigen Forum zusammengebracht werden, auf dem sie sich austauschen können.
Konzentration auf Langfristorientierung: Die Teilnehmer müssen sich gegenseitig dabei unterstützen, etwas weiter in die Zukunft zu blicken, als sie es allein könnten.
Koordination: Die verschiedenen Interessenvertreter müssen sich produktive Partnerschaften zur Bewältigung der Herausforderungen in Wirtschaft, Technik und Gesellschaft konkret vorstellen können.
Konsens: Es soll ein möglichst abgeglichenes und widerspruchsfreies Bild der Zukunft erzeugt werden.
Kommissariat (Vollmacht): Es muss sichergestellt sein, dass die Individuen in einem Vorausschau-Projekt ganz teilnehmen und willens sowie in der Lage sind, die für sie notwendigen Rückschlüsse umzusetzen.
Komprehension (Fassungskraft): Die Teilnehmer müssen die Veränderungen verstehen und fassen können, die ihr Unternehmen, ihren Berufsstand, ihre Fakultät oder

> Disziplin betreffen, und überblicken, was das für ihre Organisation oder sie selbst bedeutet.

6. Expertisen und Visionen. Grenzen der Voraussagbarkeit

Eine Weiterentwicklung der Vorausschau-Methode stellt das *Delphi-Verfahren* dar, bei dem Fragebögen mehrfach an eine größere Zahl von Experten gesandt werden, die sich jeweils anonym daran beteiligen. Die Delphi-Methode wurde 1963 von der RAND-Corporation unter Leitung von Olaf Helmer entwickelt. Sie wollte die Subjektivität von Expertenprognosen reduzieren helfen und durch ein System von Fragebogen- und Rückfrageverfahren, an denen eine Vielzahl von Experten beteiligt sind, die Zuverlässigkeit der Aussagen erhöhen.

Die Vorteile liegen auf der Hand: *gemeinsame Meinungsbildung, gleichmäßige Information* und *schnelle Kommunikation*. Wenn bei der Delphi-Umfrage der Fragebogen den Experten ein zweites Mal vorgelegt wird, werden die Ergebnisse der ersten Fragerunde gleich mitgeliefert, so dass die eigene Meinung noch einmal modifiziert werden kann. Es handelt sich also um ein Forschungsverfahren nach dem *Konsensprinzip*, wobei Vorstellbares, Wünschbares und Machbares zusammenfließen, was die Zuverlässigkeit erheblich beeinträchtigt.

Das technisch Machbare wird von Experten zu oft und zu schnell als Zukunftswirklichkeit ausgewiesen. So wurde beispielsweise die Informationsgesellschaft euphorisch als Realität verkauft:

- Büroarbeit sollte eigentlich heute bis auf persönliche Gespräche und Verhandlungen im allgemeinen zu Hause erledigt werden.
- Die Telearbeit sollte nach der Einschätzung der Experten schon längst Wirklichkeit sein.
- Der Wandel vom passiven zum aktiven Bildschirm sollte problemlos möglich sein.

Solche Visionen haben zwei Grundfragen der wissenschaftlichen Zukunftsforschung weitgehend außer acht lassen: 1. Wo bleibt der Mensch? Und 2. Was will der Konsument? Erst *danach* stellt sich die Frage: Was ist technisch alles möglich? Der Mensch und nicht der technische Fortschritt entscheidet über die Zukunft der Informationsgesellschaft.

Beispiele für Delphi-Flops: und warum sie nicht realisiert wurden Zuordnung nach ihrer geschätzten Realisierungszeit			
	Fachleute, die das Thema für „wichtig" hielten (in %)	Grund für die nicht erfolgte Verwirklichung	Zeitraum der Verwirklichung (1971 geschätzt)
Stadtautos, die keine Umweltschäden verursachen, werden entwickelt (kleine, sichere Individualtransportmittel).	71	Zu hohe Kosten, keine gesellschaftliche Nachfrage	1980
Pharmazeutika werden entwickelt, mit deren Hilfe sich das Öl aus Leckagen im Meer vollständig im Wasser löst und die durch Mikroorganismen wieder abgetrennt werden können.	74	Mangelnder technischer Fortschritt	1985
Die Genauigkeit von mittel- und langfristigen Wettervorhersagen wird erhöht, so dass Vorhersagetechniken für Frostschäden und Trockenheit festgelegt werden.	86	Unzureichende wissenschaftliche Erkenntnisse	1987
Antibiotika für Nutzvieh werden eingesetzt, die keinen Einfluss auf den Menschen ausüben.	78	Mangelnder technischer Fortschritt	1987
Computer werden entwickelt, die Selbstreparaturfunktionen haben.	67	Unzureichende Technik, fehlende Nachfrage	1989
Effiziente Maßnahmen werden entwickelt, die den Missbrauch von Drogen, die psychische Auswirkungen haben, wie z.B. Marihuana, LSD oder Narkotika, durch Jugendliche verhindern	74	Mangelndes Problembewusstsein	1990

Delphi-Experten müssen daher nicht selten selbstkritisch eingestehen: „Die meisten der effizienten Lösungen stoßen an die *Grenzen der Sozialverträglichkeit* unserer Demokratie" (Grupp 1995, S. 238). Wer z.B. will schon den gläsernen Menschen? Jede Zukunftsidee muss wenigstens zwei kritische Phasen der Entwicklung durchlaufen bzw. Nachweise erbringen, bevor sie Wirklichkeit werden kann: die *Präsentation* der Machbarkeit und Finanzierbarkeit und die *Akzeptanz* des Verbrauchers und der Gesellschaft.

Anders sieht es bei der Delphi-Studie „Future Values" der Heidelberger Gesellschaft für innovative Marktforschung (GIM) aus. Das Institut befragte Experten in einem mehrstufigen Verfahren zu sozialen Zukunftsfragen. Nicht Modefarben, aktuelle TV-Formate und saisonale Kultgetränke standen im Zentrum der Befragung von Soziologen, Psychologen, Politik- und Erziehungswissenschaftlern, sondern langfristige Grundorientierungen im neuen Jahrtausend. In den sozialwissenschaftlichen Delphi-Experten ging es um *Zukunftskompetenz* („Futurität") jenseits alltagsferner Technikfantasien. Gefragt war das Aufzeigen langfristiger Entwicklungslinien, die das individuelle und gesellschaftliche Leben wesentlich bestimmen (vgl. Barz u.a. 2003).

Zukunft der Mobilität. Beispiel einer Delphi-Studie

„Der Ihnen vorliegende Fragebogen zur Vorrunde der europaweiten Delphi-Studie ‚Zukunft der Mobilität' ist der Versuch, von der ‚klassischen' Form der Delphi-Befragung abzuweichen und mit einem aktiveren, dynamischeren Verständnis des Delphi-Instrumentariums bis zu einem gewissen Grad methodisches Neuland zu betreten.

Das interdisziplinär besetzte Projektteam in Wien will bewusst nicht – wie sonst üblich – seine Thesen im Alleingang entwickeln und diesen Entwurf dann einem ausgewählten Kreis von Experten in mehreren Runden nur mehr zur Einschätzung vorlegen, sondern unser Ziel ist es, in einer Vorrunde jeden einzelnen Experten darum zu bitten, uns seine individuelle Mobilitätsprognose über die Einschätzung relevanter Parameter bis 2010 bzw. 2030 abzugeben und uns gleichzeitig dazu jene Rahmenbedingungen und Annahmen zu nennen, von denen diese Prognose jeweils abhängig ist. Die Bandbreiten der prognostizierten Werte der Vorrunde bilden zusammen mit den angegebenen Prognose-Begründungen und Prognose-Voraussetzungen dann erst das Material für den eigentlichen Thesenkatalog der sogenannten ‚ersten Hauptrunde'.

Vorteil dieses Ansatzes ist unserer Ansicht nach, dass nicht nur einige wenige – das Kernteam in Wien – die Inhalte des Delphi vorgeben, sondern jeder teilnehmende Experte sein individuelles Bild von der Zukunft der Mobilität gleichberechtigt einbringen kann."

Quelle: *Österreichisches Gallup Institut*, Wien 1998

Wie nie zuvor in unserer schnelllebigen Zeit sind Orientierungswissen und Handlungswissen gefordert, um Ereignis-, Konflikt- oder Krisenmanagement erfolgreich meistern zu können. Zukunftsforschung zwingt zur Entwicklung von *Eventualstrategien*. Empfehlungen für das Handeln lassen sich aber nur formulieren, „wenn auch die Ziele des Handelns transparent gemacht werden" (Minx 2000, S. 121). Andernfalls agiert man wie im Märchen Alice im Wunderland: „Würdest Du mir bitte sagen, wie ich von hier aus am besten weitergehe?" fragte Alice. „Das hängt sehr davon ab, wo Du hin willst", antwortete die Katze.

Wissenschaftliche Zukunftsforschung will – negativ formuliert – verhindern, dass Menschen von Veränderungen überrumpelt werden und – positiv formuliert – helfen, dass Menschen selbst zum Motor von Veränderungen werden. Wer die Zukunft gestalten will, muss wissen oder ahnen, wohin die Reise geht oder gehen kann. Dabei ist es nicht wichtig, ob das Zukunftsszenario in allen Punkten genau gezeichnet wird: *Die Richtung muss nur stimmen.*

So kann problemlos durch den Blick zurück auch der Blick nach vorne gerichtet und auf der Basis verlässlicher statistischer, insbesondere demographischer Daten ein Tableau „100 Jahre Deutschland" erstellt werden.

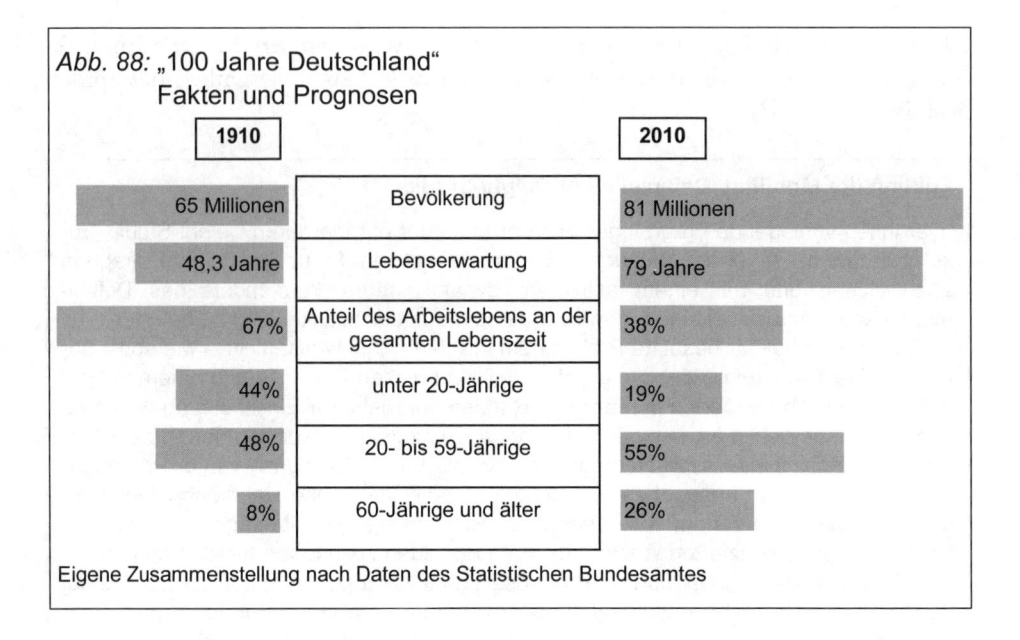

Abb. 88: „100 Jahre Deutschland"
Fakten und Prognosen

1910		2010
65 Millionen	Bevölkerung	81 Millionen
48,3 Jahre	Lebenserwartung	79 Jahre
67%	Anteil des Arbeitslebens an der gesamten Lebenszeit	38%
44%	unter 20-Jährige	19%
48%	20- bis 59-Jährige	55%
8%	60-Jährige und älter	26%

Eigene Zusammenstellung nach Daten des Statistischen Bundesamtes

Solche Basisdaten sind wie eine Konstante im Leben und können sich nicht plötzlich – allenfalls auf lange Sicht – verändern. Das einfache Schaubild verdeutlicht z.B.: Im Laufe eines Jahrhunderts wird sich der Anteil der über 60-Jährigen in Deutschland verdreifachen, weil die Menschen im Vergleich zu 1910 im Jahr 2010 *über dreißig Jahre länger leben* werden. Hier sind die Grenzen zwischen Fakten und Prognosen geradezu fließend.

Anders sieht es mit Zukunftsbildern und Szenarien aus. Nehmen wir z.B. das Zukunftsszenario „Wissensgesellschaft". Die Wissensgesellschaft ist eine Vision, ein Zielbegriff und keine adäquate Charakterisierung der Gegenwart. Wissensgesellschaft beschreibt eine Entwicklung, die begonnen hat, aber noch nicht (oder vielleicht nie) abgeschlossen ist. Für den Sozialwissenschaftler Wolfgang Leidhold ist Wissensgesellschaft eigentlich nur als *Zukunfts-Szenario* in zwei Varianten vorstellbar:

- In Variante I entwickelt sich eine *prosperierende Wissensgesellschaft* auf der Grundlage der neuen Informations- und Kommunikationstechnologien. Hierbei setzt sich die „New Economy" als Motor der Wirtschaft durch; „e-government" und „e-learning" werden zu Schlüsselbegriffen. Aus der Bildungslandschaft entwickelt sich ein privater Bildungsmarkt, wozu auch firmeneigene Universitäten („corporate universities") gehören.
- In Variante II kommt eine *frustrierte Wissensgesellschaft* auf uns zu, bei der die wissensbasierte Wirtschaft einen Rückschlag erleidet und sich mit dem „Produktivitätsparadox" arrangieren muss: Es wird viel Kapital investiert, ohne dass es zu den erwarteten Produktivitätssteigerungen kommt. Was an Rationalisierungen eingespart wird, geht durch gesteigerten Aufwand an Beratung und Betreuung wieder verloren.

Die Konsequenz kann nur lauten: Wenn wir also die eine Zukunft lieber wollen als eine andere, dann müssen wir sie gestalten. Und damit sollten wir heute schon beginnen.

In ihrem Buch „Next. Wie sieht die Zukunft aus?" weisen z.B. die beiden Trendforscher Matathia und Salzman auf Entwicklungen hin, die in Zukunft den Markt regieren sollen. Dazu gehören beispielsweise:

- *Silikon- bzw. Cybersex*

Weil echter Sex zu riskant werde, würden sich die Menschen dem Sex mit dem Roboter und Computer zuwenden. Cybersex werde sogar in die schulischen Sexualunterrichtslehrpläne aufgenommen.

- *Ko-Elternschaft*

Berufstätige Eltern lassen sich von kinderlosen bzw. „kinderfreien" Freunden oder Verwandten vertreten. Auch Homosexuelle, die keine Kinder adoptieren dürfen, sollen hier „in die Elternrolle schlüpfen" können.

- *Gene per Postversand*

Für ältere Paare mit Kinderwunsch wird es Kataloge geben, die Informationen über Ei- und Samenspender bieten und aus denen die Interessenten zu Hause in aller Ruhe die genetische Ausstattung ihrer Kinder auswählen können.

- *Kommerzielle Freundschaftszirkel*

Bezahlte Vermittler bringen Menschen zusammen, die an Freundschaften mit Gleichgesinnten interessiert sind.

- *Automatische Geschenkzustellung*

Zu Beginn eines Jahres stellt der Kunde ein Formular aus, in das er einträgt, was wann wem im Laufe des Jahres geschickt werden soll.

- *Personal Shopper*

Vielbeschäftigte beauftragen Personal Shopper, Mahlzeiten für die Woche zu planen und entsprechend den Präferenzen und Lebensstilen (z.B. Diät) einzukaufen.

Sieht so (Matathia/Salzman 1998, S. 84ff.) unsere Zukunft aus? Wer soll und vor allem: *wer will das alles haben und bezahlen?* Effizienz scheint alles, spätes Mutterglück nicht ausgeschlossen zu sein – virtuelle Elternschaft auch nicht?

> Aus den heimischen vier Wänden sollen verkabelte und automatisierte Wohnungen werden: @home mit Online-Mama und Online-Babysitter. Das alles hat mit Zukunftsforschung und wissenschaftlich fundierter Vorausschau nichts zu tun.

Da waren ja noch die Wahrsager, Seher und griechischen Orakel wirklichkeitsnäher, vor allem aber der Science-fiction-Autor Verne. *Jules Verne* (1828-1905), der Begründer des utopischen Romans und Autor von Büchern wie „Von der Erde zum Mond" (1865), „20.000 Meilen unterm Meer" (1870) sowie „Die Reise um die Erde in 80 Tagen" (1872), war aus heutiger Sicht kein Zukunftsforscher, hat aber dennoch viele Zukunftsentwicklungen realistisch vorhergesagt bzw. technische Entwicklungen vorweggenommen. Verne holte sich seine Ideen und Anregungen – von den *Weltausstellungen* 1855, 1867 und 1878 in Paris.

Über die Weltausstellung 1878 in Paris berichtete seinerzeit die Deutsche Rundschau in ihrem Rückblick auf die Pariser Weltausstellung: „Abermals stehen wir vor einem Rätsel aus Jules Verne's Nautilus, vor dem Kapitän Nemo! Was der überreizten Phantasie zugeschrieben wurde, ist bereits zur Tatsache geworden. Die elektro-dynamische Maschine liefert Strahlen, welche in sanften weißen Schwingungen, dem Lichte des Vollmonds gleich, unser Auge erfreuen; sie dringen von dem Felsenriffe Meilen weit hinaus auf die tobende See, um dem ratlosen Schiffer die Gefahren zu zeigen, denen er entfliehen muss; sie beleuchten den tiefen Meeresgrund, dessen Schrecken für uns weichen, welcher von uns durchforscht und durchfurcht werden kann. Fürwahr ein großartiger Sieg des menschlichen Geistes, der ewige Umsatz von Stoff und Kraft! Durch die elektro-dynamische Maschine wird mechanische *Bewegung in Elektrizität, Elektrizität in Licht, Licht in Wärme verwandelt*" (Deutsche Rundschau 1879, S. 93).

Insofern kann es auch nicht überraschen, dass Jules Verne 1889 in der Erzählung einen Journalisten *tausend Jahre weiter in der Zukunft* leben bzw. konkret das Jahr 2889 erleben lässt. Vor über einem Jahrhundert geschrieben mutet Jules Vernes Bericht aus dem „29. Jahrhundert. Ein Tag aus dem Leben eines amerikanischen Journalisten im Jahre 2889 wie eine Prognose von heute an – mit Aerotrain und transozeanischer Untergrundbahn, mit Fernseh-Telefon, gesprochener Zeitung und gigantischer Werbung auf den Wolken:

Jules Verne: Leben im Jahre 2889. Ein Szenario aus der Sicht von 1889

„Die Menschen des XXIX. Jahrhunderts leben unausgesetzt mitten in einem Märchenland, ohne sich den Anschein zu geben, dass sie sich darüber im klaren sind. Wundern gegenüber sind sie blasiert, besonders angesichts jener, die ihnen der tägliche Fortschritt bringt. Alles scheint ihnen natürlich. Wenn sie ihre Zivilisation mit der Vergangenheit vergleichen würden, wüssten sie die unsrige besser zu schätzen und würden sich klar darüber, welch ein enormer Weg seither zurückgelegt wurde.

Es scheint kaum glaublich
Um wie viel bewundernswerter würden ihnen unsere modernen Städte vorkommen: unsere Städte mit hundert Meter breiten Fahrstraßen, mit dreihundert Meter hohen Häusern mit ihrer stets gleichbleibenden Temperatur, mit einem von Tausenden von *Lufttaxis* und *Luftbussen* durchfurchten Himmel. Neben diesen unseren modernen Städten, deren Bevölkerung oft bis zu zehn Millionen Einwohner zählt, waren jene früheren Städte – die vor tausend Jahren Paris, London, Berlin und New York hießen – bloß Dörfer und Weiler.

Wenn sich unsere Zeitgenossen den mangelhaften Betrieb vorstellen würden, der damals durch Dampfschiffe und Eisenbahnen versehen wurde, mit häufigen Kollisionen und unerträglicher Langsamkeit, wie würden dann unsere Reisenden die modernen *Aerotrains* und vor allem die *pneumatische Untergrund-Beförderung* hochschätzen, die die transozeanische Verbindung herstellt und die Reisenden mit einer Geschwindigkeit von fünfzehnhundert Kilometern in der Stunde zu befördern vermag. Und würden sie nicht das *Fernseh-Telephon* bedeutend mehr schätzen, wenn sie daran dächten, wie unsere Vorfahren sich mit dem vorsintflutlichen Apparat, „Telegraph" genannt, zufrieden geben mussten.

Die Zeitung: Jeden Morgen „gesprochen"
Lebte der Gründer des New York Herald, Gordon Benett, plötzlich wieder unter uns, was würde er wohl sagen? „Jeden Morgen wird der Earth Herald, *anstatt gedruckt zu werden – wie das in den Jahren der Antike üblich war – gesprochen*". In raschem Gespräch mit einem Reporter, einem Politiker oder einem Wissenschaftler erfährt der Abonnent, was er wissen wollte.

Das *durch einen Fernseh-Apparat ergänzte Telephon* ist eine weitere Errungenschaft unserer Epoche. Man kann sich denken, welche Rolle die Werbung für eine Zeitung wie den Earth Herald spielt, die im Durchschnitt drei Millionen Dollar pro Tag einträgt. Dank eines genialen Systems geschieht übrigens diese Werbung in absolut neuer Form. Das Patent dazu wurde einem armen Teufel, der kurz darauf Hungers starb, für drei Dollar abgeluchst. Es handelt sich um gigantische *Plakate, die auf die Wolken projiziert werden*. Deren Ausmaße werden dadurch so ungeheuer, *dass die Bevölkerung eines ganzen Landes sie zur gleichen Zeit zu sehen vermag*. Auf dieser Galerie sind eintausend Projektions-Apparate andauernd damit beschäftigt, die Plakate auf die Wolken zu werfen, von denen sie dann in Farben reflektiert werden."

Jules Verne verstand es offensichtlich, das technisch Machbare mit dem menschlich Wünschbaren zu verbinden und die Kenntnis über neue technische Entwicklungen um die soziale Phantasie zu erweitern. *Weitsicht muss Tiefgang nicht ausschließen.*

Ganz anders die Sichtweise und Zukunftseinschätzung eines Jules Verne von heute – verkörpert durch Michio Kaku. Er sagt uns eine „grenzenlose Zukunft von Wissenschaft und Technik" voraus, geht von einem „rasend schnellen Fortschritt der Wissenschaft" aus und beruft sich dabei auf 150 Wissenschaftler verschiedener Fachrichtungen, die er in den letzten zehn Jahren befragt hat.

Michio Kaku leitet seine Zukunftseuphorie von zwei Grundsätzen ab:
1. Die Leistungsfähigkeit der Computer verdoppelt sich alle achtzehn Monate.
2. Das Wissen der Menschheit verdoppelt sich alle zehn Jahre.

Für Kaku ist klar: Die *Computerisierung* soll um 2010 den Kinderschuhen entwachsen sein und 2020 *„unser Leben beherrschen"* (Kaku 1997/2000, S. 40). Kaku ist von Haus aus Physiker und hält nicht viel von Soziologen und Gesellschaftskritikern, die seiner Meinung nach lediglich Nutznießer der neuen Technologien sind, die Technologien aber selbst nicht schaffen und gestalten. Nur Naturwissenschaftler können nach Kaku *solide Zukunftsforschung* betreiben. Die Gesetze der Physik gehören für ihn zu den machtvollsten Gesetzen unserer Welt.

Weil sich also die Computerleistungen alle 18 Monate verdoppeln und damit exponentielles (und nicht mehr nur lineares) Wachstum möglich sein soll, so glaubt Kaku, werde sich schon bald zu den intelligenten Technologien ein ebenso *intelligenter Mensch* gesellen. Ist dies nicht eine gravierende Fehlannahme?

> Das Wissen der Menschheit, nicht aber das Wissen des einzelnen Menschen verdoppelt sich alle zehn Jahre. Im Vergleich zum explosionsartigen Wachstum der Computerleistungen müssen die ganz individuellen Technikleistungen fast wie Stagnation oder gar Rückschritt erscheinen.

Und so sieht sein Zukunftsszenario für das Jahr 2020 aus, in dem der Mensch geradezu begeistert die Segnungen der Technik genießt (Kaku 1997/2000, S. 86ff.):

Michio Kaku: Leben im Jahre 2020. Ein Szenario aus der Sicht von 1997

1. Juni 2020

„Ein sanftes Läuten lässt Sie aufwachen. Das große Bild von einer Meeresküste, das still an der Wand hängt, erwacht plötzlich zum Leben und macht einem freundlichen Gesicht Platz, das Sie auf den Namen Molly getauft haben. Es verkündet: „Du musst jetzt aufstehen!" Sie gehen in die Küche, wo die Geräte Ihr Eintreten bemerken. Die Kaffeemaschine schaltet sich ein, und der Toaster bräunt das Brot so, wie Sie es am liebsten haben. Leise ertönt Ihre Lieblingsmusik. Das *intelligente Haus* wird lebendig.

Auf dem Frühstückstisch liegt Ihr persönliches Zeitungsexemplar, das Molly nach Abfragen des Internet speziell für Sie zusammengestellt und ausgedruckt hat. Bevor Sie die Küche verlassen, hat der Kühlschrank seinen Inhalt überprüft und meldet: „Wir haben keine Milch mehr, und der Joghurt ist leider verdorben." Molly fügt hinzu: „Die Computer sind zu Ende. Wenn du in den Supermarkt gehst, bring eine neue Packung mit!"

Die meisten Ihrer Bekannten haben sich *„Intelligente-Agenten-Programme"* ohne Gesicht und Persönlichkeit gekauft. Manche sagen, so etwas störe sie, andere sprechen nicht gern mit Geräten. Aber Ihnen gefallen die bequem zu sprechenden Befehle an die vielen „Helfer". Bevor Sie gehen, weisen Sie den Staubsaugerroboter an, den Teppich zu reinigen. Er erwacht zum Leben, nimmt die unter dem Teppich verborgenen Leitungsbahnen wahr und beginnt mit der Arbeit.

In Ihrem Büro bei Computer Genetics, einem Konzern für persönliche DNS-Sequenzierung, sehen Sie ein paar Videonachrichten durch. Rechnungen sind auch dabei. Sie stecken Ihre intelligente Geldkarte in einen Computer an der Wand, ein *Laser tastet zur Identifizierung die Iris Ihrer Augen ab*, und das Bezahlen ist erledigt. Um zehn Uhr haben Sie mit zwei Mitarbeitern auf dem Wandbildschirm eine Sitzung.

Heute Abend gehen Sie zu einem Empfang der Firma. Während Sie zwischen den Gästen umherschlendern, mustert die Videokamera in Ihrer Brille die Gesichter, und Molly vergleicht sie mit den Computerprofilen in Ihrem Speicher. Über einen *Mikrolautsprecher im Brillengestell* flüstert Molly Ihnen zu, wer die einzelnen Personen sind. Als die Party zu Ende ist, haben Sie ein wenig viel getrunken. Molly flüstert: „Noch ein Glas, und der Atemanalysator im Armaturenbrett verhindert, dass du das Auto anlässt."

Für dieses Wochenende haben Sie noch keine Verabredung. Aus einer Laune heraus sagen Sie zu Molly, sie solle doch einmal alle Singles in der näheren Umgebung heraussuchen und auf Neigungen und Hobbys überprüfen. Auf dem Bildschirm erscheinen Gesichter, jedes mit einer kurzen Beschreibung. „Hm, Molly, was meinst du, mit wem sollte ich Kontakt aufnehmen?" „Nun ja, ich finde, Nummer drei und Nummer fünf sehen recht vielversprechend aus. Die Interessenübereinstimmung liegt bei 85 Prozent." Molly tastet die Bilder der Gesichtszüge ab und nimmt mit den Messungen ein paar Berechnungen vor. Dann sagt sie: „Außerdem sind Nummer drei und sechs doch ziemlich attraktiv, findest du nicht? Und nicht zu vergessen Nummer zehn. Gute Eltern." Molly hat in der ganzen Gruppe diejenigen herausgesucht, die am strengsten und konservativsten aussehen ..."

Der Autor Michio Kaku geht ganz selbstverständlich davon aus, dass wir in Zukunft *täglich mit solchen Expertensystemen und intelligenten Programmen in Kontakt treten*, die viele Dinge des täglichen Lebens erledigen, die früher von Menschen geleistet wurden. Für ihn ist klar, dass eine Revolution in Gang kommt, „die alles zuvor Gedachte umstößt und gänzlich neue Diskussionen über die Frage eröffnet, *was es heißt, Mensch zu sein*" (Kaku 1997/2000, S. 90). Am Ende steht der Mensch selbst zur Disposition, weil auch Roboter mit menschenähnlichem Verstand technisch machbar sein sollen.

Auch das von Nicholas Negroponte in den USA gegründete Medienlabor des MIT (Massachusetts Institute of Technology) arbeitet zur Zeit an einem solchen ehrgeizigen Projekt mit dem Namen *„Things That Think"*: *Dinge, die denken*. Folgerichtig lautet der Wahlspruch des Medienlabors: „Früher konnten Schuhe stinken. Heute können Schuhe blinken. Morgen können Schuhe denken." So sollen beispielsweise in den Schuhen in Zukunft Elektroden eingearbeitet werden, mit denen sich problemlos Informationen an andere übertragen lassen. Der Austausch von Visitenkarten wird dann entbehrlich, weil man seinem Gegenüber nur noch die Hand zu schütteln braucht: „Da die Haut salzig ist und Elektrizität leitet, kann dabei der Lebenslauf aus dem Schuh in die Hand und von der Hand des anderen in dessen Schuh wandern" (Kaku 1997/2000, S. 50). Solche Zukunftskonzepte sind denkbar, aber weder wünschbar noch machbar, weil sie die Schlüsselfrage der Zukunftsforschung außer acht lassen: *Was will der Mensch?*

7. Technologiegläubigkeit. Beeinträchtigung der Treffsicherheit

Viele Vorhersagen beruhen auf der *Methode der Extrapolation*, d.h. eine in Vergangenheit und Gegenwart beobachtete Tendenz wird in eine zeitlich fixierte Zukunft hinein fortgeführt. Während man früher mittels einer Linie oder Kurve die erfasste Tendenz einfach geradlinig weiterprojizierte, werden in der Zukunftsforschung heute auch *retardierende Momente, Fluktuationen, Unwägbarkeiten oder Brüche* mit berücksichtigt. Das Faktum des *exponentiellen Wachstums* ist fragwürdig geworden. Man denke nur an die Bevölkerungsentwicklung oder die Ausbreitung der Computertechnologie.

Dies veranschaulicht eine alte persische Sage. Danach schenkte ein Höfling seinem König ein kunstvolles Schachbrett. Als Lohn dafür erbat er sich demütig nur ein einziges Getreidekorn für das erste Feld auf dem Schachbrett – und für jedes weitere Feld die doppelte Kornzahl. Großzügig ließ sich der König auf diesen bescheidenen Wunsch ein. Das war sein Fehler. Denn am Ende war er zahlungsunfähig: Schon auf das zehnte Feld entfielen 512 Körner, auf das 21. über eine Million. Ja, es gab seinerzeit gar nicht so viele Getreidekörner auf der Erde, wie für das 64. Schachfeld hätten bezahlt werden müssen. Der König hatte mit linearem, nicht aber mit exponentiellem Wachstum gerechnet. Die Wachstumskurve erreichte ganz unerwartet astronomische Höhen – nämlich die unvorstellbare Zahl 18 mit 18 Nullen, was 2^{63} entsprach. Der König hätte also etwa 25 Milliarden Lastwagen voll mit Getreide ordern müssen ...

In der Computertechnologie gilt das sogenannte *Moore-Gesetz*, eine Faustregel, mit der man die Entwicklung der Computertechnik schon seit mehreren Jahrzehnten präzise voraussagen kann. Erstmals 1965 hatte Gordon Moore, der Mitbegründer der Firma Intel, die Behauptung aufgestellt, dass sich die *Computerleistung alle 18 Monate verdoppelt*. Dieser Erfahrungswert hat bis heute seine Gültigkeit bewahrt, d.h. Computerfirmen orientieren sich in ihrer Produktionsentwicklung sogar daran. Deshalb lässt sich auch die Zukunft von Computer- und Biotechnologien nach Meinung von Experten „mit hinreichender statistischer Genauigkeit" prognostizieren, weshalb Mikroprozessoren bis 2020 so billig werden sollen „wie Notizpapier" (Kaku 1997/2000).

Trotz der bisherigen Treffsicherheit des Moore-Gesetzes bleibt eine wesentliche Frage offen, weil sich die Voraussagen immer nur auf bereits bekannte Technologien beziehen. Wie sieht es dagegen mit neuen intelligenten Systemen in einem Post-PC- bzw. Post-Mikroprozessor-Zeitalter aus? Wenn also eines Tages unsichtbare *Mikrochips* mit großen Rechenleistungen *in Krawatten oder Schals* eingearbeitet werden können – wie sieht dann die Kommunikation im Alltag aus?

Oder man stelle sich einmal vor: In eine Brille wird ein winziger Computerbildschirm eingebaut, in dem ein Okular eingesetzt wird, das dem Vergrößerungsglas eines Uhrmachers ähnelt und über winzige LEDs (Leuchtdioden) Bilder wie auf einem PC-Monitor vermittelt. Vorstellbar sind in Zukunft auch wie Cyborgs gekleidete Menschen – komplett mit Helm, Brille, Spezial-Okularen und einem Gewirr von Elektroden an der Kleidung. Jeder Mensch würde dann zu einem wandelnden Computer im World Wide Web. Am Ende wäre die ganze Erde von einer einzigen elektronischen Haut umhüllt und die Zukunft würde einem Disney-Film gleichen: *Leblose Gegenstände* würden plötzlich lebendig und *fingen miteinander zu reden an*. Das wäre *Compunikation total*. Der Mensch ließe die denkenden Gegenstände kommunizieren – als Butler, Botenjunge und Berater. Intelligente Agenten mit „gesundem Menschenverstand."

Douglas Lenat vom „Manhattan Projekt der künstlichen Intelligenz" geht ganz selbstverständlich davon aus, dass bald niemand mehr einen Computer ohne gesunden Menschenverstand kaufen wird. Sogenannte „Menschenverstandsprogramme" sollen dann dafür sorgen, dass *Computer Gespräche führen können* (vgl. Crevier 1994, S. 240ff.). Folgt man den technologiebegeisterten Zukunftsvisionären, dann werden eines Tages Maschinen intelligent mit Menschen umgehen, primitive Gefühle zeigen, Denken nachahmen und unterhaltsame Gespräche führen können – statt dass wir umgekehrt intelligent mit den Maschinen umgehen. *Herren oder Helfer* – was wollen wir wirklich? Im ersteren Fall werden wir zu „Haustieren der Computer" (Kaku 1997/2000, S. 162) und lassen uns wie Schoßhunde verwöhnen. Im zweiten Fall werden wir in der Lage sein, rechtzeitig den Stecker herauszuziehen ...

> Nicht die anschaulich beschriebenen Zukunftsbilder zwischen Cyber-Brille und Internet-Uhr sind problematisch, sondern die schicksalhaft anmutenden Aussagen, die scheinbare Unausweichlichkeit der Prognosen, die uns einreden wollen, wie Wissenschaft und Technik des 21. Jahrhunderts unser Leben revolutionieren und dominieren. Nein – die Menschen werden sich wehren und vor allem die technischen Innovationen, die das Leben nicht lebenswerter machen, weitgehend negieren und ablehnen.

Die Ablehnung kann sich auch gegen die „einhellige Meinung aller Physiker", gegen ihre „Einigkeit über die zukünftige Entwicklung" und gegen die Anmaßung einer Expertokratie richten, die sich zum „aktiven Lenker" auf dem Weg „zu den Sternen" erklärt und uns zu „Herren über Raum und Zeit" (Kaku 1997/2000, S. 17ff. und 115) machen will. *So werden wir nicht leben. Vor allem: So wollen wir nicht leben.*

Die Fraunhofer-Gesellschaft in Deutschland verfügt heute mit ihren 47 Instituten über Experten aus nahezu allen Zukunftstechnologien. Erwartungsgemäß ist *für Ingenieure fast alles, was technisch möglich ist, auch wirklich*: Danach soll sich schon bis 2010 Produktregelung und nachhaltiges Wirtschaften durchgesetzt haben. Auch Telematiksysteme würden Verkehrsströme entlasten. Ganz selbstverständlich wird prognostiziert: Bis zum Jahr 2020 würden uns Roboter bei der Hausarbeit, im Alter und bei Krankheit „unter die Arme greifen". Die gesamte Alltagswelt werde „intelligent". Intelligenz in allen Gegenständen – im Büro, im Auto oder im Haushalt. Ein schönes Leben in einer „rundum intelligenten Umgebung" wird vorausgesagt.

Vielleicht haben die beiden Science-Fiction-Autoren Angela und Karlheinz Steinmüller, die in der Phantasie von Träumen leben, aber nicht selten Alpträume in der Wirklichkeit erleben, doch Recht, wenn sie feststellen müssen: „Wer Zukunftsvisionen finden will, muss auf den Trödelmarkt gehen. Da liegen sie herum, vergilbt und verschlissen, neben abgetragener Kleidung und Alteisen, keiner will sie mehr haben, keiner erkennt unter der verstaubten Hülle das Strahlen, das einst von ihnen ausging. Faszination hat eine kurze Verfallzeit" (Steinmüller 1999, S. 11). Die beiden Science-Fiction-Autoren agieren seit Jahren als *Zukunfts-Jäger und Visionen-Sammler* und haben dabei die Erfahrung gemacht, dass sich soziale Visionen nur schwer neben den technischen behaupten können. Die Erfahrung lehrt: Ohne Veranschaulichung ist eine noch so wertvolle Vision fast nichts wert – so als wollte man heute einen Buchhändler fragen: Haben Sie ein Grundlagenwerk mit anschaulichen Bildern zu einer „nachhaltigen" Zukunftsentwicklung? Deshalb kursieren in der gesellschaftlichen Diskussion fast nur Technologie-Delphis mit „intelligenten" Häusern, Kunstwelten und Robotern.

Bei dieser Art der Zukunftsforschung besteht die Gefahr, dass *Datensammlungen mit Vorhersagen verwechselt* werden. Die Szenarien stimmen allzu optimistisch. Der Eindruck entsteht: Der Mensch der Zukunft wird von der Wiege bis zur Bahre *überwacht, versorgt und geheilt* – vielleicht „wird" er eines Tages auch noch „gestorben", wenn die Technik und die Techniker es wollen. Bei diesen Visionen drohen sich die Zukunftstechnologien zu verselbstständigen. *Der Mensch steht dabei nicht im Mittelpunkt,* sondern stellt lediglich einen Einflussfaktor (neben vielen anderen) dar. In dieser Sichtweise gibt es nur eine technologische Zukunft, bei der der Mensch zum „Humankapital" und zur berechenbar erscheinenden Größe gemacht wird.

> Natürlich lässt sich heute berechnen, was morgen auf uns zukommt. Aber wir können heute nicht ahnen, was wir morgen unter veränderten Lebensbedingungen fühlen werden.

Es kann daher nicht weiter überraschen, dass die überwiegende Mehrheit der Bevölkerung bisher ein *negatives Zukunftsbild* hat. Zukunft stellt keine stimulierende, eher eine abschreckende und entmutigende Orientierungsgröße dar. Es liegen kaum Erfahrungen im Umgang mit *positiv aktivierenden Zukunftsentwürfen* (vgl. Rüsen u.a. 2000, S. 12) vor.

Auf Initiative der EU sollen daher verstärkt im regionalen Bereich *Vorausschau-Prozesse* in Gang gesetzt und positive *Zukunftsinitiativen* entwickelt werden. „Vorausschau" ist von dem englischen Begriff „foresight" abgeleitet. Vorausschau will nicht als Prognose im Sinne einer Wahrscheinlichkeitsaussage verstanden werden. Sie soll vielmehr Visionen möglicher Weiterentwicklungen und Neuentwicklungen darstellen und partizipative Prozesse innerhalb einer Region auslösen. Vorausschau dient der Entwicklung mittel- bis langfristiger Zukunftsbilder mit dem Ziel, Einfluss auf die Willensbildung zu nehmen und gemeinsames Handeln auszulösen. Vorausschau bezieht sich auf einen Zeithorizont von mindestens zehn Jahren.

Dazu ein konkretes Beispiel: Die deutsche Vorausschau-Studie „Technologien am Beginn des 21. Jahrhunderts" (Grupp 1994) hatte frühzeitig darauf aufmerksam gemacht, dass *interdisziplinäre Technologie-Ansätze* in Zukunft an Bedeutung gewinnen: Bio-Technologie, Nano-Technologie, Mikro-Elektronik, Opto-Elektronik u.a. Dies hatte zur Folge, dass über grundlagenforschungsorientierte Gebiete hinaus vor allem neue interdisziplinäre Verknüpfungen gefördert wurden und Kommunikationsprozesse an den Schnittstellen zwischen Wirtschaft, Technik, Politik, Wissenschaft und Gesellschaft ausgelöst wurden. So also muss verantwortliche Vorausschau sein und einen „vorausblickenden, kritischen und konstruktiven Umgang mit Zukunftsfragen" (Braun/Zweck 2002, S. 8) ermöglichen. Das Ergebnis lässt sich dann in einem Wort zusammenfassen: *Zukunftsfähigkeit* – eine *Kombination aus Machbarem und Wünschenswertem*.

Ist es heute einfacher, Prognosen aufzustellen als früher? In der Tat hat die Entwicklung neuer statistischer, vielfach auch mathematischer Techniken die Systematik, die Analyse und Bewertung von Daten erleichtert. Die Fülle vorhandener empirischer Daten macht Analysen und Prognosen bis in Details hinein möglich, so dass *Zukunftstrends in zusammenhängenden Zeitreihen* beschrieben und begründet werden können.

> Eine sozial verantwortliche Zukunftsforschung hat eine doppelte Funktion:
>
> 1. vorbeugend nachdenken (= Voraus-Schau) und
> 2. nachhaltig vorsorgen (=Vor-Sorge).
>
> Darin unterscheidet sie sich von bloßen Trend- und Technologiereports, die wie Delphi-Orakel immer nur verkünden, was in Zukunft alles möglich wäre, statt sich in die Pflicht nehmen zu lassen und selbst gestaltend oder empfehlend die Weichen für die Zukunft zu stellen.

Viele Macher haben die Rechnung ohne die Mitmacher gemacht. Die individuelle und gesellschaftliche Akzeptanz wird meist überschätzt. Wie sinnvoll ist z.B. die Roboterentwicklung für die Haushaltsarbeit? Dazu ein konkretes Beispiel: Sie putzen Fenster, bringen den Müll vor die Tür und wischen den Boden – *elektronische Haushaltshilfen* „sollen" in zehn bis fünfzehn Jahren so verbreitet sein wie heute Mobiltelefone oder Computer. Das zumindest prognostiziert die UNO-Wirtschaftskommission für Europa (ECE). Doch: Wer will diese Service-Roboter im Haushalt überhaupt haben und vor allem: wer kann sie bezahlen? Im neuen Jahrtausend soll der Kühlschrank mit seinem Besitzer sprechen und gegebenenfalls Milch und Butter im Supermarkt nachbestellen. Ist die Kühltruhe im Keller defekt, alarmiert sie selbsttätig einen Handwerker. Das Bostoner MIT (Massachusetts Institute of Technology) wie auch das Fraunhofer Institut für Mikroelektronische Schaltungen und Systeme arbeiten ernsthaft an solchen Konzepten.

8. Falsche Propheten. Trendforschung als Trendindustrie

Vor allem die heutige Trendforschung, die aus den USA nach Europa schwappt, setzt und besetzt Themen und Trends, die gleichermaßen erfunden, plausibel oder banal sind und eigentlich nur neue Märkte erschließen sollen:

- *Für Trendforscher fängt der Mensch beim Konsumenten an.* Wenn Trendforscher von Zukunftsforschung reden, dann meinen sie in erster Linie „future business", also die Kunst, Zukunftswissen in Markterfolge umsetzen zu können, in Produktstrategien und Warenevolutionen im vollen Vertrauen auf die magische Kraft der Trendformel „Design the World!" Nach Horx „beamt" gutes Design die Dinge in die Zukunft. Design heißt für ihn: „Zukunft erschaffen" (Horx 2003, S. 194). Das ist natürlich eine verkürzte Sicht von Zukunft, die sich mit kosmetischen Nachbesserungen zufrieden gibt.
- *Trendforscher blenden soziale Konflikte und Probleme weitgehend aus* und kritisieren sie als „panische Haltung der Zukunft gegenüber" bzw. als eine Art „Zukunfts-Aids" und „Alarmismus". Infolgedessen beschreiben sie Zukunftsforscher als „Propheten des Unheils", die „verbrannte Erde" hinter sich lassen. Davon grenzen sich die Trendforscher ab.
- *Trendforscher haben „keine Ahnung von den Trends von morgen"* (Horx 2003, S. 9). Ihre sogenannten Trends beschreiben lediglich Gegenwartsentwicklungen, also nichts anderes als Veränderungsprozesse, die in der Gegenwart stattfinden. Sie wollen „nicht die Welt in 20 Jahren, sondern die *vollendete Gegenwart*" (Horx 1998, S. 19) kennen lernen. Sie fragen nicht nach dem Morgen, sondern analysieren das Heute. Und wenn wirklich einmal von Zukunft die Rede ist, dann ist allenfalls „future light" gemeint zwischen „Tante-Emma-Esoterik" und „High-touch-Kundenkonzeption" (Horx 2004).

- *Trendforscher begreifen Zukunft vornehmlich als Designaufgabe* – vom Gang zum Schönheitschirurgen bis zur Technik des Klonens. Zukunft wird „programmiert". Das wird nicht etwa als Eingriff in die Natur verstanden, sondern als Entwicklung der natürlichen Potentiale: „Selbstverbesserung wird Pflicht" (Trendbüro 2003). Bei Zukunftsentwürfen geht man auch nicht von allgemeingültigen Werten aus, sondern von einem *moralischen Pluralismus*: Alles wird frei ausgehandelt, moralische Standards brechen weg. Und mag es mit der Gesellschaft noch so sehr bergab gehen – die eigene Zukunft wird positiv beurteilt. Ein widersprüchliches Bild, das soziale Verantwortung vermissen lässt.
- *Trendforscher arbeiten journalistisch; ihr methodisches Instrumentarium heißt: Recherche.* Trendforscher verstehen sich wesentlich als Analysten der Gegenwart. Matthias Horx bezeichnet sich gar als „Ethnologe der Gegenwart" bzw. als „Ausgräber der Gegenwart". Auch wenn er von Zukunft spricht, so ist seine Neugier doch „vornehmlich auf die Gegenwart gerichtet" mit der Begründung, unsere Zeit sei heute geradezu „gegenwartsblind". Deshalb beschäftigen sich Trendforscher mit profanen Alltagsdingen wie z.B. „Zahnbürsten, Teddybären, Küchengeräten, Verpackungstexten, Duftnuancen, Kopfschmerztabletten, Gartenzwergen, Lampenformen und Kuchen-Essgewohnheiten" (Horx 1993, S. 7). Diese Dinge des Lebens sollen bisweilen „genauso Auskunft über unseren Seelenzustand geben wie alle hochfliegenden Theorien und Denkgebäude" (Horx 1993, S. 7 und 15).

In diesem Sinne stellt Trendforschung nur eine sensiblere Form der Marktforschung dar, die zunehmend – wie die Werbung auch – an ihre Grenzen stößt. So hat sich mit Hilfe der Trendforscher eine wahre *Trendindustrie* etabliert, die sich mit Recherchen und Analysen zufrieden gibt und sie als Zukunftsdeutung wertet. Trendforscher wissen nicht, was die Zukunft bringt und wollen auch nicht glauben, dass man mögliche Zukünfte voraussagen kann: „Wer heute auf Futurologen hört, handelt genau so rational wie der Abergläubige, der sein Leben nach dem Horoskop einrichtet" (Bolz 2003, S. 18). Trendforscher setzen sich nicht mit möglichen Zukünften auseinander, sondern allenfalls mit „zukünftigen Gegenwarten". Methodisch begnügen sich Trendforscher mit

- *Scanning*
  Lesen und Auswerten von Zeitungen und Medienprogrammen
- *Monitoring*
  Ermittlung von Themenfeldern (z.B. die „Zahnbürste der Zukunft" im Umfeld von Mund/Zahn/Zahnputzgewohnheiten, Badezimmern usw.)
- *Scouting*
  Besuch von Diskotheken, Clubs und Restaurants sowie Beobachtung von Outfit und Verhalten (z.B. jugendliche Avantgarden als Pfadfinder für neue Lebensstile und Produkte).

Mit Hilfe von Scanning, Monitoring und Scouting werden Produktpaletten der Zukunft entwickelt und „auf dem Weg kollektiven Ahnens" in Trendpakete geschnürt und als Trend- und Zukunftsletter veröffentlicht.

Die Publizierung und Verbreitung ihrer Ergebnisse bergen deshalb erhebliche Risiken für die gesellschaftliche Entwicklung:

- Die *Pseudo-Wissenschaftlichkeit* ihrer Aussagen wird in der Öffentlichkeit nicht immer rechtzeitig erkannt, was zu Fehleinschätzungen und Fehlentscheidungen führen kann.
- Sie liefert *deus-ex-machina-Modelle*, die Scheinsicherheit vermitteln und Präzision und Exaktheit vortäuschen.
- Sie versucht insbesondere Wirtschaft und Marktentwicklung in bestimmte Bahnen zu lenken, was *Täuschungsmanöver und Manipulationen* nicht ausschließt.

Für Trendforscher ist die *Zukunft fast ausnahmslos rosig*. Trendforscher sind in erster Linie für Wirtschaft, Werbung und Marketing da und sollen neue Marktnischen erschließen helfen. Trendforscher agieren nach der Disney'schen Philosophie „Our business is happiness." Glück ist unser Geschäft. Die Menschen sollen lächeln, gesellschaftliche Konflikte stören nur. Deswegen dürfen die gelieferten Trendbilder nur sauber, fröhlich und konfliktfrei sein. Vorreiter auf diesem Gebiet sind John Naisbitt und Faith Popcorn in den USA sowie Gerd Gerken, Peter Wippermann und Matthias Horx in Deutschland.

9. Wild Card-Szenarien. Unwahrscheinliche Zukünfte

Neben der Vorausschau kommt der wissenschaftlichen Zukunftsforschung auch die Aufgabe zu, *Szenarien für politisches Handeln* zu entwickeln. Das können unterschiedliche Zukunftsbilder sein, aber auch sogenannte *Wild Cards*, wie sie beispielsweise vom Kopenhagener Institut für Zukunftsforschung konzipiert wurden. Wild Cards sind Ereignisse, die zur Zeit ziemlich unwahrscheinlich und unsicher erscheinen, die aber – wenn sie eintreten – weitreichende Folgen für Wirtschaft, Politik und Gesellschaft haben können (vgl. Agerup 2000, S. 112). Themen für Wild Cards können fast grenzenlos sein, wie die folgende exemplarische Auflistung zeigt:

WAS WÄRE, WENN ... Unwahrscheinliche Zukunftsbilder („Wild Cards")
- Aufstand der Hungernden: Invasion nach Europa
- Krieg zwischen Christen und Muslimen
- Terroranschlag auf den Vatikan
- Frieden im Nahen Osten
- Kalter Krieg zwischen Europa und den USA
- Handelsembargo EU/USA
- USA ziehen sich aus der UNO zurück
- UNO als Weltregierung
- Das Ende der Diplomatie: Krieg als Außenpolitik
- Zusammenbruch der Finanzmärkte
- Zusammenbruch des world wide web

- Demokratien haben keine Zukunft mehr
- Der Kapitalismus bricht zusammen
- Die USA sind keine Weltmacht mehr
- Krieg der Religionen
- Islam als Weltmacht
- Fundamentalisten beherrschen die Welt
- Aus Religion wird Spiritualität
- Rückkehr zum Nationalismus: Antwort auf den Globalismus
- Verdoppelung der Arbeitslosigkeit
- Die Sonne verliert ihre Kraft
- Verseuchung der Erde durch Bakterien/Viren
- Antibiotika wirken nicht mehr
- Vergiftung des Trinkwasservorrats
- Klimawandel (Überschwemmung, Erdbeben, Vulkanausbruch)
- Unkontrolliertes Klonen des Menschen
- Das genetisch manipulierte Wunschkind
- Babyboom in Deutschland
- Männer nehmen Erziehungsurlaub
- Alle Politiker werden ehrlich

Wenn solche Ereignisse eintreten würden, bliebe keine Zeit für jahrelange Forschungen mehr. Entscheidungen müssten schnell getroffen werden. Wild Card-Forschungen können also frühzeitig herausfinden, welche Reaktionen richtig und angemessen sind und was man konkret tun will oder soll. Das hat viel mit Inspiration, Fantasie und sozialer Verantwortung zu tun.

„Wild Cards" gelten als der blinde Fleck der Zukunftsforschung: Sie sind die Querschläger, die Zukunftsszenarien vom Tisch fegen können. Wild Cards geben Antworten auf Fragen, warum z.B. der Neue Markt floppt, Terroristen zuschlagen, die Konjunktur ins Stolpern gerät oder eine Jahrhundertflut persönliche Zukünfte beiseite schwemmt. Wild Cards erinnern an Unwägbarkeiten und Unberechenbarkeiten, weshalb die Zukunft auch mehr als nur die verlängerte Gegenwart ist. Wild Cards sind wenig wahrscheinlich – „aber wir wissen nicht, wie unwahrscheinlich sie sind" (Steinmüller 2003, S. 20). Denn sie kommen mitunter wie ein Blitz aus heiterem Himmel (z.B. Tschernobyl 1986 oder Terroranschläge am 11. September 2001).

Wild-Card-Situationen treten überraschend und schockartig ein, obwohl es nicht selten *schleichende Katastrophen* gibt. Deshalb empfehlen die beiden Futurologen Steinmüller den Unternehmen und öffentlichen Einrichtungen, bei ihren Zukunftsplanungen auch Wild Cards im Sinne von Eventualitäten und Störereignissen zu berücksichtigen. So können Wild Cards als „Augenöffner" dienen und beim Aufbau von *Frühwarnsystemen* hilfreich sein:

- Im Bereich der Wirtschaft (z.B. „Zusammenbruch des Euro", „Neuer Ölpreisschock").
- Im Bereich der Politik (z.B. „Der Nahe Osten explodiert", „Die USA auf dem Rückzug").
- Im Bereich der Gesellschaft (z.B. „Lebenserwartung über 100", „Jung gegen Alt").

Für die Erfinder solcher Wild Cards würde es an ein Wunder grenzen, wenn auch nur eine der Wild Cards genauso eintreffen würde, „wie wir sie beschrieben haben. Aber mehr noch würde uns überraschen, wenn sich keine einzige von ihnen realisiert" (Steinmüller 2003, S. 60). Die Zukunft kommt anders, als man sie sich ausmalt. Und sie wird teilweise viel „wilder" sein, als man sie sich ausdenken kann – und manchmal auch fantastischer und farbiger:

„WILD CATS" STATT „WILD CARDS"! Ein etwas anderes Szenario
- Katzen regieren die Welt
- Frauen verlassen den Haushalt
- Männer verlassen die Arbeitswelt
- Frauen übernehmen die Macht
- Frauen bestimmen die Wirtschaft
- Frauen entscheiden über Krieg und Frieden
- Männer können Kinder kriegen
- Arbeitsverbot für Männer
- Frauen verweigern die Kinderbetreuung
- Babys werden geklont

Utopisches Denken spiegelt immer zweierlei wieder: Sehnsucht nach den Ursprüngen und Aufbruch zu Neuem. Insofern ist die Utopie mit der Futurologie verwandt, weil sie sich nicht selten zwischen geheimnisvoller Geschichte und glanzvoller Zukunft bewegt. Aus der Sicht der Philosophie sind Utopien *„ausgewanderte Wünsche"* (Mittelstraß 2000, S. 208). Zukunftswissenschaft wäre dann die Kunst, die Wünsche wieder einzuholen bzw. einzulösen. Das gelingt nie ganz, weil der Forschung natürliche Grenzen gesetzt sind – technologische, ökonomische, moralische. Aber auch Grenzen des Wissens. Wüsste die Zukunftswissenschaft alles, was sie wissen wollte, wäre sie perfekt: Alles Erklärbare wäre erklärt, alles Voraussagbare vorausgesagt. Dann wäre alles beantwortet. Und der wissenschaftliche Fortschritt hätte keine Zukunft mehr. Langeweile machte sich breit. Davon sind wir weit entfernt. Der Forschungsgegenstand bleibt auch in Zukunft grenzenlos und baut als *konkrete Utopie* Brücken zwischen dem Heute und Morgen.

10. Zielkonzepte.
Was sollen wir eigentlich wollen?

Im Unterschied zur Trendforschung, die sich mit Stimmungsbildern begnügt, zeichnet sich die wissenschaftliche Zukunftsforschung vor allem durch das *Qualitätsmerkmal Überprüfbarkeit* aus – basierend auf sozialwissenschaftlichen Methoden wie z.B. Interview- und Umfragetechniken oder Delphi- bzw. Expertenumfragen. Das können Aussagen über Technikentwicklungen und -folgenabschätzungen, über Ressourcenverbrauch und Umweltbelastungen, Forschungen zur Zukunft von Arbeit,

Medien und Konsum oder Hinweise auf Einstellungs- und Verhaltensänderungen sein, die als Futurologie richtungweisend für künftige Lebensstile werden können.

Zukunftstrends müssen mindestens fünf bis zehn Jahre lang stabil und richtungweisend sein, was sie grundsätzlich von Moden und Zeitgeistströmungen unterscheidet, die heute ‚in' und ‚morgen' schon wieder ‚out' sein können. Zukunftstrends auf der *Basis von Zeitreihen* zeichnen sich auch durch die Stetigkeit ihrer Entwicklung aus, was futurologische Aussagen verlässlich macht.

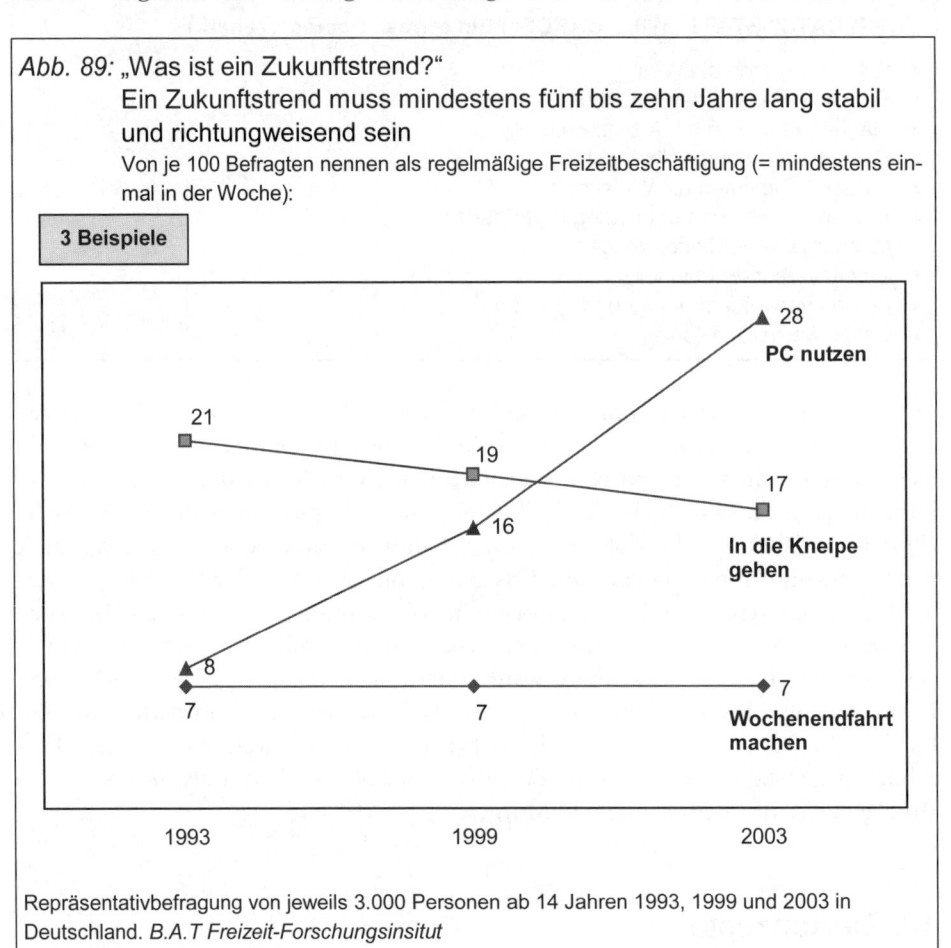

Abb. 89: „Was ist ein Zukunftstrend?"
Ein Zukunftstrend muss mindestens fünf bis zehn Jahre lang stabil und richtungweisend sein
Von je 100 Befragten nennen als regelmäßige Freizeitbeschäftigung (= mindestens einmal in der Woche):

3 Beispiele

Jahr	PC nutzen	In die Kneipe gehen	Wochenendfahrt machen
1993	8	21	7
1999	16	19	7
2003	28	17	7

Repräsentativbefragung von jeweils 3.000 Personen ab 14 Jahren 1993, 1999 und 2003 in Deutschland. *B.A.T Freizeit-Forschungsinsitut*

Der Begriff *Futurologie* („futurology") stößt zunächst in der deutschen Universitätslandschaft auf Widerstand und wird bewusst provozierend in die Nähe der Astrologie gerückt. Flechtheim wollte seinerzeit mit diesem Begriff auf die große Bedeutung einer „*systematischen Beschäftigung mit der Zukunft*" hinweisen (Flechtheim 1972, S. 1). Die Futurologie als systematische Zukunftsforschung sollte zur Bewältigung von fünf die Menschheit bedrängenden und bedrohenden Problemen beitragen (Flechtheim 1972, S. 8):

Zielkonzepte

1. Verhinderung von Krieg und Institutionalisierung von Frieden.
2. Beseitigung von Hunger und Elend in der Dritten Welt zur Stabilisierung der Bevölkerungszahl.
3. Beendigung des Raubbaus zum Schutz der Natur und des Menschen.
4. Überwindung von Ausbeutung und Unterdrückung zur Demokratisierung von Staat und Gesellschaft.
5. Abbau von Entleerung und Entfremdung zur Schaffung eines neuen kreativen Homo Humanus.

Das waren und sind große hehre Ziele, die auch heute noch erstrebenswert sind – sieht man einmal vom überhöhten Pathos „Homo Humanus" ab. Zukunftswissenschaft kann schließlich nicht alle Probleme der Menschheitsgeschichte lösen.

Erst Jahrzehnte später griff Horst Wagenführ, der Leiter der Wickert-Institute, die Flechtheim-Terminologie wieder auf und verwendete ihn modifiziert als *Ökonomische Futurologie* bzw. als „Wirtschaftliche Zukunftsforschung" und „Industrielle Zukunftsforschung" (Wagenführ 1970). Diese Art von Zukunftsforschung hat sich heute durchgesetzt – allerdings weitgehend den Blicken von Öffentlichkeit und Wissenschaft entzogen. Großkonzerne wie z.B. VW oder Daimler-Chrysler haben mittlerweile eigene Abteilungen für Trend- und Zukunftsforschung. So gesehen ist Zukunftsforschung auch ein *eigenes Berufsfeld* geworden, in dem allerdings wirtschaftliche Interessen im Vordergrund stehen.

In Frankreich gibt es auf universitärer Ebene einen eigenen Lehrstuhl für Zukunftsforschung (CNAM/Conservatoire National des Arts et Metiers). Hier kann man Zukunftsforschung studieren und eine *Ausbildung als Zukunftsforscher* mit Diplomabschluss absolvieren. In den USA kann man an der Universität in Houston ein *Diplom in Zukunftsstudien* erwerben und an der Fernuniversität Greenleaf ein *Doktorat im Fach „Studien zum 21. Jahrhundert"*. Zukunftsforschung ist eine Forschung mit Zukunft. Die wissenschaftliche Analyse der Zukunft ist hingegen in Deutschland noch ein weitgehend Weißer Fleck in der universitären Forschungslandschaft. Auch heute gilt sinngemäß noch der Satz: „Es gibt mittlerweile über 1.000 Institutionen, die sich wissenschaftlich mit der Vergangenheit und Gegenwart beschäftigen, aber nicht ein einziges öffentlich gefördertes Institut für Zukunftsforschung" (Kreibich 1991, S. 91).

Bereits in den siebziger Jahren wurde die Frage „Hat die Zukunftsforschung eine Zukunft?" positiv beantwortet, allerdings mit der Forderung verbunden, eine *eigenständige Grundlagenforschung* zu schaffen und sich dabei auch kritisch mit den Schwierigkeiten einer Zielbewertung auseinanderzusetzen (vgl. Böhret 1972, S. 4). Die wissenschaftliche Zukunftsforschung weist über Mainstreams und Zeitgeistströmungen hinaus auf gesellschaftliche Entwicklungen (*„Zukunftstrends"/„Basistrends"*) hin, die *mindestens fünf bis zehn Jahre lang richtungweisend* sind. Zukunftsforschung agiert so als ein *Frühinformationssystem*, das über Chancen und Risiken sich abzeichnender Veränderungen frühzeitig aufklärt.

200.000 Menschen zogen im Jahr 2001 durch die Straßen von Genua. Auf ihren Spruchbändern stand: *„Eine andere Welt ist möglich."* Es war die Aufforderung an die Politik, mit der Gestaltung einer wünschbaren Zukunft sofort zu beginnen. Andernfalls würden die Bürger „ihre" Zukunft selbst in die Hand nehmen. In gleicher Weise hat auch die wissenschaftliche Zukunftsforschung immer ein *politisches Mandat,* z.B. in Form der Politikberatung:

- Das dänische *Copenhagen Institute for Future Studies (CIFS)* informiert regelmäßig Ministerien, Unternehmen sowie öffentliche und private Organisationen über Themen von strategischer Bedeutung für die Zukunft (www.cifs.dk).
- Das *Finland Future Research Centre (FFRC)* entwickelt ein Zukunftsbarometer, das auf Umfrageergebnissen basiert und über veränderte Einstellungen der Bevölkerung zu zukunftsrelevanten Themen informiert. Dieses Zukunftsbarometer richtet sich an Entscheidungsträger in Wirtschaft, Politik und öffentlichen Institutionen (www.tukk.fi/tutu/furemain.htm).
- Das *Forward Studies Unit (FSU)* der Europäischen Kommission behandelt für die Generaldirektionen der EU Strategie- und Zukunftsfragen sowie Lösungsansätze zu speziellen Aufgabenstellungen der Kommission (http://europa.eu.int/comm/cdp/index_en.htm).
- Das *Future Generations Programme (FGP)* der UNESCO mit Sitz in Malta hat sich die Erforschung von Problemfeldern künftiger Generationen zum Ziel gesetzt, bei der es in erster Linie um die Verantwortlichkeit („responsibility") für zukünftige Generationen geht.
- Das *Committee for Future Studies (CFS)* der polnischen Akademie der Wissenschaften wurde 1969 in Warschau gegründet und gilt als eine der ältesten Zukunftsforschungsinstitutionen der Welt. Es untersucht systematisch die Chancen und Risiken globaler Trends. Neben speziellen Expertenberichten, periodischen Publikationen und aktuellen Pressemitteilungen veröffentlicht das Komitee sogenannte Dreijahresberichte über „Polen im 21. Jahrhundert", die dem Präsidenten, dem Seim, dem Senat sowie Forschungs- und Bildungsinstituten vorgelegt werden (www.cunpan.waw.pl).
- Das *Swedish Institute for Future Studies* wird über staatliche Zuschüsse und Kooperationsvereinbarungen mit Unternehmen sowie private und öffentliche Institutionen finanziert. Die Zukunftsstudien konzentrieren sich auf vier Bereiche: 1. Leben und Arbeit 2. Kreative Gesellschaft 3. Nachhaltige Gesellschaftsformen sowie 4. Bio-Gesellschaft/Gesundheit/Wohlfahrt. Die Forschungsergebnisse werden publiziert und medial verbreitet (www.framtidsstudier.se).
- In der Schweiz gehört die Gruppe *„Forschungspolitische Früherkennung"* (FER) zum Schweizerischen Wissenschaftsrat. Sie berät den Bundesrat in allen Fragen der Wissenschafts- und Forschungspolitik. FER begreift sich als Schnittstelle zwischen Wissenschaft, Politik, Öffentlichkeit und Wirtschaft. FER regt öffentliche Diskussionen zu zukunftsträchtigen Ideen an (z.B. durch die Veröffentlichung des Qualitätsberichts FUTURA). So wurden bereits in den achtziger Jahren Forschungsprojekte zu Zukunftsfragen wie Dienstleistungsgesellschaft, Bio- und Gentechnologien angeregt.

Was sollen wir eigentlich wollen? Auf diese Schlüsselfrage muss die Zukunftswissenschaft Antworten geben können. Dabei geht es um Zielfindung unter Einbeziehung von Wertdimensionen und gesellschaftspolitischen Zielvorstellungen auf der Basis moralischer Vorstellungen. Bereits in den siebziger Jahren hat der Gesellschaftswissenschaftler H.H. Koelle ein Zielsystem für die wissenschaftliche Zukunftsforschung von weltweiter Bedeutung entwickelt. Die Konkretisierung eines solchen Zielsystems könnte Politik und Gesellschaft Hinweise darauf geben, was wir in Zukunft eigentlich erreichen wollen (Koelle 1970, S. 3). Dieses Zielkonzept wartet bis heute auf seine Verwirklichung:

Zielkonzept der Zukunftswissenschaft. Ein Orientierungsbeispiel

A. *Entwicklung des geistigen Potenzials (Development of brainpower)*
1. Schaffung ausreichender Bildungsmöglichkeiten
2. Verwirklichung von Chancengerechtigkeit im Bildungswesen
3. Erhöhung der Effizienz bei der Wissensübertragung (Lernprozess)
4. Bessere Nutzung des vorhandenen Wissenspotenzials
5. Ausweitung der geistigen Fähigkeiten des Menschen
6. Verhinderung des Analphabetentums

B. *Verbesserung des Gesundheitszustandes (Improvement of health)*
1. Beseitigung von Hunger
2. Beseitigung von Krankheiten
3. Verhinderung von Gewaltanwendung und Körperverletzung
4. Verhinderung des unnatürlichen (gewaltsamen) Todes

C. *Erhöhung der Lebensqualität (Improvement of the quality of life)*
1. Verbesserung bzw. Erhaltung der Umweltbedingungen
2. Erhöhung der gesamtwirtschaftlichen Produktivität
3. Garantie menschenwürdiger Unterbringung
4. Gerechte Einkommensverteilung
5. Soziale Sicherung der Nicht-Beschäftigten
6. Verhinderung der gewaltsamen Zerstörung von Sachwerten
7. Erhaltung kultureller Werte

D. *Sicherstellung der Lebenserfüllung (Human fulfillment)*
1. Freie Wahl des Lebensraumes
2. Sicherung der geistigen Freiheit
3. Beiträge zum Gemeinwohl
4. Genuss des Schönen
5. Vergnügen und Abenteuer
6. Sättigung des Wissensdurstes

Im europäischen Vergleich führt die wissenschaftliche Zukunftsforschung in Deutschland – institutionell gesehen – noch ein Schattendasein. Die Forderungen des *American Council for the United Nations University*, die auf der Befragung von 250 Zukunftsforschern weltweit basieren, sind in Deutschland (vgl. Kreibich 2000, S. 24) noch weithin Zukunftsmusik wie z.B.:

- Integriere Zukunftsfragen in alle Ebenen der Politikgestaltung.
- Integriere zukunftsbezogenes Denken in das Bildungssystem.
- Setze – unterstützt von der Zukunftsforschung – partizipatorische Prozesse in Gang, um Zukunftsvisionen zu entwickeln.
- Schaffe nationale Zukunftsakademien, bestehend aus einem Netzwerk von Universitäten, die Zukunftswissenschaft *(Future Science)* lehren.

Neben ihrer Funktion als Politik- und Wirtschaftsberatung sollte die wissenschaftspolitische Bedeutung der Zukunftswissenschaft nicht unterschätzt werden. Sie liefert Entscheidungshilfen für die staatliche Wissenschaftspolitik (vgl. van der Meulen 2000, S. 162) im Hinblick auf *Prioritäten, Programme und Strategien*. So schließt sich der Wirkungskreis wieder.

In Analogie zu dem vom Bundesministerium für Bildung und Forschung (BMBF) eingeführten Begriff Innovations- und Technikanalyse (ITA) müsste in der Zukunftsforschung eigentlich die Bezeichnung *Innovations- und Sozialanalyse (ISA)* eingeführt werden. Damit kann einmal die innovative Ausrichtung dieses Forschungsbereichs zum Ausdruck kommen (z.B. Empfehlung von innovativen Lösungen im Umgang mit möglichen Risiken). Andererseits wird der *Analysecharakter* betont, der Chancen und Risiken der gesellschaftlichen Entwicklung im Blick hat, also zukunftsrelevante Problemfelder ebenso wie Trends und Potenziale. Eine solche Forschung muss soziale Zukunftsfragen in den Mittelpunkt stellen – Kontaktbedürfnisse und Kommunikationswünsche genauso wie Analysen von sich verändernden Sozialstrukturen sowie innovative Lösungsansätze auf der Basis einer *SozialFolgenAbschätzung (SFA)*.

Das Zukunftskonzept einer Innovations- und Sozialanalyse greift Fragen auf, die sich im Spannungsfeld von Individuum und Gesellschaft, Privatheit und Öffentlichkeit bewegen und sucht nach *innovativen Lösungen zum Umgang mit sozialen Konflikten* und deren Vermeidung. Die Gesellschaft benötigt Orientierungswissen über zu erwartende Entwicklungs- und Zukunftstrends sowie über absehbare Entscheidungen der Politik.

Es gibt sicher Grenzen des Wissens und Grenzen der Gewissheit. Aber dürfen wir uns damit abfinden, dass sich die Politik mangels *Zukunftswissen* immer nur tastend auf unsicherem Terrain fortbewegt und am Ende feststellen muss: „eine ganze Gesellschaft kann falsch liegen" (Nida-Rümelin 2001)? Im Idealfall müsste eine ISA-Forschung *Perspektiven eines erwünschten sozialen Fortschritts* aufzeigen und politische Handlungsoptionen bemessen. Im einzelnen (vgl. BMBF 2001, S. 7) würde dies bedeuten:

1. *Innovationsorientierung*
   Es ist ein sozialorientierter Innovationsprozess in Gang zu setzen.
2. *Handlungsorientierung*
   Es sind den Akteuren in Gesellschaft und Politik Handlungsspielräume zu eröffnen.
3. *Zukunftsorientierung*
   Es sind unterschiedliche Möglichkeiten der Zukunftsgestaltung aufzuzeigen. Letztlich geht es auch hier wieder um die Darstellung möglicher Zukünfte, also

um Zukunftsentwürfe, die das Denkbare, Machbare und Wünschbare zum Wohl des Menschen und der Gesellschaft miteinander verbinden.

Statt passives Hinnehmen des sozialen Wandels sollte nach Meinung des Futurologen Alvin Toffler eher eine umfassende *Strategie der sozialen Zukunftsorientierung* entwickelt werden. Damit ist eine Form der Planung gemeint, die weitsichtig und human zugleich ist. Neben wirtschaftlichem Wohlstand und materiellem Erfolg müssen andere Ziele treten wie z.B. gesellschaftliche Verantwortung und Qualität des Lebens. Eine soziale Zukunftsorientierung hat mögliche, wahrscheinliche und wünschenswerte Zukünfte im Blick. Dies verlangt

- für die Bestimmung des Möglichen eine *Kunst der Zukunftsorientierung*,
- für die Bestimmung des Wahrscheinlichen eine *Wissenschaft der Zukunftsorientierung* und
- für die Bestimmung des Wünschenswerten eine *Politik der Zukunftsorientierung*.

> Die Zukunft muss keineswegs unerforschlich bleiben, wenn die wissenschaftliche Bestimmung wahrscheinlicher Zukunftsentwicklungen als Teil einer gesamtgesellschaftlichen Aufgabe der Daseinsvorsorge für kommende Generationen gesehen wird. Das Bild der Zukunft gleicht dann einem sich fortwährend verändernden Mosaik.

Die Veränderung ist für die Gesellschaft und die Menschen selbst wesentlich, denn „der Wandel ist das Leben selbst" (Toffler 1970, S. 383). Die Zukunftswissenschaft hilft, die Kontrolle über den Wandel nicht zu verlieren und die Steuerung der weiteren Entwicklung selbst in die eigenen Hände zu nehmen.

Die Bundeszentrale für politische Bildung ließ zur Jahrtausendwende im Rahmen eines interdisziplinären Forschungsprojekts sogenannte „Deutschland-Trends" ermitteln. Mit diesem Trend-Konzept war die Absicht verbunden, gesellschaftliche, politische, soziale und kulturelle Entwicklungsaspekte *perspektivisch in einen vernetzten Zusammenhang* zu bringen. Trend-Beschreibungen und Trend-Optionen zielten auf mögliche Lösungsansätze auf einer zweifachen Basis:

- *Trend-Beschreibungen* liefern Fakten und beruhen auf einem breiten empirisch gestützten Sockel von gewachsenem Herkunftsbewusstsein.
- *Trend-Optionen* liefern Orientierungen und können auf eine normative Dimension nicht verzichten.

Die auf diese Weise entwickelten Zukunftsvorstellungen stellen einerseits *objektivierbare* Beschreibungen der sozialen Wirklichkeit dar, enthalten aber andererseits *wünschbare* Beurteilungen. In diesem Verständnis gleicht Zukunftsforschung einem „Abwägungsprozess" (Korte/Weidenfeld 2001, S. 8), der mögliche Zukünfte bzw. Zukunfts-Szenarien zulässt.

Future Science bzw. Zukunftswissenschaft heißt: *Zukunft durch Wissenschaft*. Über kritische Gegenwartsanalysen hinaus muss sie – wie eigentlich jede Wissenschaft – Zukunftspotenziale sichtbar machen und Zukunftsorientierungen leisten, ohne deswegen gleich in Prognosewahn oder modischen Skeptizismus zu verfallen (vgl.

Jegelka 2000, S. 205). So gesehen kann heute jede Wissenschaft fast unbegrenzt innovativ sein – in ihren Ergebnissen, offenen Fragen und konkreten Lösungsansätzen. Eigentlich gibt es für die Wissenschaft nur eine Utopie: Das Bild einer Zukunft, in der es „allen besser und niemandem schlechter geht" (Marcuse 2000, S. 246). Das mag auf den ersten Blick wirklichkeitsfremd erscheinen, beschreibt aber die Richtung einer ebenso wünschbaren wie machbaren Zukunft, in der die Gewinner ein bisschen weniger und die Verlierer ein bisschen mehr bekommen.

Mitte der achtziger Jahre wiesen Untersuchungen der Neurobiologie an der schwedischen Universität Lund nach, dass es beim Menschen eine *Erinnerung an die Zukunft* gibt, die wir in unserer Vorstellung immer wieder aufsuchen, ständig überarbeiten und verbessern. Es handelt sich dabei um einen Prozess, der innerhalb des Gehirns stattfindet und mit der menschlichen Sprach- und Wahrnehmungsfähigkeit verknüpft ist. Auf diese Weise entstehen Erinnerungsbilder, die wir uns von einer vorweggenommenen Zukunft machen. In jedem Augenblick unseres Lebens entwickeln wir Handlungspläne für die Zukunft, d.h. ein Teil unseres Denkens antizipiert den nächsten Augenblick, die nächsten Minuten, die kommenden Stunden, die folgenden Tage und Wochen sowie die nächsten Jahre, die vor uns liegen.

Dem Thema Zukunft droht eine große Gefahr: die Inflationierung. Sie wird durch PR-und Werbeagenturen verursacht und forciert. Da wird die Zukunft „besetzt". „Zukunftsforen" werden organisiert und „Zukunftsbranchen" regelrecht erfunden (vgl. Nagl 2003, S. 539). Wer in der Internetsuchmaschine Google das Wort „Zukunft" eingibt, erhält mit einem Klick etwa 7 Millionen und mit „future" rund 80 Millionen Treffer. Verbal, aber nicht real. Diese Art der Spurensuche auf dem Weg in die Zukunft erscheint wenig hilfreich.

Die Neurobiologie fand heraus, dass etwa sechzig Prozent dieser Zukunftsvisionen positiv ausfallen (Ingvar 1985). Dabei handelt es sich nicht um Vorhersagen, die präzise angeben, was tatsächlich geschehen wird. Es sind eher *Zeitpfade in eine mögliche Zukunft*. Jeder Pfad verbindet eine hypothetische Situation oder Bedingung in der Zukunft (z.B. „Falls sich der Zug verspätet ...") mit einer Handlungsoption („...dann nehme ich ein Taxi"). Schon beim Zuhören oder Lesen dieser Zeilen werden individuelle *Zukunftsbahnen* entworfen: Wenn ich noch weiterlese, ist es zu spät, um Margret anzurufen. Dann muss ich los, damit ich noch vor dem Abendessen ... usw. Bei diesen Zukunftsbahnen handelt es sich um eine zeitliche Abfolge von potentiellen Handlungen: „Wenn dies geschieht, tue ich jenes" (Geus 1998, S. 66). Gedanklich besuchen wir oft solche *Zukunftswelten* und entwerfen weit mehr *Zukunftsoptionen* als je realisierbar sind.

Was unser menschliches Gehirn ständig versucht, nämlich uns darauf vorzubereiten, richtig zu handeln, falls eine der besuchten Zukunftswelten Wirklichkeit wird, das leistet im übertragenen Sinn systematisch und professionell die Zukunftsforschung. Sie dient zudem als *Filter für die Informationsüberlastung*, der wir ständig ausgesetzt sind. Die Zukunftsforschung setzt Prioritäten, die relevant sind, empfiehlt Handlungsoptionen und sammelt nicht nur willkürlich Daten. *Zukunftsforschung hilft, mögliche Zukünfte zu besuchen.*

Zielkonzepte

ORWELL „1984"

4. April 1984
(Roman: Tagebuch-Eintragung)
„Gestern abend im Kino. Lauter Kriegsfilme. Ein sehr guter dabei, über ein Schiff voller Flüchtlinge, das irgendwo im Mittelmeer bombardiert wird. Publikum fand Aufnahmen von einem großen dicken Mann besonders lustig, der versuchte, vor einem Helikopter davonzuschwimmen. publikum brüllte vor Lachen, als er versank.

Dann sah man ein rettungsboot voller kinder und darüber kreiste ein helikopter. dann kam eine wunderbare aufnahme von einem kinderarm, der höher und höher und immer höher in die luft fliegt. ein helikopter mit einer kamera in der kanzel muss hinterhergeflogen sein und es gab eine menge applaus von den parteiplätzen.
aber eine frau unten in der prolesecke des kinos fing plötzlich an, rabatz zu machen und blökte herum. man hätt doch so was nich vor kindern zeigen sollen man hätts nich sollen es wär nich recht nich vor kindern nich man hätts nich sollen bis die polizei sie rauswarf sie rausschmiss ich glaube nicht, dass ihr was passiert ist. keiner kümmert sich drum."

Zehn Jahre nach Orwell

4. April 1994
(Realität: TV-Programm)
Apocalypse Now/Amerikanischer Vietnamfilm:
Hauptmann Willard bekommt während des Vietnamkriegs von der CIA den Auftrag, den offensichtlich durchgedrehten Oberst Kurtz zu töten, der im Dschungel eine Schreckensherrschaft errichtet hat. Eine Mission voller Grauen beginnt. Der skrupellose Oberst lässt ein ganzes vietnamesisches Dorf liquidieren ... (ZDF)

Missing Action/Amerikanischer Vietnamfilm:
US-Colonel Braddock sucht in Vietnam nach Gis, die trotz Kriegsende in geheimen Lagern gefangengehalten werden. (PRO 7)

Red Scorpion/US-Actionfilm
Nikolai, ein russischer Profi-Killer, soll einen afrikanischen Rebellenführer töten. Das Attentat misslingt. Die Flucht vor den Aufständischen und den eigenen Leuten führt ihn zu einem Eingeborenenstamm ...
Die südafrikanische Regierung stellte für den Film Panzer und Truppen zur Verfügung. (RTL)

Dreissig Jahre nach Orwell

4. April 2014
(Szenario: Multi-Mediale Zukunft)
MMC: Multi-Media-Center: TV+PC+Kamera+Mikro+Handy als Fernbedienung
e-book-Boom
Jugendliche kaufen Chips („things that think") in Kleidung
Interaktives TV
Gesundheits-TV/ Wellness-TV/ Reise-TV/Gerichts-TV/ Reality-TV/ Soap-TV/ Mode-TV/ Adventure-TV/ Workout-TV
Überwachungskameras/ Videoüberwachung
Anwesenheitskontrollen durch Peilsender
Verschuldungsrisiken beim Medienkonsum
Stromausfälle: Retroabende mit Brettspielen

Seit jeher träumen wir von einer idealen oder zumindest besseren Welt. So sind alle Zukunftsbilder und Utopien entstanden – in Anlehnung an Thomas Morus' 1516 geschriebenen Roman „Utopia" (= Nirgendwo). Es soll mittlerweile mindestens dreitausend Schriften der Weltliteratur geben, die man als utopische Werke bezeichnen kann. Aus Thomas Morus' Insel im Nirgendwo ist inzwischen ein Inselmeer der Hoffnungen entstanden. Allein in den USA sind im vergangenen Jahrzehnt über 350 Romane futuristischen Inhalts erschienen. Doch statt „Nirgendwo" heißt es jetzt eher: *Zukunftsgesellschaft.*

Diese Entwicklung zu Beginn des 21. Jahrhunderts hat einen realen politischen Hintergrund. Die Menschen sehnen sich nach überzeugenden Leitbildern: Mit dem Ende des Kalten Krieges und des Ost-West-Konflikts ist auch der Glaube an die Zukunft erschüttert und damit auch der Mut zur Utopie: „Hier könnte utopisches Denken nützlich sein, das uns lehrt, über den Alltag, über Parteien- und Gruppeninteressen hinauszublicken, um die Welt von morgen und übermorgen in realistischen Perspektiven zu sehen" (Zänker 2003, S. 17). Utopisches Denken soll die Augen öffnen helfen und ein kritischer Helfer und Begleiter bei der *Suche nach Zukunftsentwürfen* sein.

Notwendig wird also ein *langfristiges Denken,* das denkbare Möglichkeiten einer Zukunftsgesellschaft auslotet und nicht unbedingt präzise vorhersagt.

> Die Wünsche sind klar: gute Gesundheit, langes Leben, Wohlstand und Wohlbefinden, Zusammenhalt und ewiger Friede. Die Zukunft, das erfahren wir täglich, kann und wird aber nicht aus einer Aneinanderreihung von guten Nachrichten bestehen können. Mit Konflikten zwischen Arm und Reich, Jung und Alt, Wohlstandsländern und Dritter Welt werden wir auch in der Zukunftsgesellschaft leben müssen.

Themen und Fragestellungen der wissenschaftlichen Zukunftsforschung bewegen sich permanent zwischen Bedrohlichem und Wünschenswertem. Das Wünschenswerte liegt meist in ferner Zukunft, das Bedrohliche erscheint nahliegender. Es ist kein Zufall, dass der Futurologe und Politikwissenschaftler Ossip K. Flechtheim in Analogie zu den sieben Haupt- oder Todsünden der katholischen Theologie von den sieben „Todsünden" bzw. den *sieben globalen Herausforderungen der Zukunft* gesprochen hat, wobei Herausforderungen nur ein anderes Wort für Bedrohungen sind. Dazu zählen (vgl. Flechtheim 1987, S. 95):

1. Krieg und Rüstungswettlauf,
2. Bevölkerungsexplosion und Hunger,
3. Umweltbedrohung und -zerstörung,
4. Wirtschaftskrise,
5. Demokratiedefizit,
6. Kulturkrise,
7. Krise der Familie.

Sieht man einmal von den Bedrohungen ab, die auch für Vergangenheit und Gegenwart bestimmend waren und sind, stimmen vor allem die Kultur- und Familienkrise nachdenklich, weil sie das menschliche Zusammenleben in der Zukunftsgesellschaft nachhaltig verändern können:

- In der *Kulturkrise* ist zum ersten Mal in der Geschichte der Neuzeit die Sprach- und Lesekultur ernstlich bedroht. Allein in den USA gibt es heute schon mindestens 26 Millionen Analphabeten, in der EU mindestens zehn Millionen. Mit dem Anstieg der Zu- und Einwanderungen nehmen die Lese- und Schreibprobleme weiter zu.
- Die *Familienkrise* gleicht einer Megakrise unserer Zeit, in der das Zuhause immer mehr an Bedeutung verliert und Geborgenheit und Vertrauen auf der Strecke zu bleiben drohen.

Der Futurologe Flechtheim ist sich im Klaren darüber, dass die Zukunftsforschung zwar fundiert diagnostizieren und prognostizieren und möglichst viele von Problemlösungen überzeugen und mobilisieren kann. Sie kann Anstöße und Anregungen geben – aber die Zukunftsgestaltung nicht selbst bewältigen. Hier kommt eher ein Erfahrungswert der Zukunftsforschung zum Zuge:

> Rein rechnerisch haben die Bedrohungen eine Wahrscheinlichkeit von 85 Prozent, aber die Forschung arbeitet, lebt und kämpft für die verbleibenden 15 Prozent Hoffnung.

Am Vorabend des ersten Weltkrieges soll der französische Marschall Foch verkündet haben: „Flugzeuge sind ein nettes Spielzeug, aber sie haben keinerlei militärischen Wert." Das war ein folgenschwerer Irrtum. Vielleicht ist es kein Zufall, dass die moderne Zukunftsforschung vom Militär erfunden wurde: Zukunft soll planbar und berechenbar werden – als Kompass für das Kommende. In Grenzen natürlich. Man kann nicht einfach Computer mit Endlosdaten der Gegenwart füttern: „Wer so hochrechnet, wird sich nur hoch verrechnen" (Borrmann 2002, S. 15). Ohne *Intuition und soziale Phantasie* lassen sich keine Zukunftsbilder entwerfen. Dazu gehört auch ein *Gespür für Zeit*, sonst wird der Zukunftsdenker schnell zum Zu-früh-Denker und bleibt folgenlos wie Leonardo da Vinci, dessen Erfindungen wie z.B. Flugmaschinen und Unterseeboote als kuriose „Frühgeburten" gelten. Zukunft braucht Zeit.

Im Jahre 2002 erschien ein „Lexikon der Zukunft" (Borrmann 2002), das der Autor als *Überraschungsexpedition durch das Morgen* verstanden wissen wollte. Von A bis Z reihte er in Lexikonform Ergebnisse der Zukunftsforschung aneinander wie z.B.

- **A**vantgarde
- **B**ioethik
- **C**lub of Rome
- **D**ritte Welt
- **E**gozentrik
- **F**ortschritt
- **G**enetik

- Hoffnung
- Informationszeitalter
- Jüngstes Gericht
- Klimawandel
- Lebenszyklus
- Menschenzüchtung
- Neuer Mensch
- Ökologie
- Paradies
- Roboter
- Seele
- Technik
- Umweltzerstörung
- Visionen
- Weltgeist
- Zeit.

Zur gleichen Zeit regte der deutsche „Rat für nachhaltige Entwicklung" 200 Jugendliche im Alter zwischen 15 und 18 Jahren an, sich über Zukunftsfragen Gedanken zu machen. Die Jugendlichen gingen selbst auf Spurensuche. Und so sah ihr alphabetisch geordnetes *Archiv der Zukunft* aus, das einer Wanderung durch die Landschaft der Zukunft glich (Rat 2002, S. 120ff.):

- Alte Welt
- Botschaft
- Cyberspace
- Dosenpfand
- Enkelverantwortung
- Fortschritt
- Grenzen des Wachstums
- Hoffen
- Internet
- Jugendkriminalität
- Klimaveränderung
- Lebensfrage
- Menschlichkeit
- Nächstenliebe
- Ökosteuer
- Peace-Zeichen
- Robotermuseum
- Sinn
- Technik
- Umweltverschmutzung
- Veränderung
- Zeit.

Die Gemeinsamkeiten zwischen beiden Entwürfen sind bemerkenswert: Zukunftsexpertisen sollten daher nicht nur von professionellen Experten gemacht werden.

Wenn Zukunft auch Herkunft bedeutet, dann lenkt der Blick zurück den Blick nach vorn. Das antike Orakel und die moderne Futurologie, die biblischen Propheten und die neuzeitlichen Sciencefictionautoren – sie alle leben von Fortschrittshoffnungen und Zukunftsdeutungen. Die Idee des griechischen Philosophen Platon vom besten Staat und glücklichen Zusammenleben („Die besten Gesetze im ganzen Staat – der Freunde Besitz ist in Wahrheit ein gemeinsamer") hat bis heute ihre Faszination bewahrt: Die Vorstellung von der idealen Lebensform als gelebter Utopie. Was auf den ersten Blick wie ein Widerspruch erscheint – was gelebt wird, kann doch keine Utopie sein – deutet eher auf eine moralische Pflicht zur Zukunft und zum Zukunftsdenken hin. Ganz im Sinn von Oscar Wildes Satz: *„Fortschritt ist die Verwirklichung von Utopien."* Keine Gesellschaft, die sich positiv weiterentwickelt, kommt ohne solche gelebten Utopien aus, aus denen sie „immer wieder Kraft für eine kontinuierliche Erneuerung" (Meißner u.a. 2001, S. 10) zieht.

In der gesamten Welt breitet sich der Eindruck aus: Wir sind unserer Zukunft nicht mehr sicher. Wir „müssen" mehr *über unsere Zukunft verantwortlich nachdenken*. Diese Forderungen erhoben erstmals im George-Orwell-Jahr 1984 die Soziologen Mackensen, Umbuch und Jung in ihrem Buch „Leben im Jahr 2000 und danach. Perspektiven für die nächsten Generationen." Damit wurde frühzeitig ein Gedanke aufgegriffen, der jetzt im 21. Jahrhundert immer aktueller und brisanter wird: Wie nie zuvor in den letzten Jahrzehnten scheinen die *Lebensbedingungen der nächsten Generationen von Schwierigkeiten belastet* zu sein. Der gängige Optimismus lässt sich kaum mehr aufrechterhalten:

- Können die Renten noch bezahlt und die Infrastrukturen für Bildung und Gesundheit erhalten werden?
- Wird nicht der Berg zu hoch, den die nächsten Generationen besteigen müssen?

Jede Weiche, die heute gestellt wird, „eröffnet ein kleines Stück Zukunft – schließt aber andere große Teile der Zukunft aus" (Mackensen 1984, S. 201). Solche Fragen, frühzeitig gestellt, verlangen nach Antworten, denen die Politik bisher ausgewichen ist, *weil sich offensichtlich Popularität nicht mit Prognostik verträgt*. Politiker verhalten sich in Zukunftsfragen beratungsresistent. So sind Verteilungskonflikte geradezu vorprogrammiert.

Im 21. Jahrhundert wird daher der Ruf nach einer umfassenden Zukunftsforschung, die sich nicht mehr nur auf quantitative, mathematische und rationale Vorgehensweisen stützt, immer lauter. Gefragt sind jetzt *Zukunftsszenarien und Zukunftsbilder*, die anschaulich die Veränderungen von Verhaltensweisen, Einstellungen und Stimmungen widerspiegeln, sich darin aber nicht erschöpfen. Die Kommunikation und Diskussion zwischen Forschung, Gesellschaft, Wirtschaft und Politik muss geradezu „essentieller Bestandteil der Szenarientechnik" (Zöpel 1991, S. 18) sein. Auf diese Weise wird Handlungs-, ja Strategieorientierung garantiert. Es werden nicht nur Zukunftsbilder „gemalt", sondern auch Wege dorthin beschrieben. Die wissenschaftliche Zukunftsforschung wird für künftiges Handeln mitverantwortlich gemacht.

Es ist allerdings ein großes Missverständnis, wenn man die Zukunftswissenschaft zum Synonym für Zukunftsangst macht. Ganz im Gegenteil: Zukunftswissenschaft ist im Sinne von Hubert Markl eine „*Wissenschaft gegen Zukunftsangst*" (Markl 1998), weil sie Zukunftsangst und Risikoscheu überwinden hilft. Zukunftswissenschaft macht Zukunft nicht nur wissenschaftlich vorhersagbar, sondern auch planbar bzw. für ein besseres Leben der Menschen gestaltbar. Die Erkenntnisse der Zukunftswissenschaft können durchaus Wege für ein schöneres Leben ebnen.

Sicher: Zukunftswissenschaft kann manchmal unbequem oder gar lästig sein, weil ihre Forschungsergebnisse je nach Adressat nicht nur auf Vertrauen und Zustimmung, sondern auch auf Misstrauen und Ablehnung stoßen. Zukunftswissenschaft ist dennoch unverzichtbar. Zukunftswissenschaft zählt! Sie ermöglicht „Problemlösungen und Voraussagen" (Winnacker 2003, S. I). Und die Gewissheit, über mögliche Zukunftsbilder bisher zu wenig zu wissen, ist eine ihrer Hauptantriebsfedern.

Und selbst wenn die ökologischen und sozialen Folgen des technischen Fortschritts auf den ersten Blick ängstigen, so werden wir doch nicht hilf-, mittel- und machtlos zurückgelassen. Manche Zukunftsängste bleiben uns sicher nicht erspart. Aber wir gewinnen zugleich neue Zukunftsgewissheiten und damit Gestaltungsfreiheiten in eigener Verantwortung. So gesehen ist Zukunftswissenschaft wie andere Wissenschaften auch das beste Mittel gegen Zukunftsangst, wenn es ihr gelingt, Immanuel Kants berühmte Fragen „Was können wir wissen? Was sollen wir tun? Was dürfen wir hoffen?" zu Leitprinzipien der Forschungsarbeit zu machen. Dann kann *Zukunft auch ein anderes Wort für Hoffnung* sein.

Der Engländer Paul Kennedy, Autor des Buches „In Vorbereitung auf das 21. Jahrhundert" (1993/1997), gilt als der meistdiskutierte Historiker der Gegenwart. Seine Schlüsselfrage lautet: Wie wird unsere Welt im Jahre 2025 aussehen, wenn unsere Kinder sie übernehmen, um sie zu bewohnen und zu gestalten? Er zeichnet das Bild einer Zukunftswelt und meldet dabei große Zweifel an, ob – angesichts des Tempos des globalen Wandels – *überhaupt irgendeine soziale Gruppe auf das 21. Jahrhundert wirklich vorbereitet ist*. Natürlich gibt es Konzerne von der Pharmazie bis zur Luft- und Raumfahrt sowie privilegierte Akademiker in hochqualifizierten Dienstleistungsberufen, die von der schnelllebigen Entwicklung besonders profitieren.

Andererseits gibt es Milliarden von verelendeten Menschen in den Entwicklungsländern und Millionen ungelernter Arbeiter in der westlichen Welt, deren *Lebensbedingungen und Zukunftschancen sich eher noch verschlechtern*. Unter Berufung auf Zukunftsstudien in aller Welt bringt Kennedy seine Sorge zum Ausdruck, dass beide Entwicklungen Aspekte eines einzigen Phänomens sein können.

> Haben sich die optimistischen Zukunftsforscher vielleicht nur mit den „Gewinnern" der Welt befasst, während sich die Pessimisten lediglich um das Schicksal der „Verlierer" sorgten? Wenn also so gesehen beide Recht hätten, dann müsste im 21. Jahrhundert die Kluft zwischen Arm und Reich stetig größer werden.

Das würde nicht nur zu *sozialen Unruhen* in der westlichen Welt führen, sondern auch zu wachsenden Nord-Süd-Spannungen, massenhaften Fluchtbewegungen sowie zu Umweltschäden, denen auch die „Gewinner" nicht entkommen könnten.

Zukunftswissenschaft sollte also immer zwei Antworten auf die Frage nach der Reise in die Zukunft geben: 1. *So werden wir leben!* und 2. *So wollen wir leben!* Bei allem Gerede um Risikogesellschaft oder Zukunftsangst geht es letztlich immer nur um die alte neue Frage von Soziologie, Politik und Ethik: *Wie wollen wir leben?* (vgl. Beck 1986, S. 37). Als der Autor vor zehn Jahren einmal in einem Seminar die Teilnehmer bat, sich alternativ für eine von zwei möglichen Arbeitsgruppen zu entscheiden, strömten alle in die Arbeitsgruppe zum Thema „Wie *werden* wir in Zukunft leben", aber niemand wollte in der Themengruppe „Wie *wollen* wir in Zukunft leben?" mitarbeiten. Ist dies nicht bis heute so geblieben? Realismus und Pragmatismus geben den Ton an. Visionen und Optionen werden gern verdrängt.

Noch in den sechziger Jahren verkündeten die beiden Amerikaner Herman Kahn und Anthony Wiener euphorisch: „Ihr werdet es erleben!" Muss es heute vielleicht eher heißen: „Wir haben euch gewarnt!"? Zukunftswissenschaftler wollen und sollen sicher nicht unbedingt recht behalten. Sie sollten sich aber abgrenzen von den Propheten, die immer nur sagen wollen, was sein *wird*, statt selbstkritisch und offen zu bleiben für das, was *sein kann* oder was *nicht* Wirklichkeit *werden soll*.

> In der Zukunftswissenschaft kann es Zukunft nur im Plural als „Zukünfte" geben, zwischen denen wir wählen, die wir selbst weitgehend beeinflussen und gestalten können.

Ein Leitprinzip der wissenschaftlichen Zukunftsforschung sollte daher auch lauten: „*Ich hoffe – also bin ich!*" Das Prinzip Hoffnung im Sinne von Ernst Bloch ist dafür eine wesentliche Antriebskraft. Es ist die Hoffnung auf eine bessere Welt und der erklärte Wille, gegen Zukunftsblindheit anzukämpfen. Francis Bacons Maxime „Wissen ist Macht" muss heute neu definiert werden: „*Vorauswissen ist Macht.*" Nie hatte dieser Denkansatz eine so strategische Bedeutung wie jetzt im 21. Jahrhundert. Was kommt auf uns zu? Und wie werden wir damit fertig?

Der ungarisch-amerikanische Psychologe Csikszentmihalyi interviewte unlängst einen ägyptischen Obdachlosen in den Parkanlagen von Mailand, der mit Gelegenheitsarbeiten sein Leben fristete und dennoch glücklich und zufrieden war. Sein ganzes Leben glich einer Odyssee, doch nun hatte er endlich seine Ruhe und sein Gleichgewicht wiedergefunden. Der Ägypter brachte dies in das Bild: *Wenn der Löwe eine Schar Gazellen hetzt, kann er jedes Mal nur eine von ihnen zu fassen bekommen.* „So versuche ich auch zu sein, nicht wie die Menschen der westlichen Welt, die verrückt sind – auch wenn sie nicht mehr essen können als ihr tägliches Brot" (Csikszentmihalyi 1992, S. 258f.). In Wirklichkeit gleicht doch das Glück des Lebens heute einem Mosaikbild, das sich aus lauter kleinen Freuden des Lebens, aus *Wohlfühl-Momenten* zusammensetzt. Wer sich wohlfühlt, schwebt einen Moment lang zwischen Himmel und Erde – im Liegestuhl, beim Fallschirmsprung oder beim beruflichen Erfolgserlebnis. Solche schönen Augenblicke könnten ewig dauern. Davon träumen wir. So wollen wir leben!

> Für eine sozial verantwortliche Zukunftswissenschaft gilt der Grundsatz: Optimismus ist Pflicht! Nur: Wann hört der aufgeklärte Optimismus auf? Und wann fängt die Blauäugigkeit an?

Nach der griechischen Mythologie verriet Sisyphus den Menschen die Geheimnisse der Götter. Zur Strafe verurteilten ihn die Götter dazu, einen großen Stein einen Berg hinaufzurollen. Und jedes Mal, wenn er sich dem Berggipfel näherte, verließen ihn die Kräfte – und der Stein rollte den ganzen Berg hinunter. Also musste Sisyphus wieder von vorne beginnen – und das bis in alle Ewigkeit! Dieser *Mythos von Sisyphus* gilt bis heute als Urbild für manche Sinnlosigkeit des menschlichen Tuns. Jeden Tag arbeiten wir beispielsweise, um unseren Lebensunterhalt zu verdienen. Und wenn die Aufgabe erfüllt ist, beginnen wir wieder von vorne.

So gesehen ist auch *zukunftswissenschaftliche Forschung immer ein Stück Sisyphusarbeit,* die nie abgeschlossen ist, oft zurückgeworfen wird und nicht selten wieder von vorne beginnen muss. Das verleitet zur Resignation. Deutlich wird dies beispielsweise an der Position des Kulturkritikers Neil Postman, der sich mit Zukunftsfragen auseinandersetzte – immer in der Hoffnung, dass Aldous Huxley und George Orwell nicht recht behalten mögen. Ganz anders ist es gekommen. Politik und Wirtschaft werden immer öfter Teil des Showbusiness. Vor allem Huxley könnte recht behalten: Das Leben in der westlichen Welt verkommt nicht selten zum Varieté. Und aus Bürgern werden Zuschauer.

Postman zieht daraus die Konsequenzen. Statt den Blick weiterhin offensiv in die Zukunft zu richten, geht sein Blick zurück ins 18. Jahrhundert mit der Begründung: Der Schlüssel zur Zukunft könnte in den Erkenntnissen des 18. Jahrhunderts liegen. Zukunft ist für Postman zur Illusion geworden. Marshall McLuhans *Rückspiegel-Denken* ist eher angesagt: Wir bewegen uns „mit hoher Geschwindigkeit auf einer Autobahn und haben unseren Blick dabei auf den Rückspiegel fixiert; der aber kann uns nur sagen, wo wir waren, nicht, was vor uns liegt. Nur ein paar avantgardistische Künstler (und selbstverständlich er selbst) seien imstande, durch das Frontfenster zu schauen, so dass sie uns sagen könnten, wohin es mit uns geht. Die Ironie ist, dass auch die Frontscheibe in gewisser Weise ein Rückspiegel ist, denn jedwede von uns gesehene Zukunft ist nur eine Projektion der Vergangenheit – und kann nichts anderes sein" (Postman 1999, S. 7). Für Postman gibt es in der Zukunft nichts mehr zu sehen – es sei denn etwas aus der Vergangenheit. Das 21. Jahrhundert ist für ihn nur noch ein Name, sonst nichts.

Für den französischen Schriftsteller Albert Camus (1913-1960) hingegen wäre die Entscheidung, ob sich eine Zukunftsforschung als Sisyphusarbeit überhaupt lohnt, eine zutiefst philosophische Frage. Auch Sisyphus könnte sein Leben als lebenswert empfinden, so meinte er, wenn er es nur wollte. Mit den Worten von Camus: „Wir müssen uns Sisyphus als einen glücklichen Menschen vorstellen" (Camus 1959, S. 9). Camus verkörperte seinerzeit selbst einen *vitalen Optimismus*, der auch in immer wiederkehrenden Symbolen wie z.B. Sommer/Sonne/Mittag/Mittelmeer zum Ausdruck kam.

Ja, kann man in einem solchen Sisyphusdasein überhaupt Glück empfinden? Für den amerikanischen Philosophen Richard Taylor bekäme das Sisyphusleben erst dann einen Sinn, wenn die Götter – sozusagen in einer Art gnädigen Stimmung – Sisyphus den brennenden Wunsch einpflanzen würden, „genau das tun zu wollen, wozu sie ihn eigentlich verurteilt haben – nämlich einen Stein den Berg hinaufzurollen" (Taylor 1984). Subjektiv gesehen hätte dann Sisyphus ein Ziel im Leben.

Szenarien der Zukunftswissenschaft beinhalten die Beschreibungen möglicher Zukunftsbilder: Wunsch- und Angstbilder genauso wie Drehbücher, Inszenierungen oder konstruierte Lebenswelten. Die Szenariomethode eignet sich als Kommunikationsinstrument für die aktive Auseinandersetzung über mehr oder weniger wünschbare Zukünfte (Lutz 1995, S. 36). *Die Zukunft beginnt im Kopf*, in der Bereitschaft und Fähigkeit, das Neue zu denken und das Wünschbare offensiv anzugehen.

Im Berliner Zentrum für Zukunftsforschung wurde schon in den siebziger Jahren die Szenariomethode als ein Beziehungssystem zwischen Wissenschaft, Politik/Planung und Öffentlichkeit konzipiert. Dabei wurde deutlich, dass es zwischen Wissenschaft und Politik/Planung durchaus gleichwertige Beziehungen gibt, während die Beziehung zwischen Wissenschaft und Öffentlichkeit relativ einseitig ist. *Einflussnahmen* der Öffentlichkeit auf die Wissenschaft finden selten statt. Dies hat viel mit dem Erscheinungsbild und den wenig kommunikationsfreundlichen Präsentationsformen der Wissenschaft zu tun.

> In der Zukunftswissenschaft müssen Rückkoppelungen von vornherein eingeplant und Prinzipien wie Verständlichkeit, Kommunikation und Partizipation verwirklicht werden. Indem sich die Öffentlichkeit mit der eigenen Zukunft auseinandersetzt, könnte sie Zukunftsentwürfe fortschreiben oder korrigieren helfen. Lernprozesse auf beiden Seiten wären möglich.

Der Club of Rome-Bericht über die Grenzen des Wachstums verstand sich seinerzeit nicht – wie oft unterstellt – als unausweichliches Zukunftsszenario. Vielmehr sollten die Risiken eines blinden Wachstumsstrebens aufgedeckt und kritisiert werden. Der Bericht war das *erste Weltmodell*, das von einer unabhängigen Expertengruppe (und nicht im Auftrag einer Regierung) erstellt wurde. Er setzte Maßstäbe für die Zukunft und strebte einen ökonomischen und ökologischen Gleichgewichtszustand an, bevor es zu spät war – anschaulich dargestellt in dem Beispiel: „Die Walfänger haben einen *Grenzwert* nach dem anderen erreicht und stets versucht, diese Begrenzungen durch den Einsatz noch größerer technologischer Hilfsmittel zu durchbrechen. Sie haben eine Walart nach der anderen ausgerottet. Das Endergebnis dieser Haltung, die Wachstum um jeden Preis verlangt, kann nur die totale Ausrottung aller Walarten und der Walfänger selbst sein" (Streich 1997, S. 66). Der Club of Rome wollte *Opposition gegen blinden Fortschritt* (und nicht blinde Opposition gegen Fortschritt) sein.

Eigentlich bräuchten wir einen *Fahrplan für die Zukunft*, der Zukunftsrechte und Zukunftspflichten bündelt (vgl. Homann 1998, S. 177). Danach hätte jeder Mensch – in Kenntnis der Ergebnisse der Zukunftswissenschaft – das Recht und die Pflicht,

- die eigene Zukunft zu gestalten,
- die gesellschaftliche Zukunft zu beeinflussen und
- eine lebenswerte Zukunft kommender Generationen möglich zu machen.

Das wäre eine dreifache Zukunftsfähigkeit im Sinne der Verantwortung für sich, für andere und für kommende Generationen – ganz im Sinne des deutsch-amerikanischen Philosophen Hans Jonas, der schon in den siebziger Jahren die *Notwendigkeit einer Zukunftsethik* angemahnt hatte (Jonas 1979). Eine solche Ethik verlangt eine weittragende Verantwortung für eine ferne Zukunft.

Im Zentrum der wissenschaftlichen Zukunftsforschung muss also die *Zukunftsfähigkeit* im Sinne des Nachhaltigkeitsprinzips der Weltkommission für Umwelt und Entwicklung stehen (WCED 1987). Zukunftsfähigkeit zielt auf die

- *Verbesserung der Lebensqualität* für die heutige Generation und gleichzeitig auf die
- *Sicherung der Lebensqualität* für die nächsten Generationen.

Über die ökologische Dimension hinaus schließt Zukunftsfähigkeit gleichermaßen ökonomische, soziale und politische Aspekte mit ein und hat die Veränderung von Einstellungen, Verhaltensweisen und Lebensgewohnheiten zum Ziel, um Lebensqualität im Sinne eines guten und gelingenden Lebens sicherzustellen. So gesehen ist Zukunftsfähigkeit immer auch ein Stück *konkrete Utopie* (vgl. Spangenberg 2000, S. 267), die als positive Orientierung richtungsweisend und handlungsleitend wirkt.

11. Zukunftswissenschaft gegen Zukunftangst. Eine neuer Wissenschaftstypus

Seit Anfang des 19. Jahrhunderts wurde die Zukunft geradezu als offene Forschungslandschaft gesehen. Die empirischen Sozialwissenschaften betrieben systematische Zukunftsforschung. Es wurde der Weg bereitet für einen ganz *neuen Wissenschaftstypus*, der die systematische Erforschung künftiger gesellschaftlicher Entwicklungen zum Gegenstand hatte: „Von der Statistik über die Nationalökonomie bis hin zur Soziologie richteten sich alle Anstrengungen der neuen Gesellschaftswissenschaften darauf, diese neue Zukunft zu erkunden" (Hölscher 1999, S. 103). So forderte beispielsweise der deutsche Nationalökonom Friedrich List (1789 bis 1846) im Jahre 1846 eine *„Politik der Zukunft"* (List 1931, S. 842ff.). Utopien, Science Fiction und Zukunftsromane waren jetzt gefragt, aber auch Weltuntergangsgemälde, die das Ende der gottlosen Zeiten verkündeten.

Aufschlussreich und charakteristisch ist in diesem Zusammenhang die von dem Nürnberger Friedrich Rittelmeyer aus dem Jahre 1908 überlieferte Predigt im Sinne eines Zukunftsszenarios: „Gewiss wird unser Vaterland in der Weltgeschichte noch eine Zeitlang seine Rolle spielen – *aber dann?*

Dann kommen andere Völker an die Reihe, Amerikaner, Russen. *Und dann?*

- Dann, wenn wieder Jahrhunderte oder Jahrtausende vergangen sind, wachen vielleicht die schwarzen Völker Afrikas auf und lenken eine Weile die Weltgeschichte. *Und dann?*
- Dann mögen wieder Jahrtausende vergehen, wo die Menschen sich's durch immer neue Entdeckungen und Erfindungen auf der Erde recht bequem gemacht haben. *Und dann?*

- Dann fängt die Erde allmählich an zu erkalten, die Menschheit wird müder und müder, schwächer und schwächer, und allmählich stirbt alles Leben auf der Erde. *Und dann?*
- Dann ist von allen Herrlichkeiten der Erde nichts übrig geblieben als eine große Wüste, ein großes Grab. Die Erde stürzt wieder in die Sonne – und *auf einem andern Gestirn mag der Tanz aufs Neue beginnen*" (Rittelmeyer 1908, S. 562).

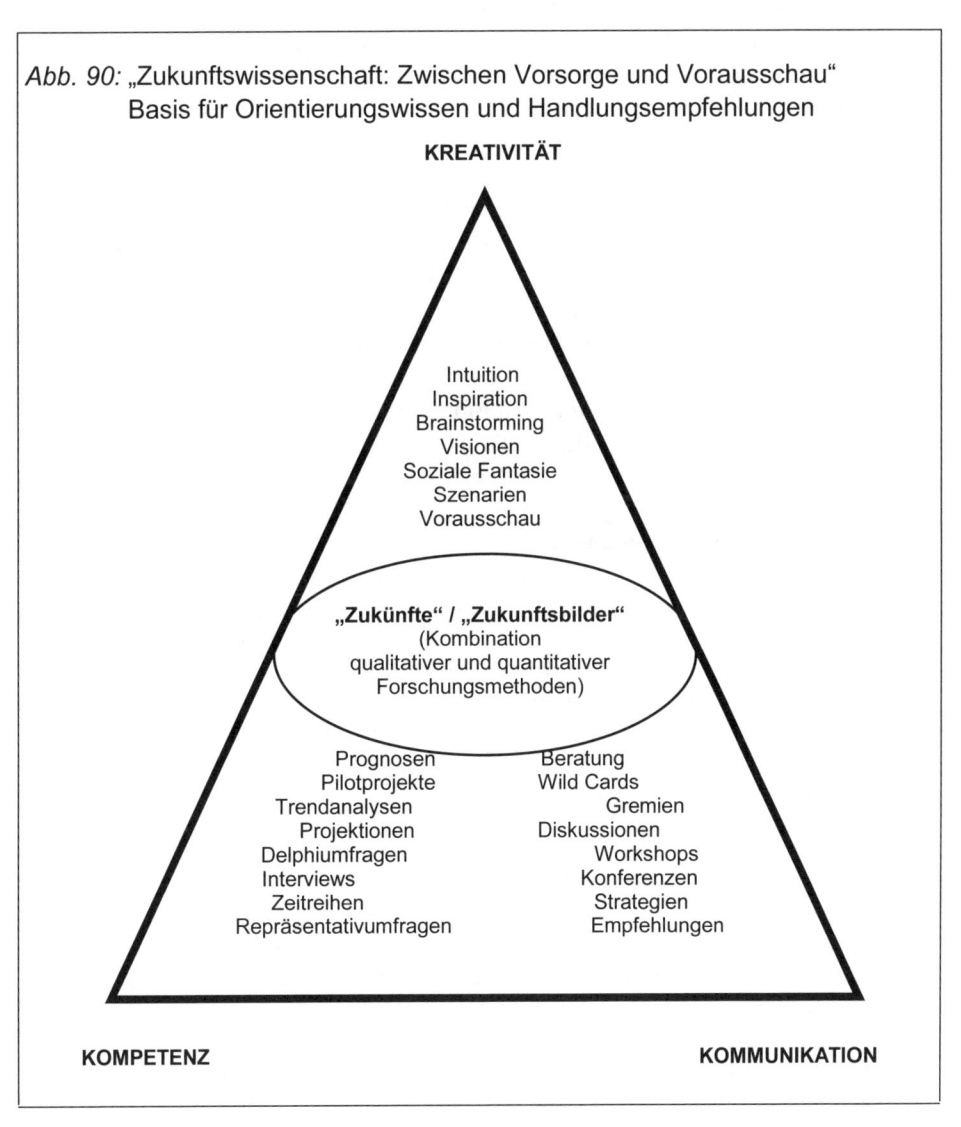

Abb. 90: „Zukunftswissenschaft: Zwischen Vorsorge und Vorausschau"
Basis für Orientierungswissen und Handlungsempfehlungen

KREATIVITÄT

Intuition
Inspiration
Brainstorming
Visionen
Soziale Fantasie
Szenarien
Vorausschau

„Zukünfte" / „Zukunftsbilder"
(Kombination
qualitativer und quantitativer
Forschungsmethoden)

Prognosen
Pilotprojekte
Trendanalysen
Projektionen
Delphiumfragen
Interviews
Zeitreihen
Repräsentativumfragen

Beratung
Wild Cards
Gremien
Diskussionen
Workshops
Konferenzen
Strategien
Empfehlungen

KOMPETENZ   **KOMMUNIKATION**

Eine eigene Wissenschaft von der Zukunft gibt es eigentlich erst seit den sechziger Jahren des vergangenen Jahrhunderts, als Wirtschaft und Industrie die Bedeutung von Zukunftskonzepten entdeckten. Was folgt daraus für eine systematische Zukunftsforschung von heute?

> Zukunftsforschung muss Vorausschauen als Vorsorgen begreifen. Vorausschauen heißt, Ereignisse planen und gestalten, bevor sie eintreten. Vorausschauen regt zum Handeln an. Eine solche Handlungsforschung und ihre Folgen können dabei wichtiger als die Treffsicherheit mancher Prognosen sein. Politik, Wirtschaft und Gesellschaft werden zum Agieren und Reagieren herausgefordert.

Beim Club of Rome-Bericht „Die Grenzen des Wachstums" im Jahre 1972 war es doch nicht wichtig, ob alle Prognosen und Szenarien im Jahr 2000 und darüber hinaus auch Wirklichkeit würden. Es sollten vielmehr Gefährdungen und Möglichkeiten, ihnen zu begegnen, aufgezeigt werden. Das ist z.B. mit der Ausbreitung weltweiten Umweltbewusstseins auch gelungen.

Vorausschauen bedeutet bewusst machen, zu Fragen anregen, zu Antworten herausfordern, zum Handeln, zum Entwickeln von Lösungsansätzen und Strategien sowie zum Ergreifen von Maßnahmen ermutigen. Aus der Sicht der Politik soll Zukunftsforschung auch die öffentliche und veröffentlichte Meinung beeinflussen, um politische Entscheidungen zu erleichtern oder Reformen durchzusetzen. So ist beispielsweise die amerikanische Zukunftsforschung in den zwanziger bis vierziger Jahren unter den Präsidenten Hoover und Roosevelt entstanden, die 1948 in der Gründung der *Rand* („*R*esearch *and D*evelopment") *Corporation* ihre Institutionalisierung fand und eine Vielzahl möglicher Zukunftsszenarien entwickelte (z.B. 1965: „Agenda für das Jahr 2000").

> **Zukunftswissenschaft. Eine Definition**
>
> „*Interdisziplinär* angelegte Forschungsrichtung, die sich mit Fragen zukünftiger Entwicklungen vor allem in den Bereichen Politik, Gesellschaft, Wirtschaft, Technik, Kultur, Umwelt und Bevölkerung beschäftigt. Auch die Möglichkeiten und Grenzen einer *wissenschaftlichen* Erkundung der Zukunft sowie die Bestätigung oder Kritik vorhandener Zukunftsentwürfe gehören zu ihren Aufgaben. Häufig wird Z. mit der 1943 erstmals von O.K. Flechtheim begrifflich gefassten *Futurologie* gleichgesetzt. Während sich diese in drei unterschiedliche Bereiche
>
> 1. *Zukunftsforschung im engeren Sinne*
>   (Prognosen, Projektionen)
> 2. *Zukunftsgestaltung*
>   (Programmierungen, Planungen)
> 3. *Zukunftsphilosophie*
>
> gliedern lässt, zielt Zukunftsforschung in heutiger Sichtweise zum einen darauf,
> - mit wissenschaftlichen Methoden zukünftige Entwicklungen abzuschätzen bzw. vorauszusagen (Prognose),
>
> und zum anderen darauf,
> - mit Hilfe von Modellen und Szenarien (Weltmodelle) Beschreibungen künftiger Gesellschaften und Entwicklungen zu erstellen und so zu verbesserten politischen und gesellschaftlichen Planungen und Entscheidungen beizutragen."

Brockhaus Enzyklopädie, 20. Aufl., Leipzig-Mannheim 1999, S. 646

Die Zukunft des Menschen ist nicht die Technik, sondern der *Mensch in seinem sozialen Umfeld*.

> Folgenabschätzung, Nachhaltigkeitsdenken und soziale Verantwortlichkeit sind die Leitprinzipien der Zukunftsforschung geblieben. Im Mittelpunkt steht die systematische Untersuchung der Lebensgewohnheiten der Bevölkerung. Die Ergebnisse von Repräsentativumfragen im Zeitvergleich bilden die sozialwissenschaftliche Basis für Prognosen zur Zukunftsentwicklung.

So sind auch frühere Zukunftsstudien des Autors wie z.B. „Arbeit. Freizeit. Lebenssinn? Orientierungen für eine Zukunft, die längst begonnen hat" (1983), „Zehn Jahre nach Orwell. Aufbruch in eine neue Zukunft" (1994) oder „Deutschland 2010. Wie wir morgen arbeiten und leben" (1997) entstanden.

12. Weitsicht als Zukunftspflicht. Die Herausforderung der Politik

Nach einer alten chassidischen Geschichte wurde ein Reicher, der gerade starb, vor das himmlische Gericht geführt. Auf dem Weg dorthin kam er an den Wohnungen der Heiligen und Frommen vorbei, die in einer unbeschreiblichen Freude lebten. Der Reiche bat um Erlaubnis, dort bleiben zu dürfen. Der Schutzengel aber sprach: „Du darfst hier bleiben, wenn du das Eintrittsgeld bezahlen kannst." – „Sicher kann ich das", antwortete der Reiche, „ich habe sehr viel Geld." – „Dein Geld wird hier nicht als Zahlungsmittel angenommen", antwortete der Schutzengel und zeigte dem Reichen verschiedene Papiere. „Siehst du diese Empfangsbescheinigungen für Werke der Nächstenliebe. Das ist das einzige Zahlungsmittel, das wir hier annehmen." – „Lass mich sofort auf die Erde zurückkehren", flehte der Reiche. „Ich werde mein ganzes Vermögen in diese Schecks der Nächstenliebe umwandeln. Dann komme ich wieder herauf." – „Dafür ist es jetzt zu spät", antwortete der Engel.

> Dafür ist es jetzt zu spät – eine Antwort, die man in Politik, Wirtschaft und Gesellschaft oft zu hören bekommt. Fragen wie „Was ändert sich?", „Was kommt auf uns zu?" und „Wie werden wir damit fertig?" werden nicht selten erst dann gestellt, wenn es zu spät ist. So wie jeder Einzelne in weiser Voraussicht sein Leben plant und gestaltet, so müsste es genauso eine vorausschauende Gesellschaftspolitik und vorausschauende Unternehmensplanung geben, die sich auf abgesicherte Ergebnisse der wissenschaftlichen Zukunftsforschung stützen können.

Früher brauchte der Fahrer eines Fuhrwerks, das sich nachts auf einer gut bekannten Landstraße im Schritttempo fortbewegte, zur Beleuchtung nur eine schlechte Laterne: Heute dagegen im Zeitalter des Tempo-Wahns und der Non-Stop-Gesellschaft muss ein schnelles Auto, das mit hoher Geschwindigkeit durch eine unbekannte Gegend fährt, mit starken Scheinwerfern ausgestattet sein. *Weitsicht ist in einer schnelllebigen Zeit geradezu Zukunftspflicht.* Alles andere wäre Wahnsinn. Kommende Generationen wollen und sollen eine lebenswerte Zukunft haben. Sie sollten sich auf die Zukunft freuen können. Daher muss eine vorausschauende Politik rechtzeitig Weichen stellen und die Bürger davon überzeugen, dass sie die Richtung der zukünftigen gesellschaftlichen Entwicklung kennt und entsprechend Einfluss darauf nimmt. Andernfalls droht die *Politik als Daseinsvorsorge für den Bürger* zu versagen.

Schon immer hat es in der Menschheitsgeschichte Weissagungen, Verheißungen und Vorhersagen gegeben. Moses kündigte seinem Volk als positive Vision das „gelobte Land" an und gab damit den ziellos in Sinai umherirrenden Menschen eine Richtung, ein Ziel – und einen neuen Sinn. Genau diese *Zukunftsfähigkeit* wird heute in der Politik vermisst. Fast alles, was über den Zeitrahmen einer Legislaturperiode hinausreicht, wird ohne Umschweife als „empirisch unbewiesen, politisch unbrauchbar, praktisch wertlos" denunziert. Zwischen Politik und Prognostik besteht ein „nervöses Spannungsverhältnis" (Moths 1997, S. 9). Zu groß ist die Angst vor Enttarnung, Bloßstellung und Enttäuschung.

Deshalb bezeichnen sich Politiker selbst gern als Pragmatiker, die das Erreich- und Machbare höher einschätzen als das Wünsch- und Vorstellbare. Mit jeder Vision ist ja auch eine Kritik am Bestehenden verbunden, für das Politiker Verantwortung tragen. Die Vorstellung, sie könnten dafür *haftbar sein* oder gar real *in Haft genommen werden*, verunsichert.

> Es ist kein Zufall, dass man seit altersher die Überbringer von schlechten Nachrichten einfach erschlug, also unschädlich machte. Heute bestraft man Prognostiker eher mit Nichtachtung oder Ruhigstellung, so als hätte es ihre Kund- oder Botschaften nie gegeben.

Der griechische Philosoph Thales von Milet (625-545 v.Chr.), der Begründer der Philosophie und einer der sieben Weisen des Altertums, kann als der geistige *Vater der Zukunftswissenschaft* bezeichnet werden. Er sagte seinerzeit die Sonnenfinsternis im Jahre 585 v.Chr. voraus. Als die Geographen des Mittelalters die ersten „Weltkarten" zeichneten, waren sie aus heutiger Sicht ungenau und nicht selten falsch. Und doch hätten die Entdeckungsreisenden der Neuzeit ohne diese Karten niemals die Neue Welt gefunden. Die Kartographen früherer Zeiten haben Zukunftswelten zu Papier gebracht, „die sie vorher niemals sahen" (Toffler 1970, S. 14). Ihre kühnen Vorstellungen halfen, die Zukunft zu erkunden.

Eine politisch verantwortliche Zukunftswissenschaft arbeitet durchaus vergleichbar: Sie versucht, *aus einer Fülle von Fakten und Aspekten ein zusammenhängendes Bild der Zukunft zu zeichnen.* Mal stehen gesicherte empirische Daten zur Verfügung und mal liegen nur Annäherungswerte vor, die mit Erfahrung, Wissen, Intuition und Verantwortungsbewusstsein zu einem Mosaik der Zukunft zusammengefügt werden.

> Man darf nicht nur die Richtung zukünftiger Veränderungen, sondern muss auch ihre Geschwindigkeit im Blick haben. Über den Endpunkt einer Entwicklung kann man sich schließlich relativ problemlos verständigen – z.B. über das Internet als Massenmedium der Zukunft. Nur: Wird diese Vision in zwei, in zwanzig Jahren oder erst in zwei bis drei Generationen Wirklichkeit?

Es muss also deutlich unterschieden werden zwischen dem Tempo einer technologischen Entwicklung und der Langsamkeit, mit der der Mensch darauf reagiert (vgl. Toffler 1970, S. 12).

Damit verbunden ist auch eine ganz andere *Zeitwahrnehmung*. Teilt man die letzten 50.000 Jahre der Menschheitsgeschichte in Lebensspannen mit einem Durchschnittswert von etwa 62 Jahren, dann kommt man auf rund 800 Lebensspannen: Davon haben die Menschen 650 in Höhlen verbracht. Mitteilungen dank der Erfindung der Schrift gibt es aber erst in den letzten 70 Lebensspannen, gedruckte Bücher gar erst in den letzten acht. Und weil die heutige Welt per Telefon, TV und Internet immer mehr zusammenrückt, kommt es fast zum *Zeitsprung*: Bestimmte Ereignisse „überspringen" Jahrzehnte oder gar Jahrhunderte, weil sie sofort und überall in der Welt wahrgenommen werden können. Aus futurologischer Sicht heißt das: *„Die Geschichte holt uns ein"* (Toffler 1970, S. 22). Raum und Zeit spielen fast keine Rolle mehr.

Zukunft ist bisher in Deutschland noch weitgehend negativ besetzt. Der Aspekt Zukunft hat auf die Bevölkerung keine positiv anregende, eher eine entmutigende oder gar abschreckende Wirkung. Zukunft bedeutet für die Bürger vor allem technische Anpassung an die Zwänge der Globalisierung, aber auch Reformbedarf, Sparvorgaben, Strukturwandel oder Ausbau von Standortfaktoren. Ganz persönliche „Wertüberzeugungen, Zugehörigkeitsgefühle und Lebensqualitätsvorstellungen" (Rüsen u.a. 2000, S. 12) werden damit kaum assoziiert.

> Gesellschaftspolitische Zukunftsentwürfe als Deutungs- und Sinnbildungsleistungen sind bisher Mangelware in der öffentlichen Diskussion, weil sie vordergründig nicht ökonomisch und technisch verwertbar erscheinen oder nicht zwangsläufig dem Gebot der Nützlichkeit unterliegen. In Wirklichkeit stellen sich verstärkt Sinnfragen als Fragen an die Zukunft.

Sicher: Auch Forschung und Wissenschaft können irren, ja der wissenschaftliche Fortschritt lebt mitunter auch von der Entdeckung des Irrtums. Die Alternative kann jedenfalls nicht der Verzicht auf Forschung und Wissenschaft, Analysen und Prognosen sein. Denn das einzige Mittel, den Irrtum zu vermeiden, ist nach J.-J. Rousseau (Emile/3. Buch) die Unwissenheit.

> Unwissenheit macht blind, während mit dem Wissen eher der Zweifel wächst. Doch ist es besser, sich auf dem Weg in die Zukunft mit Zweifeln beunruhigen zu lassen, als bis dahin in Unwissenheit zu verweilen.

Die Politik muss mehr für Zukunftsfragen sensibilisiert werden, um die Bevölkerung davon zu überzeugen, dass sie die Richtung der zukünftigen gesellschaftlichen Entwicklung kennt und entsprechend Einfluss darauf nimmt.

Vielleicht ist die Sensibilisierung der Politik in Deutschland für Zukunftskonzepte deshalb so gering, weil sie sich mehr auf Stimmungen und Zeitströmungen stützte. Vieles glich einem beliebigen Gemischtwarenladen. Ansonsten galt die Einschätzung: „Lieber mit den Leuten reden als Datenbanken", „Augen und Ohren auf" und „Die Nase in den Wind halten" (vgl. Kreibich 1991, S. 180). Die Folgen lassen nicht auf sich warten: In der Politik herrscht Orientierungsnotstand, weil kaum jemand eine Richtung für die Zukunft vorgibt, so dass die Bürger wissen und erfahren, *was nun kommt, wo es hingeht oder langgehen sollte* (vgl. Moths 1994, S. 456). Gemacht wird eher, was gerade machbar ist bzw. ankommt.

Der Autor hat sich seit über zwanzig Jahren neben umfangreichen Situationsanalysen immer auch mit Zukunftsdimensionen beschäftigt und an die Politik appelliert, mit der Lösung von Zukunftsproblemen sofort zu beginnen (vgl. Opaschowski 1980, S. 20ff.). Mit wissenschaftlichen Methoden und *auf der Basis empirisch abgesicherter Analysen* wurden Zukunftsperspektiven aufgezeigt, die einen politischen Handlungsbedarf erkennen ließen. Die *Bringeschuld*, die die Öffentlichkeit zu Recht von Forschung und Wissenschaft fordert, kann vom Autor kaum eingeklagt werden. Denn er hat sich stets als *Anwalt einer öffentlichen Wissenschaft* verstanden und Forschungsarbeit und Öffentlichkeitsarbeit miteinander verbunden und in einer breiten Öffentlichkeit engagiert vertreten.

Die Veröffentlichung dieser Forschungsstudie ist Anlass und Gelegenheit für die Politik, ihre Annahmepflicht einzulösen. Wenn sich Politik wirklich als Daseinsvorsorge für die Bürger versteht und Zukunft gestalten (und nicht nur bewältigen) will, dann gibt es in der Tat politisch viel zu tun:

- *Die Politik muss Zukunftsorientierungen leisten* sowie verantwortlich an der Sinnfindung mitwirken – auch und gerade im Kontakt mit sinnstiftenden Organisationen.
- *Die Politik muss Zukunft gestalten*, also den status quo nicht nur verwalten und reparieren, sondern vorausschauend auch Perspektiven und Strategien für die Zukunft entwickeln und offen für Visionen sein.

> Die Gesellschaft braucht Visionen, die Politik auch. Ohne Visionen kann es keine langfristigen Konzepte geben, die das Vertrauen der Bürger in die Zukunftsfähigkeit der Politik rechtfertigen. Visionen sind keine Illusionen. Illusionen kann man zerstören, Visionen nie.

Die Politik muss für Zukunftsfragen sensibler werden und gegenüber der Zukunftswissenschaft Dialogbereitschaft signalisieren. Und Parteien und Politiker dürfen nicht mehr nur in Kategorien vierjähriger Wahlperioden denken. Sonst steht die Zukunftsfähigkeit der Demokratie auf dem Spiel.

XII. Literaturverzeichnis

Adelt, P. (u.a.): Umweltbewusstsein und Konsumverhalten. In: R. Szallies/G. Wiswede (Hrsg.): Wertewandel und Konsum, Landsberg/Lech 1990, S. 155-184
Agerup, M.: Von Szenarien zu Wild Cards. In: K. Steinmüller (Hrsg., u.a.): Zukunftsforschung in Europa, Baden-Baden 2000, S. 111-114
Agricola, S.: Vereinswesen in Deutschland (Bd. 179 der Schriftenreihe des Bundesministeriums für Familie, Senioren, Frauen und Jugend), Stuttgart-Berlin-Köln 1997
Allardt, E.: Dimension of Welfare in a Comparative Scandinavian Study: University of Helsinki (Research Report No. 9), Helsinki 1975
Allensbach, Institut für Demoskopie (Hrsg.): Spiegel-Dokumentation Persönlichkeitsstärke, Allensbach-Hamburg 1983
– Gesprächsfaden gerissen? Allensbacher Berichte Nr. 9 (2000), S. 1-5
– Spaß muss sein. Eine Vorher-Nachher-Studie zum 11. September 2001. In: Allensbacher Berichte Nr. 6 (2002), S. 1-7
– Körperkult bei den Jüngeren: Tattoos und Piercings (Allensbacher Berichte Nr. 24), Allensbach 2003
*Allensbacher Archiv/*IfD-Umfrage 7642 (Schüler 1996), Allensbach Mai/Juli 1996
Anheier, H.K. (u.a., Hrsg.): Der Dritte Sektor in Deutschland, Berlin 1997
– Ehrenamtlichkeit und Spendenverhalten in Deutschland, Frankreich und den USA. In: Anheier, H.K. (u.a., Hrsg.): Der Dritte Sektor in Deutschland, Berlin 1997 b, S. 197-209
Apter, M.: Im Rausch der Gefahr. Warum immer mehr Menschen den Nervenkitzel suchen („The Dangerous Edge. The Psychology of Excitement", 1992), München 1994
Arendt, H.: Vita activa oder Vom tätigen Leben, Stuttgart 1960
Asgodom, S.: Leben macht die Arbeit süß, München 2002
Aufmuth, U.: Lebenshunger. Die Sucht nach Abenteuer, Zürich-Düsseldorf 1996
Ballerstedt, E./W. Glatzer: Soziologisches Almanach, Frankfurt/M.-New York 1975
Bangemann, M.: In meiner Vorstellung steht die Informationsgesellschaft allen Bürgern offen. In: Eur-Op News 1 (1997), S. 1
Bargel, Th.: Überlegungen und Materialien zu Wertdisparitäten und Wertwandel in der BRD. In: H. Klages/P. Kmieciak (Hrsg.): Wertwandel und gesellschaftlicher Wandel, Frankfurt/M. 1979, S. 147-184
Bartetzko, D.: Zurück in den Mythos? Postmodernes Bauen zwischen Mythen-Sucht und Mythen-Deutung. In: H. Schrödter (Hrsg.): Die neomythische Kehre. Aktuelle Zugänge zum Mythischen in Wissenschaft und Kunst, Würzburg 1991
Barz, H. (Hrsg., u.a.): Trendbibel für Marketing und Verkauf, Regensburg-Berlin 2003
B·A·T Freizeit-Forschungsinstitut (Hrsg.): Freizeit und Umwelt, Hamburg 1985
– Sport in der Freizeit, Hamburg 1987
– Freizeitalltag von Frauen, Hamburg 1989

- Konfliktfeld Deutschland. Die Zukunftssorgen der Bevölkerung, Hamburg 2002
- Freizeit-Monitor 2003. Daten zur Freizeitforschung, Hamburg 2003

Bauer, A./H. Kosin: Probleme der Gesellschaftsprognose und der Politik in Deutschland. In: Deutsche Zeitschrift für Philosophie 15 (1967)

Bauer, W.E./E. Baur/B. Kungel (Hrsg.): Vier Wochen ohne Fernsehen. Eine Studie zum Fernsehkonsum, Berlin 1976

Baur, J./W.D. Brettschneider: Schulsport und Sportverein. In: Sportunterricht 2 (1990)

Baur, J./W.D. Brettschneider: Der Sportverein und seine Jugendlichen (Bd. 19 der Edition Sport und Wissenschaft), Aachen 1994

Becher, J./K. Wilhelmstätter: 60 Millionen Menschen in Europa von Armut betroffen. In: NOEO Wissenschaftsmagazin 03 (2003), S. 28-29

Beck, U.: Risikogesellschaft. Auf dem Weg in eine andere Moderne, Frankfurt/M. 1986
- Politik in der Risikogesellschaft, Frankfurt/M. 1991
- Solidarischer Individualismus. In: Süddeutsche Zeitung vom 2. März 1996
- *(Hrsg.):* Kinder der Freiheit. Edition Zweite Moderne, Frankfurt/M. 1997
- Die uneindeutige Sozialstruktur. Was heißt Armut, was Reichtum in der „Selbst-Kultur"? In: U. Beck/P. Sopp (Hrsg.): Individualisierung und Integration, Opladen 1997a, S. 183-197
- Was ist Globalisierung? Frankfurt/M. 1997b
- Ausbilden für das 21. Jahrhundert. In: Süddeutsche Zeitung Nr. 246 (Beilage Hochschule und Beruf), München 25./26. Oktober 1997c
- Schöne neue Arbeitswelt. Vision: Weltbürgerschaft, Frankfurt/M.-New York 1999

Bell, D.: Zukunftsforschung gestern und heute. In: H. Kahn/A.J. Wiener: Ihr werdet es erleben. Voraussagen der Wissenschaft bis zum Jahre 2000, Wien-München-Zürich 1968, S. 411-419
- Die nachindustrielle Gesellschaft („The Coming of Post-Industrial Society", 1973), Frankfurt/M. 1996
- Die Zukunft der westlichen Welt („The Cultural Contradictions of Capitalism", 1977), Frankfurt/M. 1996

Bellow, S.: „Wir müssen die Klassiker studieren, nicht unsere Windeln". Zeit-Gespräch, Hamburg 13. Januar 1989

Berlyne, D.E.: Konflikt, Erregung, Neugier, Stuttgart 1974

Beyer, S.: Die Wohlfühlwelt strengt an. In: Der Spiegel 8 (2001), S. 78-80

Bielenski, H. (Hrsg., u.a.): Wie die Europäer arbeiten wollen. Erwerbs- und Arbeitszeitwünsche in 16 Ländern, Frankfurt/M.-New York 2002

Bittner, R.: Die Stadt als Event. Zur Konstruktion urbaner Erlebnisräume (Edition Bauhaus, Bd. 10), Frankfurt/M.-New York 2001

Blanke, B./H. Schridde: Bürgerengagement und aktivierender Staat. In: R.G. Heinze/Th. Olk (Hrsg.): Bürgerengagement in Deutschland, Opladen 2001, S. 93-140

Bleicher, K.: Unternehmenskultur. In: E. Gaugler/W. Weber (Hrsg.): Handwörterbuch des Personalwesens, Bd. 5, 2. Aufl., Stuttgart 1992, S. 2242-2251

Bloch, E.: Subjekt – Objekt: Erläuterungen zu Hegel, Berlin 1951

BMBF/Bundesministerium für Bildung und Forschung (Hrsg.): Innovations- und Technikanalyse. Zukunftschancen erkennen und realisieren, Bonn 2001

BMBF/BMWi – Bundesministerium für Bildung und Forschung/Bundesministerium für Wirtschaft und Technologie (Hrsg.): Innovation und Arbeitsplätze in der Informationsgesellschaft des 21. Jahrhunderts, Bonn-Berlin 1999

BMFUS/Bundesministerium für Familie und Senioren: Vereinswesen in Deutschland (Bearb. v. S. Agricola/P. Wehr), Bonn 1993

BMWi/Bundesministerium für Wirtschaft und Technologie (Hrsg.): Telekommunikation 2010, Bonn-Berlin 2000

Böhret, C.: Hat die Zukunftsforschung eine Zukunft? In: analysen und prognosen, Heft 22 (1972), S. 3-4

Boeser, Chr. (Hrsg., u.a.): Kinder des Wohlstands. Auf der Suche nach neuer Lebensqualität, Frankfurt/M. 2000

Boesken, G.: Lesen am Bildschirm: Wer ist ‚drin', und sind Bücher jetzt ‚out'? In: Stiftung Lesen (Hrsg.): Leseverhalten in Deutschland im neuen Jahrtausend, Mainz-Hamburg 2001, S. 127-149

Bogumil, J./L. Holtkamp: Kommunale Verwaltungsmodernisierung und bürgerschaftliches Engagement. In: R.G. Heinze/Th. Olk (Hrsg.): Bürgerengagement in Deutschland, Opladen 2001, S. 549-567

Bolz, N.: Time is on my side. In: Trendbüro (Hrsg.): Trend 2004: Arbeit – Freizeit – Eigenzeit, München-Zürich 2003, S. 13-43

Bonington, Chr.: Interview. In: E. de Bono: Tactis. The Art and Science of Success, London 1986, S. 200

Bormann, R.: „Spaß ohne Grenzen." Kulturtheoretische Reflexionen über einen europäischen Themenpark. In: Sociologia Internationalis 36/1 (1998), S. 33-60

Borrmann, N.: Das Lexikon der Zukunft. Trends. Prognosen. Prophezeiungen, München 2002

Braun, A./A. Zweck: Regionale Vorausschau (Foresight und Zukunftsinitiativen in Deutschland (Zukünftige Technologien, Nr. 45), Hrsg. v. ZTC/Zukünftige Technologien Consulting, Düsseldorf 2002

Braun, J.: Bürgerengagement und kommunales Management. In: R.G. Heinze/Th. Olk (Hrsg.): Bürgerengagement in Deutschland, Opladen 2001, S. 461-507

Breiholz, J.: Zirpen Sie los, Frau Brünnhilde! In: Die Welt vom 3. Januar 2004, S. 28

Brooks, V.W.: America's Coming-of-Age, Garden City/New York 1958

Bruckner, P.: Verdammt zum Glück. Der Fluch der Moderne („L'euphorie perpétuelle", Paris 2000), Berlin 2001

Büllingen, F.: IT-Sicherheit und Schutzrechte im Internet. In: Aus Politik und Zeitgeschichte B 41 (1999), S. 26-37

Buhl, H.: Achttausend drüber und drunter, München 1954

Buhr, P.: Dynamik von Armut. Dauer und biographische Bedeutung von Sozialhilfebezug, Opladen 1995

BUND/Misereor (Hrsg.): Zukunftsfähiges Deutschland. Ein Beitrag zu einer global nachhaltigen Entwicklung, Basel-Boston-Berlin 1996

Busch, H.: Planung, langfristige Zielvorstellungen und Zukunftsforschung. In: analysen und prognosen, Heft 11 (1970), S. 15-18

Campbell, C.: The Romantic Ethic and the Spirit of Modern Consumerism, Oxford 1987

Camus, A.: Der Mythos von Sisyphus (Rowohlts deutsche Enzyklopädie Nr. 90), Reinbek b. Hamburg 1959

Caneday, L.: Outdoor Recreation. A Virtual Reality. In: Parks & Recreation 27/8 (1992)

Casparis, Chr. P.: Freizeitmarkt und Europa im Wandel. In: Th. Bieger/M. Hostmann (Hrsg.): Strategie 2000 für die Freizeitbranche, Grüsch 1990, S. 55-66

Club of Rome: Die Grenzen des Wachstums, Stuttgart 1972

– Das menschliche Dilemma. Zukunft und Lernen, Wien-München-Zürich-Innsbruck 1979

Club of Rome: Die Zukunft in unserer Hand, 1981

Club of Rome: Der Weg ins 21. Jahrhundert 1983

Corsten, V.: Die Rückkehr der Schauspieler. In: Welt am Sonntag vom 8. Dezember 2002, S. 48

Coupland, D.: Generation X. Geschichten für eine immer schneller werdende Kultur („Generation X. Tales for an Accelerated Culture", 1991), Hamburg 1992

– Life after God. Die Geschichten der Generation X, Berlin 1995

– Microsklaven („Microserfs", 1995), Hamburg 1996

– Girlfriend in a Coma (New York 1998), Hamburg 1999

– Maschinen sind Ausdruck von Menschlichkeit (Interview). In: Welt am Sonntag vom 6. Oktober 2002
Crevier, D.: Eine schöne neue Welt? Die aufregende Geschichte der künstlichen Intelligenz, Düsseldorf 1994
Csikszentmihalyi, M.: Das Flow-Erlebnis: Jenseits von Angst und Langeweile („Beyond Boredom and Anxiety – The Experience of Play in Work and Games", 1975), 3. Aufl., Stuttgart 1991
– Flow. Das Geheimnis des Glücks („Flow – The Psychology of Optimal Experience", 1990), Stuttgart 1992
Cube, F. von: Fordern statt Verwöhnen, 9. Aufl., München 1997
– Lust an Leistung. Die Naturgesetze der Führung, 6. Aufl., München 2000
Cumart, N.: Generation 3000. Geschichten aus der Zukunft, München 1999
Dahrendorf, R.: Wenn uns die Arbeit ausgeht. In: Die Zeit Nr. 39, Hamburg 1978, S. 58
– Die Chancen der Krise. Über die Zukunft des Liberalismus, Stuttgart 1983
– Recht und Ordnung. Weniges ist schlimmer als die Beliebigkeit einer Welt ohne Halt. In: FAZ v. 21. Nov. 2001, S. 10
Dangschat, J.: Geld ist nicht (mehr) alles. In: J. Blasius/J. Dangschat (Hrsg.): Gentrification, Frankfurt/M. 1990, S. 69-92
Dettling, W.: Und der Zukunft gar nicht zugewandt. In: Die Zeit vom 22. Juli 1994
Deutscher Bildungsrat (Hrsg.): Empfehlungen der Bildungskommission. Zur Neuordnung der Sekundarstufe II, Bonn 1974
DFG/Deutsche Forschungsgemeinschaft (Hrsg.): Medienwirkungsforschung in der Bundesrepublik, Teil I, Weinheim 1986
Dix, A.: Internationale Aspekte. In: H. Bäumler (Hrsg.): E-Privacy, Braunschweig-Wiesbaden 2000, S. 93-106
Dohmen, G.: Das informelle Lernen. Hrsg. v. Bundesministerium für Bildung und Forschung (BMBF), Bonn 2001
Dombois, R.: Der schwierige Abschied vom Normalarbeitsverhältnis. In: Politik und Zeitgeschichte B 37/99 (10. Sept. 1999), S. 13-20
Dreitzel, H.P.: Sozialer Wandel, Neuwied 1967
Duerr, H.P.: Der Genussmensch ohne Herz (Interview). In: Der Spiegel Nr. 49 vom 4. Dezember 2000, S. 188-196
Diez-Hochleitner, R.: Vor einer Revolution der Armen? (Interview). In: Hamburger Abendblatt vom 4. September 2000
Eichener, V.: Soziales Management und Revitalisierung von Nachbarschaft als Herausforderung sozial verantwortlicher Wohnungswirtschaft. In: R.G. Heinze/Th. Olk (Hrsg.): Bürgerengagement in Deutschland, Opladen 2001, S. 421-436
Eliade, M.: Kosmos und Geschichte. Der Mythos der ewigen Wiederkehr, Frankfurt/M. 1984
Elias, N.: Leisure in the Sparetime Spectrum. In: R. Albonico/K. Pfister-Binz (Hrsg.): Soziologie des Sports, Basel 1971, S. 27-34
Elias, N./E. Dunning: The quest for excitement in unexciting societies. In: G. Lüschen (Hrsg.): The cross-cultural analysis of sport and games. Champaign III (1970)
Ellis, B.E.: Spiegel-Gespräch. In: Der Spiegel Nr. 43 (1999)
Enquête-Kommission des Deutschen Bundestages (Hrsg.): Zukünftige Bildungspolitik, Bonn: 5. September 1990
Enquête-Kommission des Deutschen Bundestages (Hrsg.): Zukunft der Medien in Wirtschaft und Gesellschaft. Deutschlands Weg in die Informationsgesellschaft, Bonn 1996
Enzensberger, H.M.: Bewusstseins-Industrie. In: Ders.: Einzelheiten, Frankfurt/M. 1962, S. 7-15
Ernst H. (Hrsg., u.a.): Das Ich der Zukunft. In: Psychologie heute (Dez. 1991), S. 25-28
– Lebenswelten 2020. 36 Zukunftsforscher über die Chancen von morgen. Hrsg. v.Dt. Institut für Altersvorsorge, Köln 2000

Esch, K. (u.a.): Der aktivierende Staat. In: R.G. Heinze/Th. Olk (Hrsg.): Bürgerengagement in Deutschland, Opladen 2001, S. 519-547

Etzioni, A.: Jenseits des Egoismus-Prinzips. Ein neues Bild von Wirtschaft, Politik und Gesellschaft („The Moral Dimension. Toward A New Economics", 1988), Stuttgart 1994

– Die Verantwortungsgesellschaft. Individualismus und Moral in der heutigen Demokratie („The New Golden Rule", 1996), Berlin 1999

Evers, A.: Individuelle Freiheit und Gemeinsinn. In: Die Tageszeitung vom 2. Dezember 1994

Faulstich, W. (Hrsg.): Lernkultur 2006, München 1990

Faulstich, W.: „Jetzt geht die Welt zugrunde ...". In: P. Ludes/A. Werner (Hrsg.): Multimedia-Kommunikation, Opladen 1997, S. 13-35

Federrath, H./O. Berthold: Identitätsmanagement. In: H. Bäumler (Hrsg.): E-Privacy, Braunschweig-Wiesbaden 2000, S. 189-213

Fischer, A.: Engagement und Politik. In: Jugendwerk der Deutschen Shell (Hrsg.): Jugend '97, Opladen 1997, S. 303-341

Fischer, J.: Die Linke nach dem Sozialismus, Hamburg 1992

Fischermann, Th.: Marken für Milliarden. In: Die Zeit vom 2. November 2000, S. 25-26

Flechtheim, O.K.: Futurologie: Möglichkeiten und Grenzen, Frankfurt/M. 1968

– Top-Management und Zukunftsforschung. In: analysen und prognosen, Heft 11 (1970), S. 18-19

– Futurologie. Der Kampf um die Zukunft, Frankfurt/M. 1972

– (Hrsg.): Warum Futurologie? In: Futurum – Beiträge des Instituts für Zukunftsforschung, München 1980, S. 1

– Ist die Zukunft noch zu retten?, Hamburg 1987

Fölling-Albers, M. (u.a.): Schulkinder heute, 2. Aufl., Weinheim-Basel 1995

Forrester, J.W.: Urban Dynamics, Cambridge/Mass. 1969

Frankl, V.E.: Zwei Symposionsbeiträge. In: O. Gruppe (Hrsg.): Sport in unserer Welt – Chancen und Probleme, Berlin 1973

Friedmann, P/S. Weimer: Arbeitnehmer zwischen Erwerbstätigkeit und Ruhestand, Frankfurt/M.-New York 1982

Friedrichs, G./A. Schaff (Hrsg.): Auf Gedeih und Verderb. Bericht an den Club of Rome, Wien 1982

Fromm, E.: Der moderne Mensch und seine Zukunft, Frankfurt/M. 1960

– Die Revolution der Hoffnung („The Revolution of Hope", 1968), Reinbek 1974

– Psychoanalyse und Ethik („Man for himself", 1954), Frankfurt/M.-Berlin-Wien 1978

Funke, J.: Im Handeln eintreten – wofür? In: K. Scherler (Hrsg.): Normative Sportpädagogik (DVS-Protokolle Nr. 41), Clausthal-Zellerfeld 1990, S. 14-29

Galbraith, J.K.: Gesellschaft im Überfluß („The Affluent Society", 1958), München-Zürich 1959

Galbraith, J.K.: Die industrielle Gesellschaft, München-Zürich 1964

Gallup International 1999: „Millennium Survey", New York März 2002

Gandy, O.H.: The Panoptic Sort: A Political Economy of Personal Information, Boulder/Colorado 1993

Gaskin, K. (u.a.): Ein neues bürgerschaftliches Europa. Eine Untersuchung zur Verbreitung und Rolle von Volunteering in zehn Ländern (Hrsg. v.d. R. Bosch-Stiftung), Freiburg/Br. 1996

Gebert, D.: Organisationsklima. In: E. Gaugler/W. Weber (Hrsg.): Handwörterbuch des Personalwesens, Bd., 5, 2. Aufl., Stuttgart 1992, S. 1498-1507

Geisler, B.: Die Fehler der Chefs. In: Hamburger Abendblatt vom 31. August/1. September 2002

Gergen, K.: Das übersättigte Selbst: Identitätsprobleme im heutigen Leben, Heidelberg 1996

Gerken, G.: Die Trends für das Jahr 2000, Düsseldorf-Wien-New York 1990

– Trend Zeit, Düsseldorf-Wien-New York-Moskau 1993

Gerken, G./M.-A. Konitzer: Trends 2015, Bern-München-Wien 1995

Geus, A. de: Jenseits der Ökonomie. Die Verantwortung der Unternehmen („The Living Company", 1997), Stuttgart 1998

Giddens, A.: Jenseits von Links und Rechts. Die Zukunft radikaler Demokratie („Beyond Left and Right. The Future of Radical Politics", 1994), 2. Aufl., Frankfurt/M. 1997
Giesecke, H.: Leben nach der Arbeit, München 1983
Gillies, C.: Die Jobnomaden wollen sesshaft werden. In: Die Welt vom 16. Juni 2001
Goebel, J./Chr. Clermont: Die Tugend der Orientierungslosigkeit, 3. Aufl., Berlin 1998
Goethe, Johann Wolfgang von: Brief an K.F. Zelter. 1823
Götz, U. von: Retter in der Not. In: Welt am Sonntag Nr. 52 vom 28. Dezember 2003, S. 46
Gorz, A.: Wege ins Paradies, Berlin 1983
– Arbeit zwischen Misere und Utopie, Frankfurt/M. 2000
Grazia, S. de: Of Time, Work and Leisure, New York 1962/1990
Grimm, J. und W.: Deutsches Wörterbuch, Bd. 32, Leipzig 1954
Gross, P.: Die Multioptionsgesellschaft, Frankfurt/M. 1994
Grundmann, S.: Prognose als philosophische Kategorie. In: G. Heyden (Hrsg.): Gesellschaftsproblematik – Probleme einer neuen Wissenschaft, Berlin 1968
Grupe, O.: Von der Verantwortung der Person und der Verpflichtung der Organisation. In: K. Gieseler (u.a.): Menschen im Sport 2000, Schorndorf 1988, S. 44-66
Grupp, H.: Technology at the beginning of the 21st century. In: Technology Analysis & Strategie Management, Vol. 6/No. 4 (1994), S. 379-408
– Der Delphi-Report. Innovationen für unsere Zukunft, Stuttgart 1995
Gundermann, L.: Das Teledienstedatengesetz – ein virtuelles Gesetz? In: H. Bäumler (Hrsg.): E-Privacy, Braunschweig-Wiesbaden 2000, S. 58-68
HA: Die deutsche Krise. In: Hamburger Abendblatt vom 23. Oktober 2003, S. 2
Habich, R. (u.a.): Armut im Reichtum. Ist die Bundesrepublik Deutschland eine Zwei-Drittel-Gesellschaft? In: U. Rendtel/G. Wagner (Hrsg.): Lebenslagen im Wandel, Frankfurt/M.-New York 1991, S. 488-509
Hall, P.: Sozialkapital in Großbritannien. In: R.D. Putnam (Hrsg.): Gesellschaft und Gemeinsinn, Gütersloh 2001, S. 45-113
Handy, Ch.: Die Fortschrittsfalle. Der Zukunft neuen Sinn geben („The Empty Raincoat", London 1994), München 1995
– Die anständige Gesellschaft („The Hungry Spirit. Beyond Capitalism – The Quest for Purpose in the Modern World", 1997), München 1998
Hansen, U.: Marketing und Konsum: Eine neue Verantwortung? In: G. Rosenberger (Hrsg.): Konsum 2000, Frankfurt/M.-New York 1992, S. 167-178
Hartmann, H.: Armut in der Bundesrepublik Deutschland. In: Sozialwissenschaftliche Informationen für Unterricht und Studium, Heft 3 (1985), S. 169-176
Hartmann, H.A.: Nicht „das ganze Leben lang im Bett liegen bleiben ..." Zur Analyse und Bewertung von Fun- und Extremsport. In: edition ethik kontrovers 3, Frankfurt/M. 1995, S. 34-51
– The Thrilling Fields oder: „Bis ans Ende – und dann noch weiter". Über extreme Outdoor Activities. In: H.A. Hartmann/R. Haubl (Hrsg.): Freizeit in der Erlebnisgesellschaft, Opladen 1996, S. 67-94
Hass, G.: Die Frühstücks-Volkshochschule. In: W. Nahrstedt (Hrsg., u.a.): Neue Zeitfenster für Weiterbildung, Bielefeld 1997, S. 175-179
Hecker, U.: Übergang von der Ausbildung in den Beruf. In: R. Jansen (Hrsg.): Die Arbeitswelt im Wandel, Bielefeld 2002, S. 52-54
Heckmair, B./W. Michl: Erleben und Lernen, 2. Aufl., Neuwied-Kriftel-Berlin 1994
Heinemann, K./M. Schubert: Ehrenamtlichkeit und Hauptamtlichkeit in Sportvereinen, Schorndorf 1992
– Der Sportverein, Schorndorf 1994
Heinze, R.G./Chr. Strünck: Individualismus und Engagement. Das Ehrenamt im Strukturwandel. In: U. von Alemann (u.a., Hrsg.): Bürgergesellschaft und Gemeinwohl, Opladen 1999, S. 169-181

Hense-Ferch, S.: Wie das Büro der Zukunft aussieht: In: Süddeutsche Zeitung vom 13. September 2002
Hensel, H.: Die neuen Kinder und die Erosion der alten Schule, 5. Aufl., Bönen 1994
Hentig, H. von: Sollen schon Grundschüler an die Computer? (Interview). In: Geo Wissen Nr. 27 (2001), S. 44-48
Herzog, R.: Aufbruch ins 21. Jahrhundert. In: Visionen 2000. Hrsg. v.d. Brockhaus-Redaktion, Leipzig-Mannheim 1999, S. 8-11
Hielscher, V./E. Hildebrandt: Die Ambivalenz flexibler Arbeitszeiten. In: E. Hildebrandt (Hrsg.): Reflexive Lebensführung, Berlin 2000, S. 129-149
Hillmann, K.-H.: Überlebensgesellschaft. Von der Endzeitgefahr zur Zukunftssicherung, Würzburg 1998
Hillmann, K.-H.: Wertwandel. Ursachen, Tendenzen, Folgen, Würzburg 2003
Hitzler, R.: „Der Vorhang im Tempel zerreißt ..." Orientierungsprobleme im Übergang zu einer 'anderen' Moderne . In: U. Beck/P. Sopp (Hrsg.): Individualisierung und Integration, Opladen 1997, S. 49-64
Hobsbawm, E.: Das Zeitalter der Extreme. Weltgeschichte des 20. Jahrhunderts („Age of Extremes", London 1994), München-Wien 1995
Hochschild, A.R.: Keine Zeit. Wenn die Firma zum Zuhause wird und zu Hause nur Arbeit wartet („The Time Bird", 1997), Opladen 2002
Höhn, H.-J.: GegenMythen. Religionsproduktive Tendenzen der Gegenwart, 3. Aufl., Freiburg-Basel-Wien 1996
Hölscher, L.: Die Entdeckung der Zukunft, Frankfurt/M. 1999
Hörning, K.H. (u.a.): Zeitpioniere, Frankfurt/M. 1990
Hörrmann, S.: Bürgerschaftliches Engagement und die Wohlfahrtsverbände. In: W.R. Wendt (u.a., Hrsg.): Zivilgesellschaft und soziales Handeln, Freiburg i.Br. 1996, S. 112-120
Hoffmann-Nowotny, H.-J.: Weltmigration – eine soziologische Analyse. In: W. Kälin/R. Moser (Hrsg.): Migrationen aus der Dritten Welt, Bern-Stuttgart-Wien 1993, S. 57-68
Homann, R.: Statement. In: R. Kreibich (u.a.): Zukunftsforschung und Politik, Weinheim-Basel 1991, S. 43-44
– Zukünfte. heute denken morgen sein, Zürich 1998
Hondrich, K.O.: Bedürfnisänderung und Aufklärung? In: K.M. Meyer-Abich/D. Birnbacher (Hrsg.): Was braucht der Mensch um glücklich zu sein?, München 1979, S. 123-134
– Zukunftsvisionen für die Industriegesellschaft. In: G. Rosenberger (Hrsg.): Konsum 2000, Frankfurt/M.-New York 1992, S. 228-237
– Vom Wert der Arbeit und der Arbeitslosigkeit. In: Zeitschrift für Erziehungswissenschaft 4 (1998), S. 493-500
– Eine Minderheit namens „Jugend". In: psychologie heute (Nov. 1999), S. 38-45
Horx, M.: Trendbuch, Düsseldorf-Wien-New York-Moskau 1993
– Das Zukunfts-Manifest. Wie wir uns auf das 21. Jahrhundert vorbereiten können, 2. Aufl., Düsseldorf-München 1998
Horx, M.: Future Fitness, Frankfurt/M. 2003
Horx, M. (Hrsg.): Trend-Report 2004 (Februar 2004)
Horx, M./P. Wippermann: Markenkult, München 1998
Hradil, S.: Die „Single-Gesellschaft", München 1995
– Soziale Ungleichheit in Deutschland, 7. Aufl., Opladen 1999
Hübinger, W.: Prekärer Wohlstand. Neue Befunde zu Armut und sozialer Ungleichheit, Freiburg i.Br. 1996
Huntington, S.P.: Der Kampf der Kulturen („The clash of civilizations", 1996), 6. Aufl., München-Wien 1997
Hurrelmann, K./U. Laaser (Hrsg.): Gesundheitswissenschaften: Handbuch für Lehre, Weinheim-Basel 1993

Huxley, A.: Schöne neue Welt. Ein Roman der Zukunft („Brave New World", 1931/32), Frankfurt/M. 1981

Huxley, A.: Wiedersehen mit der Schönen neuen Welt („Brave New World Revisited", 1959), München 1987

Ifep/Institut für empirische Psychologie (Hrsg.): Wir sind o.k.! (IBM-Jugendstudie), Köln 1995

Iken, M.: Gefallene Helden. In: Die Welt vom 28. März 2002

Illouz, E.: Der Konsum der Romantik („Consuming the Romantic Utopia", 2003), Frankfurt/M.-New York 2004

Inglehart, R.: The Silent Revolution in Europe. In: American PoliticaL Science Review LX V/4 (1971), S. 991-1017

– Kultureller Umbruch. Wertewandel in der westlichen Welt („Cultural Change", Princeton-New Jersey 1989), Frankfurt/M.-New York 1989

Ingvar, D.: Memory of the Future: An Essay on the Temporal Organization of Conscious Awareness. In: Human Neurobiology (1985), S. 127-136

Irvine, J./B.R. Martin: Foresight in Science: Picking the Winners, London 1984

ISAB: Modellprojekt zur Untersuchung von Selbsthilfeinitiativen in der BRD. Hrsg. v. Bundesministerium für Familie, Senioren, Frauen und Jugend, Bonn 1997

Isensee, J.: Rechtsbewusstsein im Rechtsstaat. In: W. Fikentscher (Hrsg., u.a.): Wertewandel – Rechtswandel, Gräfelfing 1997, S. 17-40

IWD/Institut der deutschen Wirtschaft (Hrsg.): Zum Jobkiller mutiert. In: IWD-Informationsdienst Nr. 43 vom 23. Oktober 2003, S. 2

Jacob, J.: Verkehrsregeln für die Datenautobahn: Die neuen Techniken brauchen einen besseren Datenschutz. In: BMWi Report: Die Informationsgesellschaft, Bonn 1995, S. 48-49

Jahn, S.: Die Selfmade-Weisen. In: zeit-schritt 9 (2001), S. 10-12

Jahoda, M.: Wieviel Arbeit braucht der Mensch? („Employment and Unemployment", 1982), Weinheim-Basel 1983

Jansen, R. (Hrsg.): Die Arbeitswelt im Wandel, Bielefeld 2002

Jegelka, N.: Einleitung. In: J. Rüsen (Hrsg., u.a.): Zukunftsentwürfe, Frankfurt/M. 2000, S. 204-207

Jonas, H.: Das Prinzip Verantwortung, Frankfurt/M. 1979

Jonas, H.: Die Welt ist weder wertfrei noch beliebig verfügbar (Interview). In: Süddeutsche Zeitung vom 11. Februar 1992, S. 43

Jonas, P.: Glanz der Würde. Erhalten wir unsere Kultur vor dem Verfall! In: Süddeutsche Zeitung Nr. 19 vom 24./25. Januar 2004, S. 11

Jouvenel, B. de: Die Kunst der Vorausschau, Neuwied-Berlin 1967

Jungk, R.: Die Zukunft hat schon begonnen (1952), München 1990

– Der Jahrtausendmensch. Bericht aus den Werkstätten der neuen Gesellschaft, München 1973

– Zukunft zwischen Angst und Hoffnung, 2. Aufl., München 1990

– Mehr Phantasie für das Morgen (1969). In: Ders.: Zukunft zwischen Angst und Hoffnung, München 1990, S. 69-84

Jurczyk, K./G. Voß: Entgrenzte Arbeitszeit – Reflexive Alltagszeit. In: E. Hildebrandt (Hrsg.): Reflexive Lebensführung, Berlin 2000, S. 151-205

Kahn, A./A.J. Wiener: Ihr werdet es erleben („The Year 2000", 1967), Reinbek 1971

Kaku, M.: Zukunftsvisionen. Wie Wissenschaft und Technik des 21. Jahrhunderts unser Leben revolutionieren („Visions. How Science Will Revolutionize the 21st Century", 1997), München 1997/2000

Karasek, H.: Das Angebot der Kulturindustrie. In: H.W. Opaschowski (Hrsg.): Freizeitpädagogik in der Leistungsgesellschaft, 2. Aufl., Bad Heilbrunn 1973, S. 40-47

Kennedy, P.: In Vorbereitung auf das 21. Jahrhundert („Preparing for the Twenty-First Century", 1993), Frankfurt/M. 1997

Keupp, H.: Gemeinsinn und Seelsorge. Gegen einen falschen Moralismus. In: W.R. Wendt (u.a.): Zivilgesellschaft und soziales Handeln, Freiburg i.B. 1996, S. 78-95
Key, E.: Das Jahrhundert des Kindes, Berlin 1902
Kiefer, M.-L.: Massenkommunikation IV (Schriftenreihe Media Perspektiven), Baden-Baden 1992
Kirschner, Chr.: Gesundheit im Trend: Wellness als Indikator. In: W. Nahrstedt (Hrsg., u.a.): Freizeit und Wellness: Gesundheitstourismus in Europa, Bielefeld: IFKA 2001, S. 32-36
Klages, H.: Wertorientierung im Wandel, Frankfurt/M.-New York 1984
– Traditionsbruch als Herausforderung. Perspektiven der Wertewandelgesellschaft, Frankfurt/M.-New York 1993
– Der „schwierige Bürger" – Bedrohung oder Zukunftspotential. In: W. Weidenfeld (Hrsg.): Demokratie am Wendepunkt, Berlin 1996, S. 233-253
– Brauchen wir eine Rückkehr zu traditionellen Werten? In: Aus Politik und Zeitgeschichte B 29 (13. Juli 2001), S. 7-14
Klages, H./T. Gensicke: Bürgerschaftliches Engagement 1997. In: H. Meulemann (Hrsg.): Werte und nationale Identität im vereinten Deutschland, Opladen 1998
Klein, M.: No Logo! Der Kampf der Global Players um Marktmacht, München 2002
Kleinsteuber, H.J.: Informationsgesellschaft und Politik. Neues Paradigma oder PR-Schlager? In: H. Neuendorff (Hrsg., u.a.): Verändern neue Medien die Wirklichkeit?, Münster-Hamburg-London 1999, S. 17-35
Klingler, W.: Kinder und Medien 1990: Eine Studie der ARD/ZDF-Medienkommission, Frankfurt/M. 1994
Kmieciak, P.: Wertstrukturen und Wertwandel in der Bundesrepublik Deutschland, Göttingen 1976
Köcher, R.: Lauter kleine Egoisten? In: Rheinischer Merkur Nr. 38 v. 20. Sept. 1996, S. 16
– Vaterlandslose Gesellen. Die Deutschen trauen den Unternehmern wenig Interesse am Gemeinwohl zu. In: Frankfurter Allgemeine Zeitung Nr. 238 v. 13. Oktober 1999, S. 5
Koelle, H.H.: Was sollen wir eigentlich wollen? In: analysen und prognosen, Heft 11 (1970), S. 3
Korte, K.-R./W. Weidenfeld (Hrsg.): Deutschland-TrendBuch. Fakten und Orientierungen, Hrsg. v.d. Bundeszentrale für politische Bildung, Opladen 2001
Koslowski, P.: Die postmoderne Kultur. Gesellschaftlich-kulturelle Konsequenzen der technischen Entwicklung, München 1987
Koziol, K.: Leben unter Vorbehalt? Anmerkungen zur Netzkommunikation. In: forum medienethik 2 (2000), S. 13-24
Krach, W. (u.a.): Angst vor der @-Bombe. In: Der Spiegel Nr. 11 (2001), S. 118-120
Krakauer, J.: In eisige Höhen. Das Drama am Mount Everest („Into Thin Air", 1997), 16. Aufl., München 1999
Krämer, H.: Unsere Zeit braucht neue Meister der Lebenskunst. In: Die Welt vom 3. Sept. 1988
Krämer, S.: Vom Mythos „Künstliche Intelligenz" zum Mythos „Künstliche Kommunikation". In: S. Münker/A. Roesler (Hrsg.): Mythos Internet, Frankfurt/M. 1997, S. 83-107
Kreibich, R. (u.a.): Zukunftsforschung und Politik, Weinheim-Basel 1991
Kreibich, R.: Herausforderungen und Aufgaben für die Zukunftsforschung in Europa. In: K. Steinmüller (Hrsg.): Zukunftsforschung in Europa, Baden-Baden 2000, s. 9-35
Krings, H.: Der Lernort Studio und der Lernbereich Spiel und Gestalten. In: Deutscher Bildungsrat. Empfehlungen der Bildungskommission. Zur Neuordnung der Sekundarstufe II, Bonn 1974, S. A54-A65
Kroeber-Riel/P. Weinberg: Konsumentenverhalten, 7. Aufl., München 1999
Kröger, T.: „No risk, no fun?" In: GDV (Hrsg.): Wie viel Risiko braucht die Gesellschaft?, Berlin 1998, S. 62-69
Kurzweil, R.: Homo s@piens. Leben im 21. Jahrhundert – Was bleibt vom Menschen? („The Age of Spiritual Machines", 1999), Köln 1999
Kyas, O.: Sicherheit im Internet. 2., aktualisierte u. erweiterte Aufl., Bonn (u.a.) 1998

Lasch, Chr.: Das Zeitalter des Narzissmus („The Culture of Nacissism", 1979), München 1982

Lehmann, K.: Das 21. Jahrhundert – Zeit für ein Leben des Menschen in Würde und Verantwortung? In: Visionen 2000. Hrsg. v.d. Brockhaus-Redaktion, Leipzig-Mannheim 1999, S. 96-99

Lehmann, J./R. Langeheine: Erziehung und Umweltbewusstsein. In: Report-Psychologie 14 (Mai 1989), S. 16-19

Leibfried, S./I. Leisering (u.a.): Zeit der Armut. Lebensläufe im Sozialstaat, Frankfurt/M. 1995

Leisering, L.: Individualisierung und „sekundäre Institutionen". In: U. Beck/P. Sopp (Hrsg.): Individualisierung und Integration, Opladen 1997, S. 143-159

Lenk, M.: Der Einfluss der Computerkommunikation auf die deutsche Sprache (Unveröff. Magisterarbeit), Regensburg 1995

Levy, P.: Die kollektive Intelligenz. Für eine Anthropologie des Cyberspace („L'intelligence collective", Paris 1994), Mannheim 1997

List, F.: Schriften, Reden, Briefe, Bd. 7, Berlin 1931

Löwer, Chr.: Das Dogma der Gruppenarbeit. In: Süddeutsche Zeitung vom 26./27. Oktober 2002

Löwer, Chr.: Arbeit ist kein Störfaktor. In: Süddeutsche Zeitung vom 29./30. März 2003

Ludwig, M.: Armutskarrieren zwischen Abstieg und Aufstieg, Opladen 1996

Lübbe, H.: Der Lebenssinn in der Industriegesellschaft, Berlin u.a. 1990

– Erfahrungen von Orientierungskrisen in modernen Gesellschaften. In: W. Weidenfeld/D. Rumberg (Hrsg.): Orientierungsverlust, Gütersloh 1994, S. 13-29

– Megatrends. Faktoren der Entwicklung moderner Gesellschaften. In: Club AAB 27/28/29 (1996), S. 117-138

Lugger, B. (u.a.): Psychologie. Entspannung durch kreatives Tun. In: Focus 31 (2001), S. 87-96

Luik, A./V. Hinz: „Die wollen ewiges Leben, die wollen den Tod besiegen – das ist teuflisch". In: Stern Nr. 47 (2001), S. 244-252

Lutz, Chr.: Leben und arbeiten in der Zukunft, München 1995

Mac Cannell, D.: Staged Authenticity: Arrangements of Social Space in Tourist Settings. In: American Journal of Sociology 79 (1979), S. 589-603

MacIntyre, A.: Der Verlust der Tugend. Zur moralischen Krise der Gegenwart („After Virtue", Paris 1981), 2. Aufl., Frankfurt/M. 1997

Mackensen, R. (u.a.): Leben im Jahr 2000 und danach. Perspektiven für die nächsten Generationen, Berlin 1984

Mair, J.: Schluss mit lustig! Warum Leistung und Disziplin mehr bringen als emotionale Intelligenz, Teamgeist und Soft Skills, Frankfurt/M. 2002

Malthus, Robert: Ein Essay über das Prinzip der Bevölkerung, wie es die zükünftige Verbesserung der Gesellschaft beeinflusst. London 1798

Marcuse, P.: Für eine Repolitisierung des städtischen Lebens. In: J. Rüsen (Hrsg., u.a.): Zukunftsentwürfe, Frankfurt/M.-New York 2000, S. 241-246

Markl, H.: Wissenschaft gegen Zukunftsangst, München-Wien 1998

– Interview zu den „Forschungsperspektiven 2000 +". In: Süddeutsche Zeitung vom 13. Juni 2000

Martin, E.: Flexible Bodies, Boston 1994

Martin, H.-P./H. Schumann: Die Globalisierungsfalle. Der Angriff auf Demokratie und Wohlstand, 3. Aufl., Reinbek 1996

Massimini, F. (u.a.): Flow und biokulturelle Evolution. In: M. u. I. Csikszentmihalyi (Hrsg.): Die außergewöhnliche Erfahrung im Alltag, Stuttgart 1991, S. 77-102

Matathia, I./M. Salzman: Next. Wie sieht die Zukunft aus? Arbeiten, Leben und Wohnen nach 2000, München-Düsseldorf 1998

McLuhan, M.: Die magischen Kanäle („Understanding Media", 1964), 2. erweiterte Aufl., Dresden-Basel 1995

McNealy, S.: „Darauf wette ich meine Firma" (Interview). In: Spiegel Nr. 43 (1999), S. 292-297

Mead, M.: The Pattern of Leisure in Contemporary American Culture. In: E. Larrabee/R. Meyersohn (Hrsg.): Mass Leisure, Glencoe 1958, S. 10-15

Meadows, D. (u.a.): Die Grenzen des Wachstums. Bericht des Club of Rome zur Lage der Menschheit („The Limits to Growth", New York 1972), Reinbek 1973

Meder, N.: Internet, Online und Telematik. In: W. Nahrstedt (Hrsg., u.a.): Neue Zeitfenster für Weiterbildung, Bielefeld 1997, S. 113-119

Meisner, J.: Der Kirche ist das Mysterium verlorengegangen (Interview). In: Die Welt v. 5. Juli 1999, S. 6

Meißner, J. (Hrsg., u.a.): Gelebte Utopien. Alternative Lebensentwürfe, Frankfurt/M.-Leipzig 2001

Merbold, U.: Ein Diamant im schwarzen All (Interview). In: Hamburger Abendblatt 19./20. Februar 2000, S. 8

Messner, R.: Grenzbereich Todeszone, Köln 1978

Messner, R.: Der gläserne Horizont, München 1982

Messner, R.: Antarktis, München-Zürich 1990

Messner, R.: Statement. In: S. Lebert: Fit for fun – und ab in den Tod. In: Süddeutsche Zeitung Nr. 187 vom 16./17. August 1997, S. 3

Messner, R.: Visionen eines Grenzgängers – Was findet man am Ende der Welt? In: Visionen 2000. Hrsg. v.d. Brockhaus-Redaktion, Leipzig-Mannheim 1999, S. 112-115

Messner, R.: Der Gipfel des Selbstbetrugs. In: Süddeutsche Zeitung am Wochenende Nr. 98 v. 28./29. April 2001, S. 1

Metz, J.B.: Glaube in Geschichte und Gesellschaft, 5. Aufl., Mainz 1992

Meulen, van der, B.: Foresight in den Niederlanden. In: K. Steinmüller (Hrsg., u.a.): Zukunftsforschung in Europa, Baden-Baden 2000, S. 145-164

Michener, J.A.: Iberia. Reisen und Gedanken, München 1969

Middelhoff, Th.: Eine Strategie für die digitale Medienwelt. Gesetze der Schwerkraft in der Internet-Ökonomie außer Kraft gesetzt. In: Bertelsmann Briefe, H. 141 (1999), S. 33-41

Miegel, M.: Ursachen der Arbeitslosigkeit in Deutschland und anderen frühindustrialisier-ten Ländern. In: Zukunft der Arbeit/EXPO 2000 GmbH (Hrsg.): Zukunft der Arbeit, Hannover 1997

Minois, G.: Geschichte der Zukunft, Düsseldorf-Zürich 1998

Minx, E.: Heute über die Chancen von morgen entscheiden oder: Vom Navigieren in unbekannten Gewässern. In: K. Steinmüller (Hrsg., u.a.): Zukunftsforschung in Europa, Baden-Baden 2000, S. 115-122

Mittelstraß, J.: Utopie Wissenschaft. In: J. Rüsen (Hrsg., u.a.): Zukunftsentwürfe, Frankfurt/M.-New York 2000, S. 208-213

Möller, F.: Tolle Überwachung! In: H. Bäumler (Hrsg.): E-Privacy, Braunschweig-Wiesbaden 2000, S. 35-46

Moltmann, J.: Diakonie im Horizont des Reiches Gottes, Neukirchen 1984

Moser, H.: Einführung in die Medienpädagogik. Aufwachsen im Medienzeitalter, Opladen 1995

Moths, E.: Politik ohne Programme. In: Merkur 48/5 (1994), S. 456-460

– Politik – Prognose – Philosophie. In: GAIA. Ecological Perspectives in Science, Humanities and Economics 6 (1997), S. 9-18

Müller-Schneider, Th.: Die Erlebnisgesellschaft – der kollektive Weg ins Glück? In: Aus: Politik und Zeitgeschichte B 12 (17. März 2000), S. 24-30

Münch, R.: Dynamik der Kommunikationsgesellschaft, Frankfurt/M. 1995

Mutz, S.G.: Dynamische Arbeitslosigkeit und diskontinuierliche Erwerbsverläufe. In: Berliner Debatte/Initial 8 (1997), S. 23-36

Nagl, M.: Zukunft. In: H.-O. Hügel (Hrsg.): Handbuch Populäre Kultur, Stuttgart-Weimar 2003, S. 530-539

Nahrstedt, W. (Hrsg., u.a.): Neue Zeitfenster für Weiterbildung, Bielefeld 1997

Naisbitt, J.: Megatrends 2000, Düsseldorf-Wien-New York 1990
Namenwirth, J.Z.: Wheels of Time and the Interdependence of Value Change in America. In: Journal of Interdisciplinary History 3 (1973), S. 649-683
Naschold, F.: Partizipative Demokratie. In: W. Weidenfeld (Hrsg.): Demokratie am Wendepunkt, Berlin 1996, S. 294-307
Naumann, M.: Der Gott, der uns fehlt. In: Die Zeit vom 19. Dezember 2001, S. 1
Negroponte, N.: Total digital. Die Welt zwischen 0 und 1 oder Die Zukunft der Kommunikation („being digital", 1995), München 1995
Neisser, H.: Unteilbar und universell. Ein Plädoyer für eine Europäische Grundrechtsdiskussion als Wertediskussion. In: zeit-schritt 9 (2001), S. 29-30
Nell-Breuning, O.v.: Arbeitet der Mensch zuviel?, Freiburg i.Br. 1985
Nerlich, M.: Zur abenteuerlichen Moderne oder von Risiken und westlicher Zivilisation. In: GDV (Hrsg.): Wie viel Risiko braucht der Mensch?, Berlin 1998, S. 72-99
Neverla, I.: Fernsehen als Medium einer Gesellschaft in Zeitnot. In: Media Perspektiven 3/1991, S. 194-205
Nida-Rümelin, J.: Interview. In: Frankfurter Rundschau vom 16. Juni 2001
Nietzsche, F.: Der Wille zur Macht (1888), München 1966
Nietzsche, Friedrich: Sämtliche Werke, Bd. 13, München 1980
Noelle-Neumann, E.: Werden wir alle Proletarier? Wertewandel in unserer Gesellschaft, Osnabrück 1978
– Eine demoskopische Deutschstunde, Osnabrück 1983
Noelle-Neumann, E./Th. Petersen: Zeitenwende. Der Wertewandel 30 Jahre später. In: Aus Politik und Zeitgeschichte B 29 (13. Juli 2001), S. 15-22)
OECD (Hrsg.): The contribution of Human and Social Capital to Sustained Economic Growth and Well-Being (Conference in Quebec/Canada), March 2000
Offe, C./R.G. Heinze: Organisierte Eigenarbeit. Das Modell Kooperationsring, Frankfurt/M.-New York 1990
Ohmae, K.: Unterwegs in eine völlig andere Welt. In: Süddeutsche Zeitung (Hrsg.): Die Gegenwart der Zukunft, Berlin 2000, S. 135-143
Oldag, A.: Hässliche Zahlen einer geschönten Statistik. In: Süddeutsche Zeitung vom 1. Oktober 2003, S. 8
Oloukpona-Yinnon, A.P.: Postkoloniale Situationen und die Zukunft der Kulturen. In: J. Rüsen (Hrsg., u.a.): Zukunftsentwürfe, Frankfurt/M. 2000, S. 75-86
Opaschowski, H.W.: Der Fortschrittsbegriff im sozialen Wandel. In: Muttersprache 9/10 (1970), S. 314-329
– Freizeit als Zweitberufszeit? In: Gewerkschaftliche Monatshefte, H.8 (1972), S. 505-513
– *(Hrsg.)*: Freizeitpädagogik in der Leistungsgesellschaft, Bad Heilbrunn 1973
– Freie Zeit ist Bürgerrecht. Plädoyer für eine Neubewertung von „Arbeit" und „Freizeit." In: Aus Politik und Zeitgeschichte (Beilage zur Wochenzeitung Das Parlament B 40/74), Bonn 5. Okt. 1974, S. 18-38
– Der Freizeitsportleiter, Hamburg: Verband für Turnen und Freizeit 1977
– Probleme im Umgang mit der Freizeit (B.A.T Schriftenreihe zur Freizeitforschung), Hamburg 1980
– Freizeitzentren für alle (B·A·T Schriftenreihe zur Freizeitforschung), Hamburg 1981
– Arbeit, Freizeit. Lebenssinn? Orientierungen für eine Zukunft, die längst begonnen hat, Opladen 1983
– Sport in der Freizeit (Bd. 8 der B.A.T Schriftenreihe), Hamburg 1987
– Wie leben wir nach dem Jahr 2000? Szenarien über die Zukunft von Arbeit und Freizeit (B.A.T Projektstudie zur Freizeitforschung), Hamburg 1988
– Wie arbeiten wir nach dem Jahr 2000? Freizeit-Impulse für die Arbeitswelt von morgen (B.A.T Projektstudie zur Freizeitforschung, Hamburg 1989

- Herausforderung Freizeit (B.A.T Schriftenreihe zur Freizeitforschung), Hamburg 1990
- Freizeit- und Medienkonsum in den 90-er Jahren. In: R. Kreile (Hrsg.): Medientage München 1991, Unterföhring 1992, S. 279-293
- Freizeit 2001 (B.A.T Projektstudie zur Freizeitforschung), Hamburg 1992a
- Zehn Jahre nach Orwell, Herne 1994
- Freizeitökonomie. Marketing von Erlebniswelten, Opladen 1995
- Das Multimedia-Zeitalter lässt auf sich warten. Akzeptanz-Probleme der neuen Informationstechnologien. In: BMWi-Report: Die Informationsgesellschaft, Bonn 1995a, S. 46-47
- Feierabend? Von der Zukunft ohne Arbeit zur Arbeit mit Zukunft, Opladen 1998
- Leben zwischen Muss und Muße. Die ältere Generation: Gestern. Heute. Morgen., Hamburg-Ostfildern 1998
- Generation @. Die Medienrevolution entlässt ihre Kinder: Leben im Informationszeitalter, Hamburg-Ostfildern 1999
- Umwelt. Freizeit. Mobilität. Konflikte und Konzepte, 2. Aufl., Opladen 1999a
- Von der Generation X zur Generation @. Leben im Informationszeitalter. In: Aus Politik und Zeitgeschichte B 41 (1999b), S. 10-16
- Vorwort. In: J. Rieger. Der Spaßfaktor. Warum Arbeit und Spaß zusammengehören, Offenbach 1999c
- Kathedralen des 21. Jahrhunderts. Erlebniswelten im Zeitalter der Eventkultur, Hamburg 2000
- Jugend im Zeitalter der Eventkultur. In: Aus Politik und Zeitgeschichte B 12 (2000a), S. 17-23
- Xtrem: Der kalkulierte Wahnsinn. Extremsport als Zeitphänomen, Hamburg 2000b
- Deutschland 2010. Wie wir morgen arbeiten und leben. Voraussagen der Wissenschaft zur Zukunft unserer Gesellschaft (1. Aufl. 1997), 2. neubearb. Aufl., Hamburg 2001
- Der gläserne Konsument. Die Zukunft von Datenschutz und Privatsphäre in einer vernetzten Welt (B·A·T Script zur Medienforschung), Hamburg 2001a
- Das gekaufte Paradies. Tourismus im 21. Jahrhundert, Hamburg 2001b
- Start-up ins Leben. Wie selbstständig sind die Deutschen? Hamburg 2002
- Der Generationenpakt. Das soziale Netz der Zukunft, Darmstadt 2004

Opaschowski, H.W./G. Raddatz: Freizeit im Wertewandel (B·A·T Schriftenreihe zur Freizeitgestaltung), Hamburg 1982

Orwell, G.: 1984. Roman („Nineteen Eighty-Four", 1949), 10. Aufl., Frankfurt/M.-Berlin 1993

Otto, M.: Homeshopping – eine virtuelle Einkaufswelt eröffnet sich zuhause. In: BMWi Report: Die Informationsgesellschaft, Bonn 1995, S. 36-37

Packard, V.: Die ruhelose Gesellschaft („A nation of strangers", 1972), München 1973

Palazzo, B.: „Gewohnheiten des Herzens" in der deutschen und US-amerikanischen Unternehmenskultur. In: J. Rüsen (Hrsg., u.a.): Zukunftsentwürfe, Frankfurt/M.-New York 2000, S. 148-156

Palm, J.: Überleben die Vereine? In: Animation Jg. 11 (Sept./Okt. 1990), S. 134-136

Pascal, B.: Pensées. Hrsg. v. L. Chevalier, Heidelberg 1954

Peters, T.: Jenseits der Hierarchien, München 1993

Petzold, M.: Die Multimedia-Familie, Opladen 2000

Pfahl, S./S. Reuyß: Blockfreizeiten und Sabbaticals – mehr Zeit für die Familie? In: WSI-Mitteilungen 55/8 (2002), S. 459-465

Pfitzenreuther, K.: Solidarisches Wohnen und Leben bei der Glückauf Wohnungsbaugesellschaft in Lünen-Brambauer. In: R.G. Heinze/Th. Olk (Hrsg.): Bürgerengagement in Deutschland, Opladen 2001, S. 437-452

Picht, G.: Prognose. Utopie. Planung, Stuttgart 1967

Pickshaus, K.: Das Phänomen des „Arbeitens ohne Ende". Supplement der Zeitschrift Sozialismus 2 (2000), S. 1-19

Pigou, A.C.: The Economic of Welfare, London 1920

Pilgrim, V.E.: Trautes Glück allein? In: N. Copray (Hrsg.): Lieber allein?, München 1991, S. 47-55

Popcorn, F.: Der Popcorn Report („The Popcorn Report", 1951), München 1992
Popcorn, F./L. Marigold: „Clicking." Der Neue Popcorn Report („Clicking", 1996), München 1996
Popper, K.R.: Auf der Suche nach einer besseren Welt, 11. Aufl., München 2002
Postman, N.: Wir amüsieren uns zu Tode. Urteilsbildung im Zeitalter der Unterhaltungsindustrie („Amusing Ourselves to Death. Public Discourse in the Age of Show Business", 1985), Frankfurt/M. 1985
– Die zweite Aufklärung. Vom 18. ins 21. Jahrhundert („A Bridge to the Eighteenth Century", 1999), Berlin 1999
– Müssen Toaster sprechen? In: Süddeutsche Zeitung (Hrsg.): Die Gegenwart der Zukunft, Berlin 2000, S. 99-107
Pries, M. Erziehung zur Selbstständigkeit. Herausforderung an die Erziehungswissenschaft als Folge des Struktur- und Wertewandels. Diss. der Universität Hamburg, Hamburg 2003
Püttmann, A.: Einführung. In: W. Fikentscher (Hrsg., u.a.): Wertewandel – Rechtswandel, Gräfelfing 1997
Purdy, J.: Das Elend der Irony („For Common Things", New York 1999), Hamburg 2002
Putnam, R.D./K.A. Goss: Einleitung. In: R.D. Putnam (Hrsg.): Gesellschaft und Gemeinsinn, Gütersloh 2001, S. 15-43
Rabe, B./G. Schmid: Eine Frage der Balance. Reform der Arbeitsmarktpolitik. In: Aus Politik und Zeitgeschichte B 37/99 (10. Sept. 1999), S. 21-30
Rabenschlag, U./R. Heger: Forschungsstudie der Psychiatrischen Universitätsklinik/Abt. Kinder- und Jugendpsychiatrie, Freiburg/Br. 1994
Rang, M.: Einleitung. In: Ders. (Hrsg.): J.-J. Rousseau: Emile oder über die Erziehung, Stuttgart 1965, S. 5-96
Rat für nachhaltige Entwicklung (Hrsg.): Jugend schreibt Zukunft. Gedanken und Bilder zur Nachhaltigkeit, München 2002
Rauschenbach, Th. (u.a.): Non-formale und informelle Bildung im Kindes- und Jugendalter, Bonn 2004
Reich-Ranicki, M.: In Deutschland leben viele rohe Menschen (Interview). In: Frankfurter Allgemeine Zeitung Nr. 118 vom 24. Mai 2002, S. 45
Reihs, S.: Zum aktuellen Stand freiwilligen Engagements in Deutschland und in einigen Ländern Europas. In: K. Gaskin (u.a.): Ein neues bürgerschaftliches Europa, Freiburg i.B. 1996, S. 229-240
Reinhardt, U.: Bildung und Unterhaltung. Kritische Analyse von Konzepten und Projekten aus erziehungswissenschaftlicher Sicht, Diss. der Universität Hamburg, Hamburg 2003
Reischl, G.: Gefährliche Netze, Wien 2001
Reppesgaard, L.: Vergiss das Team. In: Handelsblatt vom 28. März 2003
Richter, H.-E.: Der Gotteskomplex, 2. Aufl., München 2001
Riesman, D.: Abundance for what (deutsch: Wohlstand wofür, 1973), New York 1964
– Die einsame Masse („The Lonely Crowd", 1950), Reinbek b. Hamburg 1965
Rifkin, J.: Das Ende der Arbeit und ihre Zukunft („The End of Work", 1995), 2. Aufl., Frankfurt/M. 1996
– Access. Das Verschwinden des Eigentums („The Age of Access", 2000), Frankfurt/M. 2000
Rinderspacher, J.: Bei Anruf Arbeit. In: H. Martens (Hrsg., u.a.): Zwischen Selbstbestimmung und Selbstausbeutung, Frankfurt/M. 2001, S. 39-65
Rittelmeyer, F./Chr. Geyer: Gott und die Seele, Ulm 1908
Rogers, C.B.: Lernen in Freiheit. Zur Bildungsreform in Schule und Universität, München 1974
Rokeach, M.: The Nature of Human Values, New York 1973
Romeiß-Stracke, F.: Zukunftsperspektiven für den Tourismus. In: Tourismus in der Gesamtwirtschaft (Bd. 17 der Schriftenreihe Forum der Bundesstatistik), Stuttgart 1991, S. 26-34
– Erlebnis- und Konsumwelten: Herausforderungen für die Innenstädte. In: A. Steinecke (Hrsg.): Erlebnis- und Konsumwelten, München-Wien 2000, S. 76-83

Ronneberger, K.: Disneyfizierung der europäischen Stadt? In: R. Bittner (Hrsg.): Die Stadt als Event, Frankfurt/M.-New York 2001, S. 87-97
Rosenmayr, L./F. Kolland (Hrsg.): Arbeit – Freizeit – Lebenszeit, Opladen 1988
– Formen kultureller Aktivitäten älterer und alter Menschen in Österreich (Forschungsbericht), Wien 1991/1992
Rotta, H./R. Schmid: Statement. In: Naturwissenschaftliche Rundschau, Heft 7 (7. Juli 1967)
Roy, A.: „Man will uns für dumm verkaufen." In: Die Zeit vom 15. November 2001
Rüsen, J. (Hrsg., u.a.): Zukunftsentwürfe. Ideen für eine Kultur der Veränderung, Frankfurt/M. 2000
Schanz, G. (Hrsg.): Handbuch Anreizsysteme in Wirtschaft und Verwaltung, Stuttgart 1991
Scheftschik, A.: Wellness lernen. Freizeitdidaktik in der Gesundheitsbildung, Hamburg 2003
Scherer, B.: Sich verwöhnen bei der Reise zum Ich. In: Frankfurter Allgemeine Zeitung Nr. 269 vom 19. November 1998, S. R 1
Schilson, A.: Musicals als Kult. Neue Verpackung religiöser Symbolik. In: Bensberger Protokolle 90: Musicals und urbane Entertainmentkonzepte, Bensberg 1999, S. 25-54
Schlagenhauf, K.: Sportvereine in der Bundesrepublik Deutschland (Teil I: Strukturelemente und Verhaltensdeterminanten im organisierten Freizeitbereich), Schorndorf 1977
Schmid, W.: Lebenskunst im Cyberspace. In: forum medienethik 2 (2000), S. 7-12
Schmidt, Chr.: Mut zur Krücke. In: Süddeutsche Zeitung vom 4. Dezember 2002
Schmidt, R.: S.O.S. Familie. Ohne Kinder sehen wir alt aus, Berlin 2002
Schmidtchen, G.: Wie weit ist der Weg nach Deutschland? Sozialpsychologie der Jugend in der postsozialistischen Welt, Opladen 1997
Schmitt-Kilian, J.: Vom Junkie zum Ironman. Das zweite Leben des Andreas Niedrig, Stuttgart 2000
Schmitz-Scherzer, R.: Sozialpsychologie der Freizeit, Stuttgart/Berlin/Köln/Mainz 1974
– Pensionierung und Freizeit. In: F. Stoll (Hrsg.): Kindlers ‚Psychologie des 20. Jahrhunderts' (Arbeit und Beruf, Band 2), Weinheim-Basel 1983, S. 566-587
Schneider, U.: 1,5 Millionen Kindern in Deutschland droht Armut. In: Welt am Sonntag vom 28. Dezember 2003, S. 4
Schreiber, W.: Wie man den Rock vergeigt. In: Süddeutsche Zeitung Nr. 143 vom 24./25. Juni 2000, S. 17
Schrempp, J.: Mehr Wohlstand nur über mehr Markt. In: Welt am Sonntag vom 26. Dezember 1999, S. 51
Schulz, M.: Venus unterm Faltenhobel. In: Der Spiegel Nr. 41 vom 7. Oktober 2002, S. 212-228
Schulze, G.: Die Erlebnisgesellschaft. Kultursoziologie der Gegenwart, Frankfurt/M.-New York 1992
– Was wird aus der Erlebnisgesellschaft? In: Aus Politik und Zeitgeschichte B 12 (17. März 2000), S. 3-6
– Die Beste aller Welten. Wohin bewegt sich die Gesellschaft im 21. Jahrhundert?, München-Wien 2003
Schulze van Loon, R.: Wertewandel? In: Dialog 6 (1993)
Schwarzmann, O.W.: Notizen zur Zukunft. In: BUSY ZukunftsMagazin 8 (1997), S. 3-7
Schwier, J.: Der interessenorientierte Verein der Individuen. In: Chr. Wopp (Hrsg.): Die Zukunft des Sports, Aachen 1996, S. 86-95
Scitovsky, T.: Psychologie des Wohlstands („The Joyless Economy", 1976), Frankfurt/M.-New York 1977
Seegers, A.: Immer mehr Kultur vom Feinsten. In: Hamburger Abendblatt v. 27. Februar 1992
Seibert, N./H.J. Serve (Hrsg.): Bildung und Erziehung an der Schwelle zum dritten Jahrtausend, München 1994
Seifert, H./R. Trinczek: Tarifkonzept und Betriebswirklichkeit des VW-Modelltarifvertrags. In: E. Hildebrandt (Hrsg.): Reflexive Lebensführung, Berlin 2000, S. 99-128
Sennett, R.: Der flexible Mensch. Die Kultur des neuen Kapitalismus („The Corrosion of Character", 1998), Berlin 1998

– Verfall und Ende des öffentlichen Lebens („The Fall of Public Man", New York 1976), 12. Aufl., Frankfurt/M. 2001
Shell (Hrsg.): Jugend 2000. 13. Shell Jugendstudie, 2 Bände, Opladen 2000
Simitis, S.: Die ungewisse Zukunft des Datenschutzes. In: H. Bäumler (Hrsg.): E-Privacy, Braunschweig-Wiesbaden 2000, S. 305-315
Sinn, H.-W.: „Wir sind auf der falschen Schiene" (Interview). In: Der Spiegel Nr. 49 (2001), S. 102-105
Sloterdijk, P. (Hrsg.): Vor der Jahrtausendwende: Berichte zur Lage der Zukunft, 2 Bände, Frankfurt/M. 1990
Sloterdijk, P./J. Werner: Warum sind Menschen Medien? Interview im FAZ-Magazin vom 9. Sept. 1994
Smeral, E.: Die Zukunft des internationalen Tourismus, Wien 2003
Spaemann, R.: Europa – Wertegemeinschaft oder Rechtsordnung? In: zeit-schritt 9 (2001), S. 23-26
Spangenberg, J.H.: Zukunftsfähigkeit als Leitbild? In: E. Hildebrandt (Hrsg.): Reflexive Lebensführung, Berlin 2000, S. 249-269
Sommermeyer, W.: Szenarien der Arbeitswelt im 21. Jahrhundert. In: S. Haarbeck (Hrsg.): Deutschland 2010, Köln 2000, S. 15-21
Sontheimer, K.: Unzufriedenheit im Überfluss. In: Frankfurter Allgemeine Zeitung Nr. 156 vom 9. Juli 1983, S. 11
Sorokin, V.: Wieso sind plötzlich die deutschen Züge immer zu spät? In: Süddeutsche Zeitung Nr. 172 vom 28. Juli 2000, S. 16
Steffens, H.: Gefahren für den Verbraucher? Mehr Schutz für Teleshopper auf virtuellen Märkten. In: BMWi Report: Die Informationsgesellschaft, Bonn 1995, S. 56-57
Steinle, A.: Speed-Wellness. Professionelles Entspannen als Erfolgsgarant. In: Trendbüro (Hrsg.): Trend 2004: Arbeit – Freizeit – Eigenzeit, München-Zürich 2003, S. 145-165
Steinmüller, A./K. Steinmüller: Visionen 1900 – 2000 – 2100. Eine Chronik der Zukunft, Hamburg 1999
– Ungezähmte Zukunft. Wild Cards und die Grenzen der Berechenbarkeit, München 2003
Steinmüller, K. (Hrsg., u.a.): Zukunftsforschung in Europa. Ergebnisse und Perspektiven, Baden-Baden 2000
Stiftung Lesen (Hrsg.): Leseverhalten in Deutschland im neuen Jahrtausend. Eine Studie der Stiftung Lesen, Hamburg 2001
Stipp, H.: Das Fernsehen und die neuen Medien. In: DVB Multimedia Bayern GmbH (Hrsg.): Media Visionen 2000 plus, München 2000, S. 227-231
Stoffers, M.: Wirtschaftsfaktor Freizeit, Köln 1990
Strasdas, W.: Auswirkungen neuer Freizeittrends auf die Umwelt. Entwicklung des Freizeitmarkts und die Rolle technologischer Innovationen, Aachen 1994
Streich, J.: 30 Jahre Club of Rome. Anspruch – Kritik – Zukunft, Basel-Boston-Berlin 1997
Struck, P.: Erziehung von gestern. Schüler von heute. Schule von morgen, München-Wien 1997
– Erziehung für das Leben, München 2000
Struck, P./I. Würtl: Vom Lehrer zum Coach, München-Wien 1999
Strümpel, B.: Arbeitsmotivation im sozialen Wandel. In: Bertelsmann Stiftung/IWG (Hrsg.): Unternehmensführung vor neuen gesellschaftlichen Herausforderungen, Gütersloh 1985, S. 65-81
Sturm, H.: Medienwirkungen auf Wahrnehmung, Emotion und Kognition. In: L.J. Issing (Hrsg.): Medienpädagogik im Informationszeitalter, Weilheim 1987
– Die inneren Aktivitäten beim Hören, Sehen und Lesen. Ein Ansatz zur Klärung der Warum-Frage von Medienwirkungen. In: B. Franzmann/W.D. Fröhlich (u.a., Hrsg.): Auf den Schultern von Gutenberg. Medienökologische Perspektiven der Fernsehgesellschaft, Berlin-München 1995
– Dominante Medienwirkungen. Pädagogische Folgerungen (Thesen). In: Bundesgrundschulkonferenz 1995 in Berlin, Hannover 1996

Szallies, R.: Zwischen Luxus und kalkulierter Bescheidenheit. In: R. Szallies/G. Wiswede (Hrsg.): Wertewandel und Konsum, Landsberg/Lech 1990, S. 41-58
Szczesny-Friedmann, C.: Die kühle Gesellschaft. Von der Unmöglichkeit der Nähe, München 1991
Tapscott, D.: Die digitale Revolution. Verheißungen einer vernetzten Welt – die Folgen für Wirtschaft, Management und Gesellschaft („The Digital Economy", 1996), Wiesbaden 1996
Taylor, R.: Good and Evil. Prometheus, Buffalo/N.Y. 1984
Thurow, L.C.: Die Zukunft des Kapitalismus („The Future of Capitalism", 1996), Düsseldorf-München 1996
Timm, W.: Sportvereine in der Bundesrepublik Deutschland. Teil II: Organisations-, Angebots- und Finanzstruktur, Schorndorf 1979
Toffler, A.: Die Zukunftschance („The Third Wave", 1980), München 1980
– Der Zukunftsschock („Future Shock", 1970), Bern-München-Wien 1970
Umbach, K.: Amadeus in der Apokalypse. In: Der Spiegel Nr. 49 (2002), S. 182-186
UNDP/Entwicklungsprogramm der Vereinten Nationen: Bericht über die menschliche Entwicklung, Bonn 1997
UNDP/UNO-Entwicklungsprogramm: Bericht über die menschliche Entwicklung 2002. Stärkung der Demokratie in unserer fragmentierten Welt. Hrsg.v.d.Dt. Gesellschaft für die Vereinten Nationen e.V., Bonn 2002
UNHCR/Der Hohe Flüchtlingskommissar der Vereinten Nationen: Zur Lage der Flüchtlinge in der Welt, Bonn 1997
UNRISD/United Nations Research Institute of Social Development (Hrsg.): States of Disarray. The Social Effects of Globalization, Genf 1995
Urban, M.: Hoffnung auf die Forschung – Angst vor der Technik. In: Süddeutsche Zeitung (Red. Umwelt. Wissenschaft. Technik) 1993
Varian, H.R.: Grundzüge der Mikroökonomik, München 1995
Vaskovics, L.S./P. Gross: Auswirkungen der Flexibilisierung von gesellschaftlichen Zeitstrukturen und Möglichkeiten zur Gewinnung von Zeitsouveränität (Forschungsbericht i.A. des Bundesministeriums für Forschung und Technologie), Bonn 1994
VBW/Vereinigung der Bayerischen Wirtschaft (Hrsg.): Bildung neu denken!, Opladen 2003
Veblen, Th.: Theorie der feinen Leute („The Theory of the Leisure Class", 1899), Köln-Berlin 1959
Verkade, W.: Statement. In: R. Becker (Hrsg.): Die freie Zeit, Düsseldorf 1957
Vester, F.: Phänomen Streß, Stuttgart 1976
Vorländer, H.: Die Wiederkehr der Politik und der Kampf der Kulturen. In: Aus Politik und Zeitgeschichte B 52/53 vom 21. Dezember 2001, S. 3-6
Wagenführ, H.: Industrielle Zukunftsforschung, München 1970
Walther, J.B.: Computer – Mediated Communication. In: Communication Research 23 (1996), S. 3-43
Warnecke, H.-J. (Hrsg.): Projekt Zukunft. Die Megatrends in Wissenschaft und Technik, Köln 1999
Waterkamp, R.: Taschenbuch der Zukunftsforschung, Wiesbaden 1972
Weber, M.: Wissenschaft als Beruf. In: H. Bauer (Hrsg., u.a.): Gesamtausgabe Max Weber, Bd. 17, Tübingen 1992, S. 71-113
Weber, P.: Kultursponsoring. Mäzene im Zwielicht. In: Management Wissen Nr. 10 (Okt. 1990), S. 44-48
Weidenfeld, W.: Vorwort. In: R.D. Putnam (Hrsg.): Gesellschaft und Gemeinsinn, Gütersloh 2001, S. 11-13
Weidenfeld, W./D. Rumberg (Hrsg.): Orientierungsverlust – Zur Bindungskrise der modernen Gesellschaft, Gütersloh 1994
Weinberg, H.: Wertewandel im Spiegel der Konsumklima-Forschung. In: R. Szallies/G. Wiswede (Hrsg.): Wertewandel und Konsum, Landsberg/Lech 1990, S. 61-85
Weinberg, P.: Erlebnismarketing, München 1992

Weinzierl, A.: Bayreuth und Woodstock. In: Der Spiegel Nr. 30 v. 24. Juli 2000, S. 68-69
Weissbach, U.: Abenteuer. Thrills and Spills. In: Lufthansa Magazin 4 (1998), S. 39-42
Weizenbaum, J.: Nur Daten werden herumgeschickt, epd-Interview/Tagesspiegel vom 1. April 1996
Wells, H.G.: Wanted – Professors of Foresight! (1932). In: Futures Research Quarterly, vol. 3, no.1 (1987), p. 90
Whitaker, R.: Das Ende der Privatheit („The End of Privacy", New York 1999), München 1999
Wickert, U.: Der Ehrliche ist der Dumme. Über den Verlust der Werte, 20. Aufl., Hamburg 1995
– Zeit zu handeln. Den Werten einen Wert geben, Hamburg 2001
Wiedeking, W.: Die Welt tickt zu einseitig (Interview). In: Der Spiegel Nr. 3 (1999), S. 90-91
Wiemken, U.: Multimedia. Anmerkungen zu technologischen Trends und Implikationen. In: BUSY ZukunftsMagazin 8 (1997), S. 14-18
Winnacker, E.-L.: Unbequem und unverzichtbar: Wissenschaft zählt. In: DFG/Deutsche Forschungsgemeinschaft (Hrsg.): forschung 3 (2003), S. I-VI
Winqvist, K.: Frauen und Männer nach dem Eintritt in den Ruhestand. In: Eurostat (Hrsg.): Statistik Bevölkerung und soziale Bedingungen 21 (2002), S. 1-6
Wippermann, P.: Das Ich, das Fleisch und die Werbung (Interview). In: Hamburger Abendblatt vom 19./20. Mai 2001, S. 8
Wiswede, G.: Einführung in die Wirtschaftspsychologie, München-Basel 1990
Witte, E.H./J. Scheffer: Die Steuerreform und der Konsumanreiz: Eine wirtschaftspsychologische Betrachtung. In: HAFOS 2003, Nr. 49, Hamburg: Psychologisches Institut der Universität Hamburg, Hamburg 2003, S. 1-18
*Woodwell, G.*M.: The Carbon Diozide Question. In: Scientific American 1 (1978)
Wopp, Chr.: Entwicklungen und Perspektiven des Freizeitsports, Aachen 1995
– (Hrsg.): Die Zukunft des Sports in Vereinen, Hochschulen und Städten, Aachen 1996
Zänker, A.: Der lange Weg nach Utopia. Vom Vormarsch des politisch Vernünftigen, Asendorf 2003
Zimmer, A./E. Priller: Zukunft des Dritten Sektors in Deutschland. In: H.K. Anheier (u.a., Hrsg.): Der Dritte Sektor in Deutschland, Berlin 1997, S. 249-279.
Zöpel, Ch.: Einleitung: Zukunftsforschung und Politik. In: R. Kreibich (u.a.): Zukunftsforschung und Politik, Weinheim-Basel 1991, S. 9-37
Zweckbronner, G.: Mensch, Natur, Maschine im Spiegel dreier Jahrhundertwenden. In: Landesmuseum für Technik und Arbeit (Hrsg.): Mythos Jahrhundertwende, Baden-Baden 2000, S. 320-332.

XIII. Sachregister

A
Abenteuer 254
Abenteuersport 233
Aberglaube 435
Abgabenbelastung 45
Abstieg 85
Absturz 40
Adresshandel 210
Agenda 14
Aggressivität 33
Aktivsportler 232
Akzeptanzprobleme 182
Akzeptanzwerte 375
Alarmfunktion 449
Alleinstehende 338
Alltagsrituale 445
Analphabeten 179
Anerkennung 340, 344, 372
Anfasskultur 278
Angstbewältigung 254
Angstlust 246, 248
Angstsparen 133
Animationscharakter 239
Anonymität 41
Anpassung 48
Anpassungskonsument 142
Anreizsysteme 119
Anspruchsgesellschaft 13
Anspruchsinflation 19, 150
Anspruchskonsument 141
Anspruchsmentalität 44
Anstand 394
Anstrengung 51
Anti-Armuts-Programme 61
Arbeit 155, 424, 431
Arbeit/Beruf 58
Arbeitnehmer 96, 107
Arbeitnehmerschaft 61, 78
Arbeitsalltag 92

Arbeitsanreize 76
Arbeitsbiographie 69
Arbeitsformen 121
Arbeitsfreude 121
Arbeitsgesellschaft 40, 50, 72, 319
Arbeitskosten 73
Arbeitslose 64
Arbeitslosengeldes 108
Arbeitslosigkeit 26, 35, 43
Arbeitslust 65
Arbeitsmarkt 67
Arbeitsmarkt-Effekte 186
Arbeitsmarktpolitik 61, 73
Arbeitspersönlichkeit 102
Arbeitsplätze 64, 85, 87, 187
Arbeitsplatzverlust 92
Arbeitsplatzwechsel 92
Arbeitsrecht 107
Arbeitstugenden 102, 103
Arbeitsverträge 115
Arbeitszeitkonto 111
Arbeitszeitmodelle 85
Arbeitszeitordnung 79
Arbeitszeitverkürzung 78, 111, 156
Arbeitszufriedenheit 46
Armut 22, 41
Armutsbegriff 42
Armutsempfinden 42
Armutsgrenze 43
Armutsquote 68
Armut-Wohlstands-Paradox 131, 132, 135
Ärzte 208
Askese 155
Atmosphäre 280
Attraktivitätsmerkmale 279
Aufregung 250

Ausgrenzung 41, 67
Ausländer 31
Authentizität 239

B
Badekultur 127
Balancing 114
Basistrends 469
Bastelexistenzen 366
Bedürfniswandel 139
Benehmen 394
Beruf 98, 125
Berufsethik 375, 430
Berufsfelder 126
Berufskarriere 104
Berufslaufbahn 320
Berufsleben 98, 115
Berufswechsel 65
Beschäftigungsfelder 30
Beschäftigungsgarantie 111
Beschäftigungskrise 62, 66
Beschaulichkeit 153
Bestellfernsehen 166
Beteiligungskultur 129
Betriebstreue 66
Bewegungskultur 128, 221
Bildung, informelle 292
Bildungsaktivitäten 298
Bildungsanforderungen 313
Bildungsanspruch 264
Bildungsarbeit 300
Bildungsgesellschaft 193, 293
Bildungskonzepte 298
Bildungskrise 66, 313
Bildungsoptimismus 309
Bildungspolitik 294, 323
Bildungsrats 315
Bildungswelt 291
Bildungswissenschaft 321

Bildungszeit 296
Bildungsziel 301, 310
Börsen-Bumerang 193
Breitenkultur 274, 278
Breitensport 221
Buchhandel 188
Buchleser 175
Buddhismus 364
Bürgergesellschaft 193
Bürgerinitiativen 333
Bürgerlichkeit 380
Bürokratismus 71
Business to business 190
Business to consumer 190

C
Chancen-Risiken-Bewertungen 200
Chatten 197
Christen 31
Club of Rome 20, 483, 486
Clubkultur 127
Compunikation 161, 190, 196
Compunikation 460
Computer 187, 460
Computeranalphabeten 184
Computerfreaks 180
Computerisierung 457
Computerkultur 179
Cyberterrorismus 161, 214
Cyberwar 213

D
Datenbankbasis 441
Datendiebstahl 205
Datenmissbrauch 218
Datensammlungen mit Vorhersagen 461
Datenschutz 207
Datenschutzbeauftragte 217
Datensicherheit 205
Datenspeicherung 210
Delphi 451, 452
Delphi-Umfrage 466, 447
Demokratiedefizit 476
Demokratisierungsbewegung 25
Desynchronisation 125
Didaktik, animative 317
Dienstleistung 49, 65, 322
Dienstleistungscharakter 350
Dienstleistungsgesellschaft 50, 143, 145
Digitalvandalismus 205

Do-it-yourself-Kompetenzen 324
Do-it-yourself-Kultur 128
Doppelerwerbstätigkeit 125
Doppelkompetenz 114
Drift 49
Dritter Welt 476
Drittweltländer 22

E
E- und U-Kultur 266
E-Commerce 183
Egoismus 33
Ehren 342
Ehrenamt 343, 432
Ehrensache 343
Ehrlichkeit 392
Eigeninitiative 305
Eigenkompetenz 103
Eigenleistung 413
Einheitskultur 365
Einheitswelt 364
Einkommen 68
Einkommensungleichheit 69
Einsamkeit 336, 337
Einwanderungspolitik 22
Elektronischer Diebstahl 216
Elend 41
E-Mails 189
Engagement, soziales 76
Entschulung 315
Entspannung 349
Enttäuschungspotential 19
Ereignischarakter 235
Erfahrungslernen 313
Erfolgserleben 224
Erfolgserlebnisse 30, 341
Erlebnisarmut 154
Erlebnischarakter 334
Erlebniseinkäufe 136
Erlebnisgeneration 56
Erlebnisindustrie 49
Erlebnisinflation 149
Erlebniskonsum 134, 138, 148, 153, 154
Erlebniskonsumenten 55
Erlebniskultur 135, 269
Erlebnismarketing 154, 239
Erlebnisorientierung 55
Erlebnisqualität 140
Erlebnis-Shopping 188
Erlebnissteigerung 55
Erlebnisstress 335

Erlebniswelt 279
Erlebniswert 270
Erlebniszeitalter 55, 135
Ersatzreligionen 363, 364
Erwachsenenbildung 320
Erwerbsarbeit 76, 101, 324, 339, 407, 417
Erwerbsbiographie 66
Erwerbsgesellschaft 325, 400, 423
Erwerbsleben 84
Erziehung 310
Erziehungsarbeit 152
Erziehungsziele 378
Evolution 20
Existenzängste 24
Existenzgründungen 74
Existenzminimum 43
Existenzsicherung 76, 405
Experimentierfreude 248
Extreme 244
Extremgesellschaft 178
Extremgesellschaft 244
Extremsportler 258

F
Fähigkeitsverlust 49
Fairplay 243
Familie 98, 125, 185, 349, 386, 424
Familie/Kinder 58
Familienarbeit 411, 417
Familienerziehung 152
Familienkrise 477
Familienleben 65
Familienorientierung 349
Fast-food-Lesen 175
Fernbedienung 166
Fernsehen 162
Fernsehgeneration 162
Fernsehkonsum 162
Fernsehzeitalter 162
Fernsehzuschauer 162
Firmenkindergärten 116
Fitness 223, 259
Fleiß 102
Flexibilisierung 48
Flexibilität 69, 92
Flickwerk-Biographien 368
flow-Erleben 106
Folgenabschätzung 487
Fortbildungsmaßnahmen 64
Fortschritt 371, 479, 483

Sachregister

Fortschrittsdenken 436
Freiwilligenarbeit 76, 316, 341, 350, 417
Freiwilligenbörse 346
Freiwilliges Soziales Jahr 355
Freiwilligkeit 292
Freiwilligkeitscharakter 321
Freizeit 58, 124, 185
Freizeitclique 332
Freizeitkultur 221
Freizeitkulturpolitik 287
Freizeitverständnis 333
Freizeitwert 118, 119
Fremdleistung 413
Freunde 225
Freundeskreis 35, 185, 329, 337
Früherkennung 470
Frühwarnsystem 449, 466
Führungskraft 124
Funsport 221
Future Science 473
Futurologen 464
Futurologie 439, 449, 468, 469, 485

G

Ganztagsbetreuung 117, 316
Gartenarbeit 417
Geborgenheit 423
Gebrauchtwerden 344
Gehalt 100
Geld 139
Geld-Arbeit 123
Geldausgaben 135
Geldbudget 152
Geldkultur 80, 81
Gelegenheitssportler 232
Geltungskonsum 40
Geltungskonsument 142
Gemeinden 59
Gemeinschaft 35
Gemeinschaftskultur 346
Gemeinsinn 387
Gemeinwohlorientierung 119, 422
Generation 169, 190
Generation @ 199, 204
Generationengerechtigkeit 382
Generationenkonflikt 33
Generationenvertrag 13
Genügsamkeit 155
Genussethik 364
Genussmoral 159

Genussorientierung 155
Gerechtigkeit 13, 43, 48
Geschichte 430, 489
Geschichtsunterricht 438, 439
Gesellschaft 86
Gesunderhaltung 223
Gesundheit 56, 59, 160, 223, 476
Gesundheitsbedürfnis 19
Gesundheitsförderung 261
gesundheitsorientiert 58
Gesundheitsvorsorge 24
Gesundheitszustand 471
Gewerkschaften 67, 77, 387
Glaubwürdigkeit 447
Gleichgewicht 366
Gleichgewichtsethik 429
Gleichgewichtszustand 20
Gleichgültigkeit 33
Globalisierung 48, 67
Glokalisierung 48
Glück 348
Glücksgefühl 246, 253
Glückspyramide 58
Glücksversprechungen 154
Glückszwangsangebote 383
Gott 362, 363, 368, 434
Gottlosigkeit 384
Grauarbeit 44
Grenzerlebnis 220, 252, 262
Grenzgänger 252, 256
Großorganisationen 329
Grundbedarf 139
Grundlagenforschung 469
Grundschulen 310
Güterabwägungen 200

H

Haltlosigkeit 348
Handlungsoptionen 446
Handlungsperspektiven 15
Häppchen-Lesen 175
Haushaltsarbeit 411
Heimatlosigkeit 385
Heimbüro 186
Helfen 350
Helferbörsen 353
Helferpathos 347
Hemmnisforschung 444
Herzlosigkeit 33
Hierarchien 95
High-Tech-Zeitalters 195
Hintergrundmedium 178

Hobbykultur 128
Hochkultur 264, 274
Homebanking 184
Hopping 164
Hunger 476

I

Ich-AG 72, 95
Idealprofil 310
Identitätsdiebe 208
Identitätsfindung 321
Identitätsgefühl 363
Identitätsmanager 208
Illusionen 490
Individualisierung 35, 53, 333, 345, 382
Individualismus 242, 347
Industrie 245
Industriegesellschaft 50, 408
Industrien 20
Industriezeitalter 65
Info-Elite 182
Informationsgesellschaft 187, 193
Informationsüberlastung 474
Info-Stress 192
Innovation 14, 437
Innovationsbremse 182
Innovationsrate 442
Inszenierung 238, 269, 386
Integrationsfähigkeit 32
Integrationskonflikte 31
Integrationskultur 266
Integrationswilligkeit 32
Internet 161, 175, 190
Internetpiraterie 161, 214
Internet-User 180
Isolierung 41

J

Job-Hopping 69
Jobnomaden 91
Job-Sharing 95
Jugendliche 146, 328

K

Kalifornien-Syndrom 55
Kaufkraft 137
Kernwerte 373
Kick 251, 262
Kinder 201
Kinderbetreuung 117
Kindererziehung 125, 411, 419

Kindergärten 310
Kinderlose 41
Kino 280
Kirche 59, 361, 370, 372, 375, 387
Klassik-Entertainment-Show 270
Kleinstvereine 331
Kneipenkultur 128
Kombi-Lohn 76
Kommerzialisierung 242, 332, 336, 337
Kommunikation 483
Kommunikationskultur 196
Kommunikationszeitalter 393
Kommunismus 20
Konfetti-Generation 56, 151
Konflikte 25
Konfliktfelder 31
Konfliktpotential 44, 358
Konfrontationspädagogik 367
Konjunkturkrise 80
Konsensgespräche 62
Konsum 149
Konsumanreize 132
Konsumerleben 146
Konsumethik 137, 138, 155
Konsumgebaren 21
Konsumgesellschaft 19, 154, 336
Konsumgüter 156
Konsumhaltung 131
Konsumist 151
Konsumklima 132
Konsumkultur 276, 360
Konsumprognosen 157
Konsumsport 241
Konsumstress 146
Konsumverzicht 132, 155, 157
Konsumwelt 157
Konsumwohlstand 153
Kontakte 431
Körperkult 219
Körperkultur 127
Kreditsucht 135
Krieg 214
Kriminalität 24, 28, 33
Kriminalitätsbekämpfung 29
Kultur 31, 34, 150, 152, 160, 264
Kultur/Bildung 58
Kulturangebot 267
Kulturdienst 274

Kultureinrichtungen 145, 286
Kulturelite 283
Kulturgüter 43
Kulturinteressenten 267
Kulturkrise 477
Kulturmetropolen 272
Kultursommer 273
Kultursponsoring 275
Kulturtempel 267
Kulturtourismus 270
Kulturverständnis 264, 286
Kündigung 109
Kündigungsschutz 108
Kurzzeithelden 219
Kurzzeitheldentum 253

L

Langeweile 29, 244, 245, 249, 284, 337
Leben 22, 126, 435
Lebensarbeit 324, 428
Lebensarbeitszeit 63, 81, 84, 112
Lebensbedingungen 462, 479, 480
Lebensbildungsplanung 326
Lebenserfüllung 320, 405, 423, 471
Lebenserwartung 63, 83, 84
Lebensfreude 249, 423
Lebensgefühl 158
Lebensgenuss 410
Lebensgesellschaft 319
Lebensgestaltung 343
Lebensgestaltungsangebote 367
Lebensgewohnheiten 162, 433, 437, 441, 487
Lebenshaltung 431
Lebenshilfe 318
Lebenskonzept 115, 379, 380, 381
Lebenslaufforschung 42
Lebenslust 137, 148
Lebensphase 424
Lebensplanung 95, 396
Lebensqualität 18, 39, 56, 57, 59, 119, 126, 136, 160, 326, 471, 484
Lebenssinn 101, 152, 358, 371, 411, 424
Lebensstandard 17, 18, 24, 52, 57, 81

Lebensstil 32
Lebenstempo 56
Lebenstraum 253
Lebensunternehmertum 72, 104, 303, 320
Lebenswissenschaft 321
Lebensziele 127, 422, 377
Lehrer 201
Lehrerausbildung 318
Lehrerrolle 317
Leisten 126
Leistung 247, 345, 410, 431
Leistungsdichte 124
Leistungsdiskussion 416
Leistungsdruck 112
Leistungserleben 224
Leistungsgesellschaft 19, 50, 84, 90, 321, 404, 408
Leistungskultur 411, 415
Leistungslust 50
Leistungsmotivation 411
Leistungsnachweise 414
Leistungsnormen 413
Leistungsprinzip 411
Leistungsqualitäten 416
Leistungssport 230
Leistungssportler 231, 232
Leistungsstreben 374
Leistungsvergleich 421
Leistungsverständnis 412
Leistungsverweigerung 380, 410
Leistungswettbewerb 422
Leitbilder 86, 431
Leitvisionen 400
Lernanregungen 299
Lernarbeit 318, 417
Lernen 126, 286, 291, 322
Lernen, außerschulisches 299
Lernen, lebenslanges 294
Lerngesellschaft 323
Lernkonzepte 323
Lernkultur 320
Lernorte 292
Lernziel 313
Leseforschung 169
Lesen 171
Lifestyle 152
Lohnkostenzuschuss 75
Lohnkürzung 109
Lohnnebenkosten 73
Lohnpolitik 77, 78
Lohnsubventionen 75
Lohnwert 118, 119

Sachregister

Lohnzuschuss 76
Lust 247
Luxese 131, 159
Luxuskonsument 142

M
Marketing 139
Marktsättigung 131
Massenarbeitslosigkeit 24, 28
Massenkultur 288
Massenmedium 161
Maßstäben 368
McDonaldisierung 365
McJobber 68, 69
Medien 179, 245, 387
Medienbranche 163, 168, 180
Medienflut 161, 203
Medienforschung 162, 172
Mediengeneration 168
Medienkompetenz 179, 202
Medienmärkte 186
Medienprofil 164, 175
Medienprognosen 171
Medienrevolution 167, 172
Medienwelt 161
Medienwirkungsforschung 204
Migration 21, 22, 360
Mindestrente 17
Mindness 259
Minijobber 47
Minijobs 64
Minimalkonsens 383, 385
Mitarbeiterfluktuation 69
Miterzieher 201
Mitgliedschaft 233
Mittelmaß 136
Mobilisierung 54
Mobilität 29, 35, 92, 117
Mobilität, berufliche 273
Mobilitätsbedürfnis 54
Mobiltelefone 215
Moral 154
Moralinstanz 361
Motivation 224, 241
Multiaktive 404
Multimedia 185
Multioptionsgesellschaft 303
Multiphrenie 194
Multiple Beschäftigungen 405
Museen 269
Muslime 31
Mußegesellschaft 402
Mußekultur 128

N
Nachbarschaft 35
Nachdenklichkeit 182
Nachhaltigkeitsdenken 487
Nachprüfbarkeit 447
Nachtarbeit 63
Narzissmus 220
Natur 58, 59, 160, 435
Naturerleben 254
Natursimulation 258
Nebenbeimedium 178
Nebenberufsgesellschaft 17, 44
Nebenbeschäftigungen 325
Nebenerwerb 45
Nebenjobber 44
Nebenwirtschaft 46
Nervenkitzel 247, 252
Netz 41
Netze, soziale 324
Netzwerk 34, 35, 329, 340
Neubewertung 372
New Economy 174, 182
Niedriglohn 85
Nischenmedium 161
Nomadentum 195
Nomadisieren 54
Normalarbeitsverhältnis 65
Normalarbeitszeit 63, 113
Normalkonsument 140

O
Oberflächlichkeit 33
Ökologiekultur 127
Ökonomie 440
Online-Dienste 180
Online-Profil 206
Onlineshopping 184
Online-Shopping 188
Optimismus 481
Optionen 365
Orakel 455
Orakeln 434
Organisationsunlust 35
Orientierungen 407
Orientierungsleistungen 407
Orientierungsverlust 383

P
Paradigmenwechsel 112, 126, 440
Parallel-Lesen 175
Paralleltätigkeiten 162
Parteien 330, 375, 387

Partizipation 483
Partnerschaft 58
Patchwork-Biografien 95
Patchwork-Identitäten 368
Pausen-Lesen 175
Pay-TV 161, 166, 167, 172
PC-Nutzer 179
Personalentwicklung 69
Personalpolitik 83, 117
Persönlichkeit 61
Persönlichkeitsbildung 104, 298, 325
Persönlichkeitsentwicklung 54
Persönlichkeitsmerkmale 104
Persönlichkeitsprofile 206
Persönlichkeitsrechte 208
Perspektivenwechsel 437
Pflichterfüllung 103
Pflichtgefühl 347
Pflichtwerte 375
Phantasie 477
Politik 20, 23, 24, 59, 67, 70, 86, 361, 387, 432, 434, 487, 490
Politikberatung 470
Politiker 361
Politikgestaltung 472
Politikverdrossenheit 17, 24
Polizei 209
Populärkultur 264
Positionslosigkeit 361
Postmaterialismus 140
Post-PC-Zeitalter 193
Präventivmedizin 261
Primärprävention 261
Privatfernsehen 168
Privatheit 205
Privatleben 98, 115
Privatsphäre 168, 218
Produktion 65
Produktivitätssteigerung 89
Produktqualität 143
Profisportler 241
Prognose 15, 175, 440, 441, 443, 444
Projektarbeit 315
Projekte 315
Propheten 463
Psychologie 440
Publikum 163
Punktekonto 353
Puritanismus 155

Q
Qualifikationsverlust 92
Qualitätsfernsehen 178
Qualitätsverlust 179
Quoten 168

R
Radiohörer 177
Reform 14, 23
Regelbefolgung 390
Reisebüro 188
Reizarmut 244
Reizoptimum 244, 335
Reizsteigerung 335
Reizüberflutung 335
Religion 59, 160, 362, 369
Religionscharakter 59
Religionskrise 383, 384
Rente 28, 43, 81
Rentenreform 33
Rentensicherung 33
Rentner 52
Rezipient 175
Risiko 250, 252
Risikoerleben 246
Risikokapital 74
Risikosport 258
Risikosportlern 246
Roboter 461
Rücksichtnahme 393
Ruhestand 82

S
Sabbaticals 113
Scanning 464
Schadenersatz 207
Schattenwirtschaft 46
Schere 41
Schichtarbeit 63
Schicksal 363
Schlaraffenland 17, 18
Schlüsselqualifikationen 321
Schnelllebigkeit 170
Schnuppermitgliedschaften 36
Schule 431, 438
Schülergeneration 200
Schulsystem 296, 313
Schulunterricht 316
Schwarzarbeit 47, 85, 86, 393
Science-Fiction 461
Scouting 464
Sekundärtugenden 69, 302, 377
Selbstbestätigung 225

Selbstbestimmung, informationelle 207
Selbsthilfegruppen 324, 350
Selbstkompetenzen 310
Selbstständigkeit 53, 74, 113, 306, 308, 379
Selbstversorgungswirtschaft 45
Selbstverwirklichung 101, 102, 362, 375
Selektionsfähigkeit 366
Seniorengenossenschaften 350
Sensibilität 246
Service 143
Servicequalität 131, 143
Sicherheitskultur 128
Sicherheitspaketen 29
Single-Gesellschaft 55, 134
Single-Haushalte 53
Singles 53, 333
Sinn 100, 343, 348, 369, 373, 388
Sinn-Arbeit 122
Sinnbezug 349
Sinndefizite 258
Sinndeutung 381
Sinnentleerung 157
Sinnesüberreizung 203
Sinnfaktor 420
Sinnfindung 417
Sinnflut 357
Sinninstanz 386
Sinnkrise 383
Sinnleere 386
Sinnmärkte 160
Sinnorientierung 131, 364
Sinnsuche 357
Sinnwelt 125
Solidarisicrung 347
Solidarisierungspotential 324
Solidarität 35, 54, 242, 341, 347
Solidarpakt 25
Sozialämter 208
Sozialerfahrung 225
Soziales Engagement 343, 351
Soziales Volontariat 342
Sozialfolgenabschätzung 35, 472
Sozialhilfe 42, 75, 76, 82
Sozialhilfeempfänger 32, 64, 75, 76
Sozialhilfequote 82
Sozialkarrieren 331
Sozialkompetenz 103, 310
Sozialkontakten 368

sozialorientiert 58
Sozialorientierung 155
Sozialsystem 84
Sozialverantwortlichkeit 154
Sozialverhalten 199
Sozialverträglichkeit 353, 452
Sozialwelt 327
Sozialzeit 66
Spaltung, digitale 174, 182
Sparkonsument 140
Sparquote 132
Sparsamkeit 155
Sparzeitalter 55, 135
Spaß 105, 223, 247, 423
Spaß-Arbeit 122
Spaßgesellschaft 90, 268
Spektakularisierung 239
Spielkultur 127
Spielsport 221
Spitzensport 241
Sport 226, 275
Sportaktivitäten 232
Sportdisziplinen 229
Sporthopper 233
Sportinteresse 227
Sportland 229
Sportpolitik 225, 238
Sportsponsoring 275
Sportveranstaltungen 236
Sportverbände 227
Sportverein 229, 237, 233
Sportverständnis 225
Sportwelt 219
Sportwissenschaft 227
Spuren, digitale 215
Staat 35, 36, 326
Städte 59
Stadtkultur 384
Status-Arbeit 123
Steuerlast 73
Steuerreform 132
Steuerzahler 32
Stress 146
Stressbewältigung 255
Strukturveränderung 20
Subökonomien 46
Surfen 195
Szenario 62, 400, 456, 458, 465

T
Tätigkeit, gemeinnützige 76
Tätigkeitsgesellschaft 403
Tauschringe 350

Sachregister

Teamarbeit 96
Technikfolgenabschätzungen 200
Technologiegläubigkeit 459
Teilzeitarbeit 63, 68, 94, 113
Teilzeitarbeitsplatz 65, 77
Teilzeitbeschäftigte 75
Teilzeitbeschäftigung 84
Teilzeitjobber 93
Telearbeit 87, 187
Telearbeitsplätze 186
Telebanking 187
Telekommunikation 175, 191
Telelearning 187
Teleshopping 187
Terrorismus 24
Thrill 251
Toleranz 395
Traditionsvereine 229
Träumen 337
Traumwelt 280
Treffsicherheit 443, 459
Trend 147, 442
Trend-Beschreibungen 473
Trendforscher 364, 455, 463, 467
Trendindustrie 464
Trend-Optionen 473
Trendpakete 464
Trendsportarten 230
Trendwende 162
TV-Zuschauer 178

U
Überalterung 51
Überdruss 250
Überdrusssymptome 118
Überfüllung 145
Übergangsgesellschaft 380
Übergangsmärkte 405, 407
Übergangsphase 20
Übergangszeit 18
Überlebenskampf 255
Überprüfbarkeit 467
Überregulierung 71
Überstunden 77
Überwachungskamera 161, 211
Umbewertung 426
Umbruchsituation 372
Umgangsregeln 388, 391
Umschulungsmaßnahmen 64
UMTS-Handy 192
Ungleichheit 22

Unterbeschäftigung 61, 62
Untergrundwirtschaft 46
Unterhaltung 235
Unterhaltungskultur 169
Unterhaltungssendungen 167
Unterhaltungswert 264
Unternehmen 387
Unternehmenskultur 89, 97
Unzufriedenheit 359
Urbanität 270
Urlaubssport 221
Utopie 434, 484, 479

V
Verantwortlichkeit 487
Verantwortung 303, 326, 361, 374, 382, 391
Verantwortungsbewusstsein 446
Verantwortungsgesellschaft 90
Verarmung 84
Verbände 375
Verbraucher 135
Verbraucherinteressen 331
Verbraucherkultur 128
Verbraucherpsychologie 443
Verdrängungswettbewerb 135
Vereine 36, 234, 328, 375
Vereinsmeierei 328
Vereinsmitgliedschaft 226
Vereinzelung 53
Verfallsprozesse 372
Verfassungsschutz 208
Verhaltenskodex 367, 385, 388, 389
Verhaltensmaßstäbe 369
Verkehrsleitsysteme 88
Verlässlichkeit 394
Versandhandel 188, 210
Verschuldung 43
Versicherungen 208
Versorgungseinkäufe 136
Versorgungskonsum 137
Verständlichkeit 483
Verständnispädagogik 367
Vertrauen 391
Vertrauensarbeitszeiten 112
Vertrauensbildung 35
Vertrauenskrise 24
Vertrauensverlust 17, 35, 391
Verunsicherung 388
Verweigerungshaltungen 118
Videoüberwachung 211

Vielbeschäftigte 404
Vielleser 161, 175
Vier-Tage-Woche 85
Viewser 184
Viewser-Generation 204
Visionen 100, 451, 490
Vitalität 246
Volkshochschulen 300
Vollbeschäftigung 27, 61, 62, 65, 67, 86, 321
Vollbeschäftigungsgesellschaft 342
Vollversicherung 417
Vollzeitarbeit 113
Vollzeitarbeitsplätze 77
Vollzeitbeschäftigte 75
Voraussagbarkeit 451
Voraussage 15, 443, 445
Vorausschau 438, 450, 455, 462, 486
Vorauswissen 446, 481
Vorgesetzten 96
Vorleben 306
Vor-Sorge 462
Vorsorgen 486

W
Wachdiensten 29
Wachstum 64
Wachstumsimpulse 46
Wahlarbeitszeiten 61, 112
Wahlprogramme 375
Währungsreform 43
Web-Kultur 161
Wegwerf-TV 167
Weiterbildung 319, 322
Weitsicht 457
Wellness 259
Wellstress 261
Weltausstellungen 456
Weltbevölkerung 21
Weltbürgergesellschaft 405
Wende 17
Wendezeit 18
Werbebotschaften 131
Werbesendungen 164
Werbewirtschaft 168
Werbung 179, 245
Werte 372
Wertebotschaften 131
Wertecocktail 367
Wertediskussion 383
Werteerziehungskonzepte 367

Werteexport 359
Wertegemeinschaft 373
Wertehimmel 367
Wertemix 366
Wertesynthese 377, 380
Werteverfall 366
Werteverschiebung 380
Wertevielfalt 366
Wertewandel 52, 358, 374, 441
Wertewandelforschung 422
Wertewandels 373
Wertewelt 357
Wertorientierungen 377, 432
Wettkampf 254
Wild Card 465
Wirtschaft 20, 67, 70, 86, 157, 245, 382
Wirtschaftssystem 403
Wirtschaftswissenschaft 444
Wissensexplosion 446
Wissensexport 49
Wissensgesellschaft 169, 193, 454
Wissenskultur 169
Wissensmonopol 182
Wochenendarbeit 63, 81
Wochenendkultur 128
Wohlbefinden 44, 57, 378, 476
Wohlfahrt 24, 57
Wohlfahrtsverlust 27
Wohlstand 13, 24, 41, 44, 138, 378, 476
Wohlstandseinbußen 24
Wohlstandsgesellschaft 40
Wohlstandskrise 148
Wohlstandsländern 476
Wohlstandsleben 43
Wohlstandsverlierer 81
Wohlstandsverlust 27, 33, 80, 82
Wohlstandsverwahrlosung 152
Wohlstandswende 18
Wohnwert 118, 119
working poor 61, 68
work-life-balance 61, 97, 125
Wünsche 476

Z

Zapping 164
Zapping-Kultur 176
Zeit 435
Zeit-Arbeit 123
Zeitarbeit 95
Zeitbanken 355
Zeitbudget 152, 167
Zeitdruck 94
Zeitgeist 380, 434
Zeitgeschenk 142
Zeithunger 156
Zeitkrieg 131, 154
Zeitkultur 80, 81
Zeitmanagement 170
Zeitmitgliedschaften 36
Zeitnot 154, 170, 334, 337
Zeitpfade 474
Zeitpioniere 93
Zeitpolitik 125
Zeitreihen 433, 445, 462
Zeitsouveränität 66, 79
Zeitsynchronisation 126
Zeitungleser 177
Zeitverdichtung 162
Zeitwahrnehmung 489
Zeitwährung 355
Zeitwohlstand 93, 131, 152, 153, 156
Zerstreuungskultur 128
Zielkonzept 467, 471
Zielwerte 379
Zivilcourage 387
Zivildienst 355
Zugehörigkeit 388
Zukunft 204, 367, 373, 382, 396, 423, 433, 438, 439, 483
Zukunftsakademien 472
Zukunftsangst 480
Zukunftsbarometer 470
Zukunftsbegriff 435
Zukunftsbilder 461, 462, 465, 479
Zukunftsbranche 186, 474
Zukunftschancen 420, 480
Zukunftsdenken 437, 441, 448, 450

Zukunftsdenker 436
Zukunftsentwürfe 464, 489
Zukunftseuphorie 457
Zukunftsfähigkeit 433, 462, 483, 490
Zukunftsforen 474
Zukunftsforscher 469
Zukunftsforschung 180, 367, 430, 438, 441, 444, 445, 448, 450, 453, 457, 468, 483, 484, 486
Zukunftfragen 432, 482, 490
Zukunftsgesellschaft 476
Zukunftsgestaltung 432
Zukunftshoffnungen 242, 426
Zukunftsideen 445
Zukunftsinitiativen 462
Zukunftskompetenz 452
Zukunftsmärkte 160
Zukunftsmodelle 444
Zukunftsoptionen 433, 474
Zukunftsorientierung 473, 490
Zukunftsparadox 443
Zukunftsperspektiven 407
Zukunftspflicht 433, 487
Zukunftsreligion 17, 56
Zukunftsswissenschaft 440
Zukunftsszenarien 466, 479
Zukunftstrends 433, 462, 469
Zukunftsunterricht 439
Zukunftsvisionären 460
Zukunftsvorsorge 417, 431
Zukunftswelten 474
Zukunftswissen 436, 472
Zukunftswissenschaft 14, 433, 443, 445, 448, 449, 467, 473, 480, 481, 488
Zusammengehörigkeit 35
Zusammenhalt 348
Zusatz-Einkommen 82
Zusatzverdienst 64
Zuschauerinteresse 236
Zuschauersport 235
Zwangspensionierung 83
Zwei-Klassen-Gesellschaft 29, 55, 134
Zweitberuf 85
Zweitkarriere 342, 346

XIV. Grafikverzeichnis

Kapitel I

1.	Angst vor dem Absturz	19
2.	Quo vadis, Deutschland?	23
3.	Arbeit schaffen und Renten sichern!	26
4.	Wohlstandsverluste in Deutschland	28
5.	Deutschland 2020	30
6.	Konfliktfeld Deutschland	32
7.	Geht der soziale Kitt verloren?	34
8.	Verliert der Staat seine soziale Kontrolle?	36
9.	Aktiv. Passiv. Ehrenamtlich.	38
10.	Lebensqualität in Deutschland	40
11.	Deutschland-Tableau	51
12.	Lebensqualität im Lebensverlauf	58

Kapitel II

13.	Abbau der Arbeitslosigkeit	72
14.	Länger arbeiten – mehr verdienen	80
15.	Mythos Jobnomaden	91
16.	Mythos Zeitpioniere	94
17.	Mythos Flache Hierarchien	96
18.	Mythos Work-Life-Balance	99
19.	Mehr Selbstverwirklichung in der Arbeit	101
20.	Arbeitstugenden im Wandel	103
21.	Persönliche Arbeitsqualität	106
22.	Am Arbeitsrecht wird nicht gerüttelt	108
23.	Lieber Lohnkürzung als Kündigung	110
24.	Vereinbarkeit von Beruf und Familie	116
25.	Lohnwert. Wohnwert. Freizeitwert.	120

Kapitel III

26.	Die ‚Teuro'-Wirklichkeit	133
27.	Gespaltene Verbraucherschaft	136
28.	Typologie des Verbrauchers	141
29.	Servicewüste Deutschland?	144
30.	Jugend im Konsumstress	147
31.	Born to shop?	149
32.	Mehr Eigeninitiative als Konsumhaltung	158

Kapitel IV

33.	Neue alte Medienwelt	165
34.	Alles erleben – nichts verpassen	170
35.	Wer will die neuen Alleskönner?	173
36.	Die digitale Spaltung	174
37.	Goethe gegen Gates	176
38.	Internet für @alle?	181
39.	Internet: Mehr Nischen- als Massenmedium	183
40.	Die Viewser	185
41.	Mehr Kontakt- als Einkaufsbörse	191
42.	Erziehung zur Medienkompetenz	202
43.	Datenspeicherung als Vertrauenssache	209
44.	Videoüberwachung der Innenstädte	212

Kapitel V

45.	Motive des Sporttreibens	222
46.	Motivation im Sport	224
47.	System Sport	228
48.	Die Treppe des Lebens	230
49.	Radfahren ‚in' – Tennis ‚out'!	233
50.	Die Zukunft des Sports	240
51.	Die positive Wende im Sport	243
52.	Zwischen Lust und Langeweile	247
53.	Aus Fitness wird Wellness	260

Grafikverzeichnis

Kapitel VI

54.	Von der Hoch- zur Integrationskultur	265
55.	Kulturelle Zukunftspotenziale	268
56.	Kulturtourismus	272
57.	Wo ist am meisten los?	277
58.	Zwischen Olympia und Verona	282
59.	Zukunftsperspektive: Mehr Oper – weniger Pop	287

Kapitel VII

60.	Zukunftsvision Bildungsgesellschaft	295
61.	Bildung und Kultur	297
62.	Lebensunternehmertum	304
63.	Familie. Leben. Beruf.	305
64.	Vorleben	307
65.	Einüben. Fördern. Praktizieren.	311
66.	Die selbstständige Persönlichkeit	312
67.	Schule der Selbstständigkeit	314

Kapitel VIII

68.	Abschied von der Vereinsmeierei	329
69.	Flucht aus den Institutionen	330
70.	Gebraucht werden	344

Kapitel IX

71.	Historische Begründung des Wertewandels	359
72.	Verantwortung wichtiger als Freiheit	374
73.	Renaissance der alten Werte	376
74.	Ehrlichkeit und Selbstständigkeit	379
75.	Was uns zusammenhält	392
76.	Die Rückkehr von Anstand und Benehmen	395

Kapitel X

77.	Gesellschaft im Wandel	401
78.	Arbeit für alle	406
79.	Die Leistungsgesellschaft lebt	409
80.	Mehr Lust auf Leistung	410
81.	Leistung hat viele Gesichter	412
82.	Leben ist die Lust zu schaffen	414
83.	Diesseits und jenseits des Erwerbs	418
84.	Kindererziehung und Erwerbsarbeit sind gleichwertig	419
85.	Unterhaltsquelle Familie	421
86.	Weniger Arbeit – und was dann?	425
87.	Wandel des Wertesystems	429

Kapitel XI

88.	100 Jahre Deutschland	454
89.	Was ist ein Zukunftstrend?	468
90.	Zukunftswissenschaft	485